U0720347

〔清〕董誥等編

全唐文

十二

篇名目録
作者索引

中華書局

全唐文篇名目録
及作者索引

馬緒傳 編

篇名目録説明

一、原書收録唐、五代各朝文章,包括《全唐文》、《唐文拾遺》、《唐文續拾》三部分,爲查檢方便,編製本篇名目録。

二、篇名目録以作者爲綱,作者下分繫篇目,作者及篇目的次序均依原書。篇目下的數字爲影印本總頁數。

三、所有作者悉依原書署名,如帝王和后妃仍稱廟號或謚號,宗室諸王和公主稱封號,釋道稱法號,閨秀稱姓氏等。

作者索引説明

一、本索引以作者姓氏的四角號碼爲序,同姓氏者以第二字上兩角號碼順序排列。

二、凡帝王、后妃、宗室諸王和公主,仍據原書取其廟號、謚號或封號爲主目,以其姓名爲參見條目。例如:

　　高祖皇帝(李淵)17上

　　李淵　見高祖皇帝

三、釋道仍稱其法名,不出俗姓。

四、閨秀均以姓氏立目,加注從屬關係,並作互見。例如:

　　周氏(曹因妻)9814下

　　曹因妻　見周氏

五、凡作者姓氏有殘缺者,以所存第一字立目;標明闕名者即以闕名立目。

六、四裔悉遵原書立目,並以其姓氏爲參見條目。例如:

　　突厥可汗默棘連10341下

　　默棘連　見突厥可汗

七、原書作者姓名時見訛誤,甚至有分一人爲二人、合數人爲一人之例,今一般不作考證,悉據原書立目。惟遇同姓名時,爲一人則予合併,非一人則加注字號、爵里、時代等,以資區別。

目　次

篇名目録

【全唐文】

高祖皇帝

授老人等官教 17上
徒隸等準從本色授官教 17上
授逸民道士等官教 17下
獻嘉禾教 17下
授三秦豪傑等官教 17下
罷放櫟陽離宮女教 17下
遣師趨鞏洛令 18上
討薛舉令 18上
定户口令 18上
秦王太尉陝東行臺制 18下
秦王兼涼州總管制 18下
秦王益州道行臺制 19上
秦王天策上將制 19上
封汪華越國公制 19下
秦王領左右十二衛大將軍制 19下
皇子元霸智雲追封王制 20上
秦王等兼中書令侍中制 20上
改元大赦詔 20上
封隋帝爲酅公詔 20下
選用前隋蔡王智積等子孫詔 21上
頒示孫伏伽諫書詔 21上
令陳直言詔 21上
加恩隋公卿民庶詔 21下
贈高熲等謚爵詔 21下
贈李金才李敏官爵詔 22上
褒勳臣詔 22上
閱武詔 22上
減用牲牢詔 22下
許李襲譽合譜宗正詔 22下
置社倉詔 22下
遣淮安王神通安撫山東詔 23上
罷貢異物詔 23上
每州置宗師詔 23下
禁行刑屠殺詔 23下
大赦并浩等州詔 23下
禁屠酤詔 24上
遣太子建成等巡畿甸詔 24上
命行人鎮撫外藩詔 24上
曲赦涼甘等九州詔 24下
旌表孝友詔 24下
令國子學立周公孔子廟詔 25上
修武備詔 25下
討王世充詔 25下
太常樂人蠲除一同民例詔 26上
燕公羅藝封燕郡王賜姓上籍宗正詔 26上
赦逃亡募人詔 26下
令裴寂等升殿奏事侍立詔 27上
遣使安撫益州詔 27上
斷屠詔 27下
楚王杜伏威進封吴王賜姓附屬籍詔 27下
收葬道殣詔 28上
赦晉潞等州詔 28上
命秦王征王世充詔 28下
褒高開道來降詔 28下
褒胡大恩來降詔 29上
赦代州總管府内詔 29上
檢校益州夔州獄訟詔 29下
賜秦王獲竇建德手詔 29下
平竇建德大赦詔 30上
令太子建成統軍詔 30下
赦河南諸州詔 30下
平王世充大赦詔 31上
授張鎮周陳知略淮南嶺南行軍總管詔 31下
褒授岐平定等詔 31下
令京官五品以上及諸州總管刺使各舉一人詔 32上
賜方亮詔 32上
命太子建成討劉黑闥詔 32上
修魏周隋梁齊陳史詔 32下
罷差科徭役詔 33上
申禁差科詔 33下
授裴寂蕭瑀左右僕射詔 33下
幸故宅大赦詔 33下
勸農詔 34上
討輔公祏詔 34下

令諸州舉送明經詔 35下
賜學官胄子詔 36上
平輔公祏大赦詔 36上
頒定科律詔 36下
擢史孝謙詔 37上
立社詔 37下
授裴寂司空詔 37下
加齊王元吉司徒詔 38上
沙汰佛道詔 38上
誅建成元吉大赦詔 38下
立秦王爲太子詔 39上
令皇太子斷決機務詔 39上
禪位皇太子詔 39下
封王蘭英爲永壽郡君詔 40上
賜蕭瑀手勅 40下
徙居大安宫誥 40下
答太宗陳讓表手誥 41下
遺誥 41下
舉義旗誓衆文 42上
即位告天册文 43下
册秦王天策上將文 44上
命皇太子即皇帝位册文 44下
草堂寺爲子祈疾疏 45上
賜高麗王建武書 45上
諭李襲志書 45上
賜許紹勅書 45下
勞涪州刺史劉瞻書 45下

太宗皇帝

臨層臺賦 46上
感舊賦 并序 47上
小山賦 47下
小池賦 并序 48上
威鳳賦 48上
皇德頌 48下
賜真人孫思邈頌 49上
答薛收上諫獵書令 49上
二名不偏諱令 49上
置文館學士教 49下
建置二王後國官廟宇制 49下
册封突利可汗制 50上
加李靖特進制 50上
令所司與禮官議宗廟制度制 50下
授鄶王元裕等官制 50下
授高士廉左僕射制 50下
授顔師古祕書監制 51上
授長孫無忌太子太師房元齡太子太傅蕭瑀太子太保制 51上
授鄧王元裕等刺史制 51上
授安州刺史吴王恪等官制 51下
授魏王泰雍州牧制 51下
即位大赦詔 51下
加淮安王神通燕郡王藝開府儀同三司詔 52下
放宫女詔 52下
備北寇詔 52下
封吏部尚書長孫無忌等詔 53上
諭崇篤實詔 53下
立中山王承乾爲皇太子詔 53下
封孔德綸爲褒聖侯詔 54上
改元貞觀詔 54上
令有司勸勉民閒嫁娶詔 54上
禁官人違律詔 55上
授長孫無忌尚書右僕射詔 55上
緩力役詔 55上
賑關東等州詔 55下
褒獎崔季舒等詔 56上
允長孫無忌遜位詔 56上
旱蝗大赦詔 56上
收埋骸骨詔 56下
貶裴虔通詔 57上
致仕朝參在見任本品之上詔 57上
禁奏祥瑞詔 57下
爲戰亡人設齋行道詔 57下
耕耤詔 58下
授房元齡杜如晦左右僕射詔 58下
賜孝義高年粟帛詔 58下
祈雨求直言詔 59下
爲戰陣處立寺詔 59下
大赦詔 60上
令皇太子承乾聽訟詔 60下
定服色詔 60下
授李靖尚書左僕射詔 61上
致祭古聖賢陵墓詔 61上
收埋突厥暴骸詔 61下
赦岐隴二州詔 61下
曲赦武功詔 62上
答趙郡王孝恭等請封禪手詔 62上
令諸州剗削京觀詔 62上
封長孫無忌等子郡縣公詔 62下
令宗室勳賢作鎮藩牧詔 63上
答虞世南上聖德論手詔 63下
令州縣行鄉飲酒禮詔 63下
加楊恭仁特進詔 63下
禁錮亂臣子孫詔 63下
授長孫無忌司空詔 64上

報長孫無忌讓司空詔 64上
遣使巡省天下詔 64下
討吐谷渾詔 65上
水潦大赦詔 65上
太上皇康復詔 65下
復建吐谷渾詔 65下
命皇太子權知軍國事詔 66上
度僧於天下詔 66下
録先朝姻舊臣僚詔 67上
議於太原立高祖寢廟詔 67下
令侯君集等經略吐谷渾詔 67下
節省山陵制度詔 68上
薦舉賢能詔 68上
九嵕山卜陵詔 68下
封慕容諾曷鉢河源郡王詔 69下
授温彦博尚書右僕射詔 69下
許魏徵遜位手詔 70上
悼元琬律師詔 70上
頒示禮樂詔 70下
令河北淮南諸州舉人詔 71上
功臣世襲刺史詔 71上
答魏徵手詔 72上
量修雒陽宮詔 72下
賜功臣密戚墓地東園祕器詔 73上
令道士在僧前詔 73上
荆王元景等子孫代襲刺史詔 73下
大水求直言詔 74上
册封薛延陀二子爲小可汗詔 74下
贈堯君素蒲州刺史詔 74下
封懷化郡王李思摩爲可汗詔 75上
討高昌詔 75下
答房元齡請解僕射詔 76下
答長孫無忌等上河清表詔 77上
答荆王元景等請封禪詔 77上
官皇侃等子孫詔 77上
詰沙門法琳詔 77上
詳定封禪儀詔 77下
贈百濟王扶餘璋光禄大夫仍令嫡子義慈襲封詔 78上
求訪賢良限來年二月集泰山詔 78上
停封禪詔 78下
賜竇靖詔 79下
矜宥周隋名臣子孫罪犯詔 79下
皇太子用庫物勿限制詔 79下
答皇太子承乾詔 79下
刊正氏族詔 79下
追封巢王元吉詔 80上
授長孫無忌司徒詔 80上
授房元齡司空詔 80下
禁諱盜詔 80下
宥党仁宏答房元齡等手詔 81上
追復息隱王皇太子禮詔 81上
圖功臣像於凌烟閣詔 81下
賜魏王泰詔 82上
責齊王祐詔 82下
久旱簡刑詔 82下
薄葬詔 82下
廢皇太子承乾爲庶人詔 83下
立晉王爲皇太子詔 84上
黜魏王泰詔 84上
令州縣舉孝廉茂才詔 84下
以旱減膳詔 84下
命皇太子知左右屯營兵馬事詔 85上
封高麗王嗣子藏詔 85上
有事南郊詔 85上
賜酺三日詔 85下
賜皇太子手詔 85下
命張儉等征高麗詔 85下
親征高麗手詔 86上
命將征高麗詔 86下
建三師詔 87下
答劉洎詔 88上
答元奘還至于闐國進表詔 88上
追贈殷太師比干謚詔 88上
命皇太子監國詔 88下
答有司請忌日仍理軍務詔 89上
克高麗遼東城詔 89上
收瘞征遼士卒詔 89下
克高麗白巖城詔 90上
破高麗賜酺詔 90下
禁遼東重刑詔 91上
授高延壽高惠真官爵詔 91下
賞渡遼戰功詔 91下
班師詔 91下
賜定州宴會詔 92上
賜劉洎自盡詔 92下
定皇太子與臣工書疏式詔 93上
諭高履行手詔 93上
征遼還宴賜父老詔 93下
令皇太子斷決機務

詔 93下
修晉書詔 94上
平薛延陀幸靈州詔 94下
令天下諸州舉人手詔 95上
答元奘法師進西域記書詔 95下
賜功臣葬地詔 96上
平契苾幸靈州詔 96上
貶蕭瑀手詔 96下
絶高麗朝貢詔 97上
令皇太子處分庶務詔 97下
答長孫無忌等請封禪詔 97下
允行封禪詔 97下
求直言手詔 98上
封禪詔 98下
左邱明等二十一人配享孔子廟詔 99下
贖取陷没蕃内人口詔 99下
建玉華宫手詔 100上
停封禪詔 100下
伐龜兹詔 101下
賜高士廉陪葬詔 102下
玉華宫成曲赦宜君縣詔 102下
賜蕭瑀陪葬詔 103下
賜房元齡陪葬詔 103下
諸州寺度僧詔 104上
答長孫無忌請誅段志沖手詔 104上
降雍州見禁囚徒詔 104上
甘雨降大赦詔 104下
賜李靖陪葬詔 104下
宣慰劍南將士詔 105上
勞鄧州刺史陳君賓詔 105下
謹死刑詔 105下
册蘇亶女爲皇太子妃詔 106上
册荆州都督荆王元景詔 106上
爲故禮部尚書虞世南齋僧詔 106上
獎魏徵編注戴氏禮詔 106下
答魏徵謝賜殿材起堂詔 106下
問魏徵病手詔 106下
答魏徵上羣書理要手詔 106下
重問魏徵病手詔 107上
答魏徵辭太子太師詔 107上
答房元齡請解僕射詔 107上
又答房元齡詔 107上
捨舊宅造興聖寺詔 107上
賜竇誕還第詔 107下
幸遼東賜褚亮詔 107下
令諸州寺觀轉經行道詔 107下
賜涼州都督李大亮詔 108上
賜李大亮荀悦漢紀詔 108上
答有司請討林邑詔 108上
遺詔 108下
令虞世南製杜如晦碑手敕 109上
定藥敕 109下
命魏王泰祭尚書虞世南手敕 109下
佛遺教經施行敕 109下
答元奘謝御製三藏序敕 109下
斷賣佛像敕 110上
答羣臣封禪表敕 110上
手敕 110上
册楊恭道女爲婕妤文 110上
册崔宏道女爲才人文 110下
册蕭鑒女爲才人文 110下
册蕭鏶女爲美人文 110下
册晉王爲皇太子文 110下
册徐州都督徐王元禮文 111上
册越王泰改封魏王文 111下
册蘇亶長女爲皇太子妃文 111下
册韋挺長女爲齊王妃文 111下
册劉威德次女爲虢王妃文 112上
册齊國公無忌爲司空文 112上
册高士廉改封申國公文 112上
册李勣改封英國公文 112下
册程知節改封盧國公文 113上
册侯君集改封陳國公文 113上
册段志元改封褒國公文 113下
册突厥李思摩爲可汗文 113下
陳讓禪位表 114上
告柏谷塢少林寺上座書 115上
報竇建德書 115上
與薛元敬書 116下
賜鄭元璹書 116下
賜百濟王璋璽書 116下
賜李襲譽進忠孝圖

書 116下
賜姜行本璽書 117上
存問并州父老璽書 117上
賜郭孝恪璽書 117下
賜高麗璽書 117下
克高麗報皇太子書 117下
賜王遠知璽書 117下
賜薛延陀璽書 118上
誡吳王恪書 118下
賜韋挺書 118下
遺蕭德言書 118下
述聖賦序 119上
大唐三藏聖教序 119下
帝範序 120下
帝範後序 121上
禁經序 121下
大興善寺鐘銘序 121下
諭侍臣絶讒構論 122上
諸葛亮高熲爲相公直論 122下
民可畏論 122下
政本論 122下
筆法論 123上
指法論 123上
筆意論 123下
告南郊文 123下
謁太廟陳謝文 123下
征高麗誓師文 124上
宏福寺施齋願文 124上
六馬圖贊 124下
晉祠銘 并序 125上
金鏡 126下
自鑑録 129上
爲太穆皇后追福手疏 129下
祭征遼戰亡將士文 129下
祭原州瑞石文 130上
祀北嶽恒山文 130上
祭高士廉文 130下
祭比干文 130下
祭魏太祖文 130下
數年帖 131上

高宗皇帝

大唐紀功頌 并序 131下
監國求賢令 134上
爲攝太傅高儉設榻令 134下
爲文德聖皇后薦福令 134下
建大慈恩寺令 135上
諭普光寺僧衆令 135上
答沙門慧淨辭知普光寺任令 135下
答張行成因旱請致仕表手制 136上
加潞王周王上柱國別食實封制 136下
定樂舞制 136下
改封禪器物制 136下
申理冤屈制 137上
頒行新令制 137下
免岐王珍爲庶人制 138下
置乾封明堂縣制 139上
封周王顯制 139下
賜謚皇太子宏孝敬皇帝制 139下
即位大赦詔 140上
令京司長官上都督府諸州舉人詔 140上
改元永徽詔 140下
衛士等聽終制三年詔 140下
補授儒官詔 141上
流蕭齡之嶺南詔 141上
賑雍同二州詔 141下
詳定刑名詔 141下
禁獻鷹犬詔 142下
恩宥囚徒詔 142下
流劉大器峯州詔 143上
幸萬年宫詔 143上
旌表楊紹宗妻王氏詔 143上
曲赦醴泉縣詔 143下
立武昭儀爲皇后詔 143下
停進珠玉詔 144上
禁酷刑及匿名書詔 144上
賜蕭鈞手詔 144上
禁幻戲詔 145上
放宫人詔 145上
降太子忠爲梁王詔 145下
立代王宏爲皇太子詔 145下
減膳詔 146上
令州縣舉人詔 146上
令百官各舉所知詔 146上
公主王妃見舅姑父母勿答拜詔 146下
停諸節進獻詔 146下
僧尼不得受父母及尊者禮拜詔 147上
分立彌射爲興昔亡可汗步真爲繼往絶可汗詔 147上
建東都詔 147下
禁縣主稱出降詔 147下
禁讓官詔 147下
臨文不諱詔 148上
禁止臨喪嫁娶及上墓歡樂詔 148上
令僧道致拜父母詔 148上
停慶賀糜費詔 148下
禁留獄詔 148下
停封禪及幸東都詔 149上
恤刑詔 149上
李義府罷相詔 149上
罷諸州造船安撫百姓詔 149下
舉行封禪所司集嶽下詔 150上
加宇文思純朝散大

夫詔 150上
遣使慮囚詔 150上
頒行麟德曆詔 150上
安置舞曲詔 150下
贈孔子爲太師詔 151上
上老君元元皇帝尊號詔 151上
宗廟薦享別奠詔 152上
仍用開元通寶錢詔 152上
宗祀高祖太宗配帝詔 152上
贈顔曾詔 152下
改元總章大赦詔 153上
授武士彠等子孫官詔 153下
勅建明堂詔 154上
定明堂規制詔 155上
簡擇史官詔 158下
命皇太子領諸司啟事詔 158下
營造孔子廟堂及學館詔 158下
令州縣舉明習禮樂詔 159上
禁僭服色立私社詔 159上
改尚書省制勅用黄紙詔 159下
更定選補桂廣交黔等州選士例詔 159下
令山東江左採訪人物詔 159下
幸東都詔 160上
京官文武三品以上每年各舉所知詔 160上
令雒州舉人詔 160上
贈王遠知太中大夫詔 160下
賜李延壽家物詔 160下
減貢獻並蠲貸諸州詔 160下
令雍州長史李義元禁僭侈詔 161上
嚴考試明經進士詔 161上
停封中岳詔 161下
改元宏道大赦詔 162上
赦妄言災異詔 162下
除劉訥言名詔 163上
遺詔 163上
建明堂勅 164上
獎顔揚庭進父師古匡謬正俗勅 164上
停勅僧道犯罪同俗法推勘勅 164上
檢閱新譯經論勅 164下
賜薛仁貴手勅 164下
命有司議沙門等致拜君親勅 164下
與劉仁軌劉仁願勅 165上
賜京城父老勅 165上
禁帷帽勅 165上
誅秦懷恪勅 165下
褒皇太子上所注後漢書手勅 165下
令舉猛士勅 166上
父在爲母喪宜依古禮勅 166上
册代王宏爲皇太子文 166下
册張允恭鄯州都督文 166下
册許王孝秦州都督文 167上
册趙王福青州刺史文 167上
册唐臨吏部尚書文 167下
册鄧王元裕襄州刺史文 167下
册虢王鳳宋州刺史文 168上
册紀王愼澤州刺史文 168上
册段寶元越州都督文 168下
册喬師望涼州刺史文 168下
册閻立本工部尚書文 169上
册李寬太子詹事文 169下
册杞王上金鄜州刺史文 169下
册曹王明梁州都督文 170上
册郇王素節申州刺史文 170上
册潞王賢爲揚州都督仍徙封沛王文 170下
册贈渤海王文 170下
册劉伯英左監門衛大將軍文 171上
册許敬宗太子太師文 171下
册隴西郡王博乂特進司宗卿文 171下
册曹王明虢州刺史文 172上
册冀王輪文 172下
册紀王愼邢州刺史文 173上
册曹王明豫州刺史文 173下
册趙王福梁州都督文 173下
册謚孝敬皇帝文 174上
册周王顯左衛大將軍文 175上
册張延師鎮軍大將軍文 175下
請勿親行陣表 176上
答元奘謝啟書 176上
答元奘請入少林寺

緇經書 176上
誡滕王元嬰書 176上
與百濟王義慈璽書 176下
三藏聖教後序 177上
述聖記 178上
德威法師贊 178下
玉華宫山銘 178下
隆國寺碑銘 179上
萬年宫碑銘并序 180下
攝山棲霞寺明徵君碑銘 181上
孝敬皇帝叡德紀 184上
大唐故司空太子太師上柱國贈太尉揚州大都督英貞武公李公碑 186下
泰山玉牒文 189上
祭告孔子廟文 189上
枇杷子帖 189下
叔藝帖 189下

中宗皇帝

答邢文偉令 190下
令官民投匭雪寃制 190下
大赦雒州制 191上
加相王實封制 192上
加太平公主實封制 192上
封壽昌縣主制 192下
封永年縣主制 192下
封仙源縣主制 192下
贈徐有功越州都督制 193上
封五王制 193上
遣十使巡察風俗制 193下
揀擇郡守制 194上
拜南郊制 194上
金城公主出降吐蕃制 194下
答張説讓起復黄門侍郎制 195上
贈拓拔思泰特進制 195下
封長寧公主等制 195下
長寧公主下嫁楊慎交制 195下
相王及太平公主不得拜諸王公主制 196上
加長寧安樂公主實封制 196上
贈李昭德左御史大夫制 196上
禁進獻奇巧制 196下
授李承嘉户部尚書制 196下
授楊再思檢校左臺大夫制 197上
授韋嗣立黄門侍郎制 197上
授張錫工部尚書制 197上
慮囚制 197下
授蘇珦左臺大夫制 197下
封張仁愿韓國公制 197下
邵王贈皇太子制 198上
集學生制 198上
起復上官氏爲婕妤制 198下
贈王遠知金紫光禄大夫詔 198下
徵武攸緒詔 199上
崇獎王友貞詔 199上
東光縣主事跡編入國史詔 199下
追贈楊初成官詔 199下
令張柬之母辭封爵詔 200上
貶敬暉等詔 200上
賞郭山惲詔 200下
褒天竺國使臣詔 200下
勞契丹李失活詔 201上
追奪劉光業等官爵詔 201上
追復李勣官爵詔 201下
送魏元忠歸鄉勅 202上
宴集日本國使臣勅 202上
停親謁乾陵勅 202上
賜王晙勅 202下
禁化胡經勅 202下
答張景源請改中興寺勅 203上
賜崔琬彈宗楚客密狀勅 203上
賜成王千里衣物勅 203上
答大恒道觀主桓道彦等表勅 203下
答敬暉請削武氏王爵表勅 204上
令入學行束脩禮勅 204下
褒盧正道勅 204下
册張柬之漢陽郡王文 204下
册崔元暐博陵郡王文 205上
册崔元暐妻爲博陵郡王妃文 205下
册贈楊再思并州大都督文 205下
册贈豆盧欽望司空并州大都督文 206上
即位赦文 206下
高宗天皇大帝謚議 208下
報薛元超書 209下
賜突厥書 210上
召曹溪惠能入京御札 210上
三藏聖教序 210上
九日登高詩序 212上
林光宫道岸法師像讚 212上
賢首國師真讚 212上

睿宗皇帝

受禪制 213上
誡諭天下制 213上

成王千里還舊官制 213下
贈甯嘉勗永和縣令制 214上
定刑法制 214上
加鎮國太平公主實封制 214下
贈太子重俊謚節愍制 214下
贈裴炎益州大都督制 214下
以崔日用參知機務制 215上
授蘇瓌左僕射制 215上
禮葬韋后安樂公主制 215下
贈薛季昶左御史大夫制 215下
追贈燕欽融諫議大夫制 215下
追贈蘇安恒諫議大夫制 215下
追贈張柬之中書令制 215下
褒長安令李朝隱制 216上
追復李多祚官制 216上
貶趙彦昭歸州刺史制 216下
勘責授官制 216下
令西城昌隆公主入道制 216下
令所司舉人制 217上
命皇太子監國制 217上
令僧道並行制 217上
韋安石等罷相制 217下
郊禋大赦制 217下
禁請仗下奏事制 218上
褒恤魏元忠制 218上
訪察官司請託制 218上
頒新格式制 218下
加邠王守禮實封制 219上
加宜城公主實封制 219上
贈吉項御史大夫詔 219上
立平王爲皇太子詔 219下
葬譙王重福詔 219下
揀擇刺史詔 220上
命皇太子釋奠太學詔 220下
停修金仙玉真兩觀詔 220下
付史館紀皇太子等勸進詔 220下
答皇太子讓禪位表詔 221下
復劉幽求官爵詔 221下
誡勵風俗勅 222上
申勸禮俗勅 222上
簡擇内外文武官勅 223上
賜天師司馬承禎三勅 223下
戒諸王皇親勅 224上
復建桐柏觀勅 224下
賜岱岳勸勅 224下
賜狄光嗣勅 225上
賜武攸緒勅 225上
命皇帝謁享太廟誥 225上
命皇帝巡邊誥 225下
簡補羽林飛騎誥 226上
除宥禁囚誥 226上
遣宣勞使誥 226上
封乳母蔣氏莫氏誥 226下
誅竇懷貞等大赦誥 226下
命皇帝處分軍國政刑誥 227上
與皇帝誥 227下
册皇帝妃王氏爲皇后誥 227下
册封皇帝良娣董氏等誥 227下
封郯王鄂王誥 227下
封陝王談 228上
遺誥 228上
册平王爲皇太子文 228下
節愍太子謚册文 229上
册桂陽郡王楊妃文 229上
北郊赦文 229下
讓禪位表 230上
與劉仁軌書 230上
勞畢構璽書 230下
賜劉幽求璽書 231上
勞解琬璽書 231上
大寶積經序 231下
景龍觀鐘銘 232上
孔子贊 232下
老子贊 232下
漢高祖贊 233上
晉宣帝贊 233上
梁武帝贊 233上

元宗皇帝

喜雨賦 233下
鶺鴒頌 234上
答賈曾令 234下
將行釋奠禮令 234下
受禪制 235上
褒魏知古進詩手制 235上
賜魏知古手制 235下
命張説等與兩省侍臣講讀制 235下
授姚元之兵部尚書同三品制 236上
封張暐制 236上
授張説中書令制 236下
大赦制 236下
賞定策功臣制 237上
遣使宣撫諸道制 237下
加封魏知古陸象先制 238上
科屠割刑人骨肉者制 238上
封張説諸元量制 238上
幸東都制 238下

封突厥可汗夫人吕氏孫氏制 239上
加宋王成器等三公制 239上
加劉幽求實封制 239上
加宋王成器開府儀同三司制 239下
授解琬朔方道後軍大總管張知運副大總管制 239下
舉堪充將帥制 240上
答張説進上黨舊宫述聖頌制 240上
斥李嶠制 240下
授盧懷慎同平章事制 240下
授陸象先益州大都督府長史制 240下
封葉法善越國公制 241上
授崔據張岦朝散大夫制 241上
黜陟内外官制 241上
授王晙朔方道行軍總管制 241下
封郭虔瓘郭知運制 242上
答宋王成器等上表以興慶舊里宅爲宫制 243上
禁百官與僧道往還制 243上
薛訥除名爲庶人制 243上
授岐王範華州刺史薛王業同州刺史制 243下
命李延昌等屯兵秦州制 243下
親征吐蕃制 244上
立郢王嗣謙爲皇太子制 245上
贈竇希玠尚書左丞相制 245上
量賞租庸如數制 245上
封邠王守禮第二女華亭縣主制 245下
禁厚葬制 245下
贈王海賓左金吾衛大將軍制 245下
封宋王成器長女安吉縣主制 246上
授盧懷慎黄門監制 246上
禁畜别宅婦人制 246下
春令行赦制 246下
賜高麗莫離支及吐谷渾等大首領爵賞制 246下
授薛訥朔方道行軍大總管吕延祚杜賓客副總管制 247上
命徵辟東宫官屬制 247下
選耆儒侍讀制 248上
放散團兵制 248上
幸鳳泉湯制 248下
授薛謙光東都留守元行沖副留守制 248下
幸鳳泉降所過地方刑罪制 249上
授邠王守禮襄州刺史制 249上
授郯王嗣直等都護制 249上
封契丹李失活奚李大酺制 249下
授源乾曜黄門侍郎同平章事制 250上
授宋璟吏部尚書蘇頲同平章事制 250上
贈王友貞銀青光禄大夫制 250下
命故密王元曉再從孫徽嗣爵制 250下
并州置天兵軍制 251上
移蔚州横野軍於代郡制 251上
征突厥制 251下
賜隱士盧鴻一還山制 252下
封突騎施蘇禄順國公制 253上
命宋璟蘇頲修國史制 253下
親謁太廟推恩制 253下
封懷寧郡王嗣英制 254下
贈王仁皎太尉益州大都督制 254下
改封宋王憲爲寧王制 255上
皇太子加元服制 255上
令所司簡閲丈尺立樣制 255上
贈葉法善越州都督制 255下
録京城囚制 255下
改公卿子弟京官爲外僚制 256上
科禁諸州逃亡制 256上
授張説同中書門下三品制 257上
幸并州制 257上
流姜皎嶺外制 257下
誡宗屬制 257下
贈司馬承禎銀青光禄大夫制 257下
授鍾紹京郴州别駕制 258上
禁百官交結匪人制 258上
皇子納妃制 258上
封東光公主制 258下
封燕郡公主制 258下
并州置北都制 258下
北都巡狩制 259上

貶張嘉貞幽州刺史制 259上
命張説兼中書令制 259下
祠后土獲符瑞行慶制 259下
授張説中書令王晙同三品制 260上
授王晙朔方節度使制 260上
躬享九廟制 260下
祀南郊制 260下
令舉獻歲舊章制 261上
授王邱等六人刺史制 261上
貶宇文融汝州刺史制 261上
改封嗣江王禕等爲郡王制 261下
褒賜尸利佛誓國制 261下
追贈申王撝爲惠莊太子制 262上
分遣蔣欽緒等往十道疏決囚徒宣慰百姓制 262上
改封契丹松漠郡王李邵固爲廣化王奚饒樂郡王李魯蘇爲奉誠王制 262下
禁斷矯稱勅使制 262下
追贈岐王範爲惠文太子制 262下
封故澤王男義珣制 263上
令户口復業及均役制 263上
崇祀元元皇帝制 263上
授蕭嵩集賢院學士修國史制 263下
賜王希夷致仕還山制 263下
授慶王潭等諸州都督制 264上
幸長安制 264上
改道幸長安制 264下
録囚制 264下
優恤張守潔等制 265上
命備吐蕃制 265下
宣慰河北州縣制 266上
順時宥罪制 266上
令隴右河西備邊制 266下
討吐蕃制 266下
封唐昌公主等制 267上
罷杜暹李元紘平章事制 267上
停源乾曜侍中制 267上
貶齊澣麻察等制 267下
授裴光庭宏文館大學士制 268上
加白履忠朝散大夫制 268上
放還白履忠制 268上
申嚴銅禁制 268上
迎氣東郊推恩制 268下
立齊太公廟制 269上
幸東都制 269下
加常芬公主實封制 270上
發諸州義倉制 270上
寬宥天下囚徒制 270下
追封安金藏代國公制 270下
幸北都制 271上
命貢舉加老子策制 271上
命李暠使吐蕃制 271上
遣使宣慰江南淮南等州制 271下
授韓休黄門侍郎同平章事制 271下
允禮部尚書王邱致仕制 271下
加張果封號制 272上
授裴耀卿侍中張九齡中書令李林甫禮部尚書制 272上
授信安郡王禕滑州刺史制 272下
封李過折北平郡王制 272下
授李尚隱户部尚書益州長史劒南節度採訪使制 272下
贈兖國公陸象先尚書左丞制 273上
千秋節宴羣臣制 273上
授慶王琮司徒制 273上
答侍中裴耀卿論服制手制 273下
罷侍中裴耀卿中書令張九齡爲尚書左右丞相制 273下
遷衛州長史盧見象等制 274上
恤刑制 274上
推恩臣庶制 274上
命宇文晏襲封介國公制 274下
廢皇太子瑛爲庶人制 274下
加樂安郡王瑗等實封制 275上
迎春東郊制 275下
贈武惠妃貞順皇后制 275下
封臨晉公主制 275下
贈同安郡王珣太子少保制 276上
春郊禮成推恩制 276上
封蒙歸義雲南王制 277上
貶蕭嵩青州刺史制 277下
貶張守珪括州刺史制 277下
答李林甫賀收安戎

城手制 277下
授吐火仙可汗等官爵制 278上
封皇孫俶等爲郡王制 278上
贈鄔元崇棣州刺史制 278下
委刺史縣令勸課制 278下
封高陽公主制 279上
定大唐樂制 279上
追謚寧王憲爲讓皇帝制 279下
天寶改元制 279下
令道教及天地乾坤字須半闕制 280上
追尊元元皇帝父母并加謚遠祖制 280下
命金憲英襲封新羅王制 281上
九月薦衣陵寢制 281下
命孔璲之襲封文宣公制 281下
改年爲載推恩制 282上
放免囚徒制 282下
令詳定九宫壇儀注制 282下
封和義公主出降寧遠國王制 283上
封太華公主制 283上
封壽光公主樂成公主制 283下
安養百姓及諸改革制 284上
南郊推恩制 285下
授陳希烈左相制 287下
定禮部試帖經制 287下
授榮王琬安北大都護制 287下
上聖祖及諸廟帝后尊號推恩制 288上
封廣寧公主制 289上
封安禄山東平郡王郡制 289上
改宗廟稱告享制 289下
贈汝陽王璡太子太師制 289下
改置黄帝壇制 290上
贈慶王琮靖德太子制 290上
授楊國忠右相制 290下
贈楊珣鄭國公制 291上
加哥舒翰爵賞制 291上
授韋見素同平章事制 291下
封葛邏禄葉護頓毗伽金山王制 292上
天長節推恩制 292上
令錢貨兼用制 293上
置十道勸農判官制 293上
宣慰湖南制 294上
賜汴王璥謚制 294下
誅姜慶初等并削裴倣官爵制 294下
封新平郡主制 295上
封安定郡主制 295上
授嗣澤王瑀國子司業制 295上
加貴妃豆盧氏等食實封制 295下
禁屠殺雞犬詔 296上
誡勵宗室詔 296上
禁州縣嚴酷詔 296下
緩修大明宫詔 296下
命諸州舉賢才詔 297上
復薛崇簡官爵詔 297上
賜乳母竇氏俸料準三品詔 297上
宣示亳州瑞木詔 297上
答崔日用手詔 297下
答張説進白鳥賦詔 297下
祈雨詔 297下
禁濫借魚袋詔 298上
貶韋安石等詔 298下
停諸陵供奉鷹狗詔 298下
停鵝鴨坊米粟詔 299上
令舉賓才詔 299上
量減員外官詔 299下
放還諸蕃宿衛子弟詔 299下
飭尚書諸司詔 300上
敍録薛訥等征吐蕃功詔 300上
禁坊市鑄佛寫經詔 300上
禁用珠玉錦繡詔 300下
褒楚國公姜皎詔 300下
出宫人詔 301下
宴勞勇士詔 301下
免崔滌從坐詔 302上
賜高年几杖詔 302上
收瘞吐蕃戰没人詔 302下
追賜蘇瓌實封詔 302下
練兵詔 302下
幸鳳泉湯詔 303上
宣慰突厥降户詔 303上
賑河南河北詔 303下
再賑河南河北詔 303下
禁私役兵士詔 303下
清釐滯獄詔 304上
賜北庭都護郭虔瓘手詔 304上
禁創造寺觀詔 304上
命薛訥等討吐蕃詔 304下
減膳省刑詔 305下
命宰臣省察囚徒詔 305下
整飭吏治詔 306上
緩征詔 306下
求言詔 306下
降大理繫囚罪詔 307上
征越巂詔 307上
命李全確往淮南授

捕虎法詔 307上
誅長孫昕等詔 307下
禁僭用服色詔 307下
更定滿考日例詔 308上
答倪若水詔 308上
捕蝗詔 308上
令御史檢察差科詔 308下
勸奬縣令詔 308下
賜盧懷慎家帛粟詔 308下
更定兩畿縣令考滿詔 309上
簡察驛路安索供給詔 309上
命柳城復置營州詔 309上
遣使巡察河南北詔 309下
徵隱士盧鴻一詔 309下
戒諭吏部員外郎諸璆等詔 310上
量減鎮兵年限詔 310上
封永樂縣主出降松漠郡王詔 310下
改明堂爲乾元殿詔 310下
安置降蕃詔 311上
令奏事仍進先狀詔 311上
優禮諸州鄉貢明經進士詔 311下
命越王貞從孫琳嗣爵詔 311下
令禮官條奏應行事詔 312上
定致仕官俸詔 312上
整飭民風詔 312上
禁屠殺馬牛驢詔 312下
令詳定宗廟社稷嶽瀆祭典詔 312下
放遣括獲婦女詔 312下
賜京官等俘獲吐蕃牛馬詔 313上
順時決獄詔 313上
禁策判不切事宜詔 313上
久任二千石詔 313上
授潘好禮邠王府長史詔 313下
授盧鴻一諫議大夫詔 313下
賑恤河南北詔 313下
申禁滯獄詔 314上
以蘇瓌劉幽求配享睿宗廟庭詔 314上
以桓彥範等配享中宗廟庭詔 314下
慮囚詔 314下
禁刺史進奉詔 315上
禁有司仗下獨奏詔 315上
賜褚无量馬懷素詔 315上
命選宮僚詔 315下
遣使賑恤河南道詔 315下
勸選人勤學業詔 315下
遞還張希嶠詔 315下
再減牧草税詔 316上
令孝經參用諸儒解易經兼帖子夏易傳詔 316上
令諸儒質定孝經尚書古文詔 316上
令孝經並行孔鄭帖易停子夏傳詔 316上
答宋璟論修德緩刑詔 316下
親慮囚詔 316下
命諸州慮囚詔 317上
遣官祈雨詔 317上
集書目詔 317上
罷請駕詔 317上
皇太子入學慶賜詔 317下
皇太子加元服慶賜詔 317下
給復被災州縣詔 317下
命兩京及諸州簡兵詔 318上
褒姜師度詔 318上
命張説修國史詔 318下
答蔡孚請宣示御製春雪春臺望詩手詔 318下
按理枉濫詔 319上
貶蕭執珪盧季恂崔憬等詔 319上
令州縣舉智勇詔 319下
禁差民馬詔 319下
加恩征行及當番衞士詔 320上
禁逃亡詔 320上
禁士女施錢佛寺詔 320上
條制番夷事宜詔 320下
釋放流徒等罪詔 321上
誅康待賓免從坐詔 321下
分散化度寺無盡藏財物詔 322上
安置北州諸蕃詔 322上
遣使宣慰百姓詔 322下
慰問鹽夏兩州百姓詔 322下
幸東都詔 322下
朝官子弟先與閑散官詔 323上
令州軍牒本貫放歸兵募丁防詔 323上
禁僧道掩匿詔 323下
誅王鈞詔 323下
命張説兼領朔方節度詔 324上
流裴景仙嶺南詔 324上
賑懷州詔 324下
增置太廟九室詔 324下
禁殯葬違法詔 325上
北巡祠后土詔 325下
車駕次潞州慶賜詔 325下
遣御史分巡諸道詔 325下
令諸州置醫學博士

詔 326上
令太史修漏刻詔 326上
幸河東推恩詔 326上
禁大酺會人填溢詔 327上
飭御史刺史縣令詔 327上
賜奚契丹等絹綿詔 327上
令御史分巡河南北詔 327下
置判南曹官詔 327下
禁僧道不守戒律詔 327下
置勸農使詔 328上
令河西隴右等處防邊詔 328下
賜突厥袍帶詔 328下
令蒲同兩州平糶詔 329上
卹緣邊兵士詔 329上
答源乾曜等請封禪手詔 329下
答源乾曜等重請封禪手詔 329下
報裴漼等請封禪手詔 329下
允行封禪詔 330上
將封泰山斷屠詔 330下
禁濫借魚袋詔 330下
定犯盜人刑法詔 330下
賜兵士葬祭詔 331上
量助長征家口管種詔 331上
放免十二年以前積欠詔 331上
戒州縣祗候御史詔 331下
禁訴冤自刑詔 331下
幸孔子宅遣使以太牢祭墓詔 331下
巡理滯獄詔 331下
禁左道詔 331下
順時決獄詔 332上
給年滿兵募程糧詔 332上
遣官祭五嶽四瀆風伯雨師詔 332上
遣使宣慰懷鄭許滑衛等州詔 332下
遣使宣撫河南北道詔 332下
令都督刺史更訪擇舉人詔 333上
答寧王憲手詔 333上
安存流民詔 333下
貶陳州刺史李樂詔 333下
賑給同鄜等州詔 333下
緩逋賦詔 333下
遣使宣撫河北詔 334上
答張說進渾儀表詔 334下
禁公私舉放重利詔 334下
申明存恤從征家口詔 334下
令諸州祭名山大川詔 334下
答裴光庭等賀雨詔 335上
答宋璟等賀雨手詔 335上
答裴光庭賀雨手詔 335上
報祀宗社詔 335下
飭州縣承勅宣示百姓詔 335下
戒州縣牧詔 335下
久雨赦宥詔 335下
遣使巡問河南詔 336上
弛陂澤入官詔 336上
放諸軍兵募更番洗沐詔 336上
禁妨農詔 336下
授白知節彭州刺史詔 336下
擇堪邊任詔 336下
答百寮請以八月五日爲千秋節手詔 336下
括檢僧尼詔 337上
春秋二祀及釋奠並停牲牢詔 337上
命崔琳使吐蕃詔 337上
答裴光庭詔 337下
贈張說太師詔 337下
貶王毛仲詔 338上
放還罰鎮配隸人詔 338上
中書門下等官賜錢造食詔 338下
疏決囚徒詔 338下
禁僧徒斂財詔 339上
澄清佛寺詔 339下
禁僧俗往還詔 339下
修整街衢坊市詔 339下
答裴光庭等表賀幽州執奚壽斤詔 340上
嚴禁三考干求詔 340上
宣撫河南詔 340上
答裴光庭請修續春秋手詔 340下
答蕭嵩等請宣示祥瑞手詔 340下
相州改造廳衙詔 340下
許士庶寒食上墓詔 341上
令優才異行不限常例詔 341上
令僧尼無拜父母詔 341下
答李適之祭嶽瀆得雨賀表手詔 341下
答裴耀卿等手詔 341下
答裴光庭詔 341下
答蕭嵩手詔 342上
遣蕭嵩往秦州致祭山川詔 342上
考試博學多才道術醫藥舉人詔 342上
祭社復用牲牢詔 342下
令兩監生徒赴學詔 342下
報祀九廟岳瀆天下名山大川詔 342下
刺史不準當年入考詔 342下

舉賢良詔 343上
決斷寃繫詔 343上
緩逋賦詔 343上
禁買賣口分永業田詔 343上
答蕭嵩等請封嵩華二岳手詔 343下
答張九齡等賀御注金剛經手詔 343下
宗廟加籩詔 343下
舉孝弟力田詔 343下
誅武温昚等詔 343下
置壽星壇詔 344上
放諸鎮兵募詔 344下
條制考試明經進士詔 344下
貶盧怡詔 345上
免鄂王瑤妃韋氏罪詔 345上
命諸道節度使募取丁壯詔 345下
飭諸軍不得輒賞借緋紫詔 346上
簡括諸軍兵募詔 346上
選宗子授臺省京縣等官詔 346上
答李林甫請宣示御製訓誡手詔 346下
諭河南河北租米折留本州詔 346下
停今年漕運詔 346下
禁取同華人充兵防詔 346下
答李適之手詔 347上
褒賜鄭少微等詔 347上
定屯官敘功詔 347上
答牛仙客等表賀吐蕃安戎城得泉手詔 347上
答朝集使蔣欽緒等上尊號詔 347上
禁卜筮惑人詔 347下
追謚孔子十哲并升曾子四科詔 347下
追贈曾參等六十七人詔 348上
答牛仙客等請宣付元元皇帝靈應手詔 348下
爲元元皇帝設像詔 348下
嚴禁左道詔 349上
答牛仙客表賀紫宸殿烏巢手詔 349下
答牛仙客表賀宣政殿烏巢手詔 349下
給復徐泗等州詔 349下
釋奠令攝三公行禮詔 349下
禁喪葬違禮及士人干利詔 349下
令內外官薦親伯叔及弟兄子姪堪任刺史縣令詔 350上
答宰臣賀元元皇帝玉像手詔 350上
命兩京諸路各置元元皇帝廟詔 350下
令寫元元皇帝真容分送諸道并推恩詔 350下
遣使分巡天下詔 351下
長流盧暉富州詔 352上
停水驛詔 352下
放還老病軍士詔 352下
合祭天地詔 352下
令葬埋暴骨詔 352下
分道德爲上下經詔 353上
命李彥允等入宗正籍詔 353上
禁止生徒問難不經詔 353下
令天下諸觀仍轉本際經詔 353下
飭敬祀社稷詔 354上
答中書門下表賀河西大破吐蕃詔 354上
頒重注孝經詔 354上
兩京告享各擇吉日詔 354上
遣使分祀嶽瀆詔 354下
誅柳升詔 354下
以今文繕寫尚書詔 355上
恤彍騎詔 355上
貶韓朝宗吴興郡別駕員外詔 355下
許上柱國外有餘勳迴授周親詔 355下
答皇太子等表賀內道場靈異手詔 355下
答中書門下賀元元皇帝靈應手詔 356上
答陳希烈奏道士蕭從一見元元皇帝手詔 356上
定祀元元皇帝儀注詔 356上
引見諸州高蹈不仕舉人詔 356下
尊道德南華經詔 356下
改波斯寺爲大秦寺詔 357上
定犯徒配軍詔 357上
答請宣示瑞鹿詔 357下
遣使巡按天下詔 357下
禁戈獵詔 357下
停不急之務詔 358上
量減祭祀應用牛牲詔 358上
增定祀典詔 358上
許百官旬節休假不

入朝詔 358下
禁流貶人在路逗留詔 358下
貶韋堅並免從坐詔 359上
刊廣濟方詔 359上
黜陟守令詔 359上
貶王琚江華郡司馬詔 359下
詳定來年廟享及南郊合祀儀注詔 359下
頒示道德經注孝經疏詔 360上
禁採捕詔 360上
流彭果詔 360下
令正月夜開坊市門詔 360下
賜楊慎矜等自盡併處置詔 360下
賜故邠王男承宣等緋魚袋詔 361下
答百僚表請加應道尊號手詔 361下
遣使祭嶽瀆四海詔 362上
却王公等請上尊號詔 362上
却羣臣上尊號手詔 362上
答李林甫等請頒示賜太子仁孝詩詔 362上
停封西嶽詔 362下
勅吏部慎重注擬詔 362下
致祭涇渭灞滻等水詔 362下
答馮紹正賀雨手詔 363上
禁刈禾充馬藁詔 363上
禁賃店干利詔 363上
勅冀州刺史原復邊仙觀修齋詔 363上
許百官遊宴詔 364上
諸衛隊仗緋色幡改赤黃色詔 364上
答中書門下賀大同殿鐘鳴手詔 364上
答中書門下賀寫道德經五本手詔 364下
答中書門下賀宮内柑子結實詔 364下
禮神用真玉詔 364下
以李林甫兼領朔方節度詔 365上
令文武選人對衆留放詔 365上
禁官奪百姓口分永業田詔 365下
賜王鉷自盡詔 366下
禁戰功虛冒詔 367上
贈聶師道詔 367下
令御史宣撫河東諸郡詔 367下
削李林甫官秩詔 368上
嚴考課詔 368下
命陳希烈兼領秘書詔 369上
授安慶緒衛尉卿詔 369上
諭嶺南州縣聽應諸色鄉貢舉詔 369下
禁弋獵採捕詔 369下
平糶詔 369下
遣官祭天地五星詔 370下
展諸軍士防秋年限詔 370下
遣官祭元冥風伯雨師詔 370下
報祭岳瀆詔 371上
貶吉温詔 371上
親征安禄山詔 371下
命皇太子監國仍親總師徒東討詔 372上
命皇太子即皇帝位詔 372上
命羣臣輔嗣皇帝詔 372下
加魏知古實封勅 373上
受太上皇誥勅 373上
平戎告廟勅 373上
賑岐華等州勅 373下
授徐有功子惀恭陵令勅 373下
命張知運持節赴軍勅 373下
遣使安撫江東勅 374上
授蘇乂右補闕勅 374上
授薛訥隴右道防禦大使勅 374上
召募兵勇勅 374下
行常平法勅 374下
罷親征吐蕃勅 374下
幸新豐躅復勅 375上
優給二王後及隋後勅 375上
誅左感意勅 375下
令蕃客國子監觀禮教勅 375下
許盧懷慎去官養疾勅 375下
禁驪山樵採勅 376上
放姜皎歸田勅 376上
進蔬食並斷都城屠宰勅 376下
賜蒲州童子勅 376下
禁惡錢勅 376下
度河南參軍鄭詵虢州朱陽縣丞郭仙舟爲道士勅 376下
賜京畿縣令勅 376下
令考試投匭人勅 377上
禁屠勅 377上
復崔日用實封勅 377上
流僧人懷照勅 377上
定母服齊衰三年勅 377上
賜關内河東河西入朝蕃酋等勅 377下

遣祠南郊華岳温湯勑 377下
銓擇内外官勑 377下
賜朝集使勑 378上
令内外臣僚各舉縣令勑 378下
策試貢舉人含元殿勑 378下
賜貢舉人朝堂坐食勑 378下
討康待賓等勑 379上
禁重徵租庸勑 379上
流蔣寵藤州勑 379下
停給職田勑 380上
誅裴景仙勑 380上
宴朔方軍節度及將士勑 380上
巡幸東都賜賚從官勑 380下
減東都禁囚等罪勑 380下
幸并州推恩勑 381上
祠霍山勑 381下
命王晙檢閲朔方諸軍勑 381下
諸州府馬數闕額以監牧馬充勑 382上
貶王同慶贛縣尉勑 382上
示節儉勑 382下
重牧宰資望勑 382下
賜益州長史張敬忠勑 382下
改丹水爲懷水勑 383上
令御史行齋勑 383上
慎選法官勑 383上
令本州長官舉人勑 383上
以雨澤頻降昭報山川勑 383下
禁斷奢侈勑 383下
選皇太子諸王妃勑 384上
令州郡勾當諸税勑 384上
禁和市反配違格勑 384上
加錢糴常平倉米勑 384上
以元元皇帝真容應見宜付史館勑 384下
戒勉京畿縣令勑 384下
貶責羅希奭張博濟勑 384下
準令王妻爲妃勑 385上
編户籍勑 385上
禁隱蔽人户等第勑 385上
戒州縣擾民勑 385下
頒示箋註道德經勑 385下
破奚契丹告享陵廟勑 386上
幸潞州勑 386上
賜百官九日射勑 386下
命錢物兼用勑 386下
禁屠宰勑 386下
給復京畿關輔勑 387上
以突厥可汗卒輟朝勑 387上
禁資課税户徵納見錢勑 387上
遣祭郊廟山川勑 387下
戒牧宰勑 387下
賜刺史縣令帛勑 388上
決殺張瑝等兄弟勑 388上
與侍臣論服制勑 388上
聽逃户歸首勑 388下
幸西京勑 389上
令諸州年終申報户口實數勑 389上
疏決禁囚勑 389上
度壽王妃爲女道士勑 889下
千秋節賜父老宴飲勑 389下
自東都還至陝州推恩勑 389下
流宋廷暉周仁公裴裔勑 390上
改太廟官名勑 390下
録開元以來名臣事迹付史館勑 390下
勒停蒲絳等州兵士勑 390下
遷擢宗正少卿崔秀等勑 390下
皇太子諸王改名勑 391上
改諸廟署隸宗正勑 391上
定關輔庸調勑 391上
賜朝集使勑 391下
遣牛仙客往關内諸州安輯六州胡勑 391下
停孝弟力田舉人考試詞策勑 392上
停每年小團勑 392上
始讀時令推恩勑 392上
試文詞舉人賜食勑 392下
備輅車儀仗勑 392下
以破奚契丹告廟勑 392下
命祭郊廟社稷嶽瀆勑 393上
定京畿職田勑 393上
令天下諸觀轉本際經勑 393上
冀州獻李嘉寵勑 393下
賜張九齡勑 393下
追贈鄖元崇勑 393下
褒賜韋堅等勑 393下
加莊文列庚桑四子爲真人勑 394上
禁地租外徵桑課勑 394上
賜朝集使勑 394上
賜朝集使勑 394下
致祭關内名山大川勑 394下
以冬至次日受朝勑 395上
均平户籍勑 395上
迎李含光勑 395下

命李含光建茅山壇宇勑 395下
置茅山修葺户勑 395下
答李含光進紫陽觀圖勑 396上
命諸道賀正表隨京官元日同進勑 396上
賜李含光號元静先生勑 396上
答李含光謝賜法號勑 396下
答李含光進靈芝勑 396下
答李含光賀仙藥靈芝勑 397上
命李含光投謝茅山勑 397上
賜李含光養疾勑 397上
答李含光謝賜詩及物勑 397上
命李含光奉詞詣壇陳謝勑 397上
遣使祭嶽瀆勑 397下
停親鄰代輸租庸勑 397下
禁採訪使兼理郡縣勑 398上
放舉人並下第勑 398上
答李含光謝賜詩勑 398上
賜李含光物及香棗等勑 398下
答李含光謝修齋醮勑 398下
褒賜李含光勑 398下
長至日賜李含光勑 398下
賜李含光物勑 399上
命李含光修功德勑 399上
禁茅山採捕漁獵勑 399上
令所司收換惡錢勑 399下
戒縣令勑 399下
賽祭畿内名山勑 400上
聽國子監諸生還鄉習讀勑 400上
序定朝儀勑 400下
曲宥蘇良嗣勑 400下
賜徐堅勑 400下
加襄樂縣主等實封勑 400下
賜司馬承禎勑 401上
賜丹陽太守林洋等勑 401上
答張説謝賜碑額表批 401下
答張九齡進白羽扇賦批 401下
答張九齡讓起復中書侍郎同平章事批 401下
答張九齡以薛王有疾憂變容髮請宣付史館批 401下
答張九齡以薛王薨損膳請復膳批 402上
答張九齡請施行御註道德經批 402上
答張九齡請東北將士刊石紀功德批 402上
答張九齡請御註經内外傳授批 402上
答張九齡請西幸改期宣付史館批 402下
答張九齡請爲寧王寫經宣付史館批 402下
答張九齡賀康待賓克捷批 402下
答張九齡賀北庭解圍仍有殺獲批 402下
答張九齡賀奚契丹離貳廓清有期批 402下
答張九齡賀誅契丹賊可突干批 403上
答張九齡賀破突厥批 403上
答張九齡賀東北屢捷批 403上
答張九齡賀依所料赤山北無賊及突厥要重人死批 403上
答張九齡賀蓋嘉運破賊批 403下
答張九齡賀賊魯蘇遁走批 403下
答張九齡賀雪批 403下
答張九齡賀侍講徧賜衣物批 403下
答張九齡賀雨批 403下
答張九齡賀雨晴批 404上
答張九齡賀雨批 404上
答張九齡賀雪批 404上
答張九齡賀祈雨有應批 404上
答張九齡賀太陽不虧批 404上
答張九齡賀祥雲見批 404下
答張九齡賀麥登批 404下
答張九齡賀御製開元文字音義批 404下
答張九齡賀論三教批 404下
答張九齡賀御註金剛經批 405上
答張九齡賀皇太子製碑批 405上
答張九齡賀上仙公主靈應批 405上
答張九齡賀昭陵徵應批 405上
答張九齡謝加章紱批 405下
答張九齡謝工部侍郎集賢院學士批 405下

答張九齡謝知制誥批 405下
答張九齡謝兩弟移官就養批 405下
答張九齡謝中書侍郎批 405下
答張九齡謝賜麥麪批 405下
答張九齡謝賜藥批 406上
答張九齡謝賜尺詩批 406上
答張九齡謝太子書頌批 406上
答張九齡謝兩弟授官批 406上
答張九齡謝賜衣物批 406上
答張九齡觀御製喜雪篇陳誠狀批 406下
答張九齡謝賜御書喜雪篇批 406下
答張九齡讓賜宅批 406下
答張九齡讓弟起復授官批 406下
答張九齡謝起祥除批 406下
答張九齡進龍池聖德頌批 407上
答張九齡謝弟授官批 407上
答吴筠進元綱論批 407上
答司馬承禎進鑄含象鏡劒圖批 407上
答葉法善乞歸鄉表批 407下
答吴道子進畫鍾馗批 407下
答濮陽郡王等請改修龍池聖德頌表批 407下
答蕭嵩請移家廟疏批 407下
答侍中裴光庭等上尊號表批 407下
答再請上尊號表批 408上
答三請上尊號表批 408上
答李齊古石臺孝經表批 408上
答顔真卿賀皇帝即位批 408上
營興慶宫德音 408下
停潁王等節度誥 409下
降永王璘爲庶人誥 409下
贈張九齡司徒誥 410上
令郡縣采奏孝弟誥 410上
册元獻楊太后誥 410下
答皇帝讓尊號誥 410下
答皇帝上尊號誥 410下
再答皇帝上尊號誥 411上
答皇帝上尊號并讓大聖字誥 411上
答皇帝三上尊號并辭大聖字誥 411下
賜皇帝進燒丹竈誥 411下
答皇帝表謝宣示進丹竈誥 411下
遺誥 412上
受禪告南郊文 412上
聖祖大道元元皇帝加號册文 412下
高祖神堯大聖皇帝加謚册文 412下
太宗文武大聖皇帝加謚册文 413上
高宗天皇大聖皇帝加謚册文 413上
中宗孝和大聖皇帝加謚册文 413下
睿宗元真大聖皇帝加謚册文 413下
光天文武大聖孝感皇帝加號册文 414上
册謚殤皇帝文 414下
册謚讓皇帝文 415上
册郢王爲皇太子文 415下
册惠莊太子文 415下
册惠文太子文 416上
册忠王爲皇太子文 416上
册交河公主文 416下
册建平公主文 417上
册臨晉公主文 417上
册真陽公主文 417上
册興信公主文 417下
册樂成公主文 417下
册壽光公主文 418上
册平昌公主文 418上
册廣寧公主文 418下
追册讓皇帝故妃元氏爲皇后文 419上
册壽王楊妃文 419上
册榮王鄭妃文 419下
册永王侯莫陳妃文 419下
册榮王薛妃文 420上
册濟王崔妃文 420上
册信王盧妃文 420下
册陳王韋妃文 420下
册壽王韋妃文 420下
册廣平郡王崔妃文 421上
册凉王張妃文 421上
册東海神爲廣德王文 421下
册勃律國王文 422上
册疏勒國王裴安定文 422上
册于闐王尉遲伏師文 422下
册箇失密國王木多筆文 422下
册渤海郡王大欽茂文 422下

冊順義王莫賀咄吐屯文 423上
冊突厥苾伽骨咄禄爲可汗文 423上
冊小勃律國王麻來兮文 423上
冊突騎施大纛官都摩度闕頡斤文 423下
冊陁拔薩憚國王爲恭化王文 423下
冊突騎施伊里底密施骨咄禄毗伽爲十姓可汗文 424上
冊罽賓國王勃匐準文 424上
冊十姓突騎施移撥可汗文 424下
冊朅帥國王素迦文 424下
冊骨咄國王羅金節爲葉護文 424下
冊突騎施黑姓可汗文 425上
冊骨咄禄三姓毗方伽頡利發文 425上
賜三姓葉護都摩度闕頡斤鐵券文 425下
賜護密國王子頡吉里匐鐵券文 425下
賜突騎施黑姓可汗鐵券文 426上
賜故石國王男郍俱車鼻施進封懷化王并鐵券文 426上
謁陵大赦文 426下
改元大赦文 427下
加應道尊號大赦文 428下
加天地大寶尊號大赦文 431下
南郊大赦文 433上
加證道孝德尊號大赦文 434下
幸蜀郡大赦文 436下
封泰山玉牒文 437上
祀后土文 437上
奠讓皇帝文 437下
策道德經及文列莊子問 437下
讓皇太子表 438上
讓禪位表 438上
賜林邑國王建多達摩書 438下
賜磧西節度使阿史那獻書 438下
賜突厥書 438下
賜三姓葛邏禄書 438下
慰諭李傑勅書 439上
再賜三姓葛邏禄書 439上
賜郭虔瓘等璽書 439下
賜突騎施書 440上
賜突厥璽書 440上
賜契丹衙官静析軍副大使可突干書 440上
報吳兢書 440下
賜突厥璽書 440下
賜新羅王金興光書 441上
賜新羅王金興光書 441上
賜李光書 441上
賜瓜州刺史墨離軍使張守珪沙州刺史賈思順書 441下
賜金城公主書 441下
賜吐蕃贊普書 441下
賜新羅王金興光書 442上
賜小勃律國王難泥書 442下
弔突厥可汗弟闕特勒書 442下
賜康國王烏勒書 442下
賜杜暹勅書 443上
弔渤海郡王大欽茂書 443上
賜突騎施可汗書 443上
賜三姓葛邏禄書 443上
報宋王成器獻牛馬助軍書 443下
與寧王憲等書 443下
賜葛邏禄葉護璽書 444上
孝經註序 444下
起義堂頌序 445上
送李含光赴金壇詩序 446上
送李含光還廣陵詩序 446上
送李含光還廣陵詩序 446下
后土神祠碑序 446下
西嶽太華山碑序 447上
上方大洞真元妙經品序 448上
一切道經音義序 448下
道德真經疏釋題詞 449上
賜源乾曜張説考中上詞 449下
顔子贊 450上
張説獻詩贊 450上
盧奐贊 450上
葉法善像贊 450上
徐堅贊 450上
王文郁畫貴妃像贊 450下
元元皇帝像贊 并序 450下
張天師贊二首 450下
令長新戒 451上
黄道游儀銘 451上
衡山九真觀鐘銘 451上
石橋銘 451上
慶唐觀紀聖銘 并序 451上
紀泰山銘 并序 453上
通微道訣碑文 454上
楊珣碑 454下
故金紫光禄大夫鴻

臚卿越國公景龍觀主贈越州都督葉尊師碑銘并序 456上

肅宗皇帝

御丹鳳樓大赦制 458上
封回紇葉護忠義王制 459下
寧國公主下降制 459下
授郭子儀中書令李光弼侍中制 460上
授吕諲同平章事制 460下
授李峴吏部尚書李揆中書侍郎第五琦户部侍郎並平章事制 460下
授李光弼副知行營事制 461上
貶第五琦忠州長史制 461下
授李光弼太尉中書令制 461下
流第五琦夷州制 462上
授彭王僅等節度大使制 463上
授苗晉卿侍中制 463上
授蕭華中書侍郎同平章事制 463下
授裴遵慶黄門侍郎同平章事制 464上
授李鼎隴右節度使制 464上
授李若幽朔方節度使制 464下
加令狐彰銀青光禄大夫鴻臚卿制 464下
令諫官言事制 465上
授元載平章事制 465上
誅張謙奴附子詔 465下
還京減省供頓詔 465下
昇龍州爲都督府詔 466上
贈李嗣業武威郡王答宰臣等請編皇帝奉迎上皇史册詔 466上
答李輔國請編皇帝奉迎上皇史册詔 466上
答裴冕等請上尊號詔 466上
封魯炅岐國公詔 466下
誅受賊僞官達奚珣等詔 466下
放宫人詔 467上
安輯京城百姓詔 467上
追贈顔杲卿太子太保詔 467下
放免被賊逼授僞官詔 467下
貶房琯劉秩嚴武詔 468上
答郭子儀上天子信寶詔 468下
鑄一當十錢詔 468下
贈賀知章禮部尚書詔 469上
禁耤田雕飾農器詔 469上
命郭子儀充東京畿等道元帥詔 469下
推恩祈澤詔 469下
節減常膳服御詔 470下
删除律令詔 470下
申明賞罰詔 471上
求言詔 471下
命趙王係充天下兵馬元帥詔 472上
加恩處分流貶官員詔 472上
申戒刺史考察縣令詔 473下
親征史思明詔 474下
答文武百官表賀河陽陝東破賊詔 475上
授蕭華魏州刺史詔 475上
詔 475下
州縣奏替官具履歷詔 475下
令百官議罷新錢詔 476上
追贈興王佋爲恭懿太子詔 476上
命郭子儀充諸道兵馬都統詔 476下
張守節致仕詔 477下
迎慧忠法師詔 477下
貶李揆袁州長史詔 477下
罷役興農詔 478上
贈李齊物太子太師詔 478上
答郭子儀等表請宣示儉德詔 478下
加李輔國兵部尚書詔 478下
命有司舉行郊廟大禮詔 479上
收葬遇害王妃詔 479上
追謚靖德太子琮爲奉天皇帝詔 479下
封郭子儀爲汾陽郡王詔 479下
答中書門下表賀崔侁獻定國寶王詔 480上
命皇太子監國詔 480下
命皇太子即位詔 480下
遺詔 481上
宣慰京城僧道父老勅 482上
宣慰西京官吏勅 482上
禁京城酤酒勅 482下
置司天臺勅 482下
減省服膳勅 482下
行輕重錢勅 483上
重稜錢減價行用勅 483下
職田準舊式輸送至京勅 483下

大祀用上元舞勅 483下
甄敘皇屬勅 484上
授顏真卿太子少師勅 484上
答御藥師道場念誦僧元皎等表賀瑞李勅 484下
春令減刑勅 484下
答李含光勅 485上
賜李含光勅書 485上
答顏真卿讓憲部尚書御札 485下
答顏真卿謝兼御史大夫批 485下
答顏真卿謝馮翊太守批 485下
答顏真卿謝蒲州刺史批 485下
答顏真卿謝浙西節度使批 486上
答顏真卿謝祖昭甫贈官批 486上
答顏真卿乞書天下放生池碑額批 486上
立成王爲皇太子德音 486上
春令減刑德音 487上
大赦德音 488上
即位大赦文 488下
收復兩京大赦文 489上
册成王爲皇太子文 493上
册太上皇尊號赦文 493下
乾元元年南郊赦文 495上
改元上元赦文 496下
去上元年號大赦文 497下
元年建卯月南郊赦文 499上
改元寶應赦文 500上
賀内道場靈異表 500下
辭尊號上太上皇表 500下
辭大聖尊號並上太上皇尊號表 500下
再請上太上皇尊號表 501下
謝進丹竈宗示史館表 502上
張天師贊 502上
葉法善像贊 502上

代宗皇帝

授奉節郡王适天下兵馬元帥制 502下
加李輔國司空兼中書令兵部尚書食實封制 502下
終喪制 503上
加李光弼實封仍與一子官三品制 503上
授劉晏吏部尚書平章事制 503下
封衛伯玉城陽郡王制 504上
增修學館制 504上
賜劉希暹自盡制 504下
許巴南賊自新制 505上
淮南旱求言制 505下
加馬璘實封制 505下
追封華陽公主制 505下
追封玉虚公主制 506上
貶王縉括州刺史制 506上
授楊綰中書侍郎常袞門下侍郎並同中書門下平章事制 506下
贈李進禮部尚書制 506下
封辛京杲晉昌郡王制 507上
答郭子儀進詔勅詔 507上
命僕固懷恩充朔方行營節度使詔 507上
嚴薦舉詔 507下
流裴茙費州詔 507下
削除來瑱官爵詔 507下
禁僧尼道士往來聚會詔 508上
禁斷公私借寺觀居止詔 508上
令舉堪任刺史縣令判司丞尉詔 508下
令京兆府收埋骸骨詔 508下
答宰臣等請立皇太子手詔 509上
答郭子儀等表請改元立號手詔 509上
答郭子儀等表請改元立號第二手詔 509上
答郭子儀等表請改元立號第三手詔 509下
令行在側近府州搜舉遺逸詔 509下
長流程元振詔 510上
答雍王讓皇太子詔 510上
答王縉進王維集表詔 510下
遣劉晏宣慰諸道詔 510下
求言詔 511上
諭僕固懷恩詔 511上
答李光弼讓實封詔 512上
答郭子儀陳讓太尉手詔 512下
答郭子儀讓尚書令手詔 512下
答王縉讓侍中郡公第一表手詔 512下
答王縉讓侍中郡公第二表手詔 513上
許王縉讓侍中郡公手詔 513上
贈李氏裴氏縣君詔 513上
緣汴河置防援詔 513下

答魚朝恩獻苑内白鹿白兔手詔 513下
贈韋陟尚書左僕射詔 513下
答劉晏讓官手詔 514上
減租稅詔 514上
均濟職田俸料詔 514下
給復同華兩州詔 514下
升侍中中書令入正二品門下中書侍郎入正三品詔 515上
答宰臣等賀雙鵲補乾陵觀殿隙缺手詔 515下
追謚齊王爲承天皇帝詔 515下
給復京兆府詔 516上
答張獻誠讓官手詔 516下
賜李岵自盡詔 516下
罷張增叔孫勝詔 517上
裁減丞尉詔 517下
答裴冕等表賀佛見光相手詔 517下
減來年夏稅詔 518上
答杜鴻漸辭官手詔 518上
令州府觀察等表薦賢才詔 518上
禁斷織造淫巧詔 518上
答宰臣等賀文單國進象手詔 518下
授文單國副王婆彌開府儀同三司詔 518下
允李抱玉讓官優詔 518下
追贈不空和尚詔 519上
禁苑一發連二免答宰臣等請付史官手詔 519下
停揚洪宣三州作坊詔 519下
委觀察使安輯流亡詔 519下
命諸道入錢備和糴詔 519下
答郭子儀論吐蕃書手詔 520上
分封諸王子詔 520下
貶田承嗣永州刺史詔 520下
許田承嗣自新詔 522下
復田承嗣官爵詔 523上
復田悅等官爵詔 524上
條件内外遺闕詔 524上
授南霽雲子承嗣歙州別駕詔 524上
求言詔 524下
贈楊綰司徒詔 525上
贈楊綰謚詔 525下
追贈張自勉實封詔 525下
給復巴蓬等州詔 526上
褒穆贊詔 526上
答釋良賁表進疏通經詔 526下
答天長寺沙門曇邃等表定新舊兩疏詔 526下
褒令狐彰詔 526下
授李泌澧朗硤團練使詔 527上
宥李忠臣詔 527上
遺詔 527下
禁富户吞併勅 528上
邮民勅 528上
滿限不到任處分勅 528下
祭霍山勅 529上
罷河中節度并耀德軍勅 529上
準太學生徒支給厨米勅 529下
授裴冕等集賢待制勅 529下
遣送六祖衣鉢諭刺史楊瑊勅 530上
命魚朝恩判國子監事勅 530上
誅周元幹等勅 530下
迎大覺禪師勅 530下
停度支鹽鐵奉常使勅 531上
減次年麥稅勅 531下
減次年秋稅勅 532上
諭諸道州考察所屬官勅 532上
決杖李少良等勅 532下
申約葬祭式勅 533上
贈孀婆元氏潁川郡太夫人勅 533上
命郭子儀等備邊勅 533上
賜元載自盡勅 534下
宥京城禁囚勅 534下
誅裴昕勅 534下
戒壇勅 535上
答顏真卿謝户部侍郎批 535下
答顏真卿謝吏部侍郎批 535下
答顏真卿謝荆南節度使批 535下
册和回紇公主文 535下
册新羅王太妃文 536上
册獨孤穎長女爲貴妃文 536上
册華陽公主文 536下
册親王出將文 537上
册鄭王邈爲天下兵馬元帥文 537上
册普寧公主文 537下
傳位皇太子册文 538上
即位赦文 538上
册尊號赦文 539上
南郊赦文 541上

改元永泰赦文 543上
改元大歷赦文 544上
大歷八年夏至大赦文 545上
大歷九年夏至大赦文 545下
新翻護國仁王般若經序 546上
密嚴經序 546下

德宗皇帝

加郭子儀尚父制 547下
停雜税制 548上
貶吕渭歙州司馬制 548上
授李泌平章事制 548下
褒恤吐蕃盟會使崔漢衡等制 548下
授范希朝京西行營節度使制 549上
賑貸百姓制 549下
授齊抗兼修國史制 549下
授嘉王運等檢校司空制 550上
貶鄭餘慶郴州司馬制 550上
罷邕府歲貢奴婢詔 550上
禫服終制詔 550下
素服練巾聽政詔 550下
即位求賢詔 550下
删定條格詔 550下
答令狐峘諫厚奉元陵詔 551上
立宣王爲皇太子詔 551上
定兩税詔 551下
罷尚書左僕射劉晏領使詔 551下
令天下錢穀歸尚書省詔 551下
遣黜陟使分行天下詔 552上
放張涉詔 552上
上沈皇太后尊號詔 552上
定公主郡縣主出降覲見儀文詔 552下
令舉人指陳事跡詔 552下
賈全等不必避嫌詔 552下
贈郭子儀太師詔 553上
贈李元忠郭昕詔 553下
貶楊炎崖州司馬詔 553下
削奪李惟岳官爵詔 554上
還馬燧家資詔 554上
令曹濮等州休兵詔 554下
禁有司誣構郭氏詔 555上
贈楊休明等官詔 555上
討李希烈詔 555下
優邺郭子儀諸子詔 555下
贈段秀實太尉詔 556下
宥李懷光宣諭河中將士詔 557上
贈郭雄同州刺史詔 557下
諭李懷光詔 557下
討李希烈詔 558下
權停來年郊廟詔 559上
贈顔真卿司徒詔 559上
給百姓耕牛詔 559下
許百姓開採瑟瑟詔 559下
招撫河中將士詔 559下
授韋執誼等官詔 559下
祀五方配帝不稱臣詔 560上
賜百官錢詔 560下
歲歉罷朝賀詔 560下
褒涇陽令韋滌詔 560下
加恩被擒將士詔 561上
拜風師雨師詔 561上
命舉選人習開元禮詔 561下
增置金吾十六衛料錢糧課詔 561下
以吐蕃入寇避正殿詔 562上
三節賜宴賞錢詔 562上
令常參官陳奏利害詔 562下
張茂宗尚公主詔 562下
訪習天文歷算詔 563上
任常參官遣子弟拜掃詔 563上
贈張太空謚詔 563上
命奏舉人材詔 563下
放免積欠詔 563下
改二月一日爲中和節詔 563下
修葺寺觀詔 564上
爲李懷光立後詔 564上
明經舉人更習老子詔 564下
令畫中宗以後功臣於凌煙閣詔 564下
復張孝忠官爵詔 565上
考選勳賢胄子禁假代詔 565下
誅崔位詔 565下
定章服詔 565下
禁和市詔 566上
免郭鍔妻孥連坐詔 566上
宣慰河南河北詔 566上
答好心表進經帙詔 566下
答趙憬上審官六議詔 566下
禁私家藏槍甲詔 566下
黜于公異詔 566下
罷九日宴會詔 567上
遣使宣撫水災詔 567上
城鹽州詔 567下
令應選人習三禮詔 568下
授狄博濟衛尉少卿詔 569上
答李晟遺表手詔 569上
考試冬薦官詔 569下
朝臣薨卒給俸料賻

贈詔 569下
宣慰元誼等詔 569下
貶郭煦等詔 570上
誅李迺詔 570上
贈趙憬太子太傅詔 571下
給復奉先等八縣詔 571下
答盧邁請辭官詔 572上
修昆明池詔 572上
聽朝官伏臘過從詔 572上
許盧邁辭官詔 572上
罷盧邁平章事詔 572上
放免諸道積欠詔 572下
修八陵宮寢詔 572下
議修八陵宮寢詔 572下
出官米平糶詔 573上
罷趙宗儒平章事詔 573上
答羣臣賀修八陵畢詔 573上
貶韓皐撫州司馬詔 573上
命兵禮部留放人就尚書侍郎對定詔 573下
討吴少誠詔 573下
軍健逋欠牒送本司詔 574下
停正衙奏事詔 574下
恤水災詔 575上
聽納青苗錢詔 575上
祔獻祖懿祖於興聖廟詔 575上
遣宰臣告廟詔 575下
亢旱令諸司録囚詔 575下
免京畿積欠詔 575下
流崔河圖崔州詔 575下
授孔述睿太子侍讀詔 576上
答孔述睿辭官詔 576上
起復張重政詔 576上
封張重政母魯國太夫人詔 576下
允權德輿請緣遷祔令子弟營護奏手詔 576下
令郊廟從行官吏等自備食物詔 576下
郵葬邢士倫母子詔 576下
答王真進道德經論兵要義手詔 577上
御望春樓誓師詔 577上
遺詔 577上
罷邕府金坑勑 578上
勘造簿籍勑 578上
改元建中勑 578下
賜劉晏自盡勑 578下
行常平法勑 579上
授朱巨川中書舍人勑 579上
褒贈淮寧軍忠義將吏勑 579上
宣慰兩河百姓勑 580下
宣慰平盧軍陷淮西將士勑 581上
部國大長公主別館安置勑 581下
復先減官員勑 582上
定五月朔日御宣政殿朝儀勑 582上
委本道節度使監軍同勾當常平倉勑 582下
水災賑恤勑 582下
禁欠陌錢勑 583上
令禮官議祔廟勑 583上
令二年一造文簿勑 583上
贈權倕尚書禮部郎中勑 583下
許永州司户蘇袞歸里勑 583下
權停貢舉勑 583下
答百寮請復尊號批 583下
答韋皐謝頒示政刑箴表批 584上
答韋皐謝賜紀功碑表批 584上
答中書門下進奉和春麟德殿會百寮觀新樂詩狀批 584上
答權德輿謝追贈祖倕禮部郎中表批 584上
放免諸道先停放將士資糧德音 584下
上睿文孝武皇帝册文 585上
遥尊皇太后沈氏册文 585下
册李晟司徒文 586上
册李晟太尉文 586上
册馬燧司徒文 586下
命皇太子即位册文 587上
春令大赦文 587下
南郊赦文 588上
南郊赦文 588下
讓皇太子表 589下
大乘理趣六波羅密多經序 590上
刑政箴并序 591上
君臣箴 591下
扆扆台衡二銘并序 592上
扆扆銘 592下
台衡銘 593上
贈太尉段秀實紀功碑 593下
西平王李晟東渭橋紀功碑 595上
闕西川節度大使檢校司徒兼中書令上柱國南康郡王韋皐紀功碑銘并序 597下

順宗皇帝

授韋執誼尚書左丞平章事制 598上

授杜佑諸道鹽鐵等使制 598下
授撫王紘河東節度使制 599上
封皇太子大男寧平原郡王等制 599上
授范希朝神策軍節度使制 599下
授杜黄裳門下侍郎袁滋中書侍郎並平章事制 599下
罷鄭珣瑜高郢平章事制 600上
封欽王等詔 600下
放免積欠詔 600下
命皇太子攝位詔 601上
遺詔 601上
崇陵優勞德音 601下
册廣陵郡王爲皇太子文 602上
皇太子即位册文 602下
即位赦文 602下
憲宗皇帝
貶王伾開州司馬王叔文渝州司户參軍制 605上
授鄭餘慶平章事制 605下
貶韋執誼崖州司馬制 605下
授鄭絪中書侍郎平章事制 606上
討劉闢制 606上
試制科舉人制 606下
封真寧公主等制 607上
封鄧王等制 607上
授高崇文劍南西川節度使制 607下
儲穀制 608上
授杜黄裳河中晉絳慈隰節度使制 608上
授李吉甫中書侍郎同平章事制 608下
授武元衡門下侍郎平章事制 609上
授武元衡西川節度使制 609下
賑諸道水旱災制 610上
授李藩門下侍郎平章事制 610下
授李藩宏文館大學士制 611上
命李晟家編附屬籍制 611下
授烏重允河陽節度使制 611下
復王承宗官爵制 612上
授權德輿禮部尚書同平章事制 613上
授李吉甫中書侍郎平章事制 613下
李藩守太子詹事制 614上
貸京畿義倉粟制 614上
封恩王等女爲縣主制 615上
授李絳中書侍郎同平章事制 615上
賑貸京畿百姓制 616上
許杜佑致仕制 616下
授田興魏博節度使制 617上
宣慰魏博制 617下
貶楊歸厚國子主簿制 618下
權德輿守禮部尚書制 618下
復授武元衡門下侍郎平章事制 619上
李絳守禮部尚書制 619下
賑給京畿百姓制 619下
授張宏靖刑部尚書平章事制 620下
追贈甄濟秘書少監制 621上
授劉敦儒兵曹參軍分司東都制 621上
曉諭淮西制 621上
加張宏靖中書門下平章事制 621下
授韋貫之尚書右丞平章事制 622上
討吳元濟制 622上
授裴度中書侍郎平章事制 623上
授張宏靖太原節度使制 623下
授韋貫之中書侍郎平章事制 624上
討王承宗制 625上
授李逢吉門下侍郎平章事制 626上
放免京畿積欠制 626下
韋貫之守尚書吏部侍郎制 626下
授王涯中書侍郎平章事制 627上
貶韋楚材澧州司法參軍制 627下
授崔羣中書侍郎平章事制 627下
賑諸道遭水人户制 628上
授李逢吉劍南節度使制 628上
授李愬山南東道節度使制 628下
李光顔檢校司空封郡公制 629下
李鄘守户部尚書制 630上
授李夷簡門下侍郎平章事制 630上
授李夷簡淮南節度

使制 630下
授王涯兵部侍郎制 631上
授皇甫鎛户部侍郎同平章事制 631下
授程異工部侍郎同平章事制 631下
放歸蕃使論矩立藏等制 632上
授劉悟義成軍節度使制 632下
授裴度河東節度使制 633上
授皇甫鎛門下侍郎平章事仍兼判度支制 633下
勑皇甫鎛勿兼判度支制 633下
命胡證充京西京北巡邊使制 634下
授令狐楚中書侍郎平章事制 634下
加韓宏中書令制 635上
加田宏正侍中制 635下
貶崔羣潭州刺史制 636下
貶令狐楚宣州刺史制 636下
改封永昌公主制 637上
禁奏祥瑞及進奇禽異獸詔 637上
遣使宣慰江淮詔 637上
甄録諸道節度使團練經略防禦等將士詔 637下
遣使宣慰申光蔡等州詔 637下
招諭劍南諸州詔 638上
處分及第舉人詔 638下
平劉闢詔 639上
誅劉闢等詔 640上
答杜佑表請致仕詔 640上
授蘇繫等官詔 640下
贈袁高禮部尚書詔 640下
討李錡詔 640下
禁厚葬詔 641下
禁採銀坑户令採銅助鑄詔 641下
令覆奏決囚詔 642下
立鄧王爲皇太子詔 642下
貶楊憑臨賀縣慰詔 642下
命裴冕配享肅宗李晟段秀實配享德宗廟庭詔 643上
賑貸淮南浙西詔 643下
存撫鎮州百姓詔 643下
停户部尚書李元素官詔 643下
褒裴垍等進德宗實録詔 644上
停明年耕耤詔 644上
置兩稅使詔 644下
旌前集賢殿校書郎丁公著詔 644下
令百官職田權充度支詔 644下
停河南陝府水陸運及潤州等使額詔 644下
勸種桑詔 645上
立遂王爲皇太子詔 645上
禁餉遺人口詔 645下
定戍邊遠近詔 645下
貶路恕田景度等詔 646上
授李渤祕書省著作郎詔 646上
貶李位建州司馬詔 646上
命渾瑊配享德宗廟庭詔 646下
復置宥州詔 646下
録李湝等子孫詔 646下
授康志寧等官詔 646下
禁捕狐兔詔 647上
令御使臺勘覆諸司食料錢詔 647上
貶潘高陽均王府長史詔 647下
捕殺武元衡盜詔 647下
禁捕盜煩擾僧人詔 647下
嚴犯贓罪詔 648上
諭鎮州官吏將士詔 648上
令楊元卿優恤淮蔡歸順百姓詔 649上
令刺史言事詔 649上
封吴秀琳濮陽郡王詔 649上
封鄧懷金新平郡王詔 649下
令定州入粟助邊詔 649下
却還處州刺史進助軍錢絹等詔 650上
誅吴元濟詔 650上
赦王承宗詔 650上
罷諸節度使兼支度營田使詔 651上
討李師道詔 651下
追贈高沐吏部尚書詔 652上
免李宗奭妻子緣坐詔 652下
遺詔 652下
輟朝侍膳勅 653上
條貫江淮銅鉛勅 653上
誅李錡并男師回勅 653下
嚴定應試人事例勅 653下
訪察薦舉勅 653下
停實估勅 654上
討王承宗招諭勅 654上
定斷獄期限勅 654下
梁悦復讎減死勅 654下
優賜黔府將士勅 655上
罰盧坦元義方立戟違式俸料勅 655上

以户部錢充州縣官課料勅 655下
柳公綽崔芃罰俸勅 655下
免徵李少和贓錢勅 655下
貶吴憑等勅 655下
追恤張茂昭勅 656上
罰河南尹等俸料勅 656上
貶李仵海康縣尉勅 656上
處分諸司食利錢勅 656上
誅殺武元衡賊張晏等勅 656下
絶王承宗朝貢勅 657上
停任迪簡等俸料勅 658上
停來年正月朝賀勅 658上
曲宥王遂勅 658下
皇太后寢疾權不聽政勅 658下
莊憲太后山陵修奉事勅 658下
内外支錢抽貫備軍需勅 659上
停賀冬賀正進奉勅 659上
安置淮西歸順百姓勅 659上
罰趙宗儒等俸料勅 659下
置遂平縣勅 660上
平泉貨勅 660上
禁私貯見錢勅 660上
定量移左降官勅 660下
停諸司道進奉勅 660下
令史館紀時政勅 661上
安置崔祝康州勅 661上
令百僚議征李師道勅 661上
同司官非連判勾簡官不必避嫌勅 661下
宥淄青將士勅 661下
討淄青禁諸軍擾民勅 662上
賜王承宗物勅 662上
禁官吏替代取置莊宅破除正額勅 662上
放免京兆府夏税大麥等勅 662下
令孟簡計會水道勅 662下
放四蕃歸國勅 662下
貶嚴纂雷州勅 662下
答宰臣請上尊號表批 663上
答宰臣請上尊號第三表批 663上
答宰相等賀忠諫屏風批 663上
答宰臣請上尊號第四表批 663下
豐陵禮成優勞德音 663下
平李錡德音 664上
亢旱撫恤百姓德音 665上
賑恤百姓德音 666上
莊憲皇太后升祔山陵優勞德音 667上
平吴元濟德音 667下
平李師道德音 668下
上順宗尊號册文 670上
贈高崇文司徒册文 670下
册鄧王爲皇太子文 671上
贈吴少誠司徒册文 671上
册遂王爲皇太子文 671下
命皇太子即位册文 672上
改元元和赦文 672上
南郊赦文 673上
册皇太子赦文 674上
平淮西大赦文 674下
上尊號赦文 675下
大乘本生心地觀經序 679上

穆宗皇帝

貶皇甫鏄崖州司户制 680上
授蕭俛中書侍郎平章事制 680下
貶李景儉建州刺史制 680下
授崔植平章事制 681上
授蕭俛門下侍郎平章事制 681上
授李光顏同平章事制 681下
宣慰鎮州制 681下
蕭俛守尚書右僕射制 682下
授杜元穎平章事制 683上
封諸王制 683下
定淮蔡山東税額制 683下
令勘會京畿職田制 684上
加裴度司空制 684上
御宣政殿試制科舉人制 684下
處分賢良方正等科舉人制 685上
授龐嚴等左右拾遺姚中立等校書正字等官制 685下
授李絳吏部尚書蕭俛兵部尚書制 685下
崔植刑部尚書制 685下
授元稹平章事制 686上
授裴度平章事制 686下
裴度守尚書右僕射制 687上
授李逢吉同平章事制 687上
命元稹守同州刺史充本州防禦長春宫使制 687下
授李源左諫議大夫制 688上
復授韓宏中書令制 688下
立景王爲皇太子制 688下
授牛僧孺平章事制 689上

委諸軍録事參軍勾當義倉制 689下
授費冠卿右拾遺制 689下
貶李道古循州司馬詔 690上
誅流方士柳泌等詔 690上
上皇太后尊號詔 690上
京畿盜賊不在赦限詔 690下
贈郭曖太傅詔 690下
令内外官量抽陌錢詔 690下
誕辰令百寮命婦入賀皇太后詔 691上
淄青朝賀部領不得過五人詔 691上
權停河北榷鹽詔 691上
宣慰盧龍軍詔 691下
覆試鄭朗等詔 691下
罰烏重裔等俸料詔 692上
贈田布尚書右僕射詔 692上
貶李景儉漳州刺史詔 692下
禁乘驛官格外徵馬詔 692下
停淄青兗鄆等道榷鹽詔 692下
賜田布葬錢詔 693上
罰劉遵古俸料詔 693上
流于方等詔 693上
免江州逋賦詔 693下
誅李齐諸子詔 693下
禁要官密戚任京兆等官詔 693下
禁百官臨祭出齋詔 693下
令江淮諸州平糶詔 693下
清理庶獄詔 694上
定寒食假詔 694上
遺詔 694上
蠲免京畿懸欠勅 695上
停抽俸錢勅 695上
責降宗正少卿李子鴻等勅 695下
定錢陌勅 695下
命諸道留使錢減貫勅 695下
減康買德罪勅 696上
甚雨日放朝參勅 696上
褒邮田潁勅 696上
流龐驥溪州勅 696上
流唐慶崖州勅 696下
命皇太子檢校軍國勅 696下
答宰臣請上尊號表批 696下
景陵禮成優勞德音 697上
登極德音 698下
南郊改元德音 701上
優邮將士德音 705下
赦鎮州德音 707上
平汴宋德音 708上
册立皇太子德音 709上
疾愈德音 709下
朝元御正殿德音 710上
上郭太后尊號册文 710下
册景王爲皇太子文 711上
命皇太子即位册文 711上
長慶宣明歷序 711下
南山律師讚 712上

敬宗皇帝

授李程平章事制 712下
授竇易直平章事制 713上
授牛僧孺集賢殿大学士監修國史制 713上
授牛僧孺武昌軍節度使制 713下
處分賢良方正等科舉人制 714上
封皇子普爲晉王制 714下
授裴度司空平章事制 714下
停郢州刺史馮定官制 715上
流劉伉雷州制 715上
賜將士錢絹詔 715下
令京兆府平糶詔 715下
疏决囚徒詔 715下
令市耕牛詔 716上
清理庶獄詔 716上
試制舉人勅 716上
優恤客户勅 716下
減奉先縣租役勅 716下
賜義成軍節度使高承簡立德政碑勅 716下
賜高承簡勅 717上
罰李方現俸勅 717上
光陵禮成優勞德音 717上
御丹鳳樓大赦文 718上
南郊赦文 719上
受尊號赦文 723下

文宗皇帝

誅劉克明等教 726上
授韋處厚中書侍郎同平章事制 726下
加王播尚書左僕射制 727上
授崔宏禮天平軍節度使制 727下
授路隨中書侍郎同平章事制 728上
授李宗閔同平章事制 728下
封皇子永爲魯王制 729上
授牛僧孺兵部尚書平章事制 729上
贈李絳司徒制 729下
授宋申錫行尚書右丞平章事制 730上
降漳王湊爲巢縣公

制 730下
貶宋申錫太子右庶子制 730下
貶宋申錫開州司馬制 731上
授李德裕平章事制 731上
授王涯同平章事制 731下
答請慶成節表制 732上
封諸王男爲郡王制 732上
授李宗閔中書侍郎平章事制 732下
恤刑制 733上
授賈餗中書侍郎平章事制 733上
貶李德裕袁州長史制 733下
授李固言門下侍郎同平章事制 733下
授舒元輿李訓守尚書同平章事制 734上
授王涯開府儀同三司充諸道榷茶使制 734下
授李固言崇文館大學士賈餗集賢殿大學士制 735下
貶李宗閔明州刺史制 736上
貶李宗閔處州長史制 736下
貶李宗閔潮州司户制 736下
授李石平章事制 736下
授鄭處誨兼侍御史制 737上
授李固言門下侍郎平章事制 737上
授高承恭振武麟勝等軍節度使制 737下
授陳夷行平章事制 738上
封梁王休復等制 738下
封皇第二男宗儉爲蔣王制 738下
授楊嗣復李珏平章事制 739上
授李石荆南節度使制 739下
贈故齊王湊爲懷懿太子制 740上
命訪長孫無忌裔孫制 740上
授裴度中書令制 740下
授崔鄲平章事制 740下
立陳王成美爲皇太子制 741上
授魏謩諫議大夫制 741下
授賈島長江主簿制 741下
收葬絳王詔 741下
即位詔 742上
貶張又新李續之詔 743上
參酌儀制詔 743上
停奏事監搜詔 743上
以京畿旱宥囚徒詔 743下
更定薦代例詔 744上
討李同捷詔 744上
貶熊望漳州司户詔 745上
太尉段秀實祔廟詔 745下
試制舉人詔 745下
委中書門下處分制科及第人詔 745下
追贈晉王普爲悼懷太子詔 746上
賑山東水災詔 746下
更定權知同正授六考詔 746下
絶王庭湊進奉詔 747上
討王庭湊詔 747下
贈樂濛尚書詔 748下
授魏徵孫可則等官詔 749上
封王智興等詔 749上
追録故中書令褚遂良等裔孫詔 749下
委京兆捕賊詔 750上
禁奏祥瑞詔 750上
貶柏耆等詔 750下
令鎮州行營兵馬各守疆界詔 750下
雪王庭湊詔 751下
諭刺史詔 752上
授温造山南西道節度等使詔 752下
答路隨等上憲宗實録詔 753上
崇儉詔 753上
令御史疏決繫囚詔 753上
禁弋獵傷田苗詔 753下
糾舉滯獄詔 753下
加裴度司徒詔 753下
答裴度奏辭册禮詔 754上
令神策軍與府縣協捕寇賊詔 754下
勑禮部侍郎高鍇試宗正寺解送人詔 754下
令節度等使朝覲先行奏聞詔 755上
借粟河東詔 755上
令御史疏理冤結詔 755上
赦宋申錫餘黨詔 755上
委中書門下丞撰録時政詔 755下
簡計應修陵寢詔 755下
禁與蕃客交關詔 755下
量放駮選人濫行陳訴詔 756上
答蕭俛乞致仕詔 756上
令王彦威定鄆曹等州税務詔 756下
答魏謩諫疏詔 756下
拯郵疾疫詔 757上

答王涯奏準勅詳定禮制詔 757下
令諸司録囚詔 758上
立魯王永爲皇太子詔 758上
御上尊號詔 758上
卹災詔 758下
令出使郎官御史條奏所歷州縣政績詔 758下
令宣武軍節度使李程兼充亳州太清宫使詔 759上
答殷侑請獻所餘軍賦詔 759上
令百姓收贖男女詔 759下
禁鞭背詔 759下
禁逾限勘覆詔 760上
增設齋人數詔 760上
疏理刑獄詔 760上
令刑官立限決囚詔 760下
答蕭俛辭少師詔 760下
定輟朝例詔 760下
委監察御史省視太廟郊社齋事詔 761上
以太師渾瑊配享德宗廟庭詔 761下
除朋黨禁詔 761下
賞誅鄭注功臣軍士詔 762上
覈實選人出身詔 762下
封衛方厚妻程氏武昌縣君詔 762下
褒賜顔從覽等官爵詔 763上
放免安南秋税詔 763上
命故信王孫林嗣爵詔 763上
停私覿官員詔 763下
彗星見修省詔 764上
祈雨詔 764下
祭終南山詔 765上
命長吏祈雨詔 765上
命宰臣祈雨詔 765上
定慶成節宴會常例詔 765上
授嘉王運等金紫光禄大夫檢校司空并給料錢詔 765下
賜令狐楚謚詔 765下
罷童子科詔 765下
更定駙馬爲公主服制詔 766上
賜蕭俛手詔 766上
優卹旱蝗諸州詔 766上
遣使宣慰諸道詔 767上
彗星再見修省詔 767下
罷軍將兼充文職詔 768上
給裴度俸料詔 768下
禁留獄詔 768下
許越王貞元孫女元真請祔葬臨淮公珍以下四喪於舊塋詔 769上
答滄景節度使劉約請開義倉詔 769上
褒録王鍔後嗣詔 769上
流蕭洪詔 769上
流蕭本蕭宏詔 769下
罰鄭滑節度使裴宏泰俸料詔 769下
禁國忌日設齋行香詔 769下
令臺司覆勘賀蘭進興黨與詔 770上
立潁王爲皇太弟勾當軍國詔 770上
贈崔琯尚書左僕射詔 770下
虔奉祀事詔 771上
遺詔 771上
定常參官書罰勅 772上
令王智興安撫棣州勅 772上
定銓司注擬例勅 772上
罷海陵監牧勅 772下
免温造等罰錢勅 772下
賜義成軍節度使涼國公李聽立德政碑勅 772下
賜李聽勅 773上
暫停嶺南選使勅 773上
處分楊虞卿勅 773下
處分斷裂制勅勅 773下
定臺官供奉官道遇儀制勅 773下
誅興元亂兵後加恩將吏勅 774上
録越王貞子孫勅 774上
專責令史簡點選人文案勅 774下
令李踐方充西川宣撫使勅 774下
釋鄧晟等禁繫勅 775上
雨雪賑濟百姓勅 775上
賑卹蘇湖兩州勅 775下
賜李德裕立德政碑勅 775下
賜段嶷勅 775下
又賜段嶷勅 775下
賑卹諸道旱災勅 776上
停忌日舉奏刑獄勅 776下
禁私請賞設錢物勅 776下
追收江淮諸色人經紀本錢勅 777上
暫停吏禮兵三部選舉勅 777上
聽諸司營造曲江亭館勅 777上
誅王涯等勅 777下

以旱停南郊勅 777下
條流僧尼勅 777下
罰鄜坊節度使蕭洪俸料勅 778下
選皇太子妃勅 778下
賜尚書省本錢勅 778下
重録已駁選人粟錯等勅 779上
準臺奏國忌日依前例勅 779上
賜裴度御札 779上
答裴度辭官表批 779下
答裴度辭官第二表批 779下
答裴度辭官第三表批 779下
答劉禹錫同州刺史謝表批 780上
莊陵禮成優勞德音 780上
平李同捷德音 781上
賑卹諸道水災德音 781下
册立皇太子德音 782上
太和八年疾愈德音 784下
曲散京畿德音 785下
賑卹諸道百姓德音 786上
討鄭注優賞軍士德音 786上
誅王涯鄭注加恩中外德音 787上
上皇太后册文 788上
册魯王永文 788上
册九姓迴鶻愛登里羅汨没密施合句禄毗伽彰信可汗文 788下
册魯王爲皇太子文 789上
册裴度司空文 789下
太和改元赦文 790上
南郊赦文 791上
開成改元赦文 796下
華嚴四祖清涼國師像贊 797下

武宗皇帝

封婕妤王氏爲淑妃劉氏爲賢妃制 798上
授崔珙同平章事制 798上
條流百官俸料制 798下
禁額外徵税制 798下
檢校逃户制 799上
授陳夷行左僕射制 799下
封定安大長公主制 800上
授杜悰平章事制 800下
封延慶公主等制 801上
授杜悰右僕射崔鉉户部尚書制 801上
立黠戛斯爲可汗制 801下
授李回同平章事制 801下
毁佛寺勒僧尼還俗制 802上
修東都太廟制 802下
戒官僚宴會詔 803上
定鹽鐵度支等官贓罪詔 803上
鼇革請留中不出狀詔 803上
獎晉王令狄惟謙詔 803下
改轉官不許登朝詔 803下
遺詔 804上
禁妄投匭使狀勅 804下
遣使慰安太和公主勅 804下
條析蠲免食錢勅 804下
問李德裕疾勅 805上
罰宣城公主等勅 805上
除齋月斷屠勅 805下
除諫官連名奏事勅 805下
斷獄勅 805下
定義安太后服制勅 805下
詳議政刑勅 806上
議東都立廟勅 806上
選耆壽勾當悲田養病坊勅 806上
答李德裕讓官勅 806上
停用舊錢勅 806下
立光王爲皇太叔勾當軍國勅 806下
答宰臣上尊號第五表批 807上
答李德裕讓太尉第二表批 807上
答李德裕讓太尉第三表批 807下
彗星見避正殿德音 808上
雨災減放税錢德音 808下
減放太原及沿邊州郡税錢德音 809上
平潞州德音 809下
册李德裕太尉文 810下
命皇太叔即位册文 811上
即位赦文 812上
南郊改元赦文 812上
加尊號赦文 812下
加尊號後郊天赦文 816上
九天生神保命齋詞 822下

宣宗皇帝

授李德裕荆南節度平章事制 824上
刺史以户口增減定賞罰制 824下
委觀察選擇縣令制 824下
封吳氏等爲昭儀等制 824下
封長女等爲公主制 825上
貶李德裕潮州司馬制 825上
召募閒田制 825下
貶李回太子賓客分司東都制 525下
貶李回賀州刺史制 826上
收復河湟制 826上

再貶李德裕崖州司户參軍制 827下
貶崔珙太子少師分司東都制 828上
授濮王澤成德軍節度使制 828上
授唐技虔州刺史裴紳申州刺史制 828下
授鄭涯義武軍節度使制 829上
加盧鈞尚書左僕射制 829上
授崔鉉淮南節度使平章事制 829下
授令狐綯太清宫使魏謩監修國史裴休集賢殿大學士制 830上
授令狐綯宏文館大學士制 830下
授鄭涯山南東道節度使制 831上
除鄭朗工部尚書同平章事制 831下
授畢諴昭義節度使制 832上
授崔慎由平章事制 832上
授魏謩西川節度使平章事制 832下
授鄭朗監修國史崔慎由集賢殿大學士制 833上
封衛王灌等制 833下
授蕭鄴平章事制 834下
授昭王汭成德軍節度使制 834下
授鄭朗太子少師制 835上
授崔慎田監修國史蕭鄴集賢殿學士制 835上
贈鄭朗司空制 836上
授劉瑑平章事制 836下
授崔慎田劍南東川節度使制 837上
授蕭鄴監修國史劉瑑集賢殿大學士制 837上
授夏侯孜平章事制 837下
罷蔣伸判户部制 838上
授夏侯孜集賢殿大學士制 838下
答百僚請加尊號第三表詔 838下
以杜黄裳裴度配享憲宗廟廷詔 839上
令議武臣配享憲宗廟廷詔 839上
焚埋匿名文狀詔 839上
勅州縣條奏利弊詔 839下
兩税外不許更徵詔 839下
飭獄吏推斷不平詔 840上
令詳定盜賊贓罪詔 840上
諭州縣上佐丞簿詔 840上
萬壽公主出降詔 840下
禁奸吏舞文詔 840下
委京兆府捉獲奸人詔 840下
以夏令疏理滯獄詔 841上
答兩省諫幸華清宫詔 841上
議立回鶻可汗詔 841上
遣使册回鶻可汗詔 841下
答諫迎道士軒轅集詔 842上
答河東軍民乞留節度使崔彦昭詔 842下
遺詔 842下
給夏州等四道節度以下官俸勅 843下
寬私酤禁勅 843下
命南郊前速議庶獄勅 844上
復廢寺勅 844上
權停聽政勅 844上
答屯田奏交替職田合計閏月勅 844下
科吴湘獄勅 844下
禁加徵熟田勅 845上
權停聽政勅 845上
答崔珙奏勅 845下
獲賊支給賞錢勅 845下
許罪人歸葬勅 845下
允宰臣請御丹鳳樓上尊號勅 845下
定州縣官請假勅 846上
定諸縣主壻官秩勅 846上
公主縣主有子女者不得再降勅 846上
簡勘官健等勅 846下
禁公主家邑司擅行文牒勅 847上
刺史交代勅 847上
停税茶勅 847上
答考功條陳勅 847下
禁務耳稱冤勅 847下
禁嶺南貨賣男女勅 847下
遣宋涯宣慰安南邕管勅 848下
重建總持寺勅 849上
立鄆王爲皇太子勾當軍國勅 849上
平党項德音 849下
洗雪南山平夏德音 851下
洗滌長慶亂臣支黨德音 852上
賑恤江淮百姓德音 852下
册回鶻可汗文 854上
命皇太子即位册文 854下
即位赦文 854下
大中改元南郊赦文 855上

受尊號赦文 860下
上順宗憲宗諡號赦文 863下
大赦文 864上
懿宗皇帝
授蕭鄴荆南節度使制 865上
授杜審權平章事制 865下
授白敏中宏文館大學士等制 866上
勾并年終賦税委御史郎官論奏制 866下
贈何武檢校左散騎常侍制 866下
授夏侯孜平章事制 866下
授温璋王式節度使制 867下
授蔡京嶺南西道節度使制 868上
授裴休荆南節度使制 868下
授楊收平章事制 869上
授杜審權鎮海軍節度使制 869下
授蔣伸畢諴節度使制 870上
授徐商崔璵節度使制 870下
恤民通商制 871上
以南蠻用兵特恩優恤制 871下
授于琮平章事制 872下
授孔温裕忠武軍節度使制 873上
貶楊收端州司馬制 873下
楊收長流驩州制 873下
授蜀王佶西川節度使制 874上
平徐州推恩制 874下
授杜審權河中晉絳節度使制 876下
貶康承訓蜀王傅制 877上
立普王儇爲皇太子勾當軍國制 877上
授高璩劍南東川節度使制 877下
疏理滯獄詔 878下
求言詔 878下
令常參官舉人自代詔 878下
停壽安公主入朝詔 878下
貶夏侯孜太子少保分司東都詔 879上
罪己詔 879上
賜張元稔詔 880上
責授鄭畋梧州刺史詔 880上
答宰臣曹確等請加尊號第四表詔 880下
答亳州太清宫使李蔚表進老君靈應詔 880下
以天臺山獲石函册文付史館詔 881上
遣盧簡方諭李國昌詔 881上
答給事中李湯封還制書詔 881下
遺詔 881下
許令狐滈應制舉科勅 882上
分嶺南爲東西道勅 882上
降徐州爲團練使勅 882下
太皇太后寢疾權不聽政勅 883上
疾愈推恩勅 883下
賜楊收自盡勅 884上
賜嚴譔自盡勅 884上
收崔雍勅 884上
賜崔雍自盡勅 884下
遣使宣慰徐宿二州勅 884下
命備邊勅 885上
增制舉及第勅 885上
改徐州爲感化軍勅 885上
恤刑勅 885下
孝明太皇太后山陵優勞德音 886下
夏令推恩德音 887下
安邮天下德音 889上
册魏王佾文 890上
册涼王侹文 890上
册蜀王佶文 890下
即位赦文 890下
大赦文 895下
迎佛骨赦文 900下
僖宗皇帝
授李鈞靈武節度使制 901上
授崔彦昭中書侍郎判度支制 901上
授鄭畋同平章事制 901下
貶鄭畋太子少傅分司東都制 902上
授鄭從讜河東節度使制 902下
授鄭畋平章事依前都統制 903上
授王鐸兼判户部制 903下
授王鐸義成軍節度使兼中書令制 904上
授王鐸蕭遘平章事制 904下
蕭遘罷判度支制 905下
授蕭遘監修國史韋昭度集賢殿大學士制 906上
授韋昭度平章事制 906下
授建王震魏博節度使制 907上

授鄭略平章事制　907下
封徐州節度使時溥鉅鹿郡王制　908上
授鄭愚嶺南節度使制　908下
諭秦宗權制　909上
修奉太廟制　909下
答高駢請停差發三道兵士詔　910上
討王郢詔　910上
奬高駢築成都羅城詔　910下
招討王仙芝等詔　911上
諭河南方鎮詔　912上
改元廣明詔　912下
命京兆府修郭子儀墓詔　913上
賜鄭從讜詔　913上
賜薛應辭詔　913下
賜薛應辭詔　913下
賜薛應辭詔　913下
賜杜光庭詔　914上
改元中觀爲青羊宫詔　914下
令諸道修紫極宫詔　915上
討楊師立詔　915上
平楊師立詔　915下
平楊師立宣示中外詔　916上
委使臣徵訪兵術賢才詔　917下
命相度河渠詔　918上
求言詔　918上
優邮扈駕兵士并訓飭神策諸軍詔　918下
議鹽法錢法詔　919上
答宰臣蕭遘等上尊號詔　919上
允宰臣蕭遘等上尊號詔　919上
立壽王傑爲皇太弟知軍國事詔　919下
遺詔　920上
戒約新及第進士宴遊勅　920下
宣撫東都官吏勅　921上
停福建觀察使李播等任勅　921下
遣使宣慰蘄黄等州勅　921下
賜亳州太清宫勅　922下
封丈人山爲希夷公勅　923上
釐革選人勅　923上
誅蕭遘等勅　923下
賜潘稠勅　923下
册尊號德音　924上
車駕還京師德音　924下
册王景崇常山郡王文　928下
南郊赦文　929上
祭丈人山文　937下
靈寶道場設周天醮詞　937下

昭宗皇帝

削奪陳敬瑄官爵制　938下
削奪李罕之官爵制　938下
貶張濬鄂岳觀察使制　939下
貶孔緯荆南節度使制　940上
貶杜讓能梧州刺史制　940上
討董昌制　941上
貶孫偓南州司馬制　941下
昭雪杜讓能等制節文　941下
授薛王知柔户部尚書判鹽鐵度支制　942上
授大理卿李坰黔中宣尉使制　942下
授崔允崔遠平章事制　942下
授孫偓判度支兼諸道鹽鐵使陸扆判户部制　943下
立德王爲皇太子制　944上
貶朱朴郴州司户制　944下
授太子賓客王牘諸王侍讀制　944下
授崔允吏部尚書制　944下
貶王摶工部侍郎制　945上
貶王摶溪州刺史制　945下
再貶王摶崖州司户制　945下
授樂仁規兵部尚書制　945下
賜御史大夫史實制　946上
特勅新進士授官制　946上
封成汭上谷郡王制　946上
授李踐由安州别駕李惟可鄂州别駕制　946下
命皇太子監國制　946下
修葺國學詔　947下
復陳敬瑄官爵詔　947下
誅杜讓能宣示天下詔　948下
賜李克用詔　949上
答李克用請車駕還宫詔　949上
賜邠州行營都統詔　949上
誅崔昭緯詔　949下
答韓建表請車駕幸華州詔　950上
賜韓建詔　950上
答韓建讓封昌黎郡王詔　950下
答韓建讓兼輔國軍節度使長春宫使詔　950下

貶崔允工部尚書詔 951上
誅宦官詔 951下
賜王建詔 952上
賜王建詔 952下
遺詔 953上
授張實段逸兼御史中丞勅 953上
賜錢鏐勅 953下
賜錢鏐安衆營額勅 953下
平楊守亮等勅 953下
答錢鏐奏進安衆營圖勅 954上
賜新及第進士勅 954下
覆試進士勅 954下
貶崔凝合州刺史勅 955上
升華州爲興德府勅 955下
賜鎮東軍押衙樂仁厚勅 956上
答錢鏐奏重修天柱觀勅 956上
誅王摶勅 956上
昭宗
誅李師虔徐彦回勅 957上
賜錢鏐奏取淮南勅 957上
封錢鏐吴王勅 957下
賜王建劄 958上
平孫儒德音 958上
賜錢鏐鐵券文 959上
改元天復赦文 959下
改元天祐赦文 963下
哀帝
授楊涉平章事制 967下
授裴樞崔遠左右僕射制 968上
貶陸扆王溥制 968上
責授柳璨密州司户制 968下
允羣臣請停親送山陵詔 969上
許宰臣已下遊宴詔 969上
修省詔 969上
改上清宫爲太清宫詔 969上
注擬專委三銓詔 969下
常朝改東上閤門詔 970上
改雒都諸門與西京門同名者詔 970上
答河南尹張全義進嘉禾合穗詔 970上
百官逐月支半俸詔 970上
允吏部請諸道申送員闕詔 970下
新除官不得停住詔 970下
允朱全忠請注擬準舊式處分詔 971上
罷柳遜詔 971上
貶李延古衛尉寺主簿詔 971上
答中書門下表賀朱全忠進白兔詔 971下
復排廊飡詔 971下
誅孫祕詔 971下
禪位梁王詔 971下
發内庫銀充文武常參官救接勅 972上
停嘉會節勅 972上
封屈原勅 972上
誅李彦威等勅 972下
皇太后册禮改期勅 972下
親送山陵勅 972下
均文武俸勅 973下
皇太后册禮再改期勅 973下
慧星見避正殿勅 974上
貶裴樞崔遠勅 974上
妖星不見勅 974上
誅裴樞等勅 974上
貶裴贄李煦勅 974下
貶敬沼勅 974下
停貢橄欖勅 974下
令張全義攝行太尉中書令勅 975上
放司空圖還山勅 975上
奬朱全忠收荆襄勅 975下
禁論認洛陽田宅勅 975下
改卜郊勅 975下
五日聽朝勅 975下
禁宫人擅出内門勅 976上
追戮蔣元暉勅 976上
追廢皇太后何氏勅 976上
停郊祀勅 976下
責授張廷範等勅 976下
誅張廷範等勅 976下
賜柳璨自盡勅 977上
册吴王錢鏐勅 977上
明經科準常例送禮部勅 977上
允增貢舉額數勅 977下
停戎昭軍額勅 977下
停忠義軍額勅 977下
令崇勳殿候對勅 978上
黜邠王震勅 978上
停河南監牧諸司勅 978上
奬王茂章勅 978上
禪位册文 978下
太宗徐賢妃
奉和御製小山賦 979上
諫太宗息兵罷役疏 980上
高宗武皇后
勞韋安石手制 981上
褒廣州都督王方慶制 981上
釋教在道法上制 981上
置鴻宜鼎稷等州制 981下
以鄭汴等州爲王畿制 982上
禁喪葬踰禮制 983上
暴來俊臣罪狀制 983上
改定閏月制 983下
定伎術官進轉制 983下

禁僧道毁謗制 983下
却置潼關制 984上
誅唐波若制 984上
答王方慶諫孟春講武手制 984上
授狄仁傑内史制 984下
禁葬舍利骨制 984下
停楊素子孫京官侍衛制 985上
令韋叔夏等刊定司禮儀注制 985上
授唐休璟左庶子同三品制 985上
授相王并州牧制 985下
授相王并州牧制 985下
授韋嗣立鳳閣侍郎平章事制 986上
許姚元之解職制 986上
求賢制 986上
諸王男等加封邑制 986下
加嗣陳王延暉實封制 986下
新都郡主出降制 987上
樂安郡主出降制 987上
新都郡主等出降制 987上
義安郡主出降制 987下
壽昌仙源縣主出降制 987下
命皇太子監國制 987下
令禮官詳定享明堂禮儀詔 988下
明堂災手詔 989上
封古元應妻爲徇忠縣君詔 989下
授王元感太子司議郎詔 989下
搜訪賢良詔 989下
求訪賢良詔 990上
五帝皆稱帝勅 990下
僧道並重勅 990下
停試糊名考判勅 991上
減大理丞廢秋官獄勅 991上
令武三思等修史勅 992上
褒監察御史解琬勅 992上
高宗天皇大帝哀册文 992上
改元光宅赦文 993下
改元載初赦文 996上
請親祭地祇表 999下
請父在爲母終三年服表 1000上
勞姚璹璽書 1000上
諭劉仁軌璽書 1000下
勞婁師德書 1000下
賜少林寺僧書 1000下
賜胡洞真天師書 1001上
方廣大莊嚴經序 1001上
大周新譯大方廣佛華嚴經序 1001下
三藏聖教序 1002下
夏日遊石淙詩序 1003上
新譯大乘入楞伽經序 1003下
臣軌序軌一作範 1004上
乾陵述聖記 1005上
織錦迴文記 1006上
賜新除都督刺史繡袍回文銘 1007上
賜三品以下官繡袍回文銘 1007上
豫州鼎銘 1007上
昇仙太子碑并序 1007上
大福先寺浮圖碑 1010上

元宗江妃

樓東賦 1012上

宋尚宫

牛應貞傳 1012下

順宗王皇后

遺令 1013下

憲宗郭皇后

命江王即位册文 1014上

昭宗何皇后

命皇太子即位令 1014下
命皇太子即位册文 1014下

隴西王博乂

服制議 1015下

荆王元景

請封禪表 1016上

恒山王承乾

答元琬法師書 1017上

濮王泰

請釋法恭爲戒師書 1017下

蔣王惲

五色卿雲賦 1018上

皇太子宏

諫逃軍配没家口疏 1018下
請樹孔子廟碑疏 1018下

章懷太子賢

西明寺鐘銘 1019下

譙王重福

在均州自陳表 1020上

襄王重茂

誅韋氏制 1020下
大赦詔 1021上
讓位詔 1021下
答相王讓位詔 1022上

寧王憲

讓兼領太常卿表 1022下

邠王守禮

賀馴雉見齋宫表 1023上

滕王湛然

太子少傅竇希瑊神道碑 1023下

許王瓘

樂九成賦 1025下

信安郡王禕

請宣示御製華岳碑文表 1026下

彭王志暕

興聖寺主尼法澄塔銘并序 1027上
皇太子瑛
請宜付耕耤祥瑞奏 1028上
潁王璬
請改修龍池聖德頌表 1028下
永王璘
報吴郡採訪使李希言牒 1029上
澤王瀍
光禄卿王公墓誌銘并序 1029上
建寧郡王倓
請收兵討賊啓 1030上
金城公主
謝恩賜錦帛器物表 1030上
乞許贊普請和表 1030上
請置府表 1030下
梁太祖
受禪改名令 1031上
受禪改元制 1031下
授錢鏐太尉制 1032上
令同華雍等州招諭制 1032下
黜罷使臣制 1032下
南郊恩制 1033上
委宰臣專判祭祀制 1033下
求賢制 1033下
禁軍吏誅求制 1034上
禁用軍焚掠制 1034上
日食求言制 1034下
貶相州刺史李思安制 1034下
加恩前朝官寮詔 1034下
定封册禮詔 1034下
恤征役詔 1035上
令諸州捕蝗詔 1035上
亢陽修政詔 1035上
崇節儉詔 1035上
定鞍飾等級詔 1035上
修祀典詔 1035下
給百官俸料詔 1035下
申謝南郊詔 1035下
祭告東岳詔 1036上
追贈張策等官詔 1036上
討劉知俊懸爵賞詔 1036上
禁僞造犀玉詔 1036上
求賢詔 1036下
遣官分祀風神詔 1037上
嚴關防詔 1037上
賑貸滑宋等州詔 1037上
令冀王友謙將兵詔 1037下
令行營招諭歸降詔 1037下
處置北面招討使胡規擾民詔 1037下
嚴懲注擬蠹弊詔 1038上
暑月施恩詔 1038上
遣官祈雨詔 1038下
禁長吏誅求詔 1038下
求言詔 1038下
以潼關仍隸陝州勅 1038下
禁使臣逗留勅 1039上
答錢鏐奏勅 1039上
許開坊市燃燈勅 1039上
改酸棗等九縣屬開封府勅 1039下
升碭山爲赤縣勅 1039下
賞張温等勅 1039下
定門禁勅 1040上
申明門禁勅 1040上
便殿聽政勅 1040下
禁滯留軍奏勅 1040下
禁科配州縣勅 1040下
令當直官於中書側近宿止勅 1040下
令刺史專達勅 1041上
令宰臣專判司門出給勅 1041上
褒韓建勅 1041上
給宰臣餐錢勅 1041上
備雨潦勅 1041上
修禳星災勅 1041下
勒停御史鄭觀現任勅 1041下
賜鄭仁誨手勅 1041下
授錢鏐吴越國王册文 1041下
請車駕還京表 1042上
諭諸鎮檄文 1042下
與蜀王建書 1042下
與契丹阿保機書 1044上
梁末帝
即位改名制 1044上
給復宋亳等三十二州制 1044下
追復博王友文官爵詔 1045上
國忌輟朝詔 1045下
輟朝答宰臣詔 1045下
分相魏爲兩鎮詔 1046上
答賀德倫詔 1046下
賜鎮南軍節度使劉鄩詔 1046下
以曹州刺史朱珪檢校太傅充平盧軍節度使詔 1046下
舉廢官詔 1046下
禁私度僧尼詔 1047上
賞賜諸軍詔 1047上
降封惠王友能爲房陵侯詔 1047上
獎王周詔 1047下
褒安叔千詔 1047下
貸華温琪贓罪詔 1048上
授錢鏐第三子傳瑛駙馬都尉賜鏐勅 1048上
以壽春公主選駙馬賜錢鏐勅 1048下
選錢鏐十五子傳璟

爲騎馬賜鏐勅 1048下
命錢鏐進取海南劉巖勅 1049上
改元德音 1049下
報典軍趙巖書 1050上

後唐太祖

上昭宗自訴表 1050下
報西川王建書 1051上
北嶽廟題名 1051下

後唐莊宗

親決疑獄令 1052上
嚴科市井凶豪令 1052上
徇邢洺魏博衛滑諸郡縣令 1052下
平魏博令 1053上
諭曹濮百姓教 1053下
褒回鶻權知可汗仁美制 1054上
伐蜀制 1054上
幸洛京詔 1055上
慮囚詔 1055下
賜誠惠法號廣法大師詔 1055下
黜鄭珏等詔 1056上
入汴州誅亂臣詔 1056上
允郭崇韜再讓節鎮優詔 1056下
建長壽宫詔 1057上
答郭崇韜陳情表手詔 1057上
答郭崇韜再上陳情表詔 1057下
慎選舉詔 1057下
禁鉛錫錢詔 1058上
賜功臣名號詔 1058上
封命婦邑號詔 1058下
令諸道節度使等洛京修宅詔 1058下
減東京賦税詔 1058下
駕還洛京詔 1059上
定考試例詔 1059上
求言詔 1059下
許求外職勅 1060下
答降龍大師讓法號紫衣勅 1060下
入洛招撫勅 1060下
幸洛京祀南郊勅 1060下
止進獻勅 1061上
許劉岳終勅 1061上
答李德休請詳定本朝法書勅 1061上
簡收德勝寨等處軍士骸骨勅 1061下
元元廟枯檜再生勅 1061下
親至懷州奉迎太后勅 1061下
定内外官寮職事勅 1061下
南郊減選勅 1062上
禁請託勅 1062下
授獻書人官勅 1063上
搜訪被害臣寮勅 1063上
放免西京秋税勅 1063上
限決禁囚勅 1063上
葺修宫殿勅 1063下
不准權停選舉勅 1063下
允張全義請萬壽節於嵩山琉璃戒壇度僧勅 1063下
幸東京勅 1064上
禁短陌勅 1064上
約勒見錢勅 1064上
禁徵納禮錢勅 1064上
遷昭帝陵勅 1064下
令李繼麟制置榷鹽勅 1065上
更定符蒙正等及第勅 1065上
祈雨勅 1065上
祈雨勅 1065下
祈雨勅 1065下
量置陵户勅 1065下
貶張繼孫勅 1065下
責授李鏻李瓊勅 1066上
諸司人吏非考滿不許奏薦勅 1066上
宣示朱守殷進古錢勅 1066下
以天津橋未通放朝參勅 1066下
祈晴勅 1066下
賜青州符習奏即墨縣李夢徵室内柱上生芝勅 1066下
諭蜀勅 1066下
停折納等税勅 1067上
令京西諸道收糴不得徵納税錢勅 1067上
量停三川涇鳳秦隴等州佐雜勅 1067下
答諫官請不幸汴州批 1068上
答兩省諫官請不幸汴州批 1068上
平汴州大赦德音 1068上
減膳宥罪德音 1069下
賜錢鏐吴越國王册文 1071上
改元同光赦文 1072上
南郊赦文 1073下
曉諭梁將王檀書 1076下
諭兖鄆羣盜書 1078上
讓契丹阿保機書 1078下
禡牙文 1079上

後唐明宗

令河南府諸道津送諸王眷屬教 1079下
令人户供田數教 1079下
授鄭珏任圜中書侍郎制 1080上
復郭崇韜朱友謙官

爵財産制 1080下
貶豆盧革韋説制 1080下
責授豆盧革韋説司户參軍制 1081上
授盧文進義成節度使制 1081上
改名制 1081下
授馮道崔協中書侍郎制 1081下
封王延鈞瑯琊王制 1082上
任圜罷相制 1082下
鄭珏罷相制 1083上
褒夔州刺史西方鄴制 1083下
討王都制 1084上
誡勵長吏制 1084下
進封趙德鈞制 1085上
進封王晏球等制 1085下
有事南郊制 1086上
郊禋禮畢賜將士錢帛制 1086下
減拜郊行事官選數制 1086下
授李愚中書侍郎制 1087上
授趙鳳門下侍郎制 1087下
以災旱蠲貸制 1088上
追册晉國夫人夏氏爲昭懿皇后制 1088下
恤刑詔 1089上
定蕃使朝儀詔 1089上
定檢校官所納禮錢詔 1089上
再貶豆盧革韋説詔 1089下
定奏請判官條例詔 1090上
賜鳳翔節度使李曮改名詔 1090上
整飭朝參憲臺舊例詔 1090下
答盧文紀整飭辭謝朝班等例詔 1090下
加鑾都首領官秩詔 1090下
嚴斷服飾踰品詔 1091上
早赴朝參詔 1091上
命孔循往荆南勞問兵士詔 1091下
賜劉訓等詔 1091下
平朱守殷告諭天下詔 1091下
除放積欠詔 1092上
賜任圜自盡詔 1092上
加恩汴州詔 1092下
議追尊名號詔 1094上
賜豆盧革韋説自盡詔 1094下
申定迴避廟諱詔 1094下
誅温韜等詔 1095上
賜五歲童子趙贊及第詔 1095上
御署官準同有出身人申送詔 1095上
令保户自供手狀詔 1095下
更定注擬詔 1095下
答馮道等上尊號詔 1096上
貶左散騎常侍蕭希甫詔 1096上
升尚書右丞爲正四品詔 1096下
賜太師尚書令馬殷謚法詔 1096下
録寫律令格式六典詔 1096下
省刑詔 1097上
答李祥請蠲除詔 1097上
賜吴越國王錢鏐不名詔 1097下
誅安重誨詔 1097下
令有力人户均攤貧户税額詔 1098上
許百姓自鑄農器詔 1098下
褒賞吕琦姚遐致等
詔 1099上
飭定廊餐詔 1099上
賜孟知祥詔 1099上
賜孟知祥詔 1100上
賜孟知祥詔 1101上
賜吴越王錢鏐謚詔 1102上
答孟知祥奏請發遣兵士家口來川詔 1102上
許孟知祥權行墨制詔 1102下
許孟知祥奏趙季良等五人乞正授節旄詔 1103下
册命高麗國王詔 1103下
又詔 1104下
又詔 1104下
賜高麗三軍將吏詔 1104下
答馮道等表請徽號加廣道法天四字詔 1105上
却貢鷹犬勅 1105上
京城許蓋屋宇勅 1105下
令閤門使宣放朝班勅 1105下
御名二字不連稱不得迴避勅 1105下
依李琪朔望奏對勅 1106上
置彰國軍勅 1106上
嚴戒攝官勅 1106上
諭三京諸州府勅 1106下
祈晴勅 1106下
落劉瑩等進士勅 1106下
祈雪勅 1107上
契丹國主阿保機薨逝輟朝勅 1107上
赦宥繫囚勅 1107上
約勒諸城放出錢勅 1107下
答蕭希甫奏釋天成以前罪人勅 1107下
禁造佛寺並私剃度

勅 1107下
禁淹停埋葬勅 1108上
禁鐵鑞錢勅 1108下
久任刺史勅 1108下
禁新授官託故請假勅 1109上
推恩節度使子弟勅 1109上
褒答任圜勅 1109上
禁屠牛勅 1109下
令諸道交聘不必奏聞勅 1109下
加恩臣寮父母勅 1109下
答李鏻請朝官舉賢勅 1110上
高宏超減死勅 1110上
申嚴覆勘獄囚勅 1110下
答西京請決刑覆奏勅 1110下
宥過勅 1110下
藩鎮幕寮不準兼職勅 1111上
令選人先納三代親族狀勅 1111下
二月後州縣不得受狀勅 1111下
昭雪洛陽令羅貫勅 1111下
復兩川節度使職名勅 1112上
贈臣寮父母勅 1112上
起劉訓守右龍武大將軍勅 1112上
詞狀策條皆須務實勅 1112下
予朝臣及諸道節度妻室封號勅 1112下
答王建立陳急務勅 1113上
文武官加勳依舊制勅 1113上
據告赤授官勅 1113上
禁興造寺院勅 1113下
答蕭希甫請禁府州推委刑獄勅 1114上
貶成景宏綏州司户勅 1114上
貢舉人先委本道觀察使考試及不得假冒鄉貫勅 1114上
策對重時務勅 1114下
嚴定童子科場勅 1115上
褒允盧詹所奏勅 1115上
翰林學士承旨班在學士上勅 1115上
令州府長吏每年考課縣令勅 1115下
嚴斷不孝勅 1115下
廢户部餾紙勅 1116上
用刑日不舉樂勅 1116上
賜孟昇自盡勅 1116下
禁滯獄勅 1116下
孔知鄴罰俸勅 1116下
禁稱試銜勅 1117上
放免元年秋税勅 1117上
李琪上表誤用真定罰俸勅 1117上
曉諭夏州將吏百姓勅 1117下
放免鄴都等州諸色差配勅 1118下
令諸道使相直省追還中書勅 1118下
廨宇不得摧毁勅 1118下
禁諸州使論請新恩勅 1119上
故平盧軍節度使霍彦威以三公禮葬勅 1119上
諭諸司寺監勅 1119上
宣示夏魯奇進嘉禾勅 1119下
定將相署名勅 1119下
準田敏請藏冰頒冰勅 1119下
升濟陰縣奉園陵勅 1119下
州縣告身不要進納勅 1119上
令造上清宫牌額勅 1120上
誅西平令李商勅 1120上
獎夏魯奇勅 1120下
給安重誨假勅 1120下
更議帖經事例勅 1121上
非時衙替官宜勒赴任考滿勅 1121上
定朝見辭謝班位勅 1121上
罰京兆府官吏勅 1121上
三傳三禮科準明經例逐場去留勅 1121下
文書告勅宜粘連逐縫使印勅 1121下
張進等勒停見任勅 1121下
釐革告身文牒事例勅 1122上
加恩官員勅 1122下
長流盧嵩蔚州勅 1123上
宥李範趙知遠勅 1123上
封敍無得留滯勅 1123下
令禮葬被害諸王勅 1123下
禁州縣於限前徵科勅 1123下
童子科出身不得遽授親人官勅 1123下
族誅李行德等勅 1124上
授張延朗三司使勅 1124上
楊知萬準非時選人例處分勅 1124上
討董璋勅 1124上
不準奏薦著紫官爲州縣勅 1124下
敍封舛錯勅 1125上
未得公憑者準取本任文解赴集勅 1125上

加恩朝臣勅 1125上
定節度等使判官已下賓寮考限勅 1125下
罷夜試進士勅 1125下
復錢鏐爵位勅 1126上
禁枉濫勅 1126上
詳斷張延雍等勅 1126下
準失墜春闕冬集人許舉及第銓注事實勅 1126下
加恤病囚勅 1126下
誅張崇遠勅 1126下
李雲獻時務策勅 1127上
禁臣寮私行舉薦人勅 1127上
禁私賣文書勅 1127下
敘理中興以來官告勅 1128上
朝臣假內仍給俸勅 1128下
禁京城人户侵越並許奏聞利便互買勅 1128下
禁受理赦書前詞訟勅 1129上
禁不務農桑勅 1129上
禁侵射入官店宅莊園勅 1129下
王昭誨不停見任勅 1129下
停李炤樂鈞官勅 1130上
答周知微請復議典勅 1130上
禁同表進策勅 1130上
量增奏薦員數勅 1130下
帶臺省職州縣官及得十六考者並依出選門例處分勅 1130下
令諸道搜訪隱逸勅 1131上
令道路置碑曉諭路人勅 1131下
許致仕太傅王建立太子少保朱漢賓還鄉勅 1131下
武職銀青階準文資賜紫例不得奏爲州縣官勅 1131下
增大理寺御史臺俸錢勅 1132上
令大理寺斷獄取最後勅定罪勅 1132上
禁營田聽税户越境耕占勅 1132下
放鷹隼勅 1132下
敦勸孝義勅 1133上
七十已上人不得概注散官勅 1133上
禁州縣交通富民勅 1133上
處分獻策人韓滔勅 1133上
施行恩蔭勅 1133下
定升轉官年數勅 1134上
答禮院奏衣服制度勅 1134上
疏理選曹並免落第人來年再納文解勅 1134上
禁村店要津置闌頭勅 1134下
詔依石經文字刻九經印板勅 1134下
定出選門除官年限勅 1134下
論訴人不許淹滯勅 1135上
定節度等使在朝班位勅 1135上
處分李咸雍勅 1135下
委馬縞等勘諸經勅 1135下
許客户於坊市修營屋宇勅 1135下
每年二月初禁止弋獵勅 1136上
令諸道進州縣圖經勅 1136上
減進策選數勅 1136上
宥龍隲等家口勅 1136下
科決丁延徽等勅 1136下
復鄉飲酒禮勅 1137上
不許停滯選人勅 1137下
放免岐延等州税錢勅 1137下
定贓罪勅 1138上
流清水縣令呂澄嵐州勅 1138上
責士貢稽遲勅 1138下
相馮贇勅 1138下
賜高麗王勅 1138下
又勅 1139上
又勅 1139下
令諸道不得表請僧道師號勅 1139下
報鄭珏請追尊先代御札 1139下
幸汴州御札 1140上
誤決小兒獄御札 1140上
幸鄴都御札 1140下
罷般糧御札 1140下
停幸鄴都御札 1141上
求言御札 1141下
歸洛都御札 1141下
賑貸宋亳等州御札 1141下
封孟知祥爲蜀王册文 1142上
册高麗國王夫人柳氏文 1143上
即位赦文 1143上
南郊改元赦文 1145上
册尊號赦文 1146下
收復定州露布 1147下

後唐閔帝

準優經學出身選任詔 1149上
令三京諸道祭山川

祠廟詔 1149上
立藩鎮神道碑詔 1149下
禁滯獄設 1149下
定奪情限制勅 1149下

後唐末帝

諭在京文武令 1150上
即位赦制 1150下
令修撰實録制 1151上
優賜勸進人等詔 1151下
答李元龜請降優恩詔 1151下
誅朱宏昭等詔 1151下
答周元樞陳十事詔 1152上
加吳山王號詔 1152上
速斷淹滯詔 1152上
停孔知鄴等官詔 1152上
定酬獎能理冤獄詔 1152下
申明長興二年勅録寫律令格式六典詔 1152下
免楚祚死詔 1153上
委三司重議税法詔 1153上
賽祭得雨詔 1153下
準徽陵行事官減選詔 1153下
祈晴詔 1154上
御署官準同一任正官期限赴選詔 1154上
許朱宏昭等歸葬詔 1154上
祈晴詔 1154下
祈晴詔 1154下
清理庶獄詔 1154下
禁官吏通衢陳訴詔 1155上
準姚顗六典分銓詔 1155上
停冬至朝會儀詔 1155上
祈雪詔 1155下
免放被兵諸州兩税詔 1155下
禁約軍將詔 1155下
修奉列聖陵寢詔 1156上
褒答杜崇龜詔 1156上
施行程遜等所陳時務詔 1156下
褒答馬勝詔 1156下
答盧文紀陳政事詔 1156下
答盧文紀請對便殿詔 1157上
答盧文紀請追尊宣獻太后詔 1157下
令監祭使省視祭物詔 1157下
禁盛夏滯獄詔 1157下
禁進奉異物詔 1158上
量準盧損不便時宜條件詔 1158上
答盧損陳五事詔 1158上
答劉鼎請依故事薦人自代詔 1158下
答許遜請停越局言事詔 1158下
飭中書舍人詔 1158下
廟諱偏旁不宜全改詔 1159上
以安崇贊爲孟州司馬詔 1159上
量定廢秦王葬禮詔 1159上
選京員爲兩使判官畿赤縣令詔 1159上
附監舉人分別解送詔 1159上
答石敬瑭詔 1159下
以夏令赦宥御札 1159下

晉高祖

赦事潞王從珂諸臣罪制 1160下
授趙瑩門下侍郎平章事桑維翰集賢殿大學士制 1160下
授馮道門下侍郎平章事制 1161上
贈王思勳左武衛大將軍制 1162上
平張從賓赦制 1162上
復陳保極官制 1163上
復范延光等官爵制 1163下
册于闐王李聖天制 1164上
封王繼恭臨海郡王制 1164上
封迴鶻奉化可汗制 1164下
元日推恩制 1164下
封王建高麗王制 1165上
改唐莊宗陵名詔 1165下
遷擢中外臣寮詔 1165下
追封萬石君詔 1165下
贈李遐右諫議大夫詔 1165下
獎張允駮赦論詔 1166上
慎刑詔 1166上
放定州夏税詔 1166下
獎王易簡進漸治論詔 1166下
升汴州爲東京詔 1166下
停兵部尚書王權官詔 1167上
許百姓鑄錢詔 1167上
過格選人準降資注官詔 1167上
禁擅加賦税詔 1167下
答曹國珍請修大晉政統詔 1167下
以宰臣一人知中書印詔 1167下
勒林恩鄭元弼歸國詔 1168上
立唐五廟詔 1168上
定朝會禮節樂章詔 1168下
福州貢物私商準律處分詔 1169上
正朝班詔 1169上
諭安州節度使李金

全詔 1169下
贈賈仁詔右衛將軍詔 1169下
贈桑干等官詔 1169下
寬竊盜贓罪詔 1170上
封唐叔虞臺駘詔 1170上
修葺嶽鎮海瀆廟宇詔 1170上
罷冬至寒食等節進奉詔 1170下
停朝貢置宴詔 1170下
翰林學士公事並歸中書舍人詔 1170下
岳牧善政委倅貳官條奏詔 1170下
決滯獄詔 1171上
贈狄仁傑太師詔 1171上
除放積欠詔 1171下
令沿河使尹兼河隄使名詔 1171下
削張彦澤官階詔 1171下
諭安重榮詔 1172上
朝臣除外任準同在朝例升進勅 1172上
封唐後備三恪勅 1172上
招撫流亡官健勅 1172下
得替官限家居一年方得赴闕勅 1173上
禁薦人藩鎮勅 1173上
嚴約軍法勅 1173下
獎于鵬忠諫勅 1173下
予文武百僚先代封贈勅 1173下
予臣僚母妻敘封勅 1174上
答杜箴請開種荒田勅 1174上
幸汴州勅 1174上
令法司改正法書文字勅 1174下
答王權奏請禁貢獻奢侈勅 1174下
令立妃及拜免三公等並降制命勅 1175上
更定銓選章程勅 1175上
聽以見居官品封贈三代勅 1175下
諭鹽鐵度支户部等勅 1176上
量寬文書駁放勅 1176上
流高信等勅 1176上
減放洛京魏府夏税勅 1176下
許罪人收葬勅 1176下
久任長吏勅 1176下
授張休官勅 1177上
贈石奮太傅勅 1177上
允梁文矩致仕勅 1177上
授李晟五代孫官勅 1177下
抬撫尹暉婁繼英勅 1177下
邮囚勅 1178上
停差縣令檢巡河隄勅 1178上
禁喪葬舉樂勅 1178上
加恩追尊四廟行事官勅 1178上
答殷鵬請加恩敘封勅 1178下
加恩選人勅 1178下
答竇貞固請定舉士官賞罰勅 1179上
避嫌名勅 1179上
聽私門立戟勅 1179上
褒薛融直諫勅 1179上
令銓司檢點御署官文書勅 1179下
流韓延嗣勅 1179下
給復同絳等州勅 1179下
招安魏府勅 1180上
答曹國珍進寶温顔習武策勅 1181上
聽公私自鑄錢勅 1181下
禁創造寺院勅 1181下
禁朝臣薦託勅 1181下
權停貢舉勅 1182上
許符彦饒等收葬勅 1182上
答桑維翰請免籍没賊人財産勅 1182上
停寒食七夕等節進獻勅 1182上
封李從益爲郇公勅 1182下
流李道牧勅 1182下
允成德軍請立節度使安重榮德政碑勅 1182下
令修唐史勅 1182下
令開墾曠土勅 1183上
停迎送使臣勅 1183上
示百寮御札 1183下
示百寮御札 1183下
令百官上封事御札 1184上
幸洛都御札 1184上
封錢元瓘吴越國王玉册文 1184上
改元大赦文 1185上
御文明殿大赦文 1186下
幸汴州赦文 1188下
幸鄴都赦文 1189下
平范延光大赦文 1191上
遺後蜀後主告即位書 1192下
答淮東鎮書 1192下

晋少帝

答靈武節度使馮暉制 1193下
親征契丹命將制 1193下
賜襄州粟詔 1196上
給復襄州詔 1196上
親征詔 1196下
流楊麟等詔 1196下
整飭吏治詔 1197上

復置明經童子科詔 1197下
修省詔 1197下
親征詔 1198上
準廣雪寃賞例詔 1198下
賜高麗王王武詔 1198下
量留晉陽令劉繼儒詔 1199上
令長例掩埋暴骸詔 1199上
除授留守宜降麻制勅 1199上
禁兩税加耗勅 1199上
修製祭器勅 1199下
禁盛夏滯獄勅 1199下
疏通吏部注擬勅 1199下
貸鄧州節度宋彦筠擅殺勅 1200上
勒停李鼎現任勅 1200上
贈翟進宗左武衛上將軍勅 1200上
復置翰林學士院勅 1200下
令三銓詳看關牒勅 1200下
疏理獄訟瘞埋病亡勅 1200下
科陳延福罪勅 1200下
流張嗣宗勅 1201上
收瘞骸骨勅 1201下
祭中嶽令河南尹行禮勅 1201下
改泰州屬定州勅 1201下
答陶穀請禁伐桑棗勅 1202上
答桑簡能請斷寃獄封事勅 1202上
以郎署兼侍御史勅 1202上
賜高麗國王王武勅 1202上
答邊玕請五日一録囚勅 1202下
禁横薦官寮勅 1202下
禁選人妄陳文狀勅 1202下
答竇儼請禁酷刑勅 1203上
還幸東都御札 1203上
封錢宏佐吴越國王玉册文 1203下
即位大赦文 1204上
夏令赦文 1205上
改元開運大赦文 1205下
收復青州大赦文 1206下
征契丹還大赦文 1209上

漢高祖

和買戰馬詔 1211上
諭鎮州趙贊詔 1211上
即位求賢詔 1211下
誅杜重威詔 1212上
答盧擢請許朝臣封贈父母勅 1212上
改名勅 1212上
幸澶魏御札 1212下
至東京大赦文 1212下
北巡赦文 1214上
改元乾祐大赦文 1215上

漢隱帝

李濤罷相制 1217下
誅李崧等詔 1218上
誅劉景巖後放免其子行謙等詔 1218上
慰諭馬希萼詔 1218上
贈劉審交太尉詔 1218下
賜郭威平李守貞詔 1218下
修飾兩漢陵園勅 1218下
定節度使奏薦屬官勅 1219上
委長吏親慮囚勅 1219上
給復三京勅 1219下
修高祖實録勅 1219下
免王松官勅 1220上
暑月斷刑勅 1220上
決滯獄勅 1220上
注擬令録限年勅 1220上
修晉朝實録勅 1220下
宣示冬集人候闕除授勅 1220下
詳核增户添租勅 1220下
封錢宏俶爲吴越國王玉册文 1221上
即位大赦文 1221下
春令赦文 1223下

周太祖

監國教 1225上
贈趙瑩太傅制 1225下
追册故夫人柴氏爲皇后制 1225下
追封乳母楚國太夫人制 1226上
貶賓州刺史張建武制 1226上
求言詔 1226上
却諸道貢物詔 1227上
諭徐州軍民詔 1227下
賜王彦超詔 1227下
奬隰州刺史許遷破敵詔 1227下
賜蘇逢吉劉銖家屬莊宅詔 1228上
賜高保融詔 1228上
赦潞州俘馘詔 1228上
收復徐州詔 1228下
許淮南糴易詔 1228下
允皇子榮請放免散户詔 1228下
賜昭義節度使常思詔 1229上
答宰臣王峻詔 1229上
賜慕容彦超詔 1229上
改定刑法詔 1229下
諭李穀扶疾視事詔 1230上
親喪未葬不準選舉詔 1230上
答馮道等上尊號詔 1230下
賜劉言詔 1231上
令三京及諸道勸課

農桑詔 1231上
定抽稅蕃漢糶鹽詔 1231上
命諸州恤刑詔 1231下
諭彰義軍民吏詔 1231下
命魚崇諒復位詔 1232上
爲漢隱帝發喪勅 1232下
收瘞骸骨勅 1232下
令諸道勸課耕桑勅 1232下
宣諭徐宿二州勅 1233上
宣諭晉絳慈隰諸州軍民勅 1233上
前資官準聽外居勅 1233下
定赴任程期勅 1234上
禁沿淮州縣軍鎮侵略淮南勅 1234下
定府州從事等當直人力數勅 1234下
放散諸州抽差勅 1235上
均祿勅 1235上
給還籍没田産勅 1235下
禁濫薦勅 1236上
盛夏決滯獄勅 1236上
答竇貞固進晉朝實録勅 1236下
貶監察御史劉頊復州司户參軍勅 1236下
定催科賞罰勅 1236下
撫恤沿邊流民勅 1237上
併三銓爲一勅 1237上
禁越訴勅 1237下
討慕容彦超勅 1237下
令諸道勸課農桑勅 1238下
諭金州屯戍兵士勅 1238下
授錢宏俶天下兵馬元帥勅 1239上
恤刑勅 1239上
贈閻宏魯崔周度官勅 1239下
禁吏民舉留守牧勅 1239下
宣李穀入見勅 1239下
改定鹽麴條法勅 1240上
令黄知筠往兖州收埋暴骨勅 1240下
更定招安户口賞例勅 1240下
定皮革稅勅 1241上
賜青州勅 1242上
宣慰麟州刺史楊仲訓勅 1242下
慮囚勅 1243上
令州縣軍鎮各守職分勅 1243上
禁習天文圖緯諸書勅 1243下
嚴究落第舉人謄謗並不得受薦託勅 1243下
命以天下縣户口定望緊上中下次第勅 1244上
賜趙鳳自盡勅 1244下
即位赦文 1244下
平兖州大赦文 1247上
策禮樂兵刑問 1248下
請擒縛李業等疏 1249上
澶州上漢帝疏 1249上
請册立嗣君疏 1249下
上漢太后牋 1249下
諭徐州城内軍民書 1249下
答北京留守劉崇書 1250上
賜鄴都副留守陳光穗詔書 1250上
幸兖州札 1250上
令所司備南郊儀注札 1250下

周世宗

贈史彦超檢校太師制 1251下
授景範中書侍郎平章事制 1251下
授高麗國王王昭開府儀同三司檢校太尉制 1252上
追封郯王侗等制 1252下
李穀罷相制 1252下
興制舉制 1253上
加贈皇從弟守愿等官制 1253下
命薦舉令録詔 1253下
求言詔 1254上
京城別築羅城詔 1254下
毁私建寺院禁私度僧尼詔 1255上
令點檢祠祭詔 1256上
答張昭進兵法詔 1256上
平揚州諭諸道詔 1256下
慎擇諸司寺監官詔 1256下
許京城街道取便種樹掘井詔 1256下
修梁均帝唐清泰帝實録詔 1257上
修太祖實録詔 1257上
求遺書詔 1257下
春令赦宥詔 1257下
受壽州降諭天下詔 1258上
賜劉仁贍詔 1258上
賜劉仁贍詔 1258下
追封越王誼等詔 1258下
求直言詔 1259上
飭州縣清釐詞狀詔 1259下
令舉軍職詔 1259下
定考滿月限詔 1260上
駮落郭峻趙保雍等及第詔 1260下
頒賜諸道元稹均田圖詔 1260下
賜諸道均田詔 1261上
定學士朝請例詔 1261上
答竇儼詔 1261上
賜僞泉州節度使留從效詔 1261上

詳定雅樂詔 1261下
祭司寒勑 1261下
令張昭田敏校勘經典釋文勑 1261下
駮落新進士嚴説等勑 1262上
令毁銅器鑄錢勑 1262上
征淮南勑 1262下
太廟及諸祠非親祀不用犢勑 1263下
減鹽税勑 1263下
停銅魚勑 1263下
定攝官出身勑 1264上
親征劉崇御札 1264下
南征御札 1264下
幸淮上御札 1265上
幸淮上御札 1265上
幸滄州御札 1265上
平秦成階等州德音 1265下
平淮南德音 1266上
御崇元殿德音 1266下
即位大赦文 1267下
平劉崇赦文 1269上
降壽州赦文 1269下
賜李景璽書 1270上
賜李景將佐書 1270下
賜江南國主李景書 1271上
賜江南國主李景書 1271下
賜江南國主李景璽書 1271下
賜江南國主李景璽書 1271下
賜江南國主李景璽書 1272上
賜江南國主李景書 1272上
周恭帝
禪位詔 1272下
後唐太祖曹皇后
遺令 1273上
後唐明宗曹皇后
以皇長子潞王監國令 1273上
以潞王從珂即皇帝位令 1273下
晋高祖李皇后
降契丹表 1274上
漢高祖李皇后
議擇嗣君誥 1274下
册徐州節度使贇即帝位誥 1275上
臨朝誥 1275下
命宰臣權軍國事誥 1275下
降封徐州節度使贇爲湘陰公誥 1275下
答周太祖誥 1276上
後唐魏王繼岌
喻蜀郡檄 1276上
吴王楊行密
舉史實牒 1277上
吴僞帝楊溥
褒贈聶師道詔 1278上
南唐先主李昪
恤農詔 1278下
享太廟詔 1278下
禁上尊號詔 1278下
罷李建勳詔 1279上
舉用儒吏詔 1279上
旌張義方直言詔 1279上
遺詔 1279上
南唐嗣主李景
恤民詔 1279下
賜周宗詔 1280上
上周世宗第一表 1280上
上周嗣宗第二表 1280下
謝遣王崇質等歸國表 1281下
進奉錢絹茶米等表 1281下
進買宴錢第一表 1282上
進買宴錢第二表 1282下
請令鍾謨歸國表 1282下
請改書稱詔表 1283上
上漢帝書 1283下
奉大周皇帝書 1283下
南唐後主李煜
即位上宋太祖表 1284上
乞緩師表 1284上
不敢再乞潘慎修掌記室手表 1284上
送鄧王二十六弟牧宣城序 1285上
郄登高文 1285上
昭惠周后誄 1285上
書評 1287上
前蜀主王建
改衙廳爲宫殿詔 1287下
置東宫官屬詔 1287下
勸農桑詔 1288上
命編開國以來實録詔 1288上
郊天改元赦文 1288上
答梁主書 1291下
示羣臣手書 1292下
誡子元膺文 1293上
前蜀後主王衍
幸秦州制 1293上
制科策問 1293下
上魏王繼岌牋 1293下
鏡銘 1294上
後蜀主孟知祥
下蜀國教 1294下
起兵西川示諸州牓 1294下
收閬州示西川牓 1295下
收下夔州并黔南牓 1295下
討平董璋牓 1296上
後蜀主孟昶
勸農桑詔 1296下
與周世宗書 1296下
結河東蠟彈書 1297下

上宰臣樞密使狀 1297下
戒石文 1298上
南漢第三主劉晟
遺馬希隱書 1298上
南漢後主劉鋹
興王府千佛寶塔讚 1298下
楚廢王馬希廣
請發兵擊朗州奏 1299上
楚後廢王馬希萼
上南唐元宗乞師表 1299下
吴越武肅王錢鏐
賜童顗拜西扇都巖將誥 1300上
謝鐵券表 1300下
鍾廷翰攝安吉主簿牒 1300下
授張蘊江陰令牒 1301上
劉仁規等改補節度散子將牒 1301上
大宗譜序 1301上
錢氏九州廟碑記 1301下
羅城記 1302下
天柱觀記 1303上
鎮東軍牆隍神廟記 1305下
開舜井得重華石記 1306下
新建風山靈德王廟記 1306下
真聖觀碑 1307下
建廣潤龍王廟碑 1308下
投龍文 1309上
吴越文穆王錢元瓘
乞復父舊號表 1310上
請建龍册寺奏 1311上
楊瑫等改補節度子將牒 1311上
吴越忠懿王錢俶
宗鏡録序 1311下
黄妃塔記 1311下
梵天寺經幢記 1312上
新建佛國寶幢願文 1312下
閩第六主王羲
奏晉帝書 1313上
李密
招道士徐鴻客書 1313下
蕭銑
報董景珍書 1314上
王績
三日賦并序 1314下
遊北山賦并序 1316上
鶩賦 1319上
與陳叔達重借隋紀書 1319下
答刺史杜之松書 1320上
重答杜使君書 1320下
答馮子華處士書 1322上
答程道士書 1323下
醉鄉記 1325上
子推抱樹死贊 1325下
荆軻刺秦王贊 1325下
項羽死烏江贊 1325下
藺相如奪秦王璧贊 1325下
陳平分社肉贊 1325下
君平賣卜贊 1325下
甯戚扣牛角歌贊 1326上
老萊養親贊 1326上
梁鴻孟光贊 1326上
蛇銜珠報隋侯贊 1326上
嵇康坐鍛贊 1326上
伯牙彈琴對鍾期贊 1326上
太公釣渭濱贊 1326下
自撰墓誌銘 1326下
無心子傳并序 1326下
負苓者傳 1327上
仲長先生傳 1327下
五斗先生傳 1328上
祭處士仲長子光文 1328上
祭關龍逢文 1328下
登箕山祭巢許文 1328下
祭杜康新廟文 1328下
裴寂
勸進疏 1329上
温大雅
爲高祖報李密書 1330上
祖君彦
爲李密與高祖書 1331上
爲李密與袁子幹書 1331上
爲李密檄洛州文 1331下
陳叔達
答王績書 1336上
大唐宗聖觀銘 1337上
薛收
琵琶賦 1337下
上秦王書 1337下
隋故徵君文中子碣銘 1338上
李綱
論時事表 1339下
諫以舞人安叱奴爲散騎常侍疏 1339下
諫太子建成書 1340上
姜謩
將赴隴右上高祖奏 1340上
蕭瑀
臨終遺子書 1340下
李大亮
昭慶令王璠清德頌碑 1340下
請停招慰突厥疏 1342下
宇文歆
諫齊王元吉書 1343下
傅仁均
陳修歷七事表 1343下
對王孝通駁歷法議 1344上
傅奕
請廢佛法表 1345上

請革隋制疏 1346下
請除釋教疏 1347上
王孝通
上緝古算經表 1348上
駁傅仁均戊寅歷議 1348下
陳子良
爲奚御史彈尚書某入朝不敬文 1349上
爲王季卿與王仁壽書 1349下
辯正論注序 1350下
隋新城郡東曹掾蕭平仲誄并序 1351下
平城縣正陳子幹誄并序 1352下
祭司馬相如文 1354上
杜之松
答王績書 1354下
孔德紹
爲竇建德遺秦王書 1355上
張公謹
條突厥可取狀 1355下
韋雲起
諫征王世充表 1355下
房彦藻
爲李密檄竇建德文 1356上
高儉
請誅元昌奏 1356下
文思博要序 1357上
孫伏伽
諫大赦後遷配王世充竇建德黨與表 1359上
諫馬射表 1359下
陳三事疏 1360上
其二 1360下
其三 1360下
朱子奢
請封禪表 1361上
諫將殺櫟陽尉魏禮臣表 1361上
諫欲觀起居紀録表 1361下
立廟議 1362上
昭仁寺碑銘并序 1362下
崔仁師
駁反逆兄弟從死議 1366下
崔敦禮
種松賦 1367上
杜淹
文中子世家 1367下
高馮
上太宗封事 1370上
長孫無忌
辭功臣襲封刺史表 1371下
賀河清表 1372上
請封禪表 1373上
進五經正義表 1374下
進律疏議表 1375下
謝勅秘書省寫新翻經論奏 1377上
太宗皇帝配天議 1377下
冕服議 1378下
先代帝王及先聖先師議 1379下
昊天上帝及五帝異同議 1380下
請廢白帢從素服議 1381下
甥舅服制議 1381下
庶母服制議 1381下
律疏議序 1382上
房元齡
諫伐高麗表 1383下
公平正直對 1384下
緩討高麗對 1385上
請尊孔子爲先聖議 1385上
山陵制度議 1385上
蜡祭議 1385下
封禪議 1385下
封禪昊天上帝壇議 1385下
請禪社首議 1386上
玉牒議 1386上
玉策議 1386上
金匱議 1386上
方石再累議 1386下
泰山上圜壇議 1386下
圜丘上土封議 1386下
玉璽議 1386下
立碑議 1387上
設告至壇議 1387上
廢石闕及大小距石議 1387上
兄弟緣坐減流議 1387上
杜如晦
虞世基罪當死論 1387下
温彦博
安置突厥議 1388上
又議 1388上
又議 1388上
令狐德棻
請修近史奏 1388下
議沙門不應拜俗狀 1388下
議沙門不應拜俗狀 1389上
大唐故柱國燕國公于君碑銘并序 1389上
隋故闕八字桂州總管武康郡開國公令狐使君碑銘并序 1393上
虞世南
白鹿賦 1396上
秋賦 1396上
獅子賦 1396上
琵琶賦 1397上
上山陵封事 1398上
論山陵疏 1399上
諫獵疏 1399上
破邪論序 1399上
書旨述 1400上
筆髓論 1401上
原古 1401上
辨應 1401上

指意 1401上
釋真 1401下
釋行 1401下
釋草 1402上
契妙 1402上
勸學篇 1402下
帝基帖 1403上
樂毅論帖 1403上
東顧帖 1403上
設齋疏 1403下
孔子廟堂碑 1403下
高祖神堯皇帝哀册文 1406上
文德皇后哀册文 1407上

魏徵

道觀内柏樹賦并序 1408上
請陪送葬建成元吉表 1408下
諫格猛獸表 1408下
遺表藁 1409上
論時政疏 1409下
第二疏 1410上
第三疏 1410下
第四疏 1412上
韋宏質安議宰相疏 1413下
論治道疏 1414上
論御臣之術 1416上
諫遣使市馬疏 1418上
諫止聘充華疏 1418上
十漸疏 1418下
論君子小人疏 1421上
論處突厥所宜疏 1422上
諫詔免租賦又令輸納疏 1422上
豫章公主薨素服踰制疏 1422下
辨權萬紀劾房元齡王珪考官不平疏 1422下
諫西行諸將不得上考疏 1423上
答太宗手詔疏 1423上
理獄聽諫疏 1423上
諫魏王移居武德殿疏 1426下
明堂議 1427上
朝臣被推劾朞以上親不宜停侍衛入内議 1427下
嫂叔舅服議 1428上
象古建侯未可議 1429上
賞舊左右議 1429下
與徐世勣書 1429下
諸王善惡録序 1430上
羣書治要序 1431上
爲李密檄滎陽守郇王慶文 1432上
砥柱山銘 1433上
九成宫醴泉碑銘 1433上
唐故邢國公李密墓誌銘 1434下

李百藥

贊道賦 1437上
鸚鵡賦 1439上
笙賦 1440上
皇德頌 1441上
勸封禪表 1441下
請放宫人封事 1441下
安置突厥議 1442上
大乘莊嚴經論序 1442上
封建論 1444上
化度寺故僧邕禪師舍利塔銘 1446上
唐故都督徐州五州諸軍事徐州刺史臨淄定公房公碑 1447上
碑陰 1451上
隋故益州總管府司馬裴君碑銘并序 1451下
太穆皇后哀册文 1453上

于志寧

讓賜地奏 1454上
論李宏泰疏 1454上
諫衡山公主出降疏 1454下
諫太子承乾書 1455上
諫太子承乾引突厥達哥支入宫書 1455下
諫太子承乾啟 1456下
隋柱國左光禄大夫宏義明公皇甫府君碑 1457上
唐故太子少保上柱國潁川定公碑 1459上
大唐故太子右庶子銀青光禄大夫國子祭酒上護軍曲阜憲公孔公碑銘 1461下
唐太傅蓋公墓碑 1464下
南安懿公碑 1466上
太子少師中書令開府儀同三司并州都督上柱國固安昭公崔敦禮碑 1468下
唐故太常卿上柱國汾陰獻公薛府君碑 1471上

李安期

對高宗用才當忘親讐論 1472上

孔穎達

明堂議 1472上
易正義序 1472下
尚書正義序 1474上
毛詩正義序 1475上
禮記正義序 1475下
春秋正義序 1477上
對論語問 1478下

歐陽詢

藝文類聚序 1478下
大唐宗聖觀記 1479上
用筆論 1480上

傳授訣 1481上
題諸家書帖 1481上
夢奠帖 1481下
臨川帖 1481下
西林寺碑 1482上
陸元朗
經典釋文序 1483下
勅建廣武山觀音寺碣 1484上
褚亮
聖製故司空魏徵挽歌詞表 1484下
諫獵表 1484下
對建國判 1485上
與暹律師等書 1485下
金剛般若經注序 1485下
十八學士讚 1486上
大行臺司勳郎中杜如晦 1486上
記室考功郎中房元齡 1486上
記室考功郎中于志寧 1486下
軍咨祭酒蘇世長 1486下
文學褚亮 1486下
文學姚思廉 1486下
太學博士陸德明 1486下
太學博士孔穎達 1486下
主簿李元道 1486下
天策倉曹李守素 1486下
記室參軍虞世南 1486下
參軍事蔡允恭 1487上
參軍事顏相時 1487上
著作佐郎攝記室許敬宗 1487上
著作佐郎薛元敬 1487上
太學助教蓋文達 1487上
軍諮典籤蘇勗 1487上
虞州録事參軍劉孝孫 1487上
顏師古
幽蘭賦 1487下
聖德頌 1487下
策賢良問五道 1488上
第一道 1488上
第二道 1488下
第三道 1488下
第四道 1489上
第五道 1489下
爲留守羣官謝恩詔表 1490上
論薛子雲等表 1490下
論封建表 1491上
議明堂制度表 1491下
請撰王會圖奏 1491下
封禪議 1491下
定宗廟樂議 1492上
太原寢廟議 1492下
明堂議 1494上
功臣配饗議 1495上
嫂叔舅服議 1495下
安置突厥議 1496下
上漢書注序 1497上
等慈寺碑 1497上
神州地祇祝文 1499下
四大河祝文 1499下
姚思廉
止足論 1500上
張元素
諫修洛陽乾陽殿書 1500下
上太子承乾書 1501上
重諫太子承乾書 1501下
重諫太子承乾書 1502上
陳正道對 1502下
蕭鈞
顏勤禮贊 1503上
褚遂良
請節勞表 1503下
請廢在官諸司捉錢表 1504上
請千牛不簡嫡庶表 1504下
請不窮逐竇智純表 1505上
諫夜飲表 1505下
諫五品以上妻犯姦没官表 1506上
再諫五品以上妻犯姦没官表 1506下
請宮中眼花浪見不得輒奏表 1507上
諫魏王泰物料踰東宮疏 1507下
諫以皇子任刺史疏 1508下
諫討高麗疏 1509上
諫戍高昌疏 1509上
諫寢殿側置太子院疏 1510上
諫親征高麗疏 1510下
諫納莫離支貢疏 1511上
論房元齡不宜斥逐疏 1511下
諫與薛延陀絶婚疏 1511下
諫窮問張元素出身疏 1512下
玉璽記 1513上
搨本樂毅論記 1514上
潭府帖 1514上
山河帖 1514下
與法師帖 1514下
唐太宗文皇帝哀册文 1514下
故漢太史司馬公侍妾隨清娛墓誌銘 1515下
大唐故左僕射上柱國太尉梁文昭公碑 1516上
杜正倫
彈將軍張瑾等文 1517下
彈將軍李子和文 1518上
請慎言疏 1518下
岑文本

三元頌 1519上
藉田頌 1519上
册漢王元昌文 1519下
册韓王元嘉文 1519下
册彭王元則文 1520上
册越王泰改封魏王文 1520上
册郯王惲改封蔣王文 1520下
册許王元祥改封江王文 1521上
册趙王孝恭改封河間郡王文 1521上
論攝養表 1521下
勸封禪表 1522上
理侯君集等疏 1522下
大水上封事極言得失 1523下
定宗廟議 1524上
七廟議 1525上
錢不行對 1526上
龍門山三龕記 1526下
擬劇秦美新 1528下
唐故特進尚書右僕射上柱國虞恭公温公碑 1529下
京師至德觀法王孟法師碑銘并序 1531下
劉洎
論左右丞須得人表 1533下
論太子初立請尊賢講學表 1534上
諫詰難臣寮上言書 1535上
許敬宗
小池賦應詔 1536上
欹器賦應詔 1536上
掖庭山賦應詔 1536下
麥秋賦應詔 1537上
竹賦 1537下
曲赦并州管内詔 1538上
舉賢良詔 1538下
勸封禪表 1539上
賀洪州慶雲見表 1540上
賀杭州等龍見并慶雲朱草表 1540下
賀隰州等龍見表 1541上
賀常州龍見表 1541下
賀富平縣龍見表 1542上
百官賀朔旦冬至表 1543上
謝勅書表 1544上
爲工部尚書段綸請致仕表 1544上
請收敘廢黜宮僚表 1544下
請定釋奠主祭奏 1545上
封禪用玉牒奏 1545下
代御史王師旦彈莒國公唐儉文 1546上
請立皇太子疏 1546下
籩豆數議 1547下
郊社燔柴先焚後祭議 1547下
定宗廟樂議 1548上
藏宏農府君神主於夾室議 1548下
爲司徒趙國公謝皇太子寄詩牋 1549上
謝皇太子玉華山宮銘賦啟 1549下
上恩光曲歌詞啟 1549下
瑜伽師地論新譯序 1550上
大唐故尚書右僕射特進開府儀同三司上柱國贈司徒并州都督衛景武公碑并序 1551下
唐并州都督鄂國公尉遲恭碑 1554上
大唐故中書令高唐馬公碑 1557下
大唐尚書右僕射司徒申文獻公塋兆記 1558下
李義府
承華箴 1561下
大唐故禮部尚書張府君碑 1562上
大唐故蘭陵長公主碑 1563下
劉思立
諫農時出使表 1565上
爲河南王武懿宗論功表 1565下
劾韋萬石奏 1566上
尉遲敬德
諫親征高麗疏 1566下
李靖
天老神光經表 1567上
乞解職表 1567下
上西嶽書 1568上
李勣
請高祖太宗俱配昊天上帝表 1568下
諫留神主於内寢表 1569下
請遷主祔廟表 1569下
閻立本
僧道拜君親議 1569下
戴胄
諫修洛陽宮表 1570上
請建義倉疏 1570下
盛彦師
與弟書 1570下
楊譽
紙鳶賦 1571上
李延壽
上南北史表 1571下
關朗傳 1572下
劉孝孫
沙門慧淨詩英華序 1573下
張蘊古
大寶箴 1574下

韋挺
論風俗失禮表 1575下
祫禘功臣配享議 1575下
涇水讚 1576上
敬播
駁刑部謀反大逆兄弟改從重法議 1576上
上官儀
黜梁王忠爲庶人詔 1576下
册紀王慎爲荆州都督文 1577上
册周王顯爲并州都督文 1577上
册殷王旭輪文 1577下
册虢王鳳爲青州刺史文 1577下
册江王元祥爲鄜州刺史文 1578上
册殷王旭輪爲單于大都督文 1578下
册許圉師左相文 1578下
册薛孤吴仁右金吾衛大將軍文 1579上
册竇元德司元太常伯文 1579下
勸封禪表 1580上
爲朝臣賀涼州瑞石表 1581上
爲于侍中請赴山陵表 1582上
爲太僕卿劉基請致仕表 1582上
爲盧岐州請致仕表 1582下
爲殿中監趙元楷請致仕表 1583上
爲房州刺史請朝覲表 1583上
爲李秘書上祖集表 1583下
對求賢策 1584上
對用刑寬猛策 1584下

馬周
上太宗疏 1585上
陳時政疏 1586上
請勸賞疏 1588上
諫公主晝婚疏 1588上
請簡擇縣令疏 1588下
謝偃
述聖賦 1589上
惟皇誡德賦并序 1590下
觀舞賦 1591下
聽歌賦 1592上
明河賦 1592下
高松賦 1593上
影賦 1593下
塵賦并序 1594下
玉牒真記 1595上
正名論 1596下
愚夫哲婦論 1597下
可汗山銘 1597下
竇静
論頡利部衆不使處南河封事 1598下
盧士牟
段干木廟記 1598下
張神安
唐貞觀銅鐘銘并序 1599上
張行成
諫太宗書 1599下
請太子監國疏 1600上
高若思
勸封禪表 1600上
楊師道
聽歌管賦 1600下
李君政
宣霧山鐫經像碑 1600下
李師政
内德論 1602上
辨惑一 1603上
通命二 1608下
空有三 1611下

孫思邈
千金要方序 1616下
千金翼方序 1617下
太清丹經要訣序 1618下
養性延命録序 1619上
攝養枕中方序 1619上
福壽論 1619下
存神鍊氣銘 1621上
保生銘 1621下
韋安仁
駮封禪舊儀降神樂歌并用郊祀之辭議 1622上
劉仁軌
陳破百濟軍事表 1622下
諫幸同州校獵表 1623下
吏兵部選人議 1624上
盟新羅百濟文 1624下
李君球
諫高宗將伐高麗疏 1625上
薛元超
請停春殺高敦禮表 1625下
諫蕃官仗内射生疏 1626上
諫皇太子牋 1626下
孝敬皇帝哀册文 1628上
薛仁貴
請釋泥熟家口疏 1629上
裴孝源
貞觀公私畫史序 1629上
韓瑗
理褚遂良疏 1630上
韋悰
彈奏秦英文 1630下
李淳風
上靈臺候儀奏 1630下
議僧道不應拜俗狀 1631上
太元金籙金鎖流珠引序 1631下
乙巳占序 1633上
大怪書序 1634下

玉歷通政經序 1635上
呂才
進大義婚書表 1635下
進白雪歌奏 1636上
議僧道不應拜俗狀 1636上
因明註解立破義圖序 1637上
東皋子後序 1638下
敘宅經 1640上
敘祿命 1640下
敘葬書 1641下
王宏直
諫漢王元昌畋獵書 1643上
蔣儼
責田游巖書 1643上
李乾祐
外屬不得通婚奏 1643下
朱桃椎
茅茨賦 1644下
王福時
許敬宗謚議 1645上
録東皋子答陳尚書書略 1645上
王氏家書雜録 1645下
録唐太宗與房魏論禮樂事 1646下
録關子明事 1647下
張昌齡
對刑獄用捨策 1650下
對高潔之士策 1651上
崔知悌
灸骨蒸方圖序 1652上
賈敦頤
謝參法師戒法書 1652下
王義方
劾李義府疏 1653上
請重勘李義府致死畢正義奏 1653下
祭海文 1654上
劉祥道
請以三公備亞獻奏 1654下
陳銓選六事疏 1654下
僧道拜君親議狀 1655下
郝處俊
郊祀議 1656上
僧道拜君親議狀 1656下
裴行儉
討西突厥兵事疏 1657上
張文琮
太宗文皇帝頌 1657上
下建州教書 1657上
張文瓘
諫造蓬萊上陽宮疏 1657下
唐臨
劾封德彝奏 1657下
劾杜如晦奏 1658上
議蕭齡之罪狀奏 1658下
李義表
登耆闍崛山銘 1658下
司馬太貞
紀功碑 1659
裴宏獻
除斷趾法議 1660上
陳宗裕
敕建烏石觀碑記 1660上
史仲謨
後漢溧陽侯史崇墓碑頌 1661下
閭邱允
寒山子詩集序 1662上
尹伊
勘坊市諸胡盡禁推問判 1663上
尚藥局牒省索杜若省符下坊州供送判 1663下
邢文偉
減膳上書 1663下
徐有功
論天官秋官及理匭愆失表 1664上
駁郭奉一論蘇踐言等處絞表 1664下
駁論徐餘慶處斬奏 1665上
駁論邱神鼎處斬議 1665下
再駁論邱神鼎罪議 1665下
論李思順罪議 1666上
駁皇甫懷節李思徽處斬議 1666上
趙推之唐子產誣告長孫仲宣議 1666下
駁韓純孝家口籍没議 1666下
駁李仁里等處斬議 1667上
逢行珪
進鬻子表 1667上
鬻子序 1668上
劉藏器
對恤刑策 1668下
對刑法得失策 1669上
對往代爲刑是非策 1669下
賈公彥
周禮正義序 1671上
儀禮註疏序 1673下
陳元光
請建州縣表 1674上
漳州刺史謝表 1675上
李嗣真
上武后疏 1675下
上諫來俊臣構陷無罪書 1675下
書品序 1676上
書後品贊 1676下
逸品贊 1676下
上品贊 1676下
中品贊 1676下
下品贊 1676下
袁利貞
諫於宣政殿會百官命婦疏 1677上

劉允濟
明堂賦 1677上
天賦 1678上
地賦 1678下
萬象明堂賦 1679上
天行健賦 1679下
顏揚庭
上匡謬正俗表 1680下
吴揚昊
不毁化胡經議 1680下
張思道
不毁化胡經議 1681上
劉如璿
不毁化胡經議 1681下
員半千
陳情表 1682上
蜀州青城縣令達奚君神道碑 1682下
大唐宗聖觀主銀青光禄大夫天水尹尊師碑 1684下
張太元
不毁化胡經議 1686下
盧照鄰
同崔少監作雙槿樹賦并序 1687上
馴鳶賦 1687下
窮魚賦有序 1688上
病梨樹賦并序 1
秋霖賦 1689下
與洛陽名流朝士乞藥直書 1689下
寄裴舍人遺衣藥直書 1690下
與在朝諸賢書 1691上
駙馬都尉喬君集序 1691上
南陽公集序 1691下
樂府雜詩序 1693上
宴梓州南亭詩序 1694下
七日緜州泛舟詩序 1694下
楊明府過訪詩序 1695上
宴鳳泉石翁神祠詩序 1695上
相樂夫人檀龕讚并序 1695下
益州長史胡樹禮爲亡女造畫讚 1695下
五悲文并序 1696上
悲才難 1696上
悲窮道 1697下
悲昔遊 1698下
悲今日 1699上
悲人生 1700上
釋疾文并序 1701上
對蜀父老問 1701上
益州至真觀主黎君碑 1707上
鄭太子碑銘 1711上
裴炎
猩猩銘并序 1712下
魏元同
請吏部各擇寮屬疏 1713下
元萬頃
郊丘明堂等嚴配議 1715下
明堂大饗議 1716上
郭正一
對酈肆策 1716下
裴守真
請重耕織表 1717上
封禪射牲議 1717下
論立對破陣善慶二舞議 1717下
徐齊聃
請修齊獻公廟奏 1718上
諫突厥酋長子弟給事東宫疏 1718上
柳宣
檄譯經僧衆書 1718下
薛景宣
上修築羅郭及楊正道詐死封事 1719下
上官靈芝
王居士磚塔銘 1720上
孫處約
請改服制奏 1720下
楊德裔
劾奏鄭仁泰薛仁貴逗留失機狀 1720下
鄭惟忠
古石賦 1721下
泥賦并序 1722上
蘇瓌
與宋璟同諫元宗疏 1723上
中樞龜鏡 1723上
李寬
僧道拜君親議狀 1724上
張延師
議不廢二氏狀 1724下
狄仁傑
奏從越王舉兵詿誤免死表 1724下
請拔安東表 1725上
請罷百姓西戍疎勒等四鎮疏 1725上
請曲赦河北諸州疏 1726下
諫造大像疏 1727上
諫殺誤斫昭陵柏者疏 1727下
乞免民租疏 1728上
檄告西楚霸王文 1728上
籲神文 1728下
王綝
獻俘用軍樂奏 1729上
有喪不得朝會燕樂奏 1729上
請改東宫門殿名疏 1729上
諫孟春講武疏 1729下
明堂告朔議 1729下
與徐堅問服制書 1731下

唐魏鄭公諫録序 1731下
姚璹
請郤大石國獻獅子疏 1732上
姚班
諫節愍太子書 1732下
再上節愍太子書 1733上
三上節愍太子書 1733上
四上節愍太子書 1733下
豆盧欽望
請諒闇進膳表 1734上
朱敬則
請擇史官表 1735上
請除濫刑疏 1735下
魏武帝論 1736下
晉高祖論 1737下
宋武帝論 1738上
北齊高祖論 1739上
北齊文襄論 1740上
北齊文宣論 1740下
梁武帝論 1742上
陳武帝論 1743上
陳後主論 1744上
隋高祖論 1744下
隋煬帝論 1746下
五等論 1747下
張鷟
陳情表 1749下
中書舍人王秀漏洩機密斷絞秀不伏款於掌事張會處傳得語秀合是從會款所傳是實亦非大事不伏科 1750上
通事舍人崔暹奏事口誤御史彈付法大理斷笞三十徵銅四斤暹款奏事雖誤不失事意不伏徵銅 1750上
給事中楊珍奏狀錯以崔午爲崔牛斷笞三十徵銅四斤不伏 1750下
左補闕陳邃司制敕知敕書有誤不奏輒改所改之次與元敕同付法不伏 1750下
永安公主出降有司奏禮錢加長公主二十萬造第宅所費亦如之羣下有疑 1751上
山陽公主爲子求内官親得侍衛 1751上
御史王銓奉敕權衡州司馬鍾建未返制命輒干他事解耒陽縣令張泰泰不服 1751下
御史嚴宣前任洪洞縣尉日被長史田順鞭之宣爲御史彈順受贓二百貫勘當是實順訴宣挾私彈事勘問宣挾私有實順受贓不虚 1751下
左司郎中許鑑飲酒停制勅依問款稱遇霍亂不得判署遂失機 1752上
令史王隆每受路州文書皆納賄錢被御史彈付法計贓十五匹斷絞不伏 1752上
吏部侍郎山巨源奏稱選人極多缺員全少等邑之色書判不公詞學優長選號復少望請判事鑑鏤詞理酸寒者雖有等級十選並放 1752下
王峴山有策略解行兵選司補擬神武軍御史彈不應置而置選部爲首峴山爲從並仰處分 1752下
考功郎中呂訥奏比年奏考不求才行貪猥輩好行賄賂請託多有使勤勞清慎之徒不事行賕例應排擯若據部當考便成失鑑若不收勞效又是棄功請爲安穩法 1753上
諸州貢舉悉有保明及其簡試蕪濫極多若不量殿舉主或恐奸源漸盛並仰折中處分 1753下
洛陽人祁元泰賄司勳令徐整作僞勳插入甲奏大理斷泰爲首整爲從泰不伏 1753下
前屯營將軍游最犯贓解官乃於懷遠軍敘勳至上柱國司勳郎中崔仵奏最犯名教不合加勳左丞批士有百行可以功過相掩 1754上
主爵員外郎梁瓚龍筋鳳髓作瓌奏左僕射魏宰無汗馬勞御史大夫李嘉爲佐命功並安爵也

請皆追奪 1754上
羽林將軍王暢薨無嫡子取姪男襲爵庶子告不合承 1754下
户部侍郎韋珍奏稱諸州造籍脱落丁口租調破除倍多常歲請取由付法依問諸使皆言春疾疫死實多非故爲疎漏 1754下
工部員外郎趙務支蒲陝布供漁陽軍幽易絹入京百姓訴不便務款布是粗物將以供軍絹是細物宜貯官庫 1755上
倉部郎中胡敬稱内、外官禄准令據階級有費倉儲望請准見任官品級極爲裨益未知可否 1755下
滄瀛等州申稱神龍元年百姓遭水奉旨貸半租供漁陽軍許折明年又遭澇免無租可折至三年百姓訴州以去年合折不許百姓不伏 1755下
禮部奏海州朱雁集岐州奏白麟見及薦郊廟二項俱無空信州申未知合附以否 1756上
于旦奏孝門舊多僞作祥瑞並請破孝門勒從課 1756下
祠部郎中孫佺狀稱往年度人多用財賄遞相囑請元無經業望更銓試不任者退還本邑 1756下
大雲寺僧曇暢奏率僧尼錢造大像高千尺助國爲福諸州僧尼訴云像無大小惟在至誠聚斂貧僧人多嗟怨既違佛教請爲處分 1757上
鴻臚寺中土蕃使人素知物情慕此處綾錦及弓箭等物請市未知可否 1757下
波斯崑崙等舶到擬給食料已前隱没不付有名無料虚破官物請停 1757下
兵部奏默啜賊入趙定郤取幽州居庸程出都督梁亶牢城自守不敢遮截請付法依問得款古之用兵全軍爲上亶既全幽州城不合有罪 1758下
監尹勤奏學生多無經業舉送至省落第並請退還本邑以激厲庶望生徒進益 1758下
太學生劉仁範等省試落第撾鼓申訴准式卯時付問頭酉時收策試日晚付問頭不盡經業更請重試臺付法不伏 1759上
監賀敬盜御茵席三十事大理斷流二千五百里敬不伏云其物雖部分未進不得爲御物 1759下
府史杜元掌造金璽遂盜一枚鑄改爲酒器斷絞不伏云璽未進合準常盜不合死 1760上
大匠吴淳掌造東都羅城牆高九仞隍深五丈正屬春時妨農作百姓訴至秋收後淳自求功抑而不許御史彈非時興造付法不伏 1760上
少匠柳佺掌造三陽宫臺観壯麗三月而成夫匠疲勞死者十五六掌作官等加兩階被選撾鼓訴屈 1760下
五月五日洛水競渡船十隻請差使于揚州修造須錢五千貫請速分付 1761上
水工鄭國狀請決漢水直山鑿山通道至伊水入洛須夫五百乃運江淮租極便 1761下
鴻臚寺狀稱默啜使人朝宴設番客沙苑監李秀供羊瘦小邊使咸怨御史彈付法 1762上
正月朔旦祭南郊沙苑副監劉璥狀云方今尊崇釋教其

羊料請減庶望國家有福慶祚綿長 太常執奏祭天地大不宜降禮 1762上
秦新安穀水社舊是苑内地近被百姓併呑將作數請收入苑百姓不伏 1762下
上林監楊嗣請增置宮館於上林中御幸遊戲田獵所詣即上下輦咸宴暫勞永逸永久安穩 1763上
本省狀稱寺伯蒙天建植性謹厚薦達賢良處事清勤惟知内外糾察必望百司清肅 1763上
内侍元淹心狠貌恭善柔成性兩京來往威福甚高金帛祇承則忘干延譽迎候失行輒加鞭撻 1763下
監修國史劉濟狀稱修史學士李吉甫多行虛飾不據實狀有善不勸有惡不懲得財者入史無財者删削褒貶不實非良史之體 1764上
著作郎楊安期學藝淺鈍文詞疎野凡修書不堪行用御史彈才不稱職官失其人掌選侍郎崔彦既虧清鑑並請貶退 1764下
右金吾衛將軍趙宜檢校街時大理丞徐逖鼓絶後於街中行宜決二十奏付法逖有故不伏科罪 1764下
右金吾郎將韋謙於清化坊屠兒劉忽索肉不得決四十禁經一月忽男於右臺咆哮無上下禮 1765上
本衛狀頃者内有警急羽林將軍敬偉不避危險斫門斬關誅鋤逆賊肅清宮禁元功盛勳合加旌賞 1765下
又田達當討救之際索馬不與拒門不開覆奏往來宜失機速合處極法不伏 1766上
右衛狀稱駕幸西京訴事人梁璥衝三衛仗遂被翊衛張忠以刀斫折右臂斷璥徒不伏 1766上
杜俊對仗遺箭於仗内御史彈付法 1766下
衛狀稱揚州貢大人魯敬身長九尺力敵十夫配上押門兇粗酗酒不堪宿衛請退還本邑 1766下
將軍魯慶諸州租調多被欺賄賂入己始給門牒船車擁滯進退無由 1767上
都留守左右屯衛將軍王林狀稱駕在西京恐有警急請屯兵於宣仁門外以備非常 1767下
飛騎將軍劉恭膂力軼羣弓馬超衆眇其一目恐不堪侍奉欲放歸鄉里又惜其身材 1767下
將軍任季狀稱於蔚州飛狐口累石牆灌以鐵汁一勞永逸無北狄之憂 1768上
又請削橛於塞上數千里釘以刺突厥馬蹄斷賊北道 1768下
將軍宋敬狀被差防河恐冰合賊過請差州兵上下數千里推冰庶存通鎮 1768下
中郎將田海請於舊長城塹東至遼海西至臨洮各闊十步深三丈並仰審利害 1769上
疎勒鎮軍大使左驍衛將田慎狀稱安西路遠沙磧極深國家鎮遏甚爲勞弊一往十年死亡殆盡欲益反損請停四鎮 1769下
郎將侯珪使西域市馬屬磧石乏食遂將齎馬價糴食以救之並免飢餓御史彈不承制命擅用官物 1769下
御史彈東宮每乘牛車微行遊諸寺觀左右清道元不設儀仗殊失禮容所

由率丁讓等並請付法 1770上
東宮無事輒發四府兵獵未經奏許所司不言有虧國法 1770下
太廟令朱景方行太祀乃於散齋而弔喪御史彈付法大理斷官減一等徵銅五斤 1770下
二月有事於太社太常博士馮敬有大功喪隱而不論遂以行事付法科罪 1771上
太樂令盧慶狀稱五帝殊時不相沿樂三王異代不相襲禮請改聖朝樂名大象天下往極爲號又應國姓 1771下
鼓吹令王乾狀稱鼓吹鹵簿國家儀注器具濫惡請更改修制禮部員外崔嵩以府庫尚虛以非急務判停 1772上
太卜袁綱善卜所言立驗有術士崇儼夜無故被殺不知頭首使綱筮之竟不知賊處御史彈綱情有向背而不言付法 1772上
太醫張令仲善處方進藥加三味與古方不同斷絞不伏云病狀合加此味仰正處分 1772下
太史令杜淹教男私習天文兼有元象器物被劉建告勘當並實 1773上
漏生夜睡不覺失明天曉已後仍少六刻不盡鐘鼓既晚官司失朝 1773下
會期日酒酸良醞署令杜綱添之以灰御史彈綱綱款好酒例安灰其味加美不伏科 1773下
太官丞李休供祭餘胙肉少依問款稱太常博士王筠每分肉取常多郎中吴爽拔劍割肉而去 1774上
光禄寺卿楊裕狀稱掌醢署令吕建居官清整不邀名譽忠肅奉公未嘗進考 1774下
珍羞令趙慶諸州所進口味割截餉送權門每得好官衆共談薦名實相反深虧國章 1774下
稟犧令王堯上封事准禮諸侯九推今之刺史古之諸侯今刺史無藉田處不可以訓農 1775上
皇后親蠶諸侯之小君古者亦有蠶室今廢其事不可以率下 1775下
導官署令姚泰盜用進米二十石上米倍四十五價次絹估三十價斷絞不伏 1775下
滄州弓高縣實性寺釋迦像碑 1776上

崔行功

贈太師魯國孔宣公碑 1779下

桓彥範

論時政表 1782下
請窮治張昌宗疏 1783上

張柬之

請罷姚州屯戍表 1784上
對賢良方正策 1785上
對賢良方正策第二道 1787上
駮王元感喪服論 1787下

魏元忠

請解職表 1789下
上高宗封事 1790上

袁楚客

規魏元忠書 1793下

王勔

百合花賦 1797下

王勃

九成宮東臺山池賦并序 1898上
春思賦并序 1898下
釋迦佛賦 1800下
寒梧棲鳳賦 1801上
七夕賦 1801下
遊廟山賦并序 1802下
馴鳶賦 1803上
採蓮賦并序 1803上
江曲孤鳧賦并序 1805下
澗底寒松賦并序 1806上
青苔賦并序 1806上
慈竹賦并序 1806下
乾元殿頌并序 1807下
拜南郊頌并序 1812上
九成宮頌并序 1813上
上拜南郊頌表 1819下

上九成宮頌表 1819下
爲原州趙長史請爲亡父度人表 1820上
上百里昌言疏 1820上
上劉右相書 1821上
上絳州上官司馬書 1823上
與契苾將軍書 1825下
爲人與蜀城父老書 1826上
爲人與蜀城父老第二書 1827下
上從舅侍郎啟 1828上
上武侍極啟 1828上
再上武侍極啟 1828下
上李常伯啟 1828下
上皇甫常伯啟 1829上
再上皇甫常伯啟 1829上
上吏部裴侍郎啟 1829下
上明員外啟 1830下
上許左丞啟 1831下
上郎都督啟 1831下
黄帝八十一難經序 1832上
入蜀紀行詩序 1833上
續書序 1833上
梓潼南江泛舟序 1834上
四分律宗記序 1834下
遊冀州韓家園序 1835下
鞶鑑圖銘序 1836上
山亭興序 1836上
山亭思友人序 1837上
別盧主簿序 1837下
送劼赴太學序 1837下
感興奉送王少府序 1838上
越州永興李明府宅送蕭三還齊州序 1838下
三月上巳祓禊序 1839上
上巳浮江宴序 1839下
春日孫學士宅宴序 1840上
春夜桑泉別王少府序 1840下
與員四等宴序 1840下
送李十五序 1840下
夏日宴宋五官宅觀畫幛序 1841上
夏日登韓城門樓寓望序 1841上
夏日登龍門樓寓望序 1841下
夏日宴張二林亭序 1841下
夏日諸公見尋訪詩序 1842上
仲氏宅宴序 1842上
餞宇文明府序 1842下
越州秋日宴山亭序 1842下
秋日宴季處士宅序 1843上
秋日遊蓮池序 1843上
秋日宴洛陽序 1843下
綿州北亭羣公宴序 1844上
宇文德陽宅秋夜山亭宴序 1844上
晚秋遊武擔山寺序 1844下
守歲序 1845上
遊山廟序 1845下
秋日登洪府滕王閣餞別序 1846上
秋日楚州郝司户宅餞崔使君序 1847上
秋日餞別序 1847下
秋日於綿州羣官席別薛昇華序 1848上
秋晚入洛於畢公宅別道王宴序 1848上
送白七序 1849上
還冀州別洛下知己序 1849下
冬日羈游汾陰送韋少府入洛序 1849下
江寧吴少府宅餞宴序 1850上
釋迦如來成道記 1850下
八卦大演論 1853上
平臺祕略論十首 1855上
孝行一 1855上
貞修二 1855上
文藝三 1855上
忠武四 1855下
善政五 1855下
尊師六 1855下
褒客七 1856上
幼俊八 1856上
規諷九 1856上
慎終十 1856下
三國論 1856下
平臺祕略讚十首 1858下
孝行第一 1858下
貞修第二 1858下
藝文第三 1858下
忠武第四原闕 1858下
善政第五 1858下
尊師第六 1858下
褒客第七 1859上
幼俊第八 1859上
規諷第九 1859上
慎終第十 1859上
益州夫子廟碑 1859上
益州綿竹縣武都山淨慧寺碑 1863上
益州德陽縣善寂寺碑 1865上
梓州郪縣兜率寺浮圖碑 1867下
廣州寶莊嚴寺舍利塔碑 1869上
梓州慧義寺碑銘并序 1873下
梓州飛鳥縣白鶴寺碑 1875上
梓州通泉縣惠普寺碑 1877下
梓州郪縣靈瑞寺浮圖碑 1879上

梓州元武縣福會寺碑 1880上
彭州九隴縣龍懷寺碑 1882下
常州刺史平原郡開國公行狀 1885

杜君綽

議沙門不應拜俗狀 1887下

權善才

議釋道不應拜俗狀 1887下

孔志約

議釋道不應拜俗狀 1888上
本草序 1888上

韋仁約

劾張叡册迴護緒遂良斷判不當奏 1889上

駱宏義

請急攻金嶺城疏 1889下

竇德元

議釋道不應拜俗狀 1890上

李敬貞

請以陰燧取明水奏 1890下

韋萬石

請定樂舞奏 1891上
定樂舞奏 1891上
請仍奏破陣樂舞奏 1891下
請定明堂大享樂章奏 1892上

于敬之

桐柏真人茅山華陽觀王先生碑銘 1892上

李善

進文選表 1896上

陸遵

北郊用十月致祭議 1896下

程元素

請改升階儀注奏 1896下

謝祐

沙門應拜君親議狀 1897上

喬師望

華山西峯秦皇觀基浮圖銘 1897上

婁師德

鎮軍大將軍行左鷹揚衛大將軍兼賀蘭州都督上柱國凉國公契苾府君碑銘 并序 1897下

韋承慶

靈臺賦 1901上
枯井賦 1902下
明堂災極諫疏 1903上
上東宮啟 1903上
重上直言諫東宮啟 1905上

長孫訥言

箋注廣韻序 1906下

劉審禮

議釋道不應拜俗狀 1907上

賈大隱

駁周悰立崇先七廟議 1907上

韋叔夏

建太社議 1908上
改先農壇爲帝社壇奏 1908下
太社用石主議 1908下
社主制度議 1909上
太社議 1909上
明堂大饗議 1909上

朱懷隱

大唐方與縣故棲霞寺講堂佛鐘經碑 1909下

唐璿

乞解職待罪表 1911下
諫罷豐州書 1912上

韋展

日月如合璧賦 1912下

權無二

答沙門復禮辯惑書 1913上

源直心

議釋道不應拜俗狀 1913上

蘇遊

三品頤神保命神丹方敘 1914上

袁思古

許敬宗謚議 1915上

楊炯

渾天賦 并序 1915下
浮漚賦 1918上
卧讀書架賦 1918下
盂蘭盆賦 1919上
幽蘭賦 1920下
青苔賦 1921上
庭菊賦 并序 1921下
老人星賦 1922下
爲劉少傅等謝敕書慰勞表 1923上
公卿以下冕服議 1923下
登秘書省閣詩序 1925下
崇文館宴集詩序 1926上
李舍人山亭詩序 1926下
送徐録事詩序 1927上
送并州旻上人詩序 1927上
晦日藥園詩序 1927下
羣官尋楊隱居詩序 1928上
宴皇甫兵曹宅詩序 1928下
送東海孫尉詩序 1929上
宴族人楊八宅序 1929上
王勃集序 1929下
梓州官僚贊 1932下
岳州刺史前長史宏農楊諲贊 1932下
長史河南奏遊藝贊 1932下
司馬上柱國隴西李景悟贊 1932下
朝散大夫行司功參軍事臨淄縣公隴西李承業字溝贊 1932下

司倉參軍事高平獨孤文字大辯贊 1933上
司户參軍事博陵崔翬贊 1933上
司軍參軍事濮陽吳思温字如玉贊 1933上
司兵參軍隴西李宏贊 1933上
司法參軍事河南宇文林裔贊 1933上
司士參軍瑯琊顔大智贊 1933上
參軍事太原王令嗣字復贊 1933下
參軍事上柱國榮陽鄭懷義贊 1933下
參軍中山張曼伯贊 1933下
參軍事盧恒慶贊 1933下
參軍事榮陽鄭令賓字儼贊 1933下
參軍事通化縣男河南賀蘭寡悔贊 1933下
參軍事扶風馬承慶贊 1933下
博士尚文贊 1933下
録事吕忠義贊 1934上
鄌縣令扶風竇兢字思謹贊 1934上
鹽亭縣令南陽鄒思恭字克勤贊 1934上
元武縣令孫警融贊 1934上
鄌縣丞安定梁歆字敬贊 1934上
射洪縣主簿上柱國斛律澄贊 1934上
通泉縣丞上柱國于梁客字希嬴贊 1934上
射洪縣尉康元辯贊 1934上
飛烏縣主薄蕭文裕贊 1934下
飛烏縣尉王思明贊 1934下
司法參軍楊炯自贊 1934下
梓州惠集作慧義寺重閣銘并序 1934下
公獄辯 1935上
遂州長江縣先聖孔子廟堂碑 1936上
大唐益州大都督府新都縣學先聖廟堂碑文并序 1940上
少室山少姨廟碑銘 1944上
唐同州長史宇文公神道碑 1947下
唐恒州刺史建昌公王公神道碑 1949下
瀘川都督王湛神道碑 1952下
後周青州刺史齊貞公宇文公神道碑 1954下
唐贈荆州刺史成公神道碑 1958上
唐上騎都尉高君神道碑 1959上
唐昭武校尉曹君神道碑 1961上
益州温江縣令任君神道碑 1963上
原州百泉縣令李君神道碑 1965上
唐右將軍魏哲神道碑 1967下
大周明威將軍梁公神道碑 1971下
從弟去盈墓誌銘 1973下
從弟去溢墓誌銘 1975上
從甥梁錡墓誌銘 1976上
隰州縣令李公墓誌銘 1977上
常州刺史伯父東平楊公墓誌銘 1978上
杜袞州墓誌銘 1979下
李懷州墓誌銘 1980下
鄭國公墓誌銘 1982下
彭城公夫人爾朱氏墓誌銘 1983上
伯母東平郡夫人李氏墓誌銘 1983下
中書令汾陰公薛振行狀 1985上
左武衛將軍成安子崔獻行狀 1988上
爲薛令祭劉少監文 1990上
同詹事府官寮祭郝少保文 1990下
爲梓州官屬祭陸鄌縣文 1991上
祭汾陰公文 1991下

駱賓王

蕩子從軍賦 1992下
螢火賦 1993上
靈泉頌 1994上
爲齊州父老請陪封禪表 1995上
自敘狀 1995下
對策文三道 1996上
上吏部裴侍郎書 1997上
與程將軍書 1998上
答員半千書 1998下
與博昌父老書 1999下
與親情書 2000上
與親情書 2000上
上瑕邱韋明府啟 2000下
和學士閨情詩啟 2001上
上司刑太常伯啟 2001下
上李少常啟 2002下
上兗州刺史啟 2003上
上兗州崔長史啟 2004上
上兗州張司馬啟 2005上
上齊州張司馬啟 2005下
上廉使啟 2006下
上郭贊府啟 2007上

上梁明府啟 2008上
上吏部侍郎帝京篇啟 2008下
代李敬業討武氏檄 2009下
兵部奏姚州破逆賊諾没弄楊虔柳露布 2010上
兵部奏姚州破賊設蒙儉等露布 2012上
秋日於益州李長史宅宴序 2014上
冒雨尋菊序 2014上
晦日楚國寺宴序 2014下
餞宋三之豐城序 2014下
初夏邪嶺送益府竇參軍宴詩序 2015上
秋日餞麴録事使西州序 2015上
贈李八騎曹詩序 2015上
揚州看競渡序 2015下
秋日與羣公宴序 2015下
聖泉詩序 2016上
釣磯應詰文 2016上
祭趙郎將文 2017上
韋湊
諫征安西疏 2018上
論謚節愍太子疏 2018下
請改議宗廟號疏 2020上
諫造寺觀疏 2020下
張泰
學殖賦 2021下
蘇珣
懸法象魏賦 2022下
辛崇敏
對恤刑策 2023上
衛宏敏
對議漕運策 2023下
顧升
瘞琴銘并序 2024上
題妻莊寧書心經後 2024下
賀遂亮
大唐平百濟國碑銘 2024下
淳于敬一
王師德等造像記 2027上
沈福成
議移睦州治所疏略 2027上
豆盧暕
釋道拜君親議狀 2027下
薛孤吴仁
僧道拜君親議狀 2029上
苗神客
大唐故右虞候副率檢校左領軍衛將軍上柱國乙速孤府君碑銘并序 2029上
祥妖對 2033下
李儼
益州多寶寺道固法師碑文并序 2033下
蘇知機
請改定章服奏 2036
李思元
對鄉射司正倚旌判 2037上
李尚一
開業寺碑并序 2037下
王友方
對司倉拔薤父老送錢判 2040下
馮神德
上釋在道前表 2041上
李鼎祚
周易集解序 2041下
孫虔禮
書譜 2042下
王博
文林郎馮慶墓誌銘 2047下
程士禺
上沙門不應拜親表 2048上
顏元孫
干禄字書序 2049上
陳集源
龍龕道場銘 2049下
王元宗
臨終口授銘 2051上
王紹宗
與人書 2051下
兄元宗口授銘序 2052上
劉承慶
明堂災後求直言疏 2052下
請貢舉人列方物前疏 2052下
七廟議 2054上
李義範
議沙門不應拜俗狀 2054下
李行敏
議沙門不應拜俗狀 2054下
斛斯敬則
議沙門不應拜俗狀 2055上
熊元逸
議沙門不應拜俗狀 2055上
楊思儉
議沙門不應拜俗狀 2055下
韓處元
議沙門不應拜俗狀 2056上
柳元貞
議沙門不應拜俗狀 2056上
李仁方
議沙門不應拜俗狀 2056下
張約
議沙門不應拜俗狀 2056下
楊思元
議沙門不應拜俗狀 2057上
馬大師
議沙門不應拜俗狀 2057上
崔崇業
議沙門不應拜俗狀 2058上
竇尚義
議沙門不應拜俗狀 2058上
蔣真胄
議沙門不應拜俗狀 2058下

李洽
議沙門不應拜俗狀 2058下
邱神静
議沙門不應拜俗狀 2059上
韋懷敬
議沙門不應拜俗狀 2059下
趙崇素
議沙門不應拜俗狀 2060上
王思九
議沙門不應拜俗狀 2060上
劉仁叡
議沙門不應拜俗狀 2060下
崔道默
議沙門不應拜俗狀 2061下
崔安都
議沙門不應拜俗狀 2061下
張松壽
議沙門不應拜俗狀 2062下
李晦
議沙門不應拜俗狀 2063上
辛宏亮
議沙門不應拜俗狀 2063下
崔修業
議沙門不應拜俗狀 2063下
王元策
議沙門不應拜俗狀 2064上
徐慶
議沙門不應拜俗狀 2065上
韋思齊
議沙門不應拜俗狀 2065下
高藥尚
議沙門不應拜俗狀 2065下
王思
議沙門不應拜俗狀 2066上
皇甫公義
議沙門不應拜俗狀 2066下
梁孝仁
議沙門不應拜俗狀 2066下
元大士
議沙門不應拜俗狀 2067上
謝壽
議沙門不應拜俗狀 2067下
王千石
議沙門不應拜俗狀 2069上
劉慶道
議沙門不應拜俗狀 2069下
鄭欽泰
議沙門不應拜俗狀 2069下
王泉
議沙門不應拜俗狀 2072上
源誠心
議沙門不應拜俗狀 2072下
王隱客
議沙門不應拜俗狀 2073上
沈元明
成唯識論後序 2074上
郭震
劾趙彦昭韋嗣立韋安石奏 2075下
論去四鎮兵疏 2075下
離間欽陵疏 2076下
論閼啜忠節疏 2076下
上安置降吐谷渾狀 2077下
姚崇
撲滿賦 2079上
請褒賞劉子元吴兢奏 2079下
請東都别立義宗廟奏 2080上
請宣示豫州鼎銘符瑞奏 2080上
對太廟屋壞奏 2080下
諫造寺度僧奏 2080下
答捕蝗奏 2080下
對問寃獄疏 2081上
請遣捕蝗疏 2081上
東幸疏 2081上
答張九齡書 2081下
報倪若水捕蝗牒 2081下
造像記 2082上
遺令誡子孫文 2082上
先師冉伯牛贊 2083下
口箴 2083下
執秤誡并序 2084上
彈琴誡并序 2084上
執鏡誡并序 2084下
辭金誡并序 2085上
冰壺誡并序 2085上
十事要説 2085下
答盧懷慎捕蝗説 2085下
兗州都督于知微碑 2086上
宋璟
梅花賦并序 2089下
三月三日爲百官謝賜宴表 2090上
謝觀内宴表 2090下
請停東宫上禮表 2091上
賀雨表 2091上
乞休表 2091上
定諸王公主封邑名號奏 2091下
請郵盧懷慎家口奏 2092上
請停仗内音樂奏 2092上
請罷悲田奏 2092下
論頒示興慶符命奏 2092下
請停廣州立遺愛碑奏 2092下
請緩令王惠充使往車鼻施奏 2092下
論修德刑疏 2093上
諫築墳逾制疏 2093下
對集百姓不便判 2094上
對勳品判 2094下
先師冉有贊 2094下
閻朝隱
晴虹賦 2094下
亳州録事參軍事上騎都尉馮府君紀孝碑 2095上
皇甫瓊

對詞標文苑科策 2096下
孔元義
郊丘明堂嚴配議 2097下
李諤
造大道天尊像記 2098上
韓凝
漢齊蓋廟碑 2099下
沈伯儀
郊丘明堂嚴配議 2100下
李昭德
請建皇嗣疏 2101下
東方虬
尺蠖賦 2101下
蚯蚓賦 2102上
蟾蜍賦 2102上
韋元旦
游神泉詩序 2102下
張齊賢
明堂告朔議 2103上
七廟議 2104下
馮萬石
對文詞雅麗策 2106上
對求賢策 2108上
對歷數策 2108下
對議邊塞事策 2109下
對不以采蘋爲節判 2110上
吴揚吾
明堂告朔議 2110上
魏靖
理冤濫疏 2110下
蔣挺
對增貲就賦判 2111下
陳子昂
麈尾賦并序 2112上
大周受命頌 2112下
上大周受命頌表 2113下
爲豐國夫人慶皇太子誕表 2114上
爲喬補闕慶武成殿表 2114下
爲程處弼慶拜洛表 2115上
爲朝官及岳牧賀慈竹再生表 2115下
爲建安王賀破賊表 2116上
奏白鼠表 2116下
爲陳御史上奉和秋景觀競渡詩表 2116下
爲建安王獻食表 2117下
爲河内王等論軍功表 2117下
爲喬補論突厥表 2118上
爲人陳情表 2121下
爲程處弼辭放流表 2122上
爲將軍程處弼謝放流表 2123上
爲赤縣父老勸封禪表 2123下
爲永昌父老勸追尊中山王表 2124上
爲人請子弟出家表 2124上
爲義興公求拜掃表 2124下
爲義興公陳請終喪第二表 2125上
爲義興公陳請終喪第三表 2125下
爲副大總管屯營大將軍蘇宏暉謝表 2126上
爲副大總管蘇將軍謝罪表 2126上
謝衣表 2126下
謝賜冬衣表 2127上
爲建安王謝借馬表 2127下
謝藥表 2127下
爲宗舍人謝賻贈表 2127下
初七謝恩表 2128上
遷祔謝恩表 2128下
爲僧謝講表 2128下
謝免罪表 2129上
爲張著作謝父官表 2129上
爲王美暢謝兄官表 2129下
爲武奉御謝官表 2130上
爲百官謝追尊魏國大王表 2130下
爲司農李卿讓本官表 2130下
爲陳舍人讓官表 2131上
爲司刑袁卿讓官表 2131下
爲資州鄭使君讓官表 2131下
爲金吾將軍陳令英請免官表 2132上
上蜀川安危事三條 2133上
上蜀川軍事 2133下
上益國事 2134下
上軍國機要事 2135上
上軍國利害事三條 2137上
出使 2137上
牧宰 2138上
人機 2139上
上西蕃邊州安危事三條 2140上
答制問事八條 2143上
請措刑科 2143上
重任賢科 2144上
明必得賢科 2144下
賢不可疑科 2145上
招諫科 2145下
勸賞科 2145下
請息兵科 2146上
安宗子科 2146上
諫靈駕入京書 2146下
諫雅州討生羌書 2148下
諫刑書 2150下
諫政理書 2152上
諫用刑書 2155上
申宗人冤獄書 2157上
諫曹仁師出軍書 2158下
復讎議狀 2159上
爲建安王與遼東書 2160下
爲建安王答王尚書

送生口書 2161上
爲建安王與諸將書 2161上
爲建安王與安東諸軍州書 2161下
爲建安王答王尚書書 2161下
與韋五虚己書 2162上
爲蘇令本與岑内史啟 2162上
上薛令文章啟 2162下
金門餞東平序 2163上
梁王池亭宴序 2163上
薛大夫山亭宴序 2163下
別中岳二三真人序 2164上
送吉州杜司户審言序 2164下
冬夜宴臨邛李録事宅序 2164下
忠州江亭喜重遇吳參軍牛司倉序 2165上
暉上人房餞齊少府使入京府序 2165下
送麹郎將使默啜序 2166上
偶遇巴西姜主簿序 2166上
餞陳少府從軍序 2166上
窅寘君古墳記銘序 2166下
爲建安王誓衆詞 2167上
座右銘 2167下
燕然軍人畫像銘并序 2168上
唐故朝議大夫梓州長史楊府君碑銘 2168上
梓州射洪縣武東山故居士陳君碑 2170下
臨邛縣令封君遺愛碑 2172上
九隴縣獨孤丞遺愛碑 2174上
漢州雒縣令張君吏人頌德碑 2174下
續唐故中岳體元先生潘尊師碑頌 2176下
昭夷子趙氏碣頌 2177下
唐故循州司馬申國公高君墓誌 2178下
申州司馬王府君墓誌 2179下
率府録事孫君墓誌銘 2181下
唐故袁州參軍李府君妻張氏墓誌銘 2181下
上殤高氏墓誌銘 2182下
唐陳州宛邱縣令高府君夫人河南宇文氏墓誌銘 2183上
故宣議郎騎都尉行曹州離狐縣丞高府君墓誌銘 2184上
堂弟孜墓誌銘 2184下
周故内供奉學士懷州河内縣尉陳君石人銘 2185下
館陶郭公姬薛氏墓誌銘 2186上
我府君有周居士文林郎陳公墓誌銘 2186下
唐水衡監丞李府君墓誌銘 2187下
禡牙文 2188上
禜海文 2188下
國殤文并序 2189上
弔塞上翁文 2189下
祭孫府君文 2189下
爲建安王祭苗君文 2189下
祭黄州高府君文 2190上
祭外姑宇文夫人文 2190上
祭韋府君文 2190下
祭率府孫録事文 2190下

崔融

瓦松賦并序 2191下
代宰相上尊號表 2192上
代百官請上尊號第二表 2193下
進洛圖頌表 2194上
爲朝集使于思言等請封中岳表 2194下
賀封禪表 2195下
代皇太子請停幸東都表 2196上
代皇太子上食表 2197上
代皇太子請復膳表 2197上
代皇太子請起居表 2197下
代皇太子請修書表 2198上
爲皇太子賀甘露表 2198下
代皇太子賀白龍見表 2199上
代皇太子賀嘉麥表 2200上
爲皇太子賀瑞木表 2200上
代皇太子賀芝草表 2200下
代皇太子賀石龜負圖表 2200下
代皇太子賀天后芝草表 2201上
代皇太子請放罪囚表 2201下
代皇太子請家令寺地給貧人表 2202上
代皇太子請給庶人衣服表 2202下
爲百官賀雨請復膳表 2202下
爲西京百官賀老君見表 2203上
賀赦表 2203下
爲涇州李刺史賀慶雲見表 2203下
爲百官賀斷獄甘露降表 2204上
爲許智仁奏懷州黄河清表 2205下

賀秦州河清表 2205下
爲涇州李使君賀慶山表 2206上
爲百官賀千葉瑞蓮表 2206下
爲魏州成使君賀白狼表 2207上
代家奉御賀明堂成表 2207下
代百官賀明堂成上禮表 2208上
爲韋右相賀平賊表 2208下
爲裴尚書慰山陵事畢上表 2209下
爲韋將軍請上禮食表 2209下
請停讀時令表 2210上
爲宗監請停政事表 2210下
爲温給事請致仕歸侍表 2211上
爲王起避諱辭澧陽縣令表 2211下
諫税關市疏 2212上
吏部兵部選人議 2214上
斷屠議 2215下
拔四鎮議 2215下
對躭書穿𢀉判 2218下
對京令問喘牛判 2218下
報三原李少府書 2219上
嵩山啟母廟碑 2220下
唐故密亳二州刺史贈安州都督鄭公碑 2223下
則天大聖皇后哀册文 2225下
張說
奉和聖製喜雨賦 2227上
進白烏賦 2227下
虚室賦 2228上
江上愁心賦寄趙子 2228上
畏途賦 2228下
聖德頌 2228下
皇帝在潞州祥瑞頌十九首奉勅撰 2229上
日抱戴 2229下
月重輪 2229下
赤龍 2229下
逐鹿 2229下
嘉禾 2230上
黄龍 2230上
羊頭山北童謡 2230上
仙洞 2230上
大王山三壘 2230下
疑山鑿斷 2230下
赤鯉 2230下
黄龍再見 2231上
紫雲 2231上
李樹 2231上
神蓍 2231上
金橋 2231下
紫氣 2231下
大人跡 2231下
神人傳慶 2232上
起義堂頌 2232上
上黨舊宫述聖頌并序 2232下
大唐封祀壇頌 2233下
開元正歷握乾符頌 2236上
龍門西龕蘇合宫等身觀世音菩薩像頌 2238上
答宰臣賀破賊制 2239上
試洛州進士策問四道 2239上
兵部試將門子弟策問三道 2239下
兵部試沈謀秘筭舉人策問三道 2240上
諫内宴至夜表 2240下
并州論邊事表 2241上
爲留守奏慶山醴泉表 2241下
爲留守奏瑞禾杏表 2242上
爲留守作賀崛山表 2242下
爲留守奏羊乳麞表 2243下
爲留守奏嘉禾表 2243下
爲清邊道大總管建安王奏失利表 2244上
讓起復黄門侍郎第一表 2244下
第二表 2244下
第三表 2245上
讓兵部尚書平章事表 2245下
讓中書侍郎表 2246上
讓右丞相表 2246上
第二表 2246上
讓平章事表 2246下
讓中書令表 2247上
讓封燕國公表 2247下
爲建安王讓羽林衛大將軍兼檢校司賓卿表 2247下
爲薛稷讓官表 2248上
爲郭振讓官表 2248上
爲僧普潤辭公封表 2248下
進渾儀表 2249上
進佛像表 2249下
進嶲州鬭羊表 2250上
舉陳寡尤等表 2250上
舉陳光乘等表 2250下
賀祈雨感應表 2251上
賀示歷書表 2251下
賀大衍曆表 2251下
集賢院賀太陽不虧表 2252上
禮儀使賀五陵祥瑞表 2252上
請許王公百官封太山表 2252上
請八月五日爲千秋

節表　2252下
請置屯田表　2253上
駁行用魏徵注類禮表　2253上
爲建安王謝賜衣及藥表　2253下
謝觀唐昌公主花燭表　2253下
荆州謝上表　2254上
岳州刺史謝上表　2254上
謝修史表　2254下
謝賜碑額表　2254下
謝問表　2255上
謝賜藥表　2255上
謝賜鍾馗及歷日表　2255上
謝京城東亭子宴送表　2255下
郊祀燔柴先後奏　2255下
諫避暑三陽宫疏　2256上
諫潑寒胡戲疏　2256下
論幽州邊事疏　2257下
論神兵軍大總管功狀　2258上
賀彩雲見狀　2259上
賀破吐蕃狀　2259上
謝賜撰鄭國夫人碑羅絹狀　2259下
集賢院謝示道經狀　2259下
謝賜御書大通禪師碑額狀　2259下
謝賜藥狀　2260上
祭天不得以婦人升壇議　2260上
重定南郊星辰位次議　2260上
神龍享廟習樂議　2260下
改撰禮記議　2260下
對詞摽文苑科策　2260下
第二道　2262上
第三道　2263上
與鄭駙馬書　2263下
與執政書　2264上
與褚先生書　2264上
與鳳閣舍人書　2264下
與魏安州書　2265上
與營州都督弟書　2265上
弔陳司馬書　2265下
上東宫請講學啟　2265下
爲河内郡王武懿宗平冀州賊契丹等露布　2266下
大唐西域記序　2269下
大衍歷序　2270下
石刻般若心經序　2271上
季春下旬詔宴薛王山池序　2271下
南省就竇尚書山亭尋花柳宴序　2272上
會諸友詩序　2272上
送工部尚書弟赴定州詩序　2272下
送田郎中從魏大夫北征篇序　2272下
和戎篇送桓侍郎序　2273上
鄭公園池餞韋侍郎神都留守序　2273下
送嚴少府赴萬安詩序　2274上
送毛明府詩序　2274下
送張先生還姑射山序　2274下
唐昭容上官氏文集序　2274下
洛州張司馬集序　2275下
孔補闕集序　2276下
東山記　2277上
蒲津橋贊　2277下
皇帝馬上射贊　2278上
孔子堂杜預贊　2278下
金紫光禄大夫太常卿上柱國中山郡公崔日知寫真圖贊　2279上
盧舍那像贊并序　2279上
藍田法池寺二法堂贊并序　2279下
三歸堂贊　2279下
善法堂贊　2279下
益州太清觀精思院天尊贊并序　2280上
獄箴　2280上
温泉箴　2280下
贈别楊盈川烱箴　2280下
石橋銘　2281上
之并州勅造座右銘　2281上
進筆硯架銘　2281上
煖硯銘　2281上
素盤盂銘并序　2281上
錢本草　2281上
爲男埴考語　2281下
大唐開元十三年隴右監牧頌德碑　2281下
唐陳州龍興寺碑　2284上
平偃師碑尾　2285下
貞節君碑　2286上
大周故宣威將軍楊君碑并序　2286上
廣州都督嶺南按察五府經略使宋公遺愛碑頌　2288上
唐西臺舍人贈泗州刺史徐府君碑　2289上
齊黄門侍郎盧思道碑　2290上
唐故廣州都督甄公碑　2291上
元城府左果毅贈郎將葛公碑　2292下
潁川郡太夫人陳氏碑　2293下

贈凉州都督上柱國太原郡開國公郭君碑奉勅撰 2294下
唐故豫州刺史魏君碑 2296上
撥川郡王碑奉勅撰 2297上
唐故高内侍碑 2298下
故洛陽尉贈朝散大夫馬府君碑 2299下
唐贈丹州刺史先府君碑 2301上
元識闍黎廬墓碑 2302上
唐故夏州都督太原王公神道碑 2302下
贈太尉裴公神道碑 2304下
大唐中散大夫行淄州司馬鄭府君神道碑 2308上
河州刺史冉府君神道碑 2309上
贈户部尚書河東公楊君神道碑 2311上
右羽林大將軍王公神道碑奉勅撰 2313上
贈吏部尚書蕭公神道碑 2314下
故括州刺史贈工部尚書馮公神道碑 2316上
唐故瀛州河間縣丞崔君神道碑 2317下
延州豆盧使君萬泉縣主薛氏神道碑 2319上
贈太州刺史楊公神道碑 2320下
常州刺史平君神道碑 2322上
贈陳州刺史義陽王神道碑 2324上
贈太尉益州大都督王公神道碑奉勅撰 2325上
唐故贈齊州司馬陸公神道碑 2326下
故開府儀同三司上柱國贈揚州刺史大都督梁國公姚文貞公神道碑奉勅撰 2327下
鄭國夫人神道碑奉勅撰 2329上
鄎國長公主神道碑銘 2330上
河西節度副大使鄯州都督安公神道碑銘并序 2331下
贈廣州大都督馮府君神道碑銘 2332下
后土神祠碑銘 2333下
西嶽太華山碑銘 2334上
唐玉泉寺大通禪師碑銘并序 2334下
和麗妃神道碑銘奉勅撰 2336上
昭容上官氏碑銘 2337上
故太子少傅蘇公碑銘 2337下
故吏部侍郎元公碑銘 2337下
邠王府長史陰府君碑銘 3237下
唐故處士河南元公碣銘 2338上
周故通道館學士張府君墓誌銘 2338上
唐處士張府君墓誌銘 2338下
贈郎將葛君墓誌銘 2339上
恒州長史張府君墓誌銘 2339下
岐州刺史平原男陸君墓誌銘 2340下
元州司户上柱國吕君墓誌銘 2340下
贈潘州刺史馮君墓誌銘 2341上
文昌左丞陸公墓誌 2342上
司屬主簿博陵崔訥妻劉氏墓誌銘 2342下
四門助教尹先生墓誌銘 2343上
鳳閣尹舍人墓銘 2344上
子曲阿令墓銘 2344上
徐氏子墓誌銘 2344上
府君墓誌銘 2345上
李氏張夫人墓誌銘 2346上
上邽縣君李氏墓誌銘 2346上
滎陽夫人鄭氏墓誌銘 2346下
右豹韜衛大將軍贈益州大都督汝陽公獨孤公燕郡夫人李氏墓誌銘 2347下
鄧國夫人墓銘 2348下
張氏女墓誌銘 2349上
中書令逍遥公墓誌銘 2349上
唐故左庶子贈幽州都督元府君墓誌銘 2350上
節愍太子妃楊氏墓誌銘 2351上
唐故涼州長史元君石柱銘并序 2351下
兵部尚書代國公贈少保郭公行狀 2353下
弔國殤文 2357上
奉勅赤帝壇祈雨文 2357上
祭城隍文 2357下
禜城門文 2357下

祭江祈晴文 2358上
賽江文 2358上
祭殷仲堪羊叔子文并序 2358上
祭霍山文 2358下
祭崔侍郎文 2358下
爲河内王作祭陸冀州文 2359上
爲魏元忠作祭石嶺戰亡兵士文 2359下
爲魏元忠作祭石嶺没陷士女文 2360上
爲人作祭弟文 2360上
爲人作祭弟文 2360下
爲鄭虛已作祭舅文 2361上
祭和静縣主文 2361上
爲將軍高力士祭父文 2361下
爲伎人祭元十郎文 2362上

張楚金

樓下觀繩伎賦 2362下
透撞童兒賦 2363上

崔神慶

請定宣召太子儀注表 2363下

劉憲

對壇樹有甘露判 2364上
上東宫勸學啟 2364上
大唐故右武衛將軍上柱國乙速孤府君碑銘并序 2364下

梁朱賓

大唐故朝議郎行澤王府主簿上柱國梁府君并夫人唐氏墓誌銘并序 2367上

朱賓積

彌勒尊佛碑 2368下

俞文俊

上則天書 2371上

柳沖

請修譜牒表 2371上

席豫

請耕籍田書 2371下
對嗣足不良判 2372上
唐故朝請大夫吏部郎中上柱國高都公楊府君碑銘并序 2372上

富嘉謨

麗色賦 2373下
爲建安王賀赦表 2374上
爲并州長史張仁亶謝賜長男官表 2374下
駕幸長安起居表 2374下

鄭遂初

對津吏告下方傷水判 2375上

沈佺期

峽山寺賦并序 2375上
峽山賦 2375下
蝴蝶賦 2376下
追册章懷太子張良娣文 2376下
册金城公主文 2376下
安興公主謚議文 2377上

吴少微

代張仁亶賀中宗登極表 2377下
爲桓彦範謝男授官表 2377下
爲任虛白陳情表 2377下
爲并州長史張仁亶進九鼎銘表 2378上
冬日洛下登樓宴序 2378下
唐北京崇福寺銅鐘銘并序 2379上

韋嗣立

省刑罰疏 2380下
請崇學校疏 2381下
諫濫官疏 2382下
請減濫食封邑疏 2383上

姜晞

姜遐碑 2384上

趙顗

浮圖銘 2385下

任知古

寧義寺經藏碑 2386上

房晉

對詞標文苑科策 2388下

李朝隱

執奏裴景仙獄表 2389上
第二表 2389下
讓揚州長史起復表 2389下
第二表 2390上
第三表 2390下

蘇安恒

請復位皇太子疏 2391下
請復位皇太子第二疏 2392下
理魏元忠疏 2393下

于知微

明堂令于大猷碑 2394下

魏知古

答張九齡賀西幸延期表 2397上
諫造金仙玉真觀疏 2397上
又諫營道觀疏 2397下
報吐番宰相坌達延書 2398上

祝欽明

皇后南郊助祭議 2398下
詳定博士等七廟議 2399上
建太社議 2399下
社稷議 2399下

賈虛己

諫封后族疏 2400上

盧藏用

爲姚大夫請致仕歸侍表 2401上

諫營興泰宫疏 2401上
答毛傑書 2402上
右拾遺陳子昂文集序 2402下
衡嶽十八高僧序 2403上
析滯論 2403下
弔紀信文 2405上
紀信碑 2405下
紀信碑陰 2406下
景星寺碑銘 2407上
太子少傅蘇瓌神道碑 2410上
陳子昂别傳 2412上
祭拾遺陳公文 2414上
武三思
賀老人星見表 2415上
大周封祀壇碑并序 2415下
大周無上孝明高皇后碑銘并序 2417下
毛傑
與盧藏用書 2423上
賀蘭敏之
僧道拜君親議 2423下
張易之
秋日宴石淙序 2424上
薛曜
服乳石號性論 2425下
宋之問
太平公主山池賦 2427上
秋蓮賦有序 2428上
爲楊許州讓右羽林將軍表 2429上
爲皇甫懷州讓官表 2429下
爲田歸道讓殿中監表 2430上
爲梁王武三思妃讓封表 2430上
爲定王武攸暨請降王位表 2430下
第二表 2431上
爲東都僧等請留駕表 2431下
爲洛下諸僧請法事迎秀禪師表 2432上
爲文武百寮等請造神武頌碑表 2432下
爲長安馬明府亡母請邑號狀 2433上
在桂州與修史學士吴競書 2433下
早秋上陽宫侍宴序 2434下
奉勅從太平公主遊九龍潭尋安平王宴别序 2435上
奉陪武駙馬宴唐卿山亭序 2435下
三月三日奉使涼宫雨中禊飲序 2435下
上巳泛舟昆明池宴宗主簿席序 2436上
宴龍泓詩序 2436下
春遊宴兵部韋員外韋曲莊序 2437上
送懷州皇甫使君序 2437下
送尹補闕入京序 2438上
三月三日於灞水曲餞豫州杜長史别昆季序 2438下
送裴五司法赴都序 2438下
袁侍御席餞永昌獨孤少府序 2438下
春夜令狐正字田子過弊廬序 2439上
爲太平公主五郎病愈設齋歎佛文 2439上
祭王城門文 2439下
祭楊盈川文 2440上
爲兗州司馬祭王子喬文 2440下
爲宗尚書祭梁宣王文 2441上
爲宗尚書兄弟祭魯忠王文 2441下
爲韋特進已下祭汝南王文 2441下
祭杜學士審言文 2242上
祭禹廟文 2443上
李嶠
楚望賦有序 2443下
授于惟謙給事中制 2445上
授劉如玉崔融等右史制 2445上
授楊泚通事舍人制 2445下
授豆盧欽望秋官尚書制 2445下
授武攸寧冬官尚書制 2445下
授唐奉一兵部侍郎制 2446上
授崔元暐庫部員外郎制 2446上
授崔昇等侍御史制 2446上
授馮嘉賓左臺監察御史制 2446上
授武重規司屬卿制 2446下
授豆盧欽望太府卿制 2446下
授宋元爽司膳少卿制 2446下
授張沛司膳少卿制 2446下
授杜景佺司刑少卿制 2447上
授徐有功司刑少卿制 2447上
授張昌宗麟臺監制 2447上
授王方慶麟臺監修國史制 2447下
授敬暉營繕少監制 2447下
授皇甫文備營繕少監制 2448上

授崔融著作郎制 2448上
授崔挹成均司業制 2448上
授烏薄利左金吾衛大將軍制 2448下
授武懿宗武重規左右金吾衛大將軍制 2448下
授王方慶左庶子制 2449上
授于復業太子中允制 2449上
授壽春郡王成器太子左贊善大夫制 2449上
授成善威甘州刺史卜處沖龍州刺史制 2449上
授坊州刺史豆盧志静等官制 2449下
授張元福勝州都督府長史制 2449下
授陳璲涼州都督府長史制 2449下
授杜從則雍州司馬制 2450上
授吉義福等鄯州都督府司馬制 2450上
授鄭仙客長安縣令制 2450上
授元素履臨江縣令制 2450上
授李承嘉太原縣令制 2450下
授趙崇嗣南由縣令陳義全潼關令制 2450下
授高昌首領子麴元福蒲類縣主簿制 2450下
封右武威衛將軍沙吒忠義郕國公制 2450下
封烏薄利歸義縣開國子制 2451上
封劉瑎彭城縣開國男制 2451上
授沙吒忠義右金吾衛將軍騎務整左武威衛將軍制 2451上
授宜城縣令儲孝任等加階制 2451下
授右衛親府中郎將裴思諒等加階制 2451下
授通州刺史于光遠等加階制 2452上
上應天神龍皇帝册文 2452上
代百寮請立周七廟表 2453上
爲朝集使等上尊號表 2453下
爲杭州崔使君賀加尊號表 2454上
爲百寮賀雪表 2454下
爲武攸暨賀雪表 2455上
爲納言姚璹等賀雪表 2455下
爲百寮賀日抱戴慶雲見表 2455下
爲百寮賀慶雲見表 2456下
爲納言姚璹等賀瑞桃表 2456下
爲百寮賀瑞筍表 2457上
爲納言姚璹等賀瑞石龜表 2457上
爲納言姚璹等賀瑞石表 2457下
爲百寮賀瑞石表 2457下
賀天尊瑞石及雨表 2458下
賀麟跡表 2459上
爲納言姚璹等賀破契丹表 2459下
爲雍州父老賀鑾駕停幸洛邑表 2459下
爲何舍人賀御書雜文表 2460上
爲韋右相賀拜洛表 2460下
爲秋官員外郎李敬仁賀聖躬新牙更生表 2461上
爲武承嗣等賀賊平後新殿成上禮食表 2461下
爲百寮賀恩制表 2462下
爲武承嗣讓知政事第二表 2463上
爲王及善讓内史第二表 2463下
爲王方慶讓鳳閣侍郎表 2464下
第二表 2465上
爲楊執柔讓同鳳閣鸞臺平章事表 2465下
讓知政事表 2466上
讓鸞臺侍郎表 2466下
爲張令讓麟臺監封國公表 2467上
爲第二舅讓江州刺史表 2467下
爲武嗣宗讓陝州刺史表 2468上
爲竇孝諶讓潤州刺史表 2468下
爲李景諶讓天官尚書表 2469上
讓地官尚書表 2469下
爲歐陽通讓夏官尚書表 2470上
爲楊執柔讓夏官尚書表 2470下
爲歐陽通讓司禮卿第二表 2471上
爲武重規讓司禮卿表 2471下
爲崔神基讓司賓卿

表 2471下
爲宗楚客讓營繕大監第三表 2472上
爲王遺昶讓殿中少監表 2472下
爲第十舅讓殿中監兼仗内閑廄表 2473上
讓麟臺少監表 2473下
讓成均祭酒表 2473下
自内史再讓成均祭酒表 2474上
爲武攸暨讓官封表 2474下
爲武攸暨讓兼知司禮寺事表 2475上
爲武嗣宗讓千牛將軍表 2476上
爲武攸宜讓揚州都督府長史表 2476上
爲道士馮道力讓官表 2476下
代公主讓起新宅表 2477上
爲公主辭家人畜産官給料表 2477下
爲裴駙馬讓官與父表 2478上
爲朝集使絳州刺史孔禎等進大酺詩表 2478下
爲鳳閣侍郎王方慶進書法表 2479上
爲鳳閣侍郎王方慶進南齊臨軒圖表 2479下
爲杭州刺史崔元將獻緑毛龜表 2479下
爲司農卿宗晉卿進赤觜山鵲表 2480上
爲鳳閣李侍郎進瑞牛蒙賜馬表 2480下
爲鳳閣侍郎李元素進冬椹表 2480下
爲絳州刺史孔禎等上獻食表 2481上
爲納言姚璹等上禮食表 2481上
爲武攸暨上禮食表 2481下
爲武攸寧辭奪禮表 2481下
百官請不從靈駕表 2482上
請車駕還洛表 2482下
爲王及善請致仕表 2483下
爲皇太子請加相王封邑表 2484上
爲太平公主請住山陵轉一切經表 2485上
爲魏國北寺西寺請迎寺額表 2485上
爲獨孤氏請陪昭陵合葬母表 2486上
爲某官等請預陪告廟獻捷表 2486下
爲汴州司馬唐授衣請預齋會表 2487上
爲百寮請加王慈徵等罪罰表 2487上
請令御史檢校户口表 2487下
爲左丞宗楚客謝知政事表 2488下
謝加授通議大夫表 2488下
謝賜優詔矜全表 2488下
爲武承嗣謝男授官表 2489上
爲王華暢謝兄授官表 2489下
謝撰懿德太子哀册文降勑褒揚表 2490上
謝撰攀龍臺碑蒙賜物表 2490上
爲納言姚璹等謝勑賜飛白書表 2490下
謝加賜防閤品子課及全禄表 2491上
爲第五舅謝加賜防閤品子課及全禄表 2491上
爲御史大夫婁師德謝賜雜綵表 2491下
爲武攸暨謝賜錦表 2491下
謝端午賜物表 2492上
謝端午賜衣表 2492下
謝臘日賜臘脂口脂表 2492下
謝許致仕表 2493上
爲水潦災異陳情表 2493下
自敘表 2494上
論巡察風俗疏 2496上
請減員外官疏 2496下
請輟近侍典大州疏 2496下
諫建白馬坂大像疏 2497上
上中宗書 2497上
謝譴讓狀 2497下
上雍州高長史書 2497上
與雍州崔録事司馬録事書 2499下
與夏縣崔少府書 2499下
上巡察覆囚使歷城張明府書 2501上
答李清河書 2502上
上高長史述和詩啓 2502下
神龍歷序 2503上
大周降禪碑 2505上
宣州大雲寺碑 2508下
洛州昭覺寺釋迦牟尼佛金銅瑞像碑 2512上
攀龍臺碑 2515上
懿德太子哀册文 2523上

蘇頲

長樂花賦并序 2524下
封東嶽朝覲頌并序 2525上
授張説中書令制 2527下
授劉幽求左僕射制 2527下

授劉幽求同中書門下三品制 2528上
授王仁晈開府儀同三司制 2528上
授阿史那承獻特進制 2528上
授姚崇兼紫微令制 2528下
授李林甫特進制 2528下
授崔日用黄門侍郎制 2529上
授張廷珪黄門侍郎制 2529下
授薛稷中書侍郎制 2529下
授解琬左散騎常侍制 2530上
授褚無量右散騎常侍制 2530上
授王晙左散騎常侍制 2530上
授于經野給事中制 2530下
授李懷讓給事中制 2530下
授柳渙給事中制 2530下
授薛稷諫議大夫制 2530下
授吴兢諫議大夫制 2531上
授鄭勉紫微舍人等制 2531上
授崔琳紫微舍人制 2531上
授王邱紫微舍人制 2531下
授齊澣紫微舍人制 2531下
授韓休起居郎制 2531下
授賀知章起居郎制 2531下
授洪子輿起居舍人制 2532上
授崔銑起居舍人制 2532上
授許景先左補闕等制 2532上
授梁昇卿等拾遺制 2532下
授韋元珪通事舍人制 2532下
授韋振通事舍人制 2532下
授劉知柔尚書右丞制 2532下
授源乾曜等尚書右丞等制 2533上
授張仁愿兵部尚書制 2533上
授畢構户部尚書制 2533下
授李乂刑部尚書制 2533下
授劉知柔工部尚書制 2534上
授盧藏用檢校吏部侍郎制 2534下
授裴漼兵部侍郎制 2534下
授源乾曜户部侍郎制 2534下
授徐彦伯工部侍郎制 2535上
授慕容珣吏部郎中等制 2535上
授王邱主爵郎中等制 2535上
授李邕户部郎中制 2535下
授蔡秦客金部郎中制 2535下
授彭景直禮部郎中制 2535下
授鄭博雅膳部郎中制 2536上
授李懷讓兵部郎中制 2536上
授高仲舒都官郎中制 2536上
授柳渙司門郎中制 2536上
授王踐睦虞部郎中制 2536下
授柳渙左司員外郎制 2536下
授姜昂右司員外郎等制 2536下
授李畬司勳員外郎制 2536下
授裴耀卿檢校考功員外郎制 2537上
授李元紘度支員外郎制 2537上
授陳惠滿倉部員外郎等制 2537上
授趙昇卿駕部員外郎制 2537上
授張景昇刑部員外郎制 2537下
授李全昌工部員外郎制 2537下
授游子騫屯田員外郎制 2537下
授王琪水部員外郎制 2537下
授尹思貞御史大夫制 2538上
授宋璟御史大夫制 2538上
授李傑御史大夫制 2538下
授崔沔御史中丞制 2538下
授李懷讓御史中丞制 2538下
授慕容珣侍御史制 2539上
授褚璆侍御史制 2539上
授張遊侍御史制 2539上
授游子騫等侍御史制 2539下
授楊瑒侍御史制 2539下
授鄭溥殿中侍御史等制 2539下
授鄭繇監察御史制 2539下
授姜晈太常卿制 2540上
授韋希仲宗正卿制 2540上
授房光義光禄卿制 2540上
授王希雋大僕卿制 2540下
授陸餘慶大理卿制 2540下
授張暐鴻臚卿制 2540下
授李從遠守太府卿

制 2541上
授鄭孝式衛尉少卿制 2541上
授陸景初大理少卿制 2541上
授韋玢司農少卿制 2541下
授馬懷素祕書監制 2541下
授韋湊將作大匠制 2541下
授崔謂之少府監制 2542上
授杜元逞殿中少監制 2542上
授陳正觀將作少監制 2542上
授李處直少府少監制 2542下
授陳貞節太常博士制 2542下
授吳兢著作郎制 2542下
授胡皓著作郎制 2542下
授楊嶠國子祭酒制 2543上
授鄭諝國子司業制 2543上
授嗣鄭王希言右衛大將軍制 2543下
授李延昌左金吾衛大將軍制 2543下
授郭虔瓘右驍衛大將軍等制 2543下
授周仁軌左羽林大將軍制 2544上
授薛訥右羽林軍大將軍制 2544下
授高仙芝右羽林軍大將軍制 2544下
授唐先擇左金吾衛將軍等制 2544下
授安金藏右驍衛將軍制 2545上
授楊敬述右羽林將軍制 2545上
授許輔虔左羽林將軍制 2545上
起復杜賓客右威衛將軍制 2545下
授姚崇都檢校諸軍大使李義甫副使制 2545下
授宋王成器太子太師制 2546上
授唐休璟太子少師制 2546上
授岐王範太子少師等制 2546下
授韋嗣立太子賓客制 2546下
授鄭惟忠太子賓客制 2547上
授畢構太子詹事制 2547上
授沈佺期太子少詹事等制 2547下
授裴君士太子少詹事制 2547下
授姚元之等兼太子庶子制 2547下
授韋抗太子左庶子制 2548上
授崔珪太子左庶子制 2548上
授崔秀太子左庶子等制 2548上
授郭虛已太子左庶子制 2548下
授于光寓太子中允制 2548下
授李寮太子中允制 2548下
授魏慤太子司議郎制 2549上
授張肩太子司議郎制 2549上
授許誠感太子司議郎等制 2549上
授楊禎太子右諭德制 2549上
授王瑀太子左贊善大夫制 2549下
授蘇徵太子右贊善大夫制 2549下
授吳昇太子左贊善大夫制 2549下
授竇元泰太子洗馬制 2549下
授李思詮太子洗馬等制 2550上
授蕭嵩太子舍人制 2550上
授姚弈太子舍人制 2550上
授崔縝太子舍人制 2550上
授崔宥太子舍人制 2550下
授向遊仙義王府長史等制 2550下
授柳沖兼温王師制 2550下
授楊廉陝王傅制 2551上
授崔子源岐王府長史制 2551上
授王守廉申王府長史制 2551上
授魏明彭王府長史制 2551下
授田幹之温王府司馬制 2551下
授宋璟兼京兆尹制 2551下
授蕭璿京兆尹制 2551下
授李傑河南尹制 2552上
授畢構河南尹制 2552上
授秦守一京兆少尹制 2552下
授白知慎河南少尹制 2552下
授秦守一萬年縣令制 2553上
授趙昇卿長安縣令制 2553上

授鄭璿河南縣令制 2553上
授崔隱甫洛陽縣令制 2553上
授元欽裕櫟陽縣令制 2553下
授韋光業高陵縣令制 2553下
授艾敬直仙州長史制 2553下
授李守一別駕等制 2554上
授韋抱真虢州別駕制 2554上
授韋表玘泗州別駕制 2554上
授張景順原州都督府別駕制 2554上
授温慎微揚府司馬制 2554下
授樊偘益州司馬制 2554下
授馮光嗣揚州都督府司馬等制 2554下
授竇慈遜岐山縣令制 2555上
授畢懷亮清流縣令制 2555上
授吴太元宋城縣令制 2555上
授王璬柳城縣令制 2555上
授陽洽安邑縣令制 2555下
授于光庭聞喜縣令制 2555下
封華岳神爲金天王制 2555下
封衡陽郡王成義爲申王等制 2555下
封致仕唐休璟宋國公制 2556上
封郭虔瓘潞國公兼食邑實封制 2556上
加王琚等食實封制 2556下
封皇第二女爲常芬公主等制 2557上
封姚崇妻鄭國夫人制 2557上
進封賀蘭琬母楊氏宏農郡夫人制 2557上
睿宗受禪制 2557下
贈重俊皇太子制 2557下
依王公等請上尊號制 2558上
禁斷錦繡珠玉制 2558下
張説監修國史等制 2558下
洗滌官吏負犯制 2559上
誡百寮與供奉人交通制 2559下
戒勵官寮制 2559下
遣姚巂陸象先等依前按察制 2560上
遣王志愔等各巡察本管内制 2560下
遣御史大夫王晙等巡按諸道制 2561上
命吕休璟等北伐制 2562上
命姚崇等北伐制 2563上
命薛訥等與九姓共伐默啜制 2564下
幸東都制 2565上
至都大赦天下制 2565下
幸長安制 2566上
嗣虢王邕同知内外閑廐勅 2567上
命新除牧守面辭勅 2567上
搜揚懷才隱逸等勅 2567下
每日聽政勉勵百寮勅 2567下
處分朝集使勅一 2568上
處分朝集使勅二 2568上
處分朝集使勅三 2568下
處分朝集使勅四 2569上
處分朝集使勅五 2569上
處分朝集使勅六 2569下
處分朝集使勅七 2570上
處分朝集使勅八 2570下
處分朝集使勅九 2571上
令道士女冠僧尼拜父母勅 2571下
原減囚徒勅 2571下
焚珠玉錦繡勅 2572上
禁斷臘月乞寒勅 2572下
禁斷妖訛等勅 2572下
禁斷大酺廣費勅 2573上
禁斷女樂勅 2573上
幸新豐及同州勅 2573下
居大明宫德音 2573下
册嗣澤王文 2574下
册汴王邕文 2574下
上開元神武皇帝册文 2575上
開元元年赦書 2575下
賀封禪表 2577下
爲羣官請公除表 2577下
爲羣官固請公除表 2578上
第二表 2579上
將加神龍尊號羣官請公除表 2579下
爲羣官請虞卒哭表 2580上
代家君讓左僕射表 2580下
代家君讓侍中表 2581上
爲王尚書讓宰相表 2582上
爲岐王讓太常卿表 2582上
讓起復表 2582下
太陽虧爲宰臣乞退表 2583上
爲宋尚書謝加三品表 2583下
謝弟誅除給事中自求改職表 2584上
謝兄除太常丞表 2584下
陳情表 2585上
初至益州上訖陳情

表 2585上
進東嶽朝覲頌表 2585下
諫鑾駕親征吐蕃表 2586上
第二表 2587上
賀太陽不虧狀 2589上
爲政事賀雨狀 2589上
爲政事賀苗稼狀 2589下
爲政事進白雀狀 2589下
爲政事請公除狀 2589下
第二狀 2590上
第三狀 2590上
論清舜廟狀 2590下
爲宰相論月應蝕狀 2590下
爲盧監被盜衣物謝賜御衣物狀 2591上
對著服六年判 2591上
對於途墜坑判 2591下
對勤學犯夜判 2592上
餞常侍舒公歸覲序 2592上
故刑部尚書中山李公詩法記 2592下
利州北題佛龕記 2593上
夷齊四皓優劣論 2593下
先師曾參字子輿贊 2594上
元通大居士法雲公贈司徒虢國公萬迴大師贊 2594上
爲韋駙馬奉爲先聖繡阿彌陀像贊 并序 2594上
淨信變贊 2594下
雙白鷹贊 并序 2594下
從叔任偃師主簿以馬鞭等奉別贊五首 2595上
馬鞭 2595下
綵牋五十張 2595下
銀卷荷杯一 2595下
布衫段一 2595下
吴絹袴段一 2595下
皇誕日畫像銘 2595下
大唐故悼王石塔銘 2595下
太清觀鐘銘 2596上
素木盤盂銘 2596下
爲人作連珠二首 2597上
唐長安西明寺塔碑 2597上
陝州龍興寺碑 2598下
唐河南龍門天竺寺碑 2600下
章懷太子良娣張氏神道碑 2602上
司農卿劉公神道碑 2603上
右僕射太子少師唐璿神道碑 2605上
高安長公主神道碑 2607上
唐紫微侍郎贈黄門監李乂神道碑 2609下
贈禮部尚書褚公神道碑 2611下
凉國長公主神道碑 2613下
御史大夫贈右丞相程行謀神道碑 2614下
刑部尚書韋抗神道碑 2616上
揚州大都督長史王公神道碑 2618上
睿宗大聖真皇帝哀册文 2619下
和恩皇后哀册文 2620下
惠文太子哀册文 2621上
唐中宗孝和皇帝謚議册文 2622上

王璿

石龕阿彌陁像銘 并序 2623上

賈膺福

大雲寺碑 2623下

李審幾

大唐洛州濟源縣宗姓奉爲高宗天皇大帝於奉仙觀敬造太上老君石像碑 并序 2626上

甘子布

光賦 2628上

顔惟貞

朝議郎行雍州長安縣丞上柱國蕭府君墓誌銘 并序 2628下

路敬淳

大唐懷州河内縣木澗魏夫人祠碑銘 并序 2629下

蘇詵

開大庾嶺銘 2631下

孫嘉之

對書史百家策 2632上

張洌

對嗣足不良判 2633上

康廷芝

對求鄰壁光判 2633上
對京令問喘牛判 2633下
對縣令有惠化判 2633下
對縣令辭疾判 2634上
對競渡賭錢判 2634下

周矩

諫制獄酷刑疏 2635上

鄭思齊

駁司刑劉志素定邱神鼎罪判 2635下

楊齊哲

諫幸西京疏 2635下

張元琮

衛州共城縣百門陂碑序 2636上

辛怡諫

衛州共城縣百門陂碑銘 2637下

劉志素

按邱神鼎奏 2638上

駮徐有功論邱神鼎罪議 2638上
再駮徐有功論邱神鼎罪議 2638下
魏歸仁
宴居賦 并序 2638下
邱愔
陳李昭德罪狀疏 2639上
李承嗣
造像記 2640上
李師旦
對京令問喘牛判 2640上
康璀
對嗣足不良判 2640下
吴師道
對賢良方正策第一道 2641上
第二道 2641下
第三道 2642上
第四道 2642下
第五道 2643上
司馬鍠
對紫芝白兔判 2644上
郝連梵
對刑獄用捨策 2644上
張不耀
請代父死表 2645上
李邕
石賦 2646上
鶻賦 2646下
春賦 2647上
日賦 2648上
鬬鴨賦 2648下
賀章仇兼瓊克捷表 2649下
賀加天寶尊號表 2649下
賀新殿鐘鳴表 2650上
賀感夢聖祖表 2650下
辭官歸滑州表 2651上
爲濠州刺史王弼謝上表 2651上
淄州刺史謝上表 2651下
謝入朝表 2651下
謝元宗書上考表 2652上
謝勑書及綵綾表 2652下
第二表 2652下
謝賜遊曲江宴表 2653上
謝恩慰諭表 2653下
進喜雪詩表 2654上
進文馬表 2654上
諫鄭普思以方技得幸表 2654下
謝恩命遣高將軍出餞狀 2655上
又駮韋巨源謚議 2655上
端州石室記 2656下
崧臺石室記 2657上
越州華嚴寺鐘銘 并序 2657上
滑州大廳銘 2657下
大照禪師塔銘 2657下
晴熱帖 2661上
藤偈 2661上
國清寺碑 并序 2661上
葉有道碑 并序 2663上
秦望山法華寺碑 并序 2664下
兖州曲阜縣孔子廟碑 并序 2666上
楚州淮陰縣婆羅樹碑 2667下
鄭州大雲寺碑 2668下
嶽麓寺碑 2669下
靈巖寺碑 并序 2671下
大唐泗州臨淮縣普光王寺碑 2672上
嵩岳寺碑 2673下
大相國寺碑 2675下
海州大雲寺禪院碑 2676下
東林寺碑 并序 2677下
五臺山清涼寺碑 2679上
大唐贈歙州刺史葉公神道碑 2680上
贈安州都督王仁忠神道碑 2681上
長安縣尉贈隴州刺史王府君神道碑 2682下
唐贈太子少保劉知柔神道碑 2684上
中大夫上柱國鄂州刺史盧府君神道碑 2686上
逸人竇居士神道碑 2687上
桂府長史程府君神道碑 2688下
唐故雲麾將軍右武衛大將軍贈秦州都督彭國公謚曰昭公李府君神道碑 并序 2689下
左羽林大將軍臧公神道碑 2691上
唐東京福唐觀鄧天師碣 2694上
羽林大將軍臧公墓誌銘 2695下
雲麾將軍碑 2696下
孫處元
重修順祐王廟碑 2697上
黄元之
潤州江寧縣瓦棺寺維摩詰畫像碑 2698上
李乂
諫遣使江南以官物充直贖生疏 2702上
對成都令勸學判 2702上
節愍太子哀册文 2702下
韋均
造像記 2703下
李孝倫
敬善寺石像銘 2703下

嚴善思
論則天不宜合葬乾陵表 2704下
公除後請習樂表 2705上
崔琬
劾宗楚客等疏 2706上
嚴識元
對本正爲主判 2706下
潭州都督楊志本碑 2706下
徐嶠
金仙長公主神道碑銘并序 2710上
洺州帖 2711上
岑羲
爲敬暉等論武氏宜削去王爵表 2711上
盧俌
論突厥疏 2712上
置都督不便議 2713上
對築牆判 2713下
徐彦伯
南郊賦 2714上
汾水新船賦 2715下
登長城賦 2716上
中宗孝和皇帝哀册文 2717上
樞機論 2718上
同韋子遊神泉詩序 2719上
辟閭仁諝
明堂告朔議 2719上
武平一
東門頌并序 2720下
請抑損外戚權寵并乞佐外郡表 2722上
請追贈杜審言官表 2722下
諫大饗用倡優媟狎書 2723上
處親權猜閒對 2723下
徐氏法書記 2723下
鄭國忠
謝尚方監表 2725下
許景先
奏停賜射疏 2726上
唐朝議大夫行聞喜縣令上柱國臨淄縣開國男于君請移置唐興寺碑 2726下
權若訥
請復天后所造諸字疏 2727下
靳恒
請勤政事疏 2728上
宋務光
諫開拓聖善寺表 2728下
洛水漲應詔上直言疏 2729上
請減滑州封户疏 2731上
王覿
諫李多祚參乘疏 2732上
十八學士圖記 2732上
張廷珪
彈棊賦 2733上
請河北遭旱澇州準式折免表 2733上
請寬宥與張易之往還人表 2734上
諫停市犬馬表 2734下
諫白司馬坂營大像表 2734下
諫白司馬坂營大像第二表 2735下
論別宅婦女入宮表 2736上
論別宅婦女入宮第二表 2736下
論置監牧登萊和市牛羊奴婢疏 2737上
因旱上直言疏 2738上
韋虚心
北岳府君碑 2739上
席晋
對樂懸畫蚡蝫判 2741上
對移鄉判 2741上
吕元泰
陳時政疏 2741下
諫廣修佛寺疏 2743上
裴子餘
廢隱太子等四廟議 2744上
嗣濮王犯贓請免死議 2745上
張景源
請改中興寺爲龍興疏 2745下
劉穆之
對恩賜綾錦出關判 2746上
洛州滎陽縣頭陀逸僧識法師上頌聖主中興得賢令盧公清德文并序 2746上
蔣欽緒
朝集使等上尊號表 2748下
代宰相請封禪表 2749上
再請封禪表 2749下
駁祝欽明請南郊皇后充亞獻議 2750上
唐紹
請停四季節日起居諸陵奏 2752上
論婦人葬禮用鼓吹疏 2752上
禁奢侈疏 2752下
請量減武氏韋氏諸陵守户疏 2753上
請以正冬至日祀圓丘議 2753上
盧粲
駁奏安樂公主請爲武崇訓造陵疏 2753下
復奏駙馬墓無稱陵之典疏 2754上
駁奏皇太子服用疏 2754上

李景伯
上東宮啟 2754下
韓思復
諫捕蝗疏 2755上
駮嚴善思絞刑奏議 2755下
又駮嚴善思絞刑奏議 2755下
彭景直
請停諸陵每日奠祭疏 2756上
袁從之
請收長寧公主奴僕奏 2757上
寇泚
對不以騶虞爲節判 2757上
對開渠判 2757上
元行沖
父在爲母及舅姨嫂叔服議 2758上
先師宰予字子我贊 2758下
釋疑 2758下
辛替否
陳時政疏 2760上
諫造金仙玉真兩觀疏 2762上
徐堅
論型獄表 2764上
請祔中宗表 2765上
請停募關西户口疏 2765上
先祭後燔議 2765下
荅王方慶問服制書 2766上
唐故右驍衛大將軍上柱國金河郡開國公裴公墓誌銘 2766下
韋見素
王去榮不宜赦罪議 2767下
崔沔
落星石賦 2768下
爲安國相王讓東宮第三表 2769上
爲崔日知謝洛州長史表 2769下
代河南裴尹謝墨勅賜衣物表 2770上
加籩豆增服紀議 2770下
禁私鑄議 2772上
請勿廢仙州議 2772下
應封神岳舉對賢良方正策第一道 2773上
第二道 2773下
第三道 2774下
對重試一道 2775上
朝議大夫光禄少卿虢縣開國子吴興姚府君神道碑 2776下
劉子元
思慎賦并序 2778下
韋弦賦 2781下
京兆試慎所好賦 2782上
應制表陳四事 2782下
衣冠乘馬議 2783下
孝經老子注易傳議 2784下
重論孝經老子注議 2785上
上蕭至忠論史書 2786下
荅鄭惟忠史才論 2789上
史通序録 2789上
自敘 2789下
昭成皇太后哀册文 2792上
盧懷慎
諫十日一朝西宮表 2793上
遺表 2793下
請毀河橋奏 2794上
請按王仙童奏 2794下
駁詔贈崔湜父官奏 2794下
陳時政得失疏 2794下
第二疏 2795下
第三疏 2796上
夏州加兵議 2796下
薛稷
臨難不顧徇節寧邦科策第一道 2796下
第二道 2797下
第三道 2798下
朱隱士圖讚 2799上
唐杳冥君銘 2799下
唐故洛州洛陽縣令鄭府君碑 2799下
李咸
田獲三狐賦 2801下
袁守一
彈魏元忠表 2802上
陸大同
報長吏令巡縣勸田疇判 2802下
史疑
晉山陰侯史府君神道碑 2803上
朱溫
對博士教授判 2805上
對樂懸畫蚡蝤判 2805上
范貞朏
對樂懸畫蚡蝤判 2805下
迦葉志忠
進桑條歌表 2805下
李思齊
對致仕判 2806上
高邁
濟河焚舟賦 2806上
度賦 2807下
鯤化爲鵬賦 2807下
長明燈頌并序 2808上
賈曾
水鏡賦 2809下
命皇太子即位制 2809下
論郊祭合設皇地祇表 2810上
上東宮啟 2811上
餞張尚書赴朔方序 2811下
張敬忠
准勅勘復蜀州青城

山常道觀奏 2812上
新津縣佛殿成老君聖像狀 2812下
倪若水
諫江南採捕諸鳥表 2813上
劾奏祝欽明郭山惲疏 2813上
柳澤
諫復斜封疏 2813下
上睿宗書 2814下
諫進用奇器書 2816上
裴寬
藏冰不固判 2817上
崔莅
彈百僚班秩不肅奏 2817上
諫爲金仙玉真二公主造觀疏 2817下
甯原悌
論時政疏五篇 2818下
上太子啟 2820下
劉秀
涼州衛大雲寺古刹功德碑 2821上
劉待價
朝議郎行兗州都督府方與縣令上護軍獨孤府君碑銘并序 2823下
靳翰
大唐故朝散大夫護軍行黃州司馬陸府君墓誌銘 2825下
鄭萬鈞
代國長公主碑 2826上
楊虛受
請禁惡錢疏 2828下
源乾曜
請舉行射禮疏 2828下
請出二子爲外官疏 2829上
先師閔損字子騫贊 2829上
潘好禮
諫立武惠妃爲皇后疏 2829上
徐有功論 2829上
蕭嵩
請宣示祥瑞表 2831上
請封嵩華二岳表 2831下
謝移家廟疏 2832上
裴漼
請封東岳表 2832下
諫春旱造寺觀疏 2832下
先師卜商字子夏贊 2833上
少林寺碑 2833上
蕭至忠
陳時政疏 2836下
崔湜
野燎賦并序 2838上
御史臺精舍碑銘 2839上
故吏部侍郎元公碑 2839下
嚴挺之
諫安福門酺宴疏 2841上
大智禪師碑銘并序 2841下
自撰墓誌 2844上
王琚
教射經上篇 2844下
教射經下篇 2845上
陳貞節
請除則天帝號表 2846上
請罷隱章懷懿德節愍四太子陵廟疏 2846上
諸太子廟不合守供祀享疏 2846下
明堂議 2846下
太廟遷祔議 2847下
論肅明皇后請別立廟議 2848上
駮孫平子請祔孝和皇帝議 2848上
薛登
論選舉疏 2850下
請止四夷入侍疏 2853上
王適
對求鄰壁光判 2855上
對旱令沈巫判 2855上
體元先生潘尊師碣 2855下
王志愔
應正論 2858上
李迥秀
授何彥則侍御史制 2861上
唐齊州長史裴府君神道碑 2861上
李喬年
對不受征判 2863上
李夷吾
對受田兼種五菜判 2863下
郭謙光
大唐闕部將軍功德記 2863下
王利貞
易州石亭府左果毅都尉薊縣田義起石浮圖頌 2864下
盧從愿
先師子游贊 2865上
陸餘慶
先師子路贊 2865上
晁良貞
應文可經邦科對策 2865上
對歸胙判 2866上
對寢苫枕草判 2866上
對醮子于阼醮子于宮判 2866下
封希顏
六藝賦 2866下
梁獻
出師賦 2867下
大閱賦 2868上
張九齡
白羽扇賦并序 2869上
荔枝賦并序 2869上

開元正歷握乾符頌
井序 2870上
龍池聖德頌井序 2871上
右元命 2872下
右聖德 2872下
右靈泉 2873上
右神池 2873上
右休氣 2873上
右黄龍 2873上
開元紀功德頌井序 2873上
藉田制 2874下
諸王實封制 2874下
貶韓朝宗洪州刺史
制 2875上
廢王皇后制 2875上
停張説中書令制 2875下
敕皇太子納妃 2875下
敕處分十道朝集使 2876下
敕處分十道朝集使 2877上
敕處分朝集使 2877下
敕處分十道朝集使 2878上
敕令禮部掌貢人 2879上
敕幸西京 2879上
敕置十道使 2879上
敕授十道使 2879下
敕停官祭贈太子 2879下
敕歲初處分 2880上
敕處分舉人 2881上
敕處分縣令 2881上
敕處分縣令 2881下
敕處分選人 2881下
敕議放私鑄錢 2881下
敕處分宴朔方將士 2882上
敕宴幽州老人 2882上
敕慮囚 2882上
敕擇日告廟 2882下
敕薛泰書 2882下
敕安西節度王斛斯
書 2883上
敕西州都督張待賓
書 2883上
敕清夷軍使虞靈章
書 2883上
敕伊吾軍使張楚賓
書 2883下
敕河西節度牛仙客
書 2883下
敕北庭將士已下書 2884上
敕西州都督張待賓
書 2884上
敕北庭將士百姓等
書 2884下
敕新羅王金重熙書 2884下
敕新羅王金興光書 2885上
敕河西節度牛仙客
書 2885下
敕瀚海軍使蓋嘉運
書 2886上
敕安西節度王斛斯
書 2886下
敕幽州節度張守珪
書 2886下
敕幽州節度張守珪
書 2887上
敕劍南節度王昱書 2887下
敕投降奚等書 2888上
敕契丹王據埒可突
于等書 2888上
敕契丹都督泥禮書 2888下
敕幽州節度張守珪
書 2889上
敕奚都督李歸國書 2889上
敕奚都督李歸國書 2889下
敕平盧使烏知義書 2889下
敕松漠都督泥禮書 2889下
敕幽州節度張守珪
書 2890上
敕幽州節度張守珪
書 2890上
敕幽州節度張守珪
書 2890下
敕幽州節度張守珪
書 2891上
敕幽州節度張守珪
書 2891下
敕平盧使烏知義書 2891下
敕平盧諸將士書 2892上
敕新羅王金興光書 2892上
敕新羅王金興光書 2892下
敕渤海王大武藝書 2892下
敕渤海王大武藝書 2893上
敕渤海王大武藝書 2893下
敕渤海王大武藝書 2893下
敕平盧使烏知義書 2894上
敕河東節度副使王
忠嗣書 2894上
敕當州別駕董懲運
書 2894上
敕當悉等州羌首領
書 2894下
敕嶲州都督許齊物
書 2895上
敕隴右節度陰承本
書 2895上
敕北庭經略使蓋嘉
運書 2895下
敕安西節度王斛斯
書 2895下
敕安西節度王斛斯
書 2896上
敕安西節度王斛斯
書 2896上
敕安西節度王斛斯
書 2896下
敕安西節度王斛斯
書 2897下
敕安西節度王斛斯
書 2897下
敕北庭經略使蓋嘉
運書 2898上

敕瀚海軍使蓋嘉運書 2898上
敕四鎮節度王斛斯書 2898下
敕四鎮節度王斛斯書 2898下
敕安西節度王斛斯書 2899上
敕北庭都護蓋嘉運書 2899下
敕瀚海軍使蓋嘉運書 2900上
敕契丹知兵馬中郎李過折書 2900上
敕突厥苾伽可汗書 2900下
敕突厥可汗書 2901上
敕劍南節度王昱書 2901上
敕突厥登利可汗書 2901下
敕突厥可汗書 2901下
敕突騎施毗伽可汗書 2902上
敕突厥可汗書 2903上
敕突厥可汗書 2903下
敕突厥可汗書 2904上
敕吐蕃贊普書 2904上
敕磧西支度等使章仇兼瓊書 2904下
敕金城公主書 2905上
敕吐蕃贊普書 2905下
敕吐蕃贊普書 2906上
敕吐蕃贊普書 2906下
敕吐蕃贊普書 2907上
敕金城公主書 2907下
敕吐蕃贊普書 2907下
敕金城公主書 2908上
敕吐蕃贊普書 2908下
敕西州都督張待賓書 2908下
敕河西節度副大使牛仙客書 2909上
敕天山軍使張待賓書 2909下
敕護密國王書 2909下
敕護密國王書 2909下
敕識匿國王書 2910上
敕勃律國王書 2910上
敕諸國王葉護城使等書 2910下
敕罽賓國王書 2910下
敕日本國王書 2910下
敕西南蠻大首領蒙歸義書 2911上
敕柘静等州首領書 2911下
敕西南蠻大首領蒙歸義書 2911下
敕蠻首領鐸羅望書 2912上
敕安南首領爨仁哲等書 2912上
張守珪奏裨將安禄山失利送戮京師批 2912下
南郊赦書 2912下
東封赦書 2914上
后土赦書 2916上
藉田赦書 2918上
讓起復中書侍郎同平章事表 2921上
進千秋節金鏡録表 2921上
荆州謝上表 2921下
賀赦表 2922上
賀册皇太子表 2922下
洪州進白鹿表 2922下
爲兵部尚書王晙謝平章事表 2923上
爲信安王獻聖真圖表 2923下
爲何給事進亡父所著書表 2924上
謝賜香藥面脂表 2924上
諫廢黜三王奏 2924上
上封事書 2924下
薛王有疾上憂變容髮請宣付史館狀 2927上
薛王薨上損膳請復膳狀 2927上
請御註道德經及疏施行狀 2927上
賀雨狀 2927下
論教皇太子狀 2927下
論内勘别宅婦女事狀 2928上
論東北軍未可輕動狀 2928上
請東北將吏刊石紀功德狀 2928下
請御註經内外傳授狀 2929上
西幸改期請宣付史館狀 2929下
上爲寧王寫一切經請宣付史館狀 2929下
賀張待賓奏尅捷狀 2930上
賀誅賊狀 2930下
賀奚契丹並自離貳廓清有期狀 2930下
賀誅奚賊可突于狀 2930下
賀破突厥狀 2931上
賀東北累捷狀 2931上
賀依聖料赤山北無賊及突厥要重人死請宣付史館狀 2931下
賀突厥小可汗必有傷死狀 2932上
賀聖料突厥必有亡徵其兆今見狀 2932上
賀蓋嘉運破賊狀 2932下
賀賊蘇禄遁走狀 2932下
賀雪狀 2932下
謝侍講徧賜衣物狀 2933上
賀雨晴狀 2933上

賀雨狀 2933上
賀雪狀 2933下
賀祈雨有應狀 2933下
賀太陽不虧狀 2933下
賀祥雲見狀 2934上
賀麥登狀 2934上
賀衢州進古銅器狀 2934下
賀御製開元文字音義狀 2934下
賀論三教狀 2934下
賀御註金剛經狀 2935上
賀皇太子製碑狀 2935上
賀上仙公主靈應狀 2985下
賀昭靈徵應狀 2935下
謝加章紱狀 2936上
謝工部侍郎集賢院學士狀 2936上
謝知制誥狀 2936上
謝兩弟移官就養狀 2936下
謝中書侍郎狀 2936下
謝敕賜大麥麪狀 2936下
謝賜食狀 2936下
謝賜藥狀 2937上
謝賜尺詩狀 2937上
謝蒙太子書頌狀 2937上
謝兩弟授官狀 2937下
謝賜衣物狀 2937下
謝賜蕃口狀 2937下
觀御製喜雪篇陳誠狀 2938上
謝賜御書喜雪篇狀 2938上
讓賜宅狀 2938下
讓兩弟起復授官狀 2938下
謝赴祥除狀 2939上
進龍池聖德頌狀 2939上
謝弟授官狀 2939上
謝賜詩及衣服絹狀 2939下
謝賜馬狀 2939下
請郊見上帝議 2940上
駁宋慶禮謚議 2940上
應道侔伊吕科對策
第一道并問 2940下
第二道 2941下
第三道 2942上
上姚令公書 2942下
答嚴給事書 2943下
與李讓侍御書 2944下
集賢殿書院奉敕送學士張說上賜燕序 2945下
陪王司馬宴王少府東閣序 2946上
益州長史叔置酒宴別序 2946上
景龍觀山亭集送密縣高贊府序 2946下
歲除陪王司馬登辭公逍遥臺序 2947上
餞宋司馬序 2947下
送幽州王長史赴軍序 2948上
韋司馬別業集序 2948上
別韋侍御使蜀序 2948下
獅子贊序 2949上
鷹鶻圖贊序 2949上
開大庾嶺路記 2950上
聖應圖贊并序 2950下
侍中兼吏部尚書裴公畫像贊并序 2950下
宋使君寫真圖贊并序 2951上
畫天尊像銘并序 2951下
隴西縣君牛氏像龕碑 2952上
故襄州刺史靳公遺愛碑銘并序 2952下
大唐故光禄大夫右散騎常侍集賢院學士贈太子少保東海徐文公神道碑銘并序 2953下
大唐金紫光禄大夫行侍中兼吏部尚書宏文館學士贈太師正平忠獻公裴公碑銘并序 2955下
大唐贈使持節涇州諸軍事涇州刺史牛公碑銘并序 2958上
唐贈慶王友東平吕府君碑銘并序 2959下
故果州長史李公碑銘并序 2960下
故瀛州司户參軍李府君碑銘并序 2961上
後漢徵君徐君碑銘并序 2961下
故辰州瀘溪令趙公碣銘并序 2962下
故河南少尹竇府君墓碑銘并序 2963下
故開府儀同三司行尚書左丞相燕國公贈太師張公墓誌銘并序 2964下
故特進贈兖州都督駙馬都尉觀國公楊公墓誌銘并序 2965上
故太僕卿上柱國華容縣男王府君墓誌銘并序 2967下
故安南副都護畢公墓誌銘并序 2968下
故許州長史趙公墓誌銘并序 2969下
故韶州司馬韋府君墓誌銘并序 2970下
惠莊太子哀册文 2971上
祭舜廟文 2972上
爲吏部侍郎祭故人

文 2972上
祭故李常侍文 2972下
祭洪州城隍神文 2973上
爲王司馬祭妻父文 2973上
爲王司馬祭甄都督文 2973下
祭張燕公文 2974上
追贈祭文 2974下

褚无量

太廟屋壞請修德疏 2975上
請定嗣王朝班疏 2975下
車駕東幸上書 2976上
皇后不合祭南郊議 2976上

王泠然

汝州薛家竹亭賦 2977上
清泠池賦 2977下
新潭賦 2978上
止水賦 2978下
初月賦 2979上
蘇合山賦 2979下
對歷生失度判 2980上
對舉抱甕生判 2980上
對登城判 2980下
論薦書 2980下
與御史高昌宇書 2983上

高紹

重修吳季子廟記 2984上

韓休

駕幸華清宮賦 2985上
奉和聖製喜雨賦 2985下
授杜暹等侍御史制 2986上
授皇甫翼等監察御史制 2986上
授鄭虛心監察御史制 2986上
封張嘉貞河東縣男制 2986下
唐金紫光禄大夫禮部尚書上柱國贈尚書右丞相許國文憲公蘇頲文集序 2986下
梁宣帝明帝二陵碑 2988上
贈邠州刺史韋公神道碑 2989下
惠宣太子哀册文 2991上

徐鍔

大寶積經述 2992上

吕太一

土賦 2993下

馬懷素

請編録典籍疏 2994下

吕令問

駕幸芙蓉園賦 2994下
金莖賦 2995上
掌上蓮峯賦 2995下
襄華貫洪河賦 2996上
雲中古城賦 2996下
府庭雙石榴賦 2997上
駕幸天安宮賦 2997下
對官門誤不下鍵判 2998上
對馬驚師徒判 2998上
對陂防判 2998下

宋温瓌

哀皇后哀册文 2998下

權寅獻

對鄉貢進士判 2999下
對鬯酒不供判 3000上

韓覃

諫營建中都表 3000下

趙冬曦

謝燕公江上愁心賦 3002上
三門賦 有序 3002上
請明律例奏 3003上

趙和璧

對伏日出何典獻判 3003下

趙居貞

新修春申君廟記 3003下

趙頤貞

對小吏持劍判 3005上
對清白二渠判 3005上

閻邱均

浮屠頌 3006上
爲公卿請復常膳第二表 3006上
賀連理樹表 3006下
爲益州刺史賀赦表 3006下
爲益州父老請留博陵王表 3007上
爲益州父老請攝司馬鄧某爲真表 3007下
爲益州父老請留史司馬表 3007下
爲蜀州刺史第八息進雲母粉表 3008上
爲僧履空進圖書古器物等表 3008下
唐朝故使持節河東州諸軍事河東州刺史上護軍王府君碑銘 并序 3008下

裴耀卿

論夷州刺史楊濬決杖表 3011上
請行禮樂化導三事表 3011下
賀平奚契丹表 3012上
賀獻長春酒方表 3012下
請以講讀尚書周易道德莊列宜付史官奏 3012下
請減寧王壙内食味奏 3012下
復手敕論外族服制奏 3013上
定舅母堂姨舅服制奏 3013上
論蓋嘉運疏 3013下
請置武牢洛口等倉疏 3013下

請緣河置倉納運疏 3014上
京師饑請廣漕運疏 3015上
皇太子衣服稱謂議 3015下
太子賓客贈太子太師竇希球神道碑 3015下

王晙

賀拜南郊表 3018下
賀拜南郊表 3018下
賀饗太廟拜南郊表 3019上
謝追赴大禮表 3019上
請移突厥降人於南中安置疏 3019下

吴兢

乞典郡表 3020下
讓奪禮表 3020下
第二表 3021上
第三表 3021下
爲桓侍郎讓侍中表 3021下
諫畋獵表 3022下
諫十銓試人表 3023上
上貞觀政要表 3023上
請總成國史奏 3023下
上中宗皇帝疏 3024上
上元宗皇帝納諫疏 3025上
大風陳得失疏 3026上
諫東封不宜射獵疏 3026下
貞觀政要序 3026下

楊瑒

請定帖經奏 3027上
諫限約明經進士疏 3027上

柳涣

請還葬伯祖奭表 3028上
趙郡洨河石橋銘 3028上

馮紹正

賀雨表 3028下

裴光庭

宰相等上尊號表 3029上
第二表 3029下
第三表 3030上
賀雨表 3030上
賀雨表 3030下
賀幽州執奚壽斤表 3030下
請修續春秋奏 3031上
請以三殿講道德經編入史策奏 3031上
請以加老子策詔編入國史奏 3031下
斷死囚二十四人請宣付史館奏 3031下
金城公主請賜書籍議 3032上

楊若虚

應知合孫吴運籌决勝科對策并問 3032上

劉庭琦

對家僮視天判 3034下

張嘉貞

空水共澄鮮賦 3035上
水鏡賦 3035上
奏宥反坐罪 3035下
答勸置田園札 3035下
石橋銘序 3036上
先師仲弓贊 3036上
北嶽廟碑并序 3036上
趙州癭陶令李懷仁德政碑 3037下

賀知章

上封禪儀注奏 3039下
唐龍瑞宫記 3039下

李元紘

請令張説吴兢就史館修史奏 3040上
廢職田議 3040上

牛仙客

請宣付元元皇帝靈應奏 3040下
賀紫宸殿烏巢表 3041上
賀宣政殿烏巢表 3041上
章仇兼瓊奏吐蕃安戎城得泉賀表 3041上
賀迎元元皇帝真容有慶雲見表 3041下
皇帝夢元元皇帝真容見請宣示中外奏 3041下

吕延祚

進集注文選表 3042上

崇宗之

昭成皇后謚議 3043上

蘇晉

應賢良方正科對策并問 3043上
又應賢良方正科對策并問 3045上
丞相少傅拜職天子作三傑之詩以命宴序 3046下

嚴從

風后握機圖序 3046下
擬三國名臣讚序 3047下

吕向

美人賦 3051上
述聖頌 3052上
諫令突厥入仗馳射疏 3052上

劉彤

諫拜陵寢早表 3052下
論鹽鐵表 3052下
河南府奏論驛馬表 3053下

邢巨

應文辭雅麗科對策并問 3054上
對祈田判 3055下

拓跋興宗

請致仕侍親表 3056上
第二表 3056上
第三表 3057上

李休烈

對傭書判 3057下

袁暉

對歸胙判 3058上
韓朝宗
諫作乞寒胡戲表 3058上
何延之
蘭亭始末記 3058下
施敬本
唐昌公主婚禮當移別殿疏 3062上
駁奏舊封禪禮八條 3062上
韋述
請優邮蘇頲疏 3063下
宗廟加籩豆議 3063下
服制議 3065上
對不以采蘋爲節判 3066上
對歸胙判 3066上
答蕭十書 3066下
改諡侍中裴光庭忠獻論 3066下
敘書録 3067上
贈東平郡太守章仇府君神道之碑 3067下
韋抗
先師子貢贊 3069上
崔向
諫元宗畋獵疏 3069下
李昂
乘石賦 3070上
旗賦 3070下
對祭社不奏商均判 3070下
對歷生失度判 3071上
賈正義
周公祠碑 3071下
孫翃
應文辭雅麗科對策并問 3073上
楊相如
陳便宜疏 3075上
盧貞
廣成宮碑記 3078上
崔琪
擊柝賦 3079上
桂林一枝賦 3079下
唐少林寺靈運禪師塔碑 3080上
田再思
服母齊衰三年議 3081上
宇文融
定户口疏 3082下
崔明允
紅嘴鳥賦 3083上
大唐平陽郡龍角山慶唐觀大聖祖元元皇帝宮金籙齋頌 3083上
段同泰
駁陳貞節廢隱太子等四廟議 3084下
鄭老萊
對春設土牛判 3086上
韓琬
上睿宗論時政疏 3086下
崔逸
東海縣鬱林觀東巖壁記 3087下
元承徽
上符瑞封事 3088上
崔涵
議州縣官月料錢狀 3088下
崔尚
唐天台山新桐柏觀頌并序 3089上
沁州刺史馮公碑 3090下
李適之
祭嶽瀆得雨賀表 3091上
請宣付太子諸王詞翰表 3091下
禁朝官稱慘改乘服式奏 3091下
大唐蘄州龍興寺故法現大禪師碑銘 3091下
趙慎言
論郊廟用樂表 3093下
郊廟舞人宜依古制疏 3094上
李元瓘
顔子當設座像並升四哲奏 3095上
請令貢舉人習周禮等經疏 3095上
蔡孚
請宣付御製春雪臺望詩編入國史奏 3095下
徐安貞
奉和聖製喜雨賦 3096上
除韋嗣立鳳閣侍郎平章事制 3096下
除裴耀卿黄門侍郎張九齡中書侍郎同平章事制 3096下
授席豫尚書右丞等制 3097上
授王翼殿中侍御史等制 3097上
對習星歷判 3097上
對太室擇嗣判 3097下
對舉嘉遁第判 3097下
唐元覽法師碑 3098上
正議大夫使持節易州諸軍事守易州刺史兼高陽軍使賞紫金魚袋上柱國田公德政之碑并序 3098上
讓皇帝哀册文 3100上
貞順皇后哀册文 3101上
庫狄履温
讓起復表 3101下
對春不脩鑑判 3102上
梁高望
雲居寺石浮屠銘 3102下

崔希逸

對藏冰不固判　3103上

孫翌

蘇州常熟縣令孝子
　太原郭府君墓誌
　銘并序　3103上
高延福墓誌銘并序　3104上

王利文

上瑞麥表　3105下

孫義龍

石佛堂記　3105下

畢彥雄

大唐龍興大德香積
　寺主淨業法師靈
　塔銘并序　3107上

衛憑

唐王屋山中巖臺正
　一先生廟碣　3108上

楊仲昌

加籩豆增服紀議　3110上
對建國判　3111上
對馬驚師徒判　3111下

韋陟

誓衆文　3111下

張楚

遊刃賦　3112上
應文辭雅麗科對
　策并問　3112下
對祭五嶽判　3114上
與達奚侍郎書　3114上

彭殷賢

大厦賦　3117上
應文辭雅麗科對
　策并問　3117下

盧象

對不受征判　3121下
送賀祕監歸會稽歌
　序　3121下

韋縚

祠龍池祭儀奏　3122上

姨舅服制奏　3122上
禘祫年數議　3122下
請以今年夏禘爲殷
　祭之源并停今年
　冬祫奏　3124上
孟浩然集序　3124上

孫逖

簾賦　3125上
席賦　3125下
授徐安貞中書侍郎
　制　3126上
授辞稷中書侍郎制　3126上
授褚廷誨給事中制　3126上
授尹愔諫議大夫制　3126下
授宋渾諫議大夫制　3126下
授楊慎矜諫議大夫
　依舊知大府出納
　制　3126下
授達奚珣中書舍人
　制　3127上
授賈登中書舍人制　3127上
授梁涉中書舍人制　3127上
授韋斌中書舍人制　3127下
授李元成中書舍人
　制　3127下
授楊齊宣起居郎制　3127下
授陳九言起居舍人
　劉貺起居郎制　3127下
授楊齊宣左補闕制　3128上
授盧惟等通事舍人
　制　3128上
授李林甫左僕射兼
　右相制　3128上
授陸景融尚書右丞
　等制　3128下
授張紹貞尚書右丞
　制　3128下
授宋鼎尚書右丞郭
　虛巳尚書戶部侍
　郎制　3128下

授崔翹尚書右丞制　3129上
授李林甫兵部尚書
　制　3129上
授裴寬戶部尚書制　3129下
授裴敦復刑部尚書
　制　3129下
授陸景融吏部侍郎
　制　3129下
授李彭年吏部侍郎
　制　3130上
授韋陟吏部侍郎達
　奚珣中散大夫禮
　部侍郎制　3130上
授張均兵部侍郎制　3130上
授李彭年兵部侍郎
　制　3130下
授韋濟戶部侍郎制　3130下
授韓滉戶部侍郎專
　判度支制　3131上
授李暐等兵部郎中
　制　3131上
授李知止等司封員
　外郎制　3131上
授李岫司勳員外郎
　制　3131下
授張博濟戶部員外
　郎制　3131下
授章仇兼瓊主客員
　外郎制　3132上
授楊仲昌吏部員外
　郎李巖兵部員外
　郎制　3132上
授劉繹虞部員外郎
　制　3132上
授王敬從御史中丞
　充京畿採訪使制　3132上
授蕭諒御史中丞充
　京畿採訪使制　3132下
授蕭隱之御史中丞
　仍充東京畿採訪

3122上
3124上
3125上
3125下
3126上
3127上
3128上
3128上
3128下
3128下
3128下
3129上
3129上
3129下
3129下
3129下
3130上
3130上
3130上
3130下
3130下
3131上
3131上
3131上
3131下
3131下
3132上
3132上
3132上
3132上
3132下

等使制 3132下
授吕周等侍御史制 3133上
授李常殿中侍御史制 3133上
授蔣冽等監察御史制 3133上
授姚闓監察御史等制 3133上
授邢巨監察御史制 3133下
授褒信郡王璆宗正卿制 3134上
授濮陽郡王徹宗正卿制 3134上
授廣武郡王承宏光禄卿制 3134上
授韋珙光禄卿制 3134下
授崔惠童衛尉卿豆盧建太僕卿制 3134下
授王斛斯太僕卿仍兼安西都護制 3134下
授王昱太僕卿制 3135上
授李林宗太僕卿制 3135上
授竇鍔等太僕卿制 3135上
授杜希望鴻臚卿攝御史中丞制 3135下
授韋恒太常少卿制 3135下
授李林宗太常少卿制 3135下
授李岫衛尉少卿制 3136上
授鄭子獻太僕少卿制 3136上
授楊先司農少卿仍東都留守制 3136上
授王迴質祕書監韋廉起居郎制 3136下
授牛仙客殿中監制 3136下
授宋渾將作少匠制 3136下
授翟璋等將作少監制 3137上
授司馬利賓等著作郎制 3137上
授劉瑗等國子祭酒制 3137上
授裴巨卿國子司業張九皋尚書職方郎中制 3137上
授王斛斯守左金吾衛大將軍兼范陽大都督府長史制 3137下
授張元逸明威將軍守右衛將軍制 3137下
授吴王祇等右衛將軍制 3137下
授蓋嘉運金吾衛將軍兼北庭都護制 3138上
授元環右監門衛將軍制 3138上
授趙惠琮雲麾將軍守左監門衛將軍仍兼知内侍省事制 3138上
授王斛斯宣威將軍守右羽林軍將軍制 3138下
授彭元昭右羽林軍將軍制 3138下
授曹王弼左武衛將軍制 3138下
授郭元昇右武衛將軍守右衛將軍鄭繼先右武衛率制 3138下
授裴倩右武衛將軍制 3139上
授信安王禕太子太師制 3139上
授崔琳太子少保制 3139上
授賀知章等太子賓客制 3139下
授孟温太子賓客崔璘太子右庶子制 3139下
授裴元初太子賓客制 3140上
授王暐銀青光禄大夫守太子詹事制 3140上
授許王瓘太子詹事王暐守同州刺史制 3140上
授盧詢太子詹事制 3140下
授程伯獻光禄大夫太子詹事李仲思光禄大夫國子祭酒制 3140下
授殷承業太子左諭德王利涉國子監丞制 3141上
授甘暉太子贊善大夫元嘉福戎州長史制 3141上
授蕭誠太子左贊善大夫仍前幽州節度驅史制 3141上
授韋汭等太子贊善大夫制 3141上
授殷彦方等王傅制 3141下
授郭元融寧王府諮議制 3141下
授李夷吾榮王府諮議制 3141下
授王積薪慶王友制 3141下
授崔隱甫河南尹制 3142上
授崔希逸河南尹制 3142上
授裴寛河南尹裴伷先蒲州刺史制 3142上
授陸操太原少尹制 3142下
授鄭巖萬年縣令制 3142下
授徐鍔洛陽縣令制 3142下
授樊象藍田縣令制 3143上
授源復等諸州刺史制 3143上
授韓朝宗等諸州刺

史制 3143上
授元彦沖等諸州刺史制 3143上
授崔翹等諸州刺史制 3143下
授宋樽等諸州刺史制 3143下
授張敬輿等諸州刺史制 3143下
授翟璋等諸州刺史制 3144上
授秦昌舜等諸州刺史制 3144上
授劉體微等諸州刺史制 3144上
授裴煒等諸州刺史制 3144上
授魏哲等諸州刺史制 3144下
授李昇朝等諸州刺史制 3144下
授李良等諸州刺史制 3144下
授王忠嗣同隴右節度副使制 3145上
授馬元慶河西節度副使制 3145上
授李林甫兼河西節度等使制 3145上
授盧朔萊州長史薛重輝括州長史制 3145下
授楊行審靈州長史仍充六城水運使制 3145下
授楊戩華州長史制 3146上
授韋景遠犍爲郡長史韋履言仁壽郡長史制 3146上
授李踐由安州別駕李惟可鄂州別駕制 3146上
授李裕鄧州別駕魏涀德州別駕制 3146上
授蕭誠宏農郡別駕制 3146下
授李廷珍沂州司馬制 3146下
授李廷芝絳州司馬制 3146下
授梁炫郢州司馬制 3146下
授嚴正誨博州司馬制 3147上
授韋由太原縣令程若水守太子中允制 3147上
授徐鈞南海縣令制 3147上
授崔綸郫縣令制 3147上
贈廢太子承乾恒山愍王制 3147下
封李林甫晉國公牛仙客邠國公制 3147下
張均襲封燕國公制 3148上
封李岫長樂縣侯制 3148上
授牛仙童内謁者監制 3148上
封牛仙客妻王氏邠國夫人制 3148上
開元二十七年册尊號大赦天下制 3148下
天寶三載親祭九宫壇大赦天下制 3149下
立忠王爲皇太子制 3151上
封高都公主等制 3151下
封永寧公主制 3151下
封平昌公主制 3151下
改尚書洪範無頗字爲陂字敕 3152上
升風伯雨師爲中祀敕 3152上
誡勵吏兵部侍郎及南曹郎中敕 3152下
誡勵吏部兵部禮部掌選知舉官等敕 3152下
誡勵兵吏部兩司敕 3153上
遣榮王琬往隴右巡按處置敕 3153上
令嗣鄭王希言分祭五嶽敕 3153下
令關内諸侯州長官祭名山大川敕 3153下
令天下寺觀修功德敕 3154上
停京都檢校僧道威儀敕 3154上
禁斷寒食雞子相餉遺敕 3154上
册潁王獨孤妃文 3154下
册信成公主文 3154下
册昌樂公主文 3155上
册高都公主文 3155上
册永寧公主文 3155下
爲宰相賀雪表 3155下
爲宰相賀雨表 3155下
爲宰相賀雨表 3156上
爲宰相賀平原郡鑄尊容鑪上有紫雲等瑞表 3156上
爲宰相賀開元觀鑄聖容慶雲見表 3156下
爲宰相賀會昌山慶雲見表 3156下
爲宰相賀賽龍潭有瑞雲表 3157上
爲宰相賀中嶽合煉藥自成兼有瑞雲見表 3157上
爲宰相賀太原府聖容樣至有慶雲見表 3157下
爲宰相賀李樹淩冬

結實表 3157下
爲宰相賀合煉院産芝草表 3158上
爲宰相賀武威郡石化爲麪表 3158上
爲宰相賀檀州界破奚賊表 3158下
爲宰相賀破吐蕃並慶雲見表 3158下
爲宰相賀九姓斬送突厥首表 3159上
爲宰相賀突厥來降表 3159下
爲宰相賀隴右破吐蕃表 3159下
爲宰相賀趙郡鑄天尊及佛有諸瑞表 3160上
爲宰相賀開元寺釋迦牟尼佛白光等瑞表 3160下
爲宰相賀宫人夢元元皇帝應見表 3160下
爲宰相謝至尊爲蒼生祈福表 3161上
爲李右相謝上上考表 3161下
爲宰相謝賜竹扇表 3161下
爲宰相謝賜果實等表 3161下
爲宰相謝賜永穆公主池亭遊宴表 3162上
爲宰相請不停千秋宴會表 3162上
陳情表 3162下
應賢良方正科對策并問 3162下
對讀書判 3164下
對除喪鼓琴判 3164下
宰相及百官定昆明池旬宴序 3165下
湖中宴王使君序 3166上
趙六宅浴後宴序 3166上
送李郎中赴京序 3166下
送李侍御之芳黔中掌選序 3167上
送張補闕歸鄴序 3167上
送蔣冑曹充隴右營田判官序 3167上
送裴參軍充大税使序 3167下
送遂州紀參軍序 3168上
送康若虚赴任金鄉序 3168上
禹廟别韋士曹序 3168下
吏部尚書壁記 3169上
鴻臚少卿壁記 3169下
伯樂川記 3169下
唐齊州刺史裴公德政頌 3170下
唐故幽州都督河北節度使燕國文貞張公遺愛頌并序 3172下
故滕王府諮議杜公神道碑 3174上
贈太子詹事王公神道碑 3175下
太子右庶子王公神道碑 3177上
東都留守韋虚心神道碑 3178上
太子舍人王公墓誌銘 3179下
滄州刺史鄭公墓誌銘 3180下
宋州司馬先府君墓誌銘 3182上
太子少傅李公墓誌銘 3183上
祭亡弟故左羽林軍兵曹參軍文 3184上

李華

含元殿賦有序 3185上
哀節婦賦有序 3189上
望瀑泉賦 3189下
木蘭賦并序 3189下
無疆頌八首并序 8190下
高祖元頌一 3190下
太宗烈頌二 3190下
高宗康頌三 3191上
中宗興頌四 3191上
睿宗德頌五 3191上
元宗文頌六 3191下
肅宗孝頌七 3191下
今上昭頌八 3192上
平原公遺德頌并序 3192上
潤州丹陽縣復練塘頌并序 3193上
與弟莒書 3194下
與表弟盧復書 3194下
與外孫崔氏二孩書 3195下
贈禮部尚書清河孝公崔沔集序 3196上
揚州功曹蕭穎士文集序 3197下
楊騎曹集序 3198下
登頭陁寺東樓詩序 3199上
江州卧疾送李侍御詩序 3199下
送十三舅適越序 3200上
送房七西遊梁宋序 3200上
送薛九遠遊序 3200下
送薄九自牧往義興序 3200下
送張十五往吴中序 3200下
送觀往吴中序 3201上
送何萇序 3201下
卧疾舟中相里范二侍御先行贈别序 3201下
中書政事堂記 3202下
御史大夫廳壁記 3203上

御史中丞廳壁記 3203下
著作郎廳壁記 3204下
杭州刺史廳壁記 3205下
衢州刺史廳壁記 3206下
常州刺史廳壁記 3207上
壽州刺史廳壁記 3208上
京兆府員外參軍廳壁記 3208上
河南府參軍廳壁記 3209上
安陽縣令廳壁記 3209下
臨淄縣令廳壁記 3210上
故中嶽越禪師塔記 3210下
盧郎中齋居記 3211上
賀遂員外藥園小山池記 3211下
鶻執狐記 3212上
質文論 3212下
三賢論 3213下
正交論 3215下
卜論 3217上
四皓讚 3217下
隱者讚七首 3218上
嚴君平 3218上
嚴子陵 3218上
申屠子龍 3218上
陳留老父 3218下
管幼安 3218下
留侯 3218下
皇甫義真 3218下
先賢讚六首 3218下
管敬仲 3218下
隨武子 3219上
東里子產 3219上
鴟夷子皮 3219上
樂生 3219上
謝文靖 3219下
二孝讚并序 3219下
靈濤讚 3220上
言毉 3221上
賢之用捨 3222下
君之牧人 3222下
國之興亡 3222下
材之小大 3223上
字訣 3223下
四皓銘 3224上
唐丞相太尉房公德銘 3224上
台州乾元國清寺碑 3224下
慶王府司馬徐府君碑 3225下
韓國公張仁愿廟碑銘并序 3226下
淮南節度使尚書左僕射崔公頌德碑銘有序 3228上
唐贈太子少師崔公神道碑 3229上
杭州開元寺新塔碑 3231下
唐故東光縣主神道碑銘并序 3232上
杭州餘姚縣龍泉寺故大律師碑 3233上
衢州龍興寺故律師體公碑 3235上
荆州南泉大雲寺故蘭若和尚碑 3236下
東都聖善寺無畏三藏碑 3237上
故左溪大師碑 3241上
潤州天鄉寺故大德雲禪師碑 3242下
揚州龍興寺經律院和尚碑 3244下
潤州鶴林寺故徑山大師碑銘 3246下
元魯山墓碣銘并序 3248下
故翰林學士李君墓誌銘 3250上
著作郎贈祕書少監權君墓表 3250上
太子少師崔公墓誌銘 3250下
揚州司馬李公墓誌銘 3252上
唐丞相故太保贈太師韓國公苗公墓誌銘 3253上
故相國兵部尚書梁國公李峴傳 3254上
李夫人傳 3255上
德先生誄 3255下
弔古戰場文 3256上
祭劉評事兄文 3257上
祭蕭穎士文 3257下
祭劉左丞文 3258上
祭亡友張五兄文 3258下
蕭穎士
愛而不見賦 3259下
至日圜丘祀昊天上帝賦 3260上
登宜城故城賦 3260下
登臨河城賦并序 3261下
伐櫻桃樹賦并序 3262下
白鷳賦并序 3263上
聽早蟬賦 3263下
庭莎賦并序 3264上
蓮蘂散賦并序 3264下
滯舟賦 3265上
爲揚州李長史賀立皇太子表 3265下
爲李北海作進芝草表 3266上
爲陳正卿進續尚書表 3266下
爲揚州李長史作千秋節進毛龜表 3268下
爲從叔鴻臚少卿論旱請掩骼埋胔表 3268下
爲李中丞賀赦表 3270上
爲李中丞作與虢王

書 3271上
與崔中書圓書 3271上
爲邵翼作上張兵部書 3272下
重答李清河書 3273下
贈韋司業書 3273下
與從弟評事書 3279上
爲南陽尉六舅上鄧州趙王牋 3279下
清明日南皮泛舟序 3280下
陪李採訪泛舟蓬池宴李文部序 3280下
送族弟旭帖經下第東歸序 3281下
蓬池禊飲序 3282上

王維

白鸚鵡賦 3283上
代陳司徒謝敕賜麟德殿宴百僚詩序表 3283下
賀古樂器表 3283下
賀元元皇帝見真容表 3284下
賀神兵助取石堡城表 3285上
門下起赦書表 3285下
謝除太子中允表 3286上
謝集賢學士表 3286下
謝御書集賢院額表 3287上
爲薛使君謝婺州刺史表 3287上
爲崔常侍謝賜物表 3287下
爲畫人謝賜表 3288上
爲曹將軍謝寫真表 3288下
爲幹和尚進註仁王經表 3288下
爲舜闍黎謝御題大通大照和尚塔額表 3289上
爲僧等請上佛殿梁表 3289下
責躬薦弟表 3289下
請施莊爲寺表 3290下
奉敕詳帝皇龜鏡圖狀 3290下
請迴前任司職田粟施貧人粥狀 3291下
謝弟縉新授左散騎常侍狀 3291下
對官門誤不下鍵判 3292上
與工部李侍郎書 3292上
山中與裴迪秀才書 3292下
與魏居士書 3293上
招素上人彈琴簡 3294上
兵部起請露布文 3294上
暮春太師左右丞相諸公於韋氏逍遥谷讌集序 3294下
洛陽鄭少府與兩省遺補讌韋司户南亭序 3295上
送高判官從軍赴河西序 3295下
送李補闕充河西支度營田判官序 3296上
送懷州杜參軍赴京選集序 3296下
送鄆州須昌馮少府赴任序 3296下
送鄭五赴任新都序 3297上
送從弟惟祥宰海陵序 3297下
薦福寺光師房花藥詩序 3297下
冬筍記 3298上
讚佛文 3298下
西方淨土變畫讚并序 3299上
繡如意輪像讚并序 3299下
給事中竇紹爲亡弟故駙馬都尉於孝義寺浮圖畫西方阿彌陀變讚并序 3300上
爲相國王公紫芝木瓜讚并序 3300下
皇甫岳寫真讚 3301上
裴右丞寫真讚 3301下
奉和聖製聖劄賜宰臣連珠詞五首應制 3301下
故右豹韜衛長史賜丹州刺史任君神道碑 3302下
大唐故臨汝郡太守贈祕書監京兆韋公神道碑銘 3303下
裴僕射齊州遺愛碑 3305上
京兆尹張公德政碑 3307下
魏郡太守河北採訪處置使上黨苗公德政碑 3309下
大薦福寺大德道光禪師塔銘 3312下
六祖能禪師碑銘 3313上
大唐大安國寺故大德淨覺師塔銘 3314下
大唐吴興郡別駕前荆州大都督府長史山南東道採訪使京兆尹韓公墓誌銘 3315下
故任城縣尉裴府君墓誌銘 3317上
工部楊尚書夫人贈太原郡夫人京兆王氏墓誌銘 3317下
唐故潞州刺史王府君夫人榮國夫人墓誌銘 3318上
汧陽郡太守王公夫人安喜縣君成氏

墓誌銘 3318下
爲崔常侍祭牙門姜將軍文 3319下
爲羽林軍祭武大將軍文 3320上
爲人祭李舍人文 3320下
爲兵部祭庫部王郎中文 3320下
爲人祭某官文 3320下
爲人祭兵部房郎中文 3321上
爲楊郎中祭李員外文 3321上
爲王常侍祭沙陀鄯國夫人文 3321下
崔翹
上元宗尊號表 3322下
請封西嶽紀榮號表 3323上
請封西嶽表 3323下
對家僮視天判 3324上
對伏日出何典獻判 3324下
對縣令不修橋判 3324下
對祭器判 3325上
張嵩
雲中古城賦 3325上
胡晧
巂州都督贈幽州都督吏部尚書謚文獻姚府君碑銘并序 3326上
鄭繇
水鏡賦 3327下
王邱
授崔翹中書舍人制 3328上
授裴敦復中書舍人制 3328下
田休光
法藏禪師塔銘并序 3328下
田義晊
對飴鹽造禰判 3330下
先聖廟堂碑并序 3330下
鄭子春
北嶽廟碑 3333下
對投牋獲弟判 3335上
李龜年
對同爨不緦義居芝草判 3335上
李彭年
論刑法不便表 3336上
第二表 3337上
申屠液
虢國公楊花臺銘 3338上
戴璇
大唐聖祖元元皇帝靈應碑 3338下
劉同昇
大唐聖祖元元皇帝靈應碑頌 3339下
對大夫祭判 3340上
對不供夷盤判 3340上
韓賞
告華嶽文 3341上
盧渙
大唐河南府陽翟縣善才寺文蕩律師塔碑銘并序 3341上
史承節
鄭康成祠碑 3342下
封常清
遺表 3345下
獨孤峻
對舉似己者判 3346上
沈東美
對薦賢能判 3346下
大斗酌酒判 3346下
孟匡朝
金樽含霜賦 3347上
李暠
祭北嶽報雨狀 3347下
韋恒
對習星歷判 3347下
李憕
重與蕭十書 3348上
陸據
對蜡饗不祀判 3348下
崔顥
薦樊衡書 3348下
薦齊秀才書 3349上
趙煜
東都留臺石柱記 3349下
王昌齡
公孫宏開東閣賦 3350上
弔軹道賦并序 3350下
灞橋賦 3351上
對大斗酌酒判 3351下
對薦賢能判 3352上
上李侍郎書 3352上
陽伯成
駮太常燕國公張説謚議 3353下
大智禪師碑陰記 3353下
李元成
應賢良方正科對策并問 3354上
崔器
將軍王去榮殺人議 3356上
楊綰
條奏貢舉疏 3356下
上貢舉條目疏 3357下
裴遵慶碑 3358上
汾陽王妻霍國夫人王氏神道碑 3359上
郭子儀
請宣示儉德表 3361上
請改元立號表 3362上
上尊號表 3362下
上章敬皇后謚表 3363上
讓加太尉表 3363下
讓太尉第二表 3364上
讓加上書令表 3364下

讓尚書令第二表 3365上
進賜前後詔敕自陳表 3365下
請車駕還京奏 3365下
上黑禾奏 3366下
論吐蕃書 3367上
房琯
上張燕公書 3367下
龍興寺碑序 3368下
苑咸
爲李林甫讓中書令表 3370上
謝兄除補闕表 3370下
爲李卿謝三品狀 3371上
爲李林甫謝兄林宗爲太僕卿狀 3371上
爲李林甫謝賜兄衣服狀 3371下
爲李林甫讓男五品官狀 3371下
爲李林甫謝臘日賜藥等狀 3372上
謝賜藥金盞等狀 3372上
謝賜藥金狀 3372下
爲李林甫謝賜鹿肉狀 3372下
爲李林甫謝賜魚狀 3373上
爲李林甫謝賜蟹狀 3373上
爲李林甫謝賜車螯蛤蜊等狀 3373上
爲李林甫謝賜食物狀 3373下
邵軫
雲韶樂賦 3373下
綦毋潛
龍興寺銘 3374下
王諲
明堂賦 3374下
花萼樓賦 3375上
柱礎賦 3376上
南至雲物賦 3376下
對張侯下綱判 3377上
對向街開門判 3377上
陶翰
冰壺賦 3378上
狐白裘賦 3378下
對假蔭判 3378下
對流外判 3379上
餞崔朔司功入計序 3379上
送王侍御赴劍南序 3379下
送封判官攝監察御史之磧西序 3379下
送史判官之河南序 3380上
送李參軍水運序 3380上
送李參軍序 3380下
送蕭少府之幽州序 3380下
送崔司户過隴迎大夫序 3381上
送崔二十一之上都序 3381上
送孟大入蜀序 3381上
送惠上人還江東序 3381下
送王大拔萃不第歸睢陽序 3381下
送盧涓落第東還序 3382上
送謝氏昆季下第歸南陽序 3382上
送田八落第東歸序 3382上
仲春羣公遊田司直城東別業序 3382下
蘇綰
對家僮視天判 3382下
對賜則出就判 3383上
劉知古
進日月元樞論表 3383下
日月元樞論 3384上
常建
對祭闕頌誥判 3388上
對復以冕服判 3388上
萬齊融
對樂請置判懸判 3389上
阿育王寺常住田碑 3389上
法華寺戒壇院碑 3392上
祖詠
對祭闕頌詔判 3393上
對復以冕服判 3393上
薛邕
丹甑賦 3394下
對讖書判 3394下
盧履冰
請復父在爲母服朞表 3395上
再請父在爲母服朞疏 3395上
三請父在爲母服朞疏 3395下
孫平子
請祔孝和皇帝封事 3397下
王仲邱
請祀五方帝議 3399上
顏眞卿
象魏賦 3400下
皇帝即位賀上皇表 3401上
讓憲部尚書表 3401下
謝兼御史大夫表 3402下
謝吏部侍郎表 3402下
同州刺史謝上表 3403上
蒲州刺史謝上表 3403下
乞御書天下放生池碑額表 3404上
謝浙西節度使表 3404上
謝户部侍郎表 3404下
謝荆南節度使表 3405上
謝贈官表 3405上
請除禫服奏 3405下
請除素練聽政奏 3405下
論百官論事疏 3406上
請復七聖謚號狀 3407上
論元皇帝祧遷狀 3408上
廟享議 3409上

朝會有故去樂議 3409下
駮吏部尚書韋陟謚忠孝議 3409下
對三命判 3410下
按楊志堅妻求別適判 3410下
與郭僕射書 3410下
與李太保帖八首 3412上
與御史帖 3413上
與盧倉曹帖 3413下
與蔡明遠帖二首 3413下
奉使蔡州書 3413下
移蔡帖 3413下
劉中使帖 3414上
與夫人帖 3414上
與緒汝帖 3414上
與澄師帖 3414下
廣平帖 3414下
文殊帖 3414下
寒食帖 3414下
中夏帖 3414下
修書帖 3414下
訊後帖 3415上
世系譜序 3415上
尚書刑部侍郎贈尚書右僕射孫逖文公集序 3415上
懷素上人草書歌序 3416下
送福建觀察使高寬仁序 3416下
送劉太沖序 3417上
送辛子序 3417下
張長史十二意筆法記 3417下
汎愛寺重修記 3419上
鮮于氏離堆記 3419上
撫州寶應寺翻經臺記 3421上
撫州寶應寺律藏院戒壇記 3422上
撫州南城縣麻姑山仙壇記 3423上
有唐宋州官吏八關齋會報德記 3424下
吴興沈氏述祖德記 3425下
通議大夫守太子賓客東都副留守雲騎尉贈尚書左僕射博陵崔孝公宅陋室銘記 3426上
梁吴興太守柳惲西亭記 3429上
華蓋山王郭二真君壇碑記 3429下
東方先生畫贊碑陰記 3430下
乞御書題額恩敕批答碑陰記 3431上
唐故太尉廣平文貞公宋公神道碑側記 3431下
項王碑陰述 3432下
題湖州碑陰 3432下
橫山廟碑 3433上
永字八法頌 3433上
左納言史務滋像贊 3433下
李侍御寫真贊 并序 3433下
蒲塘辨 3433下
華嶽廟題名 3433下
東林寺題名 3434上
西林寺題名 3434上
靖居寺題名 3434上
天下放生池碑銘 3434下
湖州烏程縣杼山妙喜寺碑銘 3435下
周太師蜀國公尉遲公廟碑銘 3437上
有唐故中大夫使持節壽州諸軍事壽州刺史上柱國贈太保郭公廟碑銘 并序 3437上
東莞臧氏糺宗碑銘 3439上
晉侍中右光祿大夫本州大中正西平靖侯顏公大宗碑 3440上
撫州臨川縣井山華姑仙壇碑銘 3444上
有唐茅山元靖先生廣陵李君碑銘 并序 3445上
浪跡先生元真子張志和碑銘 3447上
唐故通議大夫行薛王友柱國贈祕書少監國子祭酒太子少保顏君碑銘 3448下
晉紫虚元君領上真司命南嶽夫人魏夫人仙壇碑銘 3451下
祕書省著作郎夔州都督長史上護軍顏公神道碑 3455上
朝議大夫守華州刺史上柱國贈祕書監顏君神道碑銘 3457上
正議大夫行國子司業上柱國金鄉縣開國男顏府君神道碑銘 3459下
左衛率府兵曹參軍賜紫金魚袋顏君神道碑銘 3461上
朝請大夫行江陵少尹兼侍御史荆南行軍司馬上柱國顏君神道碑銘 3462上
攝常山郡太守衛尉卿兼御史中丞贈太子太保謚忠節

京兆顏公神道碑銘 3463上
河南府參軍贈祕書丞郭君神道碑銘 3465上
唐故右武衛將軍贈工部尚書上柱國上蔡縣開國侯臧公神道碑銘 3467上
唐故開府儀同三司太尉兼侍中河南副元帥都督河南淮南淮西荆南山南東道五節度行營事東都留守上柱國贈太保臨淮武穆王李公神道碑銘 3469上
金紫光祿大夫守太子太傅兼宗正卿贈司空上柱國隴西郡開國公李公神道碑銘 3472下
特進行左金吾衛大將軍上柱國清河郡開國公贈開府儀同三司兼夏州都督康公神道碑銘 3474上
有唐開府儀同三司行尚書右丞相上柱國贈太尉廣平文貞公宋公神道碑銘 3477上
朝議大夫贈梁州都督上柱國徐府君神道碑銘 3480下
中散大夫京兆尹漢陽郡太守贈太子少保鮮于公神道碑銘 3483上
遊擊將軍左領軍衛大將軍兼商州刺史武關防禦使上柱國歐陽使君神道碑銘 3485上
銀青光祿大夫海濮饒房睦台六州刺史上柱國汲郡開國公康使君神道碑銘 3487上
京兆尹御史中丞梓遂杭三州刺史劍南東川節度使杜公神道碑銘 3488下
和政公主神道碑 3490上
杭州錢塘縣丞殷府君夫人顏君神道碣銘 3493下
唐故容州都督兼御史中丞本管經略使元君表墓碑銘并序 3494下
京兆尹兼中丞杭州刺史劍南東川節度使杜公墓誌銘 3496上
曹州司法參軍祕書省麗正殿二學士殷君墓碣銘 3496下
祭姪季明文 3498上
祭伯父豪州刺史文 3498下
張巡
謝金吾將軍表 3499下
對西陸朝覲判 3499下
對字詁判 3500上
許遠
祭纛文 3500下
祭城隍文 3500下
李光弼
辭疾讓官表 3500下
達奚恂
太常觀樂器賦 3501上
華山賦并序 3501下
劍賦 3502下
豐城寶劍賦 3503上
秦客相劍賦 3503上
華山述聖頌序 3503下
對以管聽鳳判 3504下
宴濟瀆序 3504下
遊濟瀆序 3505上
陳希烈
道士蕭從一見元元皇帝奏 3505下
請以南華真經宣付史官奏 3506上
修造紫陽觀敕牒 3506下
李林甫
嵩陽觀紀聖德感應頌 3507上
進御刊定禮記月令表 3508上
賀克吐蕃安戎城請宣示百寮表 3508下
請宣示御製仁孝詩奏 3509上
楊國忠
破吐蕃獻俘表 3509下
王鉷
讓起復表 3510上
第二表 3510下
請捨宅爲觀表 3510下
賀蘭進明
論房琯不堪爲宰相對 3511下
西楚伯王廟頌并序 3511下
咸廙
華嶽精享昭應碑 3512下
劉長卿
冰賦 3513下
湘妃詩序 3514上
首夏于越亭奉餞韋

卿使君公赴婺州序 3514下
仲秋奉餞蕭郎中使君赴潤州序 3514下
張僧繇畫僧記 3515上
唐睦州司倉參軍盧公夫人鄭氏墓誌銘 3515下
祭蕭相公文 3516上
祭崔相公文 3516下
祭閻使君文 3517上
又祭閻使君文 3517下
祭董兵馬使文 3517下
祭故吏行官文 3518上

李白

明堂賦 并序 3518下
大獵賦 并序 3521上
大鵬賦 并序 3523上
擬恨賦 3524下
惜餘春賦 3525上
愁陽春賦 3525上
劍閣賦 3525下
悲清秋賦 3525下
趙公西候新亭頌 并序 3526下
崇明寺佛頂尊勝陁羅尼幢頌 并序 3527上
爲宋中丞請都金陵表 3528下
爲宋中丞自薦表 3529下
爲吴王謝責赴行在遲滯表 3530上
上安州李長史書 3530下
與賈少公書 3531下
與韓荆州書 3531下
上安州裴長史書 3532上
爲趙宣城與楊右相書 3534上
代壽山答孟少府移文書 3534上
春夜宴從弟桃花園序 3536上
早春於江夏送蔡十還家雲夢序 3536上
春於姑熟送趙四流炎方序 3536下
暮春於江夏送張祖監丞之東都序 3536下
早夏於將軍叔宅與諸昆季送傅八之江南序 3537上
夏日陪司馬武公與羣賢宴姑熟亭序 3537下
夏日諸從弟登汝州龍興閣序 3537下
秋日於太原南柵餞陽曲王贊公賈少公石艾尹少公應舉赴上都序 3538上
秋夜於安府送孟贊府兄還都序 3538下
秋於敬亭送從姪耑遊廬山序 3538下
送戴十五歸衡嶽序 3539上
冬日於龍門送從弟京兆參軍令問之淮南觀省序 3539下
冬夜於隨州紫陽先生餐霞樓送烟子元演隱仙城山序 3539下
北斗延生經註解序 3540上
澤畔吟序 3540下
餞副大使李藏用移軍廣陵序 3540下
奉餞十七翁二十四翁尋桃花源序 3541上
江夏送林公上人遊衡嶽序 3541下
金陵與諸賢送權十一昭夷序 3542上
江夏送倩公歸漢東序 3542上
送黄鐘之鄱陽謁張使君序 3542下
兗州任城縣令廳壁記 3543上
朱虚侯讚 3543下
琴讚 3543下
李居士讚 3543下
安吉崔少府翰畫讚 3544上
當塗李宰君畫讚 3544上
宣城吴録事畫讚 3544上
江寧楊利物畫讚 3544上
誌公畫讚 3544下
金銀泥畫西方淨土變相讚 并序 3544下
覩佽飛斬蛟龍圖讚 3545上
羽林范將軍圖讚 3545上
壁畫蒼鷹讚 3545上
方城張少公廳壁畫師猛讚 3545下
金鄉薛少府廳畫鶴讚 3545下
金陵名僧頵公粉圖慈親讚 3545下
地藏菩薩讚 并序 3545下
魯郡葉和尚讚 3546上
化城寺大鐘銘 并序 3546上
天門山銘 3547上
天長節度使鄂州刺史韋公德政碑 并序 3547上
武昌宰韓君去思頌碑 3548下
虞城縣令李公去思頌碑 并序 3549下
唐漢東紫陽先生碑銘 3550下
溧陽瀨水貞義女碑銘 3551下
爲宋中丞祭九江文 3552下

爲竇氏小師祭璿和尚文 3552下
康子元
南郊先燔後祭議 3553下
對習卜算判 3554上
對參軍鶻子判 3554下
對歸胙判 3555上
對小吏歡言判 3555上
對文章判 3555上
員俶
對家僮視天判 3555下
鄭績
對無鬼論判 3556上
袁映
神岳舉賢良方正策 3556下
張日新
大邑縣鶴鳴山神碑 3558下
賈彥璿
大唐故忠武將軍行薛王府典軍上柱國平棘縣開國男李府君墓誌銘 3558下
熊曜
琅琊臺觀日賦并序 3559下
徐太亨
丈人祠廟碑 3560上
郭納
對拜命布武判 3561下
右武衛將軍柳公神道碑 3562上
胡交
修洛陽宮記 3564上
張景明
對無鬼論判 3564下
張季明
對輿屍謁廟判 3565上
張環
以玉抵鵲賦 3565下
新潭賦 3566上
秋河賦 3566下
對萊田不應稅判 3566下
薛寓
對萊田不應稅判 3567上
張寂
對萊田不應稅判 3567下
魏禔
對來田不應稅判 3568上
樊衡
爲宇文户部薦隱淪表 3568下
爲幽州長史薛楚玉破契丹露布 3568下
河西破蕃賊露布 3571下
唐道周
青州雲門山功德銘 3574上
楊愼矜
對吏脱幘判 3574上
對馬驚師徒判 3574下
對徙鄉判 3574下
房翰
大唐揚州大都督府六合縣冶山祇洹寺碑 3575上
王守泰
記山頂石浮圖後 3576下
齊澣
請禁鞭撻僧道奏 3577上
請開伊婁河奏 3577上
苗晉卿
上肅宗辭攝冢宰表 3577下
上代宗辭攝冢宰表 3578上
皇帝奉迎上皇請編史册表 3578上
對文詞雅麗策 3578下
對不帥樊寄軍獻二毛判 3580上
壽州刺史郭公神道碑 3580下
啖助
春秋統例序 3581下
春秋統例自序 3582上
王岳靈
對升高判 3582下
責黿文 3582下
宋昱
日暮碧雲合賦 3583下
對獻賢能書判 3583下
源涓
上雲氣圖奏 3584上
齊光義
安陵縣石記 3584上
後漢亙亭鄉侯蔣澄碑 3585下
袁懷光
通元觀銅鐘銘 3586下
錢嘉會
睿宗配九月雩壇享禮議 3587上
王從敬
授李彭年等中書舍人制 3587上
授陳山慶監察御史制 3587下
敬括
八卦賦 3587下
神蓍賦 3588上
季秋朝宴觀内人馬伎賦 3588下
花萼樓賦 3589上
嘉量賦 3589下
觀樂器賦 3590上
玉斗賦 3591上
羨魚賦有序 3591下
蜘蛛賦 3591下
枯楊生稊賦 3592上
豫章賦 3592下
建木賦 3593上
木蓮賦 3593下
蒲盧賦 3594上
對負劍辟咡判 3594下

對知名配社判 3594下
對易田請加倍數判 3594下
蕭昕
緫章右个賦 3595下
上林白鹿賦 3596上
仲冬時令賦 3596下
鄉飲賦 3597上
對元日奏事上殿不脱劍履判 3597下
對燕弓矢舞判 3597下
夏日送桂州刺史邢中丞赴任序 3598上
唐銀青光禄大夫嶺南五府節度經略採訪處置等使攝御史中丞賜紫金魚袋殿中監南康縣開國伯贈揚州大都督長史張公神道碑 3598上
元獻皇太后哀册文 3600上
昭靖太子哀册文 3601上
王翰
對兩貫判 3601下
崔曙
瓢賦 3602上
趙匡
舉選議 3602上
舉人條例 3603下
選人條例 3605下
舉選後論 3606下
春秋闡微纂類義統自述 3607下
常從心
對持論攻擊判 3608上
梁洽
晴望長春宫賦 3608下
梓材賦 3609上
海重潤賦 3609上
金翦刀賦 3609下
水德賦 3610上
水彰五色賦 3610下
笛聲似龍吟賦 3611上
吹竹學鳳鳴賦 3611下
進賢冠賦 3612上
喬琳
太原進鐵鏡賦 3612下
炙輠賦 3612下
鵩鴒賦有序 3613上
大儺賦 3613下
慈竹賦 3614上
孤竹賦 3614下
巴州化成縣新移文宣王廟頌并序 3615上
王邕
勤政樓花竿賦 3616上
内人蹋毬賦 3616下
後浯溪銘 3617上
梁德裕
寶鼎賦 3617上
投人夜光賦 3617下
重建易縣候臺記 3618上
常非月
對典同度管判 3619下
芮挺章
國秀集序 3619下
莊若訥
對徵什一税判 3620上
梁昇卿
古義士伯夷叔齊二公碑并序 3621上
高適
蒼鷹賦 3622上
奉和李泰和鶻賦有序 3622下
東征賦 3623上
謝封邱縣尉表 3624上
謝上彭州刺史表 3624下
謝上劍南節度使表 3625上
謝上淮南節度使表 3625下
賀安禄山死表 3625下
賀收城表 3626上
賀斬逆賊徐知道表 3626上
請入奏表 3626下
爲東平薛太守進王氏瑞詩表 3626下
陳潼關敗亡形勢疏 3627上
請罷東川節度使疏 3627下
後漢賊臣董卓廟議 3628上
送竇侍御知河西和糴還京序 3629上
皇甫冉集序 3629上
陳留郡上源新驛記 3629下
樊少府廳師子贊 3630下
繡阿育王像讚并序 3630下
還京次睢陽祭張巡許遠文 3631上
皇甫惟明
上龍馬奏 3631下
杜頠
灞橋賦 3632上
白環賦 3632下
夢賦 3632下
兵部尚書壁記 3633上
岑參
感舊賦并序 3634上
李康成
對假蔭判 3635下
趙蕤
關子明易傳敘 3635下
長短經敘 3635下
柳賁
唐故左金吾將軍范陽張公墓誌銘并序 3636下
吴保安
與郭仲翔書 3637下
郭仲翔
與吴保安書 3638上
杜甫

朝獻太清宮賦 3639上
朝享太廟賦 3640下
有事於南郊賦 3641下
封西嶽賦并序 3643下
越人獻馴象賦 3645上
雕賦 3645下
天狗賦并序 3646下
乾元元年華州試進士策問五首 3647下
進三大禮賦表 3649上
進封西嶽賦表 3649下
進雕賦表 3650上
爲夔府柏都督謝上表 3650下
爲閬州王使君進論巴蜀安危表 3650下
奉謝口敕放三司推問狀 3652下
爲遺補薦岑參狀 3653上
爲華州郭使君進滅殘寇形勢圖狀 3653上
唐興縣客館記 3653下
前殿中侍御史柳公紫微仙閣畫太一天尊圖文 3654下
畫馬讚 3655上
東西兩川説 3655下
雜述 3656下
説旱 3656下
秋述 3657上
唐故德儀贈淑妃皇甫氏神道碑 3657下
唐故萬年縣君京兆杜氏墓碑 3659下
唐故范陽太君盧氏墓誌 3661上
祭遠祖當陽君文 3661下
祭外祖祖母文 3662上
祭故相國清河房公文 3662下

王大悦
雲居寺門右石浮圖銘并序 3663下

李蒙
耤田賦 3664上
娥女泉賦并序 3664下
上林白鹿賦 3664下
南有嘉魚賦 3665上

盧重元
沖虚至德真經序 3665下

李筌
黄帝陰符經疏序 3667上

郯昂
老人星賦 3668上
驪山傷古賦 3668下
蚌鷸相持賦 3669上
梓材賦 3669下
岐邠涇寧四州八馬坊頌碑 3670上

崔頌
對大匠將改廳判 3673上
對夢得籬粟判 3673上

邱悦
石佛銘 3673下

封利建
大唐睢陽郡柘城縣令李公德政碑并序 3673下

王端
唐鐵像頌 3675下

羊愉
嵩山會善寺故景賢大師身塔石記 3676上

姜立佑
對夷樂韗鞻爲任判 3677上
對樂官樂司請考判 3677下

徐季鴒
屯留令薛僅善政碑 3677下

盧貽
對舉賢任選判 3678下

李希言
對壝樹有甘露判 3679上
對學琴不進判 3679下

韋良嗣
對賜則出就判 3679下
恭皇后哀册文 3680上

孫會
蘇仙碑銘 3680下

陳九言
唐尚書省郎官石記序 3682上

林諤
對萊田不應税判 3682下
太原府交城縣石壁寺鐵彌勒像頌并序 3683上

蘇傥
對越人駕象入庭判 3684下
對投諸奘寄判 3684下

王忠嗣
平定諸蕃奏 3685上

張不矜
范陽郡憫忠寺御史大夫史思明奉爲大唐光天大聖文武孝感皇帝敬无垢淨光寶塔頌 3685下
唐憫忠寺无垢淨光塔銘 3686下

裴鉉
進延壽赤書表 3688上

王璲
大唐會稽郡餘姚縣化闕一字寺主真法師行業讚并序 3688下

韋續
五十六種書序 3689下

趙偎
書斷繫論 3689下

韋迴

對賜則出就判 3690上
王瑱
請禁百官祭日無故請假奏 3690下
樊鑄
明光殿粉壁賦 3691上
檄曲江水伯文 3691下
張庭芳
故中書令鄭國公李嶠雜詠百二十首序 3693上
趙晉用
賽雨紀石文 3693上
杜鴻漸
乞解職表 3694上
請定配享奏 3694下
百家巖寺碑 3695上
崔寓
對元日奏事上殿不脫劍履判 3696上
對燕弓矢舞判 3696上
李澥
罔兩賦 3696下
麻察
彈鄭遠就魏元忠求離書狀 3697上
張鼎
禦雹賦 3697下
霹靂賦 3697下
古銅雀臺賦 3698下
小撲滿賦 3699上
欹器賦 3699下
對禫服鼓琴判 3700上
對封君祭判 3700上
對爲律娶妻判 3700下
對吏脫幘判 3700下
對大夫祭判 3701上
趙光乘
古井銘 3701上
李湜
唐江州沖陽觀碑 3701下
李荃
大唐博陵郡北嶽恒山封安天王銘并序 3704上
邵混之
元氏縣令龐君清德碑 3705上
張孚
金紫光祿大夫左金吾衛將軍贈揚州大都督臧府君神道碑銘并序 3706下
游方
任城縣橋亭記 3708上
沈興宗
對賜則出就判 3708下
大唐開元寺故禪師貞和尚塔銘并序 3709上
張思鼎
對城邑判 3709下
敬黨
射隼高墉賦 3710上
盧諭
彈棊賦 3710下
楊諫
公孫宏開東閣賦 3711上
大蜡賦 3711下
珪璋特達賦 3712上
月映清淮流賦 3712下
南有嘉魚賦 3713上
新渾儀賦 3713上
張之宏
兗公頌 3713
萬楚
對糞田判 3714下
崔恁
對履畝判 3715上
孫愐
唐韻序 3715下
于休烈
請停命婦入朝奏 3716下
張良不合配饗太公奏 3716下
請搜訪國史奏 3716下
請不賜吐蕃書籍疏 3717上
蔡希綜
法書論 3717上
法書論 3718下
賈至
元宗幸普安郡制 3719上
詔天下搜賢俊制 3720上
誡示諸道制 3720下
授裴遵慶給事中制 3721上
授崔寓給事中制 3721上
授張孚給事中制 3721上
授高適諫議大夫制 3721下
授張鎬諫議大夫制 3721下
授暢璀諫議大夫制 3721下
授王延昌諫議大夫兼侍御史制 3722上
授杜鴻漸崔倚一作猗中書舍人制 3722上
授裴綜起居郎制 3722上
授韋啓左拾遺制 3722下
授張伯禽等通事舍人制 3722下
授徐浩尚書左丞制 3722下
授李巨憲部尚書制 3722下
授房琯刑部尚書制 3723上
授韋陟文部尚書制 3723上
授韋綬禮部尚書薛放刑部侍郎丁公著工部侍郎等制 3723上
授盧正己工部尚書河南尹東都留守制 3723下
授李峘武部侍郎制 3724上
授楊綰禮部侍郎制 3724上
授韋環司封郎中制 3724下

授裴譖考功郎中制　3724下
授程休文禮部郎中制　3724下
授王璵祠部郎中兼侍御史制　3724下
授張禹兵部郎中邱據兵部員外郎制　3725上
授邢宇司封員外郎制　3725上
授李莘禮部員外郎制　3725上
授韋少遊祠部員外郎等制　3725上
授裴薦攝主客員外郎制　3725下
授敬羽武部員外郎兼殿中侍御史制　3725下
授學士李讓夷職方員外郎充職制　3725下
授李何忌職方員外郎制　3726上
授趙良弼司庫員外郎制　3726上
授柏庭昌憲部員外郎制　3726上
授李岑工部員外郎制　3726上
授宋晦屯田員外郎制　3726下
授韓滉吏部郎中制　3726下
授崔器御史中丞制　3727上
授敬昭道殿中侍御史等制　3727上
授第五琦殿中侍御史等制　3727上
授高岑殿中侍御史制　3727上
授盧虛舟殿中侍御史等制　3727下
授董晉殿中侍御史制　3727下
授李煜宗正卿制　3727下
授吳仲孺試光祿卿制　3727下
授馬承進試衛尉卿制　3728上
授向昌鑾試衛尉卿等制　3728上
授敬令琬太僕卿制　3728上
授許誠言檢校太僕卿制　3728上
授李成式大理卿薛景仙少府監制　3728下
授李光進鴻臚卿制　3728下
授李椿光祿少卿制　3728下
授張光奇光祿少卿制　3728下
授向蕚光祿少卿制　3729上
授崔器大理少卿制　3729上
授裴藏之司農少卿制　3729上
授蕭晉太府少卿等制　3729上
授蕭昕祕書監等制　3729下
授高忠良殿中少監制　3729下
授王震將作少匠制　3729下
授嗣道王鍊雲安等五郡節度使制　3729下
授嗣虢王巨西京留守制　3730上
授韓洪山南東道防禦使等制　3730上
授竇紹山南東道防禦使等制　3730上
授李廣琛江南防禦使制　3730下
授魯炅襄陽郡防禦使制　3730下
授元載豫章防禦使制　3730下
授房琯文部尚書同平章事制　3731上
授郭子儀兵馬副元帥制　3731上
遣鄭叔清往江淮宣慰勅　3731上
遣巡撫使勅　3731上
收葬陣亡將士及慰問其家口勅　3732上
册漢中王瑀等文　3732上
肅宗皇帝及位册文　3732下
册回紇爲英武威遠可汗文　3733上
汝州刺史謝上表　3733上
論王去榮打殺本部縣令表　3733下
爲韋相讓豳國公表　3734上
議楊綰條奏貢舉疏　3735上
工部侍郎李公集序　3736上
送蔣十九丈奏事畢正拜殿中歸淮南幕府序　3737上
送于兵曹往江夏序　3737上
送李兵曹往江外序　3737下
洒州秋興亭記　3738上
虎牢關銘并序　3738下
旌儒廟碑　3739上
微子廟碑頌　3740上
虙子賤碑頌　3741上
陝州鐵牛碑頌　3741下
唐故正議大夫右散騎常侍贈禮部尚書李公墓誌銘　3742下

元載

城原州議　3743上
建中都議　3743上
故定襄王郭英乂神道碑　3743下
冀國公贈太尉裴冕

碑　3745上
故相國杜鴻漸神道碑　3746上
朔方河東河西隴右節度使御史大夫贈兵部尚書太子太師清源公王府君神道碑銘并序　3749上
王昂
對沈謀祕略科策第一道　3753下
第二道　3754下
第三道　3755上
王縉
讓侍中及進封郡公第一表　3756上
第二表　3756下
第三表　3756下
進王維集表　3756下
東京大敬愛寺大證禪師碑　3757上
奉天皇帝哀册文　3758下
元宗大明皇帝哀册文　3759上
蕭華
謝試祕書少監陳情表　3760下
李栖筠
定常參官不到罰錢奏　3761上
濟州穀城黄石公祠記　3761上
劉晏
奏禁隔斷練湖狀　3762上
遺元載書　3762下
包佶
罔兩賦　3763下
公卿朝拜諸陵奏　3764上
張宣明
移益州牒　3764上
于益
左武衛將軍白公神道碑　3765上
于肅
内給事諫議大夫韋公神道碑　3765下
蘇師道
司空山記　3767上
李軫
泗州刺史李君神道碑　3769上
吕諲
蕢莢賦　3770下
霍山神傳　3771上
李揆
謝賜光宅坊宅表　3772上
請罷選羽林騎士備巡檢疏　3772上
恭懿太子哀册文　3772下
裴諝
諫不宜置司決庶獄疏　3773下
彭構雲
謝遣中使送鄉表　3773下
李麗
雲麾將軍左龍武將軍彭城劉公墓誌銘并序　3774上
魏璀
擣練賦　3775上
謝良輔
秋霧賦　3775下
洪鐘賦　3775下
豹舄賦　3776上
李暐
拒賊盟詞　3776下
柳芳
對三命判　3777上
食貨論　3777上
姓系論　3778上
柳并
意林序　3780上
代汾陽王祭貞懿皇后文　3780下
嚴郢
奏五城舊屯兵募倉儲等數疏　3781上
第二疏　3781下
駮太常擬故相國江陵尹謚議　3781下
駮論自徒已下罪人並徙邊州議　3782下
大唐興善寺大廣智不空三藏和尚碑銘并序　3782下
劉秩
貨泉議　3784上
選舉論　3785上
考課論　3786下
李峴
請宥陷賊官寮奏　3787上
陳兼
陳留郡文宣王廟堂碑并序　3788上
陳章甫
與吏部孫員外書　3789上
亳州糾曹廳壁記　3789下
梅先生碑　3790上
庾光先
對兩貫判　3790下
毋煛
對申公杜門判　3790下
對小吏歡言判　3791上
對歸胙判　3791上
撰集四部經籍序略　3791下
代茶餘序略　3792下
李玭
太平宫九天使者廟碑　3792下
蘇源明

自舉表 3794下
諫幸東京疏 3795上
元包首傳 3796上
元包五行傳 3796下
元包説源 3797上
魏顥
李翰林集序 3797下
杜楚賓
雷鄉縣白石鹿記 3799上
趙良器
鼎賦 3799下
印賦 3800上
履賦 3800下
冠賦 3801上
邵瓊之
對祭七祀判 3801下
對百神判 3802上
對酺禜祭不供物判 3802上
張倚
對長才廣度沈迷下僚策 3802下
程諫
蒉莢賦 3804上
對升高判 3804下
李子簡
天晴景星見賦 3805下
張謂
進寶應長寧樂表 3806上
爲封大夫謝勅賜衣及綾綵表 3806上
進婆羅樹枝狀 3806下
進白鷹狀 3806下
宋武受命壇記 3807上
有夏大夫關公碑陰文 3807下
虞帝廟碑銘并序 3808上
長沙土風碑銘并序 3809上
韋應物
冰賦 3810上
盧庾
梓潼神鼎賦 3810下
閻寬
温湯御毬賦 3811上
孔璋
理李邕疏 3812上
韋建
對名田判 3813上
黔州刺史薛舒神道碑 3813下
王之賁
對初税畝判 3815下
任華
明堂賦 3816下
與庾中丞書 3817上
與京尹杜中丞書 3817下
告辭京尹賈大夫書 3818上
上嚴大夫牋 3818下
送李侍御充汝州李中丞副使序 3819上
送王舍人歸壽春侍奉序 3819下
送祖評事赴黔府李中丞使幕序 3819下
送杜正字暫赴江陵拜覲叔父序 3820上
送温司馬進降誕方物序 3820上
送宗判官歸滑臺序 3820下
桂林送前使判官蘇侍御歸上都序 3820下
送姜司户赴宣州序 3821上
送李彝宰新都序 3821下
秦中奉送前涪城賀拔明府歸蜀序 3822上
薦福寺後院送辛嶼尉洛郊序 3822上
送李審秀才歸湖南序 3822下
重送李審却赴廣州序 3822下
送標和尚歸南岳便赴上都序 3823上
送虔上人歸會稽覲省便游天台山序 3823上
送魏七秀才赴廣州序 3823下
夏夜對雨餞李圩擢第還鄭州序 3823下
隨求即得大自在陁羅尼神咒經序 3824上
西方變畫讚 3824下
柳渾
請禁田季羔貨宅奏 3825下
柳識
爲潤州太守賀赦表 3825下
草堂記 3826上
新修四皓廟記 3826下
琴會記 3827下
茅山白鶴廟記 3828上
茅山紫陽觀元静先生碑 3828下
弔夷齊文 3830上
許先生潁陽祠庭獻酹文 3830下
李琚
公孫宏開東閣賦 3830下
陳正卿
望雲物賦 3831上
李齊古
進御註孝經表 3831下
楊譚
扶風郡賀慶雲見表 3832上

進孝烏頌表 3832下
兵部奏劔南節度破西山賊露布 3833上
兵部奏桂州破西原賊露布 3833下
裴子建
對澤宮置福判 3836下
對祭闕頒誥判 3836下
對復以冕服判 3837上
王士源
孟浩然集序 3837上
裴冕
賀佛見光相表 3838上
請以來歲上尊號奏 3838下
李泌
對肅宗破賊疏 3839上
議復府兵 3839下
劉貺
對學耕判 3840上
武指 3840下
劉餗
蘭亭記 3842下
劉迺
册郭子儀尚父文 3843上
與宋昱論銓事書 3843下
段秀實
禁兵寡弱疏 3844上
岑勛
西京千福寺多寶佛塔感應碑 3844下
歸崇敬
請定皇太子釋奠儀注奏 3847上
東都太廟不合置木主疏 3847上
駮巨彭祖請四季郊祀天地議 3847下
辟雍議 3847下
李抱玉
讓副元帥及山南節度使表 3849上
錢起
千秋節勤政樓下觀舞馬賦 3849下
朝元閣賦 3850上
西海雙白龍見賦 3850下
蓋地圖賦 3851上
泰階六符賦 3851下
圖畫功臣賦 3852上
象環賦 3852下
豹舄賦 3853上
豹舄賦 3853上
洞庭張樂賦 3853下
潢汙賦 有序 3854上
尺波賦 3854下
晴皋鶴唳賦 3855上
元結
説楚何荒王賦 上 3856上
説楚何惑王賦 中 3857上
説楚何惛王賦 下 3858上
大唐中興頌 并序 3859上
虎蛇頌 有序 3859上
虎頌 3859下
蛇頌 3859下
問進士 五篇 3859下
賀廣德二年大赦表 3860下
賀永泰改元大赦表 3861上
辭監察御史表 3861上
請節度使表 3861下
乞免官歸養表 3862上
讓容州表 3862上
再讓容州表 3862下
謝上表 3863下
再謝上表 3864上
爲董江夏自陳表 3864下
爲吕荆南謝病表 3865上
舉吕著作狀 3865下
奏免科率狀 3865下
奏免科率等狀 3866上
論舜廟狀 3866下
舉處士張季秀狀 3867上
請省官狀 乾元三年上來大夫唐鄧等州縣官 3867上
請收養孤弱狀 3867下
請給將士父母糧狀 3867下
時議三篇 并表 3868上
與韋尚書書 3869下
與李相公書 3870上
與韋洪州書 3870下
與吕相公書 3871上
與何員外書 3871下
自釋書 3872上
文編序 3872上
篋中集序 3872下
送張元武序 3873上
送王及之容州序 3873下
送譚山人歸雲陽序 3874上
别韓方源序 3874上
别王左卿序 3874下
别崔曼序 3874下
道州刺史廳壁記 3875下
茅閣記 3875下
右溪記 3876上
菊圃記 3876上
殊亭記 3876下
寒亭記 3876下
廣宴亭記 3877上

九嶷山圖記 3877上
二風詩論 3877下
寱論 3878上
丐論 3878下
漫論并序 3879上
化虎論 3879上
管仲論 3879下
縣令箴 3881上
自箴 3881上
冰泉銘并序 3881下
五如石銘并序 3881下
丹崖翁宅銘并序 3882上
陽華巖銘并序 3882上
浯溪銘并序 3882下
唐廎銘并序 3882下
峿臺銘并序 3883上
東崖銘并序 3883上
寒泉銘并序 3883下
異泉銘并序 3883下
瀼溪銘并序 3883下
抔樽銘并序 3884上
退谷銘并序 3884上
抔湖銘并序 3884下
七泉銘并序 3884下
潓泉銘 3885上
汸泉銘 3885上
淔泉銘 3885上
淲泉銘 3885上
涍泉銘 3885下
漫泉銘 3885下
東泉銘 3885下
窊樽銘并序 3885下
朝陽巖銘并序 3885下
水樂説 3886下
辯惑二篇有序 3886下
喻友 3887下
出規 3887下
處規 3888上
戲規 3888下
心規 3889上
時規 3889上
惡圓 3889下
惡曲 3890上
訂司樂氏 3890上
浪翁觀化并序 3890下
有無相化 3890下
有化無 3891上
無化有 3891上
化相化 3891上
時化 3891上
世化 3891下
元謨 3892上
演謨 3892上
系謨 3892上
七不知七篇有序 3893下
訂古五篇有序 3894下
自述三篇有序 3895上
述時 3895下
述命 3896上
述居 3896上
元魯縣墓表 3896下
左黄州表 3897上
哀邱表 3897下
吕公表 3897下
惠公禪居表 3898上
夏侯岳州表 3898下
舜祠表 3898下
崔潭州表 3899上
張處士表 3899下

獨孤及

夢遠遊賦并序 3900上
漢光武渡滹沱冰合賦 3901下
慶鴻名頌并序 3902上
阮公嘯臺頌并序 3903上
勅與吐蕃贊普書 3903下
策賢良問 3904下
策宰相科問 3904下
策秀才問三道 3905上
對洞曉元經策 3905下
代文武百官賀芝草表 3907下
賀擒周智光表 3908上
賀袁傪破賊表 3908上
請降誕日置天興節表 3908下
賀櫟陽縣醴泉表 3909上
賀太陽當虧不虧表 3909上
賀潞州芝草嘉禾表 3909上
直諫表 3909下
爲李給事讓起復尚書左丞兼御史大夫第二表 3911上
第三表 3911下
第四表 3912上
第五表 3912下
第六表 3912下
第七表 3913上
爲譙郡唐太守賀赦表 3913上
爲張濠州謝上表 3914上
爲江淮都統使賀田神功平劉展表 3914上
爲杭州李使君論李藏用守杭州有功表 3914下
爲江淮都統使奏破劉展兵捷書表 3915上
爲江淮節度使奏破餘姚草賊襲厲捷書表 3916上
爲張洪州謝上表 3917上
爲獨孤中丞天長節進鏡表 3917上
爲獨孤中丞讓官爵表 3917下
爲獨孤中丞謝賜紫衣銀盤椀等表 3918上

謝濠州刺史表 3918下
謝舒州刺史兼加朝散大夫表 3918下
謝加司封郎中賜紫金魚袋表 3919上
謝常州刺史表 3919下
常州奏甘露降松樹表 3920上
賀赦表 3920上
賀赦表 3921上
代獨孤將軍讓魏州刺史表 3921下
爲崔使君讓潤州表 3921下
代于京兆請停官侍親表 3922上
謝勅書兼賜冬衣表 3922下
爲郭令公請停親征表 3923上
上陝州刺史裴稹謚狀 3923下
景皇帝配昊天上帝議 3924上
故太保贈太師韓國苗公謚議 3924下
故御史中丞盧弈謚議 3925上
故左武衛大將軍持節隴右節度經略大使兼鴻臚卿御史中丞贈凉州都督太原郡開國公郭知運謚議 3925下
駮太常停謚隴右節度使郭知運議 3926上
故江陵尹兼御史大夫呂諲謚議 3927上
駮太常擬故相國江陵尹謚議 3927下
答楊貢處士書 3929上
奉送元城主簿兄赴任序 3930下
送廣陵許户曹充召募判官赴淮南序 3930下
仲春裴曹先宅宴集聯句賦詩序 3931上
鄭縣劉少府兄宅月夜登臺宴集序 3931上
華山黄神谷醼臨汝裴明府序 3931下
建丑月十五日虎邱山夜宴序 3932上
冬夜裴員外薛侍御置酒宴集序 3932上
送宇文協律赴西江序 3932下
送賀若員外巡按畢歸朝序 3933上
送長州劉少府貶南巴使牒留洪州序 3933下
送王判官赴福州序 3934上
送薛處士業游廬山序 3934上
送韋員外充副元帥判官之東都序 3934下
送孫侍御赴鳳翔幕府序 3935上
清明日司封元員外宅登臺設宴集序 3935上
送澤州李使君兼侍御史充澤潞陳鄭節度副使赴本道序 3935下
送兵部梁郎中上奏事既畢還幕府序 3936上
送成都成少尹赴蜀序 3936下
送吏部杜郎中兵部楊郎中入蜀序 3936下
送商州鄭司馬之任序 3937上
送洪州李別駕還任序 3937上
送韋司直還福州序 3937下
送潁州李使君赴任序 3937下
送屯田李員外充宣慰判官赴河北序 3938上
送歸中丞使新羅弔祭册立序 3938上
送渭南劉少府執經赴東都覲省序 3938下
送餘杭薛郡守入朝序 3938下
崔中丞城南池送徐侍郎還京序 3939上
送蔣員外奏事畢還揚州序 3939下
晚秋陪盧侍御游石橋序 3940上
唐故左補闕安定皇甫公集序 3940下
唐故殿中侍御史贈考功郎中蕭府君文章集録序 3941上
揚州崔行軍水亭泛舟望月宴集賦詩序 3942上
送武康顔明府之鄂州序 3942上
送六合林明府清白名聞上都赴選序 3942下
送崔詹事中丞赴上都序 3942下
送李副使充賀正使赴上都序 3943上
送張徵君寅遊江南序 3943上
送李白之曹南序 3943下
送張處士申還舊居序 3943下

宋州送姚曠之江東劉冉之河北序 3944上
送張泳赴舉人關序 3944上
送史處士歸滏陽別業序 3944下
送開封李少府勉自江南還赴京序 3944下
送陳留張少府勛東京赴選序 3945上
送弟㥪之京序 3945上
送韋評事赴河南召募畢還京序 3945下
檢校尚書吏部員外郎趙郡李公中集序 3945下
送孟評事赴上都序 3948上
送柳員外赴上都序 3948上
送崔員外還鄂州序 3948下
送朱侍御赴上都序 3948下
送少微上人之天台國清寺序 3949上
送陳贊府兼應辟赴京序 3949上
送司華自陳留移華陰赴任序 3949下
吏部郎中廳壁記 3950上
慧山寺新泉記 3950下
太常少卿廳壁記 3950下
江州刺史廳壁記 3951上
撫州南城縣客館新亭記 3951下
豫章冠蓋盛集記 3952下
盧郎中潯陽竹亭記 3953上
風后八陣圖記 3953下
吴季子札論 3954下
招北客文 3955上
蘇州刺史兼御史大夫襄武李公寫真圖贊 3956下
尚書右丞徐公寫真圖贊并序 3956下
楊起居畫古松樹贊 3956下
張侍御寫真圖贊 3957上
佛頂尊勝陀羅尼幢贊并序 3957上
觀世音菩薩等身繡像贊并序 3957下
仙掌銘并序 3958上
古函谷關銘并序 3958下
洪州大雲寺銅鐘銘并序 3959下
鹿泉本願寺銅鐘銘并序 3960上
瑯琊溪述并序 3961上
金剛經報應述并序 3961下
唐故揚州慶雲寺律師一公塔銘并序 3962下
福州都督府新學碑銘并序 3964上
唐故洪州刺史張公遺愛碑并序 3965下
唐故開府儀同三司試太常卿懷州刺史贈太子少傅楊公遺愛碑頌并序 3967下
唐故睢陽太守贈祕書監李公神道碑銘并序 3968下
唐故朝議大夫申王府司馬上柱國贈太常卿韋公神道碑銘并序 3970上
唐故朝議大夫高平郡別駕權公神道碑銘并序 3971下
舒州山谷寺覺寂塔隋故鏡智禪師碑銘并序 3972下
唐故特進太子少保鄭國李公墓誌銘 3974下
唐故衢州司士參軍李府君墓誌銘 3975下
前左驍衛兵曹參軍河南獨孤公故夫人韋氏墓誌 3976下
殤子韋八墓誌 3977上
唐故潁川郡長史贈祕書監獨孤公第三子憕墓誌 3977上
唐太府少卿兼萬州刺史賀若公故夫人河南郡君元氏墓誌銘 3977下
唐新平長公主故季女姜氏墓誌銘 3978上
唐前楚州司馬河南獨孤公故夫人博陵崔氏墓誌銘 3978下
唐司直博陵崔公故夫人趙郡李氏墓誌銘 3979上
唐萬年縣尉崔肅冽故妻李氏墓誌銘 3979上
唐故朝散大夫中書舍人祕書少監頓邱李公墓誌 3979下
唐故大理寺少卿兼侍御史河南獨孤府君墓誌銘 3980下
唐故正議大夫右散騎常侍贈禮部尚書李公墓誌銘 3981下
唐故祕書監贈禮部尚書姚公墓誌銘 3982上
唐故尚書庫部郎中滎陽鄭公墓誌銘 3983下
唐故吏部郎中贈給事中韋公墓誌銘 3984下
唐故范陽郡倉曹參軍京兆韋公墓誌

銘 3985上
唐故左一作右金吾衞將軍河南閻公墓誌銘 3985下
唐故商州録事參軍鄭府君墓誌銘 3986下
唐故虢州宏農縣令天水趙府君墓誌 3987下
唐故天水趙琚墓誌銘 3988下
唐故給事中贈吏部侍郎蕭公墓誌銘 3988下
唐故銀青光禄大夫太子左庶子嚴公墓誌銘 3989下
唐故浙江東道節度掌書記越州剡縣主簿獨孤丕墓誌 3990下
舒州山谷寺上方禪門第三祖璨大師塔銘 3991上
唐故潁川郡長史贈祕書監獨孤公第六子萬墓誌 3991下
唐故亳州刺史鄭公故夫人河南獨孤氏墓版文 3992上
唐故河南府法曹參軍張公墓表 3992下
唐故朝散大夫潁川郡長史贈祕書監河南獨孤公靈表 3993上
唐故尚書祠部員外郎贈陝州刺史裴公行狀 3994下
爲吏部李侍郎祭李中丞文 3996上
爲元相祭嚴尚書文 3996下
爲楊右丞祭李相公文 3997上
爲吏部楊侍郎祭李常侍文 3997下
爲明州獨孤使君祭員郎中文 3998上
祭衢州李司士文 3998下
爲華陰李太守祭裴尚書文 3998下
祭吏部元郎中文 3999上
祭壽州張使君文 3999上
祭揚州韋大夫文 3999下
爲楊右相祭西嶽文 4000上
祭韋端公炎文 4000上
祭賈尚書文 4000下
祭相里造文 4001下
祭滁州李庶子文 4001下
祭亡妻博陵郡君文 4002上
祭吴塘神祈雨文 4002下
禜土龍文 4002下
祭岏山文 4003上
爲李峘祭纛文 4003下
弔道殣文并序 4003下

李叔明

請删汰僧道疏 4005上

暢璀

良玉比君子賦 4005下

路嗣恭

請旌表張球奏 4006上

賈耽

進九州圖并别録通録表 4006上
進海内華夷圖及古今郡國縣道四夷述表 4006下
説文字源序 4007下

令狐彰

遺表 4008下

令狐峘

諫厚奉元陵疏 4009上
光禄大夫太子太師上柱國魯郡開國公顔真卿墓誌銘 4010上

尚衡

文道元龜并序 4014上

杜位

對國公嘉禮判 4015上

許嵩

建康實録序 4015上

劉太真

爲陳大夫謝上淮南節鎮表 4015下
上楊相公啟 4016上
與韋應物書 4016下
顧著作宣平里賦詩序 4016下
送蕭穎士赴東府序 4017上
房州刺史杜府君神道碑 4017下

李紓

享武成王不當視文宣廟奏 4019上
故中書舍人吴郡朱府君神道碑 4019下

王璥

石浮圖銘 4021上

鄭務

對卒史有文學判 4021下

李廷暉

對祭社判 4021下
對卒史有文學判 4022上

閻伯璵

都堂試才賦 4022上
射宫試貢士賦 4022下
歌賦并序 4023上
彈碁局賦 4024上
函谷關賦 4024上
河橋賦 4024下
鹽池賦 4024下
對諸侯祭判 4026上
周太師蜀國公尉遲公祠廟碑 4026上

唐若山
登仙遺表 4027下
沈諒
對賢良方正策 4027下
劉淸
止水賦 4029下
崔鎮
尚書省梧桐賦 4030上
北斗城賦 4030下
張甫
花萼樓賦 4031上
陶翰
花萼樓賦 4031下
高蓋
花萼樓賦 4032上
樊系
對列侯實封判 4033上
馬逢
西郊迎秋賦 4033下
崔譚
對賜則出就判 4034上
氾曇將
對吏脱幘判 4034下
對城邑判 4034下
鄭少微
授張均等加階制 4035上
對文可以經邦策 4035下
對傭書判 4036上
對圍碁判 4036上
對小吏歡言判 4036上
對移貫判 4036上
憫相如賦 4036下
袁參
上中書姚令公元崇書 4037上
孟友直
將作監主簿孟友直女墓誌銘 4038上
尉遲士良
周太師蜀國公碑陰記 4038下
夏侯銛
安定公主不得合葬王同皎墓駮議 4039下
宋儋
報友書 4039下
嵩山會善寺故大德道安禪師碑銘 4040上
崔令欽
教坊記序 4041上
教坊記後序 4042上
常東名
唐思恒律師誌銘 4042下
楊休烈
大唐濟度寺故大德比邱尼惠源和尚神空誌銘 4043下
陳光
大唐大溫國寺故大德進法師塔銘并序 4044下
常允之
重修臨高寺碑并序 4045上
權倕
左輔頓僚西嶽廟中刻石記 4047上
裴朏
大唐故朝議郎行尚書祠部員外郎裴君墓誌銘并序 4047上
梁涣
對津吏告下方傷水判 4048下
張秀明
西郊迎秋賦 4049上
對初稅畝判 4049上
對旄人奏散判 4049下
對祭五嶽判 4049下
裴鼎
對陂防判 4050上
潘觀
使者徵祥記 4050上
王燾
外臺秘要方序 4050下
乳石論序 4051下
明堂序 4052上
張星
贈工部尚書宋慶禮謚議 4053上
張宋節
上史記正義序 4053上
馬損
對坐於左塾判 4053下
張子漸
對習星歷判 4053下
鄧承緒
對澤宮置楅判 4054上
對西陸朝覿判 4054下
張景
對舉抱甕生判 4054下
河南縣尉廳壁記 4055上
皇甫璟
諫置勸農判官疏 4055上
李宙
奉和聖製喜雨賦 4056上
對不供祭用判 4056下
張利貞
對不供祭用判 4056下
王師乾
王右軍祠堂碑 4057上
盧昌
對坐於左塾判 4060上
對弔服加麻判 4060上
元承先
對無夫修隄堰判 4060下
牛上士
獅子賦并序 4061上
古駿賦 4061下
對歸胙判 4062上
竇鞏

漏賦 4062下
對吏脱幘判 4063上
李黄中
對受田兼種五菜判 4063上
魏烜
對津吏告下方傷水判 4063下
王利器
對舉抱甕生判 4064上
王惟孝
對升高判 4064上
王希明
太乙金鏡式經序 4064下
趙岊
對鄉貢進士判 4065下
對鬯酒不供判 4065下
蔡景
述二大德道行記 4066下
三尊真容像支提龕銘 4067下
褚思光
對馬警師徒判 4068上
熊季成
對受田兼種五菜判 4068下
平超然
對受田兼種五菜判 4069上
平伾
對受田兼種五菜判 4069上
趙不疑
對無鬼論判 4069下
楚一作樊**翼**
對萊田不應税判 4070上
畢還青
對圍碁判 4070下
鹿慶期
對城邑判 4070下
單有鄰
對歸胙判 4071上
劉仲宜一作宣
對清白二渠判 4071上
劉璿
對馬驚師徒判 4071下
韋巡
對太室擇嗣判 4072下
樊光期
對萊田不應税判 4072下
劉璀
對張侯下綱判 4072上
劉爲輔
對賜則出就判 4072下
姚承構
對張侯下綱判 4073上
嚴迴
對太室擇嗣判 4074上
尹暢
對賢良方正策闕問 4074下
蔣勵己
對城邑判 4075下
對夾臾合三所知哭寢判 4076上
朱濟
對履畝判 4076下
賈廷瑶
對太室擇嗣判 4077上
于儒卿
對越關判 4077上
康濯
對太室擇嗣判 4077下
康子季
對復陶以行判 4077下
對孝女抱父屍出判 4078上
對樂請置判縣判 4078上
常日進
對履畝判 4078下
翟禹錫
對小吏持劍判 4079上
張韓卿
對祭五嶽判 4079上
張法
對舉抱甕生判 4079下
盧韞價
對津吏告下方傷水判 4080上
盧先之
對三命判 4080上
郭尚温
對無夫修隄堰判 4080下
郭立
對學書判 4081上
于峴
對投諸獎寄判 4081上
武同德
對封君祭判 4082上
對爲律娶妻判 4082上
周之翰
對封君祭判 4082下
對爲律娶妻判 4082下
杜嚴
對輿屍謁廟判 4083上
王智明
對樂官樂司請考判 4083上
對不受徵判 4083下
閻隨侯
鎮座石獅子賦 4083下
西嶽望幸賦 4084上
員押
對學書判 4087下
對祭五嶽判 4087下
孟楚瓊
對無夫修隄堰判 4088上
韋縝
讀春令賦 4088下
賈登
上陽宫賦 4089上
奉和聖製喜雨賦 4089上
對凶荒判 4090上
對太室擇嗣判 4090上
顔朝隱
對驅儺判 4090下
對小吏持劍判 4090下

對凶荒判 4090上
虞咸
對太室擇嗣判 4091上
張郊
對升高判 4091下
任璆
對萊田不應稅判 4091下
對陂防判 4092上
田南砯
對升高判 4093上
趙不爲
對申公杜門判 4093上
梁庶
對馬驚師徒判 4093下
房自厚
對佯狂讓弟判 4094上
馬鱿
對三命判 4094上
薛霽
對清白二渠判 4094下
柳同
對萊田不應稅判 4095上
李仲和
對津吏告下方傷水判 4095下
蘇偁
對給地過數判 4095下
龐粲
對春不修鑑判 4096上
胡瑱
大閱賦 4096上
趙自勵
出師賦并序 4097上
時賦 4097下
聖人以四時爲柄賦 4097下
八月五日花萼樓賜百官明鏡賦 4098上
寒賦 4098下
對所知哭寢門判 4099上
陳元伯
貪泉銘 4099下
趙子卿
出師賦并序 4099下
鄭齊望
對歸胙判 4100上
沈瑱
賀雨賦 4100下
張欽敬
仲冬時令賦 4101下
對移鄉判 4102上
對越關判 4102上
劉晉
對清白二渠判 4102下
劉潤
對大斟酒判 4102下
對薦賢能判 4103上
對無夫修隄堰判 4103上
顔勝
對大夫祭判 4103下
對弔服加麻判 4104上
對父在囚門判 4104下
對不供夷槃判 4104下
屈突叔齊
對父在囚門判 4105上
裴廣
對父在囚門判 4105上
劉庭誥
對移鄉判 4106上
王灣
對清白二渠判 4106上
司馬貞
孝經老子注易傳議 4106下
史記索隱序 4107下
史記索隱後序 4108上
補史記序 4109上
李成裕
請刻夢真容敕旨奏 4110上
胡嘉隱
繩伎賦 4110上
王延齡
秋宵讀書賦 4111上
夢遊仙庭賦 4111下
夢五色筆賦 4112上
馮待徵
對澤中得堇判 4112下
張大吉
對牢記有違判 4113上
東鄉助
周易物象釋疑敍 4113下
魏靜
永嘉集序 4113下
馮敬徵
對九日登高墜脚判 4114下
成伯璵
經義考 4114下
李昇朝
對自比管仲判 4115上
崔國輔
上何都督履光書 4115下
岑居中
石橋銘 4116上
劉兼
洛陽令李果讚 4116上
左光允
吏部尚書南曹石幢頌序 4116上
尹匡祚
吏部南曹石幢頌 4116下
張蕫
靈石碑 4117上
薛鈞
唐故翊麾副■置同正員騎都尉薛君塔銘 4117上
竇忻
大唐故雲麾將軍左監門衛將軍上柱國彭城縣開國公劉府君墓誌銘并序 4118上

許子真
容州普寧縣楊妃碑記 4118下
邊承斐
對太廟登歌判 4119上
對太室擇嗣判 4119下
楊齊宣
晉書音義序 4119下
何超
晉書音義序 4120上
裴春卿
對舉似已者判 4120下
對毀濯龍泉判 4120下
裴幼卿
對藏冰不固判 4120下
對鬯酒不供判 4121上
裴騰
對字詁判 4121下
趙子餘
對薦賢能判 4121下
褚廷詢
對習星歷判 4122上
潘文環
對西陸朝覲判 4122上
對澤宮置福判 4122下
敬讓
請致仕侍親表 4122下
趙良玉
對糞田判 4123上
對道路判 4123下
孫益
對西陸朝覲判 4123下
吳蒙
對西陸朝覲判 4124上
尹深源
對初稅畝判 4124上
孫承先
對輿屍謁廟判 4124下
虞進
對輿屍謁廟判 4125上
劉廷實
對祭星判 4125上
姚重成
對祈田判 4125下
姚震
對官門誤不下鍵判 4125下
樊晦
階賦 4126上
燕巢賦 4126下
對陂防判 4126下
嚴迪
對張侯下綱判 4127上
賈承暉
對持論攻擊判 4127下
馮用之
機論 4128上
權論 4129下
李丹
對名田判 4131下
爲崔中丞進白鼠表 4132上
任瑗
瑞麥賦 4132下
程庭玉
對祭星判 4133上
屈突滑
對舉似已者判 4133上
屈突湒
對毀濯龍泉判 4133下
賀蘭賁
對不受征判 4133下
薛驥
對家僮視天判 4134上
解賁
對元日奏事上殿不脫劍履判 4134下
對燕弓矢舞判 4134下
邵潤之
對伏日出何典憲判 4135上
對增貲就賦判 4135上
薛彥國
對祭闕頌誥判 4135下
對復以冕服判 4135下
薛大球
對祭闕頌誥判 4136上
對復以冕服判 4136上
傅昇卿
對履畝判 4136下
蘇令問
對毀濯龍泉判 4137上
薛重暉
對習星歷判 4137上
萬希莊
對樂請置判懸判 4137下
孔齊參
對初稅畝判 4138上
楊暕
對學耕判 4138上
衛棻
瓮賦 4138下
對糞田判 4139上
于季重
對陂防判 4139下
張階
黃賦 4139下
無聲樂賦 4140上
審樂知政賦 4140下
趙棲簡
對初稅畝判 4141上
杜挺
對初稅畝判 4141下
劉光
對寢延部人判 4141下
員峴
妄心賦 4142上
對寢延部人判 4142下
對大匠將改廳判 4143上
對夢得籬粟判 4143上
韓極
對毀壞壓死判 4143下
對爲人興利判 4143下

段迥
匡城縣業修寺碑 4144上
張悱
請刻睿宗老子孔子讚元宗顔回讚奏 4145上
張景毓
縣令岑君德政碑 4145上
章仇兼瓊
請令吐蕃人奏奏 4148下
申堂構
唐故内侍省内常侍孫府君墓誌銘 并序 4149上
鄭琚
濟瀆記後敘 4149下
蔣圖
金剛經石幢序 4150上
張惟一
金天王廟祈雨記 4150下
哥舒翰
奏蘇毗王子悉諾邏降附狀 4151上
李光朝
新渾儀賦 并序 4151上
陳讜言
對祭地判 4151下
張省躬
對祭星判 4152上
陳齊卿
對舉似已者判 4152下
對升高判 4152下
對毁濯龍泉判 4153上
李子珣
對觀生束脩判 4153上
對牢祭有違判 4153下
高果
對徵什一税判 4153下
高璠
對襲封録兄女代父刑判 4154上
對初税畝判 4154下
杜洩
越人獻馴象賦 4155上
魏季邁
對登夫家判 4155下
司馬霜
經幢銘 4155下
常無欲
對直講無他伎判 4156上
對旊人奏散判 4156上
對不供夷盤判 4156下
對吏脱幘判 4156下
對大夫祭判 4156下
平冽
兩階舞干羽賦 4157上
開元字舞賦 4157下
舞賦 4158上
李徹
請封西岳表 4158下
張萬頃
對舉方正者判 4159上
崔珪璋
對舉方正者判 4159下
鄭璲
對獻賢能書判 4159下
徐景暉
對勞農有闕判 4160下
張仲甫
雷賦 4160下
梁涉
長竿賦 4161下
對馬驚師徒判 4162上
對樂師教舞判 4162上
對琴有殺聲判 4162下
石鎮
洞庭張樂賦 4163上
罔兩賦 4163下
蔣至
洞庭張樂賦 4164上
罔兩賦 4164下
孫翊仁
朝元閣賦 4165上
房寬
泰階六符判 4165下
沈仲
象環賦 4165下
韓液
公孫宏開東閣賦 4166下
魏縝
梓材賦 4167上
湯履冰
對梢溝判 4167下
張仲宣
對知合孫吴可以運籌決勝策 4167下
張綬
對牢祭有違判 4170下
劉系
對牢祭有違判 4171上
張滄
對給地過數判 4171上
吕因
對字詁判 4171下
對行盪甕破奴死棄水判 4171下
楊守納
對夢得籬粟判 4172上
盧禧
對不受征判 4172下
盧術
對履畝判 4172下
郭休賢
對習星歷判 4173上
袁自求
對糞田判 4173上
趙自勤
空賦 4173下
鄭察
對舉賢任選判 4174下
鄭宥

對字詁判 4175上
趙陵陽
對燕弓矢舞判 4175上
李謜
妒神頌并序 4175下
左光嗣
對字詁判 4177上
任昇之
遺鄭補闕書 4177下
鄭欽悦
復任昇之書 4177下
張均
邠王府長史陰府君碑 4178下
魏仲犀
鐃娥碣 4179下
常無求
對反古修火利判 4180上
張鍊
尊勝陁羅尼寶幢銘并序 4180下
顏舒
刻漏賦 4181上
賀蘭廣
對屯田佃百姓荒地判 4181下
竇公衡
石門山瀑布記 4181下
山陰述 4182上
鄭棨
開天傳信記序 4183上
山石榴偈 4183上
康傑
安天王碑陰 4183上
王太真
鍾期聽琴賦有序 4184上
朱絲繩賦 4184下
劉睿虚
對不知名物判 4185上
張秀
對上生下生判 4185下
賀朝
對襲代封逃判 4186上
婁元穎
泰階六符賦 4186上
郭向
對選擇卒史刑罰疑赦判 4186下
崔祐甫
請召對待制官奏 4187下
奏貓鼠議 4187下
廣喪朋友議 4188上
爲皇甫中丞上永王諫移鎮牋 4189下
上宰相牋 4190上
齊昭公崔府君集序 4191上
汾陽義橋記 4191下
穆氏四子講藝記 4192上
滑亭新驛碑陰記 4193上
衛尉卿洪州都督張公遺愛碑頌并序 4193下
故常州刺史獨孤公神道碑銘并序 4195上
代宗睿文皇帝哀册文 4197上
祭董大使文 4198上
祭獨孤常州文 4198上
裴士淹
對大夫祭判 4199上
對不供夷盤判 4199上
内侍陳忠盛神道碑 4199下
肅宗大宣孝皇帝哀册文 4200下
章敬皇后哀册文 4201下
常袞
春蒐賦 4202下
浮萍賦 4203上
蕭昕等分祭名山大川制 4203下
禁藏天文圖讖制 4203下
禁僧道卜筮制 4204下
禁天下寺觀停客制 4204下
禁諸道將校逃亡制 4205上
停河南等道副元帥制 4205上
天下三等已上親赴上都制 4205下
勸天下種桑棗制 4206上
廢華州屯田制 4206上
授李季卿右散騎常侍李涵尚書右丞制 4206下
授崔昭右散騎常侍制 4206下
授能元皓左散騎常侍制 4207上
授郭晞左散騎常侍制 4207上
授蔣涣右散騎常侍制 4207下
授賀若察給事中制 4207下
授崔侁蕭直給事中制 4208上
授趙涓給事中制 4208上
授韋諤給事中制 4208上
授宋晦諫議大夫制 4208下
授李收諫議大夫制 4208下
授郗昂知制誥制 4209上
授庾準楊炎知制誥制 4209上
授孔述睿起居舍人制 4209下
授薛兼適左補闕制 4209下
授趙闡等右拾遺制 4209下
授郎士元等拾遺制 4209下
授崔圓左僕射制 4210上
授李忠臣右僕射制 4210上
授令狐彰右僕射制 4210下
授田神功右僕射制 4211上
授裴遵慶吏部尚書

制 4212上
授劉晏吏部尚書制 4212上
授崔渙工部尚書制 4212下
授崔倫尚書左丞制 4212下
授張重光尚書左丞制 4213上
授薛邕吏部侍郎制 4213下
授楊綰吏部侍郎制 4213下
授閻伯璵刑部侍郎等制 4214上
授王翊刑部侍郎制 4214上
授張謂禮部侍郎制 4214下
授蔣渙工部侍郎制 4214下
授韋元曾吏部郎中等制 4215上
授李規户部郎中制 4215上
授裴倩度支郎中制 4215上
授邵説兵部郎中制 4215下
授李深兵部郎中制 4215下
授杜寂職方郎中制 4215下
授韋翹駕部郎中制 4216上
授鄭叔則吏部員外郎制 4216上
授崔夷甫金部員外郎等制 4216上
授褚長孺祠部員外郎等制 4216上
授陸海主客員外郎制 4216下
授房宗偃膳部員外郎制 4216下
授崔殷刑部員外郎制 4216下
授苗發都官員外郎制 4217上
授莫藏用比部員外郎制 4217上
授鄭渾水部員外郎制 4217上
授敬括御史大夫制 4217下
授張獻恭御史中丞制 4217下
授崔寬侍御史知雜事制 4218上
授李珝侍御史知雜事制 4218上
授元巽侍御史制 4218下
授蔣將明侍御史制 4218下
授崔益侍御史制 4218下
授孫會侍御史制 4218下
授蓋文元殿中侍御史制 4219上
授王延休殿中侍御史制 4219上
授崔炎監察御史制 4219上
授源咸悌監察御史制 4219上
授梁褒監察御史制 4219下
授楊護監察御史制 4219下
授楊綰太常卿制 4220上
授李琬宗正卿制 4220上
授蔣渙鴻臚卿制 4220下
授鄭賁司農卿制 4220下
授吕崇賁太府卿制 4221上
授李瀚宗正少卿制 4221上
授周若冰光禄少卿制 4221下
授韋損大理少卿制 4221下
授景延之大理少卿制 4221下
授侯希超太府少卿制 4222上
授李濂祕書監制 4222上
授魚朝恩國子監制 4222下
授李永祕書少監制 4222下
授馬錫少府少監制 4223上
授薛伯高少府少監制 4223上
授陸鼎史館知修撰制 4223上
授荀尚史館修撰制 4223下
授衛煇校書郎制 4223下
授吴湊左金吾將軍制 4223下
授嗣吴王祇太子賓客制 4224上
授郭曜太子詹事制 4224上
授張謂太子左庶子制 4224上
授李廙太子左庶子制 4224下
授許從之太子右諭德制 4224下
授王寅太子左諭德制 4225上
授師良太子左贊善大夫制 4225上
授王幹等太子左贊善大夫制 4225上
授孫履暉太子左贊善大夫制 4225上
授張崇俊韓王傅制 4225下
授衛元珪蜀王府諮議制 4225下
授李友信蜀王府司馬制 4225下
授孟皞京兆尹制 4226上
授賈至京兆尹制 4226下
授京兆尹魏少遊加御史大夫制 4227上
授張延賞河南尹制 4227上
授李勉河南尹制 4227下
授路嗣恭京兆少尹制 4227下
授黎幹京兆少尹制 4227下
授賈耽太原少尹制 4228上
授張增鳳翔少尹制 4228上
授韋覃萬年縣令等制 4228下
授楊晉洛陽縣令制 4228下

授柳子華昭應縣令制 4229上
授李抱玉河西等道副元帥制 4229上
授王縉侍中兼河南都統制 4229下
授李業節度使制 4230上
授路嗣恭洪州觀察使制 4230上
授崔瓘自澧州刺史除湖南觀察使制 4230下
授李栖筠浙西觀察使制 4230下
加江西魏少遊刑部尚書制 4231上
加朱希彩幽州管內觀察使制 4231下
授辛杲京湖南觀察使制 4232上
授杜濟東川防禦使制 4232上
授柏貞節夔忠等州防禦使制 4232下
授辛德謙丹延團練使制 4233上
加韋之晉御史大夫制 4233上
授崔昭宣州團練使制 4233下
授陳少遊浙江東道團練使制 4234上
授魏少遊洪吉等州團練使制 4234上
授象武感疊宕等州團練使制 4234下
授獨孤問俗鄂岳等州團練使制 4235上
授李昌峘辰錦等州團練使制 4235上
授李正已青州刺史制 4235下
授論惟清朔方節度副使制 4235下
授李抱玉開府儀同三司制 4236上
授鍾庭光開府儀同三司制 4236下
授李秀璋開府儀同三司制 4236下
授張自勉開府儀同三司制 4237上
授論誠信等開府儀同三司制 4237上
授杜冕開府儀同三司制 4237上
授吴承倩内侍省常侍制 4237下
加田神功實封制 4238上
加田承嗣實封制 4238上
減京兆尹以下俸錢制 4238下
褒勞勳臣制 4239上
喻安西北庭諸將制 4239下
劉晏宣慰河南淮南制 4240上
李涵河北宣慰制 4240下
李涵再使河北制 4241上
臧希讓使朔方制 4241下
宣慰嶺南制 4241下
宣慰湖南百姓制 4242上
減徵京畿夏麥制 4242下
減徵京畿丁役等制 4242下
京兆府減税制 4243上
放京畿丁役及免税制 4243下
減淮南租庸地税制 4245上
減京兆府秋税制 4245上
免京兆府税錢制 4245下
減京畿秋税制 4246上
大歷四年大赦天下制 4246下
大歷五年大赦天下制 4247上
大歷七年大赦天下制 4248上
大赦京畿三輔制 4248下
赦京城内囚徒制 4249下
批李夷簡賀御撰君臣事迹屏風表 4250上
答元和南省請上徽號表 4250上
答請上尊號第三表 4250上
元宗答顔真卿賀肅宗即位表 4250下
册新羅王金乾運文 4250下
册崇徽公主文 4251上
賀册皇太后表 4251上
中書門下請册貴妃表 4251下
代宗讓皇太子表 4252上
中書門下賀雪表 4252下
中書門下賀雨第一表 4252下
第二表 4253上
第三表 4253下
中書門下賀日當蝕不蝕表 4253下
賀歲除日太陽不虧表 4254上
中書門下賀慶雲見表 4254下
中書門下賀太原紫雲見表 4254下
賀收涇州表 4255下
賀納諫表 4256上
爲宰相賀連理木表 4256下
中書門下賀芝草嘉禾表 4257上
中書門下賀芝草表 4257上
中書門下賀醴泉表 4257下

中書門下賀文丹國獻白象表 4257下
賀白鼠表 4258上
李採訪賀收西京表 4258下
賀劒南破西蕃表 4259上
賀破山南賊表 4259下
爲崔中丞賀討田承嗣表 4259下
賀張獻恭破賊表 4260上
賀聖躬痊復表 4260下
百官賀佛放光表 4260下
中書門下賀抑情復膳表 4261上
李採訪請駕停金牛一日表 4261上
爲宗正卿請復常膳表 4261下
中書門下請進膳表 4261下
請入湯表 4262上
爲代宗告謝九廟表 4262上
久旱陳讓相表 4263上
代裴相公讓河南等道副元帥表 4263上
謝讓加銀青福建觀察使表 4263下
代杜相公讓劒南元帥表 4264上
代杜相公讓河南等道副元帥表 4264下
第二表 4265下
代擬宰相謝加銀青并郡公表 4266上
代裴相公讓將相封爵表 4266下
第二表 4267上
代王尚書讓官表 4267下
第二表 4268上
謝除考功郎中知制誥表 4268上
讓門下侍郎平章事第一表 4268下
第二表 4268下
代嚴大夫讓黃門侍郎表 4269上
爲福州刺史謝上表 4269下
潮州刺史謝上表 4270上
謝銀青光祿大夫河內郡開國公第二表 4271上
爲李大夫謝恩表 4271上
謝兄授太子僕表 4271下
謝兄授秘書省著作郎表 4271下
謝贈官表 4272上
謝妻封宏農郡夫人表 4272下
爲李大夫謝御製詩表 4273上
謝賜緋表 4273上
謝進橙子賜茶表 4273下
謝內宴賜錦綵器物等表 4273下
謝端午賜衣及器物等表 4274上
謝端午賜衣及器物等表 4274上
謝社日賜羊酒等表 4274下
謝冬至賜羊酒等表 4275上
謝賜宴表 4275上
謝勅書賜臘日口脂等表 4275下
爲河南魏尹謝官陳情表 4276上
代崔公授秘書監致仕謝表 4276下
謝米麵羊酒等狀 4276下
謝勅書手詔狀 4277上
社日謝賜羊酒海味及茶等狀 4277上
重九謝賜餻酒等狀 4277下
謝每日賜食狀 4277下
謝賜鹿狀 4278上
謝賜甘蔗芋等狀 4278上
謝恩賜春衣狀 4278下
謝賜馬狀 4278下
進貞懿皇后哀册文狀 4278下
故四鎮北庭行營節度使扶風郡王贈司徒馬公神道碑銘 4279下
承天皇帝哀册文 4282上
貞懿皇后哀册文 4282下
册謚承天皇帝文 4283下
故開府儀同三司上柱國贈太傅信王墓誌銘 4284上
奉天皇帝長子新平郡王墓誌銘 4284下
信王第七子贈太常卿鄴國公墓誌銘 4285上
華州刺史李公墓誌銘 4285下
滑州匡城縣令楊君墓誌銘 4287上
咸陽縣丞郭君墓誌銘 4288上
贊善大夫李君墓誌銘 4289上
劒南節度判官崔君墓誌銘 4290上
御史大夫王公墓誌銘 4291上
太子賓客盧君墓誌銘 4292上
叔父故禮部員外郎墓誌銘 4293下
贈婕妤董氏墓誌銘 4295上
涼王妃張氏墓誌銘 4295下

楊炎
靈武受命宮頌并序 4296下
鳳翔出師紀聖功頌并序 4297下
大唐河西平北聖德頌并序 4299上
王縉兼幽州節度使制 4299下
杜鴻漸兼東都留守制 4300上
諭梁崇義詔 4300下
請行兩稅法奏 4301下
請留崔寧以收蜀奏 4301下
言天下公賦奏 4302上
河西節度使廳壁記 4302上
河西節度使杜公碑 4302下
大唐燕支山神寧濟公祠堂碑 4303上
安州刺史杜公神道碑 4304下
雲麾將軍郭公神道碑 4306上
四鎮節度副使右金吾大將軍楊公神道碑 4307上
雲麾將軍李府君神道碑 4308下
唐贈范陽大都督忠烈公李公神道碑銘并序 4310下
承天皇后哀册文 4311下
于邵
玉版元記頌并序 4313上
降誕頌并序 4314下
唐劍南東川節度使鮮于公經武頌 4314下
中書門下請上尊號第一表 4316上
第二表 4316下
第三表 4317上
第四表 4318上
請册皇太子表 4318上
第二表 4318下
中書門下請聽政表 4319上
第二表 4319上
第三表 4320上
勸釋服聽政表 4320上
第二表 4320下
第三表 4321上
爲京兆第五尹請車駕迴西京表 4322上
賀郭子儀破吐蕃表 4322上
賀破賊表 4322下
謝恩寫真表 4323上
謝賜銀器及匹帛等表 4323上
謝恩賜春衣表 4323下
爲福建李中丞謝上表 4323下
爲柳州鄭郎中謝上表 4324上
武州刺史謝上表 4324下
爲張監謝天長節答賜表 4324下
爲許卿謝堂弟叔冀授青州節度使表 4325上
爲崔鄴公謝除鳳翔節度使表 4325下
爲崔鄴公謝勅追赴京表 4326上
爲崔僕射謝恩賜表 4326上
爲崔僕射謝許弟寬宣慰表 4326下
爲崔僕射謝弟除給事中表 4327上
爲四川崔僕射謝却赴劍南表 4327上
謝贈亡妻鄭國夫人表 4327下
爲商州吳仲儒中丞讓起復表 4328上
爲楊相求退表 4328下
爲田僕射薨謝制使問表 4329上
謝贈姊隴西郡夫人表 4329上
進畫松竹圖表 4330上
爲崔僕射遣高正平論邊事表 4330下
論潘炎表 4331上
爲崔僕射陳情表 4331下
代高尚書陳情表 4331下
爲趙侍御陳情表 4332上
爲衛尉許卿請留男表 4332下
爲人請合祔表 4333上
爲崔僕射請弟寬當元載累表 4333下
爲劍南西川崔僕射再請入朝表 4334上
爲吳王請罪表 4334上
代謝賜人糧馬料表 4334下
謝恩賜柑子狀 4335上
謝借馬狀 4335上
爲薛岌謝賜宅狀 4335上
代謝賜永崇宅并賜酒食錦綵器物等狀 4335下
謝內園果栽并令府縣供花藥狀 4335下
代人作昭應獵謝賜弓箭狀 4336上
賀破渭北党項狀 4336上
賀斬逆賊僕固瑒狀 4336上
賀生擒高玉狀 4336下
賀破高玉賊狀 4336下
進打獵口味狀 4337上
降誕日進馬及織成紅錦地衣狀 4337上
奉投降迴鶻大首領

大將軍安達干等狀（代） 4337上
奉誅逆人等狀（代） 4337下
代郭子儀請孫守亮代男行營事狀 4337下
對夷攻蠻假道判 4338上
與蕭相公書 4339上
與常相公書 4340下
與元相公書 4341上
爲崔僕射與郭令公書 4341下
爲崔僕射與朱泚書 4342下
與裴諫議虬書 4343上
與郭令公書 4343下
與楊員外書 4344上
與李尚書書 4344下
與常侍御書 4345上
與侯二山人書 4345上
九日陪廉使盧端公宴東樓序 4345下
晚秋陪盧侍御遊石橋序 4346上
陪諸公宴京兆王參軍宅序 4346上
春宴蕭侍郎林亭序 4346下
遊李校書花藥園序 4346下
華陽屬和集序 4347下
送張都督赴嘉州序 4348上
送王郎中赴蘄州序 4348上
送李員外入朝序 4348下
送峽州劉使君忠州李使君序 4349上
送賈中允之襄陽序 4349下
送太子僕馬公序 4350上
送趙評事之東都序 4350上
送譚正字之上都序 4350下
送劉協律序 4351上
送紀奉禮之容州序 4351下
送李校書歸江西序 4351下
宴餞崔十二弟校書之容州序 4352上
送藺舍人兼武州長史序 4352下
送藺侍御使還序 4352下
春宵餞盧司馬丈歸澧陽序 4353上
送前鳳翔楊司馬赴節度序 4353下
送王司議季友赴洪州序 4354上
送張中丞歸魏博序 4354上
送盧侍御赴恒州使幕序 4354下
送高侍御還鳳翔序 4355上
送鄭判官之廣州序 4355上
送尹判官之江陵序 4355下
宴餞嚴判官使還上都序 4355下
送崔判官赴容州序 4356上
送房判官巡南海序 4356下
送盧判官之梧州鄭判官之昭州序 4357下
初冬餞崔司直赴京都選集序 4357下
送楊兵曹太祝兄弟序 4358上
送康兵曹入蜀序 4358下
送韋兵曹赴上都序 4359上
送孟司户赴山南序 4359上
送穆司法赴劍州序二首 4359下
初夏陸萬年廳送奉化陸長官之任序 4360上
送金壇韋明府序 4360上
送河南王少府還任序 4360下
送陳留李少府歸上都序 4361上
送家令祁丞序 4361下
送趙晏歸江東序 4361下
送賈九歸鳴水序 4362上
送從叔南遊序 4362上
送從舅赴陽翟序 4362下
送楊倓南遊序 4363上
送厙狄縱入蜀序 4363下
送盛卿序 4363下
送朱秀才歸上都序 4364上
送陳秀才序 4364上
送冷秀才東歸序 4364下
送竇秀才序 4364下
送蔡秀才序 4365上
送通上人之南海便赴上都序 4365上
送銳上人遊羅浮山序 4365下
河南于氏家譜後序 4366上
漢源縣令廳壁記 4367上
京兆府司録加秩記 4367下
劍門山記 4368上
蓍龜論 4369上
阿彌陀石像贊并序 4369下
觀世音菩薩畫像贊并序 4370上
觀世音像贊并序 4370上
楊侍御寫真贊 4370下
秦州都督吴公寫真贊 4370下
吴使君廳鄭華原壁畫松樹贊 4370下
詞場箴 4371上
唐檢校右散騎常侍容州刺史李公去思頌并序 4371上
内侍省内常侍孫常楷神道碑 4372上
田司馬傳 4373下

李翰

蘇州嘉興屯田紀績頌并序 4375上

進張巡中丞傳表 4376下
通典序 4378下
崔公山池後集序 4379下
河中鸛鵲樓集序 4379下
尉遲長史草堂記， 4380上
淮南節度行軍司馬
廳壁記 4380下
漢祖吕后五等論 4382上
三名臣論 4382下
雜進論 4384上
鳳閣王侍郎傳論
贊并序 4386上
裴將軍旻射虎圖
贊并序 4388上
殷太師比干碑 4389上
張延賞
南門記 4390下
張鎬
諫招撫史思明奏 4391上
諫内置道場奏 4391上
請追謚常王傅吴兢
奏 4391上
張鎰
論奴僕告主疏 4391下
與吐蕃盟文 4392上
李至
諫貸死以流人使自
効疏 4392下
鄭叔清
鬻爵條格奏 4393上
韓穎
請定五官正朝冠奏 4393下
劉源
請置銀川監牧奏 4393下
劉寬
諫中官打人表 4393下
僕固懷恩
陳情書 4395上
張懷瓘
書斷序 4397上
文字論 4398下
二王書録 4400下
玉堂禁經 4402上
書議 4402上
書估 4402下
書斷評 4403下
書斷論 4405下
六體書論 4407下
古賢能書録 4409下
評書藥石論 4410上
書斷贊 4413上
倉頡古文贊 4413上
史籀大篆贊 4413上
史籀籀文贊 4413下
李斯小篆贊 4413下
王次仲八分贊 4413下
程邈隸書贊 4413下
史游章草贊 4413下
劉德昇行書贊 4413下
蔡伯喈飛白贊 4414上
張伯英草書贊 4414上
張志和
鸑鷟 4414下
濤之靈 4416下
王契
桔槔賦 4417下
盧賈
請仿古舉士奏 4418上
李遵
奏限官職田狀 4418下
陸羽
遊慧山寺記 4419上
論徐顔二家書 4420上
陸文學自傳 4420上
僧懷素傳 4421下
王冰
黄帝内經素問序 4422上
素問六氣元珠密語
序 4423上
劉嶢
取士先德行而後才
藝疏 4424上
蕭定
袁州文宣王廟記 4425上
改修吴延陵季子廟
記 4426上
張獻誠
讓户部尚書疏 4426下
韋元甫
謝恩表 4427上
謝恩表 4427下
爲百官謝放朝表 4427下
爲京兆尹捉賊既獲
謝恩表 4427下
謝加銀青光禄大夫
表 4428上
崔瓘
對驅儺判 4428下
崔伯陽
珠賦并序 4429上
韓滉
進解縣安邑兩池生
乳鹽表 4430上
請伐吐蕃疏 4430上
毁佛寺鐘磬判 4430上
斷法師雲晏等五人
聚集賭錢因有喧
争判 4430下
昭德皇后哀册文 4430下
崔造
與權德輿書 4431上
孫鎣
罔兩賦 4432上
蘇端
駁司徒楊綰謚議 4433上
姚南仲
諫近城爲陵墓疏 4434上
李至遠
唐維州刺史安侯神
道碑 4434下

敬寬
對被替請選判 4436下
盧載
元德秀誄 4437上
王昇
靈石碑 4437上
崔秘
薔薇偈 4437下
李聿
茗侶偈 4437下
杜倚
漉水囊偈 4437下
王延昌
河瀆神靈源公祠廟碑 4437下
程休
對澤宮置福判 4438下
盧偘
對省官員判 4438下
李崟
對懸政象法判 4440上
對稅千畝竹判 4440上
衛偁
對稅千畝竹判 4440下
對懸政象法判 4441上
姚齊梧
對懸政象法判 4441上
對稅千畝竹判 4441下
對舍嫡孫立庶子判 4441下
杜信
對舍嫡孫立庶子判 4442下
石倚
對舍嫡孫立庶子判 4442下
楊棲梧
對舍嫡孫立庶子判 4443上
房密
對舉似已者判 4443上
對毀濯龍泉判 4443下
邢宇
握槊賦并序 4443下
對拜命布武判 4444下
李覿
咸陽獲寶符賦 4444下
昆田化爲金賦 4445下
紫玉見南山賦 4445下
李觀
對工商食貨判 4446下
鄭昭
對梢溝判 4446下
對河卒判 4447上
對大比判 4447上
何士幹
對工商食貨判 4447下
劉肱
對西陸朝覲判 4448上
對澤宮置福判 4448上
蔣準
對澤宮置福判 4448下
陶朝
對國公嘉禮判 4448下
司馬滔
對省官員判 4449上
牛登
對被替請選判 4449下
盧藻
對請命服判 4449下
對公廨供給判 4450上
鄭防
對請命服判 4450上
長孫憲
對拜命布武判 4450下
對反古修火利判 4451上
崔厦
駁追謚隴右節度使郭知運議 4451上
達奚摯
對國公嘉禮判 4451下
殷璠
河嶽英靈集序 4452上
常著
對附貫五年復訖判 4452下
韓徹
燕昭王築黄金臺賦 4452下
張叔政
對棄農判 4453下
鮑防
問津臺賦 4454上
歌響遏行雲賦 4454下
王緯
代路尚書賀登極表 4455上
代路冀公謝旌節等表 4455下
代陳司徒謝敕賜麟德殿宴百僚詩序表 4456上
謝賜中和節御製詩序表 4456上
請停徵浙西雜罰錢疏 4456下
對庶子牲祭失禮判 4456下
對士祭判 4457上
對縣令有客判 4457上
盧正已
請定杖法奏 4457下
史元璨
禘祫議 4458上
李勉
廚院新池記 4458下
滑州新驛記 4458下
李陽冰
對元日懸象稅千畝竹判 4459上
上李大夫論古篆書 4459下
唐李翰林草堂集序 4460上
縉雲縣城隍記神 4461上
惡溪銘 4461上
庶子泉銘 4461上
忘歸臺銘 4461上
龔邱縣令庾公德政碑頌并序 4461下

徐承嗣
奏歲星太白同躔不犯狀 4462下
陳簡甫
宣州開元以來良吏記 4462下
盧邁
議元亘不受誓誡狀 4464上
甯齡先
合浦還珠狀 4464下
趙宗儒
請權罷應制奏 4464下
順宗至德大聖大安孝皇帝哀册文 4465上
竇從直
進善旌賦 4466上
唐故河南府司録盧公夫人崔氏墓誌銘 4466下
孫廣
嘯旨序 4467下
馬燧
諭晉隰慈州檄 4468上
李訥
授盧宏正韋讓等徐滑節度使制 4469上
授薛元賞昭義軍節度使制 4469下
授陳君從鄜州節度使塞門行營使制 4469下
紀崔侍御遺事 4470上
東林寺舍利塔銘 并序 4470下
馮伉
科處應解補學生奏 4472上
路季登
皇帝冬狩一箭射雙兔賦 4472上
韋夏卿
東山記 4473上
東都留守顧公神道碑銘 4473下
韋肇
駕幸春明樓試武藝絶倫賦 4474下
欹器賦 4475上
撲滿賦 4475下
金劒出匣賦 4476上
瓢賦 4476下
沙隄賦 4477上
孫宿
對識書判 4477下
史翽
仁壽鏡賦 并序 4478上
丹甑賦 4478下
韓述
奉天皇帝長子新平郡王墓誌銘 4479上
王諫
爲郭令公出上都赴奉天行營敕賜錦戰袍并口脂等謝表 4479下
爲劉相請女婿潘炎罷元帥判官陳情表 4479下
爲郭令公請授親王四節度大使及五府大都督表 4480上
安西請賜衣表 4480下
唐瀛州景城縣主簿彭君權殯誌銘 4481上
豆盧詵
嶺南節度判官宗公神道碑 4481下
閻伯瑾
黄鶴樓記 4483下
王佑
成德軍節度使開府儀同三司檢校尚書右僕射兼御史大夫恒州刺史充管内度支營田使清河郡王李公紀功載政頌 并序 4483下
王綽
代路冀公賀改元赦表 4485下
郭少聿
黄山三祖塔銘 并序 4486上
鄭淥
唐故左武衛郎將河南元府君夫人滎陽鄭氏墓誌銘 4486下
程皓
駁顔真卿論韋陟不得謚忠孝議 4487上
叔孫元觀
仲冬時令賦 4487下
徐浩
書法論 4488上
古跡記 4488下
雷琴銘 4489上
唐徐氏山口碣石題刻 4489上
唐尚書右丞相中書令張公神道碑 4489下
封演
説潮 4492上
魏州開元寺新建三門樓碑 4492上
竇叔蒙
海濤論 4494上
張叔良
五星同色賦 4495上
郭湜
唐少林寺同光禪師塔銘 4495下
許登
潤州上元縣福興寺

碑 4496上
蕭森
京兆府美原縣永仙觀碑文 4498上
韓雲卿
平蠻頌 4499下
平淮碑銘并序 4500下
故中書令贈太子太師崔公廟碑 4500下
河南尹張公碑 4501下
虞帝廟碑銘 4502上
李迪
鍛破驪龍珠賦 4503上
對矜射判 4503下
息夫牧
冬夜晏蕭十丈因餞殷郭二子西上詩序 4504上
王季友
商邱開泳得明珠賦 4504下
鑒止水賦 4505上
韓洄
請諸司於刑部檢事奏 4505下
請裁江淮七監奏 4505下
潘炎
君臣相遇樂賦并序 4506上
李樹連理賦有序 4506下
日抱戴賦有序 4507上
月重輪賦有序 4507上
赤龍據桉賦有序 4507下
嘉禾合穗賦有序 4508上
潞河逐鹿賦有序 4508上
童謡賦有序 4508下
黄龍見賦有序 4509上
漳河赤鯉賦有序 4509上
黄龍再見賦有序 4509下
九日紫氣賦有序 4510上
神蓍立賦有序 4510上
金橋賦有序 4510下
李去泰
寢堂紫氣賦有序 4511上
册雍王爲皇太子文 4511下
蕭尚書拜命路尚書就林亭宴集序 4511下
李晟
諫赦李懷光疏 4512下
誅田希鑒獻狀 4513上
于頎
尊祀武成王議 4513上
程浩
雷賦 4513下
鳳翔府扶風縣文宣王新廟記 4514上
相州公宴堂記 4514下
盧朝徹
謁嶽廟文 4515上
侯冕
同朔方節度副使金紫光禄大夫試太常卿兼慈州刺史王府君神道碑 4515下
吕牧
書軸賦 4516下
子擊磬賦 4516下
齊論
趙州刺史何公德政碑 4517下
李舟
謝敕書賜臘日口脂等表 4518上
謝敕書賜歷日口脂等表 4518下
爲崔大夫陳情表 4518下
爲崔大夫請入奏表 4519上
爲崔大夫請入奏表 4519下
與齊相國書 4519下
獨孤常州集序 4520上
沈迴
武侯廟碑銘并序 4521下
資州刺史叱干公三教道場文 4522下
韓秀榮
對給地過數判 4523上
梁鎮
諫罷違典左道宫祠表 4523下
盧虔
御史中丞晉州刺史高公神道碑 4525上
韓翃
爲田神玉謝茶表 4527下
謝追贈父表 4527下
謝追贈母表 4528上
謝追贈父官表 4528上
謝敕書賜臘日口脂等表 4528下
爲田神玉謝詔塟兄神功畢表 4528下
爲田神玉謝不許赴上都護喪表 4528下
爲田神玉謝兄神功於京兆府界擇塟地表 4529上
爲田神玉母太夫人謝男神功塟賜錢及神玉領節度表 4529下
爲田神玉謝賜錢供兄塟事表 4529下
爲李希烈謝留後表 4530上
爲鳳翔李尚書請使人拜掃表 4530上
代人至渭南縣降服請罪表 4530下
代人奉御批不許請罪謝恩表 4531上
裴抗
魏博節度使田公神道碑 4531上
邵真

義井記 4534上
易州抱陽山定惠寺新造文殊師利菩薩記 4534下
盧杞
唐太原府司録先府君墓誌銘并序 4535下
張光晟
請誅回紇表 4536上
王行先
爲李尚書謝恩表 4536下
爲王大夫奏元誼防秋表 4536下
爲趙侍郎論兵表 4537上
張增
段府君神道碑銘 4538上
樊珣
春雷賦 4540上
絳巖湖記 4540下
張式
燕昭王築黄金臺賦 4541上
大唐故銀青光禄大夫彭王傅上柱國會稽郡開國公贈太子少師東海徐公神道碑銘 4541下
彭偃
删汰僧道議 4544下
盧景亮
初日照露盤賦 4545下
張莒
紫宸殿前櫻桃樹賦 4546下
放籠鷹賦 4547上
白鷹賦 4547下
陳詡
西掖瑞柳賦 4547下
唐洪州百丈山故懷海禪師塔銘 4548上
李融
對盧樹判 4549下
張濯
對給地過數判 4549下
唐寶應靈慶池神廟記 4550上
吴頌
代郭令公謝男尚公主表 4551上
史延
漢武帝齋宫産靈芝賦 4551上
鄭轅
指佞草賦 4552上
黎幹
十詰十難 4552下
姜公輔
白雲照春海賦 4555下
對直言極諫策 4556上
董晉
冠冕制論 4558下
義陽王李公德政碑記 4558下
王紹
請禁私藏錢奏 4560上
竇臮
述書賦上有序 4560下
述書賦下 4571上
竇蒙
題述書賦語例字格後 4576下
王涯
瑶臺月賦 4577下
辭免起復太宰表 4578上
辭免起復太宰第二表 4578下
請開採銅鐵奏 4578下
准敕詳度諸司制度條件奏 4579上
論討吐蕃事宜疏 4581下
上論用兵書 4582上
元和姓纂序 4582下
太華山僊掌辯 4583上
説元五篇 4584上
明宗一 4584上
立例二 4585上
揲法三 4586上
占法四 4586下
辨首五 4587上
高郢
西王母獻白玉琯賦 4588上
曹劌請從魯公一戰賦 4588下
律筩賦 4589上
獻凱樂賦 4589下
吴公子聽樂賦 4590上
無聲樂賦 4590上
水木有本源賦 4590下
痀僂丈人承蜩賦 4591上
沙洲獨鳥賦 4591下
方處崽進秩制 4592上
謝太常卿并舉官自代表 4592上
謝再除太常卿充禮儀使表 4592下
謝恩賜錦綵綾銀器等表 4593上
請致仕表 4593上
第二表 4593下
第三表 4594上
爲盧相公謝恩并請罷官養疾表 4594下
爲蕭少師謝致仕表 4594下
諫造章敬寺書 4595上
再上諫造章敬寺書 4596下
魯議 4597上
子游麻衰議 4598下
姜嫄公劉廟記 4598下
王沼
對被替請選判 4600下
鄭錫
正月一日含元殿觀

百獸率舞賦 4600下
長樂鐘賦 4601下
日中有王字賦 4602上
喬琮
日中有王字賦 4602下
齊映
冬日可愛賦 4603下
賀破吐蕃表 4603下
請修義倉表 4604上
論御史臺誣謗表 4604下
河南府論被謗表 4605上
進封章表 4606上
出官後自序表 4606下
爲蕭復讓宰相表 4607上
第二表 4607下
第三表 4607下
卧疾辭官表 4608上
處州請隨例行香狀 4608下
爲趙相公謝馬狀 4608下
恩賜馬一匹并鞍轡及告身衣兩副等狀 4609上
喬潭
霜鐘賦有序 4609下
素絲賦 4610上
裴將軍劍舞賦有序 4610下
羣玉山賦 4611上
秋晴曲江望太一納歸雲賦 4611下
破的賦有序 4612上
雙瀵泉賦 4613上
饒陽縣令廳壁記 4613下
會昌主簿廳壁記 4613下
中渭橋記 4614下
女媧陵記 4614下
皇甫冉
謝賜冬衣表三首 4615下
送陸羽之越序 4616上
邵説
筌蹄賦 4616下
爲郭令公賀南郊大禮表 4617上
讓吏部侍郎表 4617上
第二表 4618上
爲郭子儀讓華州及奉天縣請立生祠堂及碑表 4618下
第二表 4619上
第三表 4619下
第四表 4619下
代郭子儀謝副元帥河中節度使表 4620上
代郭子儀謝兼河東節度使表 4620下
代侯中莊謝封表 4621上
爲王仲昇謝加兵馬使表 4621下
爲郭令公謝一子三品官表 4621下
爲文武百僚謝示周易鏡圖表 4622上
爲郭令公謝臘日賜香藥表 4622上
謝賜新歷日及口脂面藥等表 4622下
謝墨詔賜歷日口脂表 4622下
爲田神玉謝端午物表 4623上
代郭令公請雪裴僕射表 4623上
代郭令公請雪安思順表 4624下
上代宗書 4624上
上中書張舍人書 4624上
唐故同州河西縣丞贈虢州刺史太常卿天水趙公神道碑并序 4624下
韋㠓
謝政刑箴表 4626上
謝賜御製紀功碑銘表 4626下
請皇太子監國表 4627上
上皇太子牋 4627上
破吐蕃露布 4627下
再修成都府大聖慈寺金銅普賢菩薩記 4628下
寶歷寺記 4629下
寶園寺傳授毗尼新疏記 4630上
西川鸚鵡舍利塔記 4631上
誓將士文 4632上
邢宙
對教擊編鐘判 4632上
周渭
金精百鍊賦 4632下
齊七政賦 4633上
寅賓出日賦 4633下
嚴綬
文武孝德皇帝册文 4634上
刺史韋公鐫外祖信安郡王詩記 4635上
李子卿
興唐寺聖容瑞光賦 4636上
駕幸九成宮賦 4636下
功成作樂賦 4637上
作樂崇德賦 4638上
山公啟事賦 4638下
飲至賦 4639上
六瑞賦 4639上
昆明池石鯨賦 4640上
紅鸜鳥賦 4640下
水螢賦 4640下
聽秋蟲賦 4641上
府試授衣賦 4641下
夜聞山寺鐘賦 4642上
聚雪爲小山賦 4642下
對國公嘉禮判 4643上

張薦
請贖還顔真卿疏 4643下
祧獻懿二祖議 4644上
答權載之書 4644下
于尹躬
進賢冠賦 4645上
張昔
御注孝經臺賦 4645下
張少博
石硯賦 4646下
王儲
寅賓出日賦 4647上
韋執誼
市駿骨賦 4647下
與善見禪師帖 4648上
翰林院故事記 4648上
程异
請勒亭置茶鹽店奏 4649下
關播
請删去武成王廟十哲奏 4650上
趙憬
上審官六議表 4650上
遺表 4651下
鄂州新廳記 4651下
獨孤授
師貞丈人賦 4653上
靈旗賦 4653下
斬蛟奪寶劍賦 4654上
清簟賦 4654下
韞玉求價賦 4655上
藺相如全璧賦 4655下
河上姹女賦 4656上
燕昭王築黄金臺賦 4656下
白受采賦 4657上
運斤賦 4657下
蟠桃賦 4658下
漢武帝射蛟賦 4659上
北濱有魚賦 4659下
江淮獻三脊茅賦 4660上
寅賓出日賦 4660下
海上孤查賦 4661上
放馴象賦 4661下
西域獻吉光裘賦 4662上
竹如意賦 4662下
涇渭合流賦 4663上
太史奉靈旗指蔡賦 4663上
善師不陣賦 4663下
削鐘無聲賦 4664上
賀擒周智光表 4664下
王武俊
致昭義魏博等節度書 4665上
齊抗
元日朝班儀注奏 4665下
更定祭日奏 4665下
孫顓
春儺賦 4666下
鄭岑
對蠟饗不祀判 4667上
郭行則
對矜射判 4667下
张調
對萊田不應税判 4668上
郭英幹
靈石銘并序 4668上
苗秀
魚登龍門賦 4668下
登春臺賦 4669上
张何
蜀江春日文君濯錦賦 4669下
早秋望海上五色雲賦 4670上
授衣賦 4670下
對太守步歸郡邸判 4671上
蘇子華
竹如意賦 4671上
盧士開
五色土賦 4671下
日月如合璧賦 4672上
丁春澤
日觀賦 4672下
楊晃
靈石頌并引 4673上
裴清
進金沙泉表 4673下
裴曙
祈雨感應頌并引 4673下
柴少儒
居喪惰績判 4674下
對均輸田判 4674下
柳伉
請誅程元振疏 4675上
張參
五經文字序例 4676下
李巡
浮屠頌 4677下
李道昌
祭幽獨君文 4678上
裴孝智
文宣王廟新門記 4678上
宋少真
對聚徒教授判 4679上
梁乘
對祭闕頌誥判 4679上
對毁壞壓死判 4679下
對復以冕服制 4679下
李仲雲
對四品女樂判 4680上
林琨
駕幸温泉宫賦 4680上
象賦 4680下
空賦 4681上
對損户繭絲判 4681下
韓章
請停新任官復赴集疏 4682上
韋翃
仙都山銘 4682上

李秀卿
三墳記 4682下
栖先塋記 4683上
李竦
偃武修文論 4683下
高仲武
大唐中興間氣集序 4684上
紀蘇涣文 4684下
任公叔
通天臺賦 4685下
登姑蘇臺賦 4686上
崔淙
五星同色賦 4686下
崔璀
對私習天文判 4687上
侯上卿
對蠟饗不祀判 4687下
成賁
對夷攻蠻假道判 4688上
史藏用
對夷攻蠻假道判 4688下
魏季龍
對夷攻蠻假道判 4689上
楊歸裕
對夷攻蠻假道判 4689上
權軼
對夷攻蠻假道判 4689下
李昕
對夷攻蠻假道判 4690上
宇文賞
對夷攻蠻假道判 4690上
柳潤之
對廬樹判 4690下
胡運
珮賦 4691上
對聚徒教授判 4691下
杜確
許公墓誌銘 4691下
岑嘉州集序 4692上
杜萬
對名田判 4692下
樊光
對均輸田判 4693上
李江
衛氏元包序 4693上
王延光
對昇高判 4693下
齊嵩
穀城黄石公碑陰記 4694上
陸贄
聖人苑中射落飛雁賦 4694下
東郊朝日賦 4695上
傷望思臺賦 4695下
月臨鏡湖賦 4696上
冬至日陪位聽太和樂賦 4696下
登春臺賦 4697上
鴻漸賦 4697下
奉天改元大赦制 4698上
平朱泚後車駕還京大赦制 4700下
貞元改元大赦制 4704上
冬至大禮大赦制 4706上
貞元九年冬至大禮大赦制 4709
李晟司徒兼中書令制 4712上
蕭復劉從一姜公輔平章事制 4712下
張延賞中書侍郎平章事制 4713上
渾瑊侍中制 4713下
盧翰劉從一門下中書侍郎平章事制 4714下
劉滋崔造齊映平章事制 4714下
李納檢校右僕射平章事制 4715上
韓滉檢校左僕射平章事制 4715下
李勉太子太師制 4716上
姜公輔左庶子制 4716上
崔造右庶子制 4716下
盧翰太子賓客制 4716下
賈耽東都留守制 4716下
崔縱東都留守制 4717上
普王荆襄江西等道兵馬都元帥制 4717下
馬燧渾瑊副元帥招討河中制 4718上
李晟鳳翔隴西節度兼涇原副元帥制 4719上
劉洽檢校司空充諸道兵馬都統制 4719下
渾瑊京畿金商節度使制 4720上
杜亞淮南節度使制 4720下
虔王申光隨蔡等州節度使制 4720下
唐朝臣振武節度論惟明鄜坊觀察使制 4721上
嘉王横海軍節度使制 4721下
韓滉加檢校右僕射制 4721下
馬燧李臯賜實封制 4722上
韓滉度支鹽鐵轉運等使制 4722下
李叔明右僕射制 4722下
李澄贈司空制 4723下
除鄧州歸順官制 4723下
李納檢校司空制 4723下
誅李希烈後原宥淮西將士并授陳仙奇節度詔 4724下
重原宥淮西將士詔 4725上
賑恤諸道將吏百姓等詔 4725下

優恤畿内百姓并除十縣令詔 4726上
重優復興元府及洋鳳州百姓等詔 4727下
誅李懷光後原宥河中將吏并招諭淮西詔 4727下
議減鹽價詔 4729下
賜京畿及同華等州百姓種子賑給貧人詔 4730上
賜將士名奉天定難功臣詔 4730下
改梁州爲興元府升洋州爲望州詔 4731下
奉天遣使宣慰諸道詔 4732上
收復京師遣使宣慰將吏百姓詔 4732下
平淮西後宴賞諸軍將士放歸本道詔 4733下
授王武俊李抱真官封并招諭朱滔詔 4734上
招諭淮西將吏詔 4735上
招諭河中詔 4735下
甄奬陷賊守節官詔 4736上
令百寮議大禮期日詔 4736下
令諸道募驍武鎮守人詔 4736下
安撫淮西歸順將士百姓敕 4737上
不許諸軍侵擾敕 4737下
放淮西生口歸本貫敕 4738上
慰問四鎮北庭將吏敕書 4738下
與回紇可汗書 4739上
賜吐蕃將書 4739下
賜吐蕃宰相尚結贊書 4740上
賜尚結贊第二書 4741上
賜尚結贊第三書 4741下
答宰臣請停大禮表 4742上
答百寮請停大禮表 4742下
答百寮請停大禮第二表 4742下
答百寮請停大禮第三表 4743上
答百寮賀利州連理木表 4743上
答宰臣請復御膳表 4743上
答百寮請復御膳表 4743下
蝗蟲避正殿降免囚徒德音 4743下
册淑妃王氏爲皇后文 4744上
册嘉誠公主文 4744下
册蜀王妃文 4745上
册杞王妃文 4745上
賜李納王武俊等鐵券文 4745下
賜安西管内黄姓纛官鐵券文 4746上
策問博通墳典達於教化科 4746上
策問識洞韜略堪任將帥科 4747上
均節賦税恤百姓六條 4748上
一論兩税之弊須有釐革 4748上
二請兩税以布帛爲額不計錢數 4751下
三論長吏以增户加税闢田爲課績 4755下
四論税期限迫促 4757上
五請以税錢置義倉以備水旱 4757下
六論兼并之家私斂重於公税 4759上
論裴延齡姦蠹書 4761上
論兩河及淮西利害狀 4769下
論關中事宜狀 4772下
論敘遷幸之由狀 4775下
奉天論奏當今所切務狀 4779上
奉天論前所答奏未施行狀 4780上
奉天請數對羣臣兼許令論事狀 4783下
奉天論尊號加字狀 4789下
重論尊號狀 4789下
奉天論赦書事條狀 4790下
奉天論擬與翰林學士改轉狀 4791下
奉天請罷瓊林大盈二庫狀 4792上
奉天論解蕭復狀 4793下
奉天薦袁高等狀 4794下
奉天論李晟所管兵馬狀 4795上
奉天奏李建徽楊惠元兩節度兵馬狀 4795下
駕幸梁州論進獻瓜果人擬官狀 4796下
又論進瓜果人擬官狀 4796下
興元論解姜公輔狀 4798下
又答論姜公輔狀 4800下
興元論請優奬曲環所領將士狀 4801下
興元論解蕭復狀 4802上
又答論蕭復狀 4802下
興元論續從賊中赴行在官等狀 4802下
興元賀吐蕃尚結贊抽軍迴歸狀 4805上
興元論賜渾瑊詔書

爲取散失内人等議狀 4807上
興元奏請許渾瑊李晟等諸軍兵馬自取機便狀 4808上
興元請撫循李楚琳狀 4809上
興元論中官及朝官賜名定難功臣狀 4810上
鑾駕將還宫闕論發日狀 4811上
請釋趙貴先罪狀 4811下
論替换李楚琳狀 4812下
收河中後請罷兵狀 4814上
請許臺省長官舉薦屬吏狀 4817下
請遣使臣宣撫諸道遭水州縣狀 4822上
論淮西管内水損處請同諸道遣宣慰使狀 4823上
謝密旨因論所宣事狀 4824上
論嶺南請於安南置市舶中使狀 4828下
論宣令除裴延齡度支使狀 4828下
論齊映齊抗官狀 4829下
請減京東水運收脚價於緣邊州鎮儲蓄軍糧事宜狀 4829下
論緣邊守備事宜狀 4835下
商量處置竇參事體狀 4842下
奏議竇參等官狀 4843上
請不簿録竇參莊宅狀 4844下
請還田緒所寄撰碑文馬絹狀 4844下
請依京兆所請折納事狀 4845上
議汴州逐劉士寧事狀 4845下
請不與李萬榮汴州節度使狀 4846上
論度支令京兆府折税市草事狀 4848上
論左降官準赦合量移事狀 4849下
再奏量移官狀 4849下
三奏量移官狀 4850上
請邊城貯備米粟等狀 4851下
論朝官闕員及刺史等改轉倫序狀 4852上
告謝昊天上帝册文 4857上
告謝元宗廟文 4857下
告謝肅宗廟文 4857下
告謝代宗廟文 4858上
祭大禹廟文 4858上

韋行儉

新修嵩嶽中天王廟記 4859上

崔損

明水賦 4859下
鳳鳴朝陽賦 4860上
飲至賦 4860下
凌煙閣圖功臣賦 4861上
五色土賦 4861下
北斗賦 4862上
冰壺賦 4862下
霜降賦 4863上
秋霜賦 4863下
浮漚賦 4864上
述聖頌 4864下
祭成紀公文 4864下

沈既濟

論增待制官疏 4865下
上選舉議 4866上
選舉雜議 4866上
論則天不宜稱本紀議 4866下
詞科論并序 4867下
選舉論 4868上

劉濡之

對升高判 4871上

杜佑

進通典表 4871下
論邊將請繫党項及吐蕃疏 4872上
三朝行禮樂制議 4873上
三朝上壽有樂議 4873下
徹食宜有樂議 4873下
讀時令議 4874上
省官議 4874上
尚書省官議 4875下
僕射議 4876下
通典序 4877下
杜城郊居王處士鑿山引泉記 4878上
御夷狄論 4879上
改定樂章論 4879下

崔縱

請諸王母封號奏 4881上
停減吏員奏議 4881上

杜黄裳

請制内遇祭輟樂制外用樂奏 4881下
請遷高宗神主於西夾室議 4881下
東都留守顧公神道碑 4882上

盧徵

請赴任官以到任日起支課料奏 4883下

楊憑

賀老人星見表 4884上
唐廬州刺史本州團練使羅珦德政碑 4884下

鄭餘慶

請抽京外官俸料修孔子廟堂奏 4886下
請定五六品官祭服奏 4886下
左僕射賈耽神道碑 4887上
祭杜佑太保文 4889下
呂元膺
封還授孔戡衛尉寺丞分司東都詔奏 4891上
驃騎大將軍論公神道碑銘井序 4891上
鄭雲逵
奏弟方逵不孝狀 4892下
唐故劍州長史贈太僕少卿汝州刺史隴西李公神道碑銘井序 4892下
裴堪
請祀嶽瀆親申拜禮奏 4894下
許孟容
停齊總爲衢州刺史敕命表 4895上
請再令憲官驗祖好時奏 4895下
夏旱上疏 4895下
德宗神武孝文皇帝謚議 4896上
順宗至德大聖大安孝皇帝謚議 4897上
穆公集序 4898上
唐故侍中尚書右僕射贈司空文獻公裴公神道碑銘井序 4898下
祭楊郎中文 4900下
唐次
白帝祠祈雨文 4901下
祭龍潭祈雨文 4901下
祭蜀先生祈晴文 4902上
祭楊判官八弟文 4902下
高參
漢高祖偽遊雲夢議 4903上
崔恭
唐右補闕梁肅文集序 4903下
韋稔
涿州新置文宣王廟碑 4904下
呂頌
賀南郊大赦表 4906上
黔州刺史謝上表 4906下
謝賜春衣及牙尺表 4907上
謝賜冬衣表 4907下
謝賜冬衣表 4908上
謝端午賜衣及器物等表 4908上
謝敕書賜臘日口脂等表 4908下
謝敕書賜臘日香藥口脂等表 4908下
謝賜口脂表 4909上
謝賜口脂等表 4909上
爲張侍郎乞入覲表 4909上
再請入覲表 4909下
降誕日進光明砂等狀 4910上
降誕日進光明砂丹等狀 4910上
賀陸相公拜相啟 4910下
賀趙相公拜相啟 4910下
謝竇相公除男襄州參軍仍許隨父啟 4911上
呂周任
泗州大水記 4911下
王損之
曙觀秋河賦 4912下
飲馬投錢賦 4913上
汗血馬賦 4913下
崔護
屈刀爲鏡賦 4914上
日五色賦 4914下
陳昌言
先王正時令賦 4915下
馬總
爲戴中丞謝賜中和節詩序表 4916上
代鄭滑李僕射乞朝覲表 4916下
南海舉給事中穆質自代狀 4917上
鄆州刺史廳壁記 4917上
崔衍
請減虢州賦錢疏 4917下
嚴維
中書試黃人守日賦 4918上
李益
詩有六義賦 4918下
吳通微
內侍省內侍焦希望神道碑 4919上
黎逢
象魏賦 4921下
貢士謁文宣王賦 4922上
貢舉人見於含元殿賦 4922上
人不學不知道賦 4922下
觀風臺賦 4923上
測景臺賦 4923下
石硯賦 4924上
水化爲鹽賦 4924下
通天臺賦 4925上
許季同
白鹿夾輈賦 4925下
林蘊
上安邑李相公安邊書 4926上
上宰相元衡宏靖論兵書 4927下
路隨

上憲宗實録表 4929上
修定順宗實録錯誤奏 4929下
不載元詔事迹議 4930上
裴虬
怡亭銘 4930下
韋宏景
封還劉士涇授太僕卿詔疏 4931上
韓方明
授筆要説 4931上
權德輿
傷馴鳥賦 4933上
洞庭春溜滿賦 4933下
行舟逗遠樹賦 4934上
齊抗平章事制 4934上
進士策問五道 4934下
貞元十三年中書試進士策問二道 4935上
貞元十九年禮部策問進士五道 4935下
貞元二十一年禮部策問五道 4936下
明經策問七道 4937下
明經策問八道 4938下
明經策問七道 4940上
元和元年吏部試上書人策問三道 4941上
宏文崇文生策問三道 4941下
道舉策問五道 4942上
中書門下賀南詔異牟尋授策禮畢表 4943上
中書門下賀雲南軍破吐蕃劍山保定城表 4943上
中書門下賀幽州盧龍軍節度使檢校尚書右僕射劉濟去四月十七日於室韋川等三處大破奚虜六萬餘衆狀 4943下
中書門下賀汴州擒送李迺表 4943下
中書門下賀靈武大破吐蕃表 4944上
中書門下賀蔡州破賊表 4944上
中書門下賀劍南西川節度使去八月十八日於雍州靈關路大破蕃寇拔木破城并破通鶴軍天寶城應擒生斬級焚燒倉庫樓閣收獲羊馬器械等狀 4944下
中書門下賀元誼李文通出洺州城表 4945上
中書門下賀德音減放夏麥并賑給表 4945上
中書門下賀聖躬減膳降雨表 4945下
中書門下賀雪表 4945下
中書門下賀雪表 4946上
中書門下賀雨表 4946上
中書門下賀雨表 4946上
中書門下賀雨表 4946下
中書門下賀元和殿甘露降表 4946下
中書門下賀許州連理棠樹表 4947上
中書門下賀恒州華州嘉禾合穗表 4947上
中書門下賀滑州黄河清表 4947下
中書門下賀醴泉獲白鹿表 4948上
中書門下賀河陽獲白兔表 4948上
中書門下賀邢州獲白雀白山鵲表 4948下
中書門下賀興慶池白鸕鷀表 4948下
中書門下賀神龍寺渠中瑞蓮表 4949上
中書門下賀八陵修復畢表 4949上
中書門下賀建康郡王雙誕皇曾孫狀 4949下
中書門下奉韋皐奏南詔奉聖樂章狀 4950上
中書門下賀降誕日麟德殿三教論議狀 4950上
賀除于頔太子賓客表 4950上
謝端午賜衣及器物等表 4950下
謝賜冬衣表 4951上
謝停賜口脂等表 4951上
謝每年賜錢三千貫文表 4951下
恩賜馬一疋并鞍轡及告身衣兩副等謝狀 4951下
爲鄭相公讓中書侍郎平章事表 4952下
爲趙庶子謝平章事表 4952下
爲崔相公謝門下侍郎表 4953上
齊賓客相公進所賜馬狀 4953上
爲齊相公讓修國史表 4953下
盧相公謝授賓客表 4954上
爲盧相公謝除中書侍郎表 4954上

代盧相公謝賜方藥并陳乞表 4954下
第二表 4954下
第三表 4955上
第五表 4955下
第六表 4955下
代賈相公謝賜馬及銀器錦彩等表 4956上
代賈相公乞退表 4956上
代賈相公陳乞表 4956下
第二表 4957上
第三表 4957上
第四表 4957下
第五表 4957下
第六表 4957下
爲趙相公謝賜金石淩表 4958上
進詩狀 4958下
謝權知門下省過官狀 4958下
謝借飛龍馬狀 4958下
中書門下謝御製九日言懷賜中書門下及百寮詩狀 4959上
中書門下奉和聖製九日言懷詩賜中書門下及百官詩進狀 4959上
中書門下謝御製重陽日中外同歡以詩言懷因示羣官一首狀 4959下
中書門下進奉和聖製重陽日中外同歡以詩言志因示羣官狀 4959下
中書門下謝御製九月十八日賜百官追賞因示所懷詩狀 4960上
中書門下進奉和御製九月十八日賜百官追賞因示所懷詩狀 4960上
中書門下賀新製中和樂狀 4960下
中書門下進奉和聖製中春麟德殿會百寮觀新樂詩狀 4960下
中書門下謝御製中和節賜百官宴集因示所懷詩狀 4961上
中書門下進奉和聖製中和節賜百官宴集因示所懷詩狀 4961上
中書門下謝聖製重陽日即事六韻詩狀 4961下
中書門下進奉和聖製重陽日即事六韻詩狀 4961下
論江淮水灾上疏 4962上
上陳闕政 4963下
請置兩省官表 4964上
論度支疏 4964下
論裴延齡不應復判度支疏 4965上
奏于董所犯當明刑正罪疏 4965下
奏孝子劉敦儒狀 4966上
中書門下謝兩雪量放朝衆表 4966下
謝除太常卿表 4966下
東都留守謝上表 4967上
謝批答表 4967下
謝追贈表 4968上
謝贈先祖尚書禮部郎中表 4968上
請追贈先祖故羽林軍録事衆軍狀 4968下
謝手詔不聽迴官秩表 4969上
請祔廟狀 4969上
請遷祔先父準一品儀式狀 4969下
緣遷祔請令子弟營護狀 4969下
謝許遷祔并令子弟營護詔表 4969下
請遷舉假内差官勾當狀 4970上
遷舉假滿勾當公事狀 4970上
遺表 4970下
賀給事中許孟容論齊總授官事狀 4971上
論吴少陽起復狀 4971上
太常博士舉人自代狀 4971下
右補闕舉人自代狀 4971下
起居舍人舉人自代狀 4972上
起居舍人舉人自代狀 4972上
駕部員外郎舉人自代狀 4972下
司勳郎中舉人自代狀 4972下
中書舍人舉人自代狀 4972下
禮部侍郎舉人自代狀 4973上
户部侍郎舉人自代狀 4973上
兵部侍郎舉人自代狀 4973下
兵部侍郎舉人自代狀 4973下
吏部侍郎舉人自代

狀 4974上
太子賓客舉人自代狀 4974下
太常卿舉人自代狀 4974下
平章事舉人自代狀 4975上
禮部尚書舉人自代狀 4975上
東都留守舉人自代狀 4975下
請加置留鎮兵二千人狀 4976上
留鎮將士加置二千人狀 4976上
請加置兵衣糧狀 4976下
謝河南尹裴次元充東都副留守狀 4976下
謹移義成軍一千五百人鎮陽翟狀 4977上
請置防禦軍狀 4977上
徐州事宜奏 4978下
淮西招討事宜狀 4979上
論旱災表 4980上
昭義軍事宜狀 4981下
恒州招討事宜狀 4982下
山東行營事宜狀 4983上
遷廟議 4983下
藏莢室 4985上
虛東向 4985上
園寢 4985下
分饗 4985下
埋瘞 4985下
昭陵寢宮議 4986上
酷吏傳議 4986下
世祖封不義侯議 4987上
祭岳鎮海瀆等奏議 4987下
故朝散大夫使持節常州諸軍事守常州刺史充本州團練守捉使賜紫金魚袋獨孤公謚議 4988下
贈司空李揆謚議 4989上
與黜陟使柳諫議書 4990上
與睦州杜給事書 4990下
與張秘監書 4991上
答左司崔員外書 4991下
答獨孤秀才書 4992上
答楊湖南書 4992下
答柳福州書 4993下
賀崔相國書 4994下
右僕射贈太子太保姚公集序 4995上
徐泗濠節度使贈司徒張公文集序 4996上
兵部郎中楊君集序 4996下
比部郎中崔君元翰集序 4997下
中嶽宗元先生吳尊師集序 4999上
右諫議大夫韋君集序 5000下
唐使君盛山唱和集序 5001上
左武衛冑曹許君集序 5002上
韋賓客宅宴集詩序 5002下
秦徵君校書與劉隨州唱和詩序 5003上
蕭侍御喜陸太祝自信州移居洪州玉芝觀詩序 5003下
崔吏部衛兵部同任渭南縣尉日宿天長寺上方唱和詩序 5004上
暮春陪諸公游龍沙熊氏清風亭詩序 5004下
吳尊師華原露仙館詩序 5005上
奉送裴二十一兄閣老中丞赴黔中序 5005下
送安南裴中丞序 5006上
奉送黔中元中丞赴本道序 5006下
奉陪李大夫送王侍御史淮南浙西序 5007上
送水部許員外出守郢州序 5007上
送建州趙使君序 5007下
送衢州賈使君赴任序 5008上
臘日與諸公龍沙宴集序 5008下
秋夜侍姑叔讌會序 5008下
送歙州陸使君員外赴任序 5009下
送崔端公赴江陵度支院序 5010上
送張僕射朝覲畢歸徐州序 5010上
送韋起居老舅假滿歸嵩陽舊居序 5010下
奉送崔二十三丈諭德承恩致仕東歸舊山序 5011上
送徐諮議假滿東歸序 5012上
送前溧陽路丞東歸便赴滑州謁李尚書序 5012上
送袁中丞持節册回鶻序 5012下
送張閣老中丞持節册吊新羅序 5013上
奉送韋中丞使新羅序 5013下
送主客仲員外充黔中選補使序 5013下
送司門殷員外出守均州序 5014上
送袁尚書相公赴襄

陽序 5014下
奉送韋十二丈長官赴任王屋序 5015上
送崔十七叔胄曹判官赴義武軍序 5015下
送劉秀才登科後侍從赴東京覲省序 5015下
送杜少尹閑老赴東都序 5016上
送許校書赴江西使府序 5016下
月夜泛舟重送許校書聯句序 5016下
送張校書歸湖南序 5017上
送陸校書赴祕省序 5017上
送薛十九丈授將作主簿分司東都序 5017下
送許協律判官赴西川序 5018下
送嶺南韋評事赴使序 5018下
送李十弟侍御赴嶺南序 5019上
送李十二弟侍御赴成都序 5019上
送李十兄判官赴黔中序 5019下
送襄陽盧判官赴本使序 5020上
送商州崔判官序 5020上
送右龍武鄭録事東遊序 5020下
送台州崔録事二十一丈赴官序 5020下
招隱寺上方送馬典設歸上都序 5021上
送睦州李司功赴任序 5021下
送當塗馬少府赴官序 5021下
送義興袁少府赴官序 5022上
送從舅泳入京序 5022下
送三從弟長孺擢第後歸徐州覲省序 5022下
送再從弟少清赴潤州參軍序 5023上
送從兄穎遊江西序 5023下
送從兄立赴崑山主簿序 5024上
奉送從叔赴任鄱陽序 5024上
送三從弟况赴義興尉序 5024下
送張評事赴襄陽覲省序 5025上
送前丹陽丁少府歸餘杭覲省序 5025上
送王仲舒侍從赴衢州覲叔父序 5025下
送元上人歸天竺寺序 5026上
送道依闍黎歸婺州序 5026上
送靈澈上人盧山迴歸沃州序 5027上
送渾淪先生遊南岳序 5027上
送邱穎應制舉序 5027下
送陳秀才應舉序 5028上
送獨孤孝廉應舉序 5028上
送從兄南仲登科後歸汝州舊居序 5028下
送馬正字赴太原謁相國叔父序 5028下
送鈕秀才謁信州陸員外便赴舉序 5029上
送鄭秀才入京覲兄序 5029下
魏國公貞元十道録序 5029下
張隱居莊子指要序 5030下
唐銀青光禄大夫守中書侍郎同中書門下平章事贈太傅常山文貞公崔祐甫文集序 5031上
唐贈兵部尚書宣公陸贄翰苑集序 5032上
唐御史大夫贈司徒贊皇文獻公李栖筠文集序 5034上
唐故漳州刺史張君集序 5035上
唐故通議大夫梓州諸軍事梓州刺史上柱國權公文集序 5035下
昭文館大學士壁記 5037下
吏部員外郎南曹廳壁記 5038上
司門員外郎壁記 5038下
祕書郎廳壁記 5039上
京兆少尹西廳壁記 5039下
黔州觀察使新廳記 5040上
開州刺史新宅記 5040下
宣州響山新亭新營記 5041上
洪州西山風雨池記 5042上
太宗飛白書答詔記 5042下
信州南巖草衣禪師宴坐記 5043上
許氏吳興溪亭記 5043下
會稽虛上人石帆山靈泉北隖記 5044上
司徒岐公杜城郊居記 5045上
兩漢辯亡論 5046上
無爲先生讚 5047上
二疏讚 5047下

祕閣五絶圖賀監草書讚 5047下
畫西方變讚 5047下
畫釋迦如來讚并序 5048上
繡阿彌陀佛讚并序 5048上
歲星居心讚并序 5048下
興唐觀新鐘銘并序 5049下
幾銘 5050上
世德銘 5050上
釋疑 5050下
志過 5051上
答客問 5051下
答問三篇 5052上
醉說 5052下
放言 5053上
大唐湖南都團練觀察處置等使朝散大夫檢校左散騎常侍持節都督潭州諸軍事兼潭州刺史御史中丞雲騎尉賜紫金魚袋李公遺愛碑銘并序 5053下
大唐銀青光祿大夫檢校司徒同中書門下平章事太清宮及度支諸道鹽鐵轉運等使崇文館大學士上柱國岐國公杜公淮南遺愛碑銘并序 5054下
唐故義武軍節度使營田易定等州觀察處置使開府儀同三司檢校司空同中書門下平章事范陽郡王贈太師貞武張公遺愛碑銘并序 5057下
大唐四鎮北庭行軍兼涇原等州節度度支營田等開府儀同三司檢校尚書右僕射使持節涇州諸軍事涇州刺史兼御史大夫上柱國南川郡王劉公紀功碑銘并序 5060上
唐故光祿大夫檢校太尉兼中書令成都尹劍南西川節度副大使知節度事兼管内支度營田觀察處置統押近界諸蠻夷西山八國雲南安撫等使上柱國南康郡王贈太師韋公先廟碑銘并序 5062下
大唐浙江西道都團練觀察等使潤州刺史兼御史大夫河東郡公薛公先廟碑銘并序 5064上
唐金紫光祿大夫守司空同中書門下平章事充太微宮使上柱國燕國公于公先廟碑銘并序 5065上
唐故東都留守東都汝州防禦使銀青光祿大夫檢校吏部尚書判東都尚書省事兼御史大夫上柱國扶風縣開國伯贈太子少傅杜公神道碑銘并序 5066下
唐故劍南東川節度副大使知節度事管内支度營田觀察處置等使正議大夫持節梓州諸軍事守梓州刺史兼御史大夫護軍賜紫金魚袋贈禮部尚書盧公神道碑銘并序 5068上
唐故劍南東川節度副大使知節度事管内支度營田觀察處置靜戎軍等使光祿大夫檢校尚書左僕射使持節梓州諸軍事兼梓州刺史御史大夫鄭國公贈司空嚴公神道碑銘并序 5070上
唐故光祿大夫檢校尚書右僕射兼右衛上將軍南充郡王贈太子太保伊公神道碑銘并序 5071下
唐故江南西道都團練觀察處置等使中散大夫使持節都督洪州諸軍事守洪州刺史兼御史中丞騎都尉賜紫金魚袋贈左散騎常侍崔公神道碑銘并序 5073下
唐故成德軍節度營田副使正議大夫趙州別駕贈壽州都督河間尹府君

神道碑銘并序 5074下
唐故右神策護軍中尉右街功德使開府儀同三司守右武衛大將軍知内侍省事上柱國樂安縣開國公内侍省少監致仕贈揚州大都督府孫公神道碑銘并序 5075下
故正議大夫守門下侍郎同中書門下平章事成紀縣開國男賜紫金魚袋贈太子太傅貞憲趙公神道碑銘并序 5077下
故朔方河中晉絳邠寧慶等州兵馬副元帥河中絳邠節度度支營田觀察處置等使元從奉天定難功臣開府儀同三司檢校司徒兼中書令河中尹上柱國咸寧郡王贈太師忠武渾公神道碑銘并序 5079下
權德輿
唐故宣武軍節度副大使知節度事管内支度營田汴宋亳潁等州觀察處置等使金紫光祿大夫檢校尚書左僕射同中書門下平章事隴西郡開國公贈太傅董公神道碑銘并序 5082上
唐故中書侍郎同中書門下平章事太子賓客贈户部尚書齊成公神道碑銘并序 5083下
唐故楚州淮陰縣令贈尚書右僕射王府君神道碑銘并序 5085下
唐故四鎮北庭行軍兼涇原等州節度支度營田等使開府儀同三司檢校尚書右僕射使持節涇原諸軍事涇州刺史兼御史大夫上柱國南川郡王贈司空劉公神道碑銘并序 5087上
權德輿
尚書度支郎中贈尚書左僕射正平節公裴公神道碑銘并序 5089上
故太子右庶子集賢院學士贈左散騎常侍王公神道碑銘并序 5091上
故鄜州伏陸縣令贈左散騎常侍王府君神道碑銘并序 5092下
故中散大夫守尚書右僕射上柱國賜紫金魚袋贈太子太保姚公神道碑銘并序 5094上
故尚書工部員外郎贈禮部尚書王公神道碑銘并序 5095下
故中散大夫殿中侍御史潤州司馬贈吏部尚書沛國武公神道碑銘并序 5096下
唐故通議大夫守户部尚書兼御史大夫持節充朔方鎮西北庭興平陳鄭等州行營兵馬及河中節度都統處置使兼管内觀察使權知絳州刺史賜紫金魚袋贈揚州大都督府李公神道碑銘并序 5099上
唐故朝議郎使持節温州諸軍事温州刺史充静海軍使賜緋魚袋河東裴府君神道碑銘并序 5101上
唐故義武軍節度支度營田易定等州觀察處置等使檢校司空同中書門下平章事贈太傅上谷郡王張公夫人鄧國夫人谷氏神道碑銘并序 5102上
唐故章敬寺百巖大師碑銘并序 5103下
唐故寶應寺上座内道場臨壇大律師多寶塔銘并序 5104下
唐故東京安國寺契微和尚塔銘并序 5105上
唐故洪州開元寺石門道一禪師塔銘并序 5106上
唐故太清宫三洞法師吴先生碑銘并序 5107上

金紫光禄大夫檢校禮部尚書使持節都督廣州諸軍事兼廣州刺史御史大夫充嶺南節度支度營田觀察處置本管經畧等使東海郡開國公贈太子少保徐公墓誌銘并序　5108下
尚書司門員外郎仲君墓誌銘并序　5110上
故朝議郎行尚書倉部員外員郎集賢院待制權府君墓誌銘并序　5110下
金紫光禄大夫司農卿邵州長史李公墓誌銘并序　5111下
朝散大夫守司農少卿賜紫金魚袋隴西縣開國男李公墓誌銘并序　5113上
監察御史清河張府君墓誌銘并序　5114上
朝散大夫使持節都督容州諸軍事守容州刺史兼侍御史充本管經畧招討制置等使譙縣開國男賜紫金魚袋臧公墓誌銘并序　5114下
朝散大夫使持節饒州諸軍事守饒州刺史上柱國崔君墓誌銘并序　5116上
再從叔故試大理評事兼徐州蘄縣令府君墓誌銘并序　5117下
唐故使持節歙州諸軍事守歙州刺史賜緋魚袋陸君墓誌銘并序　5118上
使持節郴州諸軍事權知郴州刺史賜緋魚袋李公墓誌銘并序　5119上
唐故給事郎使持節房州諸軍事守房州刺史賜緋魚袋崔公墓誌銘并序　5120上
鄜坊節度使推官大理評事唐君墓誌銘并序　5121上
太原府司録事參軍李府君墓誌銘并序　5122上
叔父故朝散郎華州司士參軍府君墓誌銘并序　5122下
揚州兵曹參軍蕭府君墓誌銘并序　5123下
洪州建昌縣丞崔公墓誌銘并序　5124上
潤州丹陽縣丞盧君墓誌銘并序　5124下
再從叔故京兆府咸陽縣丞府君墓誌銘并序　5125下
長安主簿李君墓誌銘并序　5126上
王妣夫人宏農楊氏祔葬墓誌銘并序　5126下
獨孤氏亡女墓誌銘并序　5127下
唐故相國右庶子崔公夫人河東縣君柳氏祔葬墓誌銘并序　5128上
唐故義武軍節度使支度營田易定觀察處置等使檢校司空同中書門下平章事贈太傅上谷郡王張公鄧國夫人谷氏墓誌銘并序　5128下
衛國夫人李氏墓誌銘并序　5129下
前京兆府咸陽縣丞權公故夫人清河張氏墓誌銘并序　5130下
朝議大夫洋州刺史王君夫人博陵縣君崔氏祔葬墓誌銘并序　5131上
湖州武康縣丞許君夫人京兆韋氏墓誌銘并序　5131下
潤州丹陽縣尉李公夫人范陽盧氏墓誌銘并序　5132上
洛陽尉何君夫人范陽盧氏墓誌銘并序　5132下
唐睦州桐廬縣丞柳君故夫人天水權氏墓誌銘并序　5133上
唐故銀青光禄大夫守吏部尚書兼御史大夫充諸道鹽鐵轉運等使上柱國趙郡開國公贈尚書右僕射李公墓誌銘并序　5134上
唐丞相金紫光禄大夫守太保致仕贈太傅岐國公杜公墓誌銘并序　5135下

唐故金紫光禄大夫檢校司空兼尚書左僕射同中書門下平章事上柱國魏國公贈太傅賈公墓誌銘并序　5137上
故幽州盧龍軍節度副大使知節度事管内支度營田觀察處置押奚契丹兩番經略盧龍軍等使開府儀同三司檢校司徒兼中書令幽州大都督府長史上柱國彭城郡王贈太師劉公墓誌銘并序　5138上
唐故河中晉絳慈隰等州節度使支度營田觀察處置等使開府儀同三司檢校太尉兼中書令河中尹上柱國延德郡王食邑三千户贈太師張公墓誌銘并序　5140上
唐故山南西道節度營田觀察處置等使開府儀同三司檢校尚書左僕射同中書門下平章事兼興元尹上柱國馮翊郡王贈太保嚴公墓誌銘并序　5142上
唐故中大夫守尚書工部侍郎兼御史大夫史館修撰上柱國賜紫金魚袋充弔贈吐蕃使贈禮部尚書張公墓誌銘并序　5144下
唐故太常卿贈刑部尚書韋公墓誌銘并序　5145下
唐故朝議大夫太子右庶子上柱國賜紫金魚袋韋君墓誌銘并序　5147上
唐故太中大夫守太子賓客上柱國襄陽縣開國男賜紫金魚袋羅公墓誌銘并序　5148上
唐故朝散大夫守祕書少監致仕周君墓誌銘并序　5149上
唐故正議大夫衛尉少卿聞喜縣開國伯賜紫金魚袋裴君墓誌銘并序　5150上
唐故尚書工部員外郎贈禮部尚書王公改葬墓誌銘并序　5151上
唐故河南府登封縣令權君墓誌銘并序　5151下
殤孫進馬墓誌銘并序　5152上
唐故潤州昭代寺比邱尼元應墓誌銘并序　5152下
唐大興善寺故大宏教大辯正三藏和尚影堂碣銘并序　5153下
先公先太君靈表　5154下
故朝議大夫守太子賓客上輕車都尉賜紫金魚袋贈太子太傅盧公行狀　5155下
太中大夫守國子祭酒潁川縣開國男賜紫金魚袋贈户部尚書韓公行狀　5157上
司徒兼侍中上柱國北平郡王贈太傅馬公行狀　5159上
吴尊師傳　5164下
唐德宗皇帝謚册文　5165上
唐順宗莊憲皇帝謚册文　5165下
告王考禮部府君文　5166上
告王妣楊氏文　5166下
告先公貞孝公文　5166下
祭屯田柳郎中文　5166下
祭海陵李少府元易文　5167上
祭户部員外叔父文　5167下
祭李處士禨子文　5168上
祭外舅相國安平公文　5168下
祭李祭酒文　5169下
祭薛殿中文　5170上
一祭祕書包監文　5170下
祭吕給事文　5171上
祭梁補闕文　5171下
祭韓祭酒文　5172上
祭建昌崔丞文　5173上
祭徐給事文　5173下
祭奚吏部文　5174上
祭盧華州文　5174上
祭房州崔使君文　5175上
祭户部崔侍郎文　5175下
祭楊校書文　5176上
祭獨孤常州文　5176下
祭唐評事文　5177上
祭獨孤台州文　5177下
祭張工部文　5177下
祭賈魏公文　5178上

祭唐舍人文 5178下
祭崔士曹文 5179上
祭杜岐公文 5179下
祭子壻獨孤少監文 5180上
祭孫男法延師文 5180下
祭外姑河東縣君文 5180下
祭楊校書夫人文 5181上
祭外孫女文 5181下

陸長源

僧常滿智真等於倡家飲酒烹宰雞鵝判 5183上
斷金華觀道士盛若虛判 5183上
上宰相書 5183上
嵩山會善寺戒壇記 5185上
唐東陽令戴公去思頌 5185上
唐故靈泉寺元林禪師神道碑 并序 5186上
華陽三洞景昭大法師碑 5188上

戴叔倫

賀平賊赦表 5189下
意林序 5189下

李方郁

修中嶽廟記 5190上

鄭絪

初日照露盤賦 5191下
册皇太子赦詔 5192上
立廣陵郡王爲皇太子詔 5192下
順宗傳位皇太子改元誥 5192下
太微宫神主祔太廟奏 5193上
謝賜神刀食金等狀 5193下
謝借飛龍馬二匹狀 5193下
爲易定張令公進鷹籠狀 5193下
臘日謝賜口脂曆日狀 5194上
朝覲遇節進奉狀 5194上

郭雄

忠孝寺碑銘 5194下

周存

觀太學射堂賦 5195上
瑞龜游宫沼賦 并序 5195下
太常新復樂懸冬至日薦之圜丘賦 5196上
授衣賦 5196下

裴晃

舉杭州刺史韋臯自代狀 5197下

李吉甫

睿聖文武皇帝册文 5198上
賀赦表 5198下
賀赦表 5199上
賀赦表 5199下
賀赦表 5200上
賀赦表 5200上
賀赦表 5200下
讓平章事表 5201上
第二表 5201上
忠州刺史謝上表 5201下
柳州刺史謝上表 5202上
饒州刺史謝上表 5202下
諫畋獵表 5203上
請録用令狐通奏 5203上
請汰冗吏疏 5203下
請罷永昌公主祠堂疏 5204上
對素服救日蝕儀疏 5204上
右龍武統軍張伯儀謚議 5204下
上元和郡縣圖志序 5204下
編次鄭欽悦辨大同古銘論 5206上
杭州徑山寺大覺禪師碑銘 并序 5206上

冷朝陽

林表吴岫微賦 5208下

張元度

對樂請置判懸判 5209上

吴與

漳州圖經序 5209下

李演

東林寺遠法師影堂碑 并序 5210上

于公異

代崔冀公賀登極表 5211上
賀聖躬痊復表 5211下
賀聖躬痊復表 5211下
爲崔冀公請赴山陵表 5212上
代李令公謝手詔爲製東渭橋碑文表 5212下
代李令公乞朝覲南郊表 5213上
皇帝違和請朝覲表 5213下
代人行在起居表 5214上
奏投降吐蕃表 5214上
爲王尚書奏洛州事宜并進翻城副將李澄表 5214下
代李令公進歲節口味一十事狀 5215上
端午進馬狀 5215下
進貢扶風縣平地穿得金盞二枚并甕子一枚狀 5215下
李晟收復西京露布 5216上
吴嶽祠堂記 5218上

崔從

請定舉放官私錢事宜狀 5219下

顧少連

嵩嶽少林寺新造厨庫記 5220上
請以口問經義録於

紙上以便依經疏對奏 5221下

趙昌

蒙異牟尋請降奏狀 5221下

李約

道德真經新注序 5222上

壁書飛白蕭字贊 5222下

殷亮

顏魯公行狀 5223下

陳京

請爲獻祖懿祖立別廟疏 5232下

祧獻懿二祖議 5233上

請定禘祭廟位奏 5233上

大唐同州澄城縣令鄭公德政碑并序 5233上

王虔休

修進繼天誕聖樂表 5234下

進嶺南王館市舶使院圖表 5235上

韋肜

諫張茂宗借吉尚主疏 5235下

太廟朔望進食議 5236下

仲子陵

斷織賦 5237上

清簟賦 5237下

轆轤賦 5238上

珊瑚樹賦 5238下

洞庭獻新橘賦 5239上

幽蘭賦 5239下

五色琴絃賦 5239下

五絲續寶命賦 5240上

獻懿二祖遷祔於德明興聖廟議 5241上

李嶸

獻懿二祖宜藏夾室議 5241下

王權

請以獻懿二主祔興聖廟議 5242下

暢當

喪服議 5243上

除服議 5243上

暢諸

對祭社不奏商均判 5243下

對歷生失度判 5243下

張彧

趙郡南石橋銘并序 5244上

漢史贊桑宏羊評 5244上

聖朝無憂王寺大聖真身寶塔碑銘并序 5245

李沛

大岯山銘 5247下

梁肅

過舊園賦并序 5249上

指佞草賦 5250上

述初賦并序 5250下

受命寶賦并序 5252上

代太常答蘇端駁楊綰謚議 5253下

西伯受命稱王議 5254下

天台法門議 5255上

止觀統例議 5256上

丞相鄴侯李泌文集序 5259上

祕書監包府君集序 5259下

常州刺史獨孤及集後序 5260上

補闕李君前集序 5261上

中和節奉陪杜尚書宴集序 5262上

晚春崔中丞林亭會集詩序 5262下

賀蘇常二孫使君鄰郡詩序 5263上

周公瑾墓下詩序 5263下

游雲門寺詩序 5264上

送謝舍人赴朝廷序 5264上

奉送泉州席使君赴任序 5264下

送李補闕歸少室養疾序 5265上

送耿拾遺歸朝廷序 5265下

送朱拾遺赴朝廷序 5265下

送竇拾遺赴朝廷序 5266上

送韋拾遺歸嵩陽舊居序 5266上

奉送劉侍御赴上都序 5266下

送周司直赴太原序 5267上

送前長水一作安裴少府歸海陵序 5267下

送皇甫七赴廣州序 5267下

送張三十昆季西上序 5268上

送鄭子華之東陽序 5268上

送靈沼上人遊壽陽序 5268下

送沙門鑒虛上人歸越序 5269上

送皇甫尊師歸吳興卞山序 5269上

送韋十六進士及第後東歸序 5269下

送元錫赴舉序 5269下

維摩經畧疏序 5270上

陪獨狐常州觀講論語序 5270下

導引圖序 5271上

觀石山人彈琴序 5271下

河南府倉曹參軍廳壁記 5273上

吳縣令廳壁記 5273上

鄭縣尉廳壁記 5273下

通愛敬陂水門記 5274上

崑山縣學記 5275上

常州建安寺止觀院記 5275下

李晉陵茅亭記 5275下
京兆府司録西廳盧氏世官記 5276上
鹽池記 5277上
神仙傳論 5277下
涅槃經疏釋文 5278上
三如來畫像讚 并序 5278上
金剛般若波羅密經石幢讚 并序 5279上
藥師琉璃光如來畫像讚 并序 5279上
繡觀世音菩薩像讚 5279下
地藏菩薩讚 并序 5280上
藥師琉璃光如來繡像讚 5280下
壁畫三像讚 并序 5280下
千手千眼觀世音菩薩像讚 5281上
大羅天尊畫像讚 并序 5281下
藥師琉璃光如來畫像讚 并序 5281下
繡西方像讚 并序 5282上
釋迦牟尼如來像讚 5282下
四皓贊 5283上
兵箴 5283下
心印銘 5283下
磻溪銘 并序 5284上
圯橋石表銘 并序 5284下
祇園寺淨土院志 5285上
漢高士嚴君釣臺碑 5285下
梁高士碣 5286上
台州隋故智者大師修禪道場碑銘 并序 5286下
越州開元寺律和尚塔碑銘 并序 5288上
睦王墓誌銘 5288下
侍御史攝御史中丞贈尚書户部侍郎李公墓誌銘 5289上
給事中劉公墓誌銘 5290上
房正字墓誌銘 5291上
明州刺史李公墓誌銘 5291下
處州刺史李公墓誌銘 5293上
越州長史李公墓誌銘 5293下
冠軍大將軍檢校左衛將軍開國男安定梁公墓誌銘 并序 5294下
舒州望江縣丞盧公墓誌銘 5295上
鄭州新鄭縣尉安定皇甫君墓誌銘 5295下
恒州真定縣尉獨孤君墓誌銘 5296上
鄭處士墓誌 5296下
隴西李君墓誌 5297上
著作郎贈祕書少監權公夫人李氏墓誌銘 5297下
監察御史李君夫人蘭陵蕭氏墓誌銘 5298上
鄭州原武縣丞崔君夫人源氏墓誌銘 5299上
衢州司士參軍李君夫人河南獨孤氏墓誌銘 5299下
杭州臨安縣令裴君夫人常山閻氏墓誌銘 5300上
德州安德縣丞李君夫人梁氏墓誌銘 5300下
外王父贈祕書少監東平吕公神道表銘 5301下
朝散大夫使持節常州諸軍事守常州刺史賜紫金魚袋獨孤公行狀 5302下
爲常州獨孤使君祭李員外文 5304下
爲獨孤常州祭福建李大夫文 5305上
爲獨孤郎中祭皇甫大夫文 5305下
祭獨孤常州文 5306上
祭李祭酒文 5306下
爲雷使君祭孟尚書文 5307上
爲杜尚書祭侍御史文 5307下
祭李處州文 5308上
爲杜東都祭竇廬州文 5308下
爲人祭柳侍御史文 5308下
爲杜尚書祭殁將文 5309上

劉怦

與朱滔書 5309下

楊於陵

賀册皇太后表 5309下
爲崔冀公賀登極赦表 5310上
賀梟賊叛將楊惠琳表 5310下
賀收劍門表 5310下
謝潘侍郎到宣慰表 5311上
謝恩宣慰并賜手詔表 5311下
謝手詔許受吐蕃信物表 5312上
謝敕書宣慰表 5312上
爲判官郭彦郎中謝手詔表 5312下
請修寫銓選簿書奏 5312下
行宫置寢議 5313上
祭權相公文 5313上

韋貞伯
劾吏部銓選不實奏 5314上
崔元翰
爲河東副元帥馬司徒請罷節度表 5314上
第二表 5314下
爲河東副元帥馬司徒謝實封表 5315上
爲文武百官請復尊號第一表 5315下
第二表 5316上
第三表 5316下
第四表 5317下
第五表 5318下
第六表 5319下
爲百官賀舒州甘露表 5320下
與常州獨孤使君書 5320下
判曹食堂壁記 5321上
右補闕翰林學士梁君墓誌 5322上
雍維良
對文可以經邦策 5323下
穆質
論喪服疏 5324上
論服墨衰疏 5324上
對賢良方正能直言極諫策 5324下
對雙耦射判 5329上
與僧彥範書 5329下
韋執中
海人獻冰紈賦 5329下
白雲無心賦 5330上
羅讓
樂德教胄子賦 5331上
耿恭拜井賦 5331下
井渫不食賦 5332上
對才識兼茂明於體用策 5332下
可頻瑜
德星聚賦 5336下
查客至斗牛賦 5337上
畋獲非熊賦 5337下
開三面網賦 5338上
洞庭獻新橘賦 5338下
嚴涚
武成王祀典議 5339下
李巽
請於郴州鑄錢奏 5340上
駁尚書右僕射鄭珣瑜謚議 5340上
又議 5340下
請符載書 5342上
再請書 5342上
第三書 5342下
衛次公
渭水貫都賦 5343上
劉元佐
勞高彥昭書 5343下
竇泰
泥雨停朝參奏 5344上
趙元一
奉天録序 5344上
尚華
上高中丞狀 5345上
朱泚
遺弟滔書 5345下
朱滔
移諸道牒文 5345下
劉闢
如石投水賦 5346上
古之奇
縣令箴 5347上
爲朱泚署坊市榜 5347上
洪經綸
大岯山銘 5347下
趙贊
請以箴表等代詩賦奏 5347下
常平倉議 5347下
唐故贈太保張公神道碑 5348上
薛珏
請禁淹留館驛奏 5349上
柳峴
故莫州長豐縣令李君墓誌銘 5349上
劉濟
涿鹿山石經堂記 5350上
胡堅
得鹽井水土表 5350下
柳冕
青帥乞朝觀表 5351上
皇太子服紀議 5351下
請築別廟居獻懿二祖議 5352上
請定公主母稱號狀 5353上
與權侍郎書 5353上
謝杜相公論房杜二相書 5354上
答孟判官論宇文生評史官書 5355上
與滑州盧大夫論文書 5356下
與徐給事論文書 5356下
答荊南裴尚書論文書 5357上
答徐州張尚書論文武書 5358上
答楊中丞論文書 5359上
答衢州鄭使君論文書 5359下
再答張僕射書 5360上
王叔邕
彈崔位狀 5360下
潘孟陽
天道運行成歲賦 5361上
顧況
高祖受命造唐賦并序 5362上

茶賦 5365上
莽墟賦 5365上
上高祖受命造唐賦表 5365下
太尉晉國公韓滉謚議 5366上
禮部員外郎陶氏集序 5366下
信州刺史劉府君集序 5367上
右拾遺吳郡朱君集序 5367下
監察御史儲公集序 5368上
戴氏廣異記序 5368上
江西觀察宴度支張侍郎南亭花林序 5369下
宴韋庶子宅序 5369下
送朱拾遺序 5369下
陪江西李大夫東湖賦詩送宣武軍趙判官還使序 5370上
送韋處士適東陽序 5370上
送張鳴謙適越序 5370下
送宣歙李衙推八郎使東都序 5370下
仙遊記 5371上
宋州刺史廳壁記 5371下
湖州刺史廳壁記 5372上
嘉興監記 5372下
華亭縣令延陵包公壁記 5373上
宛陵公署記 5373上
王氏廣陵散記 5373下
陰陽不測之謂神論 5374上
文論 5374下
如意輪畫讚并序 5375下
玉笥山書堂石傘峯銘 5376上
釋祀篇 5376上
衢州開元觀碑 5377上
書衢州開元觀碑後 5377下
虎邱西寺經藏碑 5377下
蘇州乾元寺碑 5379上
廣陵白沙大雲寺碑 5379下
饒州刺史趙郡李府君墓誌銘 5381下
檢校尚書左僕射同中書門下平章事上柱國晉國公贈太傅韓公行狀 5382上
祭裴尚書文 5384下
祭李員外文 5384下
祭陸端公文 5385上

楊系

通天臺賦 5386上

鄭叔齊

新開石巖記 5386下

武元衡

賀甘露表 5387上
賀連理棠樹合歡瓜白兔表 5387下
寒食謝賜新火及春衣表 5387下
謝賜新火及新茶表 5388上
議朝參官班序奏 5388下
請選舉限内仍朝參奏 5388下
請停忌日告陵并薦瓜果等使奏 5389上
請待制官於延英候對疏 5389上
劉商郎中集序 5389上
祭李吉甫文 5390上

韋貫之

南平郡王高崇文神道碑 5390下

趙需

諫復用盧杞爲饒州刺史疏 5393下
重論復用盧杞疏 5394上

常仲儒

河中府新修文宣王廟碑 5394上

王仲周

代杜司徒謝妻封邑表 5395下
代王尚書謝一子官狀 5395下
第二狀 5396上
端午進銀器衣服狀 5396上
第二狀 5396上
第三狀 5396下
第四狀 5396下
降誕日進器物狀 5396下
第二狀 5396下
第三狀 5397上
第四狀 5397上
奏度女道士無名尼等狀 5397上
奏姚季立妻充女道士狀 5397上

張賈

衡誠懸賦 5397下
天道運行成歲賦 5398上

李觀

高宗夢得説賦 5398下
鈞天樂賦 5399上
東還賦 5399下
授衣賦 5400上
苦雨賦 5400下
郊天頌 5401上
請修太學書 5401下
上宰相安邊書 5403上
與處州李使君書 5404下
貽睦州糾曹王仲連書 5405下
與吏部奚員外書 5406上
與右司趙員外書 5407下
與房武支使書 5408上
上杭州房使君書 5409上

與睦州獨孤使君論
朱利見書 5410上
與張宇侍御書 5411下
代彝上蘇州韋使君
書 5412上
代李圖南上蘇州韋
使君論戴察書 5412下
貽先輩孟簡書 5413下
報弟兌書 5414上
帖經日上侍郎書 5415上
與膳部陳員外書 5416上
上陸相公書 5416下
上賈僕射書 5420上
上梁補闕薦孟郊崔
宏禮書 5420下
八駿圖序 5421上
浙西觀察判官廳壁
記 5421下
常州軍事判官廳壁
記 5422上
道士劉宏山院壁記 5423上
邠寧慶三州節度饗
軍記 5424上
鼂錯論 5424下
辨曾參不爲孔門十
哲論 5425下
謁夫子廟文 5426下
涇州王將軍文 5427上
斬白蛇劍贊 5427下
妄動箴 5428上
交難說 5429上
通儒道說 5429下
說新雨 5429下
述行 5430上
漢受降城銘并序 5430下
東渭橋銘并序 5431下
大夫種銘并序 5431下
項籍碑銘并序 5432上
周苛碑并序 5433下
趙壹碑并序 5434上
故人墓誌并序 5434下
哀吾邱子文 5435下
弔韓弇没胡中文 5436上
弔漢武帝文并序 5436下
祭伏波神文 5437下
崔殷
對毀壞壓死判 5438上
純德真君廟碣銘 5438上
韋武
祧獻懿二祖議 5439上
王栩
請停執刀資糧奏 5439上
張友正
八使出巡賦 5439下
請長纓賦 5440上
射已之鵠賦 5440上
釣鼇賦 5440下
黃鍾管賦 5441下
律移寒谷賦 5442上
歙州披雲亭記 5442下
朱灣
別湖州崔使君書 5443下
唐伸
澧州藥山故惟儼大
師碑銘并序 5443下
李奕
登科記序 5445上
李濯
廣達樓賦 5445下
內人馬伎賦 5446下
李君房
獻繭賦 5447上
清濟貫濁河賦 5447下
白獸樽賦 5447下
海人獻文錦賦 5448上
獨繭綸賦 5448下
天子劍賦 5449上
裴度
漢宣帝冠帶單于賦 5450上
鑄劍戟爲農器賦 5450下
黃目樽賦 5451上
神龜負圖出河賦 5451下
白烏呈瑞賦 5452上
三驅賦 5452下
鈞天樂賦 5453上
二氣合景星賦 5453下
歲寒知松柏後彫賦 5454上
律中黃鍾賦 5454下
古君子佩玉賦 5455上
簫韶九成賦 5455下
讓平章事表 5456上
代李大夫請朝覲表 5456下
懇辭册禮表 5457上
却賜玉帶表 5457上
論元稹魏宏簡姦狀
疏 5457上
第二疏 5458上
論田宏正討李師道
疏 5458下
請罷知政事疏 5459上
諫晏朝疏 5460上
諫坐朝稀少疏 5460上
請釋王賞狀 5461上
不置冢宰議 5461上
寄李翺書 5461上
三藏無畏不空法師
塔記 5462下
自題寫真贊 5462下
送毛仙翁述 5463上
蜀丞相諸葛武侯祠
堂碑銘并序 5463上
唐故太尉兼中書令
西平郡王贈太師
李公神道碑銘
并序 5464下
劉府君神道碑銘
并序 5466下
令孤楚
還珠合浦賦 5469下
漢皇竹宮望拜神光

賦 5470上
授裴度彰義軍節度使制 5470下
授狄兼謨拾遺制 5471上
代鄭尚書賀登極表 5471下
賀南郊表 5471下
爲桂府王拱中丞賀南郊表 5472上
鄭尚書賀册皇太后表 5472下
賀皇太子知軍國表 5472下
賀赦表 5473上
爲鄭尚書賀登極赦表 5473下
賀册太子赦表 5474上
爲監軍賀赦表 5474上
中書門下賀赦表 5474下
賀德音表 5475上
代鄭尚書賀册太后禮畢赦表 5475上
賀老人星見表 5475下
賀白鹿表 5476上
中書門下賀白野雞表 5476上
爲百官賀白烏表 5476下
進張祜詩册表 5476下
賀劍南奏破吐蕃表 5477上
賀靈武破吐蕃表 5477上
賀修八陵畢表 5477下
奉慰過山陵表 5477下
爲福建閻常侍奉慰德宗山陵表 5478上
代太原李僕射慰義章公主薨表 5478上
賀順宗謚議表 5478上
讓中書侍郎表 5479上
爲鄭儋尚書謝河東節度使表 5479下
河陽節度使謝上表 5480上
謝除宣歙觀察使表 5480下
爲昭義王大夫謝知節度觀察等留後表 5481上
爲道州許使君謝上表 5481下
衡州刺史謝上表 5481下
爲石州刺史謝上表 5482上
爲桂府王中丞謝加朝議大夫表 5482下
爲太原鄭尚書謝賜旌節等表 5482下
爲太原李少尹謝上表 5483上
代李僕射謝男賜緋魚袋表 5483下
謝勅書賜春衣并尺表 5484上
謝春衣并端午衣物表 5484上
謝春衣表 5484下
謝賜衣甲及藥物等表 5484下
謝賜冬衣表 5485上
謝勅書賜臘日口脂等表 5485上
代李僕射謝賜男絹等物并贈亡妻晉國夫人表 5485下
爲樓煩監楊大夫請朝覲表 5485下
第二表 5486上
第三表 5486下
代河南裴尹請拜埽表 5487上
爲羽林李景略將軍進射雁歌表 5487上
進異馬駒表 5487下
請罷榷茶使奏 5488下
遺疏 5488下
代李僕射謝子恩賜狀 5489上
第二狀 5489下
第三狀 5489下
第四狀 5490上
第五狀 5490上
第六狀 5490下
爲人作謝防秋迴賜將士等物狀 5490下
爲人作謝賜行營將士疋段并設料等物狀 5491上
爲人謝賜行營將士襖子及弓弩狀 5491上
爲人謝賜天德防秋將士絁絹狀 5491下
爲人謝賜將軍官告狀 5491下
爲人謝宣慰狀 5491下
謝勅書手詔慰問狀 5492上
謝口勅慰問狀 5492上
謝宣慰狀 5492上
謝勅書手詔慰問狀 5492下
謝宣慰諸州軍鎮等狀 5492下
爲崔仲孫弟謝手詔狀 5493上
爲人謝問疾兼賜醫藥等狀 5493上
爲人謝詔書問疾兼賜藥方等狀 5493下
爲人謝問疾狀 5493下
爲人謝端午賜物等狀 5493下
爲人謝賜口脂等并歷日狀 5494上
謝賜臘日口脂紅雪紫雪歷日等狀 5494下
爲人謝賜男歲節料并口脂臘脂等狀 5494下
謝賜春衣牙尺狀 5495上

第二狀 5495上
謝賜冬衣狀 5495下
第二狀 5495下
第三狀 5496上
謝賜毯價絹狀 5496上
謝宣行哀册文狀 5496上
謝賜僧尼告身并華嚴院額狀 5496下
爲五臺山僧謝賜袈裟等狀 5496下
第二狀 5497下
爲鄭尚書賀册皇太子狀 5497下
賀韓僕射充招討使狀 5497下
賀破賊兼優卹將士狀 5498上
賀行營破賊狀 5498上
賀行營破賊狀 5498下
爲人作薦昭州刺史張蕬狀 5499上
爲人作薦劉孟修狀 5499上
爲人作奏薛芳充支使狀 5499下
元日進馬并鞍轡狀 5499下
第二狀 5499下
端午進鞍馬等狀 5500上
第二狀 5500上
第三狀 5500上
又進銀器物并行鞋等狀 5500下
賀冬至進鞍馬弓劒香囊等物 5500下
第二狀 5500下
又進鞍馬器械等狀 5501上
又進銀器唾盂等狀 5501上
降誕日進銀器物及零陵香等狀 5501上
降誕日進鞍馬等狀 5501下
第二狀 5501下
第三狀 5501下
第四狀 5501下
降誕日爲楊大夫奏修功德并進馬狀 5502上
進憲宗哀册文狀 5502上
進金花銀櫻桃籠等狀 5502下
進白蕉狀 5502下
進異馬駒狀 5502下
爲太原李説尚書進白兔狀 5503上
第二狀 5503上
進異鷹狀 5503下
奏太原府資望及官吏選數狀 5503下
奏教習長鎗及弓弩狀 5504上
奏排比第二般差撥兵馬狀 5504上
奏教當道兵馬狀 5504下
奏差兵馬赴許州救援并謝宣慰狀 5504下
奏百姓王士昊割股狀 5504下
奏榆次縣馮秀誠割股奉母狀 5505上
爲人作奏貶晉陽縣主簿姜鉥狀 5505上
爲人作請行軍司馬及少尹狀 5505下
奏節度使等帶器仗就尚書省參辭狀 5505下
薦齊孝若書 5506上
賀皇太子知軍國牋 5506上
盤鑑圖銘記 5506下
送周先生住山記 5506下
刻蘇公太守二文記 5507上
沁源縣琴高靈泉碑記 5507下
白楊神新廟碑 5508下
大唐故朔方靈鹽等軍州節度副大使知節度事管内支度營田觀察處置押蕃落等使銀青光禄大夫檢校刑部尚書兼靈州大都督府長史御史大夫安定郡王贈尚書左僕射李公神道碑銘并序 5510上
唐憲宗章武皇帝哀册文 5512上
祭豐州李大夫十八丈文 5513上
祭姪女行軍夫人文 5513下

李貽孫

故四門助教歐陽詹文集序 5514上
夔州都督府記 5514下

盧坦

請放河中鹽入興元府等州奏 5515下
請和糴奏 5516上
請不毁李錡祖父廟墓奏 5516上
與李渤拾遺書 5516上

柳公綽

請禁姦人得牒免差奏 5517上
定吏人犯罪坐長官等奏 5517下
請定勅使驛馬限約 5517下
太醫箴 5517下

張宏靖

應乾聖壽太上皇册文 5518下

張正元

南風之薰賦 5519上

于頔

讓授子方太常丞表 5519下
釋皎然杼山集序 5519下
潭州法華院記 5520上
崔備
駁太常擬贈工部尚書馬暢諡議 5521上
壁書飛白蕭字記 5521下
蕭俛
請放免當司諸色本利錢奏 5522下
辭撰王承宗先銘奏 5522下
對穆宗問兵法有必勝疏 5523上
崔位
爲李尚書讓兼左僕射表 5523上
第二表 5524上
代李僕射謝加營田使表 5524上
爲李僕射賀聖製政刑箴表 5524下
袁司直
寅賓出日賦 5525上
王仲舒
湖南觀察使謝上表 5525下
爲荆南節度使謝恩表 5526上
昭陵寢宮議 5526上
崔處士集序 5526下
祭權少監文 5527上
王顏
京兆府獻三足烏賦 5527下
白雀賦 5528上
進黃帝玉佩表 5528下
請釐肅朝班狀 5529上
軒轅黃帝鑄鼎原碑銘 并序 5529上
追樹十八代祖晉司空太原王公神道碑銘 5529下
裴璘
請進士兼習爾雅老子奏 5531下
王履貞
辟雍賦 5531下
冰池照寒月賦 5532上
國子丞廳連理樹賦 5532下
太學刱置石經賦 5533上
太學壁經賦 5533下
目無全牛賦 5534上
六街鼓賦 5533下
林藻
冰池照寒月賦 5535上
喬彝
立走馬賦 5535下
幽蘭賦 5536上
渥洼馬賦 5536下
李遜
遊妙喜寺記 5537上
陳羽
明水賦 5537下
張嗣初
鄉老獻賢能書賦 5538上
陸復禮
珠還合浦賦 5539上
鈞天樂賦 5539下
崔教
邵伯祠碑記 5540上
烏重允
請德棣景三州歸刺史收管奏 5541上
崔韶
重定贈工部尚書馬暢諡議 5541下
韓愈
感二鳥賦 5542上
復志賦 并序 5542下
閔己賦 5543下
別知賦 送楊儀之 5544上
明水賦 5544上
伯夷頌 5544下
子產不毀鄉校頌 5545上
河中府連理木頌 5545下
除崔羣户部侍郎制 5545下
進士策問十三首 5546上
爲韋相公讓官表 5548下
爲宰相賀雪表 5549上
進順宗皇帝實録表狀二首 5549上
爲裴相公讓官表 5550上
進撰平淮西碑文表 5550下
論捕賊行賞表 5551上
論佛骨表 5552下
潮州刺史謝上表 5553下
賀册尊號表 5554下
袁州刺史謝上表 5555下
賀皇帝即位表 5555下
賀赦表 5556上
賀册皇太后表 5556下
賀慶雲表 5556下
慰國哀表 5557上
請上尊號表 5557上
賀雨表 5558上
憲宗崩慰諸道疏 5558下
與汝州盧郎中論薦侯喜狀 5558下
論今年權停舉選狀 5559上
御史臺上論天旱人饑狀 5559下
請復國子監生徒狀 5560上
復讎狀 5560
錢重物輕狀 5561下
爲宰相賀白龜狀 5562上
冬薦官殷侑狀 5562上
進王用碑文狀 5562下
謝許受王用男人事物狀 5562下
薦樊宗師狀 5562下
舉錢徽自代狀 5563上
奏韓宏人事物狀 5563上

謝許受韓宏物狀 5563上
舉張惟素自代狀 5563下
舉韓泰自代狀 5563下
舉薦張籍狀 5564上
舉韋顗自代狀 5564上
論孔戣致仕狀 5564上
舉馬摠自代狀 5565上
賀太陽不虧狀 5565上
舉張正甫自代狀 5565上
袁州申使狀 5565下
黄家賊事宜狀 5565下
應所在典貼良人男女等狀 5566下
奏汴州得嘉禾嘉瓜狀 5567下
論淮西事宜狀 5567下
論變鹽法事宜狀 5569下
皇帝即位賀諸道狀 5572下
皇帝即位降赦賀觀察使狀 5573上
潮州謝孔大夫狀 5573上
改葬服議 5573上
省試學生代齋郎議 5574上
禘祫議 5575上
請遷元宗廟議 5576上
鼇蠡招大夫種議 5576下
與李祕書論小功不稅書 5577上
答張籍書 5577下
重答張籍書 5578上
與孟東野書 5578下
答竇秀才書 5579上
上李尚書書 5579下
賀徐州張僕射白兔狀 5580上
上兵部李侍郎書 5580下
答尉遲生書 5581上
答楊子書 5581上
至鄧州北寄上襄陽于相公書 5581下
上宰相書 5582上
後十九日復上書 5584上
後廿九日復上書 5584下
答侯繼書 5586上
答崔立之書 5586下
答李翊書 5587下
重答翊書 5588下
代張籍與李浙東書 5588下
答李秀才書 5589下
答陳生書 5590上
與李翱書 5590下
上張僕射書 5591上
答胡生書 5592上
與于襄陽書 5592下
與崔羣書 5593上
與陳給事書 5594下
答馮宿書 5595上
與衛中行書 5596上
上張僕射第二書 5596下
與馮宿論文書 5597上
與祠部陸員外書 5597下
與鳳翔邢尚書書 5598下
爲人求薦書 5599下
應科目時與人書 5599下
答劉正夫書 5600上
答殷侍御書 5600下
答陳商書 5601上
與孟尚書書 5601下
答呂毉山人書 5602下
答渝州李使君書 5603下
答元侍御書 5603下
與鄭相公書 5604上
與袁相公書 5604下
與鄂州柳中丞書 5605上
又一首 5605上
答魏博田僕射書 5606上
與華州李尚書書 5606上
京尹不臺參答友人書 5606下
答侯生問論語書 5606下
與少室李拾遺書 5607上
與張徐州薦薛公達書 5607下
上賈滑州書 5608上
上考功崔虞部書 5608下
答劉秀才論史書 5609下
與大顛師書 5610上
皇帝即位賀宰相啓 5610下
上鄭尚書相公啟 5610下
爲河南令上留守鄭相公啟 5611上
國子監論新注學官牒 5611下
潮州請置鄉校牒 5611下
送陸歙州詩序 5612下
送孟東野序 5612下
送許郢州序 5613下
送竇從事序 5614上
送齊皥下第序 5614下
送陳密序 5615上
送李愿歸盤谷序 5615下
送牛堪序 5616上
送董邵南序 5616下
贈崔復州序 5616下
贈張童子序 5617上
送浮屠文暢師序 5617下
送楊支使序 5618下
送何堅序 5619上
送廖道士序 5619上
送王秀才序 5619下
送孟秀才序 5620上
送陳秀才彤序 5620上
送王秀才序 5620下
送幽州李端公序 5621上
送區册序 5621上
送張道士序 5621下
送高閑上人序 5621下
送殷員外序 5622上
送楊少尹序 5623上
送水陸運使韓侍御

歸所治序 5623下
送權秀才序 5624上
送湖南李正字序 5624下
送石處士序 5625上
送温處士赴河陽軍序 5625下
送鄭尚書序 5626上
送鄭十校理序 5627上
送汴州監軍俱文珍序 5627下
送浮屠令縱西遊序 5627下
張中丞傳後敘 5628上
上巳日燕太學聽彈琴詩序 5629下
荆潭唱和詩序 5629下
韋侍講盛山十二詩序 5630上
石鼎聯句詩序 5630下
鄆州谿堂詩序 5631下
汴州東西水門記并序 5633上
燕喜亭記 5633下
徐泗豪三州節度掌書記廳石記 5634上
藍田縣丞廳壁記 5634下
新修滕王閣記 5635上
記宜城驛 5635下
畫記 5636上
科斗書後記 5636下
河南府同官記 5637上
省試顔子不貳過論 5638上
争臣論 5638下
三器論 5640上
送窮文 5640下
弔武侍御所畫佛文 5641下
後漢三賢贊三首 5642上
高君畫贊 5642上
五箴并序 5642下
游箴 5642下
言箴 5642下
行箴 5642下
好惡箴 5642下
知名箴 5643上
瘞硯銘 5643上
高君仙硯銘并序 5643下
諱辯 5644上
雜説四首 5644下
師説 5645下
獲麟解 5646上
進學解 5646上
通解 5647上
擇言解 5648上
原道 5648下
原性 5650上
原毁 5651上
原人 5652上
原鬼 5652上
愛直贈李君房别 5653上
釋言 5653上
行難 5654下
對禹問 5655上
鄠人對 5655下
讀荀 5656上
讀鶡冠子 5656上
讀儀禮 5656下
讀墨子 5656下
本政 5657上
守戒 5657上
貓相乳 5657下
題李生壁 5658上
訟風伯 5658下
長安慈恩塔題名 5658下
洛北惠林寺題名 5658下
謁少室李渤題名 5658下
福先塔寺題名 5659上
嵩山天封宫題名 5659上
迋杜兼題名 5659上
華嶽題名 5659上
順宗實録一 5660上
順宗實録二 5662下
順宗實録三 5664下
順宗實録四 5667上
順宗實録五 5671上
施州房使君鄭夫人殯表 5675上
平淮西碑 5675上
南海神廟碑 5677上
處州孔子廟碑 5678上
柳州羅池廟碑 5678下
黄陵廟碑 5679下
衢州徐偃王廟碑 5680下
袁氏先廟碑 5681下
烏氏廟碑銘 5682下
曹成王碑 5683下
銀青光禄大夫檢校左散騎常侍兼右金吾衛大將軍贈工部尚書太原郡公王公神道碑 5685上
唐故中散大夫少府監胡良公墓神道碑 5686上
唐故相權公墓碑 5686下
劉統軍碑 5688上
河東節度觀察使滎陽鄭公神道碑文 5689上
清邊郡王楊燕奇碑文 5690上
魏博節度觀察使沂國公先廟碑銘 5691上
銀青光禄大夫守左散騎常侍致仕上柱國襄陽郡王平陽路公神道碑銘 5691下
唐故江南西道觀察使中大夫洪州刺史兼御史中丞上柱國賜紫金魚袋贈左散騎常侍太原王公神道碑銘 5692下

司徒兼侍中中書令許國公贈太尉韓公神道碑銘 5694上
河中府法曹張君墓碣銘 5696下
清河郡公房公墓碣銘 5697上
柳子厚墓誌銘 5697下
昭武校尉守左金吾衛將軍李公墓誌銘 5698下
朝散大夫尚書庫部郎中鄭君墓誌銘 5699下
朝散大夫越州刺史薛公墓誌銘 5700上
楚國夫人墓誌銘 5701上
國子司業竇公墓誌銘 5701下
正議大夫尚書左丞孔公墓誌銘 5702下
江南西道觀察使贈左散騎常侍太原王公墓誌銘 5703上
殿中少監馬君墓誌 5705上
南陽樊紹述墓誌銘 5705下
中大夫陝府左司馬李公墓誌銘 5706上
幽州節度判官贈給事中清河張君墓誌銘 5707下
河南府法曹參軍盧府君夫人苗氏墓誌銘 5708上
貝州司法參軍李君墓誌銘 5708下
處士盧君墓誌銘 5709上
太學博士李君墓誌銘 5709下
虢州司户韓府君墓誌銘 5710下
四門博士周況妻韓氏墓誌銘 5710下
韓滂墓誌銘 5711上
河南緱氏主簿唐充妻盧氏墓誌銘 5711下
乳母墓銘 5711下
息國夫人墓誌銘 5712上
試大理評事王君墓誌銘 5712下
扶風郡夫人墓誌銘 5713上
殿中侍御史李君墓誌銘 5713下
朝散大夫商州刺史除名徙封州董府君墓誌銘 5714下
貞曜先生墓誌銘 5715下
盧渾墓誌銘 5716上
祕書少監贈絳州刺史獨孤府君墓誌銘 5716下
虞部員外郎張府君墓誌銘 5717上
檢校尚書左僕射右龍武軍統軍劉公墓誌銘 5717下
監察御史衛府君墓誌銘 5718下
河南令張君墓誌銘 5719上
鳳翔隴州節度使李公墓誌銘 5720上
河南少尹裴君墓誌銘 5721上
國子助教河東薛君墓誌銘 5721下
監察御史元君妻京兆韋氏夫人墓誌銘 5722下
登封縣尉盧殷墓誌 5722下
興元少尹房君墓誌銘 5723上
河南少尹李公墓誌銘 5723下
集賢院校理石君墓誌銘 5725上
江西觀察使韋公墓誌銘 5725下
河南府王屋縣尉畢君墓誌銘 5727上
試大理評事胡君墓誌 5727下
襄陽盧丞墓誌銘 5727下
太原府參軍苗君墓誌銘 5728上
朝散大夫贈司勳員外郎孔君墓誌銘 5728上
中散大夫河南尹杜君墓誌銘 5729上
李元賓墓銘 5730上
崔評事墓誌銘 5730上
施先生墓銘 5731上
考功員外盧君墓銘 5731下
女挐壙銘 5732上
故金紫光祿大夫檢校尚書左僕射同中書門下平章事兼汴州刺史充宣武軍節度副大使知節度事管内支度營田汴宋亳潁等州觀察處置等使上柱國隴西郡開國公贈太傅董公行狀 5733上
唐故贈絳州刺史馬府君行狀 5736上
太學生何蕃傳 5736下
圬者王承福傳 5737下
毛穎傳 5738上
下邳侯革華傳 5739上
歐陽生哀辭 5740上

題哀辭後 5741上
獨孤申叔哀辭 5741上
祭湘君夫人文 5741下
祭竇司業文 5741下
祭侯主簿文 5742上
祭竹林神文 5742下
曲江祭龍文 5742下
祭馬僕射文 5742下
祭故陝府李司馬文 5743上
祭十二兄文 5743下
祭鄭夫人文 5743下
祭十二郎文 5744上
祭周氏姪女文 5745下
祭滂文 5745下
祭李氏二十九娘子文 5746上
祭張給事文 5746上
祭女挐子文 5746下
祭田横墓文 5746下
祭鱷魚文 5747上
祭董相公文 5747下
祭石君文 5748上
祭房君文 5748下
爲崔侍御祭穆員外文 5748下
祭郴州李使君文 5749上
祭薛助教文 5749下
祭虞部張員外文 5749下
祭河南張員外文 5750上
祭左司李員外太夫人文 5750下
祭薛中丞文 5751上
祭裴太常文 5751上
潮州祭神文五首 5751下
袁州祭神文三首 5752下
祭柳子厚文 5752下

柳宗元

佩韋賦 并序 5753下
瓶賦 5754下
牛賦 5754下
解祟賦 并序 5755上
徵咎賦 5755下
閔生賦 5756下
夢歸賦 5757上
囚山賦 5757下
愈膏肓疾賦 5758上
披沙揀金賦 5758下
迎長日賦 5759上
記里鼓賦 5759下
禮部爲百官上尊號第一表 5760下
禮部爲百官上尊號第二表 5761上
禮部賀册尊號表 5761下
爲京兆府請復尊號第一表 5761下
爲京兆府請復尊號第二表 5762上
爲京兆府請復尊號第三表 5762下
代京兆府耆老請復尊號表 5763上
禮部爲文武百寮請聽政第一表 5763下
禮部爲文武百寮請聽政第二表 5764上
禮部爲文武百寮請聽政第三表 5764下
賀踐祚表 5764下
禮部賀改永貞元年表 5765上
禮部太上皇誥宜令皇帝即位賀表 5765上
禮部賀立皇太子表 5765下
禮部賀皇太子册禮畢德音表 5765下
爲王京兆皇帝即位禮畢賀表 5766上
代韋中丞賀元和大赦表 5766上
禮部賀册太上皇后及德妃表 5766下
禮部賀太上皇后册畢賀表 5767上
御史臺賀嘉禾表 5767上
禮部賀嘉禾及芝草表 5767上
京兆府賀嘉瓜白兔連理棠樹等表 5767下
禮部賀甘露表 5767下
禮部賀白龍并青蓮花合歡蓮子黄瓜等表 5768上
禮部白鵲表 5768下
禮部賀嘉瓜表 5768下
爲王京兆賀嘉蓮表 5769上
爲王京兆賀雨表一 5769下
爲王京兆賀雨表二 5769下
爲王京兆賀雨表三 5770上
爲王京兆賀雨表四 5770上
賀親自祈雨有應表 5770下
爲裴中丞賀克東平赦表 5770下
柳州賀破東平表 5771上
代裴中丞賀分淄青爲三道節度表 5771下
爲韋侍郎賀布衣竇羣除左拾遺表 5771下
爲樊左丞讓官表 5772上
爲王户部薦李諒表 5772下
爲户部王叔文陳情表 5772下
代裴中丞謝討黄少卿賊表 5773上
爲裴中丞舉人自代伐黄賊表 5773上
爲崔中丞請朝覲表 5773下
代柳公綽謝上任表 5773下
代李愬襄州謝上任表 5774上

代節使謝遷鎮表　5774上
爲劉同州謝上表　5774下
代裴行立謝移鎮表　5775上
代韋永州謝上表　5775上
謝除柳州刺史表　5775下
柳州謝上表　5776上
代廣南節度使舉裴中丞自代表　5776上
奏薦從事表　5776下
代廣南節度使謝出鎮表　5776下
爲楊湖南謝賜設表　5776下
爲武中丞謝賜櫻桃表　5777上
謝賜時服表　5777上
謝賜端午綾帛衣服表　5778下
及大會議户部尚書班宏又請改所上尊號加奉道字故其文如後表　5778下
及大會議國子祭酒韓洄請歷數近日徵應祥瑞故又改其文如後表　5778上
爲崔中丞賀平李懷光表　5778上
爲武中丞謝賜新茶表　5778上
爲裴中丞賀破東平表　5778下
獻平淮夷雅表　5779上
上鐃歌鼓吹曲表　5779下
賀赦表　5779下
爲廣南鄭相公奏百姓産三男狀　5780下
爲薛中丞浙東奏五色雲狀　5780下
爲裴中丞奏邕管黄家賊事宜狀　5780下
讓監察御史狀　5781上
爲京兆府昭應等九縣訴夏苗旱損狀　5781上
爲南承嗣請從軍狀　5781下
進農書狀　5781下
代人進瓷器狀　5782上
柳州舉監察御史柳漢自代狀　5782上
賀誅淄青逆賊李師道狀　5782上
賀平淄青後肆赦狀　5782下
賀分淄青諸州爲三道節度狀　5783上
代裴中丞上裴相賀破東平狀　5783上
上户部狀　5783下
柳州上本府狀　5783下
爲裴中丞上裴相乞討黄賊狀　5784上
爲桂州崔中丞上中書門下乞朝覲狀　5784下
爲南承嗣上中書門下乞兩河效用狀　5784下
柳州上中書門下舉柳漢自代狀　5785上
爲長安等縣耆壽詣相府乞奏復尊號狀　5785上
爲京畿父老上府尹乞奏復尊號狀　5785下
晉文公問守原議　5785下
駁復讎議　5786上
謚議　5787上
與太學諸生喜詣闕留陽城司業書　5788上
寄許京兆孟容書　5789上
與楊京兆憑書　5790下
與裴塤書　5793上
與蕭翰林俛書　5793下
與李翰林建書　5794下
與顧十郎書　5796上
與韓愈論史官書　5796下
與史官韓愈致段秀實太尉逸事書　5797下
與吕恭論墓中石書　5798上
答劉禹錫天論書　5798下
與劉禹錫論周易九六説書　5799下
答元饒州論春秋書　5800上
答吴武陵論非國語書　5801上
與吕道州温論非國語書　5801下
與友人論爲文書　5802上
答元饒州論政理書　5802下
與崔連州論石鍾乳書　5804上
答周君巢餌藥久壽書　5805上
與李睦州論服氣書　5805上
與楊誨之再説車敦勉用和書　5807下
與楊誨之疏解車義第二書　5808上
答貢士沈起書　5811下
賀進士王參元失火書　5812上
答韋中立論師道書　5813上
答貢士元公瑾論仕進書　5814下
答嚴厚輿論師道書　5815上
報袁君陳秀才避師名書　5816上
答韋珩示韓愈相推以文墨事書　5816下
答貢士廖有方論文書　5816下
答貢士蕭纂求爲師書　5817上
報崔黯秀才論爲文

書 5817下
答吴秀才謝示新文書 5818上
復杜温夫書 5818上
上門下李夷簡相公陳情書 5819上
賀皇太子牋 5820上
賀皇太子牋 5820上
上權德輿補闕温卷決進退啟 5820上
上大理崔大卿應制舉不敏啟 5821上
上裴晉公度獻唐雅詩啟 5822上
上襄陽李僕射愬獻唐雅詩啟 5822下
上楊州李吉甫相公獻所著文啟 5823上
謝李吉甫相公示手札啟 5823下
上江陵趙相公寄所著文啟 5823下
上嚴東川寄劍門銘啟 5824上
上江陵嚴司空獻所著文啟 5824上
上嶺南鄭相公獻所著文啟 5824下
上李中丞獻所著文啟 5824下
上裴行立中丞撰訾家洲記啟 5825上
上河陽烏尚書重允欲獻文啟 5825上
賀裴桂州啟 5825下
與衛淮南石琴薦啟 5825下
答鄭員外賀啟 5826上
答諸州賀啟 5826上
上廣州趙宗儒尚書陳情啟 5826上
上西川武元衡相公謝撫問啟 5826下
謝襄陽李夷簡尚書委曲撫問啟 5826下
賀趙江陵宗儒辟符載啟 5827上
與邕州李域中丞論陸卓啟 5827下
謝李中丞安撫崔簡戚屬啟 5827下
上湖南李中丞干廩食啟 5828上
上桂州李中丞薦盧遵啟 5828下
爲裴中丞伐黄賊轉牒 5829下
裴瑾崇豐二陵集禮後序 5830上
柳宗直西漢文類序 5831上
大理評事楊君文集後序 5831下
濮陽吴君文集序 5832下
王氏伯仲唱和詩序 5832下
遂楊凝郎中使還汴宋詩後序 5833上
送崔羣序 5833下
送邠寧獨孤書記赴辟命序 5834上
同吴武陵送前桂州杜留後詩序 5834下
送寧國范明府詩序 5834下
送幸南容歸使聯句詩序 5835上
送李判官往桂州序 5835下
送苑論登第後歸觀詩序 5835下
送蕭鍊登第後南歸序 5836上
送班孝廉擢第歸東川觀省序 5836下
送獨孤申叔侍親往河東序 5837上
送豆盧膺秀才南遊詩序 5837上
送趙大秀才往江陵謁趙尚書序 5837下
同吴武陵贈李睦州詩序 5838下
送南涪州量移澧州序 5838下
送薛存義之任序 5839上
送薛判官量移序 5839下
送李渭赴京師序 5839下
送嚴公貺下第歸興元觀省詩序 5840上
送元秀才下第東歸序 5840下
送辛殆庶下第遊南鄭序 5841上
送崔子符罷舉詩序 5841下
送蔡秀才下第歸觀序 5842上
送韋七秀才下第求益友序 5842下
送辛生下第序略 5842下
送從兄偁罷選歸江淮詩序 5843上
送從弟謀歸江陵序 5843下
送澥序 5844下
送内弟盧遵遊桂州序 5844下
送表弟吕讓將仕進序 5845上
陪永州崔使君遊讌南池序 5845下
愚溪詩序 5846上
婁二十四秀才花下對酒唱和詩序 5846下
法華寺西亭夜飲賦詩序 5846下

淩助教蓬屋題詩序 5847下
送韓豐羣公詩後序 5847下
送婁圖南秀才遊淮將入道序 5848上
送易師楊君序 5849上
送徐從事北遊序 5849上
送詩人廖有方序 5849下
送元十八山人南遊序 5849下
送賈山人南遊序 5850上
送方及師序 5850下
送文暢上人登五臺遂遊河朔序 5851上
送巽上人赴中丞叔父召序 5851下
送僧浩初序 5852上
送元暠師序 5852下
送琛上人南遊序 5853上
送文郁師序 5853上
送元舉歸幽泉寺序 5853下
送濬上人歸淮南覲省序 5854上
序飲 5854下
序棊 5855上
監祭使壁記 5855下
四門助教廳壁記 5856上
武功縣丞廳壁記 5857上
盩厔縣新食堂記 5857下
諸使兼御史中丞廳壁記 5858上
館驛使壁記 5858上
嶺南節度饗軍堂記 5859上
邠寧進奏院記 5860上
興州江運記 5860下
全義縣復北門記 5861下
潭州楊中丞作東池戴氏堂記 5861下
桂州裴中丞作訾家洲亭記 5862上
邕州柳中丞作馬退山茅亭記 5863上
永州韋使君新堂記 5863下
永州崔中丞萬石亭記 5864上
零陵三亭記 5865上
連山郡復乳穴記 5865下
道州毁鼻亭神記 5866上
永州龍興寺息壤記 5866下
永州龍興寺東邱記 5866下
永州法華寺新作西亭記 5867上
永州龍興寺西軒記 5867下
柳州復大雲寺記 5868上
永州龍興寺修浄土院記 5868下
永州鐵爐步志 5869上
游黄溪記 5869下
始得西山宴游記 5870上
鈷鉧潭記 5870下
鈷鉧潭西小邱記 5870下
至小邱西小石潭記 5871上
袁家渴記 5871下
石渠記 5871下
石澗記 5872上
小石城山記 5872下
柳州東亭記 5872下
柳州山水近治可游者記 5873上
韋夫人墳記 5873下
下殤女子墓塼記 5873下
小姪女墓塼記 5874上
四維論 5874下
封建論 5875上
天爵論 5877上
守道論 5877下
時令論上 5878上
時令論下 5879上
斷刑論下 5879下
辨侵伐論 5881上
六逆論 5881下
乞巧文 5882下
罵尸蟲文并序 5883下
斬曲几文 5884下
宥蝮蛇文并序 5884下
憎王孫文并序 5885下
逐畢方文并序 5886上
辯伏神文并序 5887上
愬螭文并序 5887下
哀溺文并序 5888上
招海賈文 5888下
梁邱據贊 5889上
霹靂琴贊并序 5889上
尊勝幢贊并序 5889下
龍馬圖贊并序 5890上
伊尹五就桀贊并序 5890上
誡懼箴 5890下
憂箴 5891上
師友箴 5891上
永字八法頌 5891下
沛國漢原廟銘并序 5892上
塗山銘并序 5893上
劍門銘并序 5893下
壽州安豐縣孝門銘并序 5894下
武岡銘并序 5895上
井銘并序 5896上
天説 5896上
鶻説 5897上
朝日説 5897上
捕蛇者説 5897下
禬説 5898上
乘桴説 5899上
説車贈楊誨之 5899上
謫龍説 5900上
復吴子松説 5900上
羆説 5900下
觀八駿圖説 5901上
桐葉封弟辯 5902上
辯列子 5902上
辯文子 5902下

論語辯二篇 5903上
上篇 5903上
下篇 5903上
辯鬼谷子 5903下
辯晏子春秋 5904上
辯亢倉子 5904上
辯鶡冠子 5904上
敵戒 5904下
三戒 并序 5904下
臨江之麋 5905上
黔之驢 5905上
永某氏之鼠 5905下
設漁者對智伯 5905下
愚溪對 5906下
對賀者 5907下
杜兼對 5908上
天對 5908下
晉問 5916下
答問 5920上
起廢答 5921上
讀韓愈所著毛穎傳後題 5922上
舜禹之事 5922下
謗譽 5923下
咸宜 5924上
鞭賈 5924下
吏商 5925上
東海若 5925下
吾子 5926下
箕子碑 并序 5927上
道州文宣王廟碑 5927下
柳州新修文宣王廟碑 5928下
終南山祠堂碑 并序 5929上
湘源二妃廟碑 并序 5930上
太白山祠堂碑 5930下
碑陰文 5930下
饒娥碑 并序 5931上
唐故特進贈開府儀同三司揚州大都督南府君睢陽廟碑 并序 5931下
曹溪第六祖賜謚大鑒禪師碑 并序 5933上
南嶽彌陀和尚碑 并序 5933下
南嶽雲峯寺和尚碑 5934下
南嶽般舟和尚第二碑 并序 5935上
南嶽大明寺律和尚碑 并序 5936上
碑陰 5936下
龍安海禪師碑 并序 5937上
岳州聖安寺無姓和尚碑銘 并序 5937下
碑陰記 5938下
唐相國房公德銘之陰 5939下
故御史周君碣 5940上
國子司業陽城遺愛碣 并序 5940下
唐故給事中皇太子侍讀陸文通先生墓表 5941上
先侍御史府君神道表 5942上
先君石表陰先友記 5943下
故殿中侍御史柳公墓表 5946上
故宏農令柳府君墳前石表辭 5947上
亡友故祕書省校書郎獨孤君墓碣 5947下
唐故萬年令裴府君墓碣 5948上
唐故兵部郎中楊君墓碣 5949上
尚書户部侍郎王君先太夫人河間劉氏誌文 5950下
朗州員外司户薛君妻崔氏墓誌 5951上
馬氏女雷五葬誌 5952上
唐故尚書户部郎中魏府君墓誌 5952上
唐故朝散大夫永州刺史崔公墓誌 5953上
故永州刺史崔君流配驩州權厝誌 5953下
唐故中散大夫檢校國子祭酒兼安南都護御史中丞充安南本管經略招討處置等使上柱國武城縣開國男食邑三百户張公墓誌銘 并序 5954上
唐故邕管經略招討等使朝散大夫持節都督邕州諸軍事守邕州刺史兼御史中丞賜紫金魚袋李公墓誌銘 并序 5955下
唐故邕管招討副使試大理司直兼貴州刺史鄧君墓誌銘 并序 5956下
吕侍御恭墓銘 并序 5957下
唐故嶺南經略副使御史馬君墓誌 5958上
唐故安州刺史兼侍御史貶柳州司馬孟公墓誌銘 5958下
故連州員外司馬淩君權厝志 5959下
故連州員外司馬淩君墓後誌 5960下
萬年縣丞柳君墓誌 5961上
處士段宏古墓誌 5961下

潞州兵馬曹柳君墓誌 5962上
永州司功參軍譚隨亡母毛氏誌文 5962下
箏郭師墓誌 5962下
趙秀才羣墓誌 5963上
太府李卿外婦馬淑誌 5963下
故嶺南鹽鐵院李侍御墓誌 5963下
故試大理評事裴君墓誌 5964上
故大理評事柳君墓誌 5964下
故祕書郎姜君墓誌 5965下
故襄陽丞趙君墓誌 5966上
故温縣主簿韓君墓誌 5966下
東明張先生墓誌 5967上
故處士裴君墓誌 5967下
覃季子墓銘 并序 5968上
續滎澤尉崔君墓誌 5968上
先太夫人河東縣太君歸祔誌 5968下
伯祖妣趙郡李夫人墓誌銘 5969下
叔妣吳郡陸氏夫人誌文 5970下
亡姑渭南縣尉陳君夫人權厝誌 5970下
亡姊前京兆府參軍裴君夫人墓誌 5971上
亡妻宏農楊氏誌 5972下
亡姊崔氏夫人墓誌蓋石文 5973上
故叔父殿中侍御史府君墓版文 5973下
志從父弟宗直殯 5974下
南嶽雲峯和尚塔銘 并序 5975上
衡山中院大律師塔銘 并序 5975下
段太尉逸事狀 5976上
太尉逸事如右 5977上
銀青光禄大夫右散騎常侍輕車都尉宜城縣開國伯柳公行狀 5977下
唐故祕書少監陳公行狀 5980下
劉叟傳 5982下
宋清傳 5982下
種樹郭橐駝傳 5983上
童區寄傳 5984上
梓人傳 5984下
李赤傳 5985下
蝜蝂傳 5986下
虞鳴鶴誄 并序 5987上
衡州刺史東平吕君誄 5987下
弔萇宏文 5988下
弔屈原文 5989下
弔樂毅文 5990上
舜廟祈晴文 5991上
雷塘祈雨文 5991上
禡牙文 5991下
祭纛文 5991下
祭井文 5992上
禜門文 5992上
祭六伯母文 5992下
祭獨孤氏丈母文 5992下
祭從兄文 5993上
祭弟宗直文 5993上
祭姊夫崔使君簡文 5993下
又祭崔簡旅櫬歸上都文 5994上
祭崔氏外甥文 5994下
祭崔氏外甥女文 5994下
祭外甥崔駢文 5995上
祭楊憑詹事文 5995下
祭穆質給事文 5996上
祭吕衡州温文 5996下
祭李中丞文 5997下
爲韋京兆祭杜河中文 5998上
爲韋京兆祭太常崔少卿文 5998下
爲李京兆祭楊凝郎中文 5999上
爲安南楊侍御祭張都護文 5999下
祭萬年裴令文 6000上
祭吕敬叔文 6000下
祭崔君敏文 6001上
祭段宏古文 6001下
祭李中明文 6001下
哭張後餘辭 并序 6002上
楊氏子承之哀辭 并序 6002下

吳仲舒

南風之薰賦 6003

李夷亮

魚在藻賦 6004上
南風之薰賦 6004上

李方叔

南風之薰賦 6004下

賈稜

明水賦 6005上

李宗和

平權衡賦 6005下

陳佑

平權衡賦 6006上

陳左流

進善旌賦 6007上

陶拱

天晴景星見賦 6007下
五色比象賦 6008上
滅裂禾賦 6008下

張復元

太清宫觀紫極舞賦 6009上

呂鏻

萬年縣試金馬式賦 6009下
玉書賦 6010上

鄭俞

性習相近遠賦 6010下

關構

日載中賦 6011上

徐復

駁李巽擬相國贈尚書右僕射鄭珣瑜謚議 6011下

歐陽詹

出門賦 6013下
石韞玉賦 6014上
迴鑾賦 6014下
將歸賦 6015上
王者宜日中賦 6015下
瑾瑜匿瑕賦 6016上
徵君洪涯子圖賦 6016下
明水賦 6017上
春盤賦 6017下
藏冰賦 6018上
懷忠賦并序 6018下
律和聲賦 6019上
秋月賦 6019下
德勝頌二章并序 6020上
與鄭伯義書 6021上
與王式書 6022上
送張尚書書 6023下
上鄭相公書 6024下
上董相公東風詩啟 6026下
泉州刺史席公宴邑中赴舉秀才於東湖亭序 6026下
別柳由庚序 6027上
送族叔行元下第歸廣陵序 6027下
送巴東林明府之任序 6028上
送建上人尋陽司業後留詣涇原劉行軍序 6028上
送李孝廉及第東歸序 6028下
送常熟許少府之任序 6029上
送張陲山南謁嚴相公序 6029上
送王式東遊序 6029下
送蔡沼孝廉及第後歸閩覲省序 6030上
送鹽山林少府之任序 6031上
送周孝廉擢第歸覲序 6031上
送裴八侃茂才却東遊序 6031下
送無知上人往五臺上序 6031下
送楊據見漳州李使君序 6032上
送陳八秀才赴舉序 6032上
魯山令李胃三月三日宴僚吏序 6032上
泉州泛東湖餞裴參和南遊序 6033上
送洪儒卿赴鄉舉序 6033上
曲江池記 6033下
福州南澗寺上方石像記 6035上
泉州北樓記 6035下
二公亭記 6036上
泉州六曹新都堂記 6037下
右街副使廳壁記 6038下
太學張博士講禮記記 6039上
同州韓城縣西尉廳壁記 6039下
懷州應宏詞試片言折獄論 6041上
自明誠論 6041下
珍祥論 6042上
暗室箴 6043上
棧道銘并序 6043下
陶器銘并序 6044下
補漢書封雍齒册文 6045上
唐天文述 6045下
刖卞和述 6046下
甘露述 6047上
有唐故銀青光禄大夫行平州別駕馬公墓誌銘 6048上
有唐故朝議郎行鄂州司倉參軍楊公墓誌銘 6048下
大唐故輔國大將軍兼左驍衛將軍御史中丞馬公墓誌銘 6049上
有唐君子鄭公墓誌銘 6050上
南陽孝子傳并論 6050下
弔九江驛碑材文 6051下

劉禹錫

望賦 6053上
何卜賦 6054上
傷往賦有序 6054下
平權衡賦 6055上
砥石賦有序 6055下
山陽城賦有序 6056下
楚望賦有序 6057上
秋聲賦有序 6058上
三良冢賦有序 6058下
謫九年賦 6059上
問大鈞賦有序 6059下
授倉部郎中制 6060下
授主客郎中制 6061上
授比部郎中制 6061上
授屯田郎中制 6061上
擬太子太傅制 6061下

擬太子太保制 6061下
擬册皇太子文 6062上
擬册齊王文 6062上
擬册楚王文 6062下
擬册郇王文 6062下
擬册晉王文 6063上
擬公主册文 6063下
賀册太皇太后表 6063下
賀册皇太后表 6064上
賀登極表 6064上
代李相公賀登極第一表 6064上
代李相公賀登極第二表 6064下
賀册皇太子表 6064下
蘇州賀册皇太子表 6065上
爲裴相公賀册魯王表 6065上
蘇州賀皇帝疾愈表 6065下
賀改元赦表 6065下
賀赦表 6065下
賀德音表 6066上
連州賀赦表 6066下
賀赦表 6067上
賀收蔡州表 6067上
代京兆李尹賀遷獻懿二祖表 6067下
爲京兆李尹賀雨表 6068上
爲京兆韋尹賀元日祥雪表 6068上
爲京兆韋尹賀春雪表 6068上
爲京兆韋尹賀雨止表 6068下
爲京兆韋尹賀祈晴獲應表 6068下
爲杜相公賀復吴少誠官爵表 6069上
爲杜相公賀除虔王表 6069上
賀雪鎮州表 6069下
賀平淄青表 6070上
賀梟斬鄭注表 6070上
慰國哀表 6070下
慰淄王薨表 6070下
爲杜相公慰王太尉薨表 6071上
爲杜司徒慰義陽公主薨表 6071上
爲杜司徒讓度支鹽鐵等使表 6071下
爲杜司徒讓淮南立去思碑表 6071下
爲杜相公讓同平章事表 6072上
爲裴相公讓官第一表 6072下
爲裴相公讓官第二表 6073上
爲裴相公讓官第三表 6073上
爲容州竇中丞謝上表 6073下
夔州刺史謝上表 6074上
連州刺史謝上表 6074上
和州刺史謝上表 6075上
蘇州刺史謝上表 6075上
汝州刺史謝上表 6075下
同州刺史謝上表 6076上
代杜司徒謝平章事表 6076下
爲淮南杜相公謝兵馬使朱鄭等官表 6077上
爲淮南杜相公謝貸錢物表 6077上
蘇州謝恩賜加章服表 6077下
謝差中使送上表 6078上
代杜司徒謝男授官表 6078上
爲武中丞謝賜春衣表 6079上
爲武中丞謝賜冬衣表 6079上
爲淮南杜相公謝賜春衣表 6079上
謝賜冬衣表 6079下
謝賜冬衣表 6079下
爲淮南杜相公謝賜冬衣表 6080上
謝恩賜粟麥表 6080上
謝恩放先貸斛斗表 6080下
蘇州謝賑賜表 6080下
代武中丞謝賜新茶第一表 6081上
代武中丞謝賜新茶第二表 6081上
謝賜廣利方表 6081上
代武中丞謝賜新橘表 6081下
代武中丞謝賜新柑表 6081下
謝端午賜衣及器物等第一表 6082上
謝端午賜衣及器物等第二表 6082上
謝赦書賜臘日口脂等表 6082下
爲淮南杜相公謝賜歷日面脂口脂表 6082下
爲李中丞謝賜紫雪面脂等表 6083上
爲李中丞謝賜鍾馗歷日表 6083上
爲淮南杜相公謝賜鍾馗歷日表 6083上
爲杜司徒謝賜追贈表 6083下
爲杜相公謝賜門戟表 6083下

爲韋尹謝許折糴表 6083下
爲淮南杜相公謝詔許濠泗兩州割屬淮南表 6084上
謝手詔慰撫表 6084上
謝恩存問表 6084下
爲淮南杜相公謝賜墨詔第一表 6084下
爲淮南杜相公謝賜墨詔第二表 6085上
爲淮南杜相公謝賜手詔表 6085上
謝授分司表 6085下
代杜司徒乞朝覲表 6085下
爲淮南杜相公請赴行營表 6086上
爲淮南杜相公論西戎表 6086下
爲淮南杜相公論廢楚州營田表 6087下
夔州論利害第一表 6087下
夔州論利害第二表 6088上
奏記丞相府論學事 6088下
爲京兆李尹降誕日進衣狀 6089下
爲京兆韋尹降誕日進衣狀 6089下
爲京兆韋尹進野豬狀 6089下
爲裴相公進東封圖狀 6090上
爲杜相公自淮南追入長安至長樂驛謝賜酒食狀 6090上
代杜相公謝就宅賜食狀 6090上
代淮南杜司徒奏新羅請廣利方狀 6090下
爲東都韋留守謝賜食狀 6090下
舉崔監察羣自代狀 6090下
舉開州柳使君公綽自代狀 6091上
舉姜補闕倫自代狀 6091上
蘇州舉韋中丞自代狀 6091上
蘇州上後謝宰相狀 6091下
蘇州加章服謝宰相狀 6091下
汝州上後謝宰相狀 6092上
汝州舉裴大夫自代狀 6092上
汝州進鷹狀 6092下
同州舉蕭諫議自代狀 6092下
上宰相賀德音狀 6092下
上宰相賀改元赦書狀 6093上
薦處士嚴毖狀 6093上
薦處士王龜狀 6093下
上杜司徒書 6093下
獻權舍人書 6096下
爲京兆李尹答于襄州第一書 6097上
爲京兆李尹答于襄州第二書 6097上
答饒州元使君書 6097下
答容州竇中丞書 6098下
與柳子厚書 6099上
答柳子厚書 6099下
答道州薛侍郎論方書書 6099下
與刑部韓侍郎書 6100下
答連州薛郎中論書儀書 6101上
蘇州賀册皇太子牋 6102上
賀皇太子牋 6102上
賀赦牋 6102上
賀門下裴相公啟 6102下
賀門下李相公啟 6102下
謝門下武相公啟 6102下
謝中書張相公啟 6103上
謝僕射李相公啟 6103下
謝裴相公啟 6103下
謝竇相公啟 6104上
上杜司徒啟 6104上
上中書李相公啟 6104下
上淮南李相公啟 6105上
上門下武相公啟 6105上
上門下裴相公啟 6106上
唐故相國贈司空令狐公集序 6107上
唐故相國李公集序 6109上
唐故中書侍郎平章事韋公集序 6109下
唐故尚書禮部員外郎柳君文集序 6111上
唐故衡州刺史吕君集序 6111下
唐故尚書主客員外郎盧公集序 6112下
董氏武陵集序 6113上
澈上人文集序 6113下
澤宮詩引 6114下
彭陽唱和集引 6114下
彭陽唱和集後引 6115上
吴蜀集引 6115下
汝洛集引 6115下
國學新修五經壁本記 6116上
成都府新修福成寺記 6116下
夔州始興寺移鐵像記 6117上
牛頭山第一祖融大師新塔記 6117下
天平軍節度使廳壁記 6118上
山南西道節度使廳壁記 6118下

夔州刺史廳壁記 6119下
連州刺史廳壁記 6120上
和州刺史廳壁記 6120下
鄭州刺史東廳壁記 6121上
汴州刺史廳壁記 6121下
管城新驛記 6122上
山南西道新修驛路記 6122下
復荆門縣記 6123下
汴州鄭門新亭記 6124上
武陵北亭記 6125上
洗心亭記 6125下
機汲記 6126上
天論上 6127上
天論中 6128上
天論下 6129上
辯迹論 6129下
明贄論 6130上
華佗論 6130下
辯易九六論 6131上
論書 6134上
劉氏集略説 6135上
名子説 6135下
救沈志 6135下
含輝洞述 6136下
吏隱亭述 6137上
傳信方述 6137下
魏生兵要述 6137下
因論七篇并序 6138下
鑒藥 6138下
訊甿 6139上
嘆牛 6139下
儆舟 6140上
原力 6140下
説驥 6141上
述病 6141下
傷我馬詞 6142上
觀市 6142下
觀博 6143下
毘盧遮那佛華藏世界圖讚并序 6144上
口兵誡并序 6144上
猶子蔚適越誡 6144下
佛衣銘并序 6145上
陋室銘 6145上
許州文宣王新廟碑 6145下
東都留守令狐楚家廟碑 6146下
唐興元節度使王公先廟碑 6148上
唐故朝議郎守尚書吏部侍郎上柱國賜紫金魚袋贈司空奚公神道碑 6150上
高陵令劉君遺愛碑 6151下
唐故邠寧慶等州節度觀察處置使朝散大夫檢校户部尚書兼御史大夫賜紫金魚袋贈右僕射史公神道碑 6153上
唐故福建等州都團練觀察處置使福州刺史兼御史中丞贈左散騎常侍薛公神道碑 6155上
唐故宣歙池等州都團練觀察處置使宣州刺史兼御史中丞贈左散騎常侍王公神道碑 6156下
唐故監察御史贈尚書右僕射王公神道碑 6158上
故朝散大夫檢校尚書吏部郎中兼御史中丞賜紫金魚袋清河縣開國男贈太師崔公神道碑 6160上
曹溪六祖大鑒禪師第二碑并序 6161下
袁州萍鄉縣楊岐山故廣禪師碑 6162下
唐故衡嶽律大師湘潭唐興寺儼公碑 6163下
故荆南節度推官董府君墓誌銘 6164下
絶編生墓表 6165上
子劉子自傳 6166上
祭柳員外文 6167下
重祭柳員外文 6168上
爲鄂州李大夫祭柳員外文 6168下
祭韓吏部文 6169上
祭興元李司空文 6169下
代諸郎中祭王相國文 6170上
代裴相祭李司空文 6170下
祭福建桂尚書文 6170下
祭虢州楊庶子文 6171上

胡直鈞

中和節百辟獻農書賦 6172下
獲大宛馬賦 6173上

徐晦

海上生明月賦 6173下

裴次元

奏廣州結好使事由奉詔書謝恩狀 6174上
賀正進物狀 6174下
端午進物狀 6174下
賀冬進物狀 6174下
降誕日進物狀 6175上
奏準詔令子弟主辦遷奉事狀 6175上

楊嗣復

不覆奏決劉楚才等奏 6175下
請令史館紀時政疏 6175下

論龐驥贓罪議 6176上
丞相禮部尚書文公
權德輿文集序 6176上
九證心戒序 6177上
九證心戒後序 6179上
陳鴻
大統紀序 6179下
廬州同食館記 6180下
華清湯池記 6181下
崔羣
元和聖文神武法天
應道皇帝册文 6182上
册太子禮畢赦文 6183上
請廢宿州奏 6183下
論開元天寶諷止皇
甫鎛疏 6184上
送廬嶽處士符載歸
蜀覲省序 6184上
祭柳州柳員外文 6184下
張滂
請税茶奏 6184下
請禁鑄銅器雜物奏 6185上
竇羣
重遊惠山寺記 6185下
武少儀
射隼高墉賦 6186上
相馬賦 6186下
王處士鑿山引瀑記 6186下
移丹河記 6187下
羊士諤
賀册皇太后表 6188下
代閤中丞謝銀青光
禄大夫表 6188下
代人行在起居表 6189上
南鎮永興公祠堂碑 6189上
左拾遺内供俸贈使
持節舒州諸軍事
舒州闕四字竇府君
神道碑 6189下
湛賁
日五色賦 6191上
崔立之
南至郊壇有司書雲
物賦 6191下
郭遵
初日見朝元閣賦 6192上
翟扇賦 6192下
南至郊祭司天奏雲
物賦 6193上
六角扇賦 6193下
韋紓
栝郡廳壁記 6194上
鄭澣
敕修應聖公祠堂碑 6195上
樊陽源
江漢朝宗賦 6195下
虛舟賦 6196上
衆水歸海賦 6196下
襄華貫洪河賦 6197上
范傳正
進善旌賦 6197下
風过簫賦 6198上
廣祐英惠王父子碑
銘 6198下
贈左拾遺翰林學士
李公新墓碑 6199上
元明
爲寧王謝亡兄贈太
子太師表 6201
崔敖
大唐河東鹽池靈慶
公神祠碑 6201下
王叔平
唐故監察御史裏行
太原王公墓誌銘
并序 6203上
陳諷
進善旌賦 6204上
連理樹賦 6204下
新築峨和城賦 6205上
王申伯
唐故内供奉翻經義
解講律論法師晉
空和上塔銘 6205下
薛長孺
唐故鴻臚少卿張敬
詵墓誌銘 6207上
張傘
千秋鏡賦 6207下
夏方慶
天晴景星見賦 6208上
風過簫賦 6208下
柳道倫
進善旌賦 6209上
庾承宣
朱絲繩賦 6209下
無垢淨光塔銘并序 6210上
唐前義成軍節度鄭
滑等州觀察使檢
校吏部尚書兼御
史大夫李公二州
慰思述 6211上
魏博節度使田布碑 6213上
杜奕
芭蕉偈 6215上
崔元亮
對毁方瓦合判 6215上
邱絳
常山郡王田緒神道
碑 6216下
李應
對爲其師掃判 6218上
對四品女樂判 6218下
王播
請禁帶兵器牧放奏 6218下
定館驛就廳先後奏 6219上
請放還配流人奏 6219上
分别配流人罪奏 6219下
請令程异出巡江淮
奏 6219下

請換貯東渭橋米石奏 6220上
孟簡
白烏呈瑞賦 6220下
批孔禺獻詩狀 6221上
建南鎮碣記 6221上
裴垍
上德宗實録表 6221下
汰僧道議 6222上
郭子儀傳論 6222下
李逢吉
進善旌賦 6223上
文武大聖廣孝皇帝册文 6223下
折桂庵記 6224下
石壁禪寺甘露義壇碑 6225上
獨孤申叔
資州獻白龜賦 6227上
卻千里馬賦 6227下
處囊錐賦 6228上
樂理心賦 6228下
審樂知政賦 6229上
服蒼玉賦 6229下
張濛
登春臺賦 6230上
鎮國軍節度使李公功德頌并序 6230下
段文昌
修仙都觀記 6233上
菩提寺置立記 6233上
諸葛武侯廟古柏文 6234下
平淮西碑 6234下
陸淳
祀武成王議 6238上
定祧獻懿二祖議 6238下
刪東皐子集序 6238下
春秋集傳纂例序 6239上
春秋例統序 6239上
春秋集傳微旨序 6239下
任超
靈龜王碑 6240上
薛勝
孔子彈文王操賦 6240上
拔河賦 6240下
李季貞
石門山記 6241下
仙都山銘 6242上
房說
對徵什一稅判 6242上
沈封
指佞草賦 6242下
何諷
夢渴賦 6243上
李直方
邠州節度使院壁記 6243下
白蘋亭記 6244上
祭權少監文 6245上
張正甫
衡州般若寺觀音大師碑銘并序 6246上
代路中丞謝先人贈官表 6247上
劉全白
唐故翰林學士李君碣記 6247上
崔漢衡
蓮華峯銘 6247下
戎昱
澧州新城頌并序 6248上
李寧
對不供祭用判 6248下
劉丹
西郭橋記 6249上
陸參
長城賦 6249下
姚庭筠
請奉行律令不得隨事輒奏疏 6250上
尹樞
珠還合浦賦 6251上
華山仙掌賦 6251下
劉積中
樂德教胄子賦 6252下
徐至
樂德教胄子賦 6253上
皇甫威
迴文錦賦 6253下
鄭方
樂德教胄子賦 6254上
趙殷輅
山雞舞鏡賦 6254下
韓伯庸
幽蘭賦 6255下
李公進
幽蘭賦 6256上
郭炯
西掖瑞柳賦 6256下
李復
收復瓊州表 6257上
周愿
牧守竟陵因遊西塔著三感說 6257上
崔行先
爲昭義王大夫謝賜改名表 6258上
爲王大夫謝中使招撫狀 6258下
爲昭義李相公謝賜臘日口脂狀 6258下
臘日謝賜口脂紅雪等狀 6259上
爲王大夫謝恩賜口脂歷日狀 6259上
謝恩賜春衣狀 6259上
謝恩賜春衣狀 6259下
謝賜貞元寺額狀 6259下
爲昭義李相公賀雲南蠻歸附狀 6259下
奏差赴唐州行營軍

馬狀 6260上

獨孤良弼

并州太原縣令路公神道碑 6260下

竇克構

請取前銜赴選奏 6261下

劉宇

河東鹽池靈慶公神祠碑陰記 6262上

姚絪

祭研射山神文 6262下

元友諒

汶川縣唐威戎軍製造天王殿記 6262下

張賁然

忠武將軍茹公神道碑 6263下

王士詹

五臺山設萬僧供記 6267上

李罕

唐檢校右散騎常侍兼御史中丞容州刺史李公去思頌 并序 6267上

侯嶠

對里正主妹喪判 6268下

盧嶠

對爲其師掃判 6268下

張造

批斫槐樹牒文 6269上

羅好心

沙門般刺若翻譯經成進上表 6269下

于可封

至人心鏡賦 6269下

符子璋

漏賦 6270上

袁歆

對祭侯判 6270下

邱鴻漸

愚公移山賦 6271上

林濤

對惰農判 6271下

林益

五星同色賦 6272上

郭遹

人不易知賦 6272下

空賦 6273上

陸庶

爛柯山記 6274上

邵炅

對用蔭判 6274上

范冬芬

對臨宮判 6274下

馬吉甫

蟬賦 6274下

蝸牛賦 有序 6275上

馬翊

對舉抱甕生判 6275下

賈季良

對卒史有文學判 6276上

賈晉

對鐘官不充亭長易傳判 6276下

趙德

昌黎文録序 6276下

趙昂

浮萍賦 6277上

攻玉賦 6277下

吕焯

對臨宮判 6278上

徐元弼

靈囿賦 6278上

陸肱

謙賦 6278下

萬里橋賦 6279上

知四十九年非賦 6279下

乾坤爲天地賦 6279下

元固

爲鄭相請朝觀表 6281上

温任

對承襲稱狂判 6281上

姜公復

對兵部試射判 6281下

劉巨川

唐故劉府君夫人杜氏墓誌銘 6282上

周行先

爲陝州盧中丞請朝覲第一表 6282下

爲陝州盧中丞請朝覲第二表 6283上

王藹

祖二疏圖記 6283下

諷詐 6284下

姚峴

對典樂羽籥判 6284上

許勃

論語筆解序 6284下

李冉

舉前池州刺史張嚴自代表 6284下

宋申錫

義成軍節度鄭滑潁等州觀察處置等使金紫光禄大夫檢校司徒使持節滑州諸軍事兼滑州刺史御史大夫上柱國隴西縣開國公食邑一千八百户李公德政碑銘 并序 6285下

熊執易

武陵郡王馬公神道碑 6289下

崔膺

金鏡賦 有序 6291上

靈識和尚塔銘 6291下

李宣

對立生祠判 6292下

韋渠牟

商山四皓畫圖贊并序 6292下

韓皐

廣陵散解 6293上

浩虚舟

解議圍賦 6294上
王者父事天兄事日賦 6294下
行不由徑賦 6295上
陶母截髮賦 6295下
盆池賦 6296上
舒姑泉賦 6296下
射雉解顔賦 6297上
木雞賦 6297下
爲崔大夫賀破吐蕃表 6298上

馮宿

鮫人賣綃賦 6298下
初日照冰池賦 6299上
星回於天賦 6299下
爲裴相公謝淮西節度使表 6300上
爲馬總尚書謝除彰義軍節度使表 6300下
禁版印時憲書奏 6300下
與王武俊書 6301上
蘭溪縣靈隱寺東峰新亭記 6301上
魏府狄梁公祠堂碑 6301下
天平軍節度使殷公家廟碑 6303下
大唐昇元劉先生碑銘 6304下

呂溫

河出榮光賦 6306
黄龍負舟賦 6307上
樂理心賦 6307下
鑒止水賦 6308上
樂出虚賦 6308下
齊人歸女樂賦 6309上
由鹿賦并序 6309下
管窺豹賦 6310下
皇帝親庶政頌并序 6311上
代孔侍郎蕃中賀順宗登極表 6312上
代百官請上尊號第三表 6312下
賀册皇太子表 6312下
代杜司徒賀大赦表 6313上
代李侍郎賀收成都表 6313下
代李尚書賀生擒李錡表 6314上
代武相公謝賜槍旗器甲鞍馬表 6315上
代李侍郎賀德政表 6315上
代賀瑞雪表 6316下
代齊賈二相賀遷獻懿二祖表 6317上
代杜司徒讓平章事表 6317下
代百寮賀放浙西租賦表 6317下
代武相公謝借飛龍馬表 6318上
道州刺史謝上表 6318下
衡州刺史謝上表 6318下
代鄭南海謝上表 6319上
謝授右拾遺表 6319下
代李侍郎謝用内庫錢充軍資表 6320上
代伊僕射謝男宥授安州刺史表 6320下
代百寮謝許遊宴表 6321上
代文武百寮謝宣示元和觀象歷表 6321下
謝章服表 6321下
代張侍郎起居表 6322上
代國子陸博士進集注春秋表 6322上
爲成魏州賀瑞雪慶雲日抱戴表 6322下
代李侍郎論兵表 6323下
代百寮進農書表 6324下
簡獲隱户奏 6325下
代鄭相公謝賜門戟狀 6325下
代伊僕射奏請女正度狀 6326
代鄭相公請删定施行六典開元禮狀 6326上
代都監使奏吐蕃事宜狀 6327上
代李中丞薦道州刺史吕温狀 6327下
功臣恕死議 6327下
復漢以粟爲賞罰議 6328下
請立舜廟奏 6329上
代竇中丞與襄陽于相公書 6329下
代李侍郎與山南嚴僕射書 6329下
代李侍郎與徐州張尚書書 6330上
代辛將軍與普潤劉尚書書 6330下
代李侍郎與宣武韓司空書 6331上
上族叔齊河南書 6331下
與族兄皐請學春秋書 6332下
送薛大信歸臨晉序 6334上
送友人遊蜀序 6334下
漢輿地圖序 6335上
地志圖序 6336上
道州律令要録序 6336下
三月三日茶宴序 6337上
聯句詩序 6337上

送琴客摇兼濟東歸便道謁王虢州序 6337下
裴氏海昏集序 6338上
道州刺史廳後記 6339上
湖南都團練副使廳壁記 6339下
諸葛武侯廟記 6340上
虢三堂記 6341上
人文化成論 6342上
三不欺先後論 6342下
凌煙閣勳臣頌并序 6343下
河間元王孝恭 6344上
房梁公元齡 6344下
杜萊公如晦 6344下
魏鄭公徵 6345上
長孫趙公無忌 6345上
唐莒公儉 6345下
劉渝公政會 6345下
李衛公靖 6345下
李英公勣 6346上
劉夔公宏基 6346上
長孫邳公順德 6346下
虞永興公世南 6346下
尉遲鄂公敬德 6346下
蕭宋公瑀 6347上
張郯公公瑾 6347上
屈突蔣公通 6347下
高申公士廉 6347下
殷鄖公開山 6348上
秦胡公叔寶 6348上
程盧公知節 6348上
段褒公志元 6348上
許譙公紹 6348下
狄梁公立盧陵王傳讚并序 6348下
續羊叔子傳讚 6349上
藥師如來繡像讚并序 6349上
張荆州畫讚并序 6349下
傅巖銘并序 6351上
望思臺銘并序 6351下
成皋銘 6352下
古東周城銘并序 6352下
三受降城碑銘并序 6353上
祭説 6354上
南嶽彌陀寺承遠和尚碑 6354下
故太子少保贈尚書左僕射京兆韋府君神道碑 6356下
唐故金紫光禄大夫檢校兵部尚書使持節都督秦州諸軍事兼秦州刺史御史大夫充保義軍節度隴西經略軍等使上柱國彭城郡開國公食邑二千户贈尚書右僕射中山劉公神道碑銘 6358下
廣陵陳先生墓表 6363上
唐故福建觀察巡官前侯官縣尉東平吕府君權殯記 6363下
大唐故紀國大長公主墓誌銘 6364上
故唐太子舍人李府君夫人滎陽鄭氏墓誌銘 6365上
故河中節度使檢校司空平章事杜公夫人李氏墓誌銘 6365下
銀青光禄大夫守工部尚書致仕上柱國中山郡開國公食邑二千户贈陝州大都督博陵崔公行狀 6366下
謁舜廟文 6368上
華山酹王景畧墓文 6368下
代宰相祭故齊相公文 6369上
代齊常侍祭樊襄陽文 6369下
祭陸給事文 6369下
祭座主故兵部尚書顧公文 6370下
衡州祭耆里渡溺死百姓文 6372上
道州祭百姓鄧助費念文 6372上
祭侯官十七房叔文 6372上

李程

漢章帝白虎殿觀諸儒講五經賦 6373上
鳳巢阿閣賦 6373下
華清宫望幸賦 6374上
揠苗賦 6374下
漢文帝罷露臺賦 6375上
黄目樽賦 6375下
迎長日賦 6376上
石鏡賦 6376下
太常釋奠觀古樂賦 6377上
大合樂賦 6377下
披沙揀金賦 6378上
金受礪賦 6378下
蒙泉賦 6379上
青出於藍賦 6379下
破鏡飛上天賦 6380上
衆星拱北賦 6380下
衆星拱北賦其二 6381上
攻堅木賦 6381下
刻桐爲魚扣石鼓賦 6382上
鼓鐘于宫賦 6382下
日五色賦 6382下
匏賦 6383下
竹箭有筠賦 6383下
衣錦褧衣賦 6384上
月照寒泉賦 6384下
河東節度使太原尹

贈太尉李光顔神道碑 6385上
蘇冕
謝加正議大夫表 6387上
韋表微
翰林學士院新樓記 6387下
麟臺碑銘并序 6388上
馮審
謝奬諭表 6389下
謝追赴闕庭表 6389下
請琢去孔子廟堂碑篆額中大周字奏 6390上
王計
代王僕射諫伐淮西表 6390下
席夔
披沙揀金賦 6391上
運斤賦 6391下
冬日可愛賦 6392上
許康佐
宣尼宅聞金石絲竹之聲賦 6392下
許堯佐
五經閣賦 6393上
清濟貫濁河賦 6393下
壎篪相須賦 6394上
日載中賦 6394下
廬山東林寺律大德熙怡大師碑銘并序 6395上
粲律師碑銘 6396上
張洗
唐濟瀆廟北海壇新置祭器沈幣雙舫雜物之銘并序 6396上
李翱
感知己賦并序 6397上
幽懷賦并序 6398上
釋懷賦并序 6398上
進士策問二道 6399上
百官行狀奏 6399下
論事疏表 6400下
疏用忠正 6402上
疏屏奸佞 6402下
疏改稅法 6403上
疏絶進獻 6403下
疏厚邊兵 6404上
與本使李中丞論陸巡官狀 6404下
與本使楊尚書請停率修寺觀錢狀 6405上
再請停率修寺觀錢狀 6405下
論故度支李尚書事狀 6405下
代李尚書進畫馬屏風狀 6406下
陵廟日時朔祭議 6407上
斷僧相打判 6408上
斷僧通狀判 6408上
答韓侍郎書 6408下
答獨孤舍人書 6409下
答皇甫湜書 6410上
答朱載言書 6411上
論事於宰相書 6412下
勸裴相不自出征書 6413下
薦士於中書舍人書 6414上
謝楊郎中書 6414下
與陸傪書 6415上
答侯高第二書 6415下
薦所知於徐州張僕射書 6416
與淮南節度使書 6418下
賀行軍陸大夫書 6419下
勸河南尹復故事書 6420下
寄從弟正辭書 6421下
與翰林李舍人書 6422上
答泗州開元寺僧澄觀書 6422下
送馮定序 6423下
韋氏月録序 6423下
八駿圖序 6424上
卓異記序 6424上
去佛齋論 6424下
從道論 6425下
辨邪箴 6426下
行己箴 6426下
陸傪檻銘 6426下
舒州新堂銘 6426下
泗州開元寺鐘銘并序 6427上
江州南湖堤銘并序 6427上
趙州石橋銘 6427下
雜説上 6427下
雜説下 6428下
知鳳説 6428下
國馬説 6429上
解惑 6429下
命解 6430上
仲尼不歷聘解 6430下
解江靈 6430下
截冠雄雞志 6431上
帝王所尚問 6432上
正位 6432下
學可進 6433上
拜禹言 6433上
復性書上 6433上
復性書中 6435上
復性書下 6437上
平賦書并序 6438上
數奇篇 6440上
五木經 6441上
皇祖實録 6441上
來南録 6442上
何首烏録 6443上
陸歙州述 6444上
題燕太子丹傳後 6444下
題桃椰亭 6445上
題峽山寺 6445上
題靈鷲寺 6445下

高愍女碑 6445下
唐故特進左領軍衛上將軍兼御史大夫平原郡王贈司空柏公神道碑 6446上
唐故横海軍節度齊棣滄景等州觀察處置等使金紫光禄大夫檢校兵部尚書使持節齊州諸軍事兼齊州刺史御史大夫上柱國貝郡開國公食邑二千户贈左僕射傅公神道碑 6447下
唐故福建等州都團練觀察處置等使兼御史中丞贈右散騎常侍獨孤公墓誌銘 6449上
唐故金紫光禄大夫尚書右僕射致仕上柱國宏農郡開國公食邑二千户贈司空楊公墓誌銘 6449下
祕書少監史館修撰馬君墓誌 6452上
叔氏墓誌銘 6452下
故檢校工部員外郎任君墓誌銘 6453上
兵部侍郎贈工部尚書武公墓誌銘 6453下
故歙州長史隴西李府君墓誌銘 6454下
故河南府司録參軍盧君墓誌銘 6455下
故處士侯君墓誌 6456下
故懷州録事參軍武氏妻傅氏墓誌 6457上
故朔方節度掌書記殿中侍御史昌黎韓君夫人京兆韋氏墓誌銘 6457上
唐故金紫光禄大夫檢校禮部尚書使持節都督廣州諸軍事兼廣州刺史兼御史大夫充嶺南節度營田觀察制置本管經畧等使東海郡開國公食邑二千户徐公行狀 6458上
故正議大夫行尚書吏部侍郎上柱國賜紫金魚袋贈禮部尚書韓公行狀 6459下
故東川節度使盧公傳 6462下
楊烈婦傳 6465上
祭吏部韓侍郎文 6466上
祭福建獨孤中丞文 6466下
祭中書韋相公文 6466下
祭故東川盧大夫文 6467上
祭楊僕射文 6467下
祭李賓客文 6468上
祭硤州李使君文 6468下
祭從祖弟秘書少監文 6468下
祭劉巡官文 6469上
祭錢巡官文 6469上
準制祭伏波神文 6469下
祭中天王文代河南鄭尹作 6469下
別灊山神文 6470上
湖州別女足娘墓文 6470上

王起

東郊迎春賦 6471上
元日觀上公獻壽賦 6471下
振木鐸賦 6472上
取榆火賦 6472下
鑽燧改火賦 6473上
蟄蟲始振賦 6473下
開冰賦 6474上
冰泮曲池賦 6474下
北郊迎冬賦 6475上
律呂相生賦 6475下
律呂相召賦 6476上
葭灰應律賦 6476下
鍊石補天賦 6477上
鄒子吹律賦 6477下
懸土炭賦 6478上
寅月釁龜賦 6478下
秋潭賦 6479上
披霧見青天賦 6479下
登天壇山望海日初出賦 6480上
書同文賦 6480下
闢四門賦 6481上
下車泣罪人賦 6481下
木從繩賦 6482上
南蠻北狄同日朝見賦 6482下
諫鼓賦 6483上
履霜堅冰至賦 6483下
弋不射宿賦 6484下
被褐懷玉賦 6484下
燕王市駿骨賦 6485上
擲地金聲賦 6485下
重寸陰於尺璧賦 6486上
瞽者告協風賦 6487上
雨不破塊賦 6487下
五色露賦 6488上
庭燎賦 6488下
堯見姑射神人賦 6489上
漢武帝遊昆明池見魚銜珠賦 6489下
白玉琯賦 6490上
墨池賦 6490下

獺皮書袋賦 6491上
昆明池習水戰賦 6491下
轅門射戟枝賦 6492上
墨子迴車朝歌賦 6492下
雍時舉爟火賦 6493上
虔禋六宗賦 6493下
祠靈星賦 6494上
延陵季子掛劍賦 6494下
斗間見劍氣賦 6495上
切玉劍賦 6495下
照寶鏡賦 6496上
蒲輪賦 6496下
洗乘石賦 6497上
宣尼宅聞金石絲竹之聲賦 6497下
冰蠶賦 6498上
浪井賦 6498下
結網求魚賦 6499上
烹小鮮賦 6499下
蜃樓賦 6500下
黿鼉爲梁賦 6501上
羨魚賦 6501下
焦桐入聽賦 6502上
朔方獻千里馬賦 6502上
萬年縣試金馬式賦 6502下
彈冠賦 6503上
佩刀出飛泉賦 6503下
請禁皇城南六坊内朱雀門至明德門夾街兩面坊及曲江側近不得置私廟奏 6504下
覆廢䏻讓皇帝廟奏 6504下
請進士覆試後再行放榜奏 6505上
覆奏祔懷懿太子神主狀 6505上
創造禮神九玉議 6505下
定祀九宮儀注議 6506上
銀青光禄大夫檢校禮部尚書使持節梓州諸軍事兼梓州刺史御史大夫充劍南東川節度副大使知節度事管内觀察處置静戎軍等使上柱國長樂縣開國公食邑一千五百户贈吏部尚書馮公神道碑銘并序 6507上
莊恪太子哀册文 6509下

張仲素

稼如雲賦 6511上
三復白圭賦 6511下
公儀休焚機賦 6512上
信圭賦 6512下
黄雀報白環賦 6512下
迴文錦賦 6513上
漲昆明池賦 6513下
鑒止水賦 6514上
繪事後素賦 6514下
穆天子宴瑶池賦 6515上
玉鈎賦 6515下
反舌無聲賦 6516上
山呼萬歲賦 6517上
窗中列遠岫賦 6517下
管中窺天賦 6518上
玉磬賦 6518下
泗濱浮磬賦 6518下
千金市駿骨賦 6519上
河橋竹索賦 6519下
賀嘉禾表 6520下
賀西内嘉蓮表 6520下
賀東川麟見表 6521上
賀蔡州破賊表 6521上
賀破賊表 6521下
賀捉獲劉闢等表 6522上
佛骨碑 6522下
内侍護軍中尉彭獻忠神道碑 6522下

李絳

太清宫觀紫極舞賦 6525上
對憲宗得賢興化問 6525下
對憲宗論朋黨 6526下
論諫臣 6527上
延英論兵制 6528上
延英論邊事 6528下
請崇國學疏 6529上
奉命進録歷代事宜疏 6530上
陳時務疏 6530下
論任賢疏 6531上
論任賢第二疏 6531上
請授烏重允河陽節度使疏 6531下
辨李吉甫密奏疏 6532上
辨裴武疏 6532下
論劉從諫求爲留後疏 6533上
論僕射中丞相見儀制疏 6534上
論不召對疏 6534下
請立儲疏 6534下
請放宫女疏 6535上
論量放旱損百姓租税疏 6535上
論中尉不宜統兵出征疏 6535下
請散内庫拯黎庶疏 6535下
論户部闕官斛㪷疏 6536上
對憲宗問進羨餘疏 6536下
論安國寺不合立聖德碑狀 6537上
論澤潞事宜狀 6537下
論河北三鎮及淮西事宜狀 6538下
論鎮州事宜狀 6539上
請以李錡財産代浙西百姓租税狀 6539下

謝密賜宣勞狀 6540上
學士謝狀 6540上
謝宣慰狀 6540下
謝宣慰狀 6540下
謝宣慰狀 6541上
論裴均進銀器狀 6541上
論盧從史請用兵事狀 6541下
論張茂昭事狀 6541下
論簡勘楊憑家產狀 6542上
論德音事狀 6542上
賀德音狀 6542下
論許遂振進奉請驛遞送至上都狀 6542下
論延州事宜狀 6543上
論易定事宜狀 6543上
兵部尚書王紹神道碑 6543下

元稹

奉制試樂爲御賦 6546上
善歌如貫珠賦 6546下
鎮圭賦 6547上
觀兵部馬射賦 6547下
郊天日五色祥雲賦 6548下
范傳式可河南府壽安縣令制 6549上
王炅等升秩制 6549下
高端等授官制 6549下
李昆可權知滑州司馬兼監察御史制 6549下
劉頗可河中府河西縣令制 6549下
王迪貶永州司馬制 6550上
王悅等可昭武校尉行左千牛備身制 6550上
崔適等可翊麾校尉守左千牛備身制 6550上
姚文壽可冠軍大將軍右監門衛將軍知內侍省事制 6550下
徐智岌可雲麾將軍右監門衛將軍知內侍省事制 6550下
邵常政等可內侍省內謁者監制 6550下
宋常春等可內侍省內僕局令制 6551上
青州道渤海愼能至王姪大公則等授金吾將軍放還蕃制 6551上
青州道渤海大定順王姪大多英等授諸衛將軍放還蕃制 6551下
令狐楚等加階制 6551下
蕭俛等加勳制 6552上
蕭俛等加封爵制 6552上
李逢吉等加階制 6552上
李光顏加階制 6552下
王仲舒等加階制 6553上
郭釗等轉勳制 6553上
武儒衡等加階制 6553上
崔元畧等加階制 6553下
胡証等加階制 6553下
諸史收淄青敘録將士等授官爵勳制 6553下
劍南西川節度使下將士史憲等敘勳制 6553下
鄭氏封才人制 6554上
第七女封公主制 6554上
王承宗母吳氏封齊國太夫人制 6554上
李愬妻韋氏封魏國夫人制 6554下
贈田宏正等父制 6554下
贈烏重允等父制 6555上
贈韓愈等父制 6555上
贈韋審規等父制 6555下
贈田宏正母鄭氏等制 6555下
追封孔戣母韋氏等制 6556上
追封李逢吉母王氏等制 6556上
追封李遜等母制 6556上
追封王潛母齊國大長公主制 6556下
追封王璠母李氏等制 6556下
贈鄭餘慶太保制 6557上
贈賻王承宗制 6557上
贈賻裴行立制 6557下
贈陳憲宗衡州刺史制 6557下
贈楚繼吾等刺史制 6558上
更賜于頔謚制 6558上
追封宋若華河南郡君制 6558下
授入朝奚大首領梅落悟孤等二十五人官階制 6558下
授入朝契丹首領達于只枕等二十九人果毅別將制 6558下
授劉惠通謁者監制 6559下
授韓皐尚書左僕射制 6559下
授韋審規等左司户部郎中等制 6560上
授羅讓工部員外郎制 6560上
授邱紓陳鴻員外郎等制 6560上
授裴注等侍御史制 6560下
授嗣虢王溥太僕少卿等制 6560下
授張籍祕書郎制 6561上
授張奉國上將軍皇

城留守制 6561上
授杜叔良左領軍衛大將軍制 6561上
授薛昌朝等王傅等制 6561下
授王自勵原王府諮議制 6561下
授薛昌族王府長史等制 6562上
授楊巨源郭同元河中興元少尹制 6562上
授王師魯等嶺南判官制 6562上
授崔鄘等監察裏行等官制 6562下
授蕭祐兵部郎中制 6562下
授劉泰清左武衛將軍制 6562下
授郭皎一作皎冀王府諮議制 6563上
授王承迪等刺史王府司馬制 6563上
授裴寰奉先縣令制 6563上
授衛中行陝州觀察使制 6563下
授鄭仁弼檢校祠部員外充橫海判官等制 6563下
授蕭睦鳳州周載渝州刺史制 6564上
授王陟監察御史充西川節度判官等制 6564上
授盧粤監察裏行宣州判官等制 6564上
授楊進亳州長史制 6564上
授烏重允山南西道節度使制 6564下
授盧捷深州長史制 6564下
加裴度幽鎮兩道招撫使制 6564下
加裴度鎮州四面招討使制 6565下
授劉總守司徒兼侍中天平軍節度使制 6565下
許劉總出家制 6566上
加烏重允檢校司徒制 6566下
授李愿檢校司空宣武軍節度使制 6567上
授劉悟檢校司空幽州節度使制 6567下
授劉悟昭義軍節度使制 6568上
加陳楚檢校左僕射義武軍節度使制 6568下
加馬總檢校刑部尚書制 6569上
起復田布魏博節度等使制 6569上
楊元卿涇原節度使制 6570上
授牛元翼深冀等州節度使制 6570上
授牛元翼成德軍節度使制 6571上
授韓皐吏部尚書趙宗儒太常卿制 6571上
授趙宗儒尚書左僕射制 6571下
授李絳檢校右僕射兼兵部尚書制 6572上
授王播刑部尚書諸道鹽鐵轉運等使制 6572上
授杜元穎户部侍郎依前翰林學士制 6572下
授沈傳師中書舍人制 6573上
授崔稜尚書户部侍郎制 6573上
授裴向左散騎常侍制 6573下
授崔郾諫議大夫制 6573下
授白居易尚書主客郎中知制誥制 6574上
授孟子周太子賓客制 6574上
授李扶宗正卿韋虔度殿中監制 6575上
授裴武司農卿制 6575上
授盧士玫權知京兆尹制 6575下
授劉士涇太僕卿制 6575下
加裴堪工部尚書致仕制 6576上
授于季友右羽林將軍制 6576上
授邵同太府少卿充吐蕃和蕃使制 6576下
授元宗簡權知京兆少尹劉約行尚書司門員外郎制 6576下
授劉師老尚書右司郎中郭行餘守秘書省著作郎制 6577上
授楊嗣復權知尚書兵部郎中制 6577上
授鄭涵尚書考功郎中馮宿刑部郎中制 6577下
授高允恭尚書户部郎中判度支案制 6577下
授高允恭侍御史知雜事制 6578上
授栢耆尚書兵部員外郎制 6578上
授高釴守起居郎依前充史館修撰何

士乂尚書水部員外郎制 6578下
授班肅尚書司封員外郎制 6578下
授獨孤朗尚書都官員外郎韋瓘守右補闕同充史館修撰制 6579上
授范季睦尚書倉部員外郎制 6579上
授楊汝士等右補闕制 6579下
授唐慶萬年縣令制 6579下
李翃起復監察御史制 6580上
授王永太常博士制 6580上
授李從易宗正寺丞制 6580上
授盧均等通事舍人制 6580下
授顔峴右贊善大夫制 6580下
授荆蒲等左清道率府率制 6580下
授王惠超等左清道率府率制 6581上
授崔宏禮鄭州刺史制 6581上
授元佑洋州刺史制 6581下
授袁重光雅州刺史李踐方大理寺丞制 6581下
授齊煚饒州刺史王堪澧州刺史制 6581下
授元藇一作輿等餘杭等州刺史制 6582上
授韓察等明通等州刺史制 6582上
授韋行立處州刺史制 6582下
授王進岌冀州刺史制 6582下
授論倚忻州刺史制 6582下
授王元琬銀州刺史制 6583上
授陳諫循州刺史制 6583上
授萬憬皓端州刺史制 6583下
趙真長等加官制 6583下
授王沂河南府永寧縣令范傳規陝州安邑縣令制 6583下
授吉畋京兆府渭南縣令制 6584上
駱怡等復職制 6584上
裴温等兼監察御史裹行充清海軍節度參謀制 6584上
授韓克從太子通事舍人制 6584下
授崔方實試太子詹事制 6584下
李歸仙兼鎮州右司馬制 6584下
授齊煦等縣令制 6585上
授韋珩等京兆府美原等縣令制 6585上
裴誗等充河南節度判官制 6585下
蔡少卿兼監察御史制 6585下
授李立則檢校虞部員外郎知鹽鐵東都留後制 6585下
常亮元等權知橋陵制 6585下
授杜載監察御史制 6586上
授崔蔇等檢校都官員外郎兼侍御史制 6586上
授王播中書侍郎同平章事使職如故制 6586上
討鎮州王庭湊德音 6586下
貶令狐楚衡州刺史制 6588上
批宰臣請上尊號第二表 6588下
批宰臣請上尊號第三表 6588下
批宰臣請上尊號第四表 6589上
批劉悟謝上表 6589上
批王播謝官表 6589下
處分幽州德音 6590上
戒勵風俗德音 6591上
長慶元年册尊號赦 6591下
論裴延齡表 6593上
又論裴延齡表 6593下
獻事表 6594下
同州刺史謝上表 6596下
賀汴州誅李夵表 6597下
賀聖體平復御紫宸殿受朝賀表 6597下
代李中丞謝官表 6598上
爲嚴司空謝招討使表 6598上
賀誅吴元濟表 6598下
爲蕭相公讓官表 6599上
爲蕭相謝追贈祖父祖妣亡父表 6599上
論追制表 6599下
論諫職表 6600上
論討賊表 6600下
論西戎表 6601下
論教本書 6602上
兩省供奉官諫駕幸温湯狀 6604下
辨日旁瑞氣狀 6605上
謝准朱書撰田宏正

碑文狀 6605下
謝恩賜告身衣服并借馬狀 6606上
謝賜設狀 6606上
謝御劄狀 6606下
進田宏正碑文狀 6606下
進詩狀 6607上
進西北邊圖經狀 6607下
進西北邊圖狀 6607下
進雙雞等狀 6608上
進馬狀 6608上
爲蕭相謝告身狀 6608下
爲令狐相國謝賜金石凌紅雪狀 6609上
爲蕭相國謝太夫人國號告身狀 6609上
爲令狐相國謝回一子官與弟狀 6609下
賀降誕日德音狀 6609下
中書省議賦税及鑄錢等狀 6610上
中書省議舉縣令狀 6611上
彈奏劍南東川節度使狀 6611下
彈奏山南西道兩税外草狀 6615下
論浙西觀察使封杖決殺縣令事 6616上
論轉牒事 6616下
爲河南百姓訴車 6617下
同州奏均田狀 6618下
當州兩税地 6618下
當州京官及州縣官職田公廨田并州使官田驛田等 6619上
當州供左神策部陽鎮軍田粟二千石 6619下
當州朝邑等三縣代納夏陽韓城兩縣率錢 6619下
當州税麻 6619下
當州所徵斛斗草及地頭等錢畸零分數 6620上
浙東論罷進海味狀 6620下
錢貨議狀 6621上
錢重物輕議 6622下
遷廟議 6622下
對才識兼茂明於體用策 6624上
錯字判 6628上
易家有歸藏判 6628下
修堤請種樹判 6628下
夜績判 6629上
田中種樹判 6629上
屯田官考績判 6629下
怒心鼓琴判 6629下
迴風變節判 6630上
五品女樂判 6630上
學生鼓琴判 6630下
毁方瓦合判 6630下
對父病殺牛判 6631上
對弓矢驅鳥鳶判 6631上
千歲龜判 6631下
對蕃客求魚判 6631下
對宴客鼈小判 6631下
對養雞猪判 6632上
對狗傷人有牌判 6632上
與史館韓侍郎書 6633上
敍詩寄樂天書 6634上
誨姪等書 6635下
代諭淮西書 6636下
上門下裴相公書 6639上
賀裴相公破淮西啟 6640下
上興元權尚書啟 6641上
上令狐相公詩啟 6641下
與衛淮南石琴薦啟 6642上
制誥自序 6642上
文藁自敍 6642下
白氏長慶集序 6644上
永福寺石壁法華經記 6645上
翰林承旨學士廳壁記 6646上
重修桐柏觀記 6646下
沂國公魏博德政碑 6646下
葬安氏誌 6648下
唐故工部員外郎杜君墓係銘 6649上
唐故開府儀同三司檢校兵部尚書兼左驍衛上將軍充大内皇城留守御史大夫上柱國南陽郡王贈某官碑文銘 6650上
唐故越州刺史兼御史中丞浙江東道觀察等使贈左散騎常侍河東薛公神道碑文銘 6651下
唐故使持節萬州諸軍事萬州刺史賜緋魚袋劉君墓誌銘 6653下
唐故京兆府盩厔縣尉元君墓誌銘 6655上
有唐贈太子少保崔公墓誌銘 6655下
故中書令贈太尉沂國公墓誌銘 6657下
唐故中大夫尚書刑部侍郎上柱國隴西縣開國男贈工部尚書李公墓誌銘 6658下
唐故朝議郎侍御史内供奉鹽鐵轉運河陰留後河南元君墓誌銘 6660上

唐故建州浦城縣尉元君墓誌銘 6661上
夏陽縣令陸翰妻河南元氏墓誌銘 6661上
唐左千牛韋珮母段氏墓誌銘 6663上
唐故福建等州都團練觀察處置等使中大夫使持節都督福州諸軍事守福州刺史兼御史中丞上柱國賜紫金魚袋贈左散騎常侍裴公墓誌銘 6663下
故金紫光祿大夫檢校司徒兼太子少傅贈太保鄭國公食邑三千户嚴公行狀 6664下
告畬三陽神文 6666下
告畬竹山神文 6667上
報三陽神文 6667下
祈雨九龍神文 6668上
報雨九龍神文 6668上
幽州平告太廟祝文 6668下
祭淮瀆文 6668下
告贈皇考皇妣文 6669上
告贈皇祖祖妣文 6669下
告祀曾祖文 6670上
祭翰林白學士太夫人文 6670下
祭禮部庾侍郎太夫人文 6671上
祭亡妻韋氏文 6671下
秋分日祭百神文 6672上
祭亡友文 6672上

白居易

荷珠賦 6673上
動静交相養賦 并序 6673下
汎渭賦 并序 6674上
傷遠行賦 6675上
宣州試射中正鵠賦 6675下
省試性習相近遠賦 6676上
求元珠賦 6676下
漢高祖斬白蛇賦 6677上
大巧若拙賦 6677下
雞距筆賦 6678上
黑龍飲渭賦 6679上
敢諫鼓賦 6679下
君子不器賦 6680上
賦賦 6680下
洛川晴望賦 6681上
叔孫通定朝儀賦 6681下
中和節頌 并序 6682上
河北榷鹽使檢校刑部郎中裴宏泰可權知貝州刺史依前榷鹽使制 6683下
崔陵可河南尹制 6683下
侯丕可霍邱縣尉制 6684上
崔楚臣可兼殿中侍御史制
王庭湊曾祖五哥之可贈越州都督祖未怛活可贈左散騎常侍父昇朝可贈禮部尚書制 6684上
崔羣可秘書監分司東都制 6684下
授王建秘書郎制 6684下
董昌齡可許州長史制 6685上
柳經李褒並泗州判官制 6685上
張諷等四人可兼御史中丞侍御史監察御史同制 6685上
啖異可滁州長史許志雍可永州司户崔行儉可隋州司户並准赦量移制 6685下
程執撫亡父懷信贈太保李祐亡父景曙贈太子少傅柏耆亡父良器贈太子少保白餘盛亡父孝德贈太保同制 6685下
嚴謨可桂管觀察使制 6685下
杜式方可贈禮部尚書制 6686上
武昭除石州刺史制 6686下
梁希逸除蔚州刺史制 6686下
盧元勳除隰州刺史制 6686下
楊孝直除滑州長史制 6687上
張嘉泰可延州長史制 6687上
魏元通除深王府司馬制 6687上
楊造等亡母追贈太君制 6687上
張植李翺等二十人亡母追贈郡縣夫人制 6687下
陳中師除太常少卿制 6687下
衢州刺史鄭羣可庫部郎中齊州刺史張士階可祠部郎中同制 6687下
元稹可太子左諭德依前入蕃使制 6688上
盧昂量移虢州司户長孫鉉量移遂州司户同制 6688上
李石楊穀張殷衡等

並授官充溼原判官同制 6688上
李演除左衛上將軍制 6688下
康昇讓可試太子司議郎知欽州事兼充本州鎮遏使陳倓可試太子舍人知巒州事兼充本州鎮遏使李容可試太子通事舍人知賓州事兼賓澄巒橫貴等五州都遊奕使馮緒可試太子通事舍人知田州事充左江都知兵馬使滕殷晉可試右衛率府長史知瀼州事兼充左江都知兵馬使五人同制 6688下
西川大將賀若岑等一十二人授御史中丞殿中監察及諸州司馬同制 6689上
前右羽林將軍李彥佐服闋重除本官兼御史中丞知軍事制 6689上
奉天縣令崔鄯可倉部員外郎判度支案制 6689上
翰林待詔李景亮授左司禦率府長史依前待詔制 6689下
故鹽州防秋兵馬使康太崇贈鄧州刺史制 6689下
劉總外祖故瀛州刺史盧龍軍兵馬使張懿贈工部尚書制 6689下
劉總外祖母李氏贈趙國夫人制 6690上
蕭俛一子廻授三從弟伸制 6690上
賈嶙入回鶻副使授兼御史中丞賜紫金魚袋制 6690上
張屺授廬州刺史兼御史中丞制 6690下
韓公武授左驍衛上將軍制 6690下
姚元康等授官充推官掌書記制 6690下
楊元諒等三十人加官制 6691上
李益王起杜元穎等賜爵制 6691上
王計除萊州刺史吳暐除蓬州刺史制 6691上
義武軍奏事官虞候衛紹則可檢校秘書監職如故制 6691下
授庾敬休監察御史等制 6691下
溪州奏事官衛推試原王友韓季重可兼監察御史充職制 6691下
袁幹可封州刺史兼侍御史制 6691下
華州及陝府將士吉少華二千三百三十五人各賜勳五轉制 6692上
京兆尹盧士玟除檢校左散騎常侍兼中丞瀛漠二州觀察等使制 6692上
武寧軍軍將郭暈等五十八人加大夫賓客詹事太常卿殿中監制 6692下
贈僕射蘇兆男三人妻兄一人並被蔡州誅戮各贈太子贊善大夫等制 6692下
王士則除右羽林大將軍制 6692下
前穀熟縣令李季立授奉天丞兼監察御史充回鶻使判官制 6693上
李懷金等各授官制 6693上
王日簡可朝散大夫德州刺史制 6693上
薛元賞可華原縣令制 6693下
王承林可安州刺史制 6693下
嚴綬可太子少傅制 6693下
源寂可安王府長史制 6694上
鄭枋可河中府河西主簿制 6694上
喬弁可巴州刺史制 6694上
薛戎贈左散騎常侍制 6694上
辛弁文可淄州長安縣令制 6694下
知汴州院官侍御史盧蒙可檢校倉部員外郎陝府院官盧台可兼侍御史鄭滑院官李克恭可試大理評事獨孤操可衛佐並依前知院事同制 6694下
王智興可檢校右散

騎常侍兼御史大夫充武寧軍節度副使領本道兵馬赴行營制 6694下
田羣可起復守左金吾衛將軍員外置兼澶州刺史制 6695上
楊於陵亡祖母崔氏等贈郡夫人制 6695上
邵同貶連州司馬制 6695上
鄭公逵可陝州司馬制 6695下
劉泰倫可起復謁者監制 6695下
王師閔可檢校水部員外郎徐泗濠等州觀察判官制 6695下
薛從可右清道率府倉曹制 6696上
義武軍行營兵馬使高從政等五人河東節度行營兵馬使傅義等二十四人並破賊可御史大夫中丞侍御史制 6696
故奉天定難功臣試殿中監陳日榮等一十二人可贈商鄧唐隋等州刺史制 6696上
段斌宗惟明等除檢校大理太僕卿制 6696下
户部尚書楊於陵祖故奉先縣主簿楊冠俗可贈吏部郎中於陵奏請迴贈制 6696下
故光禄卿致仕李恕贈右散騎常侍制 6696下
劉悟妻馮氏可封長樂郡夫人制 6696下
夏州軍將二人授侍御史制 6697上
日試詩百首田夷吾曹璠等授魏州究州縣尉制 6697上
衛佐崔蕃授樓煩監牧使判官校書郎李景讓授東畿防禦巡官制 6697上
李愬李愿薛平王潛馬總孔戢崔能李翱李文悦咸賜爵一級并迴授男同制 6697下
故工部尚書致仕杜羔贈右僕射制 6697下
幽州兵馬使劉悚除左驍衛將軍制 6697下
前幽州押衙瀛州刺史劉令璆除工部尚書致仕制 6698上
盧衆等除御史評事制 6698上
張偉等一百九十餘人除常侍中丞賓客詹事等制 6698上
梁璲等六人除范陽管内州判司縣尉制 6698下
渤海王子加官制 6698下
石士倫授龍州刺史制 6698下
韓萇授尚輦奉御制 6698下
孟存授成都府少尹制 6698下
杜元穎等賜勳制 6699上
商州壽州將士等賜勳制 6699上
内侍楊志和等授朝散大夫制 6699上
内常侍趙宏亮加勳制 6699上
烏行初授衛佐制 6699上
烏重允妻張氏封國夫人制 6699下
鎮州軍將王怡判官李序先被賊中誅因並死各贈官及優恤子孫制 6699下
武寧軍陣亡大將軍李自明贈濠州刺史制 6699下
裴宏泰可太府少卿知左藏庫出納制 6700上
李昌元可兼御史大夫制 6700上
田穎可亳州刺史制 6700上
薛伯高等亡母追贈郡夫人制 6700下
李佑授晉州刺史制 6701上
武寧軍將王昌涉等授官制 6701上
馬總亡祖母韋氏贈夫人制 6701上
路貫等授桂州判官制 6701上
駙馬都尉鄭何除右衛將軍制 6701下
封太和長公主制 6701下
宋朝桀加常侍制 6701下
贈陣亡軍將等刺史制 6702上
諸道軍將等授官制 6702上
裴度韓宏等各賜一子官并授姪女壻等制 6702上
入回紇使下軍將官吏夏侯仕戡等四

十人授卿監賓客諮議衛佐同制 6702上
盧昂可監察御史裹行知轉運永豐院制 6702下
張維素亡祖紘贈户部郎中制 6702下
興州刺史鄭公逵授王府長史李循授興州刺史同制 6702下
權知陵州刺史李正卿正除刺史制 6703上
知渭橋院官蘇洌授員外郎依前職前進士王績授校書郎江西巡官制 6703上
湖南都押衙監察御史王璀可柳州司馬依舊職制 6703上
安南告捷軍將黃士傪授銀青光禄大夫試殿中監制 6703下
授徐綰兵部員外郎李光嗣右司員外郎制 6703下
王鎰可刑部員外郎制 6703下
京兆府司録參軍孫簡可檢校禮部員外郎荆南節度判官浙東判官試大理評事韓佽可殿中侍御史巡官試正字晁朴可試協律郎充推官同制 6703下
冀州奏事官田練可冀州司馬兼殿中侍御史制 6704上
薛常翽可邢州刺史本州團練使制 6704上
牛元翼可檢校左散騎常侍深州刺史御史大夫制 6704上
王衆仲可衡州刺史制 6704下
田盛可金吾將軍勾當左衛事制 6704下
陳楚男王府咨議參軍君賞可定州長史兼御史軍中驅使制 6704下
崔承寵可集州刺史制 6705上
前貝州刺史崔鴻可重授貝州刺史制 6705上
前吉州刺史李繁可依前吉州刺史制 6705上
瀛漠州都虞候萬重皓可坊州司馬制 6705上
崔墉可河南府法曹參軍制 6705下
前河陽節度使魏義通授右龍武軍統軍前泗州刺史李進賢授右驍衛將軍并檢校常侍兼御史大夫制 6705下
李元成等授官制 6705下
馬總準制追贈亡父請迴贈亡祖制 6706上
權知朔州刺史樂璘正授兼御史中丞制 6706上
神策軍推官田疇加官制 6706上
裴敞授昭義軍判官裴佯授義成軍判官各轉官制 6706上
雲州刺史高榮朝除太子賓客河東都押衙制 6706下
韋綬等賜爵制 6706下
烏重明等贈官制 6706下
羽林龍武等軍將士各加改轉制 6706下
新羅賀正使金良忠授官歸國制 6706下
除裴垍中書侍郎同平章事制 6707上
除段祐檢校兵部尚書右神策軍大將軍制 6707下
除趙昌檢校吏部尚書兼太子賓客制 6708上
除鄭絪太子賓客制 6708下
加程執恭檢校尚書右僕射制 6708下
除王佖檢校户部尚書充靈鹽節度使制 6709上
除閻巨源邠寧節度使制 6709下
授吴少陽淮西節度留後制 6710上
除程執恭檢校右僕射制 6710上
除郎官分牧諸州制 6710下
除張宏靖門下侍郎平章事制 6711上
授范希朝京西都統制 6711上
贈李吉甫先父官并與一子官制 6711下
除李絳平章事制 6711下
授韓宏許國公實封制 6712上
除裴度中書舍人制 6712上
除蕭俛起居舍人制 6712下
除崔羣中書舍人制 6712下
獨孤郁守本官知制

誥制 6712下
授沈傅師左拾遺史館修撰制 6713上
除許孟容河南尹兼常侍制 6713上
除李程郎中制 6713上
裴克諒權知華陰縣令制 6713下
贈高郢官制 6713下
貶于尹躬洋州刺史制 6713下
贈裴垍官制 6713下
除軍使郊寧節度使制 6714上
除韋貫之中書侍郎平章事制 6714上
除拾遺監察等制 6714下
除范傳正宣歙觀察使制 6714下
邊鎮節度使起復制 6714下
除任廸簡檢校右僕射制 6715上
除常侍制 6715下
除裴武太府卿制 6715下
杜佑致仕制 6715下
鄭涵等太常博士制 6716上
除韓臯東都留守制 6716上
中書舍人韋貫之授禮部侍郎制 6716下
薛存誠除御史中丞制 6716下
前長安縣令許季同除刑部郎中前萬年縣令杜羔除户部郎中制 6716下
京兆少尹辛祕可汝州刺史制 6717上
除李遜京兆尹制 6717下
除孔戣等官制 6717下
除李建吏部員外郎制 6718上
除劉伯芻虢州刺史制 6718上
除周懷義豐州刺史天德軍使制 6718上
除某官王某魏博節度使制 6718下
除某節度留後起復制 6718下
除薛平鄭滑節度使制 6719上
除盧士玟劉從周等官制 6719上
張正一致仕制 6719上
張正甫蘇州刺史制 6719下
崔清晉州刺史制 6719下
除柳公綽御史中丞制 6719下
除田興工部尚書魏博節度使制 6720上
除鄭餘慶太子少傅制 6720上
除裴堪江西觀察使制 6720上
贈杜佑太尉制 6720下
除孔戢萬年縣令制 6720下
除裴向同州刺史制 6720下
除武元衡門下侍郎平章事制 6721上
除李夷簡西川節度使制 6721上
除袁滋襄陽節度使制 6721下
歸登右常侍制 6722上
李程行軍司馬制 6722上
李甑虞部郎中制 6722上
牛僧孺監察御史制 6722上
裴克諒量留制 6722下
張聿都水使者制 6722下
薛伾鄜坊觀察使制 6722下
韓愈比部郎中史館修撰制 6723上
李暈安州刺史制 6723上
竇易直可給事中制 6723上
孟簡賜紫金魚袋制 6723下
盧元輔杭州刺史制 6723下
傅良弼可鄭州刺史制 6723下
張徹宋申錫可並監察御史制 6724上
楊子留後殷彪授金州刺史兼侍御史河陰令韋同憲授南鄭令韋弁授絳州長史三人同制 6724上
獨孤郁司勳郎中知制誥制 6724上
錢徽司封郎中知制誥制 6724下
馮宿除兵部郎中知制誥制 6724下
盧元輔吏部郎中制 6725上
鄭覃可給事中制 6725上
韋審規可西川節度副使御史中丞李虞仲崔戎姚向温會等並西川判官皆賜緋各檢校省官兼御史制 6725下
魏博軍將吕晃等從宏正到鎮州各加御史大夫賓客等制 6726上
張平叔可户部侍郎判度支制 6726上
李虞仲可兵部員外郎崔戎可户部員外郎制 6726下
牛僧孺可户部侍郎制 6726下
庾承宣可尚書右丞

制 6727上
張聿可衢州刺史制 6727上
辛邱度可工部員外郎李石可左補闕李仍叔可右補闕三人同制 6727下
魏博軍將薛之縱等十四人各授官爵制 6727下
裴度李夷簡王播鄭絪楊於陵等各賜爵并迴授爵制 6727下
鄭餘慶楊同懸等十人亡母追贈郡國夫人制 6728上
李寘授咸陽令制 6728上
程羣授坊州司馬制 6728下
海州刺史王元輔加中丞制 6728下
楊潛可洋州刺史李繁可遂州刺史史備可濠州刺史制 6728下
張洪相里友署並南山東道判官同制 6729上
姚成節右神策將軍知軍事制 6729下
高鉞等一十人亡母鄭等太君制 6729下
柳公綽可吏部侍郎制 6729下
孔戣可右散騎常侍制 6730上
王公亮可商州刺史制 6730上
韋覬可給事中庾敬休可兵部郎中知制誥同制 6730上
李愬贈太尉制 6730下
田布贈右僕射制 6731上
韋貫之可工部尚書制 6731下
太子詹事劉元鼎可大理卿兼御史大夫充西番盟會使右司郎中劉師老可守本官充盟會副使通事舍人太僕丞李武可守本官兼監察御史充盟會判官三人同制 6731下
許季同可祕書監制 6732上
張元夫可禮部員外郎制 6732上
楊嗣復可庫部郎中知制誥制 6732下
張平叔可京兆少尹知府事制 6732下
康日華贈坊州刺史制 6733上
張籍可水部員外郎制 6733上
何士乂可河南縣令制 6733上
崔植一子官迴授姪某制 6733下
王起等賜勳制 6733下
蕭俛除吏部尚書制 6733下
溫堯卿等授官賜緋充滄景江陵判官制 6734上
神策軍及諸道將士某等一千九百人各賜上柱國勳制 6734上
李彤授檢校工部郎中充鄭滑節度副使王源中授檢校刑部員外郎充觀察判官各兼侍御史賜緋紫制 6734上
柳公綽父子溫贈尚書右僕射竇牟父叔向贈工部尚書薛伯高父懌贈尚書司封郎中元宗簡父琚贈尚書刑部侍郎皇甫鏞父愉贈尚書右僕射韋文恪父漸贈太子少保王正雅父翃贈太子太師范季睦父彥贈禮部郎中八人亡父同制 6734下
李宗河可渭南令李玘可京兆府户曹制 6735下
兵部郎中知制誥馮宿侍御史裴注義武軍行軍司馬御史中丞蕭籍饒州刺史齊照鄧州刺史渾鐬並可朝散大夫同制 6735下
太常博士王申伯可侍御史鹽鐵推官監察御史裏行高諾河東節度參謀兼監察御史崔植並可監察御史三人同制 6735下
溫造可起居舍人充鎮州四面宣慰使制 6736上
高芳穎等四人各贈刺史制 6736上
崔咸可洛陽縣令制 6736下
周愿可衡州刺史尉遲銳可漢州刺史薛鯤可河中少尹

三人同制 6736下
楊景復可檢校膳部員外郎鄆州觀察判官李綬可監察御史天平軍判官盧載可協律郎天平軍巡官獨孤涇可監察御史壽州團練副使馬植可試校書郎涇原掌書記程昔範可試正字涇原判官六人同制 6736下
前盧州刺史殷祐可鄭州刺史制 6737上
李德循除膳部員外郎制 6737上
張正甫可同州刺史制 6737下
崔琯可職方郎中侍御史知雜制 6737下
韋綬從右丞授禮部尚書薛放從工部侍郎授刑部侍郎丁公著從給事中授工部侍郎三人同制 6738上
李諒除泗州刺史兼團練使當道兵馬留後兼侍御史賜紫金魚袋張愉可岳州刺史同制 6738上
裴廙授殿中侍御史制 6738下
裴通除檢校左散騎常侍兼御史大夫充回鶻弔祭册立使制 6738下
元稹除中書舍人翰林學士賜紫金魚袋制 6739上
孔戣授尚書左丞制 6739上
授柳傑等四人官充鄭滑節度推巡制 6739下
第十二妹等四人各封長公主制 6739下
韓愈等二十九人亡母追贈郡國太夫人制 6740上
授駱峻太子司議郎梧州刺史賜緋魚袋兼改名元休制 6740上
劉總弟約等五人並除刺史賜紫男及姪六人除贊善洗馬衛佐賜緋同制 6740下
王元輔可左羽林衛將軍知軍事制 6740下
尚書工部侍郎集賢殿學士丁公著可檢校左散騎常侍越州刺史浙東觀察使制 6741上
鄭絪可吏部尚書制 6741上
重授李晟通事舍人制 6741下
徐登授醴泉令制 6741下
王汶加朝散大夫授左贊善大夫致仕制 6741下
元公度授華陰令制 6742上
唐州刺史韋彪授王府長史楊歸厚授唐州刺史劉旻授雅州刺史制 6742上
鄭絪烏重允馬總劉悟李佑田布薛平等亡母追封國郡太夫人制 6742上
奉議郎殿中侍御史內供奉飛騎尉賜緋魚袋盧商可劍南西川雲南安撫判官朝散大夫行開州開江縣令楊汝士可殿中侍御史內供奉充劍南西川節度參謀二人同制 6742下
李演贈太子少保制 6742下
李諒授壽州刺史薛公幹授泗州刺史制 6743上
柳公綽罷鹽鐵守本官兵部侍郎制 6743上
崔元備張惟素鄭覃陸瀍韋宏景賜爵制 6743下
劉約授棣州刺史制 6743下
李肇可中散大夫郢州刺史王鎰可朗州刺史溫造可朝散大夫三人同制 6743下
奉勅試邊鎮節度使加僕射制 6744上
與王承宗詔 6744下
與茂昭詔 6745上
與師道詔 6745上
與師道詔 6745下
與於陵詔 6745下
與希朝詔 6746上
與劉濟詔 6746上
與季安詔 6746下
與希朝詔 6746下
與從史詔 6747上
與季安詔 6747上
與昭義軍將士詔 6747上
與承璀詔 6747下
與元陽詔 6748上
與昭義軍將士詔 6748上

與師道詔 6748下
與師道詔 6749上
與執恭詔 6749上
與承宗詔 6749上
與吉甫詔 6749下
與劉濟詔 6750上
與鄭絪詔 6750上
與劉總詔 6750上
與茂昭詔 6750下
與劉總詔 6750下
與房式詔 6750下
與盧恒卿詔 6750下
與薛苹詔 6751上
與嚴礪詔 6751上
與餘慶詔 6751上
與從史詔 6751下
與韓臯詔 6751下
與元衡詔 6751下
與顏証詔 6752上
與從史詔 6752上
與季安詔 6752上
與高固詔 6752下
與茂昭詔 6752下
與柳晟詔 6753上
與仕明詔 6753上
與崇文詔 6753上
與希朝詔 6753上
與元衡詔 6753下
與陸庶詔 6753下
與宗儒詔 6754上
與希朝詔 6754上
與韓宏詔 6754上
與嚴礪詔 6754下
與韓宏詔 6754下
與季安詔 6754下
與茂昭詔 6755上
與潘孟陽詔 6755上
與韋丹詔 6755上
與從史詔 6755下
與孫璹詔 6755下
與李良僅詔 6756上
與崇文詔 6756上
與茂昭書 6756下
與昭義節度親事將士等書 6756下
與恒州節度下將士書 6757上
與吐蕃宰相鉢闡布敕書 6757下
與吐蕃宰相尚綺心兒等書 6758上
與新羅王金重熙等書 6759上
與驃國王雍羌書 6759上
與南詔清平官書 6759下
與回鶻可汗書 6759下
與金陵立功將士等敕書 6760下
答李遜等謝恩令附入屬籍表 6761上
批李夷簡賀御撰君臣事迹屏風表 6761上
批百寮嚴綬等賀御撰屏風表 6761上
答杜兼謝授河南尹表 6761上
答段祐等賀册皇太子禮畢表 6761下
答李詞賀處分王士則等德音表 6761下
批宰相賀赦王承宗表 6761下
答王承宗謝洗雪及復官爵表 6762上
答高郢請致仕第二表 6762上
答裴垍讓中書侍郎平章事表 6762上
答劉總謝檢校工部尚書范陽節度使
表 6762下
答任迪簡讓易定節度使表 6762下
答裴垍讓宰相第二表 6762下
答裴垍謝銀青光禄大夫兵部尚書表 6762下
答文武百寮嚴綬等賀御製新譯大乘本生心地觀經序表 6763上
答孟簡蕭俛等賀御製新譯大乘本生心地觀經序狀 6763上
答元應授岳鄂觀察使謝上表 6763上
答李鄘授淮南節度使謝上表 6763下
答元義請上尊號表 6763下
答薛平賀生擒李錡表 6763下
答杜黄裳請上尊號表 6764上
答李扞等謝許上尊號表 6764上
答馮伉請上尊號表 6764上
答長安萬年兩縣百姓耆壽等謝許上尊號表 6764下
答元素謝上表 6764下
答韓臯請上尊號表 6764下
答馮伉謝許上尊號表 6765上
答百寮謝許追遊集宴表 6765上
答李扞謝許遊宴表 6765上
答薛平謝授浙東觀察使表 6765下
答朱仕明賀册尊號及恩赦表 6765下

答劉濟詔 6765下
答盧虔謝賜男從史德政碑文并移貫屬京兆表 6766上
答杜佑謝男師損除工部郎中表 6766上
答王鍔陳讓淮南節度使表 6766上
答韓宏讓同平章事表 6766上
答韓宏再讓平章事表 6766下
答杜兼謝上河南少尹知府事表 6766下
答王鍔賀賑恤江淮德音表 6766下
答宰相杜佑等賀德音表 6766下
答宗正卿李詞等賀德音表 6767上
答將軍方元蕩等賀德音表 6767上
答宰相杜佑等賀德音表 6767上
答京兆府二十四縣耆壽謝賑貸表 6767下
批河中進嘉禾圖表 6767下
册新回鶻可汗文 6768上
册回鶻可汗加號文 6768下
贈劉總太尉册文 6768下
爲宰相賀赦表 6769上
爲宰相請上尊號第二表 6769下
爲宰相讓官表 6770上
賀平淄青表 6770下
賀上尊號後大赦天下表 6771上
爲宰相賀雨表 6771上
爲宰相賀殺賊表 6771下
賀雲生不見日蝕表 6772上
爲崔相陳情表 6772下
忠州刺史謝上表 6772下
杭州刺史謝上表 6773上
爲宰相謝官表 6773下
蘇州刺史謝上表 6774上
元和南省請上尊號表 6774下
第三表 6775上
第四表 6775下
論請不用奸臣表 6776上
諫詔吐突承璀率師出討王承宗疏 6776下
再言承璀疏 6776下
河朔復亂合諸道兵討無功賊取弓高絶糧道深州圍益急因上言 6777上
初授拾遺獻書 6778上
論制科人狀 6778下
論于頔裴均狀 6780上
論和糴狀 6781下
論太原事狀三件 6782上
嚴綬　輔光 6782上
貞亮 6782下
范希朝 6782下
奏請加德音中節目二件 6783上
緣今時旱請更減放江淮旱損州縣百姓今年租稅 6783上
請揀放後宮内人 6783上
論于頔所進歌舞人事宜狀 6783下
論魏徵舊宅狀 6783下
論王鍔欲除官事宜狀 6784上
論裴均進奉銀器狀 6784下
論孫璹張輔一作奉國狀 6785上
孫璹 6785上
張輔國 6785下
論元稹第三狀 6786上
請罷兵第二狀 6787上
請罷兵第三狀 6788上
奏所聞狀 6789下
論承璀職名狀 6790上
奏閿鄉禁囚狀 6790下
論嚴綬狀 6791上
論孟元陽狀 6791下
謝官狀 6792上
奏陳情狀 6792上
謝官狀 6792下
謝蒙恩賜設狀 6793上
謝恩賜衣服狀 6793上
三月三日謝恩賜曲江宴會狀 6793上
九月九日謝恩賜曲江宴會狀 6793下
臘日謝恩賜口蠟狀 6793下
中和日謝恩賜尺狀 6794上
謝清明日賜新火狀 6794上
謝恩賜冰狀 6794上
謝賜新曆日狀 6794下
謝恩賜茶果等狀 6794下
社日謝賜酒餅狀 6794下
論重考科目人狀 6795上
舉人自代狀 6795上
論重考試進士事宜狀 6795下
讓絹狀 6796上
論左降獨孤朗等狀 6796下
論行營狀 6797上
一請專委李光顔東面討逐委裴度四面臨境招諭事 6797上
一請抽揀魏博澤潞易定滄州四道兵，馬分付光顔事 6797下
一請勒魏博等四道兵馬却守本界事 6798上

一請省行營糧料事 6798上
一請因朱克融援節後速討王庭湊事 6798下
論姚文秀打殺妻狀 6799上
謝賜設及匹帛狀 6800下
薦李晏韋楚狀 6800下
朝議大夫前使持節海州諸軍事守海州刺史上柱國李晏 6800下
伊闕山平泉處士韋楚 6801上
爲宰相謝恩賜酒脯餅果等狀 6801上
爲宰相謝恩賜吐蕃信物銀器錦綵等狀 6801下
爲段相謝恩賜設及酒脯等狀 6801下
爲段相謝借飛龍馬狀 6801下
爲段相謝手詔及金刀狀 6802上
晉謚恭世子議 6802上
對才識兼茂明於體用策 6803上
禮部試策五道 6806下
第一道 6806下
第二道 6807上
第三道 6808上
第四道 6808下
第五道 6809上
進士策問五道 6809下
第一道 6810上
第二道 6810上
第三道 6801下
第四道 6810下
第五道 6810下
策林一有序 6811下
一策頭 6811下
二策項 6812上
三策尾 6812下
四美謙讓 6813上
五塞人望歸衆心在慎言動之初 6813下
六教必成化必至在敬其終 6814上
七不勞而理　在順人心立教 6814上
八風行澆朴　由教不由時 6815上
九致和平復雍熙在念今而思古也 6815下
十王澤流人心感在恕己及物 6816上
十一黄老術　在尚寬簡務清净則人儉朴俗和平 6816下
十二政化速成由不變禮不易俗 6817上
十三號令　令一則行推誠則化 6817上
十四辨興亡之由由善惡之積 6818上
十五忠敬質文損益 6818下
十六議祥瑞　辨妖災 6819上
十七興五福銷六極 6820下
十八辨水旱之災明存救之術 6821下
策林二 6823上
十九息游惰　勸農桑議賦稅復租庸罷緡錢用穀帛 6823上
二十平百貨之價陳斂散之法請禁銷錢爲器 6824上
二一人之困窮由君之奢欲 6824下
二二不奪人利議鹽鐵與榷酤誠厚斂及雜稅 6825下
二三議鹽法之弊論鹽商之幸 6826下
二四議罷漕運可否 6827上
二五立制度　節財用均貧富禁兼并止盜賊起廉讓 6827下
二六養動植之物以豐財用以致麟鳳龜龍 6828下
二七請以族類求賢 6829上
二八尊賢　請厚禮以致大賢也 6829下
二九請行賞罰以勸舉賢 6830上
三十審官　量才授職則政成事舉 6830下
三一大官乏人由不慎選小官也 6830下
三二議庶官遷次之遲速 6831上
三三革吏部之弊 6832上
三四牧宰考課議殿最未精又政不由己 6832下
三五使百職修皇綱振　在乎格慎默之俗 6833下
策林三 6835上
三六達聰明致理化 6835上
三七決壅蔽　不使人知所欲 6835下
三八君不行臣事委任宰相 6836上
三九使官吏清廉

均其禄厚其俸也 6836下
四十省官併俸減使職 6837上
四一議百司食利錢 6837下
四二議百官職田 6837下
四三議兵　用捨逆順興亡 6838上
四四銷兵數省軍費　斷召募除虛名 6838上
四五復府兵置屯田　分兵權存戎備助軍食 6839上
四六選將帥之方 6839下
四七御功臣之術 6839下
四八禦戎狄　徵歷代之策陳當今之宜 6840上
四九備邊併將置帥 6841上
五十議守險　德與險兼用 6841下
五一議封建論郡縣 6842上
五二議井田阡陌　息游惰止兼并實版圖 6843上
五三議肉刑　可廢不可用 6844上
五四刑禮道　迭相爲用 6844下
策林四 6845上
五五止獄措刑　在富而教 6845上
五六論刑法之弊　升法科選法吏 6846上
五七使人畏愛悅服　理大罪赦小過 6847上
五八去盜賊　舉德選安業厚生 6847下
五九議赦 6847下
六十救學者之失　禮樂詩書 6848上
六一黜子書 6849上
六二議禮樂 6849上
六三沿革禮樂 6849下
六四復樂　古器古曲 6850下
六五議祭祀 6851上
六六禁厚葬 6851下
六七議釋教　僧尼 6852上
六八議文章　碑碣詞賦 6852下
六九採詩　以補察時政 6853下
七十納諫　上封章廣視聽 6854上
七一去諂佞從讜直 6855上
七二使臣盡忠人愛上　在夫明報施之道 6855下
七三養老　在使之壽富貴 6856上
七四睦親　選用 6856下
七五曲章教令 6856下
得甲居蔡曰寶人告以爲僭不可入官訴云僂句不余欺是以寶之 6757下
得甲畜北斗龜財物歸之遂至萬千或告違禁詞云名在八龜 6857下
得甲去妻後妻犯罪請用子蔭贖罪甲怒不許 6858上
得辛氏夫遇盜而死遂求殺盜者而爲之妻或責其失貞行之節不伏 6858上
得乙與丁俱應拔萃乙則趨時以求名丁則勤學以待命互有相非未知孰是 6858上
得丁冒名事發法司准法科罪節度使奏丁在官有美集作善政請免罪授真以勸能者法司以亂法不許 6858下
得乙上封請永不用赦大理云廢赦何以使人自新乙云數赦則姦生恐弊轉甚 6858下
得景居喪年老毀瘠或非其過禮景云哀情所鍾 6859上
得辛奉使遇昆弟之仇不鬬而過爲友人責辭云銜君命 6859上
得軍帥選將多用文儒士兵部詰其無武藝帥云取其謀也 6859下
得甲至華嶽廟不禱而過或非其違衆甲云禱非禮也 6859下
得乙隱居徵辟不起子孫請以所辟官用蔭所司不許 6860上
得江南諸州送庸調四月至上都户部科其違限訴云冬月運路水淺故不

及春至 6860上
得景爲縣令教人煮木爲酪州司責其煩擾辭云以備凶年 6860上
得丁爲郡守行縣見昆弟相訟者乃閉閤思過或告其矯辭云欲使以田相讓也 6860下
得甲獻弓蹲甲而射不穿一札有司詰之辭云液角者不得牛戴牛角 6860下
得乙有同門生喪親將往弔之其父怒而撻之使遣縑而已或詰其故云交道之難 6861上
得轉運使以汴河水淺運船不通請築塞兩岸斗門節度使以當軍營田悉在河次若斗門築塞無以供軍 6861上
得景爲宰秋雩刺史責其非時辭云旱甚若不雩恐爲災 6861下
得丁爲郡歲凶奏請賑給百姓制未下散之本使科其專命丁云恐人困 6861下
得戊兄爲辛所殺戊遇辛不殺之或責其不悌辭云辛以義殺兄不敢返殺 6862上
得甲爲將以簞醪投河命衆飲之或非其矯節甲曰推誠而已何必在醉 6862上
得乙有罪丁救以免乙不謝或責之乙云不爲已 6862上
得景妻有喪景於妻側奏樂妻責之不伏 6862下
得甲年七十餘有一子子請不從政所由云人户減耗傜役繁多不可執禮而廢事 6862下
得景於逆旅食噬臘遇毒而死其黨訟之主人云買之有處 6863上
得詔賜百僚資物甲獨以物委地而不拜有司劾其不敬云本贓物故不敢拜 6863上
得乙爲大夫請致仕有司詰其未七十乙稱羸病不任事 6863上
得景爲縣官判事案成後自覺有失請舉牒追改刺史不許欲科罪景云令式有文 6863下
得甲替乙爲將甲欲到乙嚴兵守備不出迎發制書勘合符以法從事御史糾其無賓主之禮科罪不伏 6863下
得鄉老不輸本户租稅所司詰之辭云年八十餘歲有頒賜請預折輸納所司以無例不許 6864上
得乙女將嫁於丁既納幣而乙悔丁訴之云未立婚書 6864上
得景請與丁卜丁云死生付天不付君也遂不卜或非之 6864上
得耆老稱甲多智縣司舉以理人或云多智賊也未知合用否 6864下
得乙爲邊將虜至若涉無人之地監軍責其無勇辭云内無糗糧外無犄角 6864下
得景進柑子過期壞損所由科之稱於浙江楊子江口各阻風五日 6865上
得丁喪所知於野張帷而哭鄰人詰云夫子惡野哭者 6865上
得甲妻於姑前叱狗甲怒而出之訴稱非七出甲云不敬 6865下
得乙爲軍帥昧夜進軍諸將不發欲罪之辭云不見月章 6865下
得景嫁殤鄰人告違禁景不伏 6865下
得丁陳計請輕過移諸甲兵省司以敗法不許丁云宥罪濟時行古之道何故不可 6866上
得甲在獄病久請將妻入侍法曹不許訴稱三品以上散官 6866上
得乙聞牛鳴曰是生三犧皆用之矣問

之皆信或謂之妖不伏　6866上
得丁母乙妻俱爲命婦每朝參丁母云母尊婦卑請在婦上乙妻云夫官高不合在下未知孰是　6866下
得景請預駙馬所司糾云景庶子也且違格令欲科家長罪不伏　6866下
得甲夜行所由執之辭云有公事欲早趨朝所由以犯禁不聽　6867上
得郡舉乙清高廉使以爲通介無常罪舉不當郡稱往通今介時人無常乙有常也　6867上
得景於私家陳鐘磬鄰人告其僭云無故不徹懸　6867上
得丁氏有邑號犯罪當贖請同封爵之例所司不許辭云邑號不因夫子而致　6867下
得景與乙同賈景多收其利人刺其貪辭云知我貧也　6868上
得景夜越關爲吏所執辭云有追捕　6868上
得乙以庶男冒婚丁女事發離之丁理饋賀衣物請以所下聘財折之不伏　6868上
得乙在田妻餉不至路逢父告饑以餉饋之乙怒遂出妻妻不伏　6868下
得丁上言豪富人畜奴婢過制請據品秩爲限約或責其越職論事不伏　6868下
得甲爲邠州刺史正月令人修耒耜廉使責其失農候訴云土地寒　6869上
得乙掌宿息井樹客至不誅相翔者御史糾之辭云罪在守塗之人　6869上
得景爲私客擅入館驛欲科罪辭云雖人未供　6869下
得洛水暴漲決破中橋往來不通人訴其弊河南府云雨水猶漲未可修橋縱苟施功水來還破請待水定人又有辭　6869下
得景爲將敵人遺之藥景受而飲之或責失人臣之節不伏　6869下
得丁將在别屯士卒有犯每專殺戮御史舉劾訴稱曾受棨戟之賜　6870上
得甲告老請立長爲嗣長辭云不能請讓其弟或詰之云弟好仁　6870上
得甲出妻妻訴云無失婦道乙云父母不悦則出何必有過　6870下
得景有姊之喪合除而不除或非之稱吾寡兄弟不忍除也　6870下
得丁陷賊庭守道不仕賊帥逼之辭云堯舜在上下有巢許遂免所司欲旌其節大理執不許　6870下
得景爲大夫有喪丁爲士而特弔或責之不伏　6871上
得吏部選人入試請繼燭以盡精思有司許之及考其書判善惡與不繼燭同有司欲不許未知可否　6871上
得乙貴達有故人至坐於堂下進以僕妾之食或誚之乙曰恐以小利而忘大名故辱而激之也　6871下
得景領縣府無蓄廪無儲管郡詰其慢職景云王者富人藏於下故也　6871下
得丁食於喪者之側而飽或責之辭云主人食我以禮故飽　6872上
得甲爲獄吏囚走限内他人獲之甲請免罪　6872上
得乙川游所由禁之云有故要渡　6872上
得景爲將每軍休止不繕營部監軍使劾其無備辭云有

警軍陣必成何必勞苦 6872下
得丁乘車有醉吐車茵者丁不科而吏請罪之丁不許 6872下
得甲牛觝乙馬死請償馬價甲云在放牧處相觝請備半價乙不伏 6872下
得景娶妻三年無子舅姑將出之訴云歸無所從 6873上
得丁喪親賣宅以奉葬或責其無廟云貧無以爲禮 6873上
得甲之周親執工伎之業吏曹以甲不合仕甲云今見修改吏曹又云雖改仍限三年後聽仕未知合否 6873下
得乙請用父蔭所司以贈官降正官蔭一等乙云父死王事合與正官同 6873下
得景爲録事參軍刺史有違法事景封狀奏聞或責其失事長之道景云不敢不忠於國 6873下
得丁私發制書法司斷依漏洩坐丁訴云非密事請當本罪 6874上
得甲爲所由稽緩制書法直斷合徒一年訴云違未經十日 6874上
得乙盜買印用法直斷以僞造論訴云所由盜賣因買用之請減等 6874下
得有聖水出飲者日千數或謂僞言不能愈疾且恐爭鬬請禁塞之百姓云病者所資請從人欲 6874下
得景有志行隱而不仕爲郡守所辟稱是巫家不當選吏功曹按其詭詐景不伏 6874下
得丁爲刺史見冬涉者哀之下車以濟之觀察使責其不順時修橋以徼小惠丁云恤下 6875上
得甲告其子行盜或誚其父子不相爲隱甲云大義滅親 6875上
得州府貢士或市井之子孫爲省司所詰甲稱羣萃之秀出者不合限以常科 6875下
得乙充選人職官選人代試法司斷乙與代試者同罪訴云實不知情 6875下
得甲與乙爵位同甲以齒長請居乙上乙以皇宗不伏在甲下有司不能斷 6876上
得選舉司取有名之士或云不息馳騖恐難責實 6876上
得太學博士教冑子毀方瓦合司業以非訓導之本不許 6876上
得甲居家被妻毆笞之鄰人告其違法縣斷徒三年妻訴云非夫告不伏 6876下
得乙居家理廉使舉請授官吏部以無出身不許使執云行成於內可移於官 6876下
得景定婚訖未成而女家改嫁不還財景訴之女家云無故三年不成 6876下
得丁爲大夫與管庫士爲友或非之云非交利也 6877上
得四軍帥令禁兵於禁街中種田御史劾以無勅文辭云因循歲久且有利於軍 6877上
得甲爲郡守部下漁色御史將責之辭云未授官以前納采 6877下
得乙爲三品見本州刺史不拜或非之稱品同 6877下
得景爲獸人冬不獻狼責之訴云秦地無狼 6877下
得景負丁財物丁不告官强取財物過本數縣司以數外贓論之不伏 6878上
得乙請襲爵所司以乙除喪十年而後申請引格不許乙云有故不伏 6878上
得丁爲士葬其父用

犬夫禮或責其僭辭云從死者　6878上
得甲將死命其子以嬖妾爲殉其子嫁之或非其違父之命子云不敢陷父於惡　6878下
代王佖答吐蕃北道節度使論贊勃藏書　6879上
代忠亮答吐蕃東道節度使論結都離等書　6879上
與元微之書　6880上
與劉蘇州書　6881上
與楊虞卿書　6881下
與陳給事書　6883上
爲人上宰相書　6884上
與元九書　6888下
答户部崔侍郎書　6892下
與濟法師書　6893下
遊大林寺序　6895上
荔枝圖序　6895下
三游洞序　6895下
故京兆元少尹文集序　6896上
送侯權秀才序　6897上
白氏長慶集後序　6897上
序洛詩序　6897下
因繼集重序　6898上
香山居士寫真詩序　6898下
長慶集後序　6898下
江州司馬廳記　6899下
草堂記　6900上
許昌縣令新廳壁記　6901上
養竹記　6901下
東林寺經藏西廊記　6902上
東都十律大德長聖善寺鉢塔院主智如和尚茶毗幢記　6902下
畫西方幀記　6903下
畫彌勒上生幀記　6904上
香山寺新修經藏堂記　6904上
香山寺白氏洛中集記　6904下
東林寺白氏文集記　6905上
聖善寺白氏文集記　6905下
沃洲山禪院記　6905下
修香山寺記　6906下
如信大師功德幢記　6907上
華嚴經社石記　6907下
吴郡詩石記　6908上
蘇州南禪院千佛堂轉輪經藏石記　6908下
蘇州南禪院白氏文集記　6909下
太湖石記　6909下
冷泉亭記　6910下
錢塘湖石記　6911上
白蘋洲五亭記　6912上
記畫　6912下
記異　6913上
李陵論　6914上
畫元始天尊讚 并序　6914下
畫大羅天尊讚 并序　6915上
畫大羅天尊讚 并序　6915上
畫大羅天尊讚 并序　6915下
騶虞畫贊 并序　6916上
貘屏讚 并序　6916上
畫雕讚 并序　6916下
酒功讚 并序　6916下
佛光和尚真讚 并序　6916下
畫彌勒上生幀讚 并序　6917上
繡西方幀讚 并序　6917上
繡阿彌陀佛讚 并序　6917下
繡觀音菩薩讚 并序　6917下
畫水月菩薩讚　6918上
吴興雲鶴讚　6918上
北齊驃騎大將軍高敖曹讚 并序　6918上
箴言 并序　6918下
續虞人箴　6919上
磐石銘 并序　6919上
續座右銘 并序　6919下
上元日嘆道文　6919下
劉白唱和集解　6920上
代書　6920上
補逸書 并序　6920下
三教論衡　6921上
第一座　秘書監賜紫金魚袋白居易安國寺賜紫引駕沙門義休太清宫賜紫道士楊宏元　6921上
序　6921下
僧問　6921下
對　6922上
難　6922下
對　6922下
問僧　6923上
問　6923上
難　6923上
問道士　6923上
問　6923上
難　6923下
道士問　6923下
對　6923下
難　6923下
對　6923下
退　6924上
六讚偈 并序　6924上
讚佛偈　6924下
讚法偈　6924下
讚僧偈　6924下
讚衆生偈　6924下
懺悔偈　6924下
發願偈　6924下
八漸偈 并序　6925上

觀偈 6925上
覺偈 6925上
定偈 6925下
慧偈 6925下
明偈 6925下
通偈 6925下
濟偈 6925下
捨偈 6925下
蘇州重元寺法華院石壁經碑文 6926上
有唐善人墓碑銘并序 6926上
西京興善寺傳法堂碑銘并序 6928上
唐故湖州長城縣令贈户部侍郎博陵崔府君神道碑銘并序 6929下
淮南節度使檢校尚書右僕射趙郡李公家廟碑銘并序 6930上
故饒州刺史吴府君神道碑銘并序 6932上
唐故通議大夫和州刺史吴郡張公神道碑銘并序 6932下
唐贈尚書工部侍郎吴郡張公神道碑銘并序 6934上
大唐泗洲開元寺臨壇律德徐泗濠三州僧正明遠大師塔碑銘并序 6935上
廣東都奉國寺禪德大師照公塔銘并序 6936上
唐撫州景雲寺故律大德上宏和尚石塔碑銘并序 6936下
唐江州興果寺律大德湊公塔碣銘并序 6937下
唐故會王墓誌銘并序 6939上
故滁州刺史贈刑部尚書榮陽鄭公墓誌銘并序 6939上
唐揚州倉曹參軍王府君墓誌銘 6940下
唐太原白氏之殤墓誌銘并序 6941下
醉吟先生墓誌銘并序 6942上
唐銀青光禄大夫太子少保安定皇甫公墓誌銘并序 6942下
唐故銀青光禄大夫秘書監曲江縣開國伯贈禮部尚書范陽張公墓誌銘并序 6944上
唐故武昌軍節度處置等使正議大夫檢校户部尚書鄂州刺史兼御史大夫賜紫金魚袋贈尚書右僕射河南元公墓誌銘并序 6945上
唐故虢州刺史贈禮部尚書崔公墓誌銘并序 6946下
唐故溧水縣令太原白府君墓誌銘并序 6949上
大唐故賢妃京兆韋氏墓誌銘并序 6949下
唐河南元府君夫人榮陽鄭氏墓誌銘并序 6950上
唐故坊州鄜城縣尉陳府君夫人白氏墓誌銘并序 6951下
海州刺史裴君夫人李氏墓誌銘并序 6952上
故鞏縣令白府君事狀 6952下
襄州别駕府君事狀 6953下
醉吟先生傳 6954下
季冬薦獻太清宫詞文 6955下
禱仇王神文 6956上
祝皋亭神文 6956下
祭龍文 6956下
祭浙江文 6957上
祭崔相公文 6957上
祭崔常侍文 6958上
哀二良文并序 6959上
祭城北門文 6959下
祭匡山文 6959下
祭廬山文 6960上
祭故贈婕妤孟氏文 6960上
憲宗祭吴少誠文 6960下
祭咸安公主文 6960下
祭回鶻可汗文 6961上
祭張敬則文 6961上
祭符離六兄文 6961下
祭小弟文 6962上
祭烏江十五兄文 6962上
祭浮梁大兄文 6963上
祭李侍郎文 6963下
祭楊夫人文 6964下
祭中書韋相公文 6964下
祭弟文 6965下
祭李司徒文 6966上
祭微之文 6966下
祭盧虔文 6967下

牛僧孺

請仍禁諸道節度不得奏請任使奏 6968上
請祧遷元宗廟主奏 6968上

請立決獄程限奏 6968下
奏黄州録事參軍張
紹棄妻狀 6969上
奏議吐蕃維州降將
狀 6969上
養生論 6969上
善惡無餘論 6970上
守在四夷論 6970下
辨名政論 6972上
辨私論 6972下
質無誠論 6973下
訟忠 6974上
譴猫 6975上
象化 6975下
別志 6975下
雞觸人述 6976上
齊誅阿大夫語 6976下
崔相國羣家廟碑 6977上
昭義軍節度使辛公
神道碑 6978下
李藝
唐故寧遠將軍守左
金吾衛大將軍隴
西李公墓誌銘
并序 6980下
穆寂
南蠻北狄同日朝見
賦 6981上
盧仝
門銘 6981下
櫛銘 6981下
掩關銘 6981下
龜銘 6981下
章孝標
王師如時雨賦 6982上
獨孤郁
對才識兼茂明於體
用策 6982下
上權侍郎書 6986下
答孟郊論仕進書 6987下
與田將軍書 6988下
辯文 6989上
陳岠
朝廷卓絶事記序 6990上
王真
道德經論兵要義述
表 6990上
進道德經論兵要義
述狀 6992上
鄭太穆
上于司空頔書 6992下
支喬
尚書李公造華嚴三
會普光明殿功德
碑并序 6992下
獨孤良器
放馴象賦 6995上
裴郁
禘祫配祭及昭穆位
次議 6995下
請罷孝敬皇帝忌日
廢務議 6995下
宗子不得稱皇某奏 6996上
孟郊
上常州盧使君書 6996上
又上養生書 6996下
讚維摩詰 6997下
李巖
諫爲肅王造塔疏 6997下
婦爲舅姑服期年議 6997下
王紳
周氏墓石 6998上
蔣偕
李司空論諫集序 6998下
陳諫
勸聽政表 6999下
第二表 6999下
第三表 7000上
心印銘序 7000下
登石傘峯詩序 7000下
劉晏論 7001上
董侹
荆南節度使江陵尹
裴公重修玉泉關
廟記 7001下
修陽山廟碑 7002上
閻貞範先生碑 7003上
張仲方
披沙揀金賦 7004上
駁贈司徒李吉甫謚
議 7004下
沈傳師
元和辯謗畧序 7005下
王茂元
奏吐蕃交馬事宜狀 7006上
楚三閭大夫屈先生
祠堂銘 7006下
張籍
上韓昌黎書 7007下
上韓昌黎第二書 7008上
陸泌
對小吏陵上判 7009上
楊行慎
對黜免判 7009下
皇甫湜
東還賦 7010上
傷獨孤賦并序 7010下
醉賦并序 7011上
鶴處雞羣賦 7011下
履薄冰賦 7012下
山雞舞鏡賦 7013上
對賢良方正直言極
諫策 7013下
上江西李大夫書 7019上
論進奉書 7019下
答李生第一書 7020下
答李生第二書 7021上
答李生第三書 7022上
答劉敦質書 7023上
送邱儒序 7025上

送簡師序 7025上
送孫生序 7025下
送王膠序 7025下
唐故著作左郎顧況集序 7026上
送陸鴻漸赴越序 7026下
朝陽樓記 7026下
枝江縣南亭記 7027上
吉州廬陵縣令廳壁記 7027下
吉州刺史廳壁記 7028上
睦州録事參軍廳壁記 7028下
荆南節度判官廳壁記 7029上
夷惠清和論 7029下
編年紀傳論 7030上
東晉元魏正閏論 7030下
孟子荀子言性論 7031下
篤終論 7032上
狠石銘 7033上
壽顏子辨 7033上
明分 7034上
公是 7034上
論業 7034下
春心 7036上
讓風 7036上
廬陵香城寺碣 7036下
護國寺威師碣 7036下
韓愈神道碑 7037下
韓文公墓誌銘 并序 7039下
悲汝南子桑文 7040下
祭柳子厚文 7041上
符載
愁賦 7041下
新廣雙城門頌 并序 7042上
蘄州新城門頌 并序 7042下
賀樊公畋獲虎頌并序 7043下
爲杜相公賀恩賜淮西粟帛表 7044下
請朝覲表 7045上
廬州進嘉禾表 7045下
謝賜冬衣表 7045下
謝賜藥方表 7046上
謝手詔表 7046上
第二表 7046下
上西川韋令公書 7047上
上韋尚書書 7047下
上襄陽楚大夫書 7048上
與劉評事伯芻書 7049上
寄南海王尚書書 7049上
答澤潞王尚書書 7050上
寄徐泗張大夫書 7050下
贈蘄州盧員外書 7051上
寄贈于尚書書 7051下
謝李巽常侍書 7052上
答李巽再請書 7053上
答李巽第三書 7053下
答盧大夫書 7054上
從樊漢南爲鹿門處士求修墓牋 7054下
鄧州刺史廳壁記 7055下
江州録事參軍廳壁記 7057上
襄陽北樓記 7057下
五福樓記 7058上
梵閣寺常準上人精院記 7059上
黄仙師瞿童記 7059下
襄陽張端公西園記 7060下
鍾陵東湖亭記 7061上
長沙東池記 7062上
土洑鎮保寧記 7063上
保安鎮陣圖記 7064上
甘露記 7064下
江陵陸侍御宅讌集觀張員外畫松石圖 7065下
上巳日陪劉尚書宴集北池序 7066上
九日陪劉中丞賈常侍宴合江亭序 7067上
中和節陪何大夫會讌序 7067下
鄂州何大夫創製夏亭詩序 7068下
廿子堂各賦一物詩序 7069上
送薛評事還晉州序 7069下
送袁校書歸秘書省序 7070上
送崔副使歸洪州幕府序 7070上
送盧端公歸巴陵兼往江夏謁何大夫序 7071上
送盧端公歸恒州序 7071下
送盧侍御史赴王令公幕序 7072上
夏日盧大夫席送敬侍御之南海序 7073上
鍾陵夏中送裴判官歸浙西序 7073下
潯陽歲暮送徐十九景威遊潞府序 7074上
荆州與楊衡説舊因送遊南越序 7074下
宣城送黎山人歸滁上瑯琊山居序 7075下
奉送良郢上人遊羅浮山序 7076下
説玉贈蘭陵蕭易簡遊三峽序 7076下
植松論 7077下
江陵府陟屺寺雲上人院壁張璪員外畫雙松讚 7078上
淮南節度使灞陵公杜佑寫真讚 并序 7079上

劍南西川幕府諸公寫真讚并序 7079上
金部陳郎中東美字德將 7079下
兵部張郎中芬字茂宗 7079下
水部司空郎中曙字文初 7079下
金部尹員外植字元本 7079下
禮部裴員外説字公諒 7079下
殿中鄭侍御鋼字礪甫 7079下
監察盧侍御理字公瑜 7079下
太常王協律立字元起 7080上
左衛劉倉曹闢字太初 7080上
右衛李兵曹公進字德昇 7080上
大理錢評事徽字文美 7080上
劉將軍 7080上
徐將軍進朝 7080下
荆州城東天皇寺道悟禪師碑 7081上
廬山故女道士梁洞微石碣銘 7081上
廬山元德先生碣銘 7081下
賀州刺史武府君墓誌銘 7081下
犀浦縣令楊府君墓誌銘 7082下
尚書比部郎中蕭府君墓誌銘 7083下
爲劉尚書祭韋太尉文 7085上
爲賈常侍祭韋太尉文 7085下
爲西川幕府祭韋太尉文 7086上
爲劉尚書祭張中丞文 7086下
祭張中丞文 7087上
爲劉尚書祭王員外文 7087上
爲杜相公祭崔中丞文 7087下
祭何大夫文 7088上
爲楊廷評祭何大夫文 7088下
爲江西李常侍祭顗和尚文 7088下
祭處士李君文 7089上
祭樊司空文 7089上
祭外舅房州李使君文 7089下
祭妻李氏文 7090下
爲崔氏妹祭大夫何郎文 7090下
爲錢侍御太夫人祭新婦文 7091上
爲杜相公祭易棣張相公太夫人文 7091上

白行簡

文王葬枯骨賦 7092上
垂衣治天下賦 7092下
君臣同德賦 7093上
車同軌賦 7093下
振木鐸賦 7094上
望夫化爲石賦 7094下
歐冶子鑄劍賦 7095上
金躍求爲鏌鋣賦 7095下
瀘水羅賦 7096上
舞中成八卦賦 7096下
石韞玉賦 7097上
沽美玉賦 7097下
澹臺滅明斬龍毁璧賦 7098上
新月誤驚魚賦 7098下
斗爲帝車賦 7099上
以德爲車賦 7100上
狐死正邱首賦 7100下
五色露賦 7101上
三夢記 7101下
紀夢 7102下

羅立言

振木鐸賦 7103上
風偃草賦 7103下

李師聖

唐故許氏夫人祈氏墓誌 7104上

嚴礪

奏崔河圖狀 7104下

高昇

對春日餞獸夏日迎猫判 7105上

柳子温

對給地過數判 7105上

田宏正

謝授節鉞表 7105下
與李渤書 7106下

田布

遺表 7107上

薛存誠

禎石賦 7107下
僊石靈臺賦 7108上

孔戣

謝致仕表 7108下
謝賜手詔兼神刀藥金狀 7109上
謝借馬狀 7109上
賀册尊號狀 7109下
爲崔大夫賀册皇太子狀 7109下
奏加嶺南州縣官課料錢狀 7110上
又謝賜藥金狀 7110上

元錫
蘇州刺史謝上表 7110下
福州刺史謝上表 7110下
衢州刺史謝上表 7111上
宣州刺史謝上表 7111下
薛平
奏騶虞見狀 7112上
李涉
南溪元巖銘并序 7112上
王涇
中宗廟主當遷議 7112下
大唐郊祀録序 7113上
李虞仲
授學士王源中户部侍郎制 7114上
授學士李讓夷職方員外郎充職制 7114上
授學士王源中等中書舍人制 7114下
授學士路隋等中書舍人制 7114下
授柏耆兵部郎中等制 7115上
授王政雅等兵部郎中制 7115下
授蕭睦祠部員外郎制 7115下
授李行修刑部員外郎制 7116上
授張勝之比部員外郎制 7116上
加劉栖楚御史大夫制 7116下
授崔羣右僕射兼太常卿制 7116下
授楊歸厚太子右庶子制 7117上
授高重同州刺史兼防禦使制 7117上
授裴洲郭曈等諸州刺史制 7117下
授王承休等諸州刺史制 7117下
授李渤給事中鄭涵中書舍人等制 7118上
賈餗等中書舍人制 7118上
重定房式謚議 7118下
杜周士
樂德教冑子賦 7119上
代孔大夫乞朝觀表 7119下
代崔中丞請朝觀表 7120上
高元裕
請外臺御史振舉舊章奏 7121上
請將賀蘭進興等重付臺司覆勘疏 7121上
李夷簡
請定應給食實封絹匹奏 7121下
李紳
寒松賦 7122上
善歌如貫珠賦 7122上
授韓宏河中節度使制 7122下
請定四品官制奏 7123上
請户部分判度支奏 7123下
對罷役務農論象肉刑判 7123下
追昔游集序 7124上
壽州法華院石經堂記 7124下
四望亭記 7124下
蘇州畫龍記 7125上
龍宫寺碑 7125下
墨詔持經大德神異碑銘 7126下
張敦實
積薪賦 7128上
費冠卿
九華山化成寺記 7129上
王承宗
自陳表 7130上
崔植
請詳定御史班位奏 7131上
對穆宗疏 7131下
論帝王宜儉疏 7131下
李行修
請置詩學博士書 7132上
李元素
請禁以降誕日爲節假奏 7133下
張諗
蕭齋記 7134上
韋宗卿
隱山六峒記 7134下
蕭籍
祭權少監文 7136下
盧元輔
胥山祠銘并序 7137上
劉肅
大唐新語序 7138上
大唐新語後總論 7138下
寇同
奉議郎試洋王府長史濮陽吴府君墓誌銘并序 7139上
裴簡永
請置王府寮吏公署狀 7140上
韋瓘
宣州南陵縣大農陂記 7140上
修漢太守馬君廟記 7141下
浯溪題壁記 7142上
李德裕
黄冶賦并序 7142下
畫桐花鳳扇賦并序 7143上
通犀帶賦并序 7143下
鼓吹賦并序 7144上
白芙蓉賦并序 7144下

重臺芙蓉賦并序 7145上
山鳳凰賦并序 7146上
孔雀尾賦并序 7146上
智囊賦并序 7146下
積薪賦并序 7147上
欹器賦并序 7147下
蚍蜉賦并序 7148上
振鷺賦并序 7148下
問泉途賦并序 7149上
傷年賦并序 7149下
懷鴞賦并序 7150上
覼釣賦并序 7150下
斑竹筆管賦并序 7151上
柳柏賦并序 7151下
白猿賦并序 7152下
二芳叢賦并序 7153下
畏途賦并序 7154上
知止賦并序 7154下
劍池賦并序 7155上
望匡廬賦并序 7155下
大孤山賦并序 7156上
項王亭賦并序 7156下
金松賦并序 7157上
靈泉賦并序 7157下
秋聲賦并序 7158上
牡丹賦并序 7158下
瑞橘賦并序 7159下
授嗢没斯可特進行左金吾衛大將軍員外置仍封懷化郡王制 7160上
授嗢没斯檢校工部尚書兼歸義軍使制 7160下
授歷支特勒以下官制 7160下
授嗢没斯改姓李名思忠制 7161上
授回鶻内宰相愛耶勿歸義軍副使兼賜姓名制 7161上
授何清朝左衛將軍兼分領蕃渾兵馬制 7161下
宣懿皇太后祔太廟制 7161下
仁聖文武章天成功大孝皇帝改名制 7162上
討劉稹制 7162上
授王宰兼充河陽行營諸軍攻討使制 7164上
遣王會等安撫回鶻制 7164上
授劉沔招撫回鶻使制 7164下
授張仲武東面招撫回鶻使制 7165上
討回鶻制 7165下
授王元逵平章事制 7166上
授石雄晉絳行營節度使制 7167上
贈裴度太師制 7167下
贈陳夷行司徒制 7167下
贈崔琯左僕射制 7168上
贈王茂元司徒制 7168上
贈右衛將軍李安静制 7168下
贈故蕃維州城副使悉怛謀制 7169上
授元晦諫議大夫制 7169上
授徐商禮部員外郎制 7169下
授狄兼謨兼益王傅鄭柬之兼益王府長史制 7169下
授鄭朗等左諫議大夫制 7170上
授鄭裔綽渭南縣尉直宏文館制 7170上
授李丕汾州刺史制 7170上
授李丕晉州刺史充冀代行營攻討副使制 7170下
賜新授太子太師杜衍制 7171上
賜回鶻嗢没斯特勒等詔書 7171上
賜回鶻嗢没斯等詔 7171下
賜思忠詔書 7172上
賜劉沔張仲武等詔 7172下
賜張仲武詔 7172下
賜何重順詔 7173下
賜張仲武詔 7174上
賜劉沔茂元詔 7174上
賜彦佐詔意 7174下
賜石雄詔意 7174下
賜劉沔詔意 7175上
賜李石詔意 7175下
賜王元逵詔書 7175下
賜李石詔意 7176上
賜王宰詔意 7176上
賜張仲武詔意 7176下
賜劉沔詔意 7177上
賜王宰詔意 7177下
賜王元逵何宏敬詔意 7178上
賜王元逵何宏敬詔意 7178下
賜緣邊鎮密詔意 7178下
賜王宰詔意 7179下
處置楊弁勅 7180上
誅郭誼等勅 7180上
誅張谷等告示中外勅 7180下
賜回鶻可汗書 7181上
賜回鶻書意 7181下
賜回鶻可汗書意 7182上
賜回鶻可汗書 7182下
賜太和公主勅書 7183上
賜背叛回鶻勅書 7184上

與紇扢斯可汗書 7184上
與黠戛斯可汗書 7185下
與黠戛王書 7186下
賜黠戛斯書 7187下
賜石雄及三軍勅書 7188下
賜潞州軍人勅書意 7188下
賜党項勅書 7189上
停歸義軍勅書 7189下
置孟州勅旨 7189下
李回宣慰三道勅旨 7190上
上尊號玉册文 7190上
上尊號玉册文 7191上
讓官表 7192下
讓太尉第二表 7193上
讓太尉第三表 7193上
讓官表 7193下
賀廢毀諸寺德音表 7194上
薦處士李源表 7194下
請宣賜鶴林寺僧謚號奏 7196上
請罷呈榜奏 7196上
諫敬宗搜訪道士疏 7196上
停進士宴會題名疏 7196下
論喪葬踰制疏 7197上
論公主上表狀 7197下
李思忠請進軍於保太栅屯集狀 7198上
論譯語人狀 7198上
請更發兵山外邀截回鶻狀 7198上
殄滅回鶻事宜狀 7198下
討襲回鶻事宜狀 7198下
論昭義三軍請劉稹勾當軍務狀 7199上
李彦佐翼城駐軍事宜狀 7199下
請賜澤潞四面節度使狀 7199下
幽州鎮魏使狀 7200上
請賜劉沔詔狀 7200上
請賜回鶻嗢没斯等物詔狀 7200下
請賜宏敬詔狀 7200下
論彦佐劉沔下諸道各軍狀 7201上
論陳許兵馬狀 7201上
論河陽事宜狀 7201上
第二狀 7201下
奉宣王宰欲令直抵磁州得否宜商量奏來狀 7202上
請賜仲武詔狀 7202上
請授王宰兼行營諸軍攻討使狀 7203上
論石雄請添兵狀 7203上
請問薄仲榮賊中事宜狀 7203下
請問生口取賊計策狀 7203下
請諸道進軍狀 7204上
論劉稹送款與李石狀 7204上
請發河中馬軍五百騎赴振武狀 7204下
請遣使至天井冀氏宣慰狀 7205上
奏晉州刺史李丕狀 7205上
李克勤請官軍一千二百人自引路取涉縣斷賊山東三州道路狀 7205上
魏城入賊路狀 7205下
天井冀氏行營狀 7206上
請准兵部依開元二年軍功格置跳盪及第一第二功狀 7206下
奉宣石雄所進文書欲勘問宜商量奏來狀 7207下
論赤頭赤心健兒等狀 7207下
論堯山縣狀 7208上
奏磁邢州諸鎮縣兵馬狀 7208上
潞磁等四州縣令録事參軍狀 7208上
論邢州狀 7208下
巡邊使劉濛狀 7208下
昭義軍事宜狀 7209上
請先降使至党項屯集處狀 7209下
論鹽州屯集党項狀 7210上
討襲回鶻事宜狀 7210上
論幽州事宜狀 7210下
論田牟狀 7210下
論劉稹狀 7211上
太原狀 7211下
論鎮州奏事官高迪陳意見二事狀 7211下
第二狀 7212上
任畹李丕與臣狀共三道 7212下
續得高文端賊中事宜四狀 7212下
天井冀氏事宜狀 7213下
洺州事宜狀 7214上
回鶻事宜狀 7214下
振武節度使李忠順與臣狀一道 7214下
潞州事宜狀 7215上
論昭義軍事宜狀 7215下
進上尊號玉册文狀 7216上
進上敬號玉册文狀 7216上
進真容讚狀 7216下
進幽州紀聖功碑文狀 7216下
進頡戛斯朝貢傳圖狀 7217上
進侍宴詩一首狀 7217上
進新舊文十卷狀 7217上

進瑞橘賦狀 7217下
進西南備邊録狀 7217下
論遊幸狀 7218上
　人君動法於日 7218上
　人君動敬天道 7218上
請於太原添兵備狀 7218上
請遣使訪問太和公
　主狀 7218下
論幽州事宜狀 7219上
論儀鳳以後大臣褒
　贈狀 7219上
　故中書令郝處俊 7219下
　故文昌右相岑長倩 7219下
　故御史大夫同鳳
　　閣鸞臺平章事
　　格輔元 7219下
　故右衛將軍李安靖 7219下
　故贈越州都督徐
　　有功 7219下
論故循州司馬杜元
　穎狀 7220上
第二狀奉宣令更商
　量奏來者 7220下
論太和五年八月將
　故維州城歸降准
　詔郤執送本蕃就
　僇人吐蕃城副使
　悉怛謀狀 7221上
論救楊嗣復李珏陳
　夷直狀 7222上
第二狀 7222下
第三狀 7222下
張仲武寄回鶻生口
　駞馬狀 7223下
前試宣州溧水縣尉
　胡震狀 7223下
論河東等道比遠官
　加給俸料狀 7223下
請淮南等五道置遊
　奕船狀 7224上
論兩京及諸道悲田
　坊狀 7224下
論田牟請許党項讐
　復回鶻嗢没斯部
　落事狀 7225上
請密詔塞上事宜狀 7225下
讓司空後舉太常卿
　王起自代狀 7226上
加司徒請停册禮狀 7226下
請改封衛國公狀 7226下
爲星變陳乞狀 7227上
讓張仲武寄信物狀 7227下
再讓仲武寄信物狀 7227下
謝宣示嗢没斯等冠
　帶訖圖狀 7228上
謝恩賜王元逵與臣
　贊皇縣圖及三祖
　碑文狀 7228上
謝恩令進異域歸忠
　傳兩卷序中改云
　奉敕撰狀 7228下
謝宣示進黠戛斯朝
　貢圖深愜於懷狀 7228下
謝贈故蕃維州城副
　使悉怛謀官狀 7229上
謝所進瑞橘賦宣付
　史館狀 7229上
謝賜讓官批答狀 7229上
謝恩不許讓官表狀 7229下
謝恩不許讓官表狀 7230上
謝恩加特進階改封
　衛國公狀 7230上
謝恩加特進階狀 7230下
會昌五年十二月三
　日宰相對後就宅
　宣示謝恩不許讓
　官表狀 7230下
謝賜錦綵銀器狀 7231上
謝恩賜錦綵銀器狀 7231上
會昌五年六月二十
　九日就宅宣弁謝
　恩問疾表狀 7231下
謝恩問疾狀 7231下
論嗢没斯特勒等狀 7232上
論嗢没斯下將士二
　千六百一十八人
　賜號狀 7232上
論天德軍捉到回鶻
　生口等狀 7232上
請賜嗢没斯槍旗狀 7233上
論嗢没斯家口等狀 7233上
論太原及振武軍鎮
　及退渾党項等部
　落互市牛馬駱駞
　等狀 7233上
論嗢没斯所請落下
　馬價絹賜與可汗
　狀 7233下
論回鶻事宜狀 7233下
請發陳許徐汝襄陽
　等兵狀 7234上
論回鶻石誡直狀 7234上
論振武以北事宜狀 7234下
條疏邊上事宜狀 7234下
驅逐回鶻事宜狀 7235上
公卿集議須便施行
　其中有未盡處須
　更令分析聞奏謹
　具一一如後狀 7235下
請令符澈與幽州大
　將書狀 7237上
條疏太原以北邊備
　事宜狀 7237上
請發鎮州馬軍狀 7238下
請市蕃馬狀 7239上
請契苾通等分領沙
　陀退渾馬軍共六
　千人狀 7239上
李思忠下蕃騎狀 7239下
河東奏請留沙陀馬

軍狀 7239下
請何清朝等分領李思忠下蕃兵狀 7239下
請改單于大都護狀 7240上
駙馬不許至要官私第狀 7240上
代高平公進書畫狀 7240下
進元宗馬射圖狀 7240下
奏銀粧具狀 7241上
奏繚綾狀 7241下
亳州聖水狀 7242下
王智興度僧尼狀 7242下
請尊憲宗章武孝皇帝爲不遷廟狀 7243上
宰相再議添徽號狀 7244上
宣懿皇后祔陵廟狀 7244下
第二狀 7244下
第三狀 7245上
請立昭武廟狀 7245上
奉宣今日以後百官不得於京城置廟狀 7245下
論侍講奏孔子門徒事狀 7246上
論朝廷事體狀 7247上
請增諫議大夫等品秩狀 7247下
御史中丞 7248上
論時政記等狀 7248上
論起居注狀 7248下
論九宮貴神壇狀 7248下
論九宮貴神合是大祠狀 7249上
論冬至歲朝賀狀 7249下
請復中書舍人故事狀 7249下
進所撰黠戛斯書狀 7250上
進所撰黠戛斯可汗書狀 7250上
進所撰黠戛斯書狀 7250下
論修史體例狀 7250下
議禮法等大事狀 7251上
代劉沔與回鶻宰相頡于伽思書 7251下
代忠順報回鶻宰相書意 7252下
代劉沔與回鶻宰相書意 7253上
代符澈與幽州大將書意 7253下
代宏敬與澤潞軍將書 7254上
代彥佐與澤潞三軍書 7254下
代李石與劉稹書 7255下
代盧鈞與昭義大將書 7256上
代李丕與郭誼書 7256下
代石雄與劉稹書 7257上
宰相與李執方書 7258上
宰相與劉約書 7258下
宰相與王宰書 7259上
宰相與盧鈞書 7259下
與桂州鄭中丞書 7260上
與姚諫議郃書三首 7260上
次柳氏舊聞序 7260下
異域歸忠傳序 7261上
黠戛斯朝貢圖傳序 7262上
太和新修辯謗畧序 7263上
窮愁志序 7263下
掌書記廳壁記 7264上
丞相鄒平公新置資福院記 7264下
三聖記 7265下
重寫前益州五長史真記 7266上
懷崧樓記 7266下
元真子漁歌記 7266下
平泉山居誡子孫記 7267上
平泉山居草木記 7267下
夷齊論 7268上
三良論 7268下
張辟疆論 7269上
袁盎以周勃爲功臣論 7269下
漢昭帝論 7269下
漢元帝論 7270上
荀悦論高祖武宣論 7270下
荀悦哀王商論 7271上
張禹論 7271下
三國論 7272上
羊祜留賈充論 7272下
宋齊論 7272下

李德裕

舊臣論 7273下
陰德論 7273下
臣子論 7274上
忠諫論 7274下
管仲害霸論 7275上
慎獨論 7275下
王言論 7275下
退身論 7276上
豪俠論 7276下
英傑論 7277上
臣友論 7277下
天性論 7278上
賓客論 7278下
謀議論 7279下
伐國論 7279下
文章論 7280上
任臣論 7281上
人物志論 7281上
朋黨論 7281下
虛名論 7282上
食貨論 7282下
近倖論 7283上
奇才論 7283上
方士論 7284上
小人論 7285上
近世良相論 7285下

貨殖論 7286上
近世節士論 7286下
折羣疑相論 7287上
禱祝論 7287下
黄冶論 7288上
祥瑞論 7288上
寘數有報論 7288下
周秦行紀論 7289下
梁武論 7290下
喜徵論 7291上
仁聖文武至神大孝皇帝真容讚 并序 7291上
大迦葉贊 7292上
圯上圖贊 7292上
丹扆箴 并序 7292上
一宵衣箴 7292下
二正服箴 7292下
三罷獻箴 7292下
四納誨箴 7293上
五辨邪箴 7293上
六防微箴 7293上
舌箴 并序 7293上
聖祖院石磬銘 7294上
鹿跡山銘 7294上
劍門銘 7294上
唐故左神策軍護軍中尉兼左街功德使知内侍省事劉公神道碑銘 7294下
唐故開府儀同三司行右領軍衛上將軍致仕上柱國扶風馬公神道碑銘 7297下
幽州紀聖功碑銘 并序 7300上
武宗改名告天地文 7302下
祈祭西嶽文 7303上
祭唐叔文 7303下
祭韋相執誼文 7303下
李渤
上封事表 7305上
處理投甌人奏 7308上
論隻日親事奏 7308上
考校京官奏 7308下
諫晏朝 7309下
奏請停徵久遠逋懸疏 7309下
論中人擊崔發疏 7309下
請免渭南攤征逃户賦税疏 7309下
桂州舉前容管經略使嚴公素自代狀 7310上
奏桂管常平義倉狀 7310上
辨石鐘山記 7310下
司空侯安都廟記 7310下
真系 7311下
少室仙伯王君碑銘 7312上
梁茅山貞白先生傳 7312下
晉茅山真人楊君傳 7313下
雷平山真人許君傳 7314上
仙人臨沮令許君傳 7314下
宋廬山簡寂陸先生傳 7315上
齊興世館主孫先生傳 7316上
唐茅山昇真王先生傳 7316下
中嶽體元潘先生傳 7317下
王屋山貞一司馬先生傳 7318上
茅山元静李先生傳 7318下
李聽
修大海佛寺石像奏 7320上
潘滔
文公祠記 7320下
邱元素
天王道悟禪師碑 7321上
許志雍
唐故江南西道觀察判官監察御史裏行太原王公墓誌銘 7321下
尹悅
瀛州使府公宴記 7323上
廖有方
書胡信板記 7323下
胡季良
嬪吴氏墓銘 7323下
劉公輿
太常觀四夷樂賦 7324上
劉允文
蘇州新開常熟塘碑銘 7324下
柳公權
百丈山法正禪師碑銘 7325下
崔黄中
觀風驛新井記 7326上
崔咸
良玉不琢賦 7326下
李銑
孫武試教婦人戰賦 7327上
韋公肅
請詳定藉田儀注奏 7327下
忌月太常停習郊廟樂疏 7328上
鄭餘慶私廟配祔議 7328上
裴潾
諫信用方士疏 7329上
請罷内官復充館驛使疏 7330上
曲元衡擅殺議 7330上
李宗閔
隨論上下篇 并序 7331上
論上 7331上
論下 7332下
馬公家廟碑 7333下
故丞相尚書左僕射贈太尉太原王公神道碑銘 并序 7335下

御史中丞贈太保李
　良臣墓碑　7338上
輔國大將軍行左神
　策軍將軍知軍事
　檢校右散騎常侍
　兼御史大夫義陽
　郡王食實封二百
　户贈越州都督刑
　部尚書苻公神道
　碑銘并序　7339下
韋處厚
答李德裕丹扆箴詔　7342上
進六經法言表　7342上
代裴度論淮西事宜
　表　7343上
論裴度不宜擯棄疏　7344上
論左降官準舊例量
　移疏　7344下
請明察李逢吉朋黨
　疏　7345上
駁張平叔糶鹽法議　7345上
對才識兼茂明於體
　用策　7347上
上宰相薦皇甫湜書　7350下
翰林院廳壁記　7351下
興福寺内道場供奉
　大德大義禪師碑
　銘　7352下
陳仲師
鵲始巢賦　7355上
鵲巢背太歲賦　7355下
燈蛾賦　7356上
土牛賦　7356下
土風賦并序　7357上
錐處囊賦　7358上
駟不及舌賦　7358下
得魚忘筌賦　7359上
劉元鼎
與吐蕃使盟文　7359下
使吐蕃經見紀畧　7360上
王師簡
下泊宫三茅君素像
　記　7361上
李寶
紀瑞　7362上
鄭宗經
德陽龜勝山道場記　7362下
李中敏
太和六年大旱上言　7363下
論投匭進狀奏　7363下
高瑀
使院新修石幢記　7364上
吕讓
楚州刺史廳記　7364下
張驚
仙都山銘　7365下
李胄
冰井賦　7366上
齊推
靈飛散傳信録　7366下
韋奕
駁太常擬贈工部尚
　書馬暢謚議　7367下
史宏
冰井賦　7368下
柳澈
保唐寺毗沙門天王
　燈幢贊并序　7369下
梅彪
石藥爾雅序　7370上
元傑
湞陽果業寺開東嶺
　洞谷銘并序　7370下
盧頊
禱聰明山記　7372上
陸行儉
代淄青諫伐淮西表　7372下
韋辭
修浯溪記　7373下
崔元略
論免課役人奏　7374上
自訴疏　7374上
興元元從正議大夫
　行内侍省内侍知
　省事上柱國賜紫
　金魚袋贈特進左
　武衛大將軍李公
　墓誌銘并序　7374上
張述
代韓僕射辭官表　7376上
第二表　7376上
爲鄭滑李僕射辭官
　表　7376下
代韓僕射諫伐淮西
　表　7377下
代魏博田僕射辭官
　表　7378上
長孫巨澤
盧陲妻傳　7879上
楊虞卿
上穆宗疏　7380上
金獻貞
海東故神行禪師之
　碑并序　7381上
吴武陵
上韓舍人行軍書　7383上
上崔相公書　7384上
遺吴元濟書　7385上
遺孟簡書　7386上
諫竇易直　7386上
新開隱山記　7386下
陽朔縣廳壁題名　7388上
崔蠡
請停國忌行香奏　7388下
劾李聽書　7389上
義激　7389上
韋慶復
鳳翔鼓角樓記　7390上
蔣防
惜分陰賦　7391下

螢光照字賦 7392上
政不忍欺賦 7392上
不寶金玉賦 7392下
聚米爲山賦 7393上
隙塵賦 7393下
獸炭賦 7394上
鎮圭賦 7394下
姮娥奔月賦 7395上
草上之風賦 7395下
轉蓬賦 7396上
登天壇山望海日初出賦 7396下
湘妃泣竹賦 7397上
白兔賦 7397下
雪影透書帷賦 7398上
黄雲捧日賦 7398下
夢捧日賦 7399上
舜琴歌南風賦 7399下
任公子釣魚賦有序 7400上
吕望釣玉璜賦 7400下
授李鄘門下侍郎平章事制 7401上
授柳公綽襄州節度使制 7401下
吏部議 7402上
兵部議 7402下
汨羅廟記 7403上
飛泳亭磨崖銘 7404上
連州静福山廖先生碑銘并序 7404上

李珏

諫穆宗合宴羣臣疏 7405上
論王播增榷茶疏 7405下
故丞相太子少師贈太尉牛公神道碑銘并序 7406上
唐文宗皇帝謚册文 7409上

戴少平

鎮國大將軍王榮神道碑 7410上

陳鴻祖

東城老父傳 7412下

韋絢

嘉話録叙 7414下

李肇

翰林志序 7415下
東林寺經藏碑銘并序 7416上

楊敬之

華山賦并序 7417下

張又新

東林寺碑陰記 7419上
煎茶水記 7420上

胡的

大唐故太白禪師塔銘并序 7421上

尉遲汾

贈太傅杜佑謚議 7422上

謝楚

爲同州顔中丞謝上表 7422上

張權

代定州張令公賀老人星見表 7422下

元晦

疊綵山記 7423上
四望山記 7423下

段全緯

城隍廟記 7423下

馮韜

漢文帝幸細柳營賦 7424上

鄭覃

諫穆宗疏 7424下

杜兼

對陳設印綬判 7425上

武儒衡

請罷太廟望祭仍行朔祭議 7425下

獨孤鉉

鑿壁偷光賦 7426下
聚米爲山賦 7427上
碎琥珀枕賦 7427下

趙蕃

螢光照字賦 7428上
甸人獻嘉禾賦 7428下
溜穿石賦 7429上
隙塵賦 7429下
善歌如貫珠賦 7430上
月中桂樹賦 7430下
衆星環北極賦 7431上

林寶

元和姓纂序 7431下

楊宏真

隙塵賦 7432上
一鶚賦 7432下
螢光照字賦 7433上
貫七札賦 7433上
溜穿石賦 7433下
棘猴賦 7434上
月中桂樹賦 7434下

侯冽

性猶湍水賦 7435下
貂蟬冠賦 7436上

紇干俞

至人用心若鏡賦 7437上
列子御風賦 7437下
玉鉤賦 7438上
登天壇山望海日初出賦 7438下
海日照三神山賦 7439上
甯戚飯牛賦 7439下
銅馬賦 7439下

范鳴鶴

燈蛾賦 7440上
對典同度管判 7440下

張季友

閏賦 7441上

賈蕃

人鏡賦 7441下

成表微

唐故太子洗馬博陵崔府君墓誌銘并序 7442上

楊汝士

讓高鍇侍郎書 7443上
再讓高鍇侍郎書 7443上

滕邁

二黄人守日賦 7443上
慶雲抱日賦 7443下
狐聽冰賦 7444上
雷在地中賦 7444下
鄉老獻賢能書賦 7445上

陳越石

太甲論 7445下

韋處元

平張韶德音 7446上

李淑

對告糴判 7446下
對增年避役判 7447上
對軍士營農判 7447下

崔鄾

唐義成軍節度鄭滑潁等州觀察處置等使金紫光禄大夫檢校尚書右僕射使持節滑州諸軍事兼滑州刺史御史大夫上柱國襲封密國公食邑三千户高公德政碑并序 7448上

韋乾度

條制四館學生補闕等奏 7451上
駮在散騎常侍房式謚議 7451下
桃源觀石壇記 7452下

李鷟

爲江陵鎮李石賀崔鉉箋 7453上
題惠山寺詩序 7453上
徐襄州碑 7453下

班肅

笙磬同音賦 7457上

張師素

唐故東莞臧君夫人周氏墓誌銘 7457下

杜元穎

授段文昌中書侍郎平章事制 7458上
請令沈傅師在外修實録奏 7458下
對茂才異等策 7459上
翰林院使壁記 7462下

宇文鼎

論減張璹胡伯忠等奏 7463下
請延英進對於本日卯前進狀奏 7463下
劾胡濳奏 7464上

陳商

請定義安太后服制狀 7464上
東都置太廟議 7464下
劉從諫妻裴氏應從重典議 7465下
貽太常博士書 7465下

高釴

論于頔謚疏 7466上

高鍇

先進五人詩賦奏 7466下
復楊尚書汝士書 7467上
再復楊尚書汝士書 7467下

李公佐

謝小娥傳 7467下

狄兼謨

請編次建中以來制勅奏 7469上
請覆勘吴士矩罪狀奏 7469下

王叡

二陣圖論 7470上
將略論 7470下
三惑論 7471下
誡節論 7472下

崔俊

請令本州定税額奏 7473下

崔碬

授令狐定右散騎常侍制 7474上
授崔璹等給事中等制 7474上
授李方右諫議大夫等制 7474下
授姚勗右諫議大夫等制 7474下
授李訥中書舍人李言大理少卿制 7475上
授裴諗中書舍人制 7475上
授裴諗知制誥制 7475下
授崔瑶等起居郎制 7475下
授裴諗司封郎中依前充職制 7475下
授蕭鄴翰林學士制 7476上
授宇文臨翰林學士制二首 7476上
授沈詢翰林學士制 7476下
授崔龜尚書左丞制 7477上
授盧宏宣工部尚書制 7477上
授盧懿吏部郎中制 7477下
授韋博司勳郎中等制 7477下
授馮韜司封員外郎等制 7478上
授宇文臨禮部員外郎制 7478上
授李鷟祠部員外郎等制 7478上

授李渾比部員外郎等制 7478下
授高宏簡司門員外郎判度支案制 7478下
授蘇彰屯田員外郎制 7478下
授温璋侍御史制 7479上
授盧就等侍御史制 7479上
授李穜韋澳裴達殿中侍御史等制 7479上
授鄭韜殿中侍御史制 7479下
授蔡京趙滂等御史等制 7479下
授蕭鄴李元監察御史制 7480上
授李毗集賢校理等制 7480上
授楊魯士長安縣令等制 7480上
授盧攸河南縣令等制 7480下
授蔣邕濟源縣令制 7480下
授元壽陸渾縣令制 7480下
授紇干泉江西觀察使制 7481上
授鄭亞桂府觀察使制 7481上
授李偲隴州刺史兼防禦使制 7481下
授薛廷範淮南副使制 7481下
授盧戡桂州副使制 7482上
授鄭齊之靈武副使制 7482上
授鄭公輿鎮州副使等制 7482下
授田密相州長史等制 7482下
授王叔政洪州別駕等制 7482下
授崔郁南鄭縣令等制 7483上
授李瑤雲陽縣令等制 7483上
授高元裕等加階制 7483上
授内諸司及供奉官敘階制 7483上
授韋慇裴識等加階制 7483下
授李駢等加階制 7483下
授孫簡等加階級制 7483下
授盧宏正等加三品階制 7484上
授内官加階爵制 7484上
封石雄妻索氏涼國夫人制 7484下
封竇瀚等母邑號制 7484下
授韋正貫京兆尹制 7484下

舒元輿

牡丹賦有序 7485下
祭九宫祝版不稱臣奏 7486下
獻文闕下不得報上書 7487上
上論貢士書 7487上
貽諸弟砥石命并銘 7489上
長安雪下望月記 7490上
御史臺新造中書院記 7490下
問國學記 7492上
鄂政記 7493上
録桃源畫記 7494下
悲剡溪古藤文 7495上
養狸述 7495下
斲琴志 7496下
玉筯篆志 7497上
唐鄂州永興縣重巖寺碑銘并序 7498上
陶母墳版文并序 7499上

封敖

授王宰高承恭田牟三道節度使制 7500上
授史憲忠涇原節度使制 7500下
授劉礎鄜坊節度使制 7501上
授崔元式太原節度使石雄河中節度使制 7501下
授崔龜從嶺南節度使制 7502上
授盧商東川節度使制 7502下
授李執方陳許節度使盧宏宣易定節度使制 7503上
批宰臣賀下誅回鶻德音表 7503下
批百寮賀王宰破陽城賊表 7503下
批宰臣賀石雄破賊陣表 7504上
批宰臣賀正月一日河中陳許行營破回鶻表 7504上
批宰臣賀太原破回鶻奪得太和公主表 7504上
批敬昕謝上表 7504下
批盧鈞謝上表 7504下
批鄭涯謝上表 7505上
與吐蕃贊普書 7505上
與南詔清平官書 7505下
與渤海王大彝震書 7506上
與契丹王鶻戍書 7506上
第二書 7506下
太清宫祈雪青詞 7506下
祈雨青詞 7506下
慶陽節玉晨觀歎道

文 7507上
憲宗忌日玉晨觀歎道文 7507上
立春日玉晨觀歎道文 7507下
懿安皇太后哀册文 7507下
龐嚴
對賢良方正能直言極諫策 7508下
崔龜從
請定輟朝例奏 7513上
請定官驛水夫制奏 7513上
請降九宫壇爲中祠議 7513下
大臣薨謝不於聞哀日輟朝議 7513下
祭敬宗廟祝板不宜稱孝弟議 7514上
宣州昭亭山梓華君神祠記 7514上
書敬亭碑陰 7515上
敬亭廟祭文 7515下
王彦威
僕射上事儀注奏 7516上
進供軍圖奏 7516上
請以太社爲大祀奏 7516下
贈太保于頔謚議 7516下
論憲宗葬議 7517下
東都廟主議 7517下
駁太常擬元載謚議 7519上
論于頔不當改謚議 7519上
憲宗不當稱祖議 7519上
裴通
定決罰當司官吏學生等奏 7520上
金庭觀晉右軍書樓墨池記 7520下
郭行餘
移劉栖楚書 7521上
楊倞
荀子序 7521下
唐故銀青光禄大夫使持節蔚州諸軍事行蔚州刺史兼御史中丞馬公墓誌銘并序 7522上
柳仲郢
請誅李材奏 7523下
樊宗師
絳守居園池記 7523下
李石
請停江西湖南兩道所進衣糧表 7525上
蘇遇
忠武軍監軍使寧遠將軍守内常侍員外置同正員賜紫金魚袋上柱國贈雲麾將軍左監門衛將軍朱公神道碑并序 7525上
嚴公衡
對實爵西階判 7526下
潘存實
晨光麗仙掌賦 7527上
四公子贊并序 7527下
藏劍銘并序 7528上
楊凌一作陵
元日奏事上殿不脱劍履判 7528上
温造
自請罰奏 7528下
瞿童述 7528下
盧宏正
興唐寺毗沙門天王記 7530下
鄭亞
東都神主議 7530下
太尉衛公會昌一品制集序 7531上
王展
白郎巖記 7534上
路羣
劾韓愈齋宿違例奏 7534下
賈餗
至日圜丘祀昊天上帝賦 7535上
百步穿楊葉賦 7535下
莊周夢爲胡蝶賦 7536上
東郊迎氣賦 7536下
太阿如秋水賦 7537上
履薄冰賦 7537下
教猱升木賦 7538上
蜘蛛賦 7538下
中和節百辟獻農書賦 7539上
日月如合璧賦 7539下
五色露賦 7540上
仙人掌賦 7540下
敬宗謚議 7541上
贊皇公李德裕德政碑 7542上
大唐寶歷崇元聖祖院碑銘并序 7544下
楊州華林寺大悲禪師碑銘并序 7546上
趙儋
大唐劍南東川節度觀察處置等使户部尚書兼御史大夫梓州刺史鮮于公爲故拾遺陳公建旌德之碑 7548上
長孫傪
漢故丞相翟公重建碑表 7549下
侯喜
鳥擇木賦 7550上
冰將釋賦 7550下
漣漪濯明月賦 7551上

秋雲似羅賦 7551下
秋燕辭巢賦 7552上
中和節百辟獻農書賦 7552上
唐高宗天皇大帝封禪文 7552下
唐元宗明皇帝封泰山玉牒文 7553上
唐德宗神武皇帝降誕節獻壽文 7553上
鄭方式
中和節百辟獻農書賦 7553下
袁允
五色露賦 7554上
清露點荷珠賦 7554下
韋長
請仍行鞭背奏 7555上
張臯
諫惑方士 7555上
崔杞
奏罷參酌院疏 7555下
張礭
新移麗陽廟記 7556上
庾敬休
請停百官應給匹段以平米價奏 7556下
楊植
對治道奏 7557上
對漢文從儉奏 7557下
許由廟碣 7557下
趙知微
請勤政誡逸疏 7558下
韋端符
衛公故物記 7559上
兩戒 7560上
君子無榮辱解 7561上
寄言上篇 7561下
寄言下篇 7562上
楊紹復
授周敬復尚書右丞制 7562下
韋充
筆賦 7562下
漢武帝勒兵登單于臺賦 7563上
郊特牲賦 7563下
庾氏子碎玉賦 7564上
餘霞散成綺賦 7564下
東風解凍賦 7565上
鞭石成橋賦 7565下
華山爲城賦 7566上
劉從諫
奏論二蕭真僞 7566下
請王涯等罪名表 7567上
羅劭權
刳木爲舟賦 7567上
袁不約
胡越同舟賦 7568上
盧簡求
禪門大師碑陰記 7568下
杭州鹽官縣海昌院禪門大師塔碑 7569上
李甘
薦楊牢書 7570上
寓衛人説 7570下
竄利説 7571上
叛解 7571下
濟爲瀆問 7572上
沈亞之
柘枝舞賦 有序 7572下
古山水障賦 7573上
夢遊仙賦 有序 7573上
京兆府試進士策問 7573下
第二問 7574上
第三問 7574下
對省試策第一道 7574下
第二道 7575下
第三道 7576上
對賢良方正直言極諫策 7576下
對賢良方正直言極諫策 7582上
上冢官書 7584下
上李諫議書 7585下
與孺賢上人書 7586上
與薛浙東書 7586下
上壽州李大夫書 7587上
與福州使主徐中丞第一書 7587下
上使主第二書 7587下
上使主第三書 7588上
與李給事薦士書 7588下
與潞州盧留後書 7589上
與同州試官書 7589下
與京兆試官書 7589下
與馮陶書 7590上
答李生書 7591上
答馮兄書 7591上
上九江鄭使君書 7591下
與潞鄜州書 7592下
別前岐山令鄒君序 7593下
送李膠秀才詩序 7593下
送杜憓序 7594上
送受降城使序 7594下
送洪遜師序 7594下
送張從事侍中東征序 7595上
送叔父歸覲序 7595上
送田令二子歸寧序 7595下
送韓北渚赴江西序 7596上
送韓静畧序 7596下
別權武序 7597上
送同年任畹歸蜀序 7597下
敘草書送山人王傳乂 7597下
移佛記 7598下
復戒業寺記 7599上
櫟陽兵法尉廳記 7599下
盩厔縣丞廳壁記 7600上

櫟陽縣丞小廳壁記 7600下
解縣令廳壁記 7601上
河中府參軍廳記 7601下
東渭橋給納使新廳記 7602上
壽州團練副使廳壁記 7602上
隴州刺史廳記 7603上
華州新葺設廳記 7603下
杭州場壁記 7604上
謫掾江齋記 7604上
淮南都梁山倉記 7605上
閬城開新池記 7606上
歌者葉記 7606上
雜記 7607上
爲人諜乞巧文 7607上
旌故平盧軍節士文 7607下
西邊患對 7610上
學解嘲對 7611上
郢州修明真齋詞 7611下
行勉贈尅躬先生 7612上
夏平 7612下
魏滑分河録 7613下
異夢録 7614上
誼鳥録 7614下
霍邱縣萬勝岡新城録 7615上
臨涇城碑 7617下
唐故銀青光禄大夫檢校左散騎常侍兼宫苑閑廄使駙馬都尉郭公墓誌銘 7618下
涇原節度李常侍墓誌銘 7619上
故太平令李寰墓誌銘 7619下
韋婦墓誌銘 7620上
沈參軍故室李氏墓誌銘 7620上
盧金蘭墓誌銘 7620下
靈光寺僧靈佑塔銘 7621上
爲漢中宿賓諜其故府君行狀 7621下
喜子傳 7623上
李紳傳 7623下
馮燕傳 7624上
表醫者郭常 7624下
表劉薰蘭 7625上
祠漢武帝祈雨文 7625下
祝楠木神文并序 7626上
劉巖夫哀文 7626下
祭河南府李少尹文 7627上
祭胡同年文 7627上
爲韓尹祭韓令公文 7627上
祭故室姚氏文 7627下
爲人祭滕者文 7628上

白敏中

如石投水賦 7628上
息夫人不言賦 7629上
請追謚刑部尚書白居易贈太尉牛僧孺表 7629下
滑州修堯祠記 7629下
滑州明福寺新修浮圖記 7630上

施肩吾

太羹賦 7631上
象樽賦 7631下
與徐凝書 7632上
西山羣仙會真記序 7632上
五空論 7632下
識人論 7633上
座右銘 7634上
述靈響詞序 7634下
養生辨疑訣 7635上

張勝之

湛露晞朝陽賦 7636上
木從繩賦 7636下

李璀

石韞玉賦 7637上

劉巖夫

與段校理書 7637下
植竹記 7638上

王敦史

論迴授祖父母贈官奏 7638下

李敬方

湯泉銘 7639上

周墀

賀王僕射詩序 7639下
國學官事書 7639下
旱辭 7640下

薛重元

硤石寺惠遠法師遺跡誌 7641上

陳岵

履春冰賦 7641下
玉壺冰賦 7642上
上中書權舍人書 7642下

李庾

兩都賦并序 7643下
右賦西都 7646下
右賦東都 7649上

劉寬夫

汴州糾曹廳壁記 7649上
邠州節度使院新建食堂記 7649下
剿竹記 7650下

張元素

仙壇山銘 7651上

吕穎

西域獻徑寸珠賦 7651上
對毁方瓦合判 7651下

哥舒恒

對毁方瓦合判 7652上

林逢

宰臣等請聽政表 7652上
第二表 7652下
第三表 7652下

第四表 7653上
第五表 7653下
第六表 7653下
第七表 7654上
劉敦儒
覆四陵七廟禮例奏 7654下
皇甫亮
尉氏尉裴景升考詞 7655
仲無頗
氣毬賦 7655下
柳喜
日浴咸池賦 7656上
鄭魴
禹穴碑銘序 7656下
崔珙
謝賜手詔表 7657下
周公祠靈泉奏狀 7658上
李從易
請修備從祀功臣幕席奏 7658下
崔璵
授崔龜從平章事制 7659上
授張直方田牟將軍等制 7659下
魏公先廟碑 7660上
于季友
阿育王寺碑後記 7661
盧宏宣
駁還郭釗嫡男仲文襲封郡公奏 7661下
李啟
請定僕射中丞塗遇儀式奏 7662上
張模
真空寺經幢記 7662下
鍾輅
前定録序 7663上
陸瓌
滄浪濯纓賦 7663下
曲水梠賦 7664上
冰賦 7664下
垓下楚歌賦 7665上
沈朗
霓裳羽衣曲賦 7665下
韓昶
自爲墓誌銘并序 7666上
郁鞏老
大唐常州江陰縣興建寺碑銘并序 7667上
潘圖
唐彭城劉府君墓誌 7669上
劉軻
上崔相公書 7669下
再上崔相公書 7670下
上座主書 7672下
上韋右丞書 7673下
與馬植書 7674下
代荀卿與楚相春申君書 7676下
重與陸賓虞書 7678上
三傳指要序 7678下
廬山黄石巖院記 7678下
智滿律師墖銘 7679上
棲霞寺故大德玭律師碑 7679上
廬山東林寺故臨壇大德墖銘并序 7680下
大唐三藏大遍覺法師墖銘并序 7681下
農夫禱 7685上
裴休
請革横税私販奏 7686上
大方廣圓覺修多羅了義經略疏序 7686下
華嚴原人論序 7687下
黄檗山斷際禪師傳心法要序 7688上
釋宗密禪原諸詮序 7688下
註華嚴法界觀門序 7689下
圭峯禪師碑銘并序 7691下
唐故左街僧録内供奉三教談論引駕大德安國寺上座賜紫方袍大達法師元秘塔碑銘并序 7694上
清涼國師碑銘 7696上
蕭倣
請旌表鄭神佐室女奏 7696下
鄭貞女贊 7696下
李漢
僕射不當受中丞侍郎拜議 7697上
唐吏部侍郎昌黎先生韓愈文集序 7697上
李歎
彈鄭注奏 7698上
薛元賞
東都神主議 7698上
李郃
乞旌劉蕡直言疏 7699上
王劍
對字詁判 7699下
崔戎
請勒停雜税奏 7700上
柳璟
郊廟告祭請準開元元和勑例差官奏 7700下
請續修圖譜奏 7701上
盧求
成都記序 7701上
殷牟
竇建德碑 7703下
周太元
彈義成軍節度使李聽疏 7704下
陳齊之
故右内率府兵曹鄭君墓誌銘 7705上

舒元褒
論温造疏 7706上
對賢良方正直言極諫策 7706上
李輔
魏州開元寺琉璃戒壇碑 7712上
叔孫矩
大唐揚州六合縣靈居寺碑 7713上
楊元湊
請京兆府揚州給守陵丁人奏 7716上
孫革
減罪奏 7716上
請諸局郎勿用流外人疏 7716下
請置王府寮吏公署狀 7717上
陳夷行
條覆館驛事宜疏 7717下
劉蕡
對賢良方正直言極諫策 7718上
夏侯孜
唐懿宗元昭皇太后諡册文 7725上
户部積欠奏 7725下
劉三復
請誅劉從諫妻裴氏疏 7726上
滑州節堂記 7726下
李蘧
惠山寺記 7727上
李彦芳
樂德教胄子賦 7727下
盧子駿
彭城公寫經畫西方像記 7728上
濠州刺史劉公善政述 7729上
歸融
鄭覃平章事制 7730上
劾盧周仁進羡餘狀 7730下
順宗加謚至德宏道大聖大安孝皇帝議 7730下
憲宗加謚昭文章武大聖至神孝皇帝議 7731下
奚敬元
唐左羽林軍大將軍史公神道碑 7732上
高孚
白雲起封中賦 7734上
大唐吴郡張君紀孝行銘 7734下
承瓌
張孝子旌表碑贊并序 7735下
李哲
吴郡孝子張常洧廬墓記 7736上
鄭素卿
西林寺水閣院律大德齊朗和尚碑并序 7736下
蕭倣
蘄州謝上表 7737下
駁還藍田尉直宏文館柳珪擢右拾遺奏 7738下
諫懿宗奉佛疏 7738下
與浙東鄭商綽大夫雪門生薛扶狀 7739上
韋慤
重修滕王閣記 7740上
劉瞻
請釋醫官韓宗召康仲殷宗族疏 7741下
唐故内莊宅使銀青光禄大夫行内侍省内侍員外置同正員上柱國彭城縣開國子食邑五百户賜紫金魚袋贈左監門衛大將軍劉公墓誌銘并序 7742上
杜牧
阿房宫賦 7744下
望故園賦 7745上
晚晴賦并序 7745下
高元裕除吏部尚書制 7746上
崔璪除刑部尚書蘇滌除左丞崔璵除兵部侍郎等制 7746下
裴休除禮部尚書裴諗除兵部侍郎等制 7747上
畢諴除刑部侍郎制 7747下
韋有翼除御史中丞制 7748上
趙真齡除右散騎常侍制 7748上
韓賓除户部郎中裴處權除禮部郎中孟璲除工部郎中等制 7748下
鄭處晦守職方員外郎兼侍御史知雜事制 7748下
庾道蔚守起居舍人李文儒守禮部員外郎充翰林學士等制 7749上
李朋除刑部員外郎李從誨除都官員外郎等制 7749下

權審除户部員外郎制 7749下
皇甫鉟除右司員外郎鄭滌除侍御史内供奉等制 7750上
韋退之除户部員外郎裴德融除殿中侍御史盧穎除監察御史等制 7750上
李蔚除侍御史盧潘除殿中侍御史等制 7750下
盧告除左拾遺制 7751上
蕭峴除太常博士制 7751上
杜濛除太常博士制 7751下
馬曙除右庶子王固除太僕少卿王球除太府少卿等制 7751下
李叔玫除太僕卿高証除均州刺史萬汾除施州刺史等制 7752上
李珏册贈司空制 7752上
歸融册贈左僕射制 7752下
令狐定贈禮部尚書制 7753上
李訥除浙東觀察使兼御史大夫制 7753上
盧博除廬州刺史制 7753下
李文舉除睦州刺史制 7754上
竇宏餘加官依前台州刺史蘇莊除鄧州刺史等制 7754上
李暨除絳州刺史魏中庸除亳州刺史曹慶除威遠營使等制 7754上
李誠元除朔州刺史制 7755下
薛逵除秦州刺史制 7755下
田克加檢校國子祭酒依前宥州刺史制 7756上
薛淙除鄧州任如愚除信州虞藏玘除邛州刺史等制 7756下
鄭液除通州刺史李蒙除陳州刺史等制 7756下
王晏實除齊州吴初本巴州陳侹渝州刺史等制 7757上
郭瓊除渠州郭宗元除興州等刺史王雅康除建陵臺令等制 7757上
吴從除蓬州賈師由除瓊州蕭蕃除羅州刺史等制 7757下
裴閱除温州刺史伊實除獻陵臺令等制 7757下
陸紹除信州刺史封載除遂州刺史鄭宗道除南鄭縣令等制 7758上
張德翁除歸州刺史李承訓除福昌縣令盧審矩除陽翟縣令等制 7758上
王樟除雅州刺史郭鏞除右諭德等制 7758下
傅孟恭除威州刺史宣敏加祭酒兼侍御史依前宣歙道兵馬使防秋事等制 7758下
姚克柔除鳳州刺史韋承鼎除櫟陽縣令王仲連贊善大夫等制 7759上
朱載言除循州刺史袁循除渭南縣令張公及除獻陵令韋幼章除京兆府倉曹等制 7759上
支某除鄆王傅盧賓除融州刺史趙全素除福陵令等制 7759下
鄭棱除大理少卿致仕制 7759下
王劍除皇城留守制 7759下
王知信除左衛將軍史寰除右監門衛將軍等制 7760上
張直方授左驍衛將軍制 7760上
朱叔明授右武衛大將軍制 7760下
梁榮幹除檢校國子祭酒兼右神策軍將軍制 7761上
吕衛除左衛將軍李銖右威衛將軍令狐朗除滑州别駕等制 7761下
張幼彰程修已除諸衛將軍翰林待詔等制 7761下
一品孫李明遠授左千牛備身等制 7761下
李鄂除檢校刑部員外郎充鹽鐵嶺南留後鄭蕃除義武軍推官等制 7762上
韋宗立授檢校倉部員外郎知鹽鐵廬壽院等制 7762上
房次元除檢校員外

郎充度支靈鹽供軍使等制 7762下
李知讓加御史中丞依前邠州刺史韋瓊加侍御史充振武軍掌書記等制 7762下
崔彥曾除山南西道副使李詵山東道推官楊元汶京兆府法曹等制 7762下
李承慶除鳳翔節度副使馮軒除義成軍推官等制 7763上
夏侯曈除忠武軍節度副使薛途除涇陽尉充集賢校理等制 7763上
蕭孜除著作佐郎裴祐之陝府巡官崔滔櫟陽縣尉集賢校書等制 7763下
楊知退除鄆州判官薛廷望除美原尉直宏文館等制 7763下
白從道除東渭橋巡官陶祥除福建支使劉蛻除壽州巡官等制 7764上
盧籍除河東副使李推賢除殿中丞高湜除湖南推官薛廷傑除桂管支使等制 7764上
鄭碣除江西判官李仁範除東川推官裴虔餘除山南東道推官處士陳威除西川安撫巡官等制 7764下
裴詒除監察御史裏行桂管支使等制 7764下
石賀除義武軍書記崔涓除東川推官等制 7764下
顧湘除涇原營田判官夏侯覺除鹽鐵巡官等制 7765上
趙元方除户部和糴巡官陳洙除長安縣尉王巖除右金吾使判官等制 7765上
韋承鼎除左贊善大夫韋諝除尚食奉御柳謙除壽安縣令韋選除義昌軍推官錢琦除滄景支使等制 7765下
康從固除翼王府司馬制 7765下
張正度除汾州別駕等制 7766上
馬迥除蜀州別駕等制 7766上
高駢除祭酒兼侍御史依前充職右神策軍兵馬使制 7766上
忠武軍都押衙檢校太子賓客王仲元等加官制 7766下
右神策軍押衙檢校太子賓客尚漢美等叙勳制 7766下
右龍武軍大將軍劉誠信等三十三人叙階制 7766下
柳師元除衢州長史知夏州進奏等制 7767上
賴師貞除懷州長史周少鄘除虢州司馬王桂直除道州長史等制 7767上
景思齊授官知宜武軍進奏官制 7767上
馮少端等湖南軍將授官制 7767下
武官授折衝果毅等制 7767下
張直方貶恩州司户制 7767下
王著貶端州司户制 7768上
李玕貶撫州司馬制 7768下
姜閱貶岳州司馬等制 7768下
武易簡量移梧州司馬制 7768下
王元宥除右神策軍護軍中尉制 7769上
周元植除鳳翔監軍制 7769上
朱能裕除景陵判官制 7769下
劉全禮等七人除內侍省內府局承置同正員等制 7769下
宋叔康妻房氏封河東郡夫人制 7769下
吐突士煜妻封雁門郡夫人制 7770上
新羅王子金元宏等授太常寺少卿監丞簿制 7770上
西州迴鶻授驍衛大將軍制 7770上
沙州專使押衙吳安正二十九人授官制 7770下
燉煌郡僧正慧菀除臨壇大德制 7770下
契丹賀正使大酋領等授官制 7771上

黔中道朝賀牂牁大酋長等十六人授官制 7771上
黔中道朝賀訓州昆明等十三人授官制 7771上
授劉縱祕書郎制 7771下
覃恩昭憲杜皇后孝惠賀皇后淑德尹皇后孫姪等轉官制 7771下
黃州刺史謝上表 7771下
賀平党項表 7772下
進撰故江西韋大夫遺愛碑文表 7773下
爲中書門下請追尊號表 7774上
賀生擒衡州草賊鄧裴表 7775上
謝賜御札提舉邊將表 7775下
謝賜新絲表 7776上
代裴相公讓平章事表 7776上
又代謝賜批答表 7776下
壽昌節宴謝賜音樂狀 7776下
又謝賜茶酒狀 7776下
又代裴相公謝告身鞍馬狀 7777上
論閣内延英奏對書時政記狀 7777上
謝許受江西送撰韋丹碑綵絹等狀 7777下
内宴請上壽酒 7777下
宴畢殿前謝辭 7777下
謝賜物狀 7778上
代人舉周敬復自代狀 7778上
代人舉蔣係自代狀 7778上
上鄭相公狀 7778下
上淮南李相公狀 7778下
上吏部高尚書狀 7779上
上刑部崔尚書狀 7779下
上宣州崔大夫書 7780上
與池州李使君書 7780下
投知己書 7782上
答莊充書 7783上
上河陽李尚書書 7783下
上鹽鐵裴侍郎書 7784上
與汴州從事書 7784下
上李司徒相公論用兵書 7785上
上李太尉論江賊書 7787下
上門下崔相公書 7789下
上澤潞劉司徒書 7790下
授司勛員外郎謝宰相書 7791下
上周相公書 7792下
上宣州高大夫書 7793上
上李中丞書 7794下
與人論諫書 7796上
與浙西盧大夫書 7797下
上李太尉論北邊事啟 7797下
賀中書門下平澤潞啟 7799上
上白相公啟 7799下
上周相公啟 7800上
上安州崔相公啟 7800下
薦韓乂啟 7800下
上知己文章啟 7801上
獻詩啟 7801下
薦王寧啟 7802上
上宰相求湖州第一啟 7802下
第二啟 7803上
第三啟 7804上
上宰相求杭州啟 7804下
爲堂兄慥求澧州啟 7806下
太常寺奉禮郎李賀歌詩集序 7806下
注孫子序 7807下
送薛處士序 7809上
送盧秀才赴舉序 7809上
杭州新造南亭子記 7809下
池州重起蕭丞相樓記 7811上
同州澄城縣户工倉尉廳壁記 7811上
淮南監軍使院廳壁記 7812上
池州造刻漏記 7812下
宋州寧陵縣記 7813上
戰論 并序 7813下
守論 并序 7814下
論相 7815下
塞廢井文 7816上
三子言性辯 7816上
題荀文若傳後 7817上
罪言 7817上
原十六衛 7819上
書處州韓吏部孔子廟碑陰 7820上
唐故江西觀察使武陽公韋公遺愛碑 7821上
自撰墓銘 7822下
唐故范陽盧秀才墓誌 7824上
唐故進士龔軺墓誌 7824下
唐故太子少師奇章郡開國公贈太尉牛公墓誌銘 并序 7825上
唐故東川節度檢校右僕射兼御史大夫贈司徒周公墓誌銘 7828上
唐故宣州觀察使御史大夫韋公墓誌銘 并序 7829下

唐故處州刺史李君墓誌銘并序 7831下
唐故歙州刺史邢君墓誌銘并序 7832下
唐故平盧軍節度巡官隴西李府君墓誌銘 7834上
唐故淮南支使試大理評事兼監察御史杜君墓誌銘 7835上
唐故復州司馬杜君墓誌銘并序 7836上
唐故邕州府巡官裴君墓誌銘 7836下
唐故灞陵駱處士墓誌銘 7837下
唐故岐陽公主墓誌銘 7838下
唐故銀青光禄大夫檢校禮部尚書御史大夫充浙江西道都團練觀察處置等使上柱國清河郡開國公食邑二千户贈吏部尚書崔公行狀 7840上
唐故尚書吏部侍郎贈吏部尚書沈公行狀 7843上
張保臯鄭年傳 7844下
竇烈女傳 7845下
燕將録 7846下
黄州准赦祭百神文 7848下
祭城隍神祈雨文 7849下
第二文 7850上
祭木瓜山神文 7850上
祭故處州李使君文 7850下
祭周相公文 7851上
祭龔秀才文 7852上

崔黯

乞勑降東林寺處分住持牒 7852下
復東林寺碑 7852下

雍陶

學然後知不足賦 7854上
千金裘賦 7854下

殷侑

請禁度支鹽鐵等官收繫罪人奏 7855上
請試史學奏 7855下
請試三傳奏 7855下
論崔元武贓罪奏疏 7856上

何籌

唐雲居寺故寺主律大德神道碑銘并序 7856上

鄧袞

望雪樓記 7858上

李朋

平贓定估議 7858下

丁居晦

重修承旨學士壁記 7858下

裴處權

禱何侯廟記 7859上

魏扶

請委録士參軍專判錢物斛斗文案奏 7860上
對毒藥供醫登高臨宫判 7860上

康僚

漢武帝重見李夫人賦 7860下
日中烏賦 7861上

裴恭

請賜草馬奏 7861下

王玠

大唐鄜坊丹延等州節度軍前討擊使銀青光禄大夫檢校太子賓客上柱國北平環公故夫人廣平郡程氏墓誌銘并序 7861下

王直方

諫厚賞教坊疏 7862上

崔瑶

授蕭寘充翰林學士制 7862下

杜顗

集賢院山池賦 7863上
對省官員判 7863上

石文素

白鹿鄉井谷村佛堂碑銘 7863下

景炎

唐故楚州兵曹參軍劉府君墓誌銘并序 7864下

謝觀

上陽宫望幸賦 7865下
以賢爲寶賦 7866上
中堂遠千里賦 7866下
舜有擅行賦 7867上
王言如絲賦 7867下
越裳獻白雉賦 7868上
得意忘言賦 7868下
禹拜昌言賦 7869上
周公朝諸侯於明堂賦 7869下
朝呼韓邪賦 7870上
漢以木女解平城圍賦 7870下
招李夫人魂賦 7871上
東郊迎春賦 7871下
誤筆成蠅賦 7872上
惚恍中有象賦 7872下
執柯伐柯賦 7873上
清明日恩賜百官新火賦 7873下
大演虚其一賦 7874上

郤走馬賦 7874下
吴坂馬賦 7875上
驥伏鹽車賦 7875下
初雷起蟄賦 7876上
琴瑟合奏賦 7876下

周鉞

積土成山賦 7877下
海門山賦 7878上

胡權

飲貪泉賦 7878下

李蟾

烹小鮮賦 7879上

崔鉉

遣司封員外郎充史館修撰權審於衢路突尚書左僕射平章事判 7879下

竇紃

五色筆賦 7880上

崔倬

石幢敘 7880下

黎埴

出使官不得乘檐子奏 7881上

裴延翰

樊川文集後序 7881上

段瓌

舉人自代狀 7883上
東都不可立廟議 7883上

寇可長

唐故平盧軍節度押衙兼左廂兵馬使銀青光禄大夫雲麾將軍檢校國子祭酒兼御史中丞上柱國食邑二千五百户劉公夫人隴西辛氏墓誌銘 并序 7883下

令狐緒

請停汝郡人碑頌奏 7884上

令狐綯

請詔男滈就試表 7884下
請申禁天門街左右置私廟並按品定廟室數奏 7885上
薦處士李羣玉狀 7885下

楊發

太陽合朔不虧賦 7885下
大音希聲賦 7886上
慶雲抱日賦 7886下
加謚追尊改主重題議 7887上

盧商

請增加鹽額奏 7888上

盧鈞

嶺南官吏請停吏部注擬奏 7888下

唐元度

九經字樣序表 7889上
奏九經字樣狀 7889上
九經字樣牒文 7889下
論十體書 7890上

裴夷直

張克勤恩廕請迴與外甥判 7890下

韋澳

解送進士明經不分等第牓文 7891上

蔡京

李肇東林寺碑陰記 7892上

吕受

佛頂尊勝陀羅尼經幢序 7892下

譚銖

廬州明教寺轉關經藏記 7893上

劉紛

請王叔泰歸宗奏 7893下

余知古

謝段公五色筆狀 7893下

陳去疾

王師如時雨賦 7894上

張元審

唐故李氏夫人墓誌 7894下

李宏慶

大慈恩寺大法師基公塔銘 并序 7895上

陳嘏

霓裳羽衣曲賦 7896上

張次宗

謝賜端午衣物狀 7896下
謝賜冬衣狀 7896下
謝賜冬衣狀 7897上
薦前漢州刺史薛元賞狀 7897上
薦前淮南節度掌書記殿中御史李蠙狀 7897上
薦前澧州刺史崔芸狀 7897下
薦觀察判官陸暢請章服狀 7897下
請立前節度使李德裕德政碑文狀 7898上

韋温

請治修葺太廟慢官並止委中使鳩工疏 7898上
請止上尊號疏 7898下

歐陽秬

移陸司勳沔書 7898下

韋琮

月明星稀賦 7899下
明月照積雪賦 7900上

楊漢公

干禄字書後記 7900下

房千里

骰子選格序 7901上
遊嶺徼詩序 7901下

盧陵所居竹室記 7902上
知道 7902下
許　渾
烏絲闌詩自序 7903下
鄭　涯
武宗祔廟議 7904上
武宗祔廟合祧遷議 7905上
鄭處誨
授鄭薰禮部侍郎制 7905上
邠州節度使廳記 7905下
孫簡
請改定百官班位奏 7906上
奏置本錢狀 7907上
李愬高崇文配享次序議 7907上
憲宗廟配享功臣議 7907下
狄中立
桃源觀山界記 7908上
褚藏言
竇常傳 7908下
竇牟傳 7909下
竇羣傳 7909下
竇庠傳 7910下
竇鞏傳 7911上
曹確
請令場監錢絹直納延資庫奏 7911下
諫用伶官李可及爲威衛將軍疏 7912上
李晛
連山燕喜亭後記 7912下
李濆
荇溪新亭記 7913上
蔣偘
石壁院記 7913下
崔于
請御史大夫中丞在尚書左丞上奏 7914下
石貫
藉田賦 7915上
千畝望幸賦 7915上
觀農賦 7916上
宋言
漁父辭劍賦 7916下
斅雞鳴度關賦 7917上
鶴歸華表賦 7917下
左牢
蟬蛻賦 7918上
任疇
正獻懿二祖昭穆疏 7918下
第二疏 7919上
孫玉汝
金柅賦 7919下
金厚載
昆吾切玉劍賦 7920上
都盧尋橦賦 7920下
張良器
集靈臺賦 7921上
素絲賦 7921下
海人獻冰蠶賦 7922上
烏臺賦 7922下
賈嵩
夏日可畏賦 7923下
華陽陶隱居傳序 7924上
鄭還古
博異記序 7924下
李景讓
望春宮賦 7925上
南瀆大江廣源公廟記 7925下
沈珣
授紇干㮚嶺南節度使制 7926下
授白敏中邠寧節度使制 7926下
授康季榮徐州節度使鄭涓昭義節度使制 7927上
授杜琮淮南節度使制 7927下
授白敏中西川節度使制 7928上
授李景讓襄州節度使制 7928上
授韋損鄆州節度使制 7928下
授盧鈞太原節度使制 7929上
授李業鄭滑節度使契苾通振武節度使制 7929下
授畢諴邠寧節度使制 7929下
授韋慤鄂岳節度使制 7930上
授李彥佐鄜坊節度使制 7930下
授崔珙鳳翔節度使制 7931上
授韋博淄青節度使制 7931上
授裴休汴州節度使制 7931下
授李玭鳳翔節度使制 7932上
鄭吉
楚州修城南門記 7932下
盛均
送建安郡守之任序 7934上
桃林場記 7934下
人旱解 7935上
仲尼不歷聘解 7935上
真龍對 7935下
黄頗
受命於天說 7936上
朱景元
唐朝名畫録序 7936下
程邈
請禁割股疏 7937上
蘇綽

賈司倉墓誌銘 7937下
趙造
中大夫行内侍省内給事員外置同正員上柱國賜緋魚袋王公墓誌銘并序 7938下
裴坦
貶温庭筠勅 7940上
王龜
陳情表 7940上
姚謩
大唐潤州句容縣大泉寺新三門記并序 7940上
崔立
莊憲皇后山陵奏 7941上
蕭鄴
大唐故吏部尚書贈尚書右僕射渤海高公神道碑 7941下
嶺南節度使韋公神道碑 7943下
李涪
刊誤序 7945下
裴敬
翰林學士李公墓碑 7946上
裴素
重修漢未央宫記 7947上
李遠
蟬蜕賦 7949上
題橋賦 7949下
日中爲市賦 7950上
送賀著作憑出宰永新序 7950下
靈棋經序 7951上
杜宣猷
懿宗宣太后謚議 7951下
大祀宜差重臣攝祭奏 7952下
鄭左丞祭梓華府君碑陰記 7953上
唐朝請大夫試絳州長史上柱國趙郡李君故夫人京兆杜氏墓誌銘 7953下
王俞
漢焦小黄周易卦筮叙 7954上
顧德章
上中書門下及禮院詳議東都太廟修廢狀 7954下
上中書門下及禮院議東都太廟修廢第二狀 7955下
東都神主議 7956上
鄭路
東都神主奏 7958下
顧陶
唐詩類選序 7959上
唐詩類選後序 7960上
楊收
與安說論樂意 7960下
乞貸弟嚴死罪疏 7961上
魏謩
請不取注記奏 7962上
請令判官推劾訴事奏 7962上
諫納李孝本女疏 7962上
論董昌齡量移硤州刺史疏 7963上
論吕令琮毁罵江陵縣令疏 7963上
請將賀蘭進興等重付臺司覆勘疏 7963下
李蔚
諫禁中飯僧疏 7964上
薛逢
鑿混沌賦 7965上
天上種白榆賦 7965下
謝西川白相公寄賜新詩書 7966上
與崔學士書 7966下
上鹽鐵崔尚書書 7966下
與崔況秀才書 7967上
上白相公啟 7967上
上崔相公啟 7968下
上翰林韋學士啟 7968下
上宰相啟 7969上
上虢州崔相公啟 7969上
上崔相公罷相啟 7969下
上前鄭滑周尚書啟 7969下
上前易定盧尚書啟 7970上
上中書李舍人啟 7970上
林滋
文戰賦 7971上
陽冰賦 7971下
木人賦 7972上
小雪賦 7972下
沈詢
封棣王制 7973下
授曹確充翰林學士制 7973下
崔鉉魏扶拜相制 7974上
魏謩拜相制 7974下
授裴休中書門下平章事依前判鹽鐵制 7975上
左遷工部尚書楊漢公秘書監制 7975下
鄭畋
授武臣邠寧節度使制 7976上
授李師望定邊軍節度使制 7976上
切責高駢詔 7977上
擢官自陳表 7979上
加知制誥自陳表 7979上
謝承旨自陳表 7979下

與韓君雄書　7979下
與張文裕及魏博軍書　7980上
討巢賊檄　7980下
唐故上都龍興觀三洞經籙賜紫法師鄧先生墓誌銘　7981下
謁昇仙太子廟詩題後　7983上
陳黯
代河湟父老奏　7983上
送王棨序　7984上
禦暴説　7984下
本猫説　7985上
答問諫者　7985下
詰鳳　7986上
華心　7986下
拜嶽言　7986下
禹誥　7987上
辯謀　7987下
盧肇
如石投水賦　7988上
海潮賦有序　7988下
湖南觀雙柘枝舞賦　7993下
鸜鵒舞賦　7995上
天河賦　7995下
上王僕射書　7996上
海潮賦後序　7996下
日至海成潮入圖法　7997上
渾天載地及水法　7997下
渾天法　7997下
閱城君廟記　7999上
進海潮賦狀　8000下
震山巖記　8001下
宣州新興寺碑銘并序　8002上
林嵩
撥鐙序　8004下
王棨
元宗幸西涼府觀燈賦　8005下
詔遣軒轅先生歸羅浮舊山賦　8006上
端午日獻尚書爲壽賦　8006下
白雪樓賦　8007上
盛德日新賦　8007下
一賦　8008上
神女不過灌壇賦　8008下
沛父老留漢高祖賦　8009上
四皓從漢太子賦　8009下
手署三劍賜名臣賦　8010上
牛羊勿踐行葦賦　8010下
聖人不貴難得之貨賦　8011上
耀德不觀兵賦　8011下
倒載干戈賦　8012上
握金鏡賦　8012下
義路賦　8013上
鳥求友聲賦　8013下
松栢有心賦　8014上
跬步千里賦　8014下
樵夫笑士不笑王道賦　8015上
耕弄田賦　8015下
延州獻白鵲賦　8016上
闕里諸生望東封賦　8016下
三箭定天山賦　8017下
離人怨長夜賦　8018上
秋夜七里灘聞漁歌賦　8018下
貧賦　8019上
魚龍石賦　8019下
珠塵賦　8020上
燭籠子賦　8020下
綴珠爲燭賦　8020下
琉璃窗賦　8021上
吞刀吐火賦　8021下
沈碑賦　8022上
夢爲魚賦　8022下
蟭螟巢蟁睫賦　8023上
江南春賦　8023下
黄鍾宫爲律本賦　8024上
馬惜錦障泥賦　8024下
迴鴈峯賦　8025上
芙蓉峯賦　8025下
涼風至賦　8026下
曲江池賦　8027上
水城賦　8027下
多稼如雲賦　8028上
武關賦　8028下
李商隱
蝨賦　8029下
蝎賦　8029下
爲彭陽公興元請尋醫表　8029下
代彭陽公遺表　8030上
爲安平公謝除兖海觀察使表　8031下
爲安平公兖州謝上表　8032上
代安平公華州賀聖躬痊復表　8032下
代安平公遺表　8033上
爲汝南公華州賀赦表　8034上
爲汝南公以妖星見賀德音表　8034下
爲汝南公賀彗星不見表　8035上
爲汝南公賀元日御正殿受朝賀表　8035下
爲京兆公陝州賀南郊赦表　8036上
爲濮陽公陳許謝上表　8036下
爲濮陽公陳情表　8037下
爲濮陽公論皇太子表　8038上
爲尚書濮陽公涇原

讓加兵部尚書表　8039上
爲濮陽公奉慰皇太子薨表　8039下
代僕射濮陽公遺表　8040上
爲滎陽公賀老人星見表　8041下
爲中丞滎陽公赴桂州至湖南勅書慰諭表　8041下
爲滎陽公至湖南賀聽政表　8042上
爲滎陽公桂州謝上表　8042下
爲滎陽公賀幽州破奚寇表　8043上
爲滎陽公奉慰積慶太后上謚表　8043下
爲令狐博士緒補闕綯謝宣祭表　8044上
爲柳州鄭郎中謝上表　8044上
爲懷州李中丞謝上表　8044下
爲河南盧尹賀上尊號表　8045上
爲王侍御瓘謝宣弔并賻贈表　8046上
爲安平公謝端午賜物狀　8046下
爲大夫安平公華州進賀皇躬痊復物狀　8046下
爲安平公兗州奏杜勝等四人充判官狀　8047上
杜勝　8047上
趙晳　8047上
李藩　8047上
盧涇　8047下
爲安平公赴兗海在道進賀端午馬狀　8047下
爲汝南公賀元日朝會上中書狀　8048上
爲侍郎汝南公華州謝加階狀　8048上
爲京兆公乞留瀘州刺史洗宗禮狀　8048下
爲濮陽公附送官告申使回狀　8048下
爲濮陽公奏臨涇平涼等鎮准式十月一日起燒賊路野草狀　8049上
爲濮陽公涇原謝冬衣狀　8049下
爲濮陽公謝罰俸狀　8050上
爲濮陽公陳許舉人自代狀　8050上
某官崔蠡　8050上
爲濮陽公陳許奏韓琮等四人充判官狀　8050下
韓琮　8050下
叚環　8050下
裴蘧　8050下
夏侯曈　8051上
爲滎陽公桂州舉人自代狀　8051上
某官裴俅　8051上
爲滎陽公謝除盧副使等官狀　8051下
新授某官盧戡
新授某官任繕　8051下
爲滎陽公舉王克明等充縣令主簿狀　8051下
爲滎陽公論安南行營將士月糧狀　8052上
爲滎陽公奏請不敘録將士狀　8053上
爲滎陽公謝賜冬衣狀　8053下
爲中丞滎陽公謝借飛龍馬送至府界狀　8053下
爲滎陽公端午謝賜物狀　8054上
爲中丞滎陽公赴桂州長樂驛謝勅設饌狀　8054上
爲滎陽公進賀正銀狀　8054下
爲滎陽公赴桂州在道進賀端午銀狀　8054下
爲滎陽公進賀壽昌節銀零陵香麂靴竹靴狀　8055上
爲滎陽公進賀冬銀等狀　8055上
爲懷州刺史舉人自代狀　8055下
爲尚書渤海公舉人自代狀　8055下
某官周墀　8055下
某官崔龜從　8056上
爲鹽州刺史奏舉李孚判官狀　8056下
某官李孚　8056下
爲楊贊善奏請東都灑埽狀　8057上
爲閑廐使奏判官韓勵改名狀　8057上
爲彭陽公上鳳翔李司徒狀　8057上
爲安平公賀皇躬痊復上門下狀　8057上
爲汝南公上淮南李相公狀　8057下
爲汝南公上淮南李相公狀　8058上
爲汝南公上淮南李

相公狀 8058上
爲汝南公與蘄州李郎中狀 8059上
爲濮陽公皇太子薨慰宰相狀 8059上
爲濮陽公官後上中書門下狀 8059上
爲濮陽公許州請判官上中書狀 8059下
爲濮陽公上李太尉狀 8059下
爲濮陽公上楊相公狀 8060上
爲濮陽公上華州陳相公狀 8060上
爲濮陽公上陳相公狀 8060下
爲濮陽公上陳相公狀 8060下
爲濮陽公上陳相公狀 8061上
爲尚書濮陽公賀鄭相公狀 8061上
爲濮陽公上賓客李相公狀 8062上
爲濮陽公上賓客李相公狀 8062上
爲濮陽公與丁學士狀 8062下
爲濮陽公與度支周侍郎狀 8063上
爲中丞滎陽公桂州上後上中書門下狀 8063上
爲滎陽公賀幽州破奚寇上中書狀 8063下
爲滎陽公請不敘將士上中書狀 8063下
爲滎陽公謝集賢韋相公狀 8064上
爲滎陽公上集賢韋相公狀 8064上
爲滎陽公上集賢韋相公狀 8064下
爲滎陽公上集賢韋相公狀 8064下
爲滎陽公上宏文崔相公狀 8064下
爲滎陽公上宏文崔相公狀 8065上
爲滎陽公上宏文崔相公狀 8065上
爲滎陽公上河中崔相公狀 8065下
爲滎陽公上河中崔相公狀 8065下
爲滎陽公上僕射崔相公狀 8066下
爲滎陽公上僕射崔相公狀 8066下
爲滎陽公上史館白相公狀 8067上
爲滎陽公上史館白相公狀 8067上
爲滎陽公上史館白相公狀 8067下
爲滎陽公上門下李相公狀 8067下
爲滎陽公上門下李相公狀 8068上
爲滎陽公上門下李相公狀 8068上
爲滎陽公上荊南鄭相公狀 8068下
爲滎陽公謝荊南鄭相公狀 8068下
爲滎陽公上荊南鄭相公狀 8068下
爲滎陽公上淮南李相公狀 8069上
爲滎陽公賀幽州張相公狀 8069下
爲滎陽公上西川李相公狀 8070上
爲滎陽公上西川張相公狀 8070下
爲滎陽公賀牛相公狀 8070下
爲滎陽公賀牛相公狀 8071上
爲滎陽公上衡州牛相公狀 8071下
爲滎陽公上通義崔相公狀 8072上
爲滎陽公與昭義李僕射狀 8072上
爲中丞滎陽公與汴州盧僕射狀 8072上
爲滎陽公與浙西李尚書狀 8072下
爲滎陽公與度支盧侍郎狀 8072下
爲滎陽公與京兆李尹狀 8073上
爲滎陽公與河南崔尹狀 8073上
爲滎陽公與魏中丞狀 8073上
爲滎陽公與容州韋中丞狀 8073下
爲滎陽公與裴盧孔楊韋諸郡守狀 8073下
爲河東公上楊相公狀 8073下
爲河東公上楊相公狀 8074上
爲河東公上鄭相公狀 8074上
爲河東公賀陳相公送土物狀 8074下

爲河東公賀楊相公送土物狀 8074下
爲河東公賀李相公送土物狀 8074下
爲河東公上李相公狀 8075上
爲河東公上李相公狀 8075上
爲河東公與周學士狀 8075下
爲宏農公上虢州後上中書狀 8075下
爲宏農公虢州上後上三相公狀 8076上
爲宏農公上兩考官狀 8076上
爲懷州刺史上後上門下狀 8076上
於江陵府見除書狀 8076下
上令狐相公狀 8076下
上令狐相公狀 8077上
上令狐相公狀 8077下
上令狐相公狀 8077下
上令狐相公狀 8077下
上令狐相公狀 8078上
上令狐相公狀 8078上
上座主李相公狀 8079上
上漢南李相公狀 8079下
上李太尉狀 8080上
上河中鄭尚書狀 8080下
上許昌李尚書狀 8081上
上許昌李尚書狀 8081下
上李尚書狀 8081下
上漢南盧尚書狀 8082上
上易定李尚書狀 8082下
上忠武李尚書狀 8083上
上度支盧侍郎狀 8083下
上度支歸侍郎狀 8083下
上華州周侍郎狀 8084上
上江西周大夫狀 8084上
上崔大夫狀 8084下
上河陽李大夫狀 8084下
上河陽李大夫狀 8085下
上孫學士狀 8085下
上容州李中丞狀 8086上
上韋舍人狀 8086上
上劉舍人狀 8086下
上鄭州李舍人狀 8086下
上鄭州李舍人狀 8086下
上鄭州李舍人狀 8087上
上鄭州李舍人狀 8087上
上李舍人狀 8087下
上李舍人狀 8087下
上李舍人狀 8087下
上李舍人狀 8088上
上李舍人狀 8088上
上李舍人狀 8088下
上李舍人狀 8089上
賀翰林孫舍人狀 8089上
上鄭州蕭給事狀 8089下
上河南盧給事狀 8089下
上張雜端狀 8090上
上任郎中狀 8090上
與白秀才狀 8090上
與白秀才第二狀 8090下
爲河東公上西川相國京兆公書 8091上
上崔華州書 8091上
別令狐拾遺書 8091下
與陶進士書 8092下
爲濮陽公上四相賀正啟 8094上
爲濮陽公上白相公杜相公崔相公馬相公鳳翔崔相公賀正啟 8094上
爲濮陽公賀丁學士啟 8094下
爲滎陽公與魏博何相公啟 8094下
爲滎陽公賀白相公加刑部尚書啟 8095上
爲滎陽公上宣州裴尚書啟 8095上
爲滎陽公上浙西鄭尚書啟 8095下
爲滎陽公上陳許高尚書啟 8095下
爲滎陽公賀太尉王司徒啟 8095下
爲滎陽公賀韋相公加禮部尚書啟 8096上
爲滎陽公上馬侍郎啟 8096上
爲滎陽公與浙東大夫啟 8096下
爲滎陽公與三司使大理盧卿啟 8096下
爲滎陽公與前浙東楊大夫啟 8097上
爲河東公謝相國京兆公啟 8097下
爲河東公謝相國京兆公第二啟 8098上
爲河東公謝相國京兆公第三啟 8098下
爲河東公復相國京兆公啟 8098下
爲河東公復相國京兆公第二啟 8099上
爲河東公上尚書侍郎給事賀冬啟 8099上
爲河東公上西川白司徒相公賀冬啟 8099上
爲河東公上四相賀冬啟 8099下
爲河東公上翰林學士賀冬啟 8099下
爲河東公上方鎮武臣賀冬啟 8099下

爲湖南座主隴西公賀馬相公登庸啟 8100上
爲尚書范陽公賀吏部李相公啟 8100上
爲度支盧侍郎賀畢學士啟 8100下
爲同州任侍御上崔相國啟 8101上
爲賀拔員外上李相公啟 8101下
爲桂州盧副使謝聘錢啟 8102上
爲舍人絳郡公上李相公啟 8103上
爲絳郡公上李相公啟 8103下
爲絳郡公上史館李相公啟 8104下
爲絳郡公上崔相公啟 8105上
爲興元裴從事賀封尚書加官啟 8105下
爲崔從事寄尚書彭城公啟 8106上
爲白從事上陳許李尚書啟 8106下
爲東川崔從事謝辟啟 8107上
爲東川崔從事謝聘錢啟 8107上
爲山南薛從事謝辟啟 8107下
爲同州張評事謝辟啟 8107下
爲同州張評事謝聘錢啟 8108上
爲李貽孫上李相公啟 8108上
爲柳珪上京兆公謝辟啟 8109下
爲柳珪上京兆公謝衣絹啟 8110上
爲柳珪上京兆公謝馬啟 8110下
爲張周封上楊相公啟 8110下
爲某先輩獻集賢相公啟 8111下
爲韓同年瞻上河陽李大夫啟 8112下
爲舉人上翰林蕭侍郎啟 8112下
爲舉獻韓郎中琮啟 8113下
謝座主魏相公啟 8114上
謝宗卿啟 8114下
獻相國京兆公啟 8115上
獻相國京兆公啟 8115上
賀相國汝南公啟 8116上
上兵部相公啟 8116下
賀崔相公轉户部尚書啟 8117上
上時相啟 8117上
獻襄陽盧尚書啟 8117上
上河東公啟 8117下
上河東公第二啟 8118上
上河東公第三啟 8118下
上河東公謝辟啟 8119上
上河東公謝聘錢啟 8119下
謝河東公和詩啟 8119下
上尚書范陽公啟 8120上
上尚書范陽公第二啟 8120下
上尚書范陽公第三啟 8120下
獻侍郎鉅鹿公啟 8120下
獻華州周大夫十三丈啟 8121上
謝鄭州周舍人啟 8121下
獻舍人彭城公啟 8121下
獻舍人河東公啟 8122上
端午日上所知劍啟 8122下
端午日上所知衣服啟 8123上
爲濮陽公涇原署營田副使賓牒 8123上
爲濮陽公補保定尉張鴻巡官牒 8123上
爲濮陽公陳許補王琛衙前兵馬使牒 8123下
爲濮陽公補盧處恭牒 8123下
爲濮陽公補仇坦牒 8123下
爲濮陽公補顧思言牒 8123下
爲滎陽公桂州署防禦等官牒 8124上
段協律 8124上
李幼章 8124上
羅瞻 8124下
陳公瑾 8124下
崔兵曹 8124下
段球 8125上
鄉貢明經陶禩 8125上
前攝臨桂縣令李文儼 8125上
突將凌綽 8125上
盧韜 8125上
林君霈 8125下
李克勤 8125下
韋重 8126上
曹讜 8126上
陳積中 8126上
李遇 8126下
吕佋 8126下
秦軻 8127上
劉福 8127上
爲滎陽公桂管補逐要等官牒 8127下
田仲方 8127下
嚴君景 8127下

王公衡 8127下
劉淮 8127下
徐適 8128上
鄭楚 8128上
李邯 8128上
張存 8128上
王政 8128下
劉公實 8128下
鄭琡 8128下
爲大夫博陵公兖海署盧鄯巡官牒 8128下
爲潼關鎮使張琯補後院都知兵馬使兼押衙牒 8129上
陳寧攝公井令牒 8129上
周宇爲大足令牒 8129上
爲濮陽公檄劉稹文 8129上
太尉衛公會昌一品集序 8132上
容州經略使元結文集後序 8135上
樊南甲集序 8136上
樊南乙集序 8136上
太倉箴 8137上
劍州重陽亭銘并序 8137下
梓州道興觀碑銘并序 8138上
唐梓州慧義精舍南禪院四證堂碑銘并序 8141上
道士胡君新井碣銘并序 8144上
刑部尚書致仕贈尚書右僕射太原白公墓碑銘并序 8145下
請盧尚書撰故處士姑臧李某誌文狀 8147上
請盧尚書撰曾祖妣誌文狀 8147下
請盧尚書撰李氏仲姊河東裴氏夫人誌文狀 8148下
李賀小傳 8149下
紀事 8149下
象江太守 8149下
華山尉 8149下
齊魯二生 8150上
程驤 8150上
劉乂 8150下
宜都内人 8151上
析微 8151下
斷非聖人事 8151下
讓非賢人事 8151下
爲滎陽公黄籙齋文 8152上
爲相國隴西公黄籙齋文 8152下
爲馬懿公郡夫人王氏黄籙齋文 8153上
爲馬懿公郡夫人王氏黄籙齋第二文 8154上
爲馬懿公郡夫人王氏黄籙齋第三文 8155下
爲故麟坊李尚書夫人王鍊師黄籙齋文 8155下
爲舍人絳郡公鄭州禱雨文 8156下
爲李懷州祭太行山神文 8156下
爲安平公兖州祭城隍神文 8157上
爲懷州李使君祭城隍神文 8157上
爲中丞滎陽公祭全義縣伏波神文 8157上
爲中丞滎陽公桂州賽城隍神文 8157下
爲中丞滎陽公賽理定縣城隍神文 8158上
爲中丞滎陽公祭桂州城隍神祝文 8158上
賽靈川縣城隍神文 8158下
賽荔浦縣城隍神文 8158下
賽永福縣城隍神文 8158下
賽城隍神文 8159上
賽堯山廟文 8159上
賽舜廟文 8159上
賽越王神文 8159下
賽北源神文 8159下
賽曾山蘇山神文 8160上
賽白石神文 8160上
賽龍蟠山神文 8160上
賽陽朔縣名山文 8160上
賽海陽神文 8160下
賽古欖神文 8160下
賽侯山神文 8160下
賽建山神文 8161上
賽莫神文 8161上
賽石明府神文 8161上
祭蘭麻神文 8161下
爲濮陽公祭太常崔丞文 8161下
爲司徒濮陽公祭忠武都押衙張士隱文 8162上
爲賈常侍祭韋太尉文 8162下
爲西川幕府祭韋太尉文 8163上
代李元爲崔京兆祭蕭侍郎文 8163下
爲絳郡公祭宣武王尚書文 8164上
爲裴懿無私祭薛郎中袞文 8164下
爲李郎中祭舅竇端州文 8166上
爲李兵曹祭兄亳州刺史文 8166下
代諸郎中祭太尉王

相國文 8167下
韓城門丈請爲子姪祭外姑公主文 8167下
爲馮從事妻李氏祭從父文 8168下
爲王從事妻万俟氏祭先舅司徒文 8168下
爲王秀才妻蘇氏祭先舅司徒文 8169上
爲外姑隴西郡君祭張氏女文 8170下
奠相國令狐公文 8171上
祭吕商州文 8171下
祭長安楊郎中文 8172下
祭張書記文 8173上
祭外舅贈司徒公文 8174上
重祭外舅司徒公文 8176下
祭處士十二房叔父文 8177下
祭韓氏老姑文 8178上
祭徐姊夫文 8178下
祭徐氏姊文 8179上
祭裴氏姊文 8179下
祭小姪女寄寄文 8181上

穆員

爲汝州刺史謝上表 8182上
同德寺湊禪師院羣公會集序 8182上
奉送前合州徐使君赴上都詩序 8182下
緱山道中五詠詩序 8182下
蝗旱詩序 8183上
送興平鄭少府歸上都覲省序 8183上
新修漕河石斗門記 8183下
繡西方大慈大悲阿彌陀佛記 8184上
畫千手千眼大悲菩薩記 8184下
尊勝幢記 8185上
驃騎大將軍劉公墓東都龍興寺鎮國般舟道場均上人功德記 8185下
新安谷記 8186上
新修漕河石斗門亭記 8186下
繡地藏菩薩讚并序 8187上
畫釋迦牟尼佛讚并序 8187下
繡藥師佛觀世音菩薩讚并序 8188上
繡西方阿彌陀佛讚并序 8188上
繡救苦觀世音菩薩讚并序 8188下
繡藥師琉璃光佛讚并序 8189上
畫元始天尊釋迦牟尼佛讚并序 8189上
鮑防碑 8189下
相國崔公墓誌銘 8192上
相國義陽郡王李公墓誌銘 8193上
福建觀察使鄭公墓誌銘 8195下
陝虢觀察使盧公墓誌銘 8197上
刑部郎中李府君墓誌銘 8198上
河南少尹裴公墓誌銘 8199上
監察御史裴府君墓誌銘 8200下
祕書監致仕穆元堂誌 8201上
京兆少尹李公墓誌銘 8203下
國子司業嚴公墓誌銘 8205上
驃騎大將軍劉公墓誌銘 8206上
冠軍大將軍檢校左衞將軍開國男安定梁公墓誌銘 8207下
汝州刺史陳公墓誌銘 8208上
舒州刺史鄭公墓誌銘 8209上
河南兵曹元公墓誌銘 8210上
成都功曹蕭公墓誌銘 8210下
河南府洛陽縣主簿鄭君墓誌銘 8211上
陸渾尉崔君墓誌銘 8212上
殤子穆若愚墓誌 8212下
裴處士墓誌銘 8212下
嗣曹王故太妃鄭氏墓誌銘 8213下
祕書監穆公夫人裴氏元堂誌 8214下
崔少尹夫人盧氏墓誌銘 8216下
崔太常長女墓誌銘 8217上
爲留守鄭侍郎祭劉僕射文 8217下
爲淮西宣慰使鄭右丞祭顏太師文 8218上
爲留守賈尚書祭顏太師文 8218下
爲留守崔尚書祭袁給事文 8219上
爲留守鄭侍郎祭鳳翔張相公文 8219上
爲留守鄭侍郎祭李相公文 8219下
祭福建鄭大夫文 8220下
爲留守賈尚書祭嗣曹王故太妃文 8220下

温庭筠

再生檜賦　8221下
錦䉤賦　8222上
答段柯古贈葫蘆管筆狀　8222上
答段成式書七首　8222下
謝襄州李尚書啟　8223下
謝紇干相公啟　8224上
上蔣侍郎啟二首　8224上
上裴相公啟　8225上
上令狐相公啟　8225下
上崔相公啟　8226上
上首座相公啟　8226下
上宰相啟二首　8226下
爲人上裴相公啟　8227下
上鹽鐵侍郎啟　8228上
上封尚書啟　8228下
投憲丞啟　8229上
上裴舍人啟　8229上
上蕭舍人啟　8229下
上學士舍人啟二首　8229下
上杜舍人啟　8230下
上吏部韓郎中啟　8230下
上蕭舍人啟　8231上
爲前邕府段大夫上宰相啟　8231下
上崔大夫啟　8232上
牓國子監　8232上

段成式

寄余知古秀才散卓筆十管軟健筆十管書　8232下
寄温飛卿葫蘆管筆往復書　8232下
與温飛卿書八首　8233上
諸皐記序　8234上
塑像記　8234下
好道廟記　8234下
寺塔記　8235下
送窮文　8236下
毀　8237上
寂照和尚碑　8237上
韋斌傳　8239上

李顧行

上元縣開善寺修誌公和尚堂石柱記　8240上

韋籌

原仁論　8240下
文之章解　8240下

李蟾

請自出俸錢收贖善權寺事奏　8241上

蔣伸

封鄂王制　8242下
封盛唐公主制　8242下
授李珏揚州節度使制　8243上
授鄭涓徐州節度使制　8243上
授孫範青州節度使制　8243下
授王宰河陽節度使李拭河東節度使制　8244上
授幽州留後張允伸充節度使制　8244下
授田牟靈州節度使制　8245上
授鄭光河中節度使鄭朗汴州節度使制　8245上

盧鄯

姚婆墓誌　8245下

李儉

銀青光禄大夫太子中允贈工部尚書清河張公神道碑銘　8246上

孫諫卿

唐明州象山縣蓬萊觀碑銘并序　8248上

李節

餞潭州疏言禪師詣太原求藏經詩序　8249上

陳會

彭州九隴縣再建龍興寺碑　8250下

賈防

新修曲阜縣文宣王廟記　8251下

劉蛻

論令狐滈不宜爲左拾遺疏　8252下
投知己書　8252下
答知己書　8253下
上宰相書　8254上
獻南海崔尚書書　8254下
復崔尚書書　8255上
賀友人拜右拾遺書　8256上
上禮部裴侍郎書　8256上
與韋員外書　8257上
移史館書　8257上
與京西幕府書　8258上
論江陵耆老書　8258上
江南論鄉飲酒禮書　8258下
文泉子自序　8259上
太古無爲論　8259下
嬴秦論　8259下
刪方策　8260上
憫禱辭有序　8260下
朱氏夢龍解　8260下
禹書上　8261上
禹書下　8261下
山書一十八篇并序　8261下
較農　8263下
疏亡　8264上
古漁父四篇　8264上
篇後序　8265上
弔屈原辭三章并序　8265上
哀湘竹　8265上
下清江　8265下

招弟子 8265下
梓州兜率寺文冢銘 8266上
許纁
嵩嶽珪禪師影堂記 8267下
晉東萊太守劉將軍廟記 8269上
蘇滌
宣宗謚議 8269下
鄭薰
移顏魯公詩記 8270下
内侍省監楚國公仇士良神道碑 8271上
祭梓華府君神文 8274下
衛洵
佛頂尊勝陀羅尼經石幢讚并序 8275下
高元謩
侯真人降生臺記 8276上
張彦遠
歷代名畫記源流序 8277上
法書要録序 8277下
三祖大師碑陰記 8278上
揭本樂毅論記 8278下
論鑒識收藏購求閱玩 8278下
崔璵
授李丕鄜州節度使制 8279下
授柳仲郢東川節度使制 8279下
林簡言
上韓吏部書 8280上
漢武封禪論 8280上
言贈 8281上
紀鴞鳴 8281上
鄭遂
東都神主議 8282上
史重厚
重建司空溧陽侯廟記 8282上
韋焕
新修湖山廟記 8283上
劉濛
請石刻准勘節目奏 8283下
林珽
福州侯官縣丞湯府君墓誌銘并序 8283下
王密
明州刺史河東裴公紀德碣銘并序 8284下
李宏簡
請磨勘宗子百官屬籍奏 8285上
王諷
漳州三平大師碑銘并序 8285下
崔涓
賜許國公韓建鐵券文 8286下
王洮
慧聚寺天王堂記 8287上
鄭顥
進科名記表 8287下
趙璘
請元正權御宣政殿疏 8287下
書戒珠寺 8288上
劉伸
唐故清河郡張府君夫人安定郡胡氏合祔墓誌銘并序 8288下
韋宙
東林寺題名 8289下
温璠
淨觀聖母記 8290上
孔温裕
請修孔廟狀 8290下
鄭朗
請停直館增修撰奏 8291上
牟瓚
修方山證明功德記 8291上
王鉉
佛頂尊勝陀羅尼經幢記 8292上
對借礶打破佩刀刺人判 8292上
濮陽宁
閩遷新社記 8292下
薛詢
侯真人降生臺後記 8293下
周遇
劉氏太原縣君霍夫人墓誌銘并序 8293下
盧恕
楚州新修吴太宰伍相神廟記 8295上
褚符
唐故下邳郡林氏夫人墓誌并序 8296上
路巖
義昌軍節度使渾公神道碑 8297下
李景儉
諫宣宗爲鄭光輟朝疏 8299上
王函
大佛頂尊勝幢銘 8299下
韋岫
土賦 8300下
金賦 8301上
賀劉相鄭勑賜及第啟 8301下
秦貫
滎陽鄭府君夫人博陵崔氏合祔墓誌銘并序 8301下
盧攜
乞蠲租賑給疏 8302下
臨池訣 8303上
盧潘

盧江四辨 8303下
右盧江辨 8304下
右同食館辨 8304下
右合肥辨 8305上
右冶父山辨 8305上
萬敬儒孝行狀碑 8305上
王孟諸
唐故軍器使内寺伯賜紫金魚袋贈内常侍袁公夫人太原郡夫人王氏墓誌銘并序 8306上
沈珹
大唐蘇州華亭縣顧亭林市新溂法雲禪寺記 8306下
王徽
創築羅城記 8307下
請車駕還京表 8310下
辭澤州節度表 8310下
劉恭伯
壽州護軍大夫梁公創制功績記 8311上
韓琮
貶紇干皋慶王府長史分司東都制 8312上
王鐸
加穆栖梧等柱國制 8312下
鄭處約
李羣玉守宏文館校書郎勅 8312下
李爲
握中有元璧賦 8312下
日賦 8313上
藺相如秦庭返璧賦 8314上
劉汾
大赦菴記 8314下
杜殷
花嚴寺杜順和尚行記 8316下
陳寬
穎亭記 8317上
李羣玉
進詩表 8317下
孫樵
大明宫賦 8319上
露臺遺基賦并序 8319下
出蜀賦 8320上
迎春奏 8321上
復佛寺奏 8321下
與李諫議行方書 8322下
與高錫望書 8323上
寓汴觀察判官書 8324上
與賈希逸書 8324下
與王霖秀才書 8325上
與友人論文書 8325下
自序 8326上
序西南夷 8326上
序陳生舉進士 8326下
興元新路記 8327上
梓潼移江記 8328下
龍多山記 8329下
蕭相國真讚 8330上
文貞公笏銘并序 8330上
潼關甲銘 8330上
逐痁鬼文 8331上
寓居對 8331下
乞巧對 8332上
孫氏西齋録 8322下
武皇遺劍録 8333上
書何易于 8333下
書田將軍邊事 8334下
書褒城驛壁 8355下
讀開元雜報 8336上
罵僮志 8337上
復召堰籍 8337下
刻武侯碑陰 8338下
舜城碑 8339上
唐故倉部郎中康公墓誌銘并序 8339上
祭高諫議文 8340下
祭梓潼帝君文 8341上
皮日休
霍山賦并序 8341下
憂賦并序 8342下
河橋賦并序 8344下
桃花賦并序 8346上
陵母頌 8346下
白門表 8347上
移元徵君書 8348上
請韓文公配饗太學書 8349下
請孟子爲學科書 8350上
移成均博士書 8350下
法言後序 8351上
松陵集序 8351下
添漁具詩序 8352下
文藪序 8352下
續酒具詩序 8353上
襄州孔子廟學記 8354下
通元子棲賓亭記 8354下
破山龍堂記 8355下
郢州孟亭記 8355下
晉文公不合取陽樊論 8356下
秦穆謚繆論 8357上
漢斬丁公論 8357下
周昌相趙論 8358上
非沈約齊紀論 8358下
正沈約評詩論 8359上
論白居易薦徐凝屈張祜 8359上
新城三老董公讚并序 8359下
易商君列傳讚并序 8360上
六箴并序 8360下
心箴 8360下
口箴 8360下
耳箴 8361上
目箴 8361上

手箴 8361下
足箴 8361下
動箴 8361下
静箴 8361下
酒箴并序 8362上
食箴并序 8362下
藍田關銘并序 8363上
隋鼎銘 8363上
汴河銘 8363下
補大戴禮祭法文 8364上
祝瘧癘文 8364上
鹿門隱書六十篇并序 8365上
鄙孝議上篇 8369下
鄙孝議下篇 8370上
内辨 8371上
題後魏書釋老志 8371下
九諷系述并序 8372上
正俗 8372下
遇謗 8372下
見逐 8373上
悲遊 8373上
憫邪 8373下
端憂 8373下
紀祀 8374上
捨慕 8374上
潔死 8374下
悼賈并序 8374下
反招魂并序 8376上
十原系述 8376下
原化 8376下
原寶 8377上
原親 8377下
原已 8378上
原奕 8378下
原用 8379上
原謗 8379上
原刑 8379下
原兵 8379下
原祭 8379下
春秋決疑十篇 8380下
補泓戰語 8382上
獨行 8382下
讀司馬法 8382下
請行周典 8383上
相解 8383上
惑雷刑 8384上
悲摯獸 8384下
誚莊生 8384下
旌王宇 8385上
斥胡建 8385上
無項託 8385下
正尸祭 8385下
題同官縣壁 8386上
皮子世録 8386上
讀韓詩外傳 8387上
題叔孫通傳 8387上
題安昌侯傳 8387下
文中子碑 8388上
咎繇碑 8388下
首陽山碑 8389上
春申君碑 8389下
劉棗强碑 8390上
狄梁公祠碑 8391上
趙女傳 8391上
何武傳 8391下

陸龜蒙

苔賦并序 8392下
自憐賦并序 8393上
春寒賦 8394上
田舍賦 8394上
求志賦并序 8394下
微凉賦 8395上
四靈賦 8395下
秋蟲賦 8396上
杞菊賦并序 8396下
中酒賦 8396下
書帶草賦 8397下
採葯賦并序 8398上
後蝨賦并序 8398上
木李花賦 8399上
麈尾賦 8399上
獬鷹賦 8399下
幽居賦并序 8400上
蠹賦并序 8402下
石筆架子賦 8403上
復友生論文書 8403上
小名録序 8405上
笠澤藂書序 8405下
送豆盧處士謁丞相序 8406上
送侯道士還太白山序 8406下
送小雞山樵人序 8407上
記稻鼠 8408下
記錦裾 8408下
哀茹筆工文 8409上
告白蛇文 8409下
漢三高士贊 8410上
前漢一人 8410上
後漢二人 8410上
怪松圖贊并序 8410下
硯銘 8411上
馬當山銘 8411上
兩觀銘 8411上
書銘 8411下
陋巷銘 8411下
卜肆銘 8412上
象耕鳥耘辨 8412上
雜説 8412下
祀竈解 8413上
大儒評 8413上
説鳳尾諾 8413下
蟹志 8414上
禽暴 8414下
蠹化 8415上
寒泉子對秦惠王 8415上
冶家子言 8415上
奔蜂對 8415上
招野龍對 8417上

耒耜經并序 8417上
書李賀小傳後 8418上
野廟碑 8418下
管城侯傳 8419上
甫里先生傳 8420上
祭梁鴻墓文并序 8421上
登高文 8421下

劉鄴

乞贈郵李德裕疏 8422下

苗紳

韋丹象贊 8423上
韋宙象贊 8423上
正言上人碑銘 8423上

獨孤霖

撫王紘開府儀同三司守司空制 8423下
七月十一日玉晨觀別修功德歎道文 8423下
九月一日玉晨觀別修功德歎道文 8423下
書宣州疊嶂樓 8424上
玉晨觀祈雨歎道文 8424下
玉晨觀祈雨歎道文 8424下
白帝祠祈雨文 8425上

沈光

李白酒樓記 8425上

崔雄

新修龍興觀記 8426上

李密思

湘君廟記 8426下

劉驤

袁州城隍廟記 8427上

高駢

請築羅城表 8428上
築羅城成表 8428下
請開本州海路表 8429上
請勒迴長武鄜州河東兵士赴劍南奏 8429下
回雲南牒 8429下

張途

祁門縣新修閶門溪記 8430下

宇文瓚

貶蕭倣蘄州刺史勅 8431下

杜去疾

大唐故過少府墓誌銘并序 8432上

鄭就

宋州重修五驛記 8432下

崔彥昭

請禁占留商人換牒奏 8433上

林慎思

伸蒙子序 8433上
續孟子序 8433下

盧虔瓘

劉隱真象贊 8434上
劉隱真塑象贊 8434上

沈知言

通元秘録序 8434上

李磎

授吏部侍郎徐彥若御史中丞制 8435上
授王摶兵部員外郎兼侍御史知雜事等制 8435上
授李觳河南府參軍充集賢校理制 8435上
授吳敬存左監門衛將軍張景球虢州司馬兼中丞等制 8435上
授尚汝貞涪州刺史朱塘恩州刺史婺州刺史蔣瓌檢校僕射等制 8436上
授康君立等諸州刺史制 8436上
授朱誕等諸州刺史制 8436下
授攝澤潞副使詹承廣檢校尚書充職嶺南東道供軍判官李谷檢校郎中嶺南東道節度判官鄭商郎中賜緋制 8436下
授楊詔嶺南東道節度供軍判官張薦節度判官楊郜支使制 8436下
授虞岫常州別駕温羅濠州長史制 8436下
授盧蟾富平縣令郭諲武寧縣令李嗣業曲沃縣令馮珙山陰縣令等制 8437上
授沈正言南鄭縣令李登趙縣令楊守節永樂縣令等制 8437上
授劉廷温華原縣令邱景元分水縣令制 8437下
授李昌緯岐山縣令王羣白石縣令杜蕘曾口縣令等制 8437下
授張蕃端陵丞李項虹縣主簿裴昇新井縣尉等制 8437下
授宋郁廣都尉黃去惑臨安縣尉主簿顏温鳳翔文學等制 8438上
授通議大夫行內侍省張建方起復本官制 8438上
授吳承贊朝散大夫內侍省內寺伯判內給事制 8438上
授孫孟宣朝請大夫內侍省內謁者監

等制　8438下
授閤門使李全績中大夫行内侍省内謁者監等制　8438下
授楊魯潛内侍省内府局令制　8438下
授内官劉繼明王思齊驍衛將軍加階制　8439上
授内官韓坤範等加恩制　8439上
授内官韓軀範加官制　8439上
授内官董全翊等除諸司副使制　8439下
授許州節度使王蘊母趙氏進封楚國太夫人制　8439下
伸理罰俸狀　8439下
敬鬼神議　8440下
設險議　8441上
改恭太子謚議　8441下
泗州重修鼓角樓記　8442下
反五等六代論　8443下
廣廢莊論并序　8445上
蔡襲傳　8447上

劉允章

直諫書　8449上

王景風

前魏太尉鄧公祠堂讚并序　8450下

崔琪

心鏡大師碑　8451上

楊知新

福田寺三門記　8452下

魚孟威

桂州重修靈渠記　8453下

蔣凝

壞宅得書賦　8455上
望思臺賦　8455下

張象

唐故朝議郎守徐州功曹參軍上柱國劉公墓誌銘　8456上

孔緯

請助修孔子廟奏　8456下

闕圖

巨靈擘太華賦　8456下

陳谿

彭州新置唐昌縣建德草市歇馬亭鎮并天王院等記　8457下

石佯

訴刺史崔雍狀　8459上

范攄

雲谿友議序　8459下

馮元德

後魏洛州刺史侍中兼太師昌黎馮王新廟碑　8459下

崔鵬

吴縣鄧蔚山光福講寺舍利墖記　8461下

高墉

龍華寺窣堵波塔銘并序　8463上

裴鉶

天威徑新鑿海派碑　8463下

陳庶

聞韶賦　8465上
蠡山廟狀　8465下

韋昭度

元中觀瑞石賀表　8466上
又賀瑞石表　8466上
請復李克用官爵表　8466下

韋蟾

請禁托故請假奏　8467下

郎肅

甘泉普濟禪寺靈塔記　8468上

柏虔冉

新創千金陂記　8468上

王武陵

宿惠山寺詩序　8469下

吴畦

唐贈左散騎常侍汝南韓公神道碑　8469下

蔡詞立

虔州孔目院食堂記　8472下

侯圭

割鴻溝賦　8473上
東山觀音院記　8473下

崔瑄

論令狐滈及第疏　8474下

潘稠

請移真源縣就太清宫奏　8475上

張魏賓

唐故太原郡王處士墓誌銘并序　8475上

張雲

論令狐滈不宜爲左拾遺疏　8476上
復論令狐滈疏　8477上

周鈐

南郊享壽星賦　8478上

歐陽玭

野人獻日賦　8478下

張喬

對燕弓矢舞判　8479下

沈畋

贈同昌公主衛國公主制　8479下

邵朗

兜率寺記　8480上

李伉

對舉方正者判　8481下
五龍堂記　8481下

司空圖

題山賦　8482下

春愁賦 8482下
共命鳥賦并序 8483上
情賦并序 8483下
上譙公書 8483下
與臺丞書 8484下
貽王進士書 8485上
與李生論詩書 8485上
與王駕評詩書 8486上
與惠生書 8486下
復陳君後書 8487上
與極浦書 8487下
答孫郃書 8487下
題柳柳州集後序 8488上
中條王官谷序 8488下
送草書僧歸楚越 8489上
書屏記 8489上
休休亭記 8489下
山居記 8490上
紀恩門王公凝遺事 8490下
太原王公同州修堰記 8491下
澤州靈泉院記 8492上
華夷圖記 8493上
移雨神 8493上
障車文 8493下
觀音懺文 8494上
十會齋文 8494上
爲東都敬愛寺講律僧惠確化募雕刻律疏 8494下
迎修十會齋文 8495上
靈臺三官堂文 8495上
詩賦贊 8495下
三賢贊并序 8496上
觀音贊并序 8496上
李翰林寫真贊 8496上
今相國地藏贊并序 8496下
香巖長老贊 8496下
兵部恩門王貞公贊 8497上
相國老君贊 8497上
秦坑銘 8497上
仙巖銘 8497上
辯楚刑 8497上
說鷰 8497下
說魚 8497下
成均諷 8498上
議華夷 8500上
將儒 8500上
天用 8500下
釋怨 8500下
題東漢傳後 8501下
疑經 8502上
疑經後述 8502上
絶麟集述 8502下
壽星集述 8503上
擢英集述 8503下
注愍征賦述 8504上
注愍征賦後述 8504下
連珠 8505上
文中子碑 8506上
解縣新城碑 8506上
復安南碑 8508下
故太子太師致仕盧公神道碑 8511上
太尉瑯琊王公河中生祠碑 8513下
故鹽州防禦使王縱追述碑 8516上
華帥許國公德政碑 8519上
蒲帥燕國太夫人石氏墓誌銘 8522上
故宣州觀察使檢校禮部王公行狀 8523下
容成侯傳 8526上
段章傳 8526下
竇烈婦傳 8527上

袁皓

吴相客記 8528上
書師曠廟文 8528上
齊處士言 8528下

來鵠

聖政紀頌 8529上
隋對女樂論 8531上
儒義說 8531下
相孟子說 8532上
仲由不得配祀說 8532下
鍼子雲時說 8533上
儉不至說 8533下
貓虎說 8534上
讀鬼谷子 8534上

胡曾

賀高相公除荆南啟 8534下
劍門寄上路相公啟 8535上
謝賜錢啟 8535下
代高駢回雲南牒 8536上

劉崇望

授翰林學士鄭延昌守本官兼中書舍人制 8539上
授中書舍人崔凝右補闕沈文偉並守本官充翰林學士制 8539上
授鄭紹業工部尚書制 8539下
授前峽州刺史李授光禄少卿制 8539下
授陵州謝曈兼御史中丞前舒州司馬倪徽端州刺史制 8540上
授王搏檢校殿中侍御史充義成軍節度推官制 8540上
授張道蔚朔方節度供軍判官隴州防禦推官李融宏文館校書郎充職等制 8540下
高鋭奏從事陳璩等三人授官制 8540下

加外蕃佐僚郎等將制　8540下
授侯蘊贊善大夫李仁誨棣州長史蘇汾坊州長史制　8540下
授楊鎰西水縣令張廷濟永清縣令盧韶新鄭縣令孫球下邳縣令等制　8541上
授楊宏範鄖縣令制　8541上
授薛璫新鄭縣令賈希弼汧源縣令李牢麟遊縣令等制　8541上
授楊彥奉國縣主簿尚殷美萬歲縣主簿制　8541上
授掖庭局丞賜緋張嗣復内局令判内僕局丞制　8541下
授孫可讓内僕局丞制　8541下
授奚官局丞上柱國西門迋暉掖廷局丞制　8541下
授儒林郎内府局丞賜緋魚袋楊復隨給事郎行内侍省奚官局令制　8541下
中書舍人苗深母瑯琊郡太君王氏封瑯琊郡太夫人祠部郎中知制誥張文蔚母扶風郡太夫人蘇氏封馮翊郡太夫人等制　8542上
石門扈駕功臣六部指揮使檢校司空孫德威母博陵崔氏封博陵縣太君制　8542上

劉處静

洞元靈寶三師記序　8542下
元墟墓誌銘　8543上

高濆

吕用之罪狀疏　8543下

鄭仁表

左拾遺魯國孔府君墓誌銘并序　8543下

裴樞

建石室以藏神主議　8545下

許棠

唐故浙江道五部兵馬大元帥平南節度使銀青光禄大夫檢校尚書令戴公墓誌銘并序　8546上

馮贄

雲仙雜記序　8547下

樂彥禎

致太原汴州兩鎮書　8548上

鄭嗣昌

建尊勝幢記并讚　8549上

周繇

夢舞鍾馗賦　8549下

陸希聲

唐太子校書李觀文集序　8550下
道德真經傳記　8551上
北户録序　8552上
周易傳序　8552下
君陽遁叟山居記　8553上
仰山通智大師塔銘　8554上

紇干濬

贈太尉韓允忠神道碑　8555上

公乘億

復河湟賦　8558下
魏州故禪大德獎公塔碑　8558下
唐太師南陽王羅公神道碑　8560下

齊光乂

陳公神廟碑　8560下

裴導

陳公神廟碑銘　8562上

楊師立

數陳敬瑄十罪檄　8562下

蘇鶚

杜陽雜編序　8563下

樂朋龜

蕭遘判度支制　8564上
王鐸宏文館大學士等制　8564下
王鐸中書令諸道行營都統權知義成軍節度使制　8565上
賜陳敬喧太尉鐵券文　8566上
西川青羊宫碑銘　8566下
僖宗皇帝哀册文　8576上

顧雲

代高駢上僖宗書　8577上
代青州掌記謝本府辟啟　8577下
投顧端公啟　8578上
代人上路相公啟　8578上
投户部裴德符郎中啟　8578下
投殿院韋侍御啟　8579上
投户部鄭員外啟　8579下
投翰林劉學士啟　8580上
又謝下第後使人存問啟　8580下
投西邊節度使啟　8581上
投刑部趙郎中啟　8581下
投陸侍御啟　8582上
上池州衛郎中啟　8582下
上池州庾員外啟　8583上
上翰林劉侍郎啟　8583下
上鹽鐵路綱判官啟　8584上

上右司袁郎中啟 8584下
謝徐學士啟 8584下
代新及第人謝鹽鐵使啟 8585上
唐風集序 8585下
題致仕武賓客嵩山舊隱詩序 8586上
在會稽與京邑游好詩序 8586下
武烈公廟碑記 8587下

袁循

修黄魔神廟記 8590上

白鴻儒

莫孝肅公詩集序 8590下

李濬

慧山寺家山記 8591上

邢鈞

佛頂尊勝陀羅尼經幢讚 8592上

韋昌明

越井記 8592下

柳玭

大唐萬壽寺記 8593上
戒子孫 8593下
家訓 8594下

惠寔

蠡山廟碑記 8595下

殷盈孫

誅襄王熅不宜受賀奏 8596上
駁三后祔享太廟議 8596下
請廢德明等四廟議 8597下
修宗廟議 8597下
論郊祀内臣朝服疏 8598上

馬支

釋大方廣佛新華嚴經論主李長者事述 8598上

楊光

赤石樓隱難記 8600下

王景崇

誅蘇祐奏 8601上

高彦休

闕史序 8602上

黄璞

林孝子傳 8602下
王郎中傳 8603上
歐陽行周傳 8603下

張爲

詩人主客圖序 8604下

鄭畧

大道頌 8605上

孟啟

本事詩序 8605上

趙申胪

唐故居士天水趙府君墓誌銘 并序 8605下

杜希遁

大還丹金虎白龍論 8606上
大還丹金虎白龍論跋 8606下

鄭濆

吹笛樓賦 8607上

魯洵

唐台州刺史杜雄墓誌銘 8607下

鄭延昌

奉修神主請參詳典禮奏 8609上

王瓘

廣黄帝本行記 8609上

薛易簡

琴訣 8613下

陳康士

琴調自敘 8614下

張元晏

皇第十一男禎封雅王第十二男祥封瓊王制 8614下
授龐從武寧平難軍節度使改名師古制 8615上
授王敬蕘武寧軍張珂彰義軍節度使制 8615下
授馮行襲昭信軍節度使制 8616上
授李思敬宣武軍李繼顔保大軍節度使制 8616下
授王潮威武軍節度使制 8616下
授李繼徽秦州節度使制 8617上
謝時相啟 8617下
謝時相啟 8617下
謝集賢相公啟 8618上
謝奉常僕射啟 8618上
謝奉常僕射啟 8618上
謝尚書丞郎給舍啟 8619上
謝衣叚啟 8619上
謝宰相啟 8619上
謝草詞啟 8619下
未召試先與奉常啟 8619下
未召試前與孫相公啟 8619下
上承旨崔侍郎啟 8620上
先與承郎啟 8620上
下元金籙道場青詞 8620下

李浦

通泉縣靈鷲佛宇記 8621上

莫休符

桂林風土記序 8621下

邢甚夷

唐廬州重建巢湖太姥廟記 8622下

刁尚能

唐南康太守汝南公新刱撫州南城縣羅城記 8623上

張保和
新移撫州子城記 8624下
唐撫州羅城記 8625下
楊鉅
授陸扆平章事制 8627上
授王摶威勝軍節度平章事制 8627下
授韓建華州節度使制 8628上
趙凝進封南康王制 8628下
册淑妃何氏爲皇后文 8629上
唐御史裏行虞鼎墓誌銘 8629上
房鄴
少華山佑順侯碑頌 8629下
張蟾
無爲寺記畧 8630下
崔塗
渠州冲相寺題名 8631上
孫珦
唐故清河張氏夫人墓誌銘 8631上
崔遠
授涇州節度使張璉檢校司徒同平章事制 8631下
授蘇州文建邠州節度使制 8632上
薛昭緯
廢德明四廟議 8632下
韋昌謀
靈應廟記 8633上
蘇圖元
崔令尹頌德記 8633下
段安節
樂府雜録序 8634下
孫郃
送無作上人遊雲門法華寺序 8634下
春秋無賢臣論 8635上
卜世論 8635下
方元英先生傳 8636上
吳融
古瓦硯賦 8636上
沃焦山賦 8637上
沃焦山賦其二 8639上
戴逵破琴賦 8639下
授王摶中書侍郎同中書門下平章事判户部制 8640上
李茂貞封岐王加尚書令制 8640下
授孫德昭安南都護充清江軍節度使制 8641上
授王行審鄜州節度使制 8641下
授孫儲秦州節度使制 8642上
授劉崇望東川節度使制 8642上
賀西内嘉蓮表 8642下
代王大夫請追賜方干等及第疏 8643上
禪月集序 8643上
上元青詞 8643下
奠陸龜蒙文 8644上
覽晉光上人草書想賀監賦 8644上
陳敬瑄
元中觀瑞石表 8645上
青羊宫醮詞 8645上
鄭愚
潭州大溈山同慶寺大圓禪師碑銘并序 8645下
程晏
蕭何求繼論 8648上
工器解 8648下
設毛延壽自解語 8649上
齊司寇對 8649上
祀黄熊評 8649下
窮達志 8650上
内夷檄 8650上
李綽
尚書故實序 8650下
昇仙廟興功記 8650下
裴贄
請祧順宗奏 8651上
盧説
授李思敬馬殷湖南節度使制 8651上
吳蜕
鎮東軍監軍使院記 8652上
孟昭圖
請對不召極諫疏 8653上
王説
對户絶判 8653下
對三公佩刀入閤判 8653下
郭應圖
請定國學明經額數狀 8654上
鄭璘
授王摶諸道鹽鐵轉運等使制 8654下
授錢鏐潤州節度使制 8655上
授李繼密山南西道節度使制 8655下
授安友權安南節度使制 8655下
皇帝第八男祕第九男祚第十男祺封王制 8656上
授李鐬邕州節度使制 8656上
王摶
命錢鏐討董昌詔 8656下
韓運

靈棊經後序 8657下
陽坤
洞清觀銅鍾款識 8658上
黃滔
周以龍興賦 8658下
明皇迴駕經馬嵬賦 8659上
以不貪爲寶賦 8659下
景陽井賦 8660上
課虛責有賦 8660下
送君南浦賦 8661上
水殿賦 8661下
狎鷗賦 8662上
知白守黑賦 8662下
漢宮人誦洞簫賦賦 8663上
省試人文化天下賦 8663下
館娃宮賦 8664上
陳皇后因賦復寵賦 8664下
秋色賦 8665上
戴安道碎琴賦 8665下
融結爲河嶽賦 8666上
魏侍中諫獵賦 8667上
誤筆牛賦 8667下
省試王者之道如龍首賦 8668上
白日上昇賦 8668下
御試曲直不相入賦 8669上
御試良弓獻問賦 8669下
與楊狀頭書 8670上
與王雄書 8670下
答陳磻隱論詩書 8671上
與羅隱郎中書 8672上
薛推先輩啟 8672上
刑部鄭郎中啟 8672下
第二啟 8673上
南海韋尚書啟 8673下
謝試官啟 8674下
盧員外滈啟 8675下
侯博士圭啟 8676上
與蔣先輩啟 8676下
第二啟 8677下
與楊狀頭贊圖啟 8677下
代鄭郎中上興道鄭相啟 8678上
代鄭郎中上静恭盧相啟 8678下
代鄭郎中上令狐相啟 8679下
代陳蠲謝崔侍郎啟 8680上
西川高相啟 8680上
與蔣先輩啟 8680下
與沈侍御啟 8680下
段先輩啟 8680下
第二啟 8681上
賀正啟 8681上
第二啟 8681下
趙起居啟 8681下
崔右丞啟 8681下
第二啟 8682上
與韋舍人啟 8682上
工部陸侍郎啟 8682下
翰林薛舍人啟 8683上
與裴侍郎啟 8683下
賀楊侍郎啟 8683下
薛舍人啟 8684上
趙員外啟 8684上
潁川陳先生集序 8684下
送外甥翁襲明赴舉序 8685下
龍伯國人讚 8686上
一品寫真讚 8686下
禱説 8686下
夷齊輔周 8686下
吳楚二醫 8687上
噫二篇 8687上
文柏述 8687下
公孫甲松 8687下
唐城客夢 8688上
巫比 8688下
綿上碑 8689上
泉州開元寺佛殿碑記 8689下
大唐福州報恩定光多寶塔碑記 8690下
靈山塑北方毗沙門天王碑 8694上
丈六金身碑 8696上
莆山靈巖寺碑銘 8698下
龜洋靈感禪院東塔和尚碑 8700下
華嚴寺開山始祖碑銘 8701下
福州雪峯山故真覺大師碑銘 8702下
司直陳公墓誌銘 8704下
祭陳侍御 8705下
祭先外舅文 8707上
祭崔補闕 8708上
祭陳先輩 8708下
祭林先輩 8709下
祭右省李常侍 8710上
祭司勳孫郎中 8710下
祭宋員外 8711上
祭錢塘秦國太夫人 8712上
祭南海南平王 8712上
牛叢
報坦綽書 8713下
責南詔蠻書 8714上
孫棨
北里誌序 8714下
陸扆
封棣王虔王沂王遂王制 8715下
授朱崇節河陽節度使制 8716上
授周岳嶺南西道節度使制 8716下
授陳珮廣州節度使制 8717上
授李籌盧龍軍節度使制 8717下

授周岳湖南節度使制 8717下
授張鐇彰義軍節度使制 8718上
授趙凝檢校太尉開府制 8718下
授石善友鎮武節度使滕存免邕州節度使制 8719上
崔允武安軍節度平章事制 8719下

韋承造

釋武豹門記 8720上

李知元

古壒記 8720下

趙觀文

桂州新修堯舜祠祭器碑 8721下

朱朴

遷都議 8722上

張弧

素履子序 8722下

羅袞

請削奪王珙授贈官爵疏 8723上
請褒贈劉蕡疏 8723下
請置官買書疏 8724上
謝史館裴相公啟 8724下
謝監修相公啟 8724下
第二啟 8725上
謝宰相啟 8725下
謝諸知己啟 8725下
第二啟 8726上
第三啟 8726上
謝江陵借宅啟 8726下
謝江陵津致赴闕啟 8726下
答魏博羅太尉啟 8727上
至襄州寄江陵啟 8727下
秦論上 8727下
秦論下 8728下
二銘并序 8729上
枕銘 8729上
杖銘 8729上
田說 8729上
倉部柏郎中墓誌銘 8729上

顔蕘

顔上人集序 8730下

李詷

顔上人集序 8731上

陳岳

春秋折衷論序 8731下

李明啟

柱國牛公新築州城創建公署記 8732下

竇潏

池州重建大廳壁記 8734下

沈玢

續仙傳序 8735上

劉詠

堂陽亭子詩序 8735下

張恕

請放還僞廷貶降官奏 8736上

薛昌序

重修法門寺壒廟記 8736下

韓偓

紅芭蕉賦 8738上
黄蜀葵賦 8738下
諫奪制還位疏 8739上
論宦官不必盡誅 8739上
御試繳狀 8739下
香奩集自序 8739下
手簡十一帖 8739下

林嵩

太姥山記 8741上
周朴詩集序 8741下

張曙

擊甌賦有序 8742上

王損

通犀賦 8743上

李善夷

重修伍員廟 8743下
責漢水辭 8744上

徐寅

五王宅賦 8744下
豐年爲上瑞賦 8745上
垂衣裳而天下治賦 8745下
首陽山懷古賦 8746上
均田賦 8746下
朱虛侯唱田歌賦 8747上
口不言錢賦 8748上
衡賦 8748下
寒賦 8748下
樊噲入鴻門賦 8749下
雷發聲賦 8749下
人生幾何賦 8750上
鮫人室賦 8750下
京兆府試入國知教賦 8751上
澗底松賦 8751下
止戈爲武賦 8752上
御溝水賦 8752下
白衣入翰林賦 8753上
山暝孤猿吟賦 8753下
歌賦 8754上
毛遂請備行賦 8754下
江令歸金陵賦 8755上
隱居以求其志賦 8755下
朱雲請斬馬劍賦 8756上
義漿得玉賦 8756下
勾踐進西施賦 8757上
斬蛇劍賦 8758上
過驪山賦 8758下

柳璨

移置元元觀奏 8759上
請黜司空圖李敬義奏 8759上

錢珝

册太原節度使守太師兼中書令晉王

制 8760上
授裴廷裕左散騎常侍制 8761上
授祕書少監賜紫盧光啟守中書舍人制 8761上
授祠部郎中知制誥賜緋王鉅守中書舍人制 8761上
授考功員外郎賜緋魚王鉅駕部員外郎知制誥制 8761下
授前合州刺史顏蕘禮部郎中殿中侍郎御史李德麟右補闕監察御史鄭渥右補闕等制 8761下
授前起居舍人韋序禮部員外郎前櫟陽縣尉韋溪左拾遺等制 8762上
授前起居舍人崔居邈庫部員外郎前好畤縣尉充集賢修撰獨狐建一作遲守左拾遺等制 8762上
授監察御史李漸左補闕前著作佐郎張道右拾遺制 8762下
授司勳郎中兼侍御史知雜事賜緋魚韓偓本官充翰林學士制 8762下
授右司郎中張元晏翰林學士制 8763上
授劉崇望吏部尚書制 8763上
授陸扆兵部尚書制 8763下
授趙昌翰考功郎中制 8763下
授京畿制置使判官兼中丞賜紫李巨川兵部郎中制 8764上
授司封員外郎賜緋崔貽孫守兵部員外郎判户部案制 8764上
授前兵部侍郎薛昭緯御史中丞制 8764下
授兵部郎中鄭黄庭兼侍御史知雜事制 8764下
授禮部員外郎集賢院直學士賜紫金魚袋王搏刑部郎中兼御史知雜事制 8765上
授宗正卿嗣鄭王遜大理卿李克助宗正卿等制 8765上
授前虔王傅賜紫韋師貞光禄卿制 8765下
授前鹽鐵淄青催勘使檢校左散騎常侍王鄯衛尉卿制 8765下
授鴻臚少卿賜紫賈渭太僕卿前太常丞吴方太原少尹制 8765下
授棣王府司馬崔就太常少卿賜紫制 8766上
授前左贊德任蘖將作少監制 8766上
授户部巡官祕書省校書郎楊玢武功縣尉充集賢校理制 8766上
授太僕卿賜紫李涪國子祭酒制 8766下
授左衛上將軍滿存特進檢校司徒仍復長城郡開國公食邑三千户制 8766下
授寧遠軍節度使蓋寓左武衛上將軍制 8767上
授前左千牛衛大將軍李鎔右驍衛大將軍右千牛將軍江繼美加兼檢校右散騎常侍制 8767上
授前左武衛將軍李儔左領軍衛大將軍前右監門衛大將軍江繼美左領軍衛大將軍制 8767下
授前威勇軍節度都指揮使楊承襲左千牛衛大將軍制 8767下
授牟崇厚右千牛大將軍等制 8767下
授前驍衛大將軍劉崇文左羽林大將軍知軍事等制 8768上
授王知遠左衛將軍制 8768上
授陳班右金吾衛將軍制 8768下
授高彦宏右金吾衛將軍制 8768下
授楊約左驍衛將軍并焦敬復左領軍衛將軍制 8768下
授前左威衛將軍安宏度右監門衛將軍制 8769上
授郭師簡右衛制置使右羽林將軍制 8769上
授前千牛衛將軍徐棨右神武將軍兼知軍事等制 8769上
授右千牛衛將軍李

璠等右威衛將軍
制 8769下
授王存禮左威衛將
軍制 8769下
授王牘太子賓客制 8769下
授前沂王傅賜紫殷
盈孫可太子右庶
子等制 8770上
授左司郎中鄭凝吉
京兆少尹前龍州
刺史韋貽範右司
郎中制 8770上
授前左司員外郎趙
均長安縣令制 8770下
授前右補闕孫偓長
水縣令賜緋制 8770下
授李繼文隴州防禦
使制 8770下
授潁州刺史充本州
防禦使王敬蕘加
檢校太子太保制 8771上
授齊州刺史充武肅
軍防禦使朱玭加
檢校司空制 8771上
授鹽州刺史李太直
充本州防禦使制 8771下
授李褒刺史等制 8771下
授傅德昭羅州刺史
裴昶維州刺史趙
贊崖州刺史等制 8772上
授劉玉新州刺史劉
濳南五州防遏使
高州刺史制 8772上
授成希戴忠州王進
誠嚴州刺史等制 8772下
授保大軍節度掌書
記檢校右散騎常
侍房仁寶檢校禮
部尚書充職制 8772下
授朔方軍節度掌書
記檢校刑部員外
郎兼侍御史李東
序檢校司勳郎中
兼中丞充職制 8772下
授鳳翔節度掌書記
范惟乂左拾遺賜
緋充職制 8773上
授竇回鳳翔節度副
使崔澄觀察判官
韓偓節度掌書記
等制 8773上
授保大軍節度判官
鄭晦朝散大夫檢
校工部尚書觀察
支使劉源長檢校
刑部郎中節度推
官張道樞檢校祠
部郎中觀察推官
韓伎檢校工部員
外郎招討推官高
頎檢校水部員外
郎並充職等制 8773下
授同州防禦判官崔
洎充節度判官長
春宮巡官郭璘充
掌書記防禦推官
王丞雍充節度推
官等制 8773下
授前河中府少尹張
處休加檢校郎中
靜海軍節度副使
沈琮檢校員外郎
充職裴綽澠池縣
令蔣枌臨晉縣令
等制 8774上
授攝淮南觀察支使
田光嗣檢校郎中
充職李潛嶺南西
道觀察支使長蘆
縣令房殷兼侍御
史等制 8774上
授楊知權袁州司馬
陳錫温州長史楊
澄端州司馬等制 8774下
授魏州別駕張景裕
等四人正授制 8774下
授魏博節度副使守
左司馬知府事長
沙縣開國子羅紹
威檢校司徒進封
開國侯制 8774下
授高爽果州刺史安
友晟寧州刺史仍
封武威縣開國子
加食邑制 8775上
授金州刺史馮行襲
檢校太子少保仍
封長樂縣開國子
加食邑制 8775上
授寧州刺史高爽檢
校司徒仍封渤海
縣男加食邑制 8775下
授張濬特進守右僕
射依前充諸道租
庸使制 8775下
授河東節度副使檢
校司空王瓌特進
制 8776上
授沁州刺史張漢瑜
等特進制封開國
男食邑制 8776上
中書侍郎同中書門
下平章事陸扆妻
渤海郡夫人高氏
進封燕國夫人制 8776下
內中齊國夫人扶風
高陽郡夫人並封
婕妤樂安郡新秦
郡廣陵郡太邱郡
雲安郡五夫人並

加封秦晉楚越燕國夫人制 8776下
魏博節度使羅宏信妻越國夫人某氏進封燕國夫人代州刺史傅瑶妻邱氏封吴興縣君等制 8777上
淛西節度使錢鏐妻燕國夫人吴氏進封晉國夫人制 8777上
襄州節度使趙匡凝妻豫章郡君羅氏可進封燕國夫人制 8777下
武昌軍節度使杜洪妻晉國夫人進封秦國夫人制 8777下
鳳翔節度使李茂貞妻秦國夫人劉氏進封岐國夫人制 8777下
泰寧軍節度使葛從周母廣平郡太君宋氏進封廣平郡太夫人制 8778上
翰林學士兵部侍郎盧說妻博陵郡君崔氏進封博陵郡夫人制 8778上
泰寧軍節度使葛從周妻清河縣君張氏進封清河郡君制 8778下
冊贈李茂莊太師文 8778下
冊贈劉崇望司空文 8779上
冊景王祕文 8779下
冊輝王祚文 8780上
冊祁王祺文 8780上
冊雅王禛文 8780下
冊瓊王祥文 8780下
冊淑妃爲皇后文 8780下
爲宰相賀雨表 8781下
史館王相公進和詩表 8781下
宰相諫罷討代請不幸奉天表 8782上
爲集賢崔相公論京兆除授表 8783上
中書省請冊皇后表 8784上
史館王相公請冊淑妃何氏爲皇后表 8784下
熒惑退舍宰相請復常膳表 8785上
爲宗正卿請復常膳表 8785下
代王相公謝加門下侍郎食邑表 8786上
代崔相公謝加中書侍郎食邑表 8786上
代史館王相公謝加食邑實封表 8786下
代中書孫相公謝登庸表 8787上
代陸相公謝再入表 8787下
代史館王相公謝監修國史鹽鐵使表 8788上
代集賢崔相公謝賜官誥表 8789上
代集賢崔相公謝賜官誥表 8789上
代集賢崔相公謝賜官誥表 8789下
代宰相謝示白野鵲表 8789下
代宰相宣示白鵲白鸜鴿表 8790上
代宰相謝賜布帛表 8790上
嘉會節宰相謝酒食表 8790上
代宰相謝降朱書御札表 8790下
代史館王相公謝令樞密使宣諭奸邪表 8790下
爲西川崔僕射謝郤赴劍南表 8791下
代户部孫相公謝授兄太常卿表 8792上
爲宰相謝内宴表 8792下
爲兩省官謝内宴表 8793上
代兵部崔相公謝追贈三代表 8793下
代兵部崔相公謝追贈三代表 8793下
爲皇甫懷州讓官表 8793下
爲集賢崔相公讓大學士表 8794上
第二表 8795上
第三表 8796下
代史館相公讓官
第一表 8797下
第二表 8798上
第三表 8798下
第四表 8799下
第五表 8800上
第六表 8800下
爲王相公讓加司空表 8801上
爲徐相公讓加食邑表 8801下
爲中書崔相公讓官
第二表 8802上
第三表 8802下
第四表 8803上
第五表 8803下
第六表 8804上
代史館王相公讓相位第一表 8804下
第二表 8805下
論内臣朝服狀 8806上

再論内臣朝服狀 8806上
舟中録序 8806下

杜曉

匡國節度使馮行襲德政碑 8807上

薛廷珪

授李澥右散騎常侍制 8809上
授董禹左諫議大夫制 8809上
授膳部郎中知制誥錢珝守中書舍人制 8809下
授長安縣尉直宏文館楊贊禹左拾遺鄠縣鄭谷右拾遺制 8809下
授翰林學士承旨户部侍郎崔汪尚書右丞學士中書舍人崔涓李磎並户部侍郎知制誥充學士制 8810上
授起居郎李昌遠監察陸扆並守本官充翰林學士制 8810下
授孔緯吏部尚書加食邑等制 8810下
授劉崇望兵部尚書制 8811上
授盧知猷兵部侍郎制 8811上
授杜致美太常少卿楊拙庫部郎中制 8811下
授劉崇彝都官郎中制 8812上
授河中節度判官温緒水部郎中制 8812上
授徐彦樞禮部員外郎制 8812下
禮部員外郎徐彦樞改授户部員外郎制 8812下
授侍御史沈棲遠右司員外郎殿中張元晏都官員外郎制 8813上
授中書舍人獨孤損御史中丞制 8813上
授崔義進侍御史趙光裔鄭祁殿中丞李皎監察等制 8813下
授牛希逸殿中侍御史李珽監察御史制 8813下
授韋韜光禄卿等制 8814上
授太僕卿制 8814上
授司農卿制 8814下
授前將作少監趙繼等光禄少卿制 8814下
授孫乘大理少卿李震宗正少卿等制 8814下
授李崇鴻臚少卿制 8815上
授峽州刺史崔昌遐祕書監制 8815上
授考功員外郎鄭璘司勳員外郎盧擇並充史館修撰制 8815下
授前京兆府參軍錢珝藍田縣尉充集賢校理鄉貢進士崔昭緯祕書省祕書郎充集賢校理制 8815下
授前左散騎常侍楊授國子祭酒制 8816上
授裴廸太僕卿元鎬京兆少尹盧玭國子司業等制 8816上
授右威衛上將軍契苾璋威衛上將軍制 8816下
授劉思謙驍衛大將軍李瓘金吾將軍等制 8816下
授王知道寧州刺史王知勳右衛將軍制 8817上
授齊遵謀等左龍武將軍制 8817上
授太子賓客王讜等諸王傅制 8817下
授郭保嗣德王傅依前通事舍人等制 8817下
授盧光啟等遂王友制 8818下
授前河西防禦押蕃落等使馮繼文檢校工部尚書依前充河西防禦招撫等使制 8818下
授鄭璩等諸州刺史制 8819上
授李充等諸州刺史制 8819上
授梁思謙龍州刺史竹文晟成州刺史等制 8819下
授朱謙等諸州刺史制 8819下
授翟州刺史張績等加官制 8820上
授王宗夔宗韜邛漢二州張無息蜀州刺史等制 8820上
幕職趙儒等加官制 8820下
授温潞湖州防禦判官李壇湖州防禦推官霍銖絳州翼城尉等制 8820下

授澧朗團練副使徐罕檢校郎中賜紫奚承弼鄆曹判官制 8820下
授鄜州判官王堅檢校兵部尚書王彦懷翟州長史程佩思州司馬制 8821上
授于荷雙流縣令制 8821上
湖州烏程縣尉李忠等授官仍量留等制 8821上
授孔競陰平縣令張標湖州録事參軍王振蓬溪縣令等制 8821下
授朱克柔張戎等加階制 8821下
授劉處宏通議大夫内侍省監充客省副使制 8821下
授内官劉益謙加官制 8822上
授内官晏希伯加官階制 8822上
授内官張居翰等加官階制 8822上
授内官馬從朗加官階制 8822下
授學士郄文晏將軍金紫光禄大夫制 8822下
授内官王可方加官階制 8823上
授内官馬昌裔加官制 8823上
授内官張禹珪加官制 8823上
授内官孫昭裔加官制 8823上
楊行密妻朱氏進封燕國夫人制 8823下
朝散郎江西提舉汪逵除禮部員外郎制 8823下
贈太尉葛從周神道碑 8823下
册德王爲皇太子文 8825上
册益昌公主文 8825上
劉岳
除官當頒告身奏 8826下
請革虚衡任官疏 8826下
崔沂
請覆勘寇彦卿致死梁觀奏 8827上
安重誨
郭彦夔不許改名疏 8827下
朱守殷
上玉璽表 8827下
魏逅
申請慎勘囚徒奏 8828上
盧咸雍
請禁盗賊疏 8828上
錢傅
請禁止侵踐壇壝奏 8828上
李同
請逐旬斷囚奏 8828下
平刑法疏 8828下
李殷夢
乞高宏超減死奏 8828下
趙明吉
請修天下宫觀奏 8829上
杜紹光
請置丞簿等官奏 8829上
李光緯
請録功臣後裔奏 8829下
鄭皝
請禁諸吏僭侈奏 8829下
王翊
請禁軍門招集無賴疏 8830上
楊途
請修整都城奏 8830上
郭正封
請曉諭諸軍放還所掠生口奏 8830下
劉昌魯
致馬殷書 8830下
崔協
請令國子監學生束脩光學等錢充公使奏 8831上
孫元
大唐銅山禪師信行和尚蘭若記 8831下
于嶠
請令河朔從常調疏 8832上
請蠲減租税疏 8832上
李蕘
奏乞恭陵園林地畝狀 8832下
蘇楷
駮昭宗謚號議 8833上
張廷範
昭宗謚號議 8833下
崔憓
請禁諸道禁鞍轡御衣奏 8833下
請正街坊疏 8833下
吕夢奇
後唐招討使李存進墓碑 8834下
韓儀
授朱朴平章事制 8838上
授王搏平章事制 8838下
授韓建昌黎郡王制 8839下
授王鎔常山郡王羅宏信長沙郡王劉仁恭彭城郡王制 8840上
授成汭上谷郡王制 8840下
授葛從周兖州節度

使制 8841上
授李思讓延州節度使制 8841上
授李成慶夏州節度使制 8841下

田頵

移吴太祖書 8842下

裴廷裕

授孫儲邠州節度使制 8842下
授孫偓判户部制 8843上
東觀奏記序 8843下
大唐故内樞密使特進左領軍衛上將軍知内侍省事上柱國濮陽郡開國侯食邑一千户食實封一百户吴公墓誌銘并序 8844上

朱珍

加忠懿王天下兵馬都元帥勅 8845下

于兢

瑯琊忠懿王德政碑 8846上
大周相州安陽靈泉寺故寺主大德智闕師像墖銘并序 8848下
大唐故處士張君墓誌銘 8849下

鄭準

爲荆南節度使成汭乞歸本姓表 8850上

姚洎

請令公卿子弟准赴貢舉奏 8850下

李珽

對祭侯判 8851上

封舜卿

進越王錢鏐爲吴王竹册文 8851下

李嘉

對舉似己者判 8852下
對毁濯龍泉判 8852下

許鼎

唐通和先生祖君墓誌銘 8853上

劉鸝

善歌如貫珠賦 8854上

王延

請方鎮不判縣務奏 8854下

劉鄴

陳軍中事宜疏 8855上

周翰

顔無繇贊 8855上

敬翔

上軍事疏 8855下

劉守光

上梁祖狀 8856上

李襲吉

爲周晉王貽梁祖書 8857上
答李克周咨問 8858上

王緘

封白雞山記 8858下

賀德倫

請兼招討使奏 8859上

李茂貞

請再降東川節度使顧彦暉制命表 8859下
請加贈鄭畋表 8860下
與杜讓能書 8861上

司空頲

爲張彦請復相衛狀 8861下

李德休

請詳定本朝法書奏 8862上

張文寶

請旋躍疏 8862下

王鎔鎔

薦王師範表 8862下
薦幽州權兵馬留後李全忠表 8863上

復魏博節度使樂彦禎書 8863下

楊洽

鐵火筯賦 8864上

孔邈

請許注擬天成元年已前有出身人奏 8864下
請録死事子孫疏 8864下

薛昭文

陳十事疏 8865上

張繼業

劾張繼孫非親弟疏 8867下

張寶

加錢鏐爵勅 8868上

許維岳

科舉額數請依長慶咸通事例狀 8869上

郭崇韜

上陳情表 8869上
第二表 8869下
第三表 8870上
條陳三銓事例奏 8870下
請獎獻書人奏 8871上
對割鄆州和梁疏 8871下

郭廷誨

對祭闕頌誥判 8871下
對復以冕服判 8872上

康延孝

對莊宗疏 8872下

竇夢徵

祭故君文 8872下

蕭頃

議覆中書請祧懿祖奏 8873上
覆准馬縞議奏 8873上

王正言

請停北京宗廟議 8873下

豆盧革

田園帖 8874上

任圜

請慶賀例貢馬價更
以所在土産奏 8874上
牛希濟
本論 8875上
文章論 8877下
表章論 8878上
治論 8878下
刑論 8881上
褒貶論 8882下
賞論 8883下
崔烈論 8885上
時論 8885下
荀息論 8887上
石碏論 8888上
薦士論 8889下
貢士論 8891上
寒素論 8892上
銓衡論 8892下
不招士論 8893下
小功不稅論 8894上
封翹
請入閣次對奏 8895上
敬天愛民疏 8895上
請行封建疏 8895下
請答謝神祠疏 8895下
康澄
詳斷楊漢賓奏 8895下
陳政事疏 8896上
韓彥惲
祫禘議 8896下
崔衍
乞省請左魚歸郡契
合奏 8897上
鄭珏
請追尊先代奏 8897下
趙都
上唐莊宗疏 8897下
李嚴
笏記 8898上
李琪
奉迎車駕還京奏 8898下
請行開成格奏 8899上
陳經國事疏 8899下
請更定朔望入閣奏
對疏 8900下
謝朱梁祖大硯瓦狀 8901上
不應改國號議 8901下
請准馬縞奏即令撰
謚册議 8901下
長蘆崇福禪寺僧堂
上梁文 8901下
梁啟聖匡運同德功
臣淮南鎮海鎮東
等軍節度使淮南
浙江東西等道觀
察處置營田招討
安撫兼鹽鐵制置
發運等使開府儀
同三司尚父守尚
書令揚杭越等州
大都督府長史上
柱國吳越王錢公
生祠堂碑 8902下
李曮
請禁陵封内開掘奏 8906下
李崇遇
請四品以下官准賻
贈奏 8906下
王澄
梓材賦 8906下
請禁不務農桑奏 8907上
孔莊
請擇郡守疏 8907下
趙和
對縣令不修橋判 8907下
對私傭船渡人判 8907下
王鬱
請定覆奏決囚奏 8908上
請令諸司各詳令式
奏 8908下
吕朋龜
少帝謚號議 8908下
段禺
請定五廟議 8909上
册奏王儀注議 8909上
劉虔膺
上時務奏 8909下
周知微
請復議典奏 8909下
請除落正罪外科決
輕贓奏 8910上
請令州郡抄法書奏 8910上
請明商賈開驗奏 8910上
請禁官曹被刑疏 8910上
請禁告訐疏 8910下
曹允昇
請禁府郡以僕使代
書判奏 8910下
蔡同文
請增七十二賢酒脯
奏 8911上
盧華
請旌賞外官能理冤
獄奏 8911上
蕭希甫
請求言選吏以消災
沴表 8911下
請條流縣令刺史得
專斷獄奏 8912上
請釋天成以前罪人
奏 8912上
請禁州府推委刑獄
奏 8912下
請置明律科奏 8912下
崔琮
鳳翔李業河東李抶
並加招討使制 8912下
請置病囚院疏 8913上
路航
詳斷張延雍等奏 8913上

申嚴祀典議 8913下
李光憲
請置郊壇齋屋奏 8913下
請復常參官上任舉人自代例疏 8914上
李愚
唐末帝即位册書 8914下
請以降誕日爲千春節奏 8915上
勸韓建討賊書 8915上
李元龜
請令貶降官歸葬疏 8916上
李盈休
禁叙勳越次奏 8916上
杜崇龜
請修省以塞天變表 8916上
于邁
請禁妄言投匭疏 8916下
趙鳳
上兩朝實録奏 8917上
請撰兩朝實録奏 8917下
請纂集典禮奏 8917下
論四帝實録奏 8918上
諫皇后拜張全義爲養父疏 8918上
劉贊
乞詔所司重定朝議奏 8918下
請申法令疏 8919上
王彥鎔
請令晉絳慈三州供郊廟羊犢奏 8919上
馬縞
諸王納妃公主下降不合於宫殿門行揖讓禮疏 8919下
改服制疏 8920上
追尊不宜兼用帝字議 8920上
請依兩漢故事別立親廟議 8920上
夏侯坦
申明關防奏 8920下
張守吉
請量減重囚封事 8920下
馬勝
上封事疏 8921上
蕭淵
褚氏遺書序 8921下
史在德
朝廷任人濫進疏 8921下
張延朗
請節國用表 8922上
趙德鈞
奏契丹阿保機薨逝狀 8923上
馬重績
請改正漏刻法疏 8923下
上調元新歷疏 8924上
范延光
請捕盜用重法奏 8924上
林弼
唐太子少保贈太子少傅朱漢賓謚議 8925上
何光乂
進策 8925上
第二策 8925下
杜藴
請開種荒田策 8926上
周元休
東嶽宮福禪院新寫藏經碑 8926上
竇温顔
請肆武策 8927下
高居誨
于闐記 8928上
任贊
請州縣官先考試貢舉人表 8929上
崔居儉
請停預用員缺奏 8929上
鄭雲叟
辭徵聘表 8929下
姚顗
進實録表 8930上
請修齋宿屋宇奏 8931上
請六典分銓奏 8931上
請禁州郡供億疏 8931下
鄭韜光
請斷罪詳檢格律奏 8931下
請禁州使影占人户奏 8932上
薛融
請停營作疏 8932上
安重榮
請討契丹奏 8933上
王權
請下諸州依式貢獻奏 8934上
請禁貢獻奢侈奏 8934上
李象
邂逅致死勿論罪 8934下
盧質
祧遷獻祖議 8935上
吕琦
請疏通注擬奏 8935下
梁文矩
請頒示勑令表 8936上
請許收河南北人口奏 8936上
請詳議任瑶封事奏 8936上
進石光贊封事奏 8936下
進左墀策奏 8936下
四廟謚號廟號陵號議 8936下
裴坦
四廟后妃追尊謚議 8937下
鄭受益
再論張彥澤疏 8938上
崔棁

請貢舉人復詣國子監謁先師奏 8938下
請落第舉人得自陳訴奏 8939上
朝會樂章制度奏 8939上
請立王府師友疏 8940下
請奬勵刺史縣令疏 8940下
請修史疏 8941上
金沙王廟記 8941上

裴皞

請刺史經三考許替移奏 8942上

張希崇

郭氏義子與親子爭財判 8942下

劉光度

澶州建奈河將軍堂記 8942下

韓保裔

請狴牢加藥餌奏 8944上

殷鵬

請加恩敘封疏 8944上
晉故竭誠匡定保乂功臣特進檢校太保右金吾衛上將軍兼御史大夫上柱國長沙郡開國公食邑一千八百户食實封一百户贈太傅羅公墓誌銘并序 8945上

王繼恭

致執政書 8947下

徐台符

條陳貢舉試義奏 8947下

孔昭序

請復北省官常朝不拜疏 8948上

李慎儀

乞修飾祠宇疏 8948下

孔崇弼

請禁乾没公廨什物奏 8948下

石光贊

請修萬石君廟疏 8948下

高鴻漸

請禁喪葬不哀奏 8949上

李詳

諫修德省災疏 8949下
條奏節度刺史州衙前職員事疏 8950上
彈裴譚文 8950下

劉知新

請賜尚書省月糧奏 8950下

麻麟

請限年除刺史疏 8951上

陳保極

請置資福道場疏 8951上

劉昫

文苑表 8951下
請宣功臣傳付史館奏 8952上
請令朝臣巡視均田奏 8952下
請試新學士權停詩賦并内賜題目奏 8952下
請差官紀録時政疏 8953上
議册四廟狀 8953上
嫂喪宜依開元禮議 8954下

趙仁錡

請停諸衛官遥授刺史疏 8954下

盧燦

慎刑策 8955上

賈元珪

請押班宰相宜列班奏 8955上

盧詹

請罷論奏復稽課最表 8955下
請令夷人觀樂疏 8956上

桑簡能

請盛夏速斷冤獄封事 8956上

劉涣

請添置樂工奏 8956下

曹國珍

請修大晉政統奏 8957上
論竇温顔進策疏 8957上

盧覽

祭中岳請遣河南尹行禮奏 8957下

石昂

請赦范延光表 8957下

李懌

封彭城郡王錢鏐爲越王制 8958下
徙封越王錢鏐爲吴王勅 8959上
封錢鏐爲吴越王玉册文 8959下

桑維翰

諫賜優伶無度疏 8960上
論安重榮請討契丹疏 8960上

盧擢

請許朝臣封贈父母疏 8962上

許敬遷

請禁斷契丹樣裝服奏 8962上

趙熙

請令詔書關送史館疏 8962上
請令文武兩班更互奏對疏 8962下

趙瑩

請令吕錡尹拙修唐史奏 8963上
論修唐史奏 8963上

李鏻
請朝官舉賢疏 8965下
龍敏
條陳臺中事宜疏 8965下
常準
請禁攝官衙替奏 8966下
王周
蚋子賦并序 8966下
劉鼎
請依故事薦人自代疏 8967上
張允
請罷明經科奏 8967下
請罷童子科奏 8968上
駁曹國珍請修大晉政統疏 8968上
駁赦論 8968下
馬承翰
請禁走馬害人奏 8969上
李守貞
上南唐元宗乞師表 8969下
高守瓊
請慎選縣令奏 8970上
盧振
請開㪷門奏 8970下
裴巽
請置洛陽壇墠齋屋奏 8970下
樊倫
禁僧尼剃度奏 8970下
梁文贊
請罰惰民奏 8971上
李欽明
請許陳許蔡三州制造舟船奏 8971上
請汰僧人疏 8971下
司徒詡
請採遺書奏 8971下
盧文紀
請追尊宣憲太后表 8972上
請御書殿最臣寮奏 8972下
請振飭辭謝朝班告假事例奏 8972下
請對便殿疏 8974上
請禁喪制踰式奏 8975上
陳政事疏 8976上
蘇德濬
禁道士攜妻孥奏 8977上
淳于希顏
請禁括田出剩求功奏 8977上
李守瓊
禁沙門著紫奏 8977下
徐綸
龍泉寺禪院記 8977下
元化長壽禪院記 8978下
盧瓊
請建高祖別廟奏 8979上
王易
請復尚書省令式奏 8979上
呂咸休
請令閩浙貢物自出脚乘奏 8979下
咸師範
乞宣賜物業奏 8980上
劉暤
請慎擇牧守疏 8980上
高行周
辭讓詔不呼名奏 8980下
趙延乂
嫂喪宜依令式服大功議 8981上
張仁瑑
請令瘞埋刑人奏 8981下
論史在德罪議 8981下
賈緯
上唐年補遺録奏 8982上
拜給事中自訢奏 8982上
昭義軍節度使安元信謚議 8982下
李元懿
上六事疏 8983上
石公霸
本管縣鎮越訢鳳翔奏 8984上
馬裔孫
免史在德言事罪詔 8984上
盧損
酌定不便時宜條件奏 8985上
請停春關宴奏 8985上
陳五事疏 8985下
許遷
破河東賊奏 8986上
張穎
形鹽賦 8986下
王殷
辭奪情疏 8987上
劉言
收復湖湘表 8987上
收復湖湘狀 8987下
馮道
上唐明宗徽號册 8989上
請以聖壽日爲啟聖節表 8989下
請上尊號表 8990上
請上尊號表 8990下
請徽號内加廣道法天四字表 8991上
請依舊置樞密使表 8991下
請以聖壽日爲天和節表 8991下
請正朝班奏 8992上
論安不忘危狀 8992上
長樂老自敘 8992下
移文宣王廟記 8994上
楊凝式
料度齋宫事件奏 8995上
韭花帖 8995上
大唐故天下兵馬都

元帥尚父吳越國王諡武肅神道碑銘并序 8995上
邊蔚
請改樂舞名疏 9001下
李知損
請禁錮王昶使人林恩鄭元弼奏 9002上
陳鹽法利弊疏 9002上
請禁宰耕牛戰馬疏 9004上
和凝
請置醫學奏 9005上
請減明法科選限奏 9005下
立四廟議 9005下
吳越文穆王錢元瓘碑銘 9005下
趙礪
劾奏太子太保王延太子洗馬張季凝托故曠班狀 9010上
胡嶠
陷北記 9010下
杜韡
大唐推誠翊戴功臣金紫光祿大夫檢校司徒使持節衛州諸軍事衛州刺史兼御史大夫上柱國太原縣開國男食邑三百户郭公屏盜碑銘 9012下
劉從乂
大周廣慈禪院記 9015上
蘇禹珪
重修蒙山開化琲嚴閣記 9015下
馬去非
黎陽大岯山寺准勅不停廢記 9017上
田景儒
佛頂尊勝陀羅尼經幢序 9017下
艾穎
請復入閣起居奏 9018上
張皓
藏冰賦 9018上
對去師之妻判 9018下
許遜
請停越局言事疏 9019上
扈載
銀青光祿大夫中書侍郎同中書門下平章事上柱國晉陽縣開國伯食邑三百户贈侍中景公神道碑銘并序 9019下
薛沖乂
詳覆呂澄贓犯狀 9021上
麴勵
諫濫放囚徒疏 9021下
李潯
吳越故東海徐太夫人墓誌 9021下
杜良
唐文皇畫像記 9022上
王朴
奏進欽天歷表 9022下
詳定雅樂疏 9024下
平邊策 9026上
太清神鑑序 9026下
孫忌
佛窟寺碑 9027下
劉崇遠
金華子新編序 9027下
新開宴石山記 9028下
師頌
宿伯曾點贊 9029下
李穀
請以政事封付史官疏 9029下
趙遠
請超選朝官能活冤獄奏 9030下
李濤
顏噲贊 9031上
顏衎
請定內外官制 9031上
劇可久
請改定推勘盜賊奏 9031下
請賞罰理刑等官疏 9031下
許中孚
勅留啟母少姨廟記 9032上
李澣
謝周太祖賜詔書 9033上
陳陰事奏 9033上
與兄濤言契丹述律事書 9033下
王易簡
請頒示文解板樣奏 9033下
漸治論 9034上
張鑄
請災異依故事奏 9034下
請省新户科徭奏 9034下
邊歸讜
請禁使臣騷擾館驛奏 9035上
請諸道舉精加考試不得濫送奏 9035下
請禁無名文書疏 9035下
邊魯
儒林郎試大理評事行幽都府路縣令邊府君敏墓石 9036上
高錫
諫親決庶政疏 9037下
侯益
請修唐莊宗祠廟奏 9037下
乞賜寺名奏 9038上
竇儀
條陳貢舉事例奏 9038上

邊光範
請簡都督刺史疏 9039下
趙玭
唐故北海戚處士墓誌銘 9040上
李昉
濟州刺史任公屏盜碑 9040下
竇儼
上治道事宜疏 9043上
請禁諸鎮酷刑疏 9048上
陳政事疏 9048下
貞元泗州大水論 9049上
陶穀
賜華山處士陳搏勅 9049下
紫芝白兔頌 9050上
請疏理獄訟瘞埋病亡奏 9050下
請禁伐桑棗奏 9050下
請郡牧不與卑冗官同班奏 9051上
請停廢教習舞郎奏 9051上
龍門重修白樂天影堂記 9051下
義成軍節度使贈太保史匡翰碑銘并序 9052下
楊昭儉
諫宥張彥澤疏 9054下
張昭
進所撰兵法表 9055上
覆議册四廟奏 9055下
請押班宰相等不隨庶官俱拜奏 9056下
修太祖實録奏 9057上
覆減祀祭用犢奏 9057下
請汴州街城門權挂一宫門牌額奏 9057下
請改定十道圖奏 9058上
進大周刑統奏 9058上
奏改樂章疏 9058下
請改十二和樂奏 9059上
詳定雅樂疏 9059下
陳治道疏 9060下
諫畋獵疏 9061上
請妙選東宫師傅疏 9061下
請尊師傅講論經義疏 9063上
請復法官彈劾故事疏 9063上
請以舊法用人疏 9063下
田敏
請置郊壇齋屋奏 9064上
進印板書奏 9064上
祠祭用犢疏 9064下
范質
奉契丹主表 9065上
進契丹主狀 9065下
劉濤
論諸道貢物疏 9066上
竇貞固
請定舉士官賞罰奏 9066上
請國忌宰臣立班奏 9066下
請貢舉復限三條燭奏 9066下
請纂集晉朝實録疏 9067上
進晉朝實録疏 9067下
郊廟議 9067下
奉迎太廟神主請車駕出城議 9068上
尹拙
請令張昭田敏等校勘經典釋文狀 9068上
聶崇義
論禘祫疏 9068下
祔主修廟議 9068下
邊玗
請五日一録囚封事 9069上
王贊
元英先生詩集序 9069下
李超
請修祕書監奏 9070下
楊夔
溺賦 9071上
刑議 9072下
焚舟議 9072下
復宫闕後上執政書 9072下
題望春亭詩序 9077上
湖州録事參軍新廳記 9077下
烏程縣修東亭記 9078下
小池記 9079上
烏程縣修建廨宇記 9079下
歙州重築新城記 9082上
倒戈論 9083上
二賢論 9083下
創守論 9084上
文選樓銘 9084下
公獄辨 9085上
原晉亂説 9085下
植蘭説 9085下
蓄狸説 9086上
紀梁公對 9086上
善惡鑒 9086下
較貪 9086下
止妒 9087上
沈顔
䃂碑記 9088上
化洽亭記 9088下
宣州重建小廳記 9088下
視聽箴 9089下
妖祥辨 9089下
祭祀不祈説 9090上
登華旨 9090下
象刑解 9091上
時日無吉凶解 9091下
讒國 9092上
時辯 9092上
危全諷
重修撫州公署記 9092下

州衙宅堂記 9093上
殷文圭
後唐張崇修廬州外羅城記 9093上
劉端
重修北岳廟碑 9096
蕭振
修黃陵廟記 9098上
重修三閭廟記 9099上
頓金
仰山加封記 9099下
陸元浩
仙居洞永安禪院記 9100上
歐陽熙
洪州雲蓋山龍壽院光化大師寶録碑銘 9101下
汪台符
歙州重建汪王廟記 9103下
李宏冀
崇聖院銅鐘銘 9104下
徐知證
廬山太一真人廟記 9104下
李從謙
夏清侯傳 9105下
盧文進
自契丹還上唐明宗表 9106下
張義方
請納諫疏 9107上
張翊
潼關賦 9107上
公乘鎔
使契丹進元宗蠟書 9107下
江文蔚
劾馮延己魏岑疏 9108上
歐陽廣
上元宗論邊鎬書 9109下
汪煥
諫事佛書 9110上
宋齊邱
諫不朝羣臣疏 9110下
投姚洞天書 9110下
齊邱子自序 9111上
仰山光涌長老塔銘 9111上
陳覺
顯密圓通成佛心要集序 9112下
賈彬
聖母廟記 9113上
留從效
上周世宗表 9113下
夏謙
東林寺題名 9114上
景迢
東林寺題名 9114上
張延嗣
齊王重修敬亭昭威侯廟記 9114上
劉津
婺源諸縣都制置新城記 9115上
呂延禎
復練塘奏狀 9116下
練湖碑銘 9117上
章震
後唐重建巢湖太姥廟記 9117下
殷觀
景星觀記 9118下
朱恂
仰山廟記 9119下
丁宏道
招隱院新建鐘樓記 9121上
薛文美
涇縣小廳記 9122下
張洎
張司業詩集序 9123上
任光
唐臨川府崇仁縣地藏普安禪院碑銘 9123下
李徵古
廬山宴集記 9125上
張居詠
郊祀議 9125下
沈彬
方等寺經藏記 9126上
孟賓于
碧雲集序 9127下
張紹
武夷山沖佑宮碑 9128下
張泌
上後主書 9130下
陳致雍
舉故楚武王行册不合儀事奏 9132上
駮御史指揮習儀著冕服奏 9132上
序諸衛府折衝官例奏 9132下
雅樂奏 9132下
太廟柱壞奏 9133上
上音律奏 9133上
劾中書不許旌表吉州孝子瞿處圭等疏 9133下
定皇太妃居弟喪儀狀 9134上
奏蕃國使朝見儀狀 9134上
議廢淫祀狀 9134下
奏制冠狀 9134下
議御史戴豸冠狀 9135上
奏排龍墀班狀 9135上
奏皇太弟不合立班狀 9135下
奏金吾班位狀 9135下
奏舉翰林學士不合常朝預班序并知貢日不攝祭狀 9136上
奏繖扇制度狀 9136上

祖宗配郊位議 9136上
衛匡適男入學議 9137上
大儺議 9137下
禡牙祭議 9138下
奏郊丘從祀五方帝獻官不合拜議 9139上
正大姑小姑山神像議 9139上
乞宣所司製造繡袍櫜鞬議 9139下
駁郊祀五人帝不合用匏爵議 9139下
臨軒册封楚王不合執鎮圭議 9140上
定虞祭議 9140上
婚禮婿見外舅姑儀議 9140上
喪冠議 9140下
博士高遠奏改顔子祝文議 9141上
再改正顔子兖國公祝文議 9141上
定皇太弟服魯國太妃喪儀議 9141下
改正太廟遷祔神主議 9142上
太祖之廟及不遷之主 9142上
四親及義祖神主合出太廟 9142下
懿宗已下合祔太廟 9143上
高祖已下祧廟 9143上
請公除預祭議 9143下
廟像無婦人配座議 9143下
牒太廟置令釐革請御署齋官不合拜禮議 9144上
太廟設甄鍘議 9144上
邊鎮節度使謚議 9144下
文臣謚議二首 9144下
國子監官謚議 9145上
勳臣謚議 9145上
高士謚議 9145上
東宮官謚議 9145上
吏部官謚議 9145下
諫官謚議 9145下
鎮海軍遥授衢州刺史李萬安謚議 9145下
和州刺史馬洪謚議 9145下
再定 9146上
汀州團練使余廷英太尉謚議 9146上
再定 9146下
刑部尚書刁紹謚議 9146下
改謚 9146下
工部尚書刁紹謚議 9146下
龍衛軍副統軍史公銖謚議 9147上
知饒州刺史林廷浩謚議 9147上
天德軍使程成謚議 9147上
劍州刺史高隋謚議 9147下
司農卿元凜謚議 9147下
小殿直諸指揮廂虞候劉匡範謚議 9147下
泰州刺史陶敬宣謚議 9148上
太尉李金全謚議 9148上
故歙州刺史太尉楊海謚議 9148上
司空游簡言相公謚議 9148下
濠州團練觀察使郭全義謚議 9148下
前蘄州刺史李賓謚議 9149上
奉宣旨改謚 9149上
左街使侯仁遇謚議 9149上
寧國軍節度使陳謙謚議 9149上
龍衛軍左廂諸指揮都軍頭故歐陽權謚議 9150上
光山王延政謚議 9150上
蔣彦威謚議 9150上
左宣威軍使張于謚議 9150下
駮奏議周進卿謚議 9150下
再奉勅旨定周進卿謚 9150下
洪府神武軍左右親從兩指揮都虞候故孫漢遇謚議 9151上
謚議 9151上
孫晟謚議 9151上
常州防禦使李守義謚議 9151上
鄂州副使前沂州刺史劉敬文謚議 9151下
德勝軍節度使孫漢威相公謚議 9151下
汀州刺史張延嗣謚議 9151下
故虔州節度使賈匡浩相公謚議 9152上
右千牛衛將軍白福進謚議 9152上
太尉劉崇佑謚議 9152上
軍使孫彦潛打毬馬墜死謚議 9152下
再奉宣旨定孫彦潛謚 9152下
江西節度副使馬希蘊謚議 9152下
海州兵馬監押吴廷英謚議 9153上
右驍衛大將軍致仕故王令莊謚議 9153上
諫議張易謚議 9153上

右領軍衛將軍譚漢鐇謚議 9153下
諫議大夫江文蔚謚議 9153下
太弟少傅李匡明謚議 9153下
保義軍節度使鍾承勳謚議 9154上
司空嚴續謚議 9154上
右千牛衛將軍王再興謚議 9154上
右衛使司空李承祚謚議 9154下
龍衛軍使司空劉崇禧謚議 9154下
太尉王建謚議 9154下
左威衛大將軍瑯琊太尉侍中王府君墓誌銘 并序 9155上
唐故金華大師正和先生劉君碑銘 并序 9156下

劉仁贍

袁州廳壁記 9158上

林贊

重修后土廟記 9159上

陳喬

新建信州龍虎山張天師廟碑 9160上

林仁肇

龍興寺鐘款識 9163上

周惟簡

新建金剛碑 9163下

馮延巳

開先禪院碑記 9164下

潘佑

上後主疏 9166上
爲李後主與南漢後主書 9166下
爲李後主與南漢後主第二書 9167上
贈別 9169下

殷崇義

南唐祈仙觀記 9170下

韓熙載

宣州築新城記 9171下
分司南都乞留表 9173上
上睿帝行止狀 9173下
真風觀碑 并序 9174下
湯泉院碑 9176下
元寂禪師碑 9177下

徐鉉

頌德賦 9179下
木蘭賦 并序 9180下
新月賦 9181上
劍池頌 并序 9181上
保寧王制 9182下
南昌王制 9182下
張居詠制 9183上
撫州節度使馬希崇除舒州節度使制 9183上
太弟太保馮延已落起復加特進制 9183下
林仁肇浙西節度使制 9184上
紀國公封鄧王加司空制 9184下
上太后尊號制 9184下
太子少傅徐運授太子太保制 9185上
朱業江州節度使制 9185上
朱業宣州節度使制 9185下
泉州節度使留從効檢校太師制 9185下
右揆嚴續除司空兼門下侍郎平章事制 9186上
信王改封江王加中書令制 9186下
謝匡策加特進階增食邑制 9186下
鄭王加元帥江寧尹制 9187上
朱業加中書令宣州節度使制 9187下
左司郎中陳繼善可工部侍郎制 9188上
馬在貴加官制 9188上
游簡言左僕射平章事制 9188下
李匡明御史大夫等制 9189上
宋齊邱知尚書省制 9189上
劉崇俊等起復制 9189下
馮延魯江都少尹制 9189下
王彥儔加階制 9190上
李匡明舒州刺史制 9190上
趙丕御史中丞制 9190上
陳褒衛尉卿制 9190下
杜昌業江州制 9190下
招討妖賊制 9191上
魏王宣州大都督制 9192上
王崇文劉仁贍張鈞並本州觀察使制 9192上
高逸休壽州司馬制 9193上
宣州營田副使兼馬步都指揮使李蕁可節度副使罷軍職制 9193上
駕部郎中馮延已兼起居郎屯田郎中閻居常兼起居舍人制 9193下
馮偶可祕書省正字制 9193下
侍御史王仲連可起居舍人監察米崇楷可右補闕制 9194上
水部員外郎判刑部查文徽可侍御史知雜制 9194上

左常侍張義方可勤政殿學士制 9194下
楚州刺史劉彥貞可本州觀察使制 9194下
外祖母追封某國夫人制 9194下
大理卿判户部刁紹可工部尚書制 9195上
兵部侍郎張義方可左常侍制 9195上
太常少卿李貽業可宗正卿制 9195上
水部郎中判刑部蕭儼可祠部郎中賜紫制 9195下
屯田郎中李景進可工部郎中制 9195下
大府卿張援可司農卿兼大理寺事制 9195下
權知江都令李潯正授制 9196上
和州司馬潘處常可金部郎中制 9196上
浙西判官高越可檢校水部郎中賜紫制 9196上
安陸郡公景逵檢校司空太府少卿制 9196下
保定郡公景迪可朝散大夫檢校左僕射賜紫制 9196下
右拾遺鄭延樞可清江縣令賜緋制 9196下
浙西判官艾筠可江都少尹制 9197上
閻度可江寧府參軍制 9197上
舒州司馬李景述可虞部郎中制 9197下
江州判官趙丕可司農卿制 9197下
江西推官成幼文可主客員外郎制 9197下
洪州判官袁特可浙西判官制 9198上
洪州掌書記喬匡舜可浙西掌書記賜紫制 9198上
知雜御史查文徽可起居郎樞密副使制 9198上
潤州丹徒令顧彥回可浙西推官制 9198下
撫州刺史周宏祚可池州刺史制 9198下
吉州判官鮑濤可虔州判官制 9198下
給事中閻居常可金紫檢校司空充廬州節度副使制 9199上
虞部員外郎史館修撰韓熙載可太常博士制 9199上
虞部員外郎史館修撰張緯可句容令制 9199上
浙西判官高越可水部郎中制 9199下
左監門將軍趙仁澤可寧國軍都虞候制 9199下
左司郎中高弼可元帥府書記制 9199下
左領軍將軍孔昌祚可泗州刺史制 9200上
水部郎中方訥可主客郎中東都留守判官制 9200上
祕書郎田霖可東都留守巡官制 9200下
前山陽縣尉張師古可祕書省校書郎制 9200下
江州録事參軍王崇昭可江西觀察衙推制 9200下
前舒州録事參軍沈翺可大理司直制 9200下
前舒州刺史李匡明可中書侍郎制 9201上
歙州觀察推官翟延祚可水部員外郎制 9201上
大理司直唐顥可監察御史制 9201上
禮部員外郎馮延魯可中書舍人勤政殿學士制 9201下
筠州刺史林廷皓責授制 9201下
封保寧王册 9202上
蔣莊武帝册 9202上
追封安王册 9202下
追封豐王册 9203上
衛王劉仁贍改封越王册 9203上
慶王進封陳王贈太尉册 9203下
追贈劉一作留 從効父册 9204上
追封許國太妃册 9204上
百官奏請行聖尊后册禮表 9205上
賀德音表 9205上
謝詔撰元宗實録表 9206上
謝賜莊田表 9206下
昭惠皇后謚議 9206下
薦處士陳禹狀 9207下
爲蕭給事與處王書 9207下
又代蕭給事與楚王

書 9208上
復方訥書 9208下
答左偃處士書 9209上
答林正字書 9209下
御製春雪詩序 9210上
御製春雪詩後序 9211上
御製雜說序 9211下
北苑侍宴詩序 9212下
文獻太子詩集序 9213上
翰林學士江簡公集序 9213下
蕭庶子詩序 9214下
成氏詩集序 9215下
送謝仲宣員外使北蕃序 9215下
送贊善大夫陳翊致仕還鄉詩序 9216下
送張佖郭賁二先輩序 9217上
送武進龔明府之官序 9217下
送劉生序 9218上
和送鄧王二十六弟牧宣城詩序 9218下
游衞氏林亭序 9218下
宣州涇縣文宣王新廟記 9219上
復三茅禁山記 9219下
宣州開元觀重建中三門記 9220下
紫極宮新建司命真君殿記 9221上
楞嚴院新作經堂記 9222上
攝山棲霞寺新路記 9222下
常州義興縣重建長橋記 9223上
重修徐孺亭記 9223下
喬公亭記 9224上
毗陵郡公南原亭館記 9225下
廬山九天使者廟張靈官記 9226上
重修筠州祈仙觀記 9226下
筠州清江縣重修三清觀記 9227下
九疊松贊并序 9228上
高侍郎畫像贊 9228下
龍山泉銘 9228下
册贈武烈帝碑 9229上
武成王廟碑 9230下
袁州宜春縣重造紫微觀碑文 9233上
舒州新建文宣王廟碑文 9234上
蔣莊武帝新廟碑銘 9235上
茅山紫陽觀碑銘并序 9238上
舒州周將軍廟碑銘 9240上
池州重建紫極宮碑銘 9241下
洪州西山重建應聖宮碑銘并序 9242下
大唐故匡時啟運功臣清淮軍節度壽州觀察處置等使特進檢校太傅使持節都督壽州諸軍事壽州刺史御史大夫上柱國彭城威侯贈太尉劉公神道碑 9243下
唐故德勝軍節度使檢校太保同中書門下平章事扶風馬匡公神道碑銘 9247上
唐故道門威儀元博大師貞素先生王君碑 9249上
唐故左諫議大夫翰林學士江公墓誌銘 9250下
大唐故中散大夫檢校司徒使持節泰州諸軍事兼泰州刺史御史大夫洛陽縣開國子賈宣公墓誌銘 9251下
唐故泰州刺史陶公墓誌銘 9253上
唐故金紫光祿大夫檢校司徒行少府監河南方公墓誌銘 9254上
唐故客省使壽昌殿承宣金紫光祿大夫檢校太保使持節筠州諸軍事筠州刺史本州團練使汝南縣開國男周公墓誌銘 9255上
唐故朝議大夫行尚書禮部郎中柱國賜紫金魚袋太原王君墓誌銘 9256下
唐故奉化軍節度判官通判吉州軍州事朝議大夫檢校尚書主客郎中驍騎尉賜紫金魚袋趙君墓誌銘 9257下
唐故中書侍郎光政殿學士承旨昌黎韓公墓誌銘 9258下
唐故朝議大夫守尚書刑部侍郎柱國賜紫金魚袋喬公墓誌 9260下
唐故左右靜江軍都軍使忠義軍節度建州觀察處置等

使留後光禄大夫檢校太尉右威衛大將軍臨潁縣開國子食邑五百户陳公墓誌銘 9261下
唐故檢校司徒行右千牛衛將軍苗公墓誌銘 9263下
前知虔州雩都縣令包府君墓誌 9264下
唐故常州團練判官檢校尚書左僕射劉君墓誌銘 9265上
唐故印府君墓誌銘 9266下
唐故銀青光禄大夫檢校國子祭酒御史中丞包君墓誌銘 9267上
岐王墓誌銘 9268上
書岐王墓銘後 9269上
故平昌郡君孟氏墓誌銘 9269上
故昭容吉氏墓誌銘 9269下
唐故鍾氏太夫人太原縣太君王氏墓銘 9270上
唐故太原府君夫人彭城劉氏墓銘 9270下
唐故隴西李氏夫人墓銘 9271上
唐故文水縣君王氏夫人墓銘 9271下
故朝散大夫守禮部尚書柱國河内縣開國男食邑三百户賜紫金魚袋常公行狀 9272上
文獻太子哀册文 9273上
齊王贈太弟哀册文 9274上
光穆皇后謚册文 9275上
告天地文 9275下
祭世宗皇帝文 9275下
祭文獻太子文 9276上
與中書官員祭江學士文 9276下
祭韓侍郎文 9277上
祭王郎中文 9277下
祭劉司空文 9278上
徐鍇
奉和送鄧王二十六弟牧宣城詩序 9278下
曲臺奏議集序 9279上
陳氏書堂記 9279下
先聖廟記 9280上
義興周將軍廟記 9281下
茅山道門威儀鄧先生碑 9282下
樂史
僊鵝池祈真觀記 9284上
唐景雲觀碑 9285上
王宗佶
上蜀高祖表 9286下
王宗儔
李延召投狀乞免役事佛判 9286下
馮涓
爲蜀王建草斬陳敬瑄田令孜表 9287上
諫伐李茂貞疏 9287上
諫用兵疏 9287下
韋莊
乞追賜李賀皇甫松等進士及第奏 9287下
爲蜀高祖答王宗綰書 9288上
又元集序 9288上
韋藹
浣花集敘 9289上
吴崇
重修開元天寶觀記 9289上
周德權
上蜀高祖勸進表 9290下
李道安
上災異疏 9290下
林罕
林氏字源編小説序 9291上
十在文 9293上
許寂
上蜀主求賢書 9293下
謝信物書 9294上
蜀答聘書 9294上
鄭藝
武德軍節度使徐延瓊德政碑 9295上
王鍇
王衍降表 9298上
上蜀主奏記 9298下
劉纂
請禁醉粧 9300上
蒲禹卿
諫蜀後主東巡表 9300上
應制科策 9302下
徐光溥
上後蜀高祖請行墨制疏 9303上
賈鵰
判彭州人請歸醋頭僧狀 9303下
歐陽彬
哀帝降表 9304上
田淳
諫用兵疏 9304下
諫蜀後主疏 9305上
韋縠
才調集序 9305下
歐陽炯
花間集序 9305下
張武
靈石碑 9306上
彭曉

周易參同契分章通
真義序 9306下
參同契通真義後序 9308上
李昊
代後蜀主孟昶降表 9308下
上皇太子稱呼疏 9309上
爲孟知祥答唐明宗
奏狀 9309下
創築羊馬城記 9310上
幸寅遜
諫孟昶擊球馳騁疏 9314上
梁嵩
代母作倚門望子賦 9315上
鍾允章
碧落洞天雲華御室記 9315下
陳守中
大漢韶州雲門山大
覺禪寺大慈雲匡
聖宏明大師碑銘
井序 9316下
李鐸
密雨如散絲賦 9321上
秋露賦 9321下
拓跋恒
諫楚文昭王書 9322上
丁思覲
諫楚文昭王書 9322上
上馬希範書 9322下
李宏皋
復溪州銅柱記 9322下
彭士愁
溪州誓文 9323下
朱遵度
棲賢寺碑 9324上
錢昱
忠懿王廟碑文 9326上
羅隱
秋蟲賦 9330下
後雪賦 9330下
屏賦 9331上
市賦 9331上
迷樓賦 9331下
代武肅王錢鏐謝賜
鐵券表 9332上
請追癸巳日詔疏 9332上
與某博士狀 9332下
投知書 9333上
答賀蘭友書 9333下
上招討宋將軍疏 9334上
投前夏口韋尚書啟 9335上
投禮部鄭員外啟 9335下
投永寧李相公啟 9335下
投湖南王大夫啟 9336下
謝崔舍人啟 9337上
投湖南于常侍啟 9337上
謝大理薛卿啟 9337下
投祕監韋尚書啟 9338上
上太常房博士啟 9338下
投鹽鐵裴郎中啟 9339上
投蘄州裴員外啟 9339下
投同州楊尚書啟 9339下
河中辭令狐相公啟 9340上
投鄭尚書啟 9341上
謝刑部蕭郎中啟 9341下
謝屯田金郎中啟 9341下
辭宣武鄭尚書啟 9342上
謝湖南于常侍啟 9342下
謝江都鄭長官啟 9343上
陸生東游序 9343上
讒書序 9344上
讒書重序 9344上
陳先生集後序 9344上
湘南應用集序 9344下
鎮海軍使院記 9345上
東安鎮新築羅城記 9345下
杭州羅城記 9346下
鄭文終侯論 9347上
婆留井銘 9347上
風雨對 9347下
蒙叟遺志 9347下
三帝所長 9347下
解武丁夢 9348上
救夏商二帝 9348上
題神羊圖 9348下
伊尹有言 9348下
敘二狂生 9349上
吳宮遺事 9349上
本農 9349上
丹商非不肖 9349下
英雄之言 9350上
聖人理亂 9350上
莊周氏弟子 9350下
雜説 9350下
龍之靈 9351上
子高之讓 9351上
惟嶽降神解 9351下
疑鳳臺 9351下
説天雞 9352上
秦始皇意 9352上
婦人之仁 9352上
道不在人 9352下
市儺 9352下
君子之位 9353上
荆巫 9353上
三閭大夫意 9353下
畏名 9353下
三叔碑 9353下
天機 9354上
辯害 9354上
齊叟事 9354下
槎客喻 9354下
漢武山呼 9355上
木偶人 9355上
越婦言 9355下
悲二羽 9355下
善惡須人 9356上
秦之鹿 9356上
梅先生碑 9356下
二工人語 9356下
書馬嵬驛 9357上

説石烈士 9357上
拾甲子年事 9357下
刻嚴陵釣臺 9358下
廣陵妖亂志 9359上
吴公約神道碑 9363上
錢氏大宗譜列傳 9363下
富春侯錢公列傳 9363下
高密侯錢公列傳 9364上
司馬錢公列傳 9364下
侍郎錢公列傳 9364下
太常錢公列傳 9364下
永安錢侯列傳 9364下
預寧錢侯列傳 9365上
安遠將軍錢公列傳 9365上
關内錢侯列傳 9365下
臨川錢王列傳 9365下
全威將軍給事錢公列傳 9366上
開國伯錢公列傳 9366上
綏安侯錢公列傳 9366下
開國子錢公列傳 9366下
揚威將軍錢公列傳 9367上
富春公錢公列傳 9367上
師寶錢公列傳 9367下
司儀錢公列傳 9368上
檢校司空錢公列傳 9368上
弔崔縣令 9368下

謝鶚

佐正匡國功臣故節度左押衙親衛第三都指揮使静海鎮遏使銀青光禄大夫檢校尚書右僕射御史上柱國朱府君墓誌銘 9369下

張瑗

對觀生束脩判 9370下

皮光業

吴越國武肅王廟碑銘 9371上
吴越故忠義軍匡國功臣越州都指揮使前授常州刺史特贈武康節度使銀青光禄大夫檢校尚書右僕射開府儀同三司上柱國海鹽屠將軍墓誌銘 9377下

程仁紹

請蠲免夫役狀 9379上

邱光庭

海潮論 并序 9379下
論潮汐由來大略 9380上
論地浮於大海中 9380下
論地有動息上下 9381上
論潮汐名義 9382下
論潮有大小 9383上
論潮候漸差 9383下
論浙潮 9384下
論氣水相周日月行運 9385上
論渾蓋軒宣諸天得失 9386上
新添毛詩序 9387上
詩序不作於毛公辨 9387上

毛勝

水族加恩簿 9387下

詹敦仁

清隱堂記 9389下

林同穎

堅牢塔記 9389下

王贍

高蓋名山院記 9390下

孫光憲

白蓮集序 9390下

張崇訓

禁私鹽用新舊法上請奏 9391下

鞏伯壎

奇石山磨崖記 9391下

荆浩

畫山水賦 9393上

李惲

大漢英武皇帝新建天龍寺千佛樓碑銘 并序 9394上

朱閲

歸解書彭陽公碑陰 9397上

朱鄴

扶桑賦 9397下
落葉賦 9398上

盧銛

對不拘文法判 9398下

崔曙

對士祭判 9398下

裴興

對問羊知馬判 9399上

裴振

雉尾扇賦 9399下

陳少微

七返靈砂篇序 9400上

孫公輔

新修夏邑縣城門樓記 9400下

姚揆

仙巖銘 9401上

楊佚

對樂士判 9401上

楊元操

集注難經序 9401下

張朔

遇喪廢祀議 9402上

張琛

弔舊友文 9403上

張隨

耀德不觀兵賦 9403下

上將辭第賦 9404上
莊周夢蝴蝶賦 9404下
海客探驪珠賦 9405上
雲從龍賦 9405下
葉公好龍賦 9406上
蟋蟀鳴西堂賦 9406下
無絃琴賦 9406下
縱火牛攻圍賦 9407下

王惣
爲鄭滑李僕射辭官表 9408下

王元貞
對祭祀判 9409下

王志悌
對大夫菜地祭判 9409下

王德璉
饒州記序 9410上

房魯
上節度使書 9411上

唐昭明
對貌似温敏判 9412上

程彦矩
銀青光禄大夫檢校太子賓客兼監察御史柱國河南爾朱府君墓碣 并銘 9412下

李暄
對九文六采判 9413上
對蜀物至京判 9413下
對賓觀武藝判 9413下
對志行高潔判 9413下
對屯田佃百姓荒地判 9414上
對無溝樹判 9414下

史徵
周易口訣義序 9414下

許南容
對書史百家策 9415上

屈蟠
析疑論敘 9415下

薛泚
常州澄清觀鐘銘 9416上

薛季連
對田中有樹判 9416下

薄芬
直如朱絲繩賦 9416下

郭京
周易舉正序 9417上

海順
致沙門道傑書 9417下
三不爲篇 9417下

法琳
皇帝繡像頌 9418上
太極殿行道設千僧齋頌 9419上
與尚書右僕射蔡國公書 9419上
致慧浄法師書 9420上
上秦王破邪論啟 9420下
對傅奕廢佛僧事啟 9421上
寶星陀羅尼經序 9423上
般若燈論序 9423下
法華三昧行事運想補助儀序 9424上
辯正論 并序 9424下
廣析疑論 9426下
答詔問釋教利益對 9427下

智實
論道士處僧尼前表 9428上
致杜正倫書 9428下
致僧法雅書 9429上

明槩
決對傅奕廢佛僧事表 9429下

靈潤
報京邑門人書 9430下

元琬
上遺封表 9431上
致皇太子書 9431上

慧頤
般若燈論序 9432上

志寬
慰神素書 9433下

元覽
臨終遺文 9433下

慧浄
辭謝皇儲令知晉光寺任啟 9434上
重上皇儲令知晉光寺任謝啟 9434上
析疑論 9434下

慧斌
義井碑銘 9435下

海雲
大法師行記 9435下

静邁
上僧尼拜父母有損表 9437下
菩薩戒本序 9437下

道恭
南武州沙門釋智周壙銘 并序 9438下

靖邁
法蘊足論後序 9438下

道會
上招撫巴蜀疏 9439下
獄中乞施捨書 9439下

彦悰
佛頂最勝陀羅尼經序 9440上
金光明經序 9440下
三藏法師傳序 9441上
通極論序 9442下
福田論 9443上
沙門不應拜俗總論 9447上

元奘
還至于闐國進表 9448上
進西域記表 9448下
進新譯經論表 9449上
請入少林寺翻譯表 9449下

辭積翠宮翻經表　9450下
奉勅翻經進表　9451上
請御製三藏聖教序表　9451下
重請御製三藏聖教序表　9451下
謝御製三藏聖教序表　9452上
謝御製大慈恩寺碑文表　9452下
請御書大慈恩寺碑文表　9453上
第二表　9453上
請給假改葬父母表　9453下
謝御書大慈恩寺碑文表　9453下
謝勅送大慈恩寺碑文表　9454下
賀赤雀止御帳表　9455上
賀皇太子生表　9455下
皇太子生三日賀表　9456上
賀皇太子剃髮表　9456下
慶皇太子彌月并進法服表　9457上
皇太子晬日進法衣表　9457下
謝賜袈裟剃刀表　9458上
謝遣供奉上醫尚藥視疾表　9458上
謝遣內醫問疾表　9458上
謝遣給事王君德慰問表　9458下
謝勅停依俗法條表　9459下
第二表　9459下
上鄉邑增貴表　9460上
答摩訶菩提寺慧天法師書　9460下
答中印度僧智光書　9461上
謝賜手詔啟　9461下
謝皇后施袈裟雜物啟　9462上
謝皇太子令充慈恩寺上座啟　9462下
謝皇太子聖教序述啟　9462下
謝高昌王送沙彌及國書綾絹等啟　9463上
謝賜假營葬啟　9463下
造石浮圖發願文　9464上
辨機
大唐西域記贊　9464下
慧立
致于僕射書　9467下
元奘三藏法師論　9468上
元楷
陀羅尼集經翻譯序　9471上
明濬
答柳博士書　9471下
神昉
大乘大集地藏十輪經序　9474上
法融
心銘　9475上
威秀
議拜君親狀　9476上
上請不拜父母表　9476下
元則
禪林妙記前集序　9477上
禪林妙記後集序　9478下
元範
議拜君親狀　9479下
崇拔
議拜父母狀　9482上
宣業
議拜君親狀　9482上
道宣
上雍州牧沛王論沙門不應拜俗啟　9483上
白朝宰羣公沙門不應拜俗啟　9483下
上榮國夫人楊氏論拜親無益啟　9483下
上榮國夫人楊氏沙門不合拜俗啟　9484上
妙法蓮華經宏傳序　9484下
師子莊嚴王菩薩請問經序　9485上
統畧淨住子淨行法門序　9485下
釋迦方誌序　9486下
釋迦氏譜序　9487上
曇無德部四分律删補隨機羯磨序　9487下
古今佛道論衡實録序　9488上
四分律删補隨機羯磨疏序　9489下
四分律含注戒本疏序　9490上
四分律删繁補闕行事鈔序　9490下
删定四分僧戒本序　9491下
離垢慧菩薩所問禮佛法經序　9492上
教誡新學比邱行護律儀序　9492下
集神州塔寺三寶感通録序　9493上
賓主序　9493下
關中創立戒壇圖經序　9494上
廣宏明集序　9494下
續高僧傳序　9496上
大恩寺釋元奘傳論　9497上
沙門拜親議優劣論　9498上
開壤創築戒場壇文　9498下
大唐雍州長安縣清官鄉淨業寺戒壇銘　9500上
終南山北灃福之陰

清官鄉浄業寺戒壇佛舍利銘 9500下
出淨廚誥 9501上
無行
荆南戒壇舍利贊 9502上
道世
辨道經真僞表 9502下
諸經要集序 9503上
洪滿
大唐故贈司徒荆州大都督兗安二州都督鄭絳潞三州刺史上柱國鄭惠王石記 9503下
懷素
四分僧羯磨序 9504上
四分比邱戒本序 9504下
食魚帖 9505上
法才
光孝寺瘞髮塔記 9505上
復禮
十門辨惑論序 9505下
圓測
造塔功德經序 9505下
靈廓
唐宣州刺史陶府君德政碑 9506上
志静
佛頂尊勝陀羅尼經序 9508下
子儀
白鶴寺記 9510上
波崙
不空羂索陀羅尼經序 9511上
陀羅尼神呪經序 9511下
忽雷澄
曉了禪師塔碑 9512
承遠
大唐闕二字寺故比邱尼法琬法師碑文 9512下
履空
浮屠頌 9514下
實义難陀
大乘入楞伽經序 9514下
元覺
答朗禪師書 9515上
發願文 9516上
慧能
金剛般若波羅蜜經序 9518上
義浄
大唐西域求法高僧傳序 9519下
少林寺戒壇銘并序 9520上
南海寄歸内法傳 9520上
法藏
大乘起信論疏序 9523上
修華嚴奥旨妄盡還源觀序 9523下
華嚴經指歸序 9524上
心經畧疏序 9524上
慧苑
新譯大方廣佛華嚴經音義序 9524下
道氤
上元宗遺表 9525上
一行
請與星官考校黄道遊儀疏 9525下
答張燕公書 9525下
智昇
開元釋教録序 9526上
釋具
大忍寺門樓碑 9526下
仁素
大唐嵩岳閑居寺故大德珪禪師塔記 9527下
嗣安
謝賜天寶額狀 9527下
處玉璿
大唐衆義寺故大德敬節法師塔并序 9528下
元朗
招元覺大師山居書 9529上
靖彰
永泰寺碑 9529下
德宣
隋司徒陳公捨宅造寺碑 9531上
法海
六祖大師法寶壇經畧序 9533下
覃素
宣化寺幢銘并序 9535上
思莊
實際寺故寺主懷惲奉勅贈隆闡大法師碑銘并序 9535上
吉藏
上元宗遺表 9537下
神會
顯宗記 9538上
不空
進翻譯佛經表 9539上
譯大聖文殊師利菩薩讚佛法身禮序 9539下
大乘瑜伽金剛性海曼殊室利千臂千鉢大教王經序 9539下
飛錫
楚金禪師碑 9540下
大唐真化寺多寶塔院故寺主臨壇大德尼如願律師墓誌銘 9542上
慧靈
仁王護國經道場念誦軌儀序 9543上
良賁

奉勅造疏通經成進上表 9544上
辨才
心師銘 9544下
普真
佛頂尊勝陁羅尼幢銘 9544下
乘如
謝修戒壇表 9545下
景浄
景教流行中國碑 9545下
至咸
雲麾將軍河南府押衙張府君夫人上黨樊氏墓誌銘并序 9548上
真言
大唐金剛般若石經記 9548下
潛真
新譯文殊師利菩薩佛刹莊嚴疏奏 9549下
良秀
奉勅造波羅蜜經疏進上表 9550上
清晝
寄贈于尚書書 9551上
答權從事德輿書 9551下
贈李舍人使君書 9552上
贈包中丞書 9552下
詩式總序 9553下
詩式中序 9554上
報應傳序 9554下
蘭亭古石橋柱讚并序 9555上
達摩大師法門義讚 9555上
天台和尚法門義讚 9555上
二宗禪師讚 9555下
能秀二祖讚 9555下
誌公讚 9555下
唐大通和尚法門義讚 9555下
唐鶴林和尚法門義讚 9555下
畫救苦觀世音菩薩讚并序 9556上
畫藥師琉璃光佛讚并序 9556上
烏程李明府水堂觀元真子畫武城讚 9556下
沈君寫真讚 9556下
王安吉寫真讚 9556下
大雲寺逸公寫真讚 9557上
楊逵處士寫真讚 9557上
洞庭山福願寺神皓和尚寫真讚 9557上
思村塔銘并序 9557上
座右偈 9557下
唐杭州華嚴寺大律師塔銘并序 9557下
唐湖州佛川寺故大師塔銘并序 9558上
唐石圯山故大禪師塔銘并序 9559下
唐杭州靈隱山天竺寺故大和尚塔銘并序 9560下
唐湖州大雲寺故禪師瑀公碑銘并序 9561上
唐蘇州東武邱寺律師塔銘并序 9563上
唐杭州靈隱山天竺寺大德詵法師塔銘并序 9564上
唐蘇州開元寺律和尚墳銘并序 9564下
蘇州支硎山報恩寺大和尚碑 9565下
唐洞庭山福願寺律和尚墳塔銘并序 9567下
强居士傳 9569上
智門子
妙法蓮華經元義釋籤緣起序 9570上
止觀輔行傳宏决序 9570下
靈祐
警策文 9571上
福琳
唐湖州杼山皎然傳 9573下
至賢
楊岐山甄叔大師碑銘 9574下
師用
爐峯院鐘記并銘 9575下
道振
福巖禪院讀法華經姓名記 9576上
匡白
江州德化東林寺白氏文集記 9577上
東乂
唐故越州衙前總管杜府君墓誌銘 9578上
唐王府君墓誌銘 9578下
叡川
佛頂尊勝陁羅尼經幢銘并序 9578下
澄觀
答皇太子問心要書 9579上
大方廣佛華嚴經疏會本演義鈔序 9579下
大方廣佛華嚴經疏序 9580上
華嚴法界元鏡序 9581上
玲幽
建功德碑銘并序 9581下
元應
興國寺故大德上座號憲超塔銘并序 9582下
宗密
答温尚書書 9583下
盂蘭盆經疏序 9584上

金剛般若經疏論纂要序 9584上
大方廣圓覺修多羅了義經畧疏序 9584下
華嚴原人論序 9585下
示學徒文 9586上

義叶

重修大像寺記 9586下

元楚

廬山東林寺觀音方丈記 9587上

清越

新興寺佛殿石階記 9587下

正言

病中上寺主疏 9588上

高閑

此齋帖 9588下

延昭

臨濟慧照禪師塔記 9588下

知宗

盤山上方道宗大師遺行碑 9589上

詞浩

牛頭寺經幢讚 9589下

文貞

善化寺記 9590上

登輝

護聖寺鐘銘 9590上

南敘

憫忠寺重藏舍利記 9590上

亞棲

論書 9591上

澄玉

疎山白雲禪院記 9591下

雲真

西林寺水閣院經藏銘并序 9594下

齊己

粥疏 9596上
淩雲峯永昌禪院記 9596上

貫休

陳情頌 9597上
堯銘 9597上
舜頌 9597上
續姚梁公坐右銘 9597下

虛受

大唐嵩山少林寺故寺主法華鈞大德塔銘 9598上

桂琛

明道頌 9599上

道清

磁州武安縣定晉山重修古定晉禪院千佛邑碑 9599上

守澄

陝府夏縣景福寺故思道和尚重修寶塔銘并序 9601上

契撫

本業寺記 9602上

白西

重光院鐘銘 9602下

集征

上天竺寺經幢記 9603上

曇域

禪月集序 9604上
禪月集後序 9605上

延壽

金剛證驗賦 9605下
法華瑞應賦 9606下
宗鏡録序 9606下

思有

請宣示御注金剛經奏 9609下

純白

新羅國石南山故國師碑銘後記 9610上

賢義

雲門山功德記 9611上

釋遠

坐禪銘 9611上
十可行十頌序 9612上

終南山僧

衆經音義序 9612上

張果

道體論序 9613上
黄帝陰符注序 9613下
太上九要心印妙經序 9613下

葉法善

乞歸鄉上表 9614上
乞歸鄉修祖塋表 9614下
乞回贈先父爵位表 9615上
報弟子仲容書 9615下

成元英

南華真經疏序 9615下

江旻

唐國師昇真先生王法主真人立觀碑 9616下

史崇

妙門由起序 9621上

王太霄

元珠録序 9623下

司馬承禎

請五嶽別立齋祠所疏 9625下
坐忘論 9625下
信敬 9626上
斷緣 9626下
收心 9626下
簡事 9628下
真觀 9629上
泰定 9630下
得道 9631下
太上昇元消災護命妙經頌序 9632下
上清含象鑒圖序 9633上
天地宮府圖序 9633上
天隱子序 9633下

景震劍序 9633下
陶宏景碑陰記 9634上
上清侍帝晨桐柏真人真圖讚并序 9634下
含象鑒銘 9637上
龜鏡銘 9637上
素琴傳 9637上
吳筠
思還淳賦 9639下
巖棲賦 9640下
登真賦 9641上
洗心賦 9642上
廬山雲液泉賦并序 9642下
竹賦 9643上
元猿賦并序 9644上
逸人賦 9644下
進元綱論表 9646下
檄江神責周穆王璧 9647上
元綱論後序 9647上
天柱山天柱觀記 9647下
形神可固論 9649上
神仙可學論 9649下
金丹 9652上
養形 9652下
服炁 9653上
守道 9653下
心目論 9654上
守神 9655下
元綱論 9656上
化時俗章 9657上
明道德章 9657下
道無棄物章 9658上
專精至道章 9658下
道反於俗章 9659上
簡寂先生陸君碑 9659上
李含光
表奏十三通 9660下
太上慈悲道場消災九幽懺序 9662下
尹愔
五廚經氣法序 9663上
蔡瑋
玉真公主朝謁應闕二字真源宮受闕三字王屋山仙人臺靈壇祥應記 9663下
唐東京道門威儀使聖真元元兩觀主清虛洞府靈都仙臺貞元先生張尊師遺烈碑 9665下
楊礪俗
謝恩制表 9667下
丁政觀
謝賜天師碑銘狀 9667下
元辨
謝親教道士步虛聲韻表 9667下
楊智遠
梅仙事實 9668下
盧道元
太上肘後玉經方序 9672上
孫智清
請重賜勑禁止樵蘇狀 9672下
軒轅集
太霞玉書序 9673上
吳子來
寫真自贊 9673下
薛幽棲
太上洞元靈寶無量度人上品妙經敘 9673下
李沖昭
南嶽小録序 9674上
張沖虛
上枯檜再生表 9674下
倪少通
玉清廣福觀碑銘并序 9674下
太一觀董真人殿碑銘并序 9675上
王棲霞
靈寶院記 9677上
山元卿
新宮銘 9678
杜光庭
紀道德賦 9679上
代陶福太保修濾口化請額表 9679下
謝新殿修金籙道場表 9680上
謝恩除户部侍郎兼加階爵表 9680下
謝恩奉宣每遇朝賀不隨二教獨引對表 9681上
謝獨引令宣付編入國史表 9681下
賀黃雲表 9682上
賀雅州進白鵲表 9682下
賀天貞軍進嘉禾表 9683上
請駕不巡幸軍前表 9683下
第二表 9684上
謝恩賜興聖觀宏一大師張濟修造表 9684下
謝恩宣賜衙殿點鐘表 9685上
謝恩賜玉局化老君表 9685上
賀收隴州表 9685下
壽春節進章真人像表 9686上
黃萬祐鄧百經賜紫衣師號謝恩表 9686下
詔與黃萬祐相見謝表 9686下
皇帝爲太子生日設齋表 9687上
詣老君殿修黃籙齋表 9687下

宣示解秦邊垂謝恩表 9687下
謝宣賜天錫觀莊表 9688上
謝恩令僧行真修丈人觀表 9688下
宣爲皇太子修生日道場散齋表 9688下
謝允上尊號表 9688下
代人請歸姓表 9689下
賀太陽合虧不虧表 9690上
謝恩宣示修丈人觀殿功畢表 9690下
宣醮丈人觀新殿安土地迴龍恩表 9690下
賀獲神劍進詩表 9691上
賀誅劉知俊表 9691上
賀鶴鳴化枯樹再生表 9691下
賀西域胡僧朝見表 9692上
壽春節進元始天尊幀并功德疏表 9692下
謝恩賜陽平山吕延昌紫衣表 9692下
宣進天竺僧二十韻詩表 9693上
賀封資王忠王表 9693下
賀新起天錫殿表 9693下
賀聖體漸痊愈表 9694上
賀疾愈表 9694上
謝手詔表 9694下
謝宣賜道場錢表 9694下
賀嗣位表 9695上
賀德音表 9695上
又賀德音表 9695下
謝批答表 9696下
慰中祥大祥禫制表 9696下
慰釋服表 9697上
慰册廟號表 9697上
慰啟攢表 9697上
慰祔廟禮畢表 9697下
慰封陵表 9697下
慰發引表 9697下
賀登極後聽政表 9697下
慰山陵畢表 9698上
請不赴山陵表 9698上
奏於龍興觀醮玉局劄子 9698下
賀江神移堰牋 9698下
太上洞元靈寶素靈真符序 9699上
道德真經元德纂序 9699下
太上洞神太元河圖三元仰謝儀序 9700下
道德真經廣聖義序 9701上
天壇王屋山聖蹟序 9702上
墉城集仙録序 9704下
録異記序 9706上
洞天福地嶽瀆名山記序 9706上
太上洞元靈寶無量度人上品妙經序 9706下
玉函經序 9707上
洞淵神咒經序 9707下
道教靈驗記 9708下
青城山記 9709上
修青城山諸觀功德記 9711上
歷代崇道記 9713下
麻姑洞記 9722上
豆圖山記 9722下
天壇王屋山聖迹記 9723上
東西女學洞記 9726上
迎定光菩薩祈雨文 9726下
隸書解 9726下
户部張相公修遷拔明真齋詞 9727上
張氏國太夫人就宅修黄籙齋詞 9727下
奉化宗祐侍中黄籙齋詞 9728上
上官子榮黄齋詞 9728下
飛龍唐裔僕射受正一籙詞 9729上
皇太子青城山修齋詞 9729下
曾康諸公上爲皇帝修金籙齋詞 9730上
皇太子爲皇帝修金籙齋詞 9730下
中元衆修金籙齋詞 9731下
皇帝修符瑞報恩齋詞 9732上
黄齊助黄籙齋并然燈詞 9732下
黄齊爲二亡男助黄籙齋詞 9732下
趙部助上元黄籙齋詞三首 9733上
中元 9733上
下元 9733下
馮捐大夫助上元齋詞三首 9733下
中元 9733下
下元 9734上
周庠員外助上元齋詞二首 9734上
下元 9734下
盧蔚大夫助上元齋詞四首 9734下
上元 9734下
中元 9735上
下元 9735上
上元玉局化衆修黄籙齋詞 9735上
白可球明真齋讚老君詞 9736上
温江縣招賢觀衆齋詞 9736下
犀浦劉殷費順黄籙齋詞 9737上

飛龍使君裔爲皇太子降誕修齋詞 9737上
興州王承休特進爲母修黄籙齋詞 9737下
胡常侍修黄籙齋詞 9738上
李元黴爲亡女修齋詞 9738上
天册巡官何文濟爲東院生日齋詞 9739上
宣勝軍使王讜爲亡男昭允明真齋詞 9739上
王承鄖爲亡考修明真齋詞 9740上
皇太子宴諸將祈晴感應靈寶齋詞 9740下
皇帝爲老君修黄籙齋詞 9740下
蜀州孟駙馬就衙設銷災遷拔黄籙道場詞 9741上
邛州刺史張太博敬周爲鶴鳴化枯柏再生修金籙齋詞 9741下
衆修北帝衙醮詞 9747上
三會醮籙詞 9742下
軍容安宅醮詞 9742下
王虔常侍北斗醮詞 9743上
馬尚書南斗醮詞 9743上
李綰常侍九曜醮詞 9743下
馬尚書北帝醮詞 9744上
馬尚書南斗醮詞 9744上
唐洞卿本命醮詞 9745上
告修青城山丈人觀醮詞 9745上
嚴常侍丈人山九曜醮詞 9745下
青城令莫庭乂爲副使修本命周天醮詞 9745下
莫庭乂爲川主修周天醮詞 9746上
莫庭乂周天醮詞 9746下
莫庭乂青城山本命醮詞 9747上
丈人觀畫功德畢告真醮詞 9747下
畫五嶽諸神醮圖詞 9747下
莫庭乂本命醮詞 9748上
莫庭乂本命醮詞 9748下
晉公南斗醮詞 9749上
晉公后土醮詞 9749上
晉公北帝醮詞 9749下
晉公太白狼星醮詞 9749下
晉公北斗大帝醮詞 9749下
馬元通火醮詞 9750上
晉公北帝醮詞 9750上
川主太師北帝醮詞 9750下
晉公北帝醮詞 9750下
謝恩北斗醮詞 9751上
五星醮詞 9751上
本命醮北斗詞 9751上
本命醮南斗詞 9751下
本命醮三尊詞 9751下
周天醮二十八宿詞 9752上
禮記博士蘇紹元九曜醮詞 9752上
川主天羅地網醮詞 9752下
川主醮九曜詞 9752下
楊鼎校書本命醮詞 9753上
川主令公南斗醮詞 9753上
川主周天南斗醮詞 9754上
川主周天地一醮詞 9754上
周常侍序周天醮詞 9754下
王宗琭六甲醮詞 9755上
孟彦暉西亭子南北斗醮詞 9755上
勇勝司空宗恪九曜醮詞 9755下
衙内宗夔本命醮詞 9756上
徐耕司空九曜醮詞 9756上
川主太師南斗大醮詞 9756下
賈璋醮青城丈人真君詞 9757下
蜀州宗夔爲太史於丈人山生日醮詞 9757下
宴設使宗汶九曜醮詞 9758上
遂府相公周天醮詞 9758下
親隨爲大王修九曜醮詞 9759上
果州宗壽司空因齋修醮詞 9759下
青城鄭頊尚書本命醮詞 9759下
忠州謁禹廟醮詞 9760上
楊神湍謝土地詞 9760上
蜀王仙都山醮詞 9760下
自到仙都山醮詞 9761上
李延福爲蜀王修羅天醮詞 9761下
羅天中級三皇醮詞 9762上
羅天醮太一詞 9762下
羅天醮嶽瀆詞 9762下
羅天曾告詞 9763上
羅天醮衆神詞 9763下
蜀王本命醮葛仙化詞 9764上
莫令南斗醮詞 9764下
鄭頊別駕本命醮詞 9765上
孫途司空本命醮詞 9765下
李仇中丞本命醮詞 9766上
張道衡常侍還願醮詞 9766上
周庠員外爲母轉經設醮詞 9766下
莫庭乂爲張副使本命甲子醮詞 9767上
駱將軍醮詞 9767上
馬尚書醮詞 9767下

馬尚書本命醮詞 9768上
司徒青城山醮詞 9768下
馬尚書本命醮詞 9768下
莫庭乂青城本命醮詞 9769上
莫庭乂青城甲申本命周天醮詞 9769下
莫庭乂九曜醮詞 9770上
川主相公北帝醮詞 9770上
川主相公周天后土諸神醮詞 9770下
葛仙山化醮詞 9771上
川主九星醮詞 9771上
中和周天醮詞 9771下
程德柔醮水府修堰詞 9772上
川主醮五符石文詞 9772下
蜀王爲月虧身宫於玉局化醮詞 9773上
安宅醮詞 9773下
八節醮詞 9773下
都監將軍周天醮詞 9774上
衆修本命醮詞 9775上
張道衡還北斗願詞 9775下
行軍僕射醮宅詞 9775下
衆修補三會醮詞 9776上
皇帝設南斗醮詞 9776下
皇帝周天醮詞 9777上
醮瀘州安樂山詞 9777下
醮名山靈化詞 9777下
鎮江侍中宗黯解纜醮水府詞 9778上
周庠員外填本命醮詞 9778下
大王本命醮葛仙化詞 9778下
大王初修葛仙化告真詞 9779上
親隨司空爲大王醮葛仙化詞 9779上
冉處儔還北斗願詞 9779下
紫霞洞修造畢告謝醮詞 9780上
洋州宗夔令公本命醮詞 9780下
又本命日醮詞 9781上
越國夫人爲都統宗侃令公還願謝恩醮詞 9781上
司封毛絢員外解災醮詞 9781下
張崇允修廬山九天真君還願醮詞 9782上
張崇允本命南斗北斗醮詞 9782上
漢州王宗夔尚書安宅醮詞 9782下
馬師穆尚書土星醮詞 9783上
皇太子醮仙居山詞 9784上
皇帝醮仙居山章仙人詞 9784上
勑醮諸名山大川詞 9784下
皇帝於龍興觀醮玉局化詞 9785上
静遠軍司空承肇本命醮詞 9785上
太子爲皇帝醮太乙及點金籙燈詞 9785下
道門爲皇帝醮太乙并點金籙燈詞 9786上
皇帝本命醮詞 9786下
尹居紘辛酉本命醮詞 9787上
胡璠尚書地網醮詞 9787下
胡賢常侍安宅醮詞 9788上
衆修南斗醮詞 9788下
莫庭乂九宫天符醮詞 9788下
莫庭乂爲安撫張副使生日周天醮詞 9789上
皇帝醮仙居山詞 9789下
皇帝修靈符報恩醮詞 9789下
聖上與葛仙本命化醮詞 9790上
皇帝又醮葛仙化詞 9790上
威儀道衆玉華殿謝土地醮詞 9790下
御史中丞劉滉九曜醮詞 9791上
先鋒王承璲爲祖母九曜醮詞 9792上
蜀王青城山祈雨醮詞 9792下
蜀王葛仙化祈雨醮詞 9793上
什邡令趙郁周天醮詞 9793上
嘉州王僕射五符鎮宅詞 9793下
張相公九曜醮詞 9794上
衆修三元醮詞 9794上
王宗琭等下會醮六甲籙詞 9794下
三會爲弟子醮詞 9795上
皇帝本命醮詞 9795下
皇太子本命醮詞 9795下
崔隱侍郎元象九宫醮詞 9796上
醮閬州石壁元元觀石文老君詞 9796上
醮閬州天目山詞 9796下
皇后修三元大醮詞 9796下
趙球司徒疾病修醮拜章詞 9797上
張道衡塑造北斗七星真君醮詞 9797下
杜元繼常侍醮火星詞 9797下

王宗壽常侍丈人山醮詞 9798上
鮮楚臣本命九曜醮詞 9798上
衆修甲子醮詞 9798下
衆修本命醮詞 9799上
庚申醮詞 9799上
南斗北斗醮詞 9799下
龍興觀御容院醮土地詞 9799下
中和秦中化龍池醮詞 9800上
皇太子爲皇帝生日醮詞 9800上
川主大王爲鶴降醮彭女觀詞 9800下
天錫觀告封章李二真人醮詞 9800下
天錫觀告封章真人詞 9801上
封李真人告詞 9801下
漢州太尉於仙居醮詞 9802上
前嘉州團練使司空王宗玠本命詞 9802上
前漢州令公宗夔上元醮詞 9803上
趙國太夫人某氏疾厄醮詞 9803上
王宗玠宅宏農郡夫人降聖日修大醮詞 9803下
洋州令公生日拜章詞 9804上
東院司徒孟春甲子醮詞 9804下
刁子趙太尉陽平化醮詞 9805上
宣醮鶴鳴枯柏再生醮詞 9805上
李忠順司徒拜保護章詞 9805下
東院司徒郡夫人某氏醮詞 9806下
東院司徒冀公醮天羅詞 9806下
田崇謙盧昭乂受六甲籙詞 9807上
范延煦等受正一籙詞 9807下
王讜修醮拜章詞 9807下
刁子宗勉太尉謁靈池朱真人洞詞 9808上
太傅相公修黑符醮詞 9808上
洋州令公宗夔宅陳國夫人某氏拜章設九曜詞 9808下
洋州令公宗夔生日南斗醮詞 9808下
青城山丈人殿功畢安土地醮詞 9809上
宣再往青城安復真靈醮詞 9809下
黔南李令公安宅醮詞 9810上
真聖生辰賀詞二首 9810上
老君讚 9810下
无上黄籙大齋後述 9810下
釋老君聖唐册號 9811上
毛仙翁傳 9813上
周氏
曹君墓碑 9814下
牛應真
魍魎問影賦 9814下
鮑君徽
乞歸疏 9815下
温氏
爲夫謝罪表 9815下
李元真
請歸葬祖父於越王塋次狀 9816下
鄭氏
進女孝經表 9816下
胡愔
黄庭内景五臟六腑補瀉圖序 9817上
楊氏
傷子辭 9818上
馮真素
燈賦 9818下
對九日登高墜脚判 9818下
對澤中得堇判 9819上
封殷
鄉老獻賢能書賦 9819下
封玠
對越關判 9820上
封孟申
信及豚魚賦 9820上
師貞
秋露如珠賦 9820下
岐敬忠
對主司徵算探卵窺鄰判 9821上
儀崇哲
對惰農判 9821下
韋敬辨
韋公厥智誠峒序 9821下
韋模當
金鏡賦 9822上
朱草合朔賦 9822下
韋希顔
對舉人據地判 9823上
歸冕
謝兄除官表 9823下
諸葛若驚
對括州貢士判 9823下
對所知哭寢門判 9824上
吴冕
昭文不鼓琴賦 9824上

吴連叔
謙受益賦 9824下
吴大江
棊賦 9825上
蘇寧
對假求官判 9825下
蘇廙
十六湯品 9826上
蘇倩之
對造帳籍判 9827上
朱萃
對鑿井獲鏡判 9827下
對知謀判 9827下
對玉節判 9828上
朱休
駕幸太學賦 9828上
盧碩
畫諫 9829上
上洪範圖章并序 9829下
喻古之治 9830下
盧綽
真元先生箴天論 9830下
盧朏
對男取江水溺死判 9832下
盧士瞻
對什一税功臣判 9833上
盧仁瞻
對長安令登夫家判 9833下
盧隱趙
玉臺寺記 9833下
于沼
明堂賦 9834下
郝象錢
對私取行馬鷃爵享禰判 9835上
符子叔
漏賦 9835上
崔陟
鴻賦 9835下
鴻漸賦 9836上
崔釋
對私雇船渡人判 9836下
崔宏慶
君子無屈論 9837上
解詁論 9837下
裴曠
對廳子判 9838上
秦用
對祭侯判 9838下
秦瑀
柏梁體狀雲門山物序 9838下
辛溥
大唐故真空寺尼韋提墓誌銘 9839上
辛齊物
對番官判 9839下
辛則然
對掌麾擅放穿牆流惡判 9839下
陳廷章
水輪賦 9840上
斗牛間有紫氣賦 9840下
腐草爲螢賦 9841上
艾人賦 9841下
風不鳴條賦 9842上
冰泉賦 9842下
陳硎
螳蜋拒轍賦 9843上
陳惇修
賄賂公行論 9843下
陳仲卿
駟不及舌賦 9844下
陳山甫
五丁力士開蜀門賦 9845上
有征無戰賦 9845下
漢武帝重見李夫人賦 9846上
禹鑿龍門賦 9846下
望思臺賦 9847上
陳有章
幽蘭賦 9847下
文嵩
即墨侯傳 9848上
管城侯傳 9848下
樊子新
對廳子判 9849下
孫祕
散木賦 9850上
幽松賦 9850下
孫崇古
對造橋判 9851上
孫欽望
對染甕灑塵判 9851上
對溺死判 9851下
孫文臣
對祭星判 9852上
元弼
魚躍龍門賦 9852上
元子貢
對夷攻蠻假道判 9852下
袁玘
對射御策 9853上
袁令問
對錦衣狐裘判 9853下
對造室判 9853下
韓鎰
烏巢大理寺獄户賦 9854上
山呼萬歲賦 9854下
韓子休
對去官判 9855上
韓希銑
對去官判 9855下
潘待福
對戰勝銘功火災貯水判 9855下
顔璡
對祀玉判 9856上
對薦新判 9856下
對埽道判 9856下

田備
對高潔之士策 9857上
田鶴
扇賦 9857上
田沈
明賦 9857下
驕陽賦 9858上
田季羔
對毁壞壓死判 9858下
田義寵
對遺腹襲侯判 9859上
錢衆仲
舞中成八卦賦 9859下
國子舞賦 9860上
蕭匪名
對助鄰婦喪判 9860下
姚逖
五星同色賦 9860下
姚幹
謁華山嶽廟賦 9861下
苗收
對貢士不歌鹿鳴判 9861下
高無際
井賦 9862下
漢武帝後庭鞦韆賦 并序 9862下
大明西垣竹賦 9863下
高歛庭
瑞麥賦 9863下
平露賦 9864上
高思元
對芝草白兔由刺史善政判 9864下
曹詵
對士祭判 9865上
對小吏陵上判 9865下
陶詠
對樂士判 9865下
何據
射楊葉百中賦 9866上
古鏡賦 9866下
鏡花賦 9867上
琥珀拾芥賦 9867上
何迴
焚柴賦 9867下
麻不欺
珮賦 9868上
銜牙賦 9868下
楊迺
舜歌南風賦 9869上
楊濤
揠苗賦 9869下
庭燎賦 9870上
蟻穿九曲珠賦 9870下
巨鼇冠靈山賦 9871上
狐聽冰賦 9871下
水母目鰕賦 9872上
楊頤
對函人所掌張侯下綱判 9872下
楊成象
對書齒判 9873上
對新作南門判 9873上
楊慎虚
心鏡賦 9873下
楊式宣
對水損免輸判 9874上
楊伯曦
對當襲偶喑判 9874上
張耀
井賦 9875上
張文
氣賦 9875上
張嶠
對襲代封逃判 9876上
張憑
對貢人帖經判 9876上
對屯田不開渠判 9876下
張璜
對田中有樹判 9876下
張淵
對驅儺判 9877上
張德昇
聲賦 9877上
張時敏
登鳳凰臺賦 9877下
張處信
對折獄之理 9878下
張懷道
對坐大夫簣喪姊不除服判 9879上
張存則
舞中成八卦賦 9879下
張彦震
駕幸宣輝門觀試舉人賦 9880上
張真祥
嘉禾合穎賦 9880下
張元覽
欹器賦 9881上
張彦振
指南車賦 9881下
大章車賦 9882上
響賦 9882下
張鳴鶴
空賦 9882下
張餘慶
竹宫望拜神光賦 9883上
祀后土賦 9883下
青玉案賦 9884上
張公乂
竹宫望拜神光賦 9884下
張純如
對遺腹襲侯判 9885下
張榮問
對勞農有闕判 9885下
張子琳
對觀生束脩判 9886上
對牢祭有違判 9886上
張默之

對祭星判 9886下

張彥勝

露賦 9886下

張太古

對覲生束脩判 9887下

張叔弼

對引弓不中判 9888上

王渭

爲族兄瑗謝守度支尚書表 9888上

王系

對廩無積粟判 9888下

王運充

對亞歲上罇闕酒判 9888下

王雄風

對造室判 9889上

王重華

對縣令祭山川判 9889上

王嵩岳

孔子石硯賦 9889下

王子先

進賢冠賦 9890上

笏賦 9890下

王奉珪

明珠賦 9891上

日賦 9891上

王延翰

瀛州天尊院畫壁贊 9891下

王筠

新安令元璀頌德碑記 9892上

房元愘

仙掌賦 9892下

常暉

舟賦 9893下

大舟賦 9894上

常德志

兄弟論并序 9894下

常惟堅

立春出土牛賦 9897下

唐榮

紙鳶賦 9798上

唐南華

對修河隄不溉田判 9798下

姜庭琬

對祭侯判 9899上

彭朝曦

勤政樓視朔觀雲物賦 9899上

湯浚

對鬯酒不供判 9899下

康子玉

瓜賦 9900上

康元懷

對爲吏私田不善判 9900下

康季子

對事貌相似判 9901上

良士

代韋令公謝先人贈官表 9901上

成震

對稅畝多于什一判 9901下

程嬰

論窮達志 9902上

凌正

對履畝稅公田判 9902上

劉珣

渭水象天河賦 9902下

劉乾

招隱寺賦 9903上

劉銛

對徵官爲陰判 9903下

劉元淑

夏雲賦 9904上

周公輔

對士不合設壇判 9904上

周鍼

羿射九日賦 9904下

同人于野賦 9905上

登吳嶽賦 9905下

釣盈舟魚賦 9906上

周夔

到難 9906下

周彥之

對遺腹襲侯判 9907上

邱峋

對均輸田判 9907下

邱真孫

對工商貨幣策 9907下

閻渙

對里尹爲主判 9908上

閻楚封

臨風舒錦賦 9908下

良玉出匱賦 9909上

閻抱庶

對祭四鎮判 9909下

閻至爲

對行釁甕破奴死棄水判 9909下

廉方俊

對佯狂讓弟判 9910上

李容

興國寺碑 9911上

李膺

斷僧結黨屠牛捕魚事由判 9911下

李漼

華月照方池賦 9911下

李曾

山川出雲賦 9912下

李歆

對社中木鳩朔望秩酒判 9913上

李杭

對樂請置判懸判 9913上

李希定

對丹書判 9913下

李農夫

幽蘭賦 9914上

李雲卿

京兆府獻三足烏賦 9914上
李令琛
對書史百家策 9914下
李善感
諫作奉天宮疏 9915上
李孝言
對私雇船渡人判 9915上
李仲雍
對觀生束脩判 9915下
李靈光
對學歌元宴判 9916上
李處仁
虹藏不見賦 9916上
李子仞
傷斃犬賦 9916下
馴猿賦 9917上
李純甫
華嚴原人論後序 9917下
李瀚
對請益不退判 9918上
史莀
上李中丞書 9918下
史澈
對卒史有文學判 9919上
許景休
對立春設土牛判 9919下
吕務博
對鑿井獲鏡判 9919下
吕令則
河隄賦 9920上
井賦 9920下
義井賦并序 9921上
吕指南
太常觀樂器賦 9921下
吕嚴説
靈茅賦 9922上
褚賓
偃伯靈臺賦 9922下
魯唐客
對男加布首縣宰倉
漏判 9923上
杜顥
對天雨壞墻判 9923下
杜環
大食國經行記 9923下
杜信
對襲代封逃判 9925上
宇文邏
對附貫五年復訖判 9925上
尹程
觀秋水賦 9925下
趙宇
求元珠賦 9925下
趙瓘
對旱暵判 9926下
趙撫
對省官員判 9926下
趙勵
秋鴻賦 9927上
趙泉虬
對臘嘉平神位判 9927下
對助鄰婦喪判 9927下
趙嘉昭
對贓賄判 9928上
對流人降徒判 9928上
馬貽
對教吏爲紙箔判 9928下
馬光粹
對科木作道判 9929上
馬子才
送陳自然西上序 9929上
上官遜
松柏有心賦 9929下
蔣諫
對教吏爲紙箔判 9930上
蔣勵躬
對承襲稱狂判 9930下
景少遊
對里尹爲主判 9930下
柳觀禮
對大夫采地祭判 9931上
沈逵
山元玉賦 9931下
沈逢年
對鐘官所鑄判 9932上
范榮
測景臺賦 9932上
三無私賦 9932下
殘雪賦 9933上
觀風臺賦 9933下
范愷
競渡賦 9934上
范仲邕
對祭社判 9935上
仲之元
玉賦 9935上
宋暠
獬廌賦 9935下
宋悛
漲昆明池賦 9936上
宋伯宜
對泉貨策 9936下
宋全節
對造帳籍判 9938上
季子康
對員外郎讓題劒判 9938上
對刺史求青牛判 9938下
費光裕
對卒史有文學判 9939上
魏宥
對奏安代樂判 9939上
魏炤
蜩甲賦 9939下
魏式
工先利器賦 9940上
魏加慶
對甲居重澤田獲三
品判 9940下
魏兼柔
對祭侯判 9941上

路藩
拔茅賦 9941上
徵苞茅賦 9941下
傅夢求
圍碁賦 9942下
傅懷海
對命農判 9943上
邵卿
對承襲稱狂判 9943上
賀蘭恒
對卒史有文學判 9943下
尚理
對賜告養病乙父在喪母立凶門判 9943下
尚馳
諸葛武侯廟碑銘 9944上
盛烈
陳威應侯廟記 9945下
令狐紹先
對街内燒灰判 9945下
孟翱
謙受益賦 9946上
鄭訥
對公廨供給判 9946下
鄭希稷
壎賦 9946下
笛賦 9947上
箜篌賦 9947下
鄭若方
對鐘官所鑄判 9948上
鄭太昊
浮漚賦 9948下
鄭播隱
富貴如浮雲賦 9949上
風賦 9949下
風不鳴條賦 9950上
鄭遥
初月賦 9950下
明月照高樓賦 9950下
鄭自新
對作刻出關判 9951上
鄭宗哲
温洛賦 9951上
鄭楚容
對圭田判 9951下
斛律齊
對賢良方正科策 9952下
叔孫伯
對棄農判 9953下
薛昇
代崔大夫諫造銅燈樹表 9954上
薛恬
戲樗蒲頭賦 9954下
郝名遠
大厦賦 9954下
白鸚鵡賦 9955下
郭元超
水藻賦 9956上
郭階
永寧觀鐘銘 9956上
白宏侯
請以諸太子神主祔莊恪廟奏 9956下
石山輝
金賦 9957上
石岑
海水不揚波賦 9957下
翟楚賢
碧落賦 9958上
觀鑄鐘賦 9958下
天行健賦 9959上
林慮山人
鍾期聽伯牙鼓琴賦 9959下
雁門公
元解録序 9960上
闕姓幾元
汝南公主墓誌銘跋 9960上
歸耕子
三元寶照法序 9960下
强名子
真氣還元銘 并序 9961上
徐闕名
上闕兼左驍尉大將軍知内侍上柱國虢國闕像銘 9962上
闕姓字寶
大唐齊州神寶寺碣銘 9962下
闕姓宏仁
渤海郡孤子高憲建神道功德碑記 9964下
華闕名
唐故處士吴興施府君墓誌銘 9965上
闕姓庠
唐殘墓誌 9966上
闕名
管中窺天賦 9967上
天賦 9967上
二黄人守日賦 9967下
黄雲捧日賦 9968上
慶雲抱日賦 9968下
日載中賦 9969上
二氣合景星賦 9969下
景星見賦 9970下
登天壇山望海日初出賦 9971上
五色卿雲賦 9971下
白雲無心賦 9972上
氣賦 9972下
明水賦 9973上
藉田賦 9973下
土牛賦 9974上
元日觀上公獻壽賦 9974下
七夕賦 9975上
水始冰賦 9975下
以德爲車賦 9976上
積薪賦 9976下
太學觀春宫齒胄賦 9977下

朝元閣賦 9978上
請長纓賦 9978下
日觀賦 9979上
瓦松賦 9979下
衡賦 9979下
衡誠懸賦 9980上
駕幸宣輝門觀試舉人賦有序 9980下
吴公子聽樂觀風賦 9981上
泗濱浮磬賦 9981下
竹賦 9982上
洞簫賦 9982下
白鸚鵡賦 9983上
舞馬賦有序 9983下
舞馬賦 9984上
漢文帝却千里馬賦 9984下
繪事後素賦 9985上
霓裳羽衣曲賦 9985下
元圃園講頌并序 9986下
造石浮圖頌 9987上
授武三思鴻臚卿制 9987下
擬中書侍郎平章事制 9987下
屯田郎中李景進可工部郎中制 9988上
除王寓黄翼度支郎官制 9988上
授李燧平盧軍節度使制 9988上
授王安實天雄軍節度使制 9988下
授韋有翼劍南東川節度使制 9989上
南華經策問 9989下
謝奉聖製隆國寺碑表 9990上
老君降壇賀表 9990上
爲王相公請改六書表 9990上
請加開元神武尊號表 9991上
爲劉幽州請致仕表 9991上
爲盧從願請替東都留守表 9991下
西河大破吐蕃賀表 9992上
賀元元皇帝靈應表 9992上
請加應道尊號表 9992下
賀寫道德五本表 9993上
賀大同殿鐘鳴表 9993下
賀宫内柑子結實表 9993下
謝許常參官追勝宴樂表 9994上
上老君瑞象表 9994下
河陽陜東破賊賀表 9994下
賀萬年縣甘露表 9995上
賀僕固懷恩死并諸道破賊表 9995下
爲裴令公舉裴冕表 9996上
賀雙鵲補天尊殿隙壞表 9996下
賀文單國進馴象表 9996下
皇帝一發連二免請付史官表 9997上
賀瑞禾成文表 9997上
爲李懷光讓起復表 9997上
爲李懷光讓起復第二表 9997下
代宣王誦讓皇太子表 9998上
爲吉州太守賀赦表 9998上
謝勅書賜臘日口脂等表 9998下
謝勅書賜臘日口脂等表 9998下
謝勅書賜臘日口脂等表 9999上
爲河東副元帥馬司徒請刻御製箴銘碑表 9999上
爲趙侍郎乞歸河中侍兄表 9999下
上太上皇及皇帝尊號表 10000下
賀收劍門表 10001上
請加尊號表 10001下
賀黄河清表 10002上
蘇州賀赦表 10002下
請上尊號表 10003上
再上尊號表 10003下
上慶成節表 10003下
請上尊號表 10004上
請仍以國忌日行香表 10005上
賀殿前穿井得甘泉表 10005上
上嘉惠節賀表 10005下
賀朱全忠進白兔表 10005下
爲王尚書遺表 10006上
代鄜州太守賀赦表 10006下
請更定選曹事例表 10007上
請建宗廟表 10007下
上嘉慶節表 10007下
上永壽節表 10008上
上天清節表 10008上
爲李諫議賀赦表 10008下
定朔請從李淳風議奏 10009下
請忌日仍理軍務奏 10009下
升祔後請肄樂奏 10010上
請停親拜嶽瀆奏 10010上
上劉子元議孝經老子注易傳奏 10010上
上司馬貞等議孝經老子註易傳奏 10010上
請仍用冬至日受賀奏 10011下
長至祥瑞奏 10011下
請移植三脊茅奏 10011下
駁請移植三脊茅奏 10012上
老人星見奏 10012上

老人星見奏 10012上
覆舅母服制奏 10012下
千秋節祥雲見奏 10012下
南北郊祥瑞奏 10012下
上慶雲奏 10013上
議加文列庚桑爲真人奏 10013上
請頒賜洞靈等三經奏 10013上
請旌表董思寵奏 10013下
請禁諸州借使度支錢物奏 10013下
請免田希鑒後嗣死罪奏 10013下
定追葬沈太后儀注奏 10014上
請選人兼用兩考奏 10014上
請令浙東西依税限納當錢奏 10014下
澄清選例奏 10014下
公除赴祭奏 10015上
請有罪奪實封奏 10015下
請臺司增置法直員額奏 10016上
定承襲實封奏 10016上
請給六品已下左降官禄料奏 10016下
請三年一造職田文簿奏 10016下
請收市銅物鑄錢奏 10016下
請添借百司本錢奏 10017上
請令納課陪廚户等人歸府縣奏 10017上
請選儒臣赴學講論奏 10017下
請肅朝儀奏 10017下
請時享月停薦食奏 10017下
請停時估奏 10018上
處分盜罪奏 10018下
請准舊例分察尚書省奏 10018下
禁額外徵錢奏 10019上
論避皇太子名諱奏 10019上
請舉館驛舊制奏 10019下
減冗員奏 10020上
請減比遠州縣選數奏 10020下
勾當食利本錢奏 10020下
酌定放免兩税奏 10021上
請停散官敘封奏 10021下
禁代納匹段奏 10021下
定皇太后稱號奏 10021下
請裁減食利本錢奏 10022上
請申明舉主事例奏 10022上
請集百官讀皇后謚議奏 10022下
請改定御史班位奏 10022下
請宣示申光蔡三州貢物奏 10022下
請定錢數出入條制奏 10023上
議錢貨輕重奏 10023上
祀風師奏 10023下
請獎班肅奏 10024上
平河北諸道請告廟奏 10024上
請令諸道年終勾帳奏 10024下
請盟吐番不告廟奏 10024下
定臨刑稱寃奏 10024下
請減迴避例奏 10025上
遷廟奏 10025下
修聖政紀奏 10025下
請停奏補奏 10026上
請嚴山陵諸減選例奏 10026上
量放宗子出身條例奏 10026下
請減山陵挽郎選數奏 10027上
請敬宗廟祝文罷稱孝弟奏 10027上
覆輟朝例奏 10027上
請定諸道奏補及致仕章服等例奏 10027下
請定科目選官事例奏 10028上
請令有司勿進祥瑞奏 10028下
請添賜尚食局本錢奏 10028下
補宿衛官健名額奏 10029上
請禁盜採水柏柴灰奏 10029上
請停廢三衛子弟奏 10029下
請禁自薦求遷奏 10029下
定糾告行鉛錫錢賞例奏 10030上
進凱樂奏 10030上
請限進士帖式字數奏 10030下
請令孟琯兼往洪潭存恤奏 10030下
請修書閣奏 10030下
請定諸道奏補事例奏 10031上
請減三銓令史奏 10031上
請復東西銓廳事舊例奏 10031下
請定僕射上儀奏 10031下
請定殘欠羡餘錢物條件奏 10031下
請應諸科目並就吏部考試奏 10032上
請申禁僧尼奏 10032上
請量抽三銓注擬員闕奏 10033上
請權停舊錢奏 10033上
請諸親注擬外官祥具家狀奏 10033下

請杜將健官影占奏 10033下
請停節度等使子孫
奏留本道奏 10034上
請嚴禁雜榷奏 10034下
請令舉薦堪爲縣令
録事參軍奏 10034下
請量罰薦舉不合例
奏 10035上
請詳核刺史理績奏 10035下
請斷獄依舊程限奏 10036上
定五經博士爵秩奏 10036上
請定決獄日限奏 10036下
請施行新編格後勅
奏 10037上
請更定禮部放榜事
例奏 10037上
覆奏疎理諸色入仕
奏 10037上
請讀時令奏 10037下
請禁斷稱寃越訴奏 10037下
先試帖經奏 10038上
請更定三考奏改並
及第人數奏 10038上
申論愛州刺史張丹
罪狀奏 10038下
請命代官留任候除
奏 10039下
請改知東西兩推奏 10039下
請貴糴便農奏 10039下
論郭仲文不合襲封
奏 10040上
請吏部選人須行長
榜奏 10040上
請接濟諸州閒散宗
室奏 10040下
請於五經字樣後附
九經字樣奏 10041上
請紀録時政奏 10041上
論韋籌進書史解表
奏 10041上
請准受代官赴闕奏 10041下
請常參官拜掃給公
券奏 10041下
請量留料錢奏 10042上
請常參等官有疾得
乘檐子奏 10042上
請更瀘水名奏 10042下
禁園户盜賣私茶奏 10042下
禁商人盜販私茶奏 10043上
請祧代宗奏 10043上
請停散試官攝州縣
事奏 10043下
請定祀九宫儀注奏 10043下
定宰相兩省官拜賀
朝儀奏 10043下
請禁伐桑奏 10044上
請改河陽等縣爲望
州縣奏 10044上
請以罰公主封物宣
付史館奏 10044上
請禁止奸欺奏 10044下
請更定應舉保人例
奏 10044下
毁佛像奏 10045上
勒令僧人還俗奏 10045上
請修繕東都太廟奏 10045上
論韋宏質奏 10045上
請詳定廟制升祔奏 10046上
請定祝文稱號奏 10047上
增諸州刺史俸料奏 10047上
請令婚田諸訟先陳
府縣奏 10048上
交替職田合計閏月
奏 10048上
請禁屠牛奏 10048下
請宣示湧泉瑞應奏 10048下
據三司推勘吳湘獄
罪狀奏 10048下
請定三院御史除授
月限奏 10049上
神主改題不改造奏 10049下
議罰朝參不到奏 10050上
請禁斷供應户奏 10050下
請監決官先引問囚
徒奏 10050下
請嚴禁屠牛奏 10050下
請准崔龜從立私廟
奏 10051上
請依舊例放選奏 10052上
條陳考課事例奏 10052上
議平贓定估奏 10053下
請定去任官犯罪科
條奏 10054上
責成諸道觀察使奏 10054下
更定科目事例奏 10055上
准勅釐革中外奏請
官額奏 10055上
議免攤配逃亡户口
賦税差科奏 10055下
請移樂人不得住
祕閣奏 10056上
請以降誕日爲乾和
節奏 10056上
上皇太后尊號奏 10056下
避哀帝御名奏 10056下
妖星不見奏 10056下
上積善宫名奏 10057上
請改定乳母封號奏 10057上
請修置武明王廟奏 10058上
請增貢舉額數奏 10058上
請諸道申送員闕奏 10058上
請禁夜行奏 10058下
請追封皇兄皇姪奏 10059上
請修唐史奏 10059上
乞降河南諸方鎮制
命奏 10059下
請追取本朝法書奏 10059下
論兩省官常朝宜拜
奏 10059下
中書不得輕給告示

奏 10060上
定諸道奏除官員額數奏 10060上
定刺史縣令賞罰奏 10060下
請准例徵光臺禮錢奏 10060下
量添縣官尉簿奏 10061上
請令節度等使歸本任奏 10061下
請重行分察條例奏 10061下
點檢前資官告勅奏 10062上
請詳定長定格循資格十道圖奏 10062上
任諸藩奏辟軍事判官奏 10062下
請權停選舉奏 10062下
貞簡太后升祔禮畢請行享祀奏 10063上
上皇太子婚禮奏 10063上
請定東都鄴都奏 10063上
請定鄉貢童子事例奏 10063下
皇太后喪服議奏 10064上
議毀京內南北城奏 10064下
甄録僞蜀官員奏 10065上
請停賜庶僚官告及朝對奏 10065下
請定新除官及差使辭謝奏 10065下
請定臺參奏 10065下
請復臺巡舊例奏 10066上
請定檢勘非理死亡及喪葬儀制奏 10066上
請增五經考試官奏 10068上
請定選人過格奏 10068上
王蟾應歸吏部考試奏 10068上
請下所司抄録詔書送館奏 10069上
請添點檢朝班御史奏 10069上
條覆選人事例奏 10069下
覆追崇廟號奏 10070上
請令宰臣兼判國子祭酒奏 10070下
重給告身事例奏 10070下
請定奏薦人數奏 10071上
請臨軒册命奏 10071上
論宰臣常朝宜拜奏 10071上
朝官升任宜令中謝奏 10071下
請復置格杖奏 10071下
羣臣乞假覲省請量賜茶藥奏 10071下
請准舊式五月一日起居奏 10072上
景宗宜合食太廟奏 10072上
請及第人文書詳書履歷年月奏 10072下
請檢勘南郊行事官文書奏 10073上
條陳貢舉事例奏 10073上
重定正冬朝會禮儀奏 10073下
請禁師生稱謂奏 10074上
請定銓選事例奏 10074下
請依舊格考試進士奏 10074下
請定禘饗配食奏 10075上
申明土貢奏 10075下
請賜東丹王等姓名奏 10075下
請編録奏對公事奏 10076上
朝臣丁憂乞頒賚布帛奏 10076上
議覆收買京城坊户菜園條例奏 10076下
請申定官民喪葬儀制奏 10076下
定衣服制度奏 10078下
定使相班位奏 10079上
重定三京諸道州府地望次第奏 10079下
請更定諸州貢人朝拜儀制奏 10079下
請下兩浙荆湖購募野史奏 10080上
新立條件奏 10080上
請量減選數奏 10081上
詳斷盧嵩等奏 10081上
定私鹽科罪奏 10081上
核定雪寃超資條例奏 10083上
請優經學出身選任奏 10083下
准勅修凌煙閣奏 10083下
諫親送葬奏 10084上
請定刺史選舉軍州判官條例奏 10084上
請修奉列聖陵寢奏 10084上
請加吴山封號奏 10084下
覆奏程遜等陳時務奏 10084下
請改廟諱偏旁奏 10085下
請改定枉法贓罪奏 10085下
請定朝官除任月限奏 10086上
議臣寮居喪終制除授奏 10086上
請更定朝班奏 10086下
請定内外官吏對見條例奏 10086下
覆册四廟奏 10087上
請准舊式賜食儀制奏 10087下
行朝起居依在京事體奏 10088上
請復舊制廊下賜食奏 10088上
進苑恕策奏 10088下

進竇温顏策奏 10089上
分別常參官奏 10089上
請改正漏刻奏 10089下
遵勅改定漏刻奏 10090上
進盧燦策奏 10090上
進李祥疏奏 10090下
請准段禺修齋壇屋宇奏 10090下
請詳定明宗朝勅制奏 10090下
請建慶昌宫奏 10091上
乞御史照舊例分判事宜奏 10091上
日食救護奏 10091上
請定公主出降儀奏 10091上
請定唐廟制度奏 10091下
請定官品奏 10091下
點檢起居官奏 10092上
據乞賜院額奏 10092上
請定僕射入朝儀注奏 10092下
請修制配享獻享禮奏 10093上
條陳減選奏 10093上
請朝拜睿陵奏 10093下
請降階迎四廟册案奏 10093下
請勘尋選人失墜告牒事理奏 10093下
請禁業主牙人陵弱商賈奏 10094上
請孟冬祫祭奏 10094下
迎太廟神主儀注奏 10095上
量定郊祀璧幣制度奏 10095上
請祀郊廟用祝版奏 10095下
請定起居舍人朝班先後奏 10095下
請删定法書奏 10096上
條陳考課事例奏 10096下
請定文武官朝參不到罰例奏 10097上
請立皇太子疏 10098上
請節哀親政疏 10098上
請增添聞奏條令疏 10098下
請罰到任遲延疏 10098下
請釐正託故不之任疏 10098下
請置祇候屋宇疏 10099上
請推問臨決稱寃疏 10099上
請設官講明經義疏 10099下
請以壽星配社兩京立萬壽殿狀 10100上
奏兩監學生員額狀 10100下
請令常參官舉人自代及縣令犯罪坐舉主狀 10100下
奏得古釜狀 10101上
奏姚中立高鍇考試狀 10101上
奏鄧琬等禁繫狀 10101上
奏酌量增減諸司食利錢狀 10101下
條奏鹽法狀 10102上
立二王三恪狀 10103下
覆論周知微奏狀 10104上
奏忌辰前後日不坐朝狀 10104上
奏請避諱狀 10104上
奏李自倫孝義狀 10104下
奏定高祖郊壇配坐狀 10104下
請量留太谷令李殷狀 10104下
張嗣宗不受代狀 10105上
除宰相劉昫兼判三司擬狀 10105上
投宰相牋 10105上
請選良家女充後宫議 10105下
定樂議 10105下
舅甥服制議 10106上
禘祫議 10106上
李師道私廟議 10107下
憲宗聖神章武孝皇帝謚議 10107下
穆宗睿聖文惠孝皇帝謚議 10108下
韓皐祔廟議 10109下
請復庾威等官議 10110上
修宗廟議 10110下
請依李琪朔望奏對議 10110下
覆奏盧文紀請御書殿最臣寮議 10111上
私齋不得廢大祀議 10111上
請定旌表門閭式議 10111上
封母加太字議 10111下
對馮相會天判 10112上
對驪儺判 10112上
對西陸朝覿判 10112下
對不拘文法判 10112下
對增貲就賦判 10113上
對蜀物至京判 10113上
對鄉貢進士判 10113下
對鄉貢進士判 10113下
對鄉貢進士判 10113下
對舉抱甕生判 10114上
對薦賢能判 10114上
對請立長子爲嗣判 10114下
對芝草白兎由刺史善政判 10114下
對赤烏巢門判 10115上
對投牋獲弟判 10115下
對嫂疾得藥判 10115下
對墳樹有甘露判 10116上
對墳樹有甘露判 10116上
對孔目判 10116下
對孔目判 10117上
對番官判 10117上

對流外判 10117上
對差羊車判 10117下
對小吏歡言判 10117下
對畋獵三品判 10118上
對覆車罝罘判 10118上
對金吾不辨夜判 10118下
對不饁獸於郊判 10118下
對澤虞傷田苗判 10119上
對招虞人以弓不進判 10119上
對中郎率家僮出畋判 10119上
對仲夏百姓弋獵判 10119下
對出畋毁耕者之瓶判 10120上
對張侯下綱判 10120上
對用毒矢而射判 10120下
對金吾不供畋矢判 10120下
對搏獸判 10121上
對捕獸判 10121上
對捕鳥鼠獲豹判 10121上
對採捕判 10121下
對觀魚判 10121下
對取魚判 10122上
對不知名物判 10122上
對不知名物判 10122下
對不知名物判 10122下
對小吏陵上判 10123上
對衣貍製判 10123上
對執鐃失位次判 10123上
對挈壺挈轡不供判 10123下
對載稻判 10123下
對誓戒判 10124上
對請侯降者判 10124上
對不受敵判 10124下
對先登判 10124下
對斬將後殿判 10125下
對戰勝作彝器判 10125下
對克狄挐來判 10126上
對獲五甲首判 10126上
對爲將失禮判 10126下
對旋凱獻俘判 10126下
對獻捷稱其伐判 10127上
對還生口判 10127上
對獲俘衣之判 10127下
對以囚爲前鋒判 10127下
對棄子判 10128上
對愛子爲賊所執判 10128上
對擅發兵判 10128下
對矯節用兵判 10128下
對軍副別屯斬人判 10129上
對司馬斬嬖判 10129下
對死政判 10129下
對輕過罰甲判 10129下
對恤士判 10130上
對勇壯踰羽林亭判 10130上
對立功流例判 10130下
對背侍從征判 10130下
對復矢判 10131上
對立功執商判 10131下
對事貌相似判 10131下
對釋菜争論判 10132上
對持論湯武判 10132上
對笙師不施舂牘判 10132下
對樂懸畫蚡蜎判 10132下
對四品女樂判 10133上
對笛判 10133上
對樂師教舞判 10133下
對習結風技判 10134上
對瞽相判 10134上
對未上假借判 10134下
對乾没稍食判 10134下
對取錢授官判 10135上
對受囚財物判 10135上
對脱枷取絹判 10135下
對吏犯徵贓判 10135下
對主簿取受判 10135下
對尉用官布判 10136上
對不奠其禄判 10136上
對奇請他比議判 10136下
對誘人致罪判 10137上
對因丑致罪判 10137上
對犯徒加杖判 10137上
對解桎判 10137下
對刑罰疑赦判 10137下
對犯憲罰判 10138上
對兩貫判 10138上
對兩貫判 10138下
對移貫判 10138下
對樂土判 10139上
對還墳判 10139上
對避市籍判 10139下
對率家屬籍名田判 10140上
對是儀書衣主司舉正判 10140上
對命農判 10140下
對爲人興利判 10140下
對清白二渠判 10141下
對惰農判 10141下
對徑踰判 10142上
對小國附庸判 10142上
對多田判 10142下
對射田判 10142下
對田中有樹判 10142下
對萊地判 10143上
對襲爵佯狂判 10143下
對養姪承襲判 10143下
對城者謳甲判 10144上
對木墜誤壓判 10144下
對於市驚衆判 10144下
對穿牆出水判 10145上
對開溝向街判 10145上
對築牆判 10145上
對宅判 10145下
對臨宫判 10146上
對臨宫判 10146上
對縣令不修橋判 10146上
對棄符繻判 10146下
對作刻出關判 10146下
對謁者私度關判 10147上

對義井判 10147上
對注書判 10147下
對注書判 10147下
對易道判 10148上
對易道判 10148下
對易道判 10148下
對易道判 10149上
對易道判 10149上
對易道判 10149下
對署書題閣判 10149下
對好長鳴判 10150上
對巫祠秦中判 10150上
對巫恒判 10150下
對妖言判 10150下
對占相判 10151上
對鬻繒不利度木爲業判 10151上
對陶人判 10151上
對旅人判 10151下
對鈎距爲業判 10151下
對祭天判 10152上
對百神判 10152上
對士不合設壇判 10152下
對士不合設壇判 10152下
對用牲於門判 10153上
對鬯酒不供判 10153上
對匹士太牢祭判 10153下
對祭器奢僭判 10153下
對祭四鎮判 10154上
對家廟失祭判 10154下
對立廟藏衣判 10154下
對祭后土判 10155上
對犧牲判 10155下
對掘窖試之判 10155下
對於途墜坑判 10156上
對生徒擢塵判 10156上
對寫告身判 10156下
對故紙判 10157上
對投壺判 10157上
對私雇船渡人判 10157下
對市賈爲胡貨判 10158上
對貨有滯於人用判 10158上
對買賣不和判 10158下
對和市給價判 10158下
對行人供濫物判 10159上
對熟羌市易判 10159上
對真臘國人市馬判 10159下
對税商判 10159下
對傭賃判 10160上
對剉草誤斬指斷判 10161上
對造瓦判 10161上
對造五齊三酒非九穀判 10161下
對公酒後時判 10161下
對酒正以水入王酒判 10161下
對庖人進炙判 10162上
對甲爲食官判 10162上
對盜酒判 10162下
對夢殿上有禾判 10162下
對寢延部人判 10163上
對詐稱官銜判 10163上
對部曲判 10163下
對婢判 10163下
對買奴云是良人判 10164上
對奴判 10164上
對奴死棄水中判 10164上
對夢冰下人語判 10164下
對夢處女鼓琴判 10164下
對正室爲門子判 10165上
對告密判 10165下
對官户判 10165下
對竊錢市衣與父判 10166上
對折指判 10166上
對病疾判 10166下
對卧大夫簀判 10166下
對縣君死復判 10167上
對男取江水溺死判 10167上
對男取江水溺死判 10167下
對男取江水溺死判 10167下
對溺死判 10168上
對溺死判 10168上
對同姓爲主判 10168下
對主者不杖判 10169上
對寢苫枕草判 10169上
對奪情腰經服事判 10169下
對興屍謁廟判 10170上
對里尹爲主判 10170下
對著服六年判 10170下
對著服六年判 10171上
對哭子哭夫判 10171下
對哭子哭夫判 10172上
對父在杖堂判 10172上
對練祥羣立旅行判 10172上
對祥鼓素琴判 10172下
對斷屠判 10172下
對屠龍判 10173上
對射牛判 10173上
對驅犢蹊園判 10173下
對殺牛判 10173下
對爲父殺牛判 10174上
對不埋狗判 10174上
對射猿判 10174下
對死官鸄判 10174下
對斷屠月殺鸄判 10175上
對養買兒判 10175上
對爲䂓蔟判 10175上
對殺鳥獸判 10175下
對解鵲語判 10175下
對神爲異聲判 10176上
對解牛鳴判 10176上
對釁龜判 10176下
對家貧致墨判 10176下
對元衣判 10177上
對讀衛生經判 10177上
對太倉耳缺判 10177下
對㮚氏爲量判 10177下
對度判 10178上
對斗秤判 10178上
對貯藁判 10178下

對磑分利不平判 10178下
對鏇樹爲杯椀判 10178下
對村人借罐判 10179下
對有五熟釜判 10179下
對告家有九龍鼎判 10180上
對執蒲葵扇判 10180上
對並冠兩梁判 10180下
對禁楚製判 10180下
對權衡判 10181上
對引漏水判 10181上
對得亡印判 10181下
對獲古鏡判 10181下
對斫街樹癭造枕判 10182上
對造削判 10182上
對削金判 10182下
對好鉤判 10182下
對皮判 10183上
對戒豐判 10183下
對私制九章判 10183下
對斷錦繡判 10184上
對水石類銀判 10184上
對磨錢判 10184上
對無名錢判 10184下
對拾遺錢判 10185上
對鑄錢數倍判 10185上
對鍾官所鑄判 10185下
對母子權判 10185下
對織素判 10186上
對練不宿井判 10186上
對黃潤判 10186下
對龍輔判 10186下
對開銅坑判 10187上
對璧判 10187下
對瑴珪判 10187下
對採木判 10188上
對橘奴判 10188上
對平慮判 10188下
對竹判 10188下
對盜瓜判 10189上
對芋判 10189上
對梩子判 10189下
對梨橘判 10189下
對盜稻橘判 10190上
對負甕判 10190下
對二月不供宮人炭判 10190下
對鑿井獲鏡判 10190下
對方領爲衣判 10191上
對眥次如苴卜得乾坤判 10191上
對登城而指專席而坐判 10191下
對旃人奏散率木修防判 10192上
對常好種荔繼母出服判 10192下
對結交四騎獲豹不賞判 10192下
對被髮檮斗學盤盂書判 10193上
對漆室染瘡緋衣版授判 10193下
對萊田徵税閒人執事判 10193下
對損名馬式直講考經判 10194上
對父友操杖諸母漱裳判 10194下
移劉吏部書 10195上
少林寺准勅改正賜田牒 10196上
太原鄉牒 10197下
旌張孝子牒 10198上
奉勅禁止三茅山樵蘇牒 10198下
牒鄆曹濮觀察使 10198下
奉勅立青羊宮碑牒 10198下
大唐傳載序 10199上
灌畦暇語自序 10199上
尊勝經序 10199下
佛頂尊勝陀羅尼經序 10200上
修行道地經序 10201上
達摩多羅禪經序 10201上
法句經序 10202下
上清靈寶大法古序 10203上
上清靈寶大法元序 10204下
嵩山太无先生氣經卷序 10205下
無能子序 10206上
塗金造像記 10207上
造阿彌陀佛像記 10207上
道安禪師塔記 10207上
造阿彌陀像記 10207下
河洛上都龍門之陽大盧舍那像龕記 10207下
雙像記 10208上
徙谷寺建塔記 10209下
勅還少林寺神王師子記 10210下
造彌勒像記 10211下
造阿彌陀像記 10211下
光宅寺法堂石柱造像記 10212上
王三孃墳記 10212上
重修順祐王廟記 10212下
盧府君碑陰記 10213上
造阿彌像記 10213上
册祭廣利王記 10213下
房史君翠峯亭題記 10213下
建塔國師奉勅追號記 10214上
重藏舍利記 10214上
利濟侯廟記 10214下
勅修武安君白公廟記 10215下
三貞祠碑記 10215下
陀羅尼經幢記 10215下
西關淨化院記 10216下
龍興寺百花院禮佛

會石幢記 10217上
謙公安公構造殘碑記 10218上
東鐵塔記 10218下
崇勝寺丁思禮造像記 10219上
江夏縣緣果道場七層磚塔下舍利銘記 10219上
擬公孫龍子論 10219下
二都不並建論 10220下
盟吐蕃題柱文 10222上
張珂造尊勝經石幢詞并序 10222下
佛頂尊勝陀羅尼石幢讚并序 10222下
尊勝陀羅尼幢讚并序 10223上
尊勝幢讚 10223下
尊勝幢讚 10223下
結金剛經會碑闕二字石彌勒像讚并序 10223下
大泉院剏建佛殿功德讚 10224下
趙州真際禪師真讚 10225下
渾儀銘并序 10225下
鄜州寶室寺鐘銘 10225下
懷州獲嘉縣朱四娘爲女造浮圖銘 10226上
桐柏觀銅鐘銘 10227上
大唐易州新安府折衝李公石浮圖銘 10227上
唐故將軍柱國史公石像銘 10227下
蒲州虞鄉縣令劉君幡竿銘 10227下
佛頂尊勝陀羅尼經幢銘 10228下
佛頂尊勝陀羅尼經幢銘 10229上
建幢銘 10229下
石燈臺銘 10230上
幽栖寺尼正覺浮圖銘 10230上
唐武德鑑銘 10230下
鞶鑑銘 10230下
唐晉陽龍鐵鑑銘 10231下
唐萬春鑑銘 10231下
唐玉堂鐵鑑銘 10231下
玉臺鏡銘 10231下
長樂鏡銘 10231下
水星鏡銘 10231下
鏡銘 10232上
彌勒像碑 10232下
唐大德寺造像并建彌勒閣碑 10233上
大龍泉寺碑 10234下
信法寺真容像碑 10235下
李弼徽造像碑 10237下
太清觀碑 10238上
大唐衛州新鄉縣臨清驛造彌勒像碑 10238下
本願寺舍利塔碑 10239下
紀哥舒翰功績碑 10241上
重修東陵聖母宮碑 10242上
德本寺碑陰 10242下
内侍省功德碑 10242下
沙州千佛洞唐李氏再修功德碑 10243下
大唐江陰縣光瑛院新建瑞像殿碑 10245下
大明寺碑 10246下
牛頭山瑞聖寺碑 10247上
身毒國摩訶菩提寺碑 10248下
唐劉仁願紀功碑 10249上
割牛溝小石橋碑 10250下
定蕃漢兩界碑 10251上
大唐檢校兩縣威儀兼永仙觀主田尊師德行碑 10252上
大唐宣州刺史薛公去思碑 10253下
大唐萊州刺史唐府君德政碑 10254上
唐故輔國大將軍右衛大將軍揚州都督褒忠壯公段公碑 10255下
大唐故金紫光祿大夫彭陽憲公碑 10257下
大唐故右驍衛大將軍薛國貞公阿史那府君碑 10259上
左監門將軍冠軍大將軍使持節都督代忻闕一字蔚四州諸軍事代州刺史上柱國許公闕一字碑 10261下
大唐故左戎衛大將軍兼太子左典戎衛率贈荆州都督上柱國懷寧縣開國襄公杜公碑 10264上
内侍汶江縣開國侯張公碑 10265下
唐故特進莒國公唐府君碑 10266下
散騎常侍贈太常卿陽翟侯褚公碑 10268下
闕十六字文州總管光祿卿闕二字公陸使君碑 10270上
大將軍上柱國郭君碑 10271下
右衛將軍贈左武衛大將軍代州都督柱國淄川公李府君碑 10273上

紀國先妃陸氏碑 10275下
大唐故秋官尚書河間公碑 10278上
大唐贈使持節邛州諸軍事邛州刺史狄公碑 10280上
齊州章邱縣常白山醴泉寺誌公碑 10281下
鎮軍大將軍吴公碑 10284上
劉尊師碑銘 10285上
唐故慈州刺史光禄卿鄭公碑 10286上
唐太原節度使韋湊神道碑 10287上
唐故開府儀同三司贈揚州大都督高公神道碑 10289下
金光照和尚碑 10290上
刺史折嗣祚碑 10291上
董晉碑陰 10292上
贈太保張公神道碑陰 10292下
宋州司法田君宏敏墓石 10293上
西郡李公墓石 10293下
莫州唐興軍都虞候兼押衙試鴻臚卿鄭府君玉墓石 10294上
清河張府君墓石 10294下
大唐故汝南公主墓誌 10296上
唐文安縣主墓誌銘 10296上
闕一字令賓墓誌銘 10297上
唐故上柱國果毅都尉李府君墓誌銘 10297下
騎都尉李君墓誌銘 10298下
隋故騎都尉司馬君墓誌銘 10299上
豫州刺史淮南公杜君墓誌銘 10299下
司稼寺卿上柱國闕三字杜夫人墓誌銘 10300下
珍州榮德縣丞梁君墓誌銘 10301上
孝子朝議郎行大理司直上柱國郭府君墓誌銘 10302上
處士胡君墓誌銘 10303上
太常協律郎裴公故妻賀蘭氏墓誌銘 10303下
故銀青光禄大夫祕書監兼昭文館學士侍讀上柱國常山縣開國公贈潤州刺史馬公墓誌銘 10304下
大唐故陪戎校尉崔府君墓誌銘 10306上
大唐故朝散大夫京苑總監上柱國茹府君墓誌銘 10306下
陳憲墓誌銘 10307下
唐故延州膚施縣令上柱國于公墓誌銘 10308下
大唐故京兆府美原縣尉張府君墓誌銘 10309上
大唐故范氏夫人墓誌銘 10309下
大唐故監察御史荆州大都督府法曹參軍趙府君墓誌銘 10310上
唐故義興周夫人墓誌銘 10311上
唐故衞府君劉夫人合葬墓誌銘 10311下
吏部常選廣宗郡潘府君墓誌銘 10311下
唐故雲麾將軍行右龍武軍將軍上柱國開國侯南陽張公墓誌銘 10312上
游擊將軍守左衛馬邑郡尚德府折衝都尉左龍武軍宿衛上柱國張府君墓誌銘 10313上
張從師墓誌 10314上
成紀府左果毅張公墓誌銘 10314上
上柱國梁府君墓誌銘 10314上
于府君墓誌銘 10314下
唐故朗州武陵縣令博陵瞿府君墓誌銘 10315上
唐故濮陽卞氏墓誌銘 10315下
萬仁泰墓銘 10316下
大唐故雁門郡解府君墓誌銘 10316下
大唐扶風馬氏墓誌 10317上
大唐故員府君夫人墓誌銘 10317上
劉夫人辛氏墓誌銘 10317下
唐故馮府君墓誌銘 10318上
故天水姜夫人墓誌銘 10318下
唐貝州永濟縣故馬公郝氏二夫人墓誌銘 10318下
唐處士包公夫人墓誌銘 10319上
唐故尹府君夫人朱氏墓誌銘 10319上
汝南周君墓誌銘 10319下
唐陸君夫人孫氏墓

誌銘 10320上
大唐魏博節度別奏劉公故太原郭氏夫人墓誌銘 10320下
萬氏夫人墓誌 10321上
唐故陸氏劉夫人墓誌銘 10321上
闕二字大夫行太子左庶子分司東都上柱國范陽盧府君墓誌銘 10321上
大唐康公夫人墓誌銘 10321上
唐故朝散郎貝州宗城縣令頓府君墓誌銘 10322下
故來府君及夫人常氏次夫人郭氏墓誌銘 10323下
唐故瑯琊王氏夫人墓誌 10324上
唐故上谷成公墓誌銘 10324上
唐易州上谷郡故安定梁府君墓誌銘 10325上
唐故陳府君墓誌銘 10325下
鄔府君墓誌銘 10326上
大唐濟度寺大比邱尼墓誌銘 10326上
威神寺故思道禪師墓誌銘 10327下
唐故張禪師墓誌銘 10328上
唐故鳳光寺俊禪和上墓銘 10328下
慈潤寺故大靈琛禪師燬身塔銘 10328下
闕六字夫人程氏塔銘 10329上
嵩山闕三字故大德淨藏禪師身塔銘 10329下
宣化寺故比邱尼堅行禪師塔銘 10330上
唐崇業寺故大德禪師尼真空塔銘 10330上
趙州真際禪師行狀 10330下
李輔國
皇帝奉迎上皇請編史册表 10332下
李朝正
重建禪門第一祖菩提達摩大師碑陰文 10333上
楊承和
邠國公功德銘 10333下
劉重約
再修敬亭府君廟宇記 10338下
李順融
成都得寶磚古篆賀表 10339上
楊復光
收復市城奏捷露布 10339下
宋光葆
上蜀主表 10340下
突厥可汗默棘連
謝婚表 10341下
突厥可汗苾伽骨咄禄
賀正表 10341
西突厥可汗娑葛
遺郭元振書 10342上
薛延陁可汗夷男
請擊高昌表 10342上
處木昆匐延闕律啜
請内屬表 10342下
吐蕃贊普棄宗弄讚
賀平遼東表 10342下
吐蕃贊普棄隸蹜贊
請修好表 10343上
請約和好書 10344上
獻皇帝書 10344下
吐蕃贊普可黎可足
與中國盟文 10344下
坌達延
獻宰臣書 10344下
東謝蠻宋鼎
請朝貢奏 10345上
南詔王異牟尋
貽韋臯書 10345上
與中國誓文 10346上
嵯顛
請誅杜元穎表 10347上
鄭回
南詔德化碑 10347上
高昌王麴智盛
致侯君集書 10352上
鳩摩羅王
與戒賢法師書 10352上
鉢伐多羅王
致那爛寺正法藏戒賢法師書 10352上
烏萇王達摩
貢方物獻表 10352下
周澄國王
請發兵取象表 10352下
康國王烏勒伽
請發兵救援表 10353上
東安國王篤薩波提
論事表 10353下
西曹國王哥邏僕羅
請内屬表 10353下
石國王伊捺吐

屯屈勒
請討大食表 10354上
吐火羅葉護支汗那
獻解天文人表 10354上
請助討大食表 10354上
吐火羅葉護失里忙迦羅
請賜箇失蜜王勅書表 10354下
僕羅
訴授官不當上書 10355上
俱羅王忽提婆
内附表 10355下
謝䫻國羅火拔
陳金城公主事宜奏 10356上
俱蜜王那羅延
請處分大食國表 10356上
新羅王金興光
遣使納貢表 10357上
謝賜白鸚䳇及金銀羅綵表 10357上
賜土地謝表 10357下
新羅王金彥昇
分別還蕃及應留宿衛奏 10357下
金忠信
請充寧海軍副使從討靺鞨表 10357下
金士信
請充本國副使奏 10358上
崔仁渷
新羅國故兩朝國師教諡朗空大師白月棲雲之塔碑銘 10358下
高麗王王建
詔諭八首 10361下
上南唐烈祖賀即位牋 10363下
答後百濟王甄萱書 10363下
高麗國原州靈鳳山興法寺忠湛大師塔銘 10364下
訓要十首 10366上
後百濟王甄萱
寄高麗王王建書 10367下

【唐文拾遺】

高祖皇帝
勞王君廓詔 10372下
問慧乘詔 10372下
禁非禮祈禱詔 10372下
曲降十二軍界詔 10372下
問佛教何利益詔 10373上
先老後釋詔 10373上
置大中正勅 10373上
定服飾勅 10373上
賜李靖手勅 10373上
賜秦王手勅 10373下
褒武士彠勅 10373下
太宗皇帝
答羣臣請修太和宮手詔 10373下
建波斯寺詔 10373下
房元齡充京城留守詔 10373下
答李百藥手詔 10374上
褒孔穎達上釋奠頌手詔 10374上
覆奏死刑詔 10374上
允八座忌日仍理軍務詔 10374上
獲石瑞曲赦涼州詔 10374下
立皇太子大赦詔 10375上
誕皇孫恩降詔 10375上
明經兼習周禮儀禮減選勅 10375下
給内外官地子勅 10375下
賜荆州都督武士彠手勅 10375下
章敬寺設齋勅 10375下
問法琳臨刃不傷勅 10376上
敘勞進階例勅 10376上
決囚日進蔬食勅 10376上
與千乾長勅 10376上
授杜如晦等别檢校官勅 10376下
命房元齡檢校禮部尚書勅 10376下
請勿棄河東表 10376下
請慧淨爲普光寺任令 10376下
骨利幹名馬敘 10376下
使至帖 10377上
東都帖 10377上
服蜀葵帖 10377上
唱箭帖 10377上
臨朝帖 10377上
昨日帖 10377下
平復帖 10377下
道宗帖 10377下
北邊帖 10377下
八柱承天帖 10377下
氣發帖 10377下
門下中書帖 10378上
患痢帖 10378上
高宗皇帝
量敘隋齊忠烈子孫詔 10378上
廣召解律人詔 10378上
毁剔寶鈿鞍轡詔 10378上

申嚴婚姻受財詔 10378上
搜訪賢才詔 10378下
禁斷惡錢詔 10378下
行幸戒煩擾詔 10378下
給京外官俸料詔 10379上
量停律外決杖詔 10379上
令王公百姓出錢充官人俸料詔 10379上
定文武官進階例詔 10379下
孝敬皇帝祔廟勅 10379下
選人試經史授官勅 10379下
詳議選政勅 10379下
停追收魚袋勅 10380上
功臣致仕加階勅 10380上
定夷舶市物例勅 10380上
忌日廢務勅 10380上
沛王賢判尚書省勅 10380上
定諸州長官選改例勅 10380下
免賤爲良勅 10380下
樂籍人應侍親病取中男充勅 10380下
議繼嫡母服制勅 10380下
縣令内簡擇清望官勅 10380下
貢舉人須先通道經孝經勅 10381上
用上元舞勅 10381上
以禮停任官聽致仕勅 10381上
請置東宫史職表 10381上
賜四臣贊 10381上
答玄琬書 10381上
元堂帖 10381下
太子僻洛城帖 10381下
過午帖 10381下
文瓘帖 10381下
平章事帖 10381下
東都帖 10382上
弔江叔帖 10382上
懷讓帖 10382上
晚閒帖 10382上

中宗皇帝

依舊給功臣家所食實封制 10382下
答權若訥手制 10382下
崇恩廟依舊享祭制 10382下
禁節日進奉制 10382下
封户甚於征行勅 10382下
依例送户籍勅 10383上
功賞依格式勅 10383上
禁擒捕鳥雀勅 10383上
册立使不得差蕃官勅 10383上
京外遞相移易勅 10383上
檢校市事勅 10383下
答唐紹手勅 10383下
諸陵供擬不得差派勅 10383下
定仗下奏事例勅 10383下
奏事先進狀勅 10383下
給諸門交魚符勅 10384上
免樂籍人科徭勅 10384上
優恤功臣子孫勅 10384上
處分理訴勅 10384上
定内宴供食例勅 10384上
員外官分判曹事勅 10384下
巡警街鋪勅 10384下
羽林飛騎厨食准國子監例勅 10384下
任滿依本資選敘勅 10384下
定女樂部數勅 10384下
准蕃人讀書國子學勅 10384下
答盧粲諫爲武崇訓造陵勅 10385上
別庫貯錢市物勅 10385上

睿宗皇帝

進狀題時刻勅 10385上
禁諸節賀遺勅 10385上
令史資勢勅 10385上
部送太常所須粢盛勅 10385下
常參官廊下設食勅 10385下
句覆兩京四庫書勅 10385下
令百司尋覽格令勅 10386上
御承天門樓賜食勅 10386上
押仗奏平安勅 10386上
勒還游客勅 10386上

元宗皇帝

命馬懷素侍讀制 10386上
授嵩陽觀道士崔泌太子洗馬制 10386下
答劉彤制 10386下
以理去職具名録奏制 10386下
授顔元孫滁州刺史制 10386下
授顔真卿監察御史制 10387上
擇使觀察風俗制 10387上
宣光景元四陵置官制 10387上
貶田仁琬舒州刺史制 10387上
賜宋璟手制 10387下
試崇元生各減一條制 10387下
停來歲江淮漕運制 10387下
禁止義倉變造詔 10387下
封華山詔 10387下
禁東都用錢變動詔 10388上
季俸先給錢詔 10388上
銷毁惡錢詔 10388上
官收惡錢詔 10388上
求言詔 10388上
定三恪詔 10388下
進奉先縣職望詔 10388下
京官考滿選例詔 10388下
陳許豫壽四州分地

均耕詔 10388下
三皇以前置廟詔 10389上
改定山水名稱詔 10389上
流宋渾嶺南詔 10389上
舉人不得充鄉賦詔 10389上
委採訪使具官人善惡詔 10389上
流李彭年嶺南詔 10389下
賜澤州刺史李泌詔 10389下
聽工部尚書元懷景致仕詔 10389下
監司每月具官內用數勑 10389下
制表年月作一二等字勑 10389下
都督刺史面辭勑 10390上
禁賜酺聚斂勑 10390上
諸蕃使次第入朝勑 10390上
禁朝參不著珂繖勑 10390上
京官兩人隨仗勑 10390下
太廟五饗揀擇德望通攝勑 10390下
分別銓授勑 10390下
揀擇太廟室長勑 10390下
太廟薦饗加牙盤勑 10390下
職田租不得過六斗勑 10390下
禁保識官僞濫勑 10391上
要官之子年少不得授縣官勑 10391上
改轉圓闕勑 10391上
禁斷內外官守闕勑 10391上
享宗廟差攝三公官勑 10391上
宗廟加籩豆勑 10391上
處置二王後子孫承襲例勑 10391下
贈太子廟令子孫主祭勑 10391下
諸郡員外官依式給料勑 10391下
逃人復業放免當年租庸勑 10391下
五品官進狀勑 10392上
嶺南北黔府管內闕官選例勑 10392上
糊名試判勑 10392上
改田地四至爲路勑 10392上
給京司文武防閤士力白直勑 10392下
公卿巡陵依常式勑 10392下
六陵進羊口勑 10393上
四陵造食進狀勑 10393上
不移封內舊墳勑 10393上
禁上墓燕樂勑 10393上
先給明衣絹布勑 10393上
朝集限日勑 10393上
陳設諸王便坐勑 10393下
諸州貢人限數勑 10393下
奏事牒所進門勑 10393下
行幸起居勑 10393下
代行朝集使勑 10393下
嶺南五府不朝集勑 10394上
邊要州不在朝集勑 10394上
袴褶制度勑 10394上
宰臣出鎮請朝官勑 10394上
笏制勑 10394下
禁追匠修理雜物勑 10394下
五年一易門戟勑 10394下
禁伎樂勑 10394下
禁散樂巡村勑 10395上
免教坊博士雜徭勑 10395上
聽縣學生入四門學勑 10395上
遞改明器墓田勑 10395下
量貶左降官重犯勑 10395下
决杖人發遣勑 10395下
放周利貞等歸草澤勑 10395下
流酷吏來子珣等勑 10395下
留歷生兩人勑 10396上
試天下僧尼誦經勑 10396上
檢責僧尼勑 10396上
禁釋道聚衆勑 10396上
差官送龍璧勑 10396上
安置諸道真容勑 10396下
源乾曜等食實封勑 10396下
詳覆加階勑 10396下
進封事不限旦晚勑 10396下
訴寃經尚書省勑 10397上
勑後起請連元勑後勑 10397上
褚璆等稽滯案牘勑 10397上
諸州庸調等簿留空紙勑 10397下
修長行旨條勑 10397下
文武互選定品勑 10397下
侍郎專知武舉勑 10397下
同州等注田收入長春宮勑 10398上
專知傳驛官勑 10398上
訪察驛馬淹留勑 10398上
乘傳給券勑 10398上
御史出使勑 10398上
申明御史出使格勑勑 10398上
廣召能書勑 10398下
褒貶學士修書勑 10398下
禁請外醫療勑 10398下
復內侍局勑 10398下
免內侍差科勑 10398下
給內侍酒料勑 10398下
內侍遭憂勑 10398下
陵署考第隸太常勑 10399上
補擬諸道牧監官勑 10399上
審詳犯官雪罪勑 10399上
官吏施門籍勑 10399上
藏官不攝外事勑 10399上
總監用錢自行勾當勑 10399下

致仕官朝朔望勅　10399下
子弟停官侍養勅　10399下
伎術量與員外官勅　10399下
禁邊蕃刺史請宿衛勅　10399下
佐史解限勅　10399下
定上中下三州勅　10400上
定上中下縣勅　10400上
改豳爲邠勅　10400上
安置屯營勅　10400上
四軍槍梢用紛勅　10400下
都護品位勅　10400下
侍講等官放選勅　10400下
補擬劇司勅　10400下
選限期勅　10400下
優復邊州客户勅　10401上
出身人給告牒勅　10401上
諸蕃共爲一甲勅　10401上
改注考校失錯勅　10401上
禁容許附貫貢舉勅　10401上
宏文等生依令式勅　10401上
諸道判官三年滿限勅　10401下
探訪使入奏勅　10401下
七道節度置木契勅　10401下
駙馬階仍借金紫勅　10401下
殿最刺史勅　10401下
專知甲庫勅　10402上
禁婚部民勅　10402下
定户勅　10402下
勘覆造籍勅　10402下
招誘户口勅　10402下
歸首人報探訪使勅　10403上
禁兩都燒窑取土勅　10403上
禁與諸蕃互市勅　10403上
修兩京城勅　10403上
置常平倉勅　10403上
賑給水旱勅　10403下
官錢取利勅　10403下
禁封家舉放勅　10403下
食封以丁爲限勅　10403下
封物就坊請頒勅　10403下
承襲實封勅　10404上
百官月俸勅　10404上
給賜靺鞨等國勅　10404上
太清宫行禮用朝服勅　10404上
簡擇專知兩推勅　10404上
停御史充判官勅　10404下
御史比類能否勅　10404下
禁私役幕士勅　10404下
注授評事勅　10405上
恤賞入朝蕃客勅　10405上
舉人箭垛勅　10405上
停武官番試勅　10405上
分賜胙肉勅　10405上
閏二月停服袴褶勅　10405上
從容朝參勅　10405下
太守謝表附驛勅　10405下
寒食禁火勅　10405下
停用赤色勅　10405下
聽家畜絲竹勅　10405下
教習孝經勅　10406上
加枉法贓律勅　10406上
贖銅納錢勅　10406上
專知敘勳勅　10406上
詳定元元廟樂勅　10406上
檢校元元宫勅　10406下
内外官考進單數挾名勅　10406下
關内庸調徵限勅　10406下
徵收庸調期限勅　10406下
選人放留條目勅　10406下
申嚴遠州不肯到官勅　10407上
公卿巡謁諸陵勅　10407上
置三皇五帝廟勅　10407上
麴鹽並勒斗量勅　10407下
本色人充將作監勅　10407下
安存致仕官勅　10407下
停六品以下員外官勅　10407下
刺史犯贓加等勅　10408上
刺史不得兼别職勅　10408上
郎官御史先取縣令勅　10408上
禁官吏放債勅　10408上
選取飛騎勅　10408上
諸州醫學附甲勅　10408下
宏文學生帖試勅　10408下
不差孝假勅　10408下
官典受錢同枉法贓勅　10408下
團貌定户勅　10408下
退團貌勅　10409上
禁關西諸國興販勅　10409上
置廣運潭勅　10409上
兼官俸料不兩給勅　10409上
郡縣缺職錢納當郡勅　10409上
停免白直錢勅　10409下
職田送所管州縣勅　10409下
改年爲載勅　10409下
男丁計年正役勅　10409下
處分僞畫印勅　10410上
太史監官入朝勅　10410上
南嶽投龍告文　10410上
與倭皇書　10410上
肅宗皇帝
贈故利州司功參軍嚴方約等制　10410下
贈顏惟貞祕書監等官制　10410下
贈韓擇木亡母張氏等制　10410下
免岐王珍爲庶人制　10410上
賜韋見素等子孫一人官詔　10411上
備國馬詔　10411上
停採訪黜陟使詔　10411上

典貼虛實詔 10411下
愼擇御史勅 10411下
均平科役勅 10411下
量給官禄勅 10411下
贓數約絹估勅 10411下
又勅 10412上
縣令等官准故事選擬勅 10412上
簡擇巧兒修理金吾牆勅 10412上
外官給半料京官不給勅 10412上
逃户田宅官爲租賃勅 10412上
宣付諸州文狀勅 10412下
簡擇常參官勅 10412下
勿信中使宣言勅 10412下
客户編附百姓勅 10412下
安存現在百姓勅 10412下
勒留過客器仗勅 10413上
刺史縣令改轉例勅 10413上
賜諸王手札 10413上

代宗皇帝

選擇郎官制 10413下
誅姜慶初等并削裴倣官爵制 10413下
授顔真卿刑部尚書告 10413下
復左藏庫詔 10414上
優獎功臣後嗣詔 10414上
京兆府屬官迴避詔 10414下
州縣官不得聽本貫人任詔 10414下
召募官健詔 10414下
顯要官子孫不得擬授州縣勅 10414下
諸司闕官職田充修廨宇勅 10414下
諫官每月奏對勅 10414下
逃人物業量授附籍人勅 10415上
郎中員外任刺史勅 10415上
府縣替除勅 10415上
諫官每月上封事勅 10415上
帶職官不用缺勅 10415上
罷不通經業兩館生勅 10415上
巡檢衢路勅 10415下
五方上帝等祠用豬羊勅 10415下
給明衣絹勅 10415下
給百官喪葬人夫勅 10415下
還櫬入城勅 10416上
奏送解天文人勅 10416上
州府改革申尚書勅 10416上
流外人不授州縣勅 10416上
拆毁臨市樓閣勅 10416上
檢校祕書勅 10416上
較印斗秤勅 10416下
都水監造掌魚鮍勅 10416下
刺史替代降魚書勅 10416下
金吾置判官勅 10416下
停止禁衛充手力等勅 10416下
精擇中郎將勅 10417上
禁止皇親交婚軍將勅 10417上
量定進士冬集授散勅 10417上
童子出身勅 10417上
董晉等充三司使勅 10417下
品官依户納税勅 10417下
禁割貫改名勅 10418上
修造橋梁勅 10418上
限正月修橋勅 10418上
職田徵收各送本官勅 10418上
軍器本錢放利勅 10418下
建雙廟勅 10418下
戒理匭使勅 10418下
宰臣出鎮許百官迎送勅 10419上

德宗皇帝

常參官初授讓一人自代制 10419上
諸色罷使冬季聞奏制 10419上
條件息利本錢制 10419上
宣讀時令制 10419上
支給郡縣主錢詔 10419下
褒劉昌城平涼詔 10419下
宣賜淮西鎮守軍及諸道行營將士詔 10419下
賜故太尉段秀實祭葬立碑詔 10419下
減諸道手力詔 10419下
竇克搆准赴選詔 10420上
封韓滉晉國公詔 10420上
將軍以下充武成王廟獻官詔 10420上
條件五品以上武官去任詔 10420上
減常膳詔 10420下
給郡縣主增月俸詔 10420下
置神策軍統軍詔 10420下
報權德輿詔 10420下
注擬大理太常官闕勅 10421上
令中書省檢勘行在授官勅 10421上
五品官不合選補使注擬勅 10421上
散騎常侍不兼任使勅 10421上
選人由歷附所司申聞勅 10421上
放免逃亡息本勅 10421上
令常參官舉堪任縣令等官勅 10421下
御史分察六部勅 10421下

停東西推官勅 10421下
升興元府勅 10422上
重考不合選應舉人勅 10422上
簡擇待制官勅 10422上
禁採捕勅 10422上
減文武百官月料勅 10422上
支給致仕官禄料勅 10422下
給公主等封物勅 10422下
駙馬無子不用母蔭勅 10422下
太尉攝祭南郊勅 10422下
郊廟行禮不施褥勅 10422下
馬燧祔廟勅 10423上
嗣郡王庶子班位勅 10423上
功臣分二等勅 10423上
待制官各陳所見勅 10423上
許百官送太傅燧葬勅 10423上
嗣王葬用鹵簿勅 10423上
喪葬給鹵簿勅 10423下
死刑停先決杖勅 10423下
疏理禁囚勅 10423下
供進井水勅 10423下
侍御史據六典舉奏勅 10423下
禁濫給驛券勅 10424上
驛官減選勅 10424上
置尚藥局醫官勅 10424上
内侍養子勅 10424上
停省州縣佐録簿尉勅 10424下
省州府判司勅 10424下
引接上將軍勅 10424下
放鼓傳點勅 10425上
條件諸衛并舉武班朝參故事勅 10425上
諸衛將軍入宿勅 10425上
宿衛選人予京官勅 10425上
禁軍司違越勅 10425下
答吏部奏請量事注擬勅 10425下
契丹首領授官勅 10425下
停福建選補司勅 10425下
明經進士人數勅 10425下
類補宏文崇文學士勅 10426上
幕府改官折資勅 10426上
諸道副使等官改轉勅 10426上
諸軍文資官不得敘戰功勅 10426上
磨勘内侍官結階勅 10426下
處分冬薦勅 10426下
前資官俸料勅 10426下
訪求醫博士勅 10426下
見任醫官不加料勅 10427上
停選醫官藥童勅 10427上
取諸街枯樹修橋勅 10427上
選官專知斗門勅 10427上
諸陵四面三里内不得葬勅 10427上
禁銷錢勅 10427上
賜渾瑊勅 10427下
又勅 10427下

憲宗皇帝

賜爵敘階制 10428上
停永安軍額制 10428下
按舉刺史制 10428下
定功臣謚詔 10429上
禁中外官子弟私舉錢詔 10429上
科制避犯詔 10429上
訪擇校書正字詔 10429上
職田草粟詔 10429下
建泉等州納物麤惡懲罰詔 10429下
令百寮陳錢物重輕利害詔 10429下
禁銷錢毀器詔 10429下
禁止停省職員詔 10430上
支郡鎮遏屬刺史詔 10430上
趙宗儒權選事詔 10430上
公主等所養鷹鷂不得越界按放詔 10430上
徵宗正卿李上公等詔 10430上
允權德輿請緣遷祔令子弟營護手詔 10430下
贈權倕尚書禮部郎中勅 10430下
處分鄭方逵勅 10430下
試官改轉勅 10430下
禁鉛錫錢勅 10430上
京官俸料給現錢勅 10431上
支給邢士美料錢勅 10431上
收管岐陽馬地勅 10431上
量置學生勅 10431上
停東都防禦使勅 10431上
裴次元充東都副留守勅 10431下
舉人納策止宿勅 10431下
刺史上言利病並禁任處置産勅 10431下
罰韓臯俸料勅 10432上
考覈所舉縣令勅 10432上
停英武軍勅 10432上
停威遠營衣糧勅 10432下
禁聚射勅 10432下
父母年老單身免差勅 10432下
申光蔡三州縣官俸料勅 10432下
授新羅國王金俊邕等册勅 10432下
法司詳斷刑憲勅 10432下
處分濫給券勅 10433上
訪察州縣勅 10433上
縣主不得離京勅 10433上
修周文武祠勅 10433上

命婦朝謁勅 10433下
宮中上壽勅 10433下
安置李師古妻女勅 10433下
御史專知贓贖勅 10433下
削鄭良宰官勅 10434上
不酤官酒照湖州例勅 10434上
權判官與正授勅 10434上
停盧則見任勅 10434上
答權德輿謝追贈祖倕禮部郎中表批 10434上

穆宗皇帝

蕭俛守吏部尚書詔 10434下
停抽給用錢詔 10434下
答崔元略上章自辨詔 10434下
任百官寒食埽墓勅 10435上
命路隨韋處厚兼充史館修撰勅 10435上
放宮人勅 10435上
賜蕃客重陽宴錢勅 10435上
任諸色人入道勅 10435上
員外二周年轉官勅 10435下
詳覆大理結斷勅 10435下
禁中使傳券違越勅 10435下
定太常員闕勅 10435下
優禮孔戣勅 10436上
諸軍使屬同百姓差遣勅 10436上
官俸折米勅 10436上
節度交割狀限勅 10436上
禁賣新羅百姓勅 10436下
給韓宏俸料勅 10436下
添給諸司本錢勅 10436下

敬宗皇帝

條流滄德二州官吏俸料詔 10437上
放宮女勅 10437上
罰殷侑俸料勅 10437上
選擇正員官勅 10437上
注擬回授周親官勅 10437下

文宗皇帝

允路隨詳正順宗實録詔 10437下
允裴度奏勿廢飛狐縣鑄錢詔 10437下
答崔郾奏改茶法詔 10437下
尹臺相逢儀制詔 10437下
答劉涼請割閑地牧馬詔 10438上
賜入道公主封物勅 10438上
出降縣主妝粉錢勅 10438上
東都權置舉勅 10438上
禁奇異袍襖綾勅 10438上
贈郵王武俊妻李氏勅 10438下
罰不及嗣勅 10438下
遞減禁囚勅 10438下
停解奸吏勅 10438下
檢勘舊官勅 10439上
事有不可封章上論勅 10439上
記言記事勅 10439上
參詳元和以來制勅勅 10439下
參議僕射故事勅 10439下
罰沈傳師俸料勅 10439下
批答楊於陵辭致仕全給俸料勅 10439下
致仕依品秩勅 10439下
李石守本官勅 10440上
允滕珦致仕假公乘勅 10440上
置宿州勅 10440上
禁京城坊曲習射勅 10440上
權停流外令史勅 10440上
准格詳斷選人勅 10440下
獎引勳臣子弟勅 10440下
進奏正官不帶檢校官憲官勅 10440下
停陝虢防禦使勅 10440下
樓煩監牧置判巡官勅 10441上
停隴州判官勅 10441上
處分李賓等僞造印符勅 10441上
改轉甲庫官勅 10441上
賜武囗軍綾絹勅 10441下
諸色本錢揀殷户放存勅 10441下
支給李寰將士衣糧勅 10441下
前資官充諸軍雜任勅 10441下
諸道將校不得兼授正官勅 10441下
賜滄州營田綾絹勅 10442上
禁掠買良口勅 10442上
併度支分巡院勅 10442上
糾告私貯蓄積現錢勅 10442上
給外任一品正料勅 10442下
謁陵勅 10442下
丁匠代役並減青苗錢勅 10442下
王播權知東都選勅 10442下
駙馬守檢校官勅 10443上
次對官奏事勅 10443上
師保等官見太子勅 10443上
鄭覃謁見太子勅 10443上
新羅生住學勅 10443上
渤海生徒留六人勅 10443下
勒新羅生還蕃勅 10443下
疏決禁囚勅 10443下
慶成節禁屠勅 10443下
進改左降官勅 10443下
使用責授官勅 10444上
放赦流人准律勅 10444上
禁司天臺與朝官交游勅 10444上

中書事宜覆奏勅 10444上
户部侍郎判錢穀勅 10444上
繕寫祕書缺書勅 10444下
答柳正元條陳利病勅 10444下
罰駙馬都尉竇澣賜錢勅 10444下
軍司先狀中書勅 10444下
禁百姓著緋勅 10444下
准故事監考勅 10445上
停泗口場雜税勅 10445上
三司更改官不移替勅 10445上
召佃户税額勅 10445上
兩道選補更停五年勅 10445下
私度僧人罰李穎等俸料勅 10445下
河北諸道每年許奏兩三人入仕勅 10445下
條流遞過流囚月日時刻勅 10445下
誅楊廷宗勅 10445下

武宗皇帝

置降神聖節勅 10446下
金雲卿授淄州長史勅 10446下
依資改轉神策軍官勅 10446下
投匭進封事驗卷軸勅 10446下
令史館再修憲宗實録勅 10447上
釋放鄭復勅 10447上
慶陽節設齋勅 10447上
依崔于等狀勅 10447上
檢點摩尼寺莊宅勅 10447上
諸道授後發期勅 10447上
節將隨從將校限數勅 10447下
内侍省擬階勅 10447下
鳌革寺家奴婢勅 10447下
神策軍官定額勅 10448上
毁留寺宇勅 10448上
百寮不得于京城置廟勅 10448上
流布現錢勅 10448下
宫市依官直勅 10448下

宣宗皇帝

禁宰牛制 10448下
授徐商崔璵節度使制 10448下
詳議順宗憲宗改題神主詔 10449上
諸使請覲先請詔旨勅 10449上
犯贓陳首勅 10449上
犯贓定估勅 10449上
選擇刺史勅 10449上
名同御名奏改勅 10449下
進擬神策官額勅 10449下
禁用金玉修佛像勅 10449下
鄭顥尚萬壽公主勅 10449下
旌表周小兒勅 10449下
以諸畜代牛享祀勅 10450上
徒流人減年限勅 10450上
成維扶三州流人例勅 10450上
奏狀具小節目勅 10450上
折杖折笞勅 10450上
精選知制誥勅 10450下
違狀進詔書罰勅 10450下
改轉起居郎勅 10450下
三公上時聚會勅 10450下
覺察水陸兩路乘券勅 10451上
緱氏縣莊賜配陵官勅 10451上
置光州司馬勅 10451上
判司等官不得非時奏請勅 10451上
禁坊市置弓力勅 10451上
禁受外藩賂遺勅 10451下
禁藩鎮改移留別勅 10451下
宋球等罰俸勅 10451下
批答中書門下奏謙免鄭光所賜莊田税役勅 10452上
投誠吐蕃回鶻配嶺外勅 10452上
折毁韋讓造舍勅 10452上
答薛逵奏勅 10452上
禁諸倉耗物勅 10452上
禁京城積蓄勅 10452下
禁以麥造麵入城勅 10452下
原州等墾闢五年不加税賦勅 10452下
三千户以上縣置市令勅 10452下
批答白宏儒奏請以諸太子神主祔莊恪廟勅 10453上
送官告使事物不得過三千匹勅 10453上
京兆尹罰俸勅 10453上

懿宗皇帝

授鄭愚嶺南節度使制 10453上
答河東軍民乞留節度使崔彦昭詔 10453下
准杜慆奏留潁州刺史宗回勅 10453下
承佃逃亡田地勅 10453下
答高駢奏尋訪褚遂良苗裔勅 10453下
靈武六城隸朔方勅 10453下
李羣玉進詩賜物勅 10453下
祈雪勅 10454上

僖宗皇帝

删去任匆論律勅 10454上

殘廢徵贖勅 10454上

昭宗皇帝

禁軍法戮人勅 10454上
收贖被虜百姓勅 10454上
復天下兵馬元帥勅 10454下
停廢諸使勅 10454下
答錢珝論勘内臣朝服助祭御札 10454下

哀帝

乾和節禁宰殺勅 10454下
命婦表賀皇太后勅 10454下
張榮充兼修國史勅 10455上
廢威遠軍勅 10455上
答柳璨請圖畫梁王勅 10455上
置宣徽院使勅 10455上
司勳復故事勅 10455上
市肆交易以八十五爲陌勅 10455下

高宗武皇后

文武官計考進階制 10455下
御史受登聞鼓肺石狀制 10455下
公文作大字制 10455下
禁選人非理喧悖勅 10456上
流外出身不得任寺丞等官勅 10456上
戒户役影護勅 10456上
驍勇僮僕擊契丹勅 10456下
神座勅 10456下
簡擇天文歷生勅 10456下
節度家口傳乘勅 10456下
禁避諸司奏請勅 10456下
應留選人不論考第勅 10456下
選補桂廣等州縣闕官勅 10457上
禁相書勅 10457上
白司馬坂造大像勅 10457上
禁法外生利勅 10457上
給入朝蕃使糧料勅 10457上
内外官禄料上日給勅 10457上
犯官續前考勅 10457下
給左右補闕等官勅 10457下
御史糾獲罪狀勅 10457下
盗尊像勅 10457下
省補市令録事勅 10458上
親貌户口形狀勅 10458上
貶降官朝謝勅 10458上
賜外國物附入勅函勅 10458上
禁選人無故不到勅 10458上
十考以上隔品選敘勅 10458上
選人甲歷檢敘勅 10458下
使絶域依式給料勅 10458下
請内外百官習老子道德經表 10458下
垂拱元年吴師道等及第後勅批 10458下

中宗韋皇后

妃主給鼓吹表 10458下

梁太祖

改宫殿門名制 10459下
賜諸道節度使一子官制 10459下
討劉知俊懸爵賞詔 10460上
幸蒲陝詔 10460上
巡幸東京詔 10460上
升汴州爲開封府詔 10460上
差官祭嶽瀆山川詔 10460下
改拜郊日期詔 10460下
令魏州差官禱雨詔 10460下
令宰臣祈雨詔 10460下
戒牧宰詔 10460下
闈以時開閉詔 10461上
禁朝參官從人不得闌入銀臺門勅 10461上
放宫人勅 10461上
給行營陣歿家屬糧賜勅 10461上
安存陣歿將士家屬勅 10461上
改南郊日期勅 10461上
恤陣歿將士勅 10461上
凡補監生須願修學勅 10461下
落薛鈞進士勅 10461下
止絶舉人拔解勅 10461下
褒裴迪牓文 10461下

梁末帝

令御史臺點檢諸道入奏官詔 10462上
誡李鄩詔 10462上
太康等縣夏税據見苗輸納勅 10462上

後唐莊宗

斷除宰殺馬牛勅 10462上
在京空地任人請射勅 10462上
諸陵臺令不得影占人户勅 10462下
覺察藩方私買衣甲勅 10462下
僞蜀降官次第任使勅 10462下
答李琪轉倉贍軍條陳勅 10463上
水潦放免兩税勅 10463上
李文矩等復舊官勅 10463下
奏狀斜封明題公事勅 10463下
觀察支使俸料准掌書記勅 10463下
報齊州刺史孟璆書 10463下

後唐明宗

任百姓私麴醞酒詔 10464上
明法科同開元禮科勅 10464上

答司天臺勅 10464下
量力進奉不得傷耗生靈勅 10464下
答史館奏事勅 10464下
答和凝奏五鳳樓前謝恩勅 10464下
官限准長定格勅 10464下
吏部南曹曉諭選人勅 10464下
馬步判官不得差攝勅 10465上
凡有除移人到交割勅 10465上
得替防禦等使立班勅 10465上
官告綾紙價錢並與官破勅 10465上
放免諸州苗畝所徵麴錢勅 10465下
州府稈草依則例受納勅 10465下
又勅 10466上
戒封贈停滯勅 10466上
改宏文館名勅 10466上
放免河東等處兩稅勅 10466上
諸商稅委逐處州府撲斷勅 10466下
答雍王重美勅 10466下
禁鐵錫錢勅 10466下
又勅 10466下
給王起料錢勅 10467上
停四孟月旦起居表勅 10467上
秦王從榮班在宰相上勅 10467上
停轉對勅 10467上
諸州等慶賀表本道封進勅 10467上
賻贈段瑞丈尺勅 10467下
條流寺院僧尼勅 10467下
州縣引對勅 10468下
百官五日一起居勅 10468下
改衛軍指揮勅 10468下
權罷宏詞諸科勅 10468下
賜聞喜宴錢勅 10468下
禁鑄私錢勅 10469上
批答中書門下奏勅 10469上
居喪終制勅 10469上
允劉英甫以講義代帖經勅 10469上
夏苗人户供手狀勅 10469上
御史等官免朝不得私行人事勅 10469下
州府不得奏薦將校勅 10469下
給趙諲等十人公憑勅 10469下
三司斷案免朝勅 10469下
州縣考滿追還本司勅 10469下
朝臣對奏宣付史館勅 10470上
刺史案牘須申廉使勅 10470上
初除官不得侵正員勅 10470上
廢租庸院勅 10470上
三銓公事封送禮部勅 10470上
隨府罷職官除授勅 10470下
逃户屋物不得毀伐勅 10470下
京城菜園許人收買勅 10471上
進士選數年滿于都堂試詩賦勅 10471上
武成王廟四壁陳祭物勅 10471上
舉人試判不得祇書未詳勅 10471上
禁斷在京市肆牙人勅 10471下
國忌設僧道齋勅 10471下
諸州賓從奏具姓名勅 10472上

後唐閔帝

州縣斂民加等論勅 10472上
處分賣官買官人勅 10472上
籍没田宅禁請射勅 10472上
節度等使官告不得漏泄勅 10472上

後唐末帝

答太常禮院勅 10472下
抽借私馬勅 10472下
百官充使依例輪差勅 10473上
舉奏判官勅 10473上

晉高祖

獎涇州節度王周詔 10473上
公私鑄錢條章詔 10473下
科務耳稱寃罪勅 10473下
答馬承翰封章勅 10474上
判官參選勅 10474上
衙前大將差補都虞候勅 10474上
改承旨官名勅 10474上
張昭遠班次勅 10474下
除留守降麻勅 10474下
常安公主出降儀勅 10474下
處分選舉人文解差謬勅 10474下
任公私鑄錢勅 10474下
奏狀須印署勅 10475上
封贈三代不得第降勅 10475上
令鹽鐵使禁銷錢鑄器物勅 10475上
賜僧法城勅 10475上

晉少帝

定親王公主婚禮法物詔 10475下
進策人定三等詔 10475下
遇大祭祀等不得行極刑勅 10475下
顯陵行事官加階減選勅 10476上
下禮部貢院勅 10476上
鄴都諸門賜名勅 10476上
招充西京太常寺樂工勅 10476上
太廟置庫勅 10476下
差攝官滿五年授官勅 10476下
御史不得以小事請假勅 10476下
令佐招携户口加階勅 10477上

漢高祖

省躬罷役詔 10477下
禁斷契丹裝服勅 10478上
文武官父母加恩敘封勅 10478上
停張燦見職勅 10478上

漢隱帝

州縣替任敘資規程勅 10478上
父在母封議加太字勅 10478下
俸户不得當直勅 10478下
批答竇文靖奏朝官便衣徒步勅 10479上
諸州公事先申廉使勅 10479上
僞命文書追毁换給勅 10479上
諸道團集差散從官勅 10479上

周太祖

授王溥中書侍郎平章事制 10480上
牛皮人犯重處勅 10480上
定銅法勅 10480下
高紹基請捕録李懷義答勅 10480下
磨勘州縣前資官勅 10480下
四廟行事官除官勅 10481上
追毁出身勅 10481下
西京册廟行事人減選勅 10481下
條件諸色出選門州縣勅 10481下
磨勘郊禮行事官勅 10482上
命李仲玉祀唐陵廟勅 10482上
處分供申考簿違限勅 10482下
又勅 10482下
又勅 10482下
命開封府處死妖妄人勅 10483上
牓諭宋州勅 10483上
檢勘受官不赴謝人勅 10483上
諸道奏薦僧尼道士人數勅 10483上
減損永壽節臣寮設齋供勅 10483下
朗州升大都督府勅 10483下
遣曹匪躬點檢佃租勅 10483下
遣趙元休相度租賦勅 10484上
升朝官賜緋勅 10484上
寺監官滿七年同明經出身勅 10484上
賜鄭仁誨手勅 10484上

周世宗

公私織造須合制度制 10484下
不得奏薦判官詔 10484下
停罷官麴許人户自造詔 10484下
收壽州戰骨并優給陣殁將士家物詔 10485上
選大户爲耆長詔 10485上
命在朝文官再舉幕職詔 10485上
織造絹布不得夾帶粉藥勅 10485上
供給無家罪人水米勅 10485下
杖醫不過十五勅 10485下
行盜三犯決殺勅 10485下
逃户莊田許人請射勅 10485下
解送監生須是監中受業勅 10486下
未朝謝御史不得受供給勅 10486下
秋夏徵了追攝公事勅 10486下
興販牛畜抽税勅 10486下
毁廢妖妄占卜書勅 10487上
省廢兩京五府諸州曹官勅 10487上
令再舉令録勅 10487上
諸道俸料不得分配人户勅 10487上
差人收拏盜賊逃軍亡命人勅 10487下
任鄉村煎鹽勅 10487下

南唐先主李昪

宋王妃改氏南平制 10487下
却符瑞詔 10487下
勿議討伐詔 10488上
獎太子詔 10488上
賜宋齊邱書 10488上
上晉高祖書 10488上

南唐嗣主李景

賜陳況手札 10488下
賜周繼諸金動手札 10488下
答喻儼等手札 10488下
讓太子表 10488下
賜宋齊邱書 10488下

南唐後主李煜

遺吳越王書 10488下
答張泌諫書手批 10488下
批韓熙載奏 10489上
書述 10489上

南漢後主劉鋹

鏡銘 10489下

吳越武肅王錢鏐

海會寺陀羅尼經幢記 10489下
開慈雲嶺記 10490上
請封鎮東軍神祠奏 10490上
祭潮神禱詞 10490上
報道宏手札二首 10490上

吳越文穆王錢元瓘

建化度禪院寶幢記 10490下

吳越忠懿王錢俶

報重曜書二首 10491上

閩忠懿王王審知

請封砧碕里古廟奏 10491下

越王貞

隨大善知識信行禪師興教之碑并序 10492上

紀王慎

外嬪不爲婚奏 10494上

襄王重茂

太平公主依舊置府敕 10494下
行鄉飲酒禮敕 10494下

雍王守禮

贈太子廟隸太常奏 10494下

褒信王璆

皇妹服制奏 10495上

嗣澤王潤

大唐故奉義郎行京兆府涇陽縣主簿王府君墓誌銘并序 10495上

崔善爲

糾劾丁憂起復奏 10495上

薛收

驃騎將軍王懷文碑銘并序 10496上

齊士員

太武皇帝穆皇后供養石像之碑 10498上
獻陵造像碑 10499上

虞世南

論略 10500上
左武候將軍龐某碑序 10508下
龍泉寺碑 10510上
去月帖 10510上
鄭長官帖 10510上
潘六帖 10510上
承示帖 10510上
詔書帖 10510下
晴𣅀帖 10510下

李百藥

洛陽都督竇軌碑銘并序 10511上
夔州都督黃君漢碑銘并序 10514上
荆州都督劉瞻碑銘并序 10516下

于志甯

宏農府君當遷不諱奏 10518上
隨柱國左光祿大夫弘義明公皇甫府君之碑 10518下

歐陽詢

大唐故特進尚書右僕射上柱國温公墓誌 10520下
女子蘇玉華墓誌銘 10521下
車駕帖 10522上
足下帖 10522上
比年帖 10522上
脚氣帖 10522上

褚亮

隨右驍衛將軍上官政碑銘并序 10523上
隨車騎將軍庄元始碑銘并序 10525上
左屯衛大將軍周孝範碑銘并序 10526下

褚遂良

請厚諸弟奏 10529上
諫昭陵建造佛寺奏 10529下
論任杜淹奏 10529下
王氏帖 10529下
道妙帖 10530上

杜正倫

釋法護葬銘 10530上

岑文本

唐故特進尚書右僕射上柱國虞恭公温公碑 10530上

許敬宗

臣下喪服葬畢後除奏 10534上
唐故卧龍寺黃葉和尚墓誌銘 10534上

薛仁貴

致新羅王金法敏書 10534下

李淳風

傅仁均歷有違古法奏 10535下

王珪

駁皇甫無逸謚議 10535下

裴行儉
衛公帖 10535下
杜楚客
招撫議 10536上
蘇瓌
請省員以救時弊奏 10536上
桓彥範
諫除方術人爲國子祭酒奏 10536上
王知敬
大唐左監門衛副率哥舒季通葬馬銘 10536下
李行廉
唐故益州大都督府功曹參軍張君墓銘 10537上
盧寬
明堂制度議 10537上
李安儼
諫處置皇太子諸王奏 10537下
郭漢章
唐故銀青光禄大夫涼州刺史定遠縣開國子郭公墓誌銘 10537下
張柬之
唐故益州大都督府功曹參軍張君墓誌銘序 10538上
韋叔夏
太社冒黄土奏 10538下
李儼
金剛般若經集註序 10539上
王友方
王氏龕銘 10539下
姚崇
中書事狀略言優劣奏 10540上
陳子昂
荆州大崇福觀記 10540下
洪崖子鸞鳥詩序 10541上
無端帖 10541下
崔融
荷華帖 10541下
張説
請以時樂鳥編國史奏 10542上
答徐堅問葬 10542上
墨令答讚 10542下
李朝隱
科錢不得令州縣牽捉奏 10542下
韋嗣立
諫造佛寺奏 10543上
李嶠
爲王相公請改六書牋表 10543上
李邕
駁韋巨源謚議 10543上
上缺府別駕上柱國任府君神道碑并序 10543下
麓山寺碑陰 10545上
久别帖 10545下
比無近書帖 10545下
吏部三弟帖 10545下
勝和帖 10546上
濮王帖 10546上
陸柬之
得告帖 10546上
宋務光
請建都督議 10546下
紀履忠
糾來俊臣五犯奏 10547上
張廷珪
請重選十道巡察使奏 10547上
徐堅
救韋月將疏 10547下
崔沔
謝恩慰喻表 10547下
議州縣官月料錢狀 10548上
劉知幾
請節私恩奏 10548上
請節赦奏 10548下
盧懷慎
諫置景雲翊聖寺奏 10549上
閻立德
請除元宫棧道奏 10549下
九室五室奏 10549下
薛昭颺
復斜封官奏 10549下
韋方質
御史不可監軍奏 10550上
薛稷
夏熱帖 10550上
鄭萬英
大唐信法寺彌陀象碑 10550上
龐行基
大唐故上護軍龐府君墓誌銘并序 10552上
陳文德
唐故朝請大夫陳府君墓誌銘 10553下
程彥先
大周故處士程先生墓誌銘并序 10554上
柳紹先
楊氏合葬殘碑 10554下
王昕
王美暢夫人長孫氏墓誌銘并序 10556上
馬德表
慶林觀銅鐘銘 10556下
王安仁
大唐故文林郎王君夫人墓誌銘并序 10557上
冉元一

大周故薛府君墓誌銘并序 10557下
高延貴
石龕造像記 10558上
姚庭筠
請誅魏元忠奏 10558上
畢彥
大唐利州刺史畢公柏堂寺菩提瑞像頌并序 10558下
崔莅
置都督有弊議 10559下
源乾曜
請封禪第三表 10560上
吕太一
答吏部牒 10560上
馬懷素
大唐大理卿崔公故夫人滎陽縣君鄭氏墓誌銘并序 10560下
趙冬曦
論左遷貶降未可革心奏 10561下
裴耀卿
營田奏 10561下
楊瑒
諫博士弟子奪情奏 10562上
裴光庭
文武選人正月内團甲奏 10562下
邢璹
周易略例疏自序 10562下
韋璞玉
大唐故朝議郎京兆府功曹上柱國韋君墓誌銘并序 10562下
賀知章
東陽帖 10563下
敬和帖 10563下
隔日帖 10563下
事宜帖 10563下
彭景宣
千佛崖造象記 10564上
盧兼愛
大唐故寧州豐義縣令鄭府君墓誌銘并序 10564上
趙演
石亭記 10564下
張愿
唐故秀才張君墓誌并序 10565上
崔無詖
石龕像銘 10565下
韋濟
白鹿泉神君祠碑 10566上
孟脩己
本願寺陀羅尼經幢頌 10567上
崔文邕
千秋亭詠序 10567下
張縪
唐故豫州郾城縣丞張君墓誌并序 10568上
張佑仁
唐相州鄴縣天城山修定寺之碑 10568下
杜昱
有唐薛氏故夫人實信優婆夷未曾有功德塔銘并序 10570下
大唐故大智禪師塔銘 10571上
張旭
足下帖 10572上
患差帖 10572上
藏真帖 10572上
顛書帖 10572上
秋深帖 10572下
張令該
化城縣造像記 10572下
薛良
唐故尚舍直長薛府君夫人裴氏墓誌銘并序 10572下
韋陟
考試掌舉官親族移送吏部奏 10573下
韋縚
奉常主宗廟奏 10573下
請加籩豆酒爵奏 10573下
孫逖
授崔珪太子左庶子制 10574上
授崔秀太子左庶子制 10574上
授郭虛己太子左庶子制 10574上
李華
蒙求序 10574上
李良
薦蒙求表 10574下
李憺
華嶽題名 10575上
李彭年
勘檢出身奏 10575上
孟匡朝
請以漳水爲瀆奏 10575上
張回
唐故太中大夫守新定郡太守張公墓誌銘并序 10575下
顔杲卿
僞降上禄山書 10576下
包處遂
上顔常山書 10576下
吕巖説
唐故河南府參軍范陽張府君墓誌銘并序 10577上

褚庭誨
辭奉帖 10578上
崔季梁
大唐故奉義郎行洪州高安縣令護軍崔府君夫人河南獨孤氏墓誌銘并序 10578上
顏真卿
元陵每日供羊奏 10578下
更定婚禮奏 10579上
武城王廟用樂奏 10579下
家廟碑後記 10579下
家廟碑額陰記 10579下
與盧倉曹帖二首 10579下
與李太保帖 10580上
一行帖 10580上
南來帖 10580上
江外帖 10580上
草篆帖 10580上
元陵儀注 10581上
初喪復 10581上
沐浴 10581下
含 10581下
小歛 10582上
小歛奠 10582上
大歛 10582下
大歛奠 10583上
設銘旌　懸重 10583上
殯 10583下
將葬筮宅 10583下
啟殯朝廟 10584上
薦明器 10585下
祖奠 10586下
遣奠 10587上
奠儀 10588上
虞祭 10590上
祔廟 10590下
小祥變 10594上
大祥變 10594下
禫變 10595上
李林甫
度支長行旨符奏 10596上
定天下贓估奏 10596上
徐珙
唐故使持節上柱國口君夫人邱氏墓誌銘 10596下
周珍
唐故河南宇文府君墓誌銘并序 10597上
范朝
唐故武部常選韋府君墓誌銘并序 10597下
丁鳳
唐故河南府參軍張君墓誌并序 10598上
張晏
大唐清河張府君墓誌之銘并序 10599上
王叔通
唐故了緣和尚靈塔銘并序 10600上
杜敏
尊勝經幢銘 10600上
吉温
處分朝參不到奏 10600下
蕭諒
員外官不許知事奏 10600下
戴德永
請析置武源縣奏 10600下
李昇
行從隊仗送納武庫奏 10601上
鄭權
請置歸化縣奏 10601上
張瑄
賒糶加價折納奏 10601下
李知柔
孜滿年不得給假奏 10601下
王翼
孟月給禄奏 10602上
李通
朱衣袴褶準式奏 10602上
包融
道亂贊序 10602上
崔厚
駁郭知運謚議 10602下
辛邀
唐隴西尹公浮圖銘并序 10602下
劉庭玲
大唐故安鄉郡長史黄府君夫人彭城劉氏龕銘并序 10603下
雷賓泰
大唐故處士陪戎副尉雷君墓誌銘并序 10604上
杜鴻漸
停讓帝等廟四時享獻奏 10604下
與楊祭酒書 10604下
張孚
州縣官三考一替奏 10605上
于休烈
當祭而日食奏 10605上
蔡希綜
法書論 10605上
崔仲海
縣令龐履温清德碑陰記 10608上
張尹
燈臺頌并序 10608下
賈至
百家類例序 10609上
王縉
大臣入朝見百寮奏 10609上
劉晏

懇讓吏部尚書奏 10609上
檢點祭器奏 10609下
包佶
請詳定開元時令奏 10609下
明立私錢賞罰奏 10609下
社稷改用太牢奏 10610上
劉秩
政典 10610上
李玭
選人自覓保識官奏 10610下
柳渾
請改名奏 10610下
李泌
學士去大字疏 10611上
歸崇敬
上丁釋奠講論奏 10611上
請罷袴褶奏 10611上
御署祝版奏 10611上
嚴武
御史給公乘奏 10611下
巴州古佛龕記 10611下
韓濟
唐救苦觀世音菩薩像銘 10612上
崔巨
大唐宣州刺史薛公碑 10612上
獨孤及
鄭駙馬孝行記 10612上
田伏寶
造像刻經記 10613上
賈耽
華夷圖玉山記 10613上
劉太真
諸道供紙張奏 10613下
王璥
唐故朝議郎行登州司馬上柱國王府君墓誌銘并序 10613下
臧希晏
街鼓減常式奏 10614下
王淑
醫術請同明法奏 10615上
胡詹
大唐故高士滎陽鄭府君之碣 10615上
陰庭誡
大唐隴西李府君修功德碑記 10616下
第五琦
常平倉奏 10618上
請旌表竇升朝二女奏 10618下
錢庭篠
唐故太中大夫太常寺丞兼江陵府倉曹張公墓誌銘并序 10618下
盧元裕
請重杖不致死奏 10619上
韓擇木
相國帖跋 10619下
張從申
重刊季札墓碑記 10619下
李宥
解慧寺三門樓讚并序 10620上
康仲熊
陪遂安封明府游靈巖瀑布記 10621下
韋光輔
改造銅斗尺秤奏 10622上
韋縝
大唐華州下邽縣丞京兆韋公夫人墓誌銘并序 10622上
張延賞
請減官收俸料資西討奏 10622下
陸羽
顧渚山記 10623上
韓滉
同中書門下加俸奏 10623上
崔造
進狀先本司奏 10623上
李季平
唐故金紫光祿大夫試太子詹事兼晉州刺史上柱國隴西郡開國公李公墓誌銘并序 10624上
王延昌
大唐興唐寺淨善和尚塔銘 10624下
鮑防
停罷咸陽縣令賈全奏 10625上
徐承嗣
日蝕退分請編史册奏 10625上
盧邁
京兆河南兩府不勾縣案奏 10625上
徐浩
謝賜書表 10625下
于頎
別置推事文例奏 10625下
祀武成王議 10625下
盧杞
置監考史奏 10626上
黎幹
李勉勾當京城諸街奏 10626上
董晉
昭德王皇后祔廟奏 10626下
公主出嫁行册禮奏 10626下
册公主典故奏 10626下
王紹
權設幕屋爲獻懿二祖行廟奏 10627上

陳設四室權安神主奏 10627上
王涯
均攤南鄭欠税奏 10627上
桑叔文
唐故淮南節度討擊副使光禄大夫試殿中監兼泗州長史上柱國北平縣開國伯田府君墓誌銘并序 10627下
李説
進甘露表 10628上
裴同亮
唐故清河郡夫人張氏墓誌銘并序 10628上
史恒
大唐扶風郡夫人馮氏墓誌銘并序 10628下
楊自政
大唐南陽張公故太原郡太夫人王氏墓誌銘并序 10629上
田益
唐故泗州長史試殿中監京兆田府君墓誌銘并序 10629下
任要
岱嶽觀題名 10630上
趙傳説
資陽縣法雨寺北巖釋迦牟尼佛龕頌 10630下
侯銛
大唐故昭武校尉守左驍衛將軍上柱國陳公墓版序文 10631上
樊晃
杜工部小集序 10631下
李藩
趙郡李氏殤女墓石記 10632上
宋井
魏博將校勒功銘 10632下
楊暄
大唐故清河張夫人墓誌銘并序 10632下
崔儒
嚴先生釣臺記 10633下
宋再興
故雲麾將軍守左金吾衛大將軍試鴻臚卿上柱國宋公墓誌銘并序 10634上
張周
大唐涇王故妃韋氏墓誌銘序 10634下
高郢
勒停鼓吹四嚴奏 10635上
邵説
唐故開府儀同三司兼左羽林軍大將軍知軍事文安郡王贈工部尚書清河張公神道碑銘并序 10635下
韋皐
破吐蕃奏 10637下
請賜南詔金印奏 10637下
韋執誼
請令修撰官各撰日曆奏 10637下
李若初
請勿禁見錢出界奏 10638上
關播
三省庫官更置一人奏 10638上
王礎
請准東謝蠻朝貢奏 10638上
沈既濟
枕中記 10638下
李堅立
太倉石柱記 10640上
崔縱
復祀靈星等壇奏 10640上
杜黄裳
前資官充專知奏 10640下
中宗神主遷西夾室奏 10640下
裴堪
請勿以太學生代齋郎奏 10640下
諫張茂宗借吉就婚奏 10641上
高參
賜爵以五品爲限奏 10641上
權德輿
請續修律令事類奏 10641下
李文則
大唐故宣州宣城縣尉李府君夫人賈氏墓誌銘并序 10641下
李齊運
請收利以助公厨奏 10642下
皇甫政
請補進綾縠奏 10642下
鄭叔則
皇太子覲謁暫服墨縗議 10642下
蕭據
請詳定婦爲舅姑服狀 10643上
令狐建
議改武成王廟祝版署名奏 10643上
李業
草馬不許出界奏 10643下
李兼
破賊神應請付史官奏 10643下
楊頊

現任官不得離任奏 10643下

劉震

唐故朗州武陵縣主簿桑公墓誌銘并序 10644上

李吉甫

修元獻皇后廟奏 10644下

舊制經略不隸靈武奏 10644下

韋彤

瑶臺寺側置文皇寢園奏 10644下

楊於陵

辭全俸表 10645上

刺史見闕量材差擇奏 10645下

嚴況

祀武成王議 10646上

李巽

比類累年糶鹽錢數奏 10646下

竇參

續差御史監祭奏 10647上

武元衡

更請厨料本錢疏 10647下

三院御史班序奏 10647下

三品官除謝奏 10647下

裴度

廢金牛等十六縣爲鄉奏 10648上

乞留男讓奏 10648上

西門元佐

大唐故朝議郎行宫闈令充威遠軍監軍上柱國賜紫金魚袋西門大夫墓誌銘并序 10648上

魏匡贊

大唐故宜州司功參軍魏府君墓誌銘并序 10649下

韋同翊

唐故龍花寺内外臨壇大德韋和尚墓誌銘并序 10650下

賈中立

唐朝議郎行鳳州司倉參軍上柱國司馬君夫人新安孫氏墓誌銘并序 10651下

盧坦

劾柳晟閻濟美進獻奏 10652上

張宏静

蕭齋記 10652上

王仲舒

國子博士韓愈除都官員外郎制 10652下

林藻

深慰帖 10653上

合浦還珠賦 10653上

林蘊

對賢良方正策 10653下

柳宗元

唐清河張府君墓誌銘 10653下

歐陽詹

弔漢武帝文并序 10653下

于方

唐裴氏子墓誌銘 10654下

劉禹錫

擬門下侍郎平章事制 10655下

擬中書侍郎平章事制 10655下

裴次元

京畿等縣不置員外試官奏 10655下

楊嗣復

蜀武侯祠堂碑陰題記 10655下

崔鄯

論諫議大夫張宿奏 10656上

遂王正位青宫奏 10656上

竇鄯

請宥郭子儀子弟與張氏争財奏 10656上

常參五等官請假奏 10656下

武少儀

請明示何竦曹壽罪狀奏 10657上

韋紓

唐故朝散大夫秘書省著作郎致仕京兆韋公玄堂誌 10657上

鄭澣

唐故同州司兵參軍上柱國京兆杜府君墓誌銘并序 10658上

李應

請許百姓自粘奏 10658下

王播

榷鹽利付度支奏 10659上

糶鹽加價奏 10659上

御史在任减月轉準奏 10659上

鹽户不許追擾奏 10659下

孟簡

常平義倉州縣得專奏 10659下

裴垍

史館修撰一人判館奏 10659下

李逢吉

祭天地社稷用樂如舊奏 10660上

張濛

具賜爵例奏 10660上

段文昌

秋氣帖 10660下

陸淳
祀武成王議 10660下
李道古
睦州大廳記 10661下
張西岳
銅山湖記 10662上
崔歸美
唐故文貞公曾孫故穀城縣令張公墓誌銘 并序 10662下
邵仲方
唐故元從奉天定難功臣游擊將軍守冀王府右親事典軍上柱國勒留堂頭高平郡邵公墓誌銘 并序 10663下
沈超
崔文公魏成縣靈泉記述 10664上
王鉅
唐故東河裴公墓誌銘 并序 10664下
李汭
高涼泉記 10665上
劉士舉
唐故彭城劉府君墓誌銘 并序 10665下
唐故南陽張夫人墓誌銘 并序 10666上
景審
一切經音義序 10667上
李遊
處分官徒奏 10668上
杜英策
舉張舟政蹟狀 10668上
李鄘
停高陵等四縣烽子奏 10668下
崔直
知彈御史被彈待罪奏 10669上
鄭元修
命婦喪葬節制奏 10669下
皇甫鏄
權借外命婦院置官典院奏 10669下
竇易直
詳議僕射答拜儀注奏 10670上
劉遵古
太廟五享攝祭差三公奏 10670上
王源中
罪犯歸有司奏 10670下
陸庶
爛柯山碑記 10670下
趙昂
故朝議郎行内侍省内寺伯上柱國劉府君墓誌銘 并序 10671上
吕温
唐故銀青光禄大夫京兆尹兼御史大夫上柱國贈吏部尚書京兆韋公神道碑銘 并序 10671下
唐故湖南團練觀察處置等使通議大夫使持節都督潭州諸軍事守潭州刺史中丞賜紫金魚袋贈陝州大都督東平吕府君夫人河東郡君柳氏墓誌銘 并序 10674上
白居易
授劉總祕書郎制 10675下
段平仲
釐革太常儀注奏 10675下
牛僧孺
升御史大夫爲三品奏 10676上
唐故太常丞贈諫議大夫温府君神道碑 并敘 10676下
蘇景胤
重罸廟參不到奏 10677下
劉栖楚
閉市門禳諸陰奏 10678上
李德芳
唐故顔府君墓誌銘 并序 10678上
華良夫
讓試官書 10678下
麋簡
南陽葉公逆修墓誌銘 并序 10678下
李隨
請鑄造祕書閣圖書印疏 10679下
李濬
松窗雜録序 10679下
韋公式
嶽祠題記 10679下
方參
嶽祠題記 10680上
趙全泰
唐承務郎前試左武衛兵曹參軍攝易州滿城縣令趙全泰妻沛郡武氏墓記 10680下
符載
亡妻李氏墓誌銘 并序 10681上
薛存誠
御史推勘不限東西奏 10681上
薛平

禁掠賣新羅人口奏 10681下

高元裕

丞郎拜食先牒臺司奏 10682上

李夷簡

憲宗稱祖奏 10682上

彈奏舉選限内請朝參奏 10682上

訪察諸道不法奏 10682下

李紳

唐故試太常寺奉禮郎趙郡李府君墓誌文 10682下

李德裕

奏回鶻事宜狀 10682下

請發陳許軍馬狀 10683上

賜王宰詔意 10683上

答侍郎十九弟書 10683下

遺段少常成式書 10684上

李渤

創置理匭使奏 10684上

李聽

募馬構邊奏 10684上

胡季良

方山寶幢贊并序 10684下

德本寺碑 10684下

柳公權

尊殿卑議 10685上

筆偈 10685上

聖慈帖 10685上

伏審帖 10685上

赤箭帖 10685上

辱問帖 10685下

時新帖 10685下

年衰帖 10685下

蘭亭帖 10685下

題王大令送梨帖 10685下

謝人惠筆書 10685下

吴臯

爲盧坦紀事銘 10686上

韋辭

請停榷麴奏 10686下

崔元略

軍使追人令移文牒奏 10686下

李珏

徐行周五代同居奏 10687上

華景洞題名 10687上

韋絢

戎幕閒談序 10687上

藏諸

菖蒲澗記 10687上

魏則之

唐左神策軍護軍中尉副使兼左街功德副使金紫光禄大夫右監門衛將軍上柱國高平郡開國公食邑二千户劉公故夫人宏農縣君楊氏墓誌銘并序 10687下

眭沓

唐故試大理司直辛公墓誌銘 10688下

昔耘

大唐故隴西郡李府君墓誌銘并序 10689下

劉礎

唐幽州節度衙前兵馬使王公夫人故隴西李氏墓誌銘并序 10690上

賈文度

唐故太府寺主簿弘農楊府君墓誌銘 10691上

崔鍔

大唐故興元元從登仕郎守内侍省内侍伯員外置同正員上柱國朱公故夫人天水郡趙氏墓誌銘并序 10691下

明援

唐胡府君夫人朱氏墓誌銘 10692下

李乂

唐故處士潁川陳氏公墓誌銘并序 10693下

諸葛鉟

唐故梁府君墓誌銘并序 10694上

南卓

題劉薰蘭表後 10694上

吕述

移城隍廟記 10694下

馬目山新廟記 10695上

顧齊之

一切藏經音義序 10695下

唐正辭

唐山南東道節度總管充涇原防秋馬步都虞候正議大夫檢校太子賓客上柱國趙公亡夫人譙郡夏侯氏墓誌銘并序 10696下

鄭覃

請賜五經博士禄粟奏 10697下

杜元穎

劾李渤奏 10697下

封敖

鄉老獻賢能賦 10697下

修斜谷路奏 10697下

崔龜從

宋昂殿兩選奏 10698上

王彦威

進唐典表 10698上

上元和曲臺新禮表 10698上

盧宏正
題柳泉驛 10698下
柳仲郢
唐故柳氏長殤女墓誌銘并序 10699上
崔杞
大理寺官犯贓加等奏 10699上
庾敬休
制置除陌等錢奏 10699下
劉寬夫
論陳岵自引罪奏 10699下
崔珙
禱雪終南廣惠廟奏 10700上
李漢
舉人不試詩賦奏 10700上
周太元
雜物結贓估斷奏 10700上
楊歸厚
鄭州置驛路奏 10700下
馬植
升武陸縣爲州奏 10700下
請給杜存誠印奏 10700下
黄滚
朝散大夫使持節韶州諸軍事守韶州刺史上柱國陳府君墓誌銘并序 10701上
柳正元
放停宫苑使料錢奏 10702下
李固言
監倉御史五日一入倉奏 10703上
知彈御史專掌京城奏 10703上
張諷
議親議貴奏 10703下
李衢
玉牒特創嘉名奏 10704上
崔鄲
旌陳珽五代同爨奏 10704上
滕珦
乞給券奏 10704上
吕貞儉
陳少公亡太夫人蔣氏墓誌銘并序 10704下
趙博齊
大唐故朝議郎河南府登封縣令上柱國賜緋魚袋崔公墓誌銘并序 10705上
余球
五大夫市新橋記 10706下
于濆
上缺誌銘并序 10707上
王儔
唐故宣功參軍鉅鹿魏君夫人趙氏墓誌銘并序 10708上
崔耿
東武樓碑記 10708下
郭圖
胡氏亭畫記 10709下
宋誠
蒼山廟記 10710上
蕭珦
唐巴郡太守滎陽鄭公新建天王記 10711上
沈櫓
唐趙夫人故河内張氏墓誌銘并序 10711下
李翊
監察御史代監左藏庫奏 10712上
裴誼
詳斷刑獄取最後勅爲定奏 10712上
請任百姓自醖奏 10712下
榷酒錢不配業户奏 10712下
崔元式
禁斷次弱綾絹奏 10712下
吴汝納
訴吴湘屈殺狀 10713上
楊士端
光陵柏城不宜動土興工奏 10713上
李回
文武常參官准例置引馬奏 10713下
常參官兼憲官序立依前遵守奏 10713下
紇干㬢
五品以上犯贓賜死于家奏 10714上
孔温業
李紳拜相制 10714上
陳夷行
僕射上儀依三公奏 10714下
歸融
皇帝降服以日易月奏 10715上
殷侑
請給河北兩州耕牛奏 10715下
州縣留放五員奏 10715下
改建陵等四縣名奏 10715下
李景讓
請升代宗以下八廟奏 10716上
諫宣宗爲鄭光輟朝疏 10716上
杜審權
授唐技虔州刺史裴紳申州刺史制 10716上
裴素
明日帖 10716上
魏謩
權放一兩月朝參奏 10716下
李商隱
賦三怪物 10716下

薛逢
畫像自贊 10717上
段成式
金剛經鳩異序 10717上
連珠 10718上
其二 10718上
先天幀讚聯句 10718上
答温飛卿書 10718上
劉濛
大理寺壁重寫律令奏 10718下
王鐸
自請督師奏 10718下
陳寬
再建圓覺塔誌 10719上
鄒敦愿
唐故隴西董氏内表弟墓誌銘并序 10719下
劉南仲
唐故馮府君墓誌銘并序 10720下
孫治
唐故太原王府君墓誌銘并序 10721上
李翊
唐湖州缺六字故夫人墓誌銘并序 10721下
令狐專
唐故上都唐安寺外臨壇律大德比丘尼廣惠塔銘并序 10722上
劉景夫
唐故正議大夫行内侍省内府局丞員外置同正員上柱國太原縣開國男食邑三百户賜緋魚袋王公墓誌銘并序 10723上
康季榮
旌周小兒孝行奏 10723下
尹震鐸
唐故宣義郎行内侍省内僕局丞員外置正員上柱國李府君墓誌銘并序 10724上
李柔
明州奉化縣岳林寺塔銘并序 10724下
韋博
唐故光禄大夫守太子太傅致仕上柱國彭城郡開國公食邑三千户贈司徒劉公神道碑銘并序 10725上
宋玕
故忠武軍節度兵馬使朝請郎試左金吾衛兵曹參軍上柱國朱公墓誌 10727上
王項
唐故潁川陳夫人墓誌銘并序 10728上
薛逵
築定戎關奏 10729上
鄭渥
文川谷路斜谷路置驛奏 10729上
韋損
請立私廟奏 10729下
韋孺實
議韋損立三世廟奏 10729下
李元中
大唐幽州節度隨使押衙銀青光禄大夫檢校國子祭酒太原王公夫人清河張氏墓誌 10730上
李郴
唐祕書省祕書郎李君夫人宇文氏墓誌銘并序 10731上
李纓
唐魏王府參軍李纓亡妻弘農楊氏夫人墓誌銘并序 10731下
禹璜
靈泉寺題記 10732下
朱洪
古山索靖廟碑 10732下
李藝
唐故潁川郡陳府君墓誌銘并序 10733上
程山甫
唐臨江郡故何長史府君墓誌銘并序 10734上
李直
唐扶風馬氏故夫人清河張氏墓誌銘并序 10734下
許舟
唐故幽州隨使節度押衙正議大夫檢校國子祭酒兼侍御史上柱國太原王府君夫人清河張氏合祔墓誌銘并序 10735下
胡錡
賀曹尚書子希幹及第啟 10736上
段公路
禱孟公祝祠 10736下
馬郁
維唐故隴西李府君墓誌銘并序 10736下
張元勿
唐故朝議郎守徐州功曹參軍上柱國

劉公墓誌銘 10737下

溫憲

唐集賢直院官榮王府長史程公墓誌銘并序 10738下

劉從周

劉氏幼子葬銘 10739下

劉氏室女墓銘 10739下

楊檢

唐故嶺南節度使右常侍楊公女子書墓誌 10740上

孫溶

唐故前河南府録事天水趙公墓誌銘 10740下

莫雲孚

城山寺殘經幢 10741上

張賓

唐故幽州隨使節度押衙遥攝鎮安軍使充綾錦坊使銀青光禄大夫檢校國子祭酒兼御史中丞上柱國平陽郡敬府君墓誌銘并序 10741下

徐膠

大唐故幽州節度要籍祖君夫人宏農楊氏墓誌銘并序 10742上

史歸舜

陁羅尼經石幢讚并序 10743上

張禕

南龕題名記 10744上

戴師顥

戴府君墓誌并序 10744上

李景莊

應配流人就近奏 10744下

高駢

尋訪褚遂良後裔護喪歸葬奏 10745上

致周寶書 10745上

逐西川僧法進判 10745上

司空圖

李公磎行狀 10745上

胡曾

代高駢檄南蠻 10745下

白宏儒

請廢諸太子廟祔莊恪廟奏 10745下

黄璞

觀察使檢校司徒兼御史大夫陳巖墓誌 10745下

顔蕘

自草墓誌 10746下

鄭谷

雲臺編序 10746下

康駢

劇談録序 10747上

蔡德章

唐故朝議郎前行宣州南陵縣尉柱國張府君墓誌銘并序 10747下

鄭貽

鹿門詩集敘 10749上

韓義賓

唐定州別駕程君士庸墓誌銘 10749下

張士賓

大唐義武軍節都知兵馬使銀青光禄大夫檢校工部尚書兼御史大夫持節易州諸軍事易州刺史上柱國安定縣開國伯食邑九百户程公巖勳德碑頌 10750下

盧知猷

盧鴻草堂圖後跋 10752上

張濬

太廟宫懸依古禮用二十架奏 10752上

胡密

唐韋君靖碑 10753上

張珪

唐故處士江夏黄府君墓誌并序 10754下

王延嗣

諫閩王王審知書 10755上

崔致遠

賀改年號表 10756上

賀通和南蠻表 10756下

賀建王除魏博表 10757上

賀封公主表 10757下

賀殺黄巢徒伴表 10757下

賀處斬草賊阡能表 10758下

賀收復京闕表 10758下

賀殺黄巢表 10759下

賀降德音表 10760上

賀回駕日不許進歌樂表 10760下

謝加太尉表 10760下

謝示南蠻通和事宜表 10761下

謝立西川築城碑表 10762上

謝賜御製真贊表 10762下

謝御札衣襟并國信表 10763上

謝加侍中表 10763下

謝加侍中兼實封表 10764上

請巡幸江淮表 10764下

第二表 10765下

讓官請致仕表 10767上

謝詔狀 10768上

謝詔示權令鄭相充都統狀 10768下

謝宣慰狀 10769上
謝詔獎飾進奉狀 10769上
謝詔示徐州事宜狀 10769下
謝詔止行墨勅狀 10770上
謝郄公甫充監軍手
詔狀 10770下
謝除鍾傳充江西觀
察使狀 10770下
謝就加侍中兼實封
狀 10771上
謝秦彥等正授刺史
狀 10771下
奏請從事官狀 10771下
奏請僧宏鼎充管内
僧正狀 10772上
謝許宏鼎充僧正狀 10772下
謝除姪瓊官狀 10772下
謝弟柷再除緜州刺
史狀 10773上
謝姪男宏約改名濟
除授揚州大都府
左司馬狀 10773上
奏請姪男劬轉官狀 10773下
奏薦歸順軍孫端狀 10774上
奏李楷己下參軍縣
尉等狀 10774上
奏楊行敏知廬州軍
州事狀 10774上
奏誘降成令瓌狀 10774下
奏招降福建道草賊
狀 10775上
奏姪男劭華州失守
請行軍令狀 10775下
奏請天征軍任從海
等衣糧狀 10776上
奏論抽發兵士狀 10777上
奏請叛卒鹿晏宏授
興元節度使狀 10777上
進金銀器物狀 10777下
進漆器狀 10778上
進御衣段狀 10778上
進綾絹錦綺等狀 10778下
賀入蠻使迴狀 10778下
賀殺黃巢賊徒狀 10779上
賀收復京城狀 10779下
賀月蝕德音狀 10779下
賀内宴仍給百官料
錢狀 10780上
請降詔旨招喻兩浙
狀 10780下
謝加侍中兼實封狀 10780下
謝落諸道鹽鐵使加
侍中兼實封狀 10781上
謝弟柷再除緜州狀 10781下
請轉官從事狀 10782上
某官薛礪 10782上
某官鄭俶 10782上
某官顧雲 10782上
滑州都統王令公 10782下
第二 10783上
第三 10783上
鄭畋相公 10783下
第二 10783下
史館蕭遘相公 10784上
度支裴徹相公 10784下
租庸王徽相公 10784下
前太原鄭從讜尚書 10785上
禮部夏侯潭侍郎 10785上
吏部裴瓚尚書 10785下
第二 10785下
宣歙裴虔餘尚書 10786上
第二 10786上
鹽鐵李都相公 10786下
第二 10786下
盧紹給事 10787下
壁州鄭凝績尚書 10787下
泗州鄭庚常侍 10788上
湖州杜孺休常侍 10788下
泗州于濤常侍 10788下
西川陳敬瑄相公 10789上
徐州時溥司空 10789上
第二 10789下
第三 10789下
諸葛爽相公 10790上
第二 10790上
湖南閔頊尚書 10790上
幽州李可舉大王 10790下
第二 10791上
第三 10791上
第四 10791下
滑臺王令公 10791下
鹽鐵李都相公 10792上
第二 10792下
龍州裴峴尚書 10792下
西川柳常侍 10792下
史館蕭遘相公 10793上
三相公 10793上
翰林侯翻學士 10793下
都統王令公 10793下
第二 10794上
第三 10794上
浙西周寶司空 10794下
第二 10794下
第三 10795上
第四 10795上
第五 10795下
宣歙裴虔餘尚書 10795下
第二 10795下
第三 10796上
壁州鄭凝績尚書 10796上
第二 10796下
太保相公鄭畋 10796下
護軍郄公甫將軍 10796下
第二 10797上
第三 10797上
前左省衛增常侍 10797上
泗州于濤尚書 10797下
第二 10797下
魏博韓簡侍中 10798下
鄂州崔紹大夫 10798下

考功蔣泳郎中 10799上
前泗州鄭廉常侍 10799上
新羅探候使樸仁範員外 10799下
蕭遘相公 10799下
第二 10800上
田軍容 10801上
都統王令公賀冬 10801下
浙西周寶司空 10801下
前宣歙裴虔餘尚書 10801下
幽州李可舉太保五首 10801下
徐泗時司空 10803上
田令孜軍容送器物 10803下
振武赫連鐸尚書謝馬狗 10803下
幽州李可舉大王 10803下
檄黄巢書 10804上
招趙璋書 10805上
告報諸道會兵書 10805下
告報諸道徵促綱運書 10806下
答浙西周司空書 10807上
答江西王尚書 10808下
答徐州時溥書 10809下
答襄陽郄將軍書 10811上
浙西周寶司空書 10812下
浙西護軍焦將軍書 10813上
滁州許勍委曲 10813下
昭義成璘 10814上
廬江縣令李清 10814下
淮口鎮李質 10814下
光州李罕之 10815上
楚壽兩州防秋迴戈將士 10815下
歸順軍孫端 10815下
楚州張雄 10816上
楚州張義府 10816上
滁州許勍 10816下
壽州張翺 10816下
廬州楊行敏 10817上
和州秦彦 10817上
盧傳 10817上
戴盧 10817下
光州王緒 10817下
楚州營田判官綦毋藾 10818上
鄆州耿元審 10818上
海陵鎮高霸 10818上
淮口李質 10818下
行墨勑授散騎常侍牒詞 10819上
廣明二年六月十二日使兼都統檢校太尉平章事燕國公授盱眙鎮將鄭唐御史中丞 10819上
楚州刺史張雄將軍 10819下
授高霸權知江州軍州事 10819下
許勍妻劉氏封彭城郡君 10820上
請節度判官李綰大夫充副使 10820上
請副使李大夫知留後 10820下
請高彦休少府充鹽鐵巡官 10821上
請泗州于濤尚書充都指揮使 10821上
王棨端公攝右司馬 10821上
右司馬王棨端公攝鹽鐵出使巡官 10821下
前邵州録事參軍顧玄夫攝桐城縣令 10821下
海陵縣令鄭杞 10822上
前宣州當塗縣令王翺攝揚子 10822上
柳孝讓攝滁州清流縣令 10822下
前浙西館驛巡官鄉貢三傳張咸乂攝山陽縣丞 10822下
前婺州金華縣尉李涵攝天長縣尉 10822下
前潁上縣主簿鄭綏攝盛唐縣丞 10823上
諸葛殷知榷酒務 10823上
李昭望充奉國巡官 10823下
柴巖充洪澤雨塘巡官楚州營田 10823下
許權攝觀察衙推充洪澤巡官 10823下
王棨端公知丹陽監事 10824上
臧漵知鹽城監事 10824上
趙詞攝和州刺史 10824下
淮口鎮將李質充沿淮應接使 10824下
淮陰鎮將陳季連充沿淮應接副使 10825上
宋再雄差充水軍都知兵馬使 10825上
蘇聿補衙前虞候 10825下
曹威轉補散兵馬使 10825下
許勍授廬州刺史 10825下
孫端權知舒州軍州事 10826上
朱鄘補討擊使 10826上
郝定補衙前兵馬使 10826下
客將哥舒瑫兼充樂營使 10826下
王處順充鹽城鎮使 10826下
張晏充廬州軍前催陣使 10827上
歸順軍補衙前兵馬使 10827上
安再榮管臨淮都 10827上
吕用之兼管山陽都知兵馬使 10827下

獬豸都將　10827下
宿松縣令李敏之充招討都知兵馬使　10828上
張雄充白沙鎭將　10828下
安再榮充行營都指揮使　10828下
徐莓充榷酒務專知　10829上
柳孝讓知白沙場榷酒務　10829上
行營都虞候　10829上
曹鵬知行在進奏補充節度押衙　10829上
朱祝大夫起復　10829下
上都昊天觀　10829下
應天節齋詞三首　10830下
上元黃籙齋詞　10831上
中元齋詞　10831下
下元齋詞　10832上
上元齋詞　10833上
中元齋詞　10833下
齋詞　10833下
黃籙齋詞　10834上
禳火齋詞　10834下
天王院齋詞　10834下
爲故昭義僕射齋詞二首　10835上
祭五方文　10836上
築羊馬城祭土地文　10836下
祭楚州陣亡將士　10836下
寒食祭陣亡將士　10836下
移浙西陳司徒廟書　10837上
手札　10837下
西川羅城圖記　10837下
補安南録異圖記　10839下
求化修大雲寺疏　10840下
求化修諸道觀疏　10841上
初投獻太尉啟　10842下
再獻啟　10843上
謝生料狀　10844上
獻詩啟　10844上
謝職狀　10844下
謝借宅狀　10844下
出師後告辭狀　10845上
謝令從軍狀　10845下
謝借舫子狀　10845下
謝許奏薦狀　10845下
賀破淮口賊狀　10846上
賀高司馬除官狀　10846下
謝職狀　10846下
長啟　10846下
謝加料錢狀　10848上
謝衣段狀　10848上
謝借示法雲寺天王記狀　10848下
謝示延和閣記碑狀　10848下
謝改職狀　10849下
謝探請料錢狀　10849下
與恩門裴秀才求事啟　10850上
獻生日物狀　10850上
又狀　10851上
物狀　10851下
端午節送物狀　10852上
謝新茶狀　10852下
謝櫻桃狀　10852下
謝冬至料狀　10852下
謝寒食節料狀　10853上
謝社日酒肉狀　10853上
謝疋段狀　10853上
上座主尚書別紙　10854上
賀除吏部侍郎　10854上
賀除禮部尚書別紙　10854下
濟源別紙　10855上
迎楚州行李別紙二首　10855上
五月一日別紙　10855下
謝降顧狀　10855下
與金部郎中別紙二首　10856上
與客將書　10856下
謝宋絢侍御書　10857上
答裴抴庶子書　10857下
謝高秘書示長歌書　10858上
謝李琯書　10858上
謝元郎中書　10858下
謝周繁秀才以小山集見示　10858下
與壽州張常侍書　10859上
賀楚州張義府尚書　10859下
與假牧書　10859下
謝許歸覲啟　10860上
謝行裝錢狀　10860上
謝再送月料錢啟　10860下
謝賜弟樓遠錢狀　10860下
上太尉別紙五首　10861上
祭巉山神文　10862上
進詩賦表狀等集狀　10862下
上太師侍中狀　10863上
有唐新羅國故知異山雙谿寺教謚真鑒禪師碑銘并序　10864下
有唐新羅國故兩朝國師教謚大朗慧和尚白月葆光之塔碑銘并序　10867下
大唐新羅國故鳳巖山寺教謚智證大師寂照之塔碑銘并序　10873下

徐夤

藺相如使秦賦　10878下
元宗御製盧徵君草堂銘賦　10879上
陳後主獻詞賦　10879下
外舉不避讐賦　10880上
避世金馬門賦　10880下
東陵侯弔蕭何賦　10881上
貴以賤爲本賦　10881上
管仲棄酒賦　10882下
扣寂寞以求其音賦　10883上

知白守黑爲天下式
賦　10883下
太極生二儀賦　10884上
員半千説三陣賦　10884下
文王葬枯骨賦　10885上
駕幸華清宮賦　10886上
再幸華清宮賦　10886下
卞莊子刺虎賦　10887上
鑄百鍊鏡賦　10887下
元宗御注孝經賦　10888上
割字刀子賦　10888下
福善則虚賦　10888下
竹篦子賦　10889上
柳璨
請創閣圖畫梁王奏　10890上
薛貽矩
上大梁新定格律奏　10890下
蔣鑒玄
梁故明州軍事押衙
充勾押官銀青光
禄大夫檢校太子
賓客兼殿中侍御
史王府君墓誌銘　10890下
韓建
諫奪孔緯宅疏　10891下
永王李存霸
旌韓德兄弟表　10891下
雍王重美
量立僧道科試奏　10891下
劉岳
删定鄭餘慶書儀奏　10892上
楊途
禁開發古墓奏　10892上
于嶠
錫賚老病官奏　10892下
郭崇韜
征蜀薦才疏　10892下
豆盧革
請加尊號表　10892下
請出内府財帛勞軍
奏　10893上
李琪
請轉運官物授官奏　10893上
蔡同文
武成王廟四壁設酒
醢奏　10893下
李元龜
徒流放還依律處分
奏　10893下
張昭遠
加估折納奏　10894上
張延朗
州縣徵科賞罰奏　10894上
張鵬
常朝就敷政門外賜
食奏　10894下
范延光
請賜指揮俸料奏　10894下
添支侍衛親軍指揮
料錢奏　10894下
李郁
請復園陵舊制奏　10895上
聶延祚
釐革牌印奏　10895上
郭從義
誅趙思綰奏　10895上
范延策
上三事奏　10895下
孔知邵
除替諸道副使等官
奏　10895下
李延範
條具切要逐件奏　10895下
逃户歸業二年内放
免兩税奏　10896下
竇專
請罷租庸使歸三司
奏　10896下
申蕃瑀
未明事理不得行責
奏　10897上
楊知方
自陳請驗文書狀　10897上
郝瓊
司吏逐月支賜糧錢
奏　10897下
任贊
勿啟倖門奏　10897下
崔居儉
大祠中祠車駕不出
奏　10897下
王權
諸道詳勘職方地圖
奏　10898上
李象
散官犯罪不得當贖
奏　10898上
盧質
僕射上事儀注務簡
奏　10898下
王鎔墓誌銘　10898下
李愼儀
請委銓曹檢點選格
奏　10899上
劉昫
乞免行香奏　10900上
宗廟制度議　10900上
盧振
禁止織造疏薄奏　10900下
曹琛
文武給假許支料錢
奏　10901上
樊倫
請除關税奏　10901上
盧文紀
明定文武考校奏　10901上
張文蔚
法寺置議獄堂奏　10901下
盧損
陳時政奏　10901下

五日起居如舊奏 10902上
馮道
唐明宗謚議 10902上
楊凝式
西京置留臺省奏 10902上
和凝
補奏齋郎奏 10902上
請放榜後貢舉官晚出奏 10903上
張粲
創建斛律王廟記 10903上
張孝友
福祈禪院碑 10904下
鄭搏
彈李鼎奏 10905上
王易簡
請銓司一人都簽署奏 10905下
孫紹榮
高明寺經幢記 10905下
宋齊邱
讓表 10906上
收穀帛策 10906上
江文蔚
二丹入貢圖贊并序 10906上
張洎
項斯詩集序 10906下
馮延己
楞嚴經序 10907上
潘佑
與南漢主書 10907上
韓熙載
烈祖廟議 10907上
謝賜絹表 10907下
羅周裔
禁民間用銅奏 10907下
曹允昇
請置常平倉奏 10908上
朱知家
鐫觀音像贊 10908上
竇文靖
糾朝官便服徒步奏 10908下
劉悦
止絶税牛奏 10908下
侯仁寶
廣栽桑棗奏 10908下
滕紹宗
造像題名 10909上
夏承原
祇園寺舍利塔題名 10909上
于德辰
陳九事奏 10909上
析從阮
慶州軍事奏 10909下
招撫樹夥等族奏 10910上
高紹基
請捕録李勳奏 10910上
趙上交
請罷帖經對墨義奏 10910上
向訓
誓約蕃部奏 10910下
郭瓊
與南唐劉彦貞書 10910下
王景
安撫諸砦奏 10911上
劉載
内殿彈奏儀奏 10911上
朱仲武
故左武衛中郎將石府君墓誌銘并序 10911上
張憲
諫後主書 10912上
徐鉉
述祖先生墓誌序 10912上
許真人井銘 10912下
四晧畫贊 10912下
野老行歌圖贊 10912下
硯銘 10913上
册秀才文四首 10913上
林罕
十在文 10913下
郭忠恕
汗簡序 10914上
汗簡略敘後記 10914上
陶穀
右軍書黄庭經跋 10914下
續跋 10914下
王宗弼
奉魏王牋 10915上
危德輿
有吴太僕卿檢校尚書左僕射舒州刺史彭城劉公夫人故尋陽長公主墓誌銘并序 10915上
雷嶽
匡真大師塔銘 10917上
龔澄樞
西鐵塔記 10920上
鄭敬贇
樂昌黄連山銅鐘記 10920上
李托
東鐵塔記 10920上
歐陽炯
蜀八卦殿壁畫奇異記 10920下
詹敦仁
初建安溪縣記 10921下
錢鏵
康樂巖題記 10922下
沈仁衷
感應塔記 10922下
智詵
答某書 10924下
智首
續薩婆多毘尼毘婆沙序 10924下
行友
釋智通論 10925上
法琳

破邪論 10926上
答太宗詔奏 10927上
詔問臨刃不傷對 10927上
法宣
釋道慶壙銘 10927下
釋慧頵塼塔銘 10928上
元續
寶元寺碑銘 10928上
彥琮
大唐故左衛翊衛武騎尉王府君墓誌銘 并序 10928上
道宣
續高僧傳後序 10929上
簡諸宰輔敘佛教隆替狀 10929上
定持
大周故居士廬州巢縣令息尚君之銘 10931上
懷素
自敘啟 10931上
酒狂帖 10932上
右軍帖 10932下
聖母帖 10932下
秋風帖 10933上
律公帖 10933上
一行
請造銅遊儀奏 10933下
請與星官考校黃道遊儀奏 10933下
沙門邈
大唐本願寺三門之碑 10934下
文器
唐缺口峯塔院銘 10935上
了空
金剛般若石經贊 并序 10936上
元昉
大唐鄮縣修定寺傳記 10937上
慧雲
嵩山故大德淨藏禪師身塔銘 并序 10938上
處訥
結九品往生社序 10938下
君長
岳林寺塔記 10939上
圓照
北山院造像記 10939上
季良
沙彌尼清真塔碑銘 并序 10939下
行堅
惠光和尚舍利銘記 10939下
沙門紹
蜀普慈縣永封里再興王董龕報國院碑記 10940上
李國貞
請于昭應縣南置天華上宮奏 10940下
盧元卿
法書跋尾記 10941上
跋尾記 10941下
徐靈府
天台山記 10941下
杜光庭
感古今賦 10948上
溫陽洞記 10948上
焰陽洞記 10948下
魚龍洞記 10949下
李德初
自題周易正義 10949下
張湛
大房山投龍璧記 10949下
胡氏
請用姑蔭補千牛奏 10950下
薛濤
四友贊 10950下
景妵
請改葬唐諸王奏 10950下
越國夫人路氏
千佛崖造像記 10951上
其二 10951上
喬氏
書金字新經後 10951下
文嵩
好畤侯楮知白傳 10951下
松滋侯易玄光傳 10952上
韓份卿
唐堯城令王進思去思祠記 10952下
曹孝翼
鄮城橋記 10954上
康子玉
神蓍賦 10955上
楊思本
桃花賦 10955下
王邵
商霖賦 10956上
史超
觀音勢至二尊龕銘 并序 10957上
杜延業
晉春秋自序 10957下
杜光彥
請旌樂壽令表 10957下
口元質
八都壇神君實録 10958下
張口
唐將仕郎張君墓誌銘 并序 10960上
張口
杜昆吾石龕像銘 10960下
口酇
阿九墓誌銘 10961上
口泌
長安昭成寺尼塔銘 10961下
李口

遺德廟陁羅尼經幢記 10962上
口㦛
唐重修北巖院記 10962上
口欵
唐故宣義郎侍御史內供奉知鹽鐵嘉興監事張府君墓誌銘 并序 10963上
徐口
吳越國故僧統慧因普光大師塔銘 并序 10964下
史口
釣磯立談序 10966上
陳十八郎
尊勝經石幢記 10967上
晉陵子
雷氏琴銘 10967上
闕名
春賦 10967下
大逆請改重法奏 10968下
昭陵上食請依故事奏 10968下
明堂制度奏 10968下
減馬料餉飢户奏 10969下
岳瀆祝版稱皇帝奏 10969下
處分道僧奏 10969下
東封樂舞奏 10969下
釐事二百日成考奏 10970上
食封人兩京給付歿後元孫直下一房許在分限奏 10970上
景皇帝陵臺加尊號奏 10970下
詳議獄成奏 10970下
決有兩種法開二門奏 10971上
請復御正殿奏 10971上
州縣三考一替奏 10971上
內外官授日計考奏 10971下
立京外按察司奏 10971下
釐革諸道料錢奏 10971下
停諸州團練守促使奏 10972上
武德以來功臣約爲三等奏 10972下
甲庫採擇一人專押奏 10973下
量復具員改轉舊制奏 10973下
諸司文狀依限錄奏奏 10974上
請二王入朝事畢還藩奏 10974上
公主出降乘金根車奏 10974下
吏曹條例奏 10974下
階高官卑准格處分奏 10975下
考課諸司比類格文定升降奏 10975下
觀察刺史等官考績奏裁奏 10976上
請停東都禮生奏 10976上
貢舉人謁先師請別擇日奏 10976下
撾鼓進狀却付本司奏 10976下
內供奉御史班位奏 10976下
旱損借貸奏 10977上
女子李妙法廬墓奏 10977上
改公主册禮奏 10977上
病死羊犢送還太僕奏 10977下
三品官假滿日正衙參見奏 10977下
升祔禮訖公私聲樂復常奏 10977下
改正昭成竇后忌日行香奏 10977下
曾太皇太后沈氏服制奏 10978上
廢文敬恭懿太子廟奏 10978上
順宗配享昊天上帝奏 10978上
致仕官身故非三品以上不輟朝奏 10978下
請置具員簿奏 10978下
請停諸陵遣使奏 10979上
依舊置校理官奏 10979下
中瑞下瑞申報有司奏 10979下
兩京監生每館定額奏 10979下
非時選集註擬奏 10980上
三千里外縣限十二月赴上奏 10980上
舉行鄉貢舉人奏 10980下
薦舉縣令分入三銓註擬奏 10980下
知郵驛官書考奏 10980下
請謚行狀須佐史撰錄奏 10981上
減省官員請存舊例奏 10981上
縣令犯贓殿罰舉薦官奏 10981上
孫用祖蔭准例收補奏 10981下
顏頔奔喪奏 10981下
請定官俸規制奏 10982上
登科人據等第高下注官奏 10982上
勘會諸司食利錢奏 10982上
謁先師常參官觀禮奏 10982下
左降官考滿量移奏 10983上
御史職事行立以敕

文爲先後奏 10983上
敘録將士准勅處分
奏 10983下
大儺儀服奏 10983下
請謚立限奏 10983下
責授官任自參選奏 10984上
考狀不得有虚美閒
言奏 10984上
奏報官吏善惡奏 10984下
諸道正員官依資改
轉奏 10984下
豐陵合停日祭奏 10984下
饗景陵以香藥代魚
肉奏 10984下
憲宗配享昊天奏 10985上
州郡收銅鑄錢奏 10985上
祧遷睿宗神主奏 10985下
公卿拜陵取清望官
充奏 10985下
奏彈違例常參官奏 10985下
拜陵稱疾罰俸奏 10985下
學士名目定制奏 10986上
白行簡留充新置郎
官奏 10986上
條件流貶量移輕重
奏 10986上
到官淹延罰俸奏 10986下
條流兩館齋郎年限
奏 10986下
請停贈太子廟祼獻
奏 10987上
停四陵朝拜奏 10987下
請當己錢充樂人衣
糧奏 10987下
請賜獨孤謂章服奏 10988上
覆定輟朝例奏 10988下
條陳臺參并科決令
史奏 10989上
囚徒稱冤便配四推
奏 10989上
三品以上官薨卒非
任將相不輟朝奏 10989下
圖進白虎奏 10989下
官吏出入人罪不得
原免奏 10989下
處分諸道幕府奏 10990上
推勘僞出告身奏 10990上
實陳刺史善狀奏 10990下
内外官不論考年奏 10990下
諸道所奏憲官特置
考限奏 10991上
三院御史置祇候院
奏 10991下
韓巨川等進狀奏 10991下
推勘刑獄時限奏 10991下
諸道薦送軍將奏 10992上
停廢三衛資蔭奏 10992下
知制誥滿年正授奏 10992下
刺史缺人分析聞奏
奏 10993上
羨餘充公條件奏 10993上
公私行李勒依紀律
奏 10993下
止絶諸官改名奏 10993下
截耳進狀先决四十
奏 10994上
刺史限發赴任奏 10994上
閉塞向街門户奏 10994下
整肅禁街奏 10994下
進士先試帖經奏 10995上
私假不給公券奏 10995上
常參假多奪俸奏 10995上
水旱開倉賑貸奏 10995下
擇清慎進奏官奏 10995下
朝使參臺官奏 10996上
節使參辭停帶器仗
奏 10996上
陌刀利器納軍器使
奏 10996上
擇差千牛中郎奏 10996下
犯鹽依貞元舊條奏 10996下
刺史延英對了奏發
奏 10997上
四庫書隨日校勘奏 10997上
田畝納粟貯義倉奏 10997下
採訪刺史縣令政事
奏 10997下
兩府司録尉知捕盜
賊奏 10998上
諸道押衙不得過侍
御史奏 10998上
量留運米備江淮飢
奏 10998下
諸道節度許奏副使
奏 10999上
駁張克勤迴授外甥
官奏 10999下
中謝官不必候延英
開日奏 10999下
停罷退朝祇候奏 10999下
宰相出鎮奏請朝官
五人奏 11000上
刺史替人未到雜給
俸料奏 11000上
官典犯贓分別公私
奏 11000上
舉人納狀五人相保
奏 11000下
皇太子喪公除奏 11000下
皇太子喪停諸祠祭
奏 11001上
請廢讓皇帝廟奏 11001上
准廢毁讓皇帝廟奏 11001上
交割廊下食料錢奏 11001下
牒光禄寺部置人吏
奏 11001下
五經博士定爲五品
奏 11002上
上佐權充知州奏 11002上
勒停諸道行軍司馬

參謀奏 11002上
勒停長定綱奏 11002下
請申明國忌日徹樂廢公奏 11003上
宣懿皇太后祔廟饗禮奏 11003上
不移福陵奏 11003下
慶陽節設僧齋奏 11003下
宣懿皇太后寶册宜藏廟中奏 11003下
加給課料及時支遣並許遠官借俸奏 11003下
度支户部文案本司郎官分判奏 11004上
司直評事出使賫用廢印奏 11004下
請鑄出使印奏 11004下
條流喪葬奏 11005上
盜賊計贓至絹三疋處極法奏 11005下
精選法官奏 11006上
太和公主到日立班奏 11006下
輟朝編入令式奏 11006下
禁進士題名局席覆奏 11006下
進奏官不得兼知兩道奏 11007上
三元日斷屠奏 11007上
量減州縣佐官奏 11007下
刺史限日到任奏 11007下
澤州割屬河陽奏 11008上
委清强官檢點廢寺奴婢奏 11008上
銅像送官奏 11008下
僧尼繫主客奏 11008下
國忌行香上州留寺一所奏 11008下
首出藏隱廢寺奴婢奏 11009上
條流諸道判官員額奏 11009上
上都兩街留寺改名奏 11010上
請定憲宗廟配享功臣奏 11010上
幕府遷授章服先緑後緋奏 11010下
及第三年任奏試官奏 11010下
諸使奏官不得虛監頭銜奏 11010下
搜訪武德以來名臣子孫奏 11011上
刺史條流先申觀察奏 11011上
方鎮子弟不得奏留奏 11011下
司直評事未出使不任分司奏 11011下
賜緋賜紫事例奏 11012上
劾韋讓侵街造舍奏 11012上
久任令尉奏 11012上
諸司職掌不得一人判數曹奏 11012下
史館典書五考參選奏 11012下
修斜谷及館驛舊路奏 11013上
宏文館典書准例處分奏 11013上
村邑佛堂待兵罷建置奏 11013上
諸道奏請起復准舊例奏 11013下
刺史得替敕到交割奏 11013下
建置佛堂蘭若奏 11014上
河東各道許奏判司丞簿奏 11014下
議依白宏儒奏遷諸太子廟奏 11014下
諫免鄭光莊田税奏 11015上
勘審常平義倉奏 11015上
許嶺南各道年終論薦奏 11015下
續修會要添給厨料奏 11015下
宰臣周親宣弔奏 11015下
宗子家狀送圖譜院奏 11016上
條流諸道俸料職田奏 11016上
明立剃度僧尼新規奏 11016下
量建寺院闕防僧尼奏 11016下
刺史到任聞奏公事奏 11017上
孝女收父遺骸奏 11017下
修奉太廟奏 11018上
建造武成王廟奏 11018上
進監生郭應圖等狀奏 11018上
考試及格舉人奏 11018上
李從立三廟奏 11019上
南郊服色奏 11019上
留官俸修文宣王廟奏 11019上
監生出給光學文鈔并納光學錢奏 11019上
請勿幸東都奏 11019下
册皇后儀奏 11019下
又朝謝皇帝儀奏 11019下
停罷不急朝官奏 11020上
正衙對見奏 11020上
停廢儀仗使奏 11020上
淮瀆廣潤廟樹連理奏 11020上
録送史館事件奏 11020下

請廢北都宗廟奏 11021上
許諸道辟舉職員奏 11021上
重定州縣等官俸料奏 11021上
支給副使以下俸料奏 11021下
慮刑獄遲留奏 11021下
太祖曹皇后定謚奏 11021下
曹太后定謚告廟奏 11022上
貞簡皇后不宜葬代州奏 11022上
内殿引對番客奏 11022上
參詳引對番客奏 11022下
使相納禮錢奏 11022下
越訴斷罪輕重奏 11023上
追尊四廟改置園陵奏 11023上
納夏秋苗子斛斗奏 11023下
李琪新授僕射上事奏 11023下
解送監生奏 11024上
縣令兩税徵科公事奏 11024上
劉英甫請對經義奏 11024下
冬至百寮表賀儀注奏 11025上
朝官具三代名諱一度奏 11025下
撰太祖莊宗實録奏 11025下
賜朝臣茶藥奏 11026上
條流租税諸般錢穀奏 11026下
明堂致齋舊儀奏 11027上
命婦上表皇后不報答奏 11027上
命婦表賀奏 11027上
命婦賀皇后稱殿下奏 11027下
上皇后章表請呼皇后殿下奏 11027下
磨勘李範趙知遠奏 11027下
武功百姓劫縣科斷奏 11027下
詳覆進士雜文奏 11027下
幕府等官定限奏 11028下
覆崔琮請置病囚院奏 11028下
換給告身多有違碍奏 11029上
京城請射空地造屋事例奏 11029上
李玭五選集奏 11030上
星歷申送史館奏 11031上
定十都督府額奏 11031上
定四大都護額奏 11031上
武成廟從祀英賢設籩豆奏 11031上
修撰功臣列傳奏 11031下
修史規程奏 11032上
正押衙設省職奏 11032下
試舉人定制奏 11032下
别鑿洛河引漕船奏 11033上
判官考校州縣奬罰奏 11033上
太子諸王見師傅禮奏 11033下
逐年書考校優劣奏 11034上
見天下兵馬大元帥禮奏 11034下
祧遷獻祖奏 11034下
御明堂比正至奏 11035上
册拜王公車輅法物奏 11035上
竊盜議定贓罪奏 11035上
請差官詳議循資格奏 11035下
前任節度使綴班奏 11035下
朝拜諸陵奏 11035下
明宗魏皇后上謚奏 11035下
避御名上一字奏 11036上
試進士依舊例奏 11036上
科目事宜奏 11036上
明堂受朝大事不坐奏 11036上
請詳酌現行法律奏 11036下
今古服制令式不同奏 11036下
封贈三代降等奏 11036下
宣示赦書德音奏 11037上
買賣使八十陌錢奏 11037上
選差馬步判官奏 11037下
謝賀上表准貞元制奏 11038上
職事官覲省及給裝束假奏 11038上
改更漏刻錯誤奏 11038上
日變依舊禮奏 11038下
製皇帝受命寶奏 11039上
韓延嗣合斬奏 11039上
旌表門閭令式奏 11039上
時政記付史館奏 11039下
重定正冬朝會奏 11039下
公主出降廢書函禮奏 11040上
縣令犯贓連坐府州奏 11040上
正冬二節朝會舊儀制度奏 11040上
大行升祔奏 11041下
上高祖謚册差官祭告奏 11041下
諸倉納耗本色折錢奏 11042上
司封合行事件奏 11042上
寺監攝官五年方理選數奏 11043上
吏部郎中主判祠祭行事官奏 11043上
朝奏義惠康昌四陵奏 11043下

父在母封加太字奏 11043下
審改考牒奏 11044上
儀仗奏 11044上
追謚四廟所議未同奏 11044上
南曹選人兵火散失公憑奏 11044上
縣令兼諸陵令丞不便奏 11044下
左右屯衛請復舊名奏 11044下
犯罪人依格令處分奏 11044下
製天子八寶奏 11044下
除授節度使等正衔辭謝表 11045上
鳳翔府考帳違限不收奏 11045上
勘韋城鎮將趙應等發冢掘井奏 11045下
圜邱制度奏 11045下
修奉社稷壇奏 11045下
修奉洛京廟室奏 11045下
祗祭禮料見行事件奏 11046上
甲庫見行公事奏 11046下
漕運水陸行程奏 11046下
祠祭合供芹韭等五件奏 11047上
定府縣各官料錢停廢俸户奏 11047上
舊徵光省禮錢及蠲免錢數狀 11047下
州府勾帳委使專按狀 11048上
覆推勘盜賊致死狀 11048下
選差勾當吏部甲庫狀 11048下
每月公案祗録狀勅狀 11048下
南曹見行條件公事狀 11049上
三公上儀約開元禮爲儀注議 11050上
憲廟配享議 11050下
請依統類計贓議 11051上
上中書記事帖 11051上
薦送舉人先行鄉飲酒禮帖 11051上
玉璽述 11051下
上柳學士書 11053上
上柳侍郎書 11053上
使至帖 11053下
奉禮帖 11053下
不倦帖 11053下
清慎帖 11054上
神州等第録序 11054上
善興寺舍利函記 11054上
裴琳德政記 11054上
唐石堂山高涼靈泉記 11055上
董日進造石浮圖記 11055下
殷審續造石浮圖記 11055下
唐益州學館廟堂記 11055下
明覺寺持律比丘尼心印記 11056下
王二娘造石浮圖像記 11057上
唐觀心寺禪律故尼大德墳前尊勝石幢記 11057上
尊勝陀羅尼經幢記 11057下
唐重修化城龕記 11057下
唐寶禪院造象記 11058上
泰府十八學士寫真圖記 11058下
鹿泉寺造象記 11059上
比邱尼等造石浮圖殘記 11059上
唐張公囗造像記 11059下
唐造像記 11060上
趙仁珪造釋迦象記 11060上
懷州河内縣西金城創修功德院記 11060下
虎跑寺經幢 11060下
判官堂塑象記幢 11060上
蜀報國院西方并大悲龕記 11061下
花塔寺玉石佛座題字 11062上
佛頂尊勝陁羅尼石幢讚并序 11062下
題賈浪仙讚 11063上
又讚 11063上
佛像讚 11063下
孫文才造像讚 11064上
大周相州安陽靈泉寺故寺主大德智囗師像塔之銘并序 11064下
大唐相州安陽縣大雲寺故大德靈慧法師影塔之銘 11065上
唐故方律師像塔之銘 11066上
剎下銘 11066下
多寶塔銘 11066下
唐故優婆姨段常省塔銘并序 11067上
唐故福林寺戒塔銘并序 11067上
大周穎川許乾爲修業夫人故東海徐氏龍門山石龕像碑銘并序 11068上
唐武德禱雨辟邪鑌鐵鏡銘 11069上
唐宮鏡銘 11069上
唐鳳皇鏡銘 11069上
鐘鏡銘 11069上

唐二十八宿竟銘 11069上
唐壁水鏡銘 11069下
唐滿月迴文鏡銘 11069下
八卦菱花竟銘 11069下
唐素月竟銘 11069下
唐透光鏡銘 11069下
唐鑑心鏡銘 11069下
大唐故騎都尉濮州濮陽縣令于君之碑 11069下
唐越州都督于德芳碑 11071下
大唐故左監門大將軍襄城郡開國公樊府君碑銘并序 11072下
唐隴西李氏清河太夫人之碑 11075下
修寺鑄鐘碑 11076下
大唐孝昌公許君墓碑 11077上
大缺八字上柱國李君莫高窟口龕碑并序 11077下
唐盟碑 11080下
大唐河西道歸義軍節度索公紀德之碑 11081上
唐羅漢寺碑 11082上
唐金滿縣殘碑 11083上
大唐雍州同官縣口口武定村碑之銘 11083上
後唐毘沙門佛龕碑 11083下
勅賜光福寺碑 11084下
本願寺銅鐘銘碑陰 11085上
化度寺僧海禪方墳碣 11085上
唐造像碣 11085上
大唐故齊府功曹參軍尹君墓志 11086上
大唐故荆州松資縣令湯府君妻傷氏墓志銘并序 11086下
唐故王君墓誌銘并序 11087上
大唐蜀王故西閤祭酒蕭公墓誌 11087下
大唐太子左衛杜長史故妻薛氏墓誌銘并序 11088上
大唐故駙馬都尉衛尉少卿息豆盧君墓誌銘并序 11088下
梁君夫人成氏墓誌 11090上
大唐故處士張君墓誌銘 11090上
大唐故張君之銘 11091上
大唐濟度寺故比丘尼法燈法師墓誌銘并序 11091上
大唐故左親衛裴君墓誌銘 11091下
唐孝廉張君墓誌銘并序 11092上
大唐故韓君之墓誌 11092下
口處士張君墓誌銘并序 11092下
王君諱留字留生墓誌銘并序 11093上
淨土寺西院故大德禪和尚塔銘 11093上
大唐故亡宫六品墓誌 11093下
大唐故祕閣歷生劉君墓誌銘并序 11094上
大唐故瀛州口城縣令宋府君夫人王氏墓誌銘并序 11094下
大唐故辰州辰溪縣令張君墓誌并序 11095下
大缺四字都督上柱國口口郡開國公孫管真墓誌 11096上
大唐故大都督王府君夫人祿氏墓誌銘并序 11096上
大唐濟度寺故比丘尼法樂法師墓誌銘并序 11096下
大唐故幽州范陽令楊府君夫人韋氏墓誌銘 11097上
大唐故朝請大夫張君墓誌銘 11097下
大周朝散大夫上柱國行司府寺東市署令張府君妻田鴈門縣君墓誌文 11098上
唐故僕寺廄牧署令蘭君墓誌銘 11099上
大唐故秦州都督府士曹參軍顏軍墓誌銘 11100上
大唐故朝散大夫金州西城縣令息梁君墓誌 11100上
唐故魏州昌樂縣令孫君墓誌銘并序 11100下
袁氏墓誌 11101下
唐故嬀州參軍趙府君墓誌 11101下
大唐故右衛中郎將兼右金吾將軍同安郡開國公鄭府君墓誌銘并序 11102上
唐故榮州長史薛府君夫人河東郡君柳墓誌銘并序 11103下
唐故口口縣開國男行貝州司兵參軍口口府君墓誌

并序 11104上
曹氏譙郡君夫人墓誌銘并序 11105上
大唐銀青光禄大夫金滿州都督賀蘭軍大使沙陁公故夫人金城縣君阿史郝氏墓誌銘 11105上
故唐三十姓可汗貴女賢力毘伽公主雲中郡夫人阿郝氏之墓誌并序 11106上
大唐女子唐端墓誌銘 11106下
大唐故騎都尉智君之銘并序 11106下
大唐故冠軍大將軍行右威衛將軍上柱國金城郡開國公李公墓誌銘并序 11107上
大唐大安國寺故大德惠隱禪師塔銘并序 11108上
大唐故高士王府君墓誌銘 11109上
宜禄府折衝都尉口君墓誌銘 11109下
大唐故西河郡平遥縣尉王府君墓誌并序 11110上
唐故定遠將軍守左武衛將軍員外置同正員上柱國内長人供奉張府君墓誌并序 11111上
唐故銀青光禄大夫行内侍員外置同正員上柱國張公夫人鴈門郡夫人令狐氏女墓誌銘并序 11111上
唐故將士郎守邠州蟀川府長史焦公墓誌并序 11111下
唐故畢府君墓誌并序 11112上
唐故石府君墓誌銘并序 11113上
大唐故成德軍節度下左金吾衛大將軍試殿中監石府君墓誌銘并序 11113上
唐京兆季愛子墓志 11114上
唐故東海徐府君夫人彭城劉氏合祔銘并序 11114上
唐舒論墓誌銘 11115上
唐故國子律學直講仇君墓誌銘并序 11115下
唐故承務郎試左武衛兵曹參軍攝無極縣令天水趙公墓誌銘并序 11116上
唐處士陸君墓志銘 11116下
唐故陳府君墓誌銘 11116下
唐故陸氏盧江郡何夫人墓誌銘并序 11117上
米氏女墓誌銘 11117上
唐故劉府君墓誌并序 11117下
唐故右内率府兵曹參軍朱府君夫人南陽樊氏誌銘并序 11117下
前長安縣尉楊籌女母王氏墓誌 11118上
唐故口川于府君墓志銘 11118下
唐故湯府君墓誌銘并序 11119上
唐梅口口墓誌銘 11119上
孫夫人墓志 11119下
唐故河中府左果毅都尉高府君墓誌 11119下
唐貞士韋君墓志 11120上
梁故東海徐氏夫人墓誌銘 11120上
大唐故府君墓誌銘 11120下
王夫人墓誌銘并序 11121上
大唐故冠軍大將軍代州都督上柱國許洛仁妻襄邑縣君宋氏夫人墓誌并序 11121上
毛藻墓誌銘 11121下
唐故上騎都尉通直郎行永康令杜府君夫人朱氏墓誌銘并序 11121下
唐王五從高叔祖易定等州缺上柱國李公故夫人遼東榮下缺墓志 11122上
唐中岳沙門釋洉如禪師行狀 11122下
新羅真德女主勝曼
太平頌 11124上
新羅文武王金法敏
赦教 11124上
册安勝爲高勾麗王詔 11124下
遺詔 11124下
乞罪表 11125上
報薛仁貴書 11125上
新羅宣德王金良相
遺詔 11127上

新羅興德王金秀宗
戒奢習教 11127下
新羅僖康王金悌隆
遺詔 11127下
新羅神武王金佑徵
拜張保皐鎮海將軍教 11128上
新羅真聖女主曼定
禪位尚唐帝奏 11128上
新羅景明王朴昇英
有唐新羅國故國師謚真鏡大師寶月凌空之塔碑銘并序 11128上
新羅敬順王金傅
上高麗王建書 11130下
金庾信
中嶽告天誓詞 11130下
祭落星文 11130下
薛聰
諷羅王文 11131上
金弼奚
聖德大王銅鐘之銘 11131上
金陸珍
唐鍪藏寺碑 11132下
金力奇
請授故主俊邕封册歸國表 11133上
金柱弼
請牒傍海州縣任新羅良口歸國奏 11133下
金穎
新羅國武州迦智山寶林寺謚普照禪師靈塔碑銘 11133下
金口口
新羅文武王陵之碑 11135下
闕名
新羅鏡文 11136下
突厥可汗默啜
移書 11137下
吐蕃贊普棄宗弄贊
致長孫無忌書 11137下
高麗國王王建
喻羣臣詔 11137下
又 11137下
待蕃人詔 11138上
定征賦詔 11138上
收百濟令 11138上
高麗國王王金堯
褒奬王式廉詔 11138上
庾黔弼
上高麗王王建書 11138下
崔彥撝
有唐高麗國海州須彌山廣照寺故教謚真澈禪師寶月乘空之塔碑銘 11139上
有晉高麗中原府故開天山浄土寺教謚法鏡大師慈鐙之塔碑銘并序 11141下
高麗國彌智山菩提寺故教謚大鏡大師元機之塔碑銘并序 11145下
高麗國溟州普賢山地藏禪院故國師朗圓大師悟真之塔碑銘 11148上
晉高麗先覺大師遍光靈塔碑 11150上
孫紹
唐高麗大安寺廣慈禪師碑銘 11152上
李靈幹
高麗三川寺大智國師碑 11153下
碑陰記 11154上
闕名
有晉高麗國踊巖山五龍寺故王師教謚法鏡大師普照慧光之塔碑銘 11154上
成忠
獄中上書 11156上
福信
遷避城議 11156上
觀勒
上日本王請敕僧尼奏 11156上
後百濟王子神劍
赦境内教 11156下
鐵勒諸部十一姓
乞置漢官奏 11157上
日本女主推古
答大臣詔 11157下
檢校僧尼詔 11157下
遺詔 11157下
賜鞍作鳥大仁位勅 11157下
祭祀神祇勅 11158上
推問僧尼勅 11158上
與唐帝書 11158上
日本國王孝德
薄葬詔 11158下
禁厚葬及强祓除詔 11158下
罷品部詔 11159下
賜庸調詔 11160下
罷穿瀆詔 11160下

白雉見詔　11160下
改元白雉詔　11161上
勅國司詔　11161上
設鐘匱詔　11161下
聚僧尼詔　11161下
録民元數詔　11162上
改新詔一　11162下
改新詔二　11162下
改新詔三　11163上
改新詔四　11163上
幸宮東門詔　11163上
處斷臣下奉法違令詔　11164上
戒朝集使詔　11164上
盟羣臣文　11165上
日本女主齊明
救百濟詔　11165下
日本國王天智
問藤原内大臣詔　11165下
日本國王天武
治病全身詔　11165下
遣村國連男依等詔　11166上
選簡才能詔　11166上
除部曲詔　11166上
隨事罪犯詔　11166上
諸國貸税詔　11166上
禁造檻穽詔　11166下
賞惠尺子孫詔　11166下
赦徒罪詔　11166下
原東漢直等詔　11166下
議文武官優劣詔　11166下
拜兄姊以上親詔　11167上
設細馬詔　11167上
糾彈暴惡詔　11167上
僧尼養老詔　11167上
官治諸寺詔　11167下
求言詔　11167下
改法式詔　11167下
親王以下服用詔　11167下
收大小角鼓吹等詔　11167下
男女結髮詔　11168上
考選族姓詔　11168上
糾彈犯法詔　11168上
定氏族詔　11168上
三足雀示羣臣詔　11168上
試練馬兵詔　11168下
男女衣服詔　11168下
作八色之姓詔　11168下
免貧乏貨財詔　11169上
日本女主持統
赦皇子大津從坐詔　11169上
徙沙門行心詔　11169上
役身不得役利詔　11169上
准麻吕等出家詔　11169下
與新羅吊使級飡金道那詔　11169下
選定九等詔　11169下
賜直廣肆筑紫史益食封詔　11170上
百姓從良詔　11170上
禁訟言奴婢詔　11170上
禁酒詔　11170上
醴泉詔　11170下
日本女主孝明
大和國東大寺聖武帝銅板勅書　11171上
上宮廄户豐耳聰太子
憲法　11172上
中大兄皇子
獻部囗屯倉奏　11173上
朴市田來津
諫都避城議　11173下
廣相
神護寺鐘銘序　11173下
是善
神護寺鐘銘　11174上
源順
倭名類聚抄序　11174上
僧空海
七祖贊　11175上
大和州益田池碑銘并序　11176上
下野國日光山碑　11177上
闕名
葛城爲封縣奏　11179上
佛跡石臺刻字二首　11179上
上野國山名村碑　11179上
下野國那須郡湯津上村國造碑　11179下
多賀城碑　11179下
上野國多胡郡真井村碑　11179下
小納言正五位下威奈卿墓誌銘并序　11180上
南圓堂銅燈臺銘并序　11180下
道澄寺鐘銘　11180下

【唐文續拾】

高祖皇帝
賜東鄉同安勅　11182下
又勅　11182下
批答東鄉同安妻夏侯氏謝賜葬表　11182下
睿宗皇帝
奉先觀祭告文　11182下
元宗皇帝
宋慶賓勅　11183上
肅宗皇帝
三教聖象贊　11183上
批答安國寺僧乘如

表 11183下
憲宗皇帝
授遠成太中大夫勅 11183下
高宗武皇后
述聖記 11183下
東鄉安同
辭疾表 11185下
謝賜表 11185下
崔懸黎
龍門西壁阿難像讚 11186上
杜易簡
御史臺柏贊 11186下
孟利貞
龍門敬善寺石龕阿彌陀佛觀音大至二菩薩像銘并序 11186下
芮智璨
沂州新太縣令張文珪造象碑銘 11187上
鄭休文
唐故公士安墓誌 11188下
許敬宗
大唐故尚書右僕射特進開府儀同三司上柱國贈司徒并州都督衛景武公碑并序 11189下
大唐故中書令高唐馬公之碑 11192上
李畬
汝州司馬□暉造象記 11194上
李義府
大唐故禮部尚書張府君之碑 11194下
崔融
贈兵部尚書房忠公神道碑并序 11196上
蘇頲
蔣烈女碑 11197上
李儼
大唐故左戎衛大將軍兼太子左典戎衛率贈荆州都督上柱國懷寧縣開國襄公杜公碑 11197下
大唐故清河長公主碑 11200上
元思叡
造像記 11201上
王汝
程司馬墓志 11201上
武崇正
大唐都景福寺主威和上塔銘 11202下
大唐□□□寺尼□和禪師□修石龕銘 11203上
秦獻
造石浮圖象記 11203下
吉逾
題雲居上寺詩序 11203下
閻玄亮
唐故朝議郎行楚州安宜縣令太原王君夫人劉氏等合葬誌銘并序 11204上
韋縚
青城山投龍壁記 11204下
邱悦
大彌陀等身像贊 11205上
李季良
李興造象記 11205下
徐彦伯
唐柏梯寺之碑銘 11205下
陸海
大唐空寂寺故大福和上碑 11207上
石鎮
大唐東京大奉國寺故上座龕塋記 11208下
宋儋
大唐嵩山會善寺故大德道安禪師碑并序 11208下
李宅心
大唐故監察御史趙郡李府君夫人博陵崔氏墓誌銘并序 11211上
房涣
翠峰亭記 11212下
宋叔鈞
窄澗谷肅上人禪房記 11212下
崔玭
大唐故曹州成武縣丞博陵崔氏府君改葬墓誌銘并序 11213下
韓雲卿
鮮于氏里門碑并序 11214上
侯總
刺史兼殿中侍御史薛公敬造石阿彌像讚并序 11215上
王璿
唐符陽郡王張孝忠再葺池亭記 11215下
李挺
陁羅尼幢記 11216下
楊皎
大唐東都弘聖寺故臨壇大德真堅幢銘并序 11217上
李衡
唐絳州聞喜縣令楊君故夫人裴氏墓誌銘并序 11217下
王泉
移碑記 11218下

許琳
三世像讚并序 11219上
盧徵
右司郎中造觀世音菩薩石像記并序 11219上
楊叶
唐故禪大德演公塔銘并序 11220上
李充
大唐東都敬愛寺故開法臨壇大德法玩禪師塔銘并序 11220下
陸淳
印記 11221下
鄭審則
印記 11221下
吴顗
送最澄上人還日本國詩序 11222下
郭洪
唐故行涿州司馬金紫光禄大夫彭城郡劉公墓誌銘并序 11223上
李師直
唐嵩嶽會善寺勅戒壇臨壇大律德塔銘并序 11223下
李仍叔
唐渤海王五代孫陳許溵蔡觀察判官監察御史裏行李仍叔四歲女德孫墓誌銘并序 11224下
王禮賢
太原王府君墓誌銘并序 11224下
顧方肅
唐故趙氏夫人墓誌銘并序 11225上
朱千乘
送日本國三藏空海上人朝宗我唐兼貢方物而歸海東詩序 11225下
郭審容
更廟紀 11226上
元晦
于越山記 11227上
舒元輿
承天軍題名記 11227上
王化清
遊石室新記 11227上
杜寳符
唐故京兆杜氏夫人墓誌銘并序 11227下
劉可記
大唐故王府君墓誌銘并序 11228下
趙商
唐故平盧軍討擊副使銀青光禄大夫檢校太子賓客缺城郡開國男食邑三百户劉府君墓誌銘并序 11229下
皇甫曙
金剛經幢記 11230上
宇文坤
故銀青光禄大夫使持節溪州諸軍事守溪州刺史雁門縣開國男食邑三百户上柱國賜紫金魚袋田公誌銘并序 11230下
王宰
靈石縣記石 11231上
盧從儉
唐汚王府諮議參軍張公墓誌銘并序 11232上
李潛
尊勝經幢後記 11232下
李栖元
造像碑陰記 11233下
常袞
謝冬至賜羊酒等表 11234上
謝勅書賜臘日口脂等表 11234上
謝勅書賜臘日口脂等表 11234下
謝勅書賜臘日口脂等表 11234下
授孟子周太子賓客制 11234下
減放太原及沿邊州郡税錢制 11235上
李吉甫
請修天德舊城奏 11235上
請置飛狐錢坊奏 11236上
請涪州仍屬黔府奏 11236上
李紳
唐故博陵崔氏夫人歸祔李府君墳所誌文 11236下
李德裕
甘露寺重瘞舍利記 11237上
柳知微
唐故潁川陳氏墓記 11237上
李仲文
唐義昌軍故衙前將守左衛朔州尚德府别將員外置同正員賜上騎都尉劉府君墓誌銘并序 11237下
閻周彦
嬀瀛莫三州刺史閻好問墓志 11238下
馮元度

西方龕記 11239下
郭崧
藥師像讚并序 11240上
澮轔
范陽盧君妻京兆澮氏墓誌銘 11241上
魏深
書李當事 11241上
蕭珙
河東節度高壁鎮新建通濟橋記 11241下
鄧暗
造觀音像記 11242下
沈懽
國清寺止觀堂記 11242下
李儉
幽州大督府兵曹參軍陳君墓誌 11243上
王悚
開元寺隴西公經幢讚并叙 11244下
郭筠
蜀先主廟記 11245下
王雍
□□□題名 11247上
楊宏
重修三郎君廟碑 11247下
高諷
太師中書令北平王再修文宣王廟院記 11248上
羅袞
櫛門銘有序 11249下
張昭
題竇鞏詩後 11249下
韓建
辭揣摩時政得失告諭藩鎮奏 11250上
王仲父
小蓬萊題名 11250上
利部
清泉禪院鐘款文 11250上
蔡曙
新修南溪池亭及九龍廟等記 11250下
李彥賓
石香爐記 11251下
許九言
故鳳翔節度使秦王贈尚書令李公楚國夫人高平朱氏墓誌銘并序 11252上
劉從乂
修府衙記 11253下
安審琦
請射莊宅奏 11254上
李瑩
栖巖寺新修舍利塔殿經藏記 11254上
侯殷
蜀國夫人尊勝幢記 11255上
汪少微
歙眉子硯銘 11255下
吳懷恩
感報寺銅鐘款文 11255下
夏侯氏
謝禮葬東鄉將軍表 11256上
神智
造象記 11256下
慧忠
般若心經序 11256下
肅然
窖澗谷造像記 11257上
道邃
付法文 11257上
至禪
王藥藏等造經幢讚 11258上
浄觀
零陵寺井欄銘 11258上
道明
壽陽縣大樂山重修古楞伽寺碑記 11258下
國威
佛頂尊勝陁羅尼幢記 11259上
義林
尊勝陁羅尼幢記 11259下
圓鏡
回日本僧實慧等書 11260上
義真
送日本僧實慧物狀 11261上
智本
百巖寺奉勅再修重建法堂記 11261上
後素
比邱尼又玄建經幢記 11262下
德徽
懷州豎立生臺記 11263上
元英
雲居石經山頂石浮圖銘 11263下
思敬
尊勝經幢記 11264上
希甯
金剛經讚 11264上
戒貞
周西京修行寺故講律臨壇大德賜紫尼戒恩尊勝幢記 11265上
傅允
節度使瑯琊公造尊勝經幢記 11265上
文口
周邢郡坊里社衆槪修六曹軒宇四時祭敬記并序 11266上
馬元貞
奉仙觀投龍記 11268上
李昭宗

請改觀額奏 11268上
胡伯成
鐵元始像讚并序 11268下
承天軍城記 11268下
曹口高
青州雲門山功德記 11269下
王口
尊勝陀羅尼幢讚并序 11269下
口捻
涿州范陽縣文宣王廟碑 11270上
文口
平口羅口軍兵造彌勒像設平口齋記 11271上
王口
唐故缺和尚肅公影塔銘 11272上
口良嗣
龍門奉先寺造像頌 11272下
蘇允口
妙樂寺重修舍利塔碑并序 11272下
闕名
和糴粟窖甎文 11277上
又 11277上
又 11277上
又 11277下
感怨文 11277下
佛頂尊勝陁羅尼經序 11278上
後晉户部牒 11279上
李時用德政記 11279下
慧蹟禪師塔記 11279下
造洨水橋記 11280上
九塔寺記 11282上
石經中臺浮圖記 11282上
沁河枋口廣濟渠天城山蘭若等記 11282下
特賜寺莊山林地土四至記 11283上
天王院記 11283上
百家巖寺邑記 11283下
蜀先主廟碑陰記 11284上
定州曲陽縣龍泉鎮口口山院長老和尚舍利塔記 11285上
富義當監使扶風公造彌陀殿記 11286上
好畤縣造塔記 11287上
鎮象塔記 11287上
造千佛寶塔記 11287上
闕名
趙懷相造像記 11288上
洪湛造象記 11288上
韓文雅造象記 11288下
女弟子劉造像記 11288下
洛州口安縣蔣安定等造像記 11288下
李慶岳造像記 11289上
洛陽縣登思等造象記 11289上
葉師祖妻造像記 11289上
馬官寺造像記 11289下
劉口口造像記 11289下
楊君植造象記 11289下
汾陽縣史造象記 11290上
魏處旻造像記 11290下
總章造像記 11290下
劉媚兒造象記 11291上
安太清造像記 11291上
都督長沙姚意妻造象記 11291上
栢仁縣尉周楚仁造像記 11291下
栢鄉縣丞牛密母造像記 11291下
栢仁縣主簿息張造像記 11292上
法興造彌勒像記 11292上
王方等造像記 11292上
比邱法祥造像記 11292下
蘇州長史妻造像記 11292下
胡處貞造像記 11292下
唐州北陽令造像記 11292下
承議郎行内侍省宮闈口令騎都尉莫古口造像記 11293上
豳州司馬造像記 11293上
令狐勝造像記 11293下
周崇造像記 11293下
孔思義造像記 11293下
唐嚴訓造像記 11293下
比邱尼阿妙等造像記 11294上
河内摩崖造像記 11294上
周村册餘家造像記 11294上
尚識微等造像記 11294下
桑始興合邑百餘人等造像記 11294下
經略副使張造像記 11295上
比邱尼永悟造像記 11295上
劉恭造像記 11295下
王承秀造像記 11295下
佛頂尊勝陀羅尼經幢記 11296上
宗慶造尊勝幢記 11296上
宣武軍亳州南護國禪院立尊勝陁羅尼幢記 11296上
平泉寺智寂等造經幢記 11296下
花巖寺李友誠等造經幢記 11297上
黄順儀造經幢記 11297下
淨土寺僧思敬建經幢記 11297下
張文口等造經幢記 11297下
張景等造經幢記 11298上
璘輝尊勝幢記 11298下

普明大師幢記 11299上
移建尊勝幢題記 11299上
郭昌嗣建香幢記 11299下
陀羅尼經幢記 11299下
龍池石塊記 11300上
崇化寺西塔基記 11300上
闕名
石龕阿彌陁像偈 11300下
大德了法等造經幢讚 11301上
大唐故節度隨軍宣德郎試大理司直權知齊州司馬清河張府君彌勒佛讚文并序 11301下
尊勝經幢讚 11301下
造經幢讚 11302上
雲麾將軍造象讚 11302下
魏可觀經幢讚 11302下
釋迦牟尼佛讚并序 11303上
天王讚 11303下
彌勒佛贊 11303下
吕氏尊勝幢讚 11303下
龐德相等造金剛經頌 11304上
傳法師石龕彌勒像頌 11304下
大唐囗囗囗囗氏浮圖頌并序 11305上
郭元奭造龕像頌并序 11305上
定州刺史吕國公囗囗洛法華經頌 11305下
趙州囗城縣丞孟玄鏡造彌勒象頌 11307上
姚二娘造元始天尊像頌 11307下
大周缺六字淨土堂銘 11307下
大悲龕讚銘并序 11308上
泰州司法參軍造彌勒像銘 11308下
彌陀石像銘并序 11309上
楊將軍新𣏌像銘 11309下
唐淨住寺釋迦文賢刼像銘并序 11309下
觀世音石像銘 11310上
闕名
馬君起造石浮圖銘 11310下
王思恭造石浮圖銘 11311上
修行寺尼真空敬爲亡考妣造石浮圖銘并序 11312上
優婆夷阿劉造石浮圖銘 11312上
石燈臺銘并序 11312下
建幡竿銘 11313上
大唐光明寺故大德僧慧了法師銘 11313上
唐八卦鏡銘 11313下
唐臨池鏡銘 11314上
居德寺碑 11314上
白鶴觀碑 11316上
洛州河南縣思順坊老幼等普爲法界敬造彌勒像 11318下
寧陽造像殘碑 11319下
省堂寺殘碑 11319下
法�殘碑 11320上
會善寺殘碑 11320下
雙流縣福田寺殘碑 11320下
雙流縣丕樂莊孟蜀内侍殘墓碑 11320下
會善寺時居士殘碑 11320下
闕名
大唐司空開府儀同三司楊州荆州二大都督并州大總管上柱國襄邑恭王之碑銘 11321上
大唐故左騎衛大將軍幽州都督上柱國琅琊郡開國公牛公碑銘并序 11323下
大唐絳州聞喜縣令蘇府君德政碑并序 11324下
唐故登州刺史渲于公神道碑 11326上
唐幽州内衙囗將中散大夫試殿中監樂安郡孫府君神道碑并序 11326下
唐故濟州别駕李府君墓誌銘并序 11328上
宋都尉墓誌 11328下
樊宏度墓誌銘 11329下
周故監門校尉陳君墓誌銘 11330上
師言墓誌 11330下
孟善玉墓誌 11331上
大唐故道王府典軍朱公墓誌并序 11331上
大唐故正議大夫李府君墓誌銘并序 11332上
大唐故處士賈君之墓誌銘 11332下
游擊將軍趙智侶墓誌 11333上
闕名
故人高君墓誌銘并序 11334下
唐故太原府太原縣丞蕭府君墓誌銘并序 11334下
王府君墓誌銘并序 11335下
董君墓誌銘并序 11336上
王府君墓志 11336下
馮處士墓志 11337上
郭柱國墓誌 11337下
大唐故人諸葛府君

夫人韓氏墓誌并序 11338上
大唐故安化郡馬府君墓誌銘 11339上
大唐故襄陽郡襄陽縣令滎陽鄭府君墓誌銘并序 11339上
古衍禪師墓誌 11340上
大唐故恒王府典軍賜紫金魚袋上柱國太原王府君墓誌銘 11340上
唐故高府君墓誌銘并序 11341上
唐故吴郡朱府君墓誌銘 11341上
唐故天平軍仗義將判官承奉郎試光禄卿飛騎尉賞緋魚袋隴西郡辛府君太原郡王氏夫人合祔墓誌銘并序 11341下
故來府君及夫人常氏次夫人郭氏墓銘并序 11342上
唐故會稽郡孔氏府君之墓誌 11342下
唐殘墓誌 11343上
論法師殘誌 11343上

管原道真

爲族曾祖姑製服并令素服議 11344上
定太政大臣職掌有無并史傳之中相當何職議 11344下
爲藤大納言請減職封半狀 11344下
爲右大臣請解左近衛大將狀 11345上
爲源相公請罷右衛門督狀 11345上
爲源相公重請罷右衛門督狀 11345下
爲右大辨藤原山陰朝臣請罷所職狀 11345下
請參議之官定爲職事狀 11346上
請秀才課試新立法例狀 11346下
勘奏神泉苑白鷹狀 11347下
爲侍從等請引駒日賜幄座狀 11347下
請被補文章博士一員闕共濟雜務狀 11348上
爲在中納言謝民部卿狀 11348上
請解職狀 11348下
重請解職狀 11348下
請令諸公卿議定遣唐使進止狀 11349上
請令議者反覆檢税使可否狀 11349上
復奏囚人拘放狀 11349下
爲藤相公請罷職狀 11350下
請特授從五位上大内記正六位上藤原朝臣管根狀 11350下
請令諸納言等共參外記狀 11351上
决諸納言所疑狀 11351上
請罷右近衛大將狀 11351下
爲藤大納言辭右近衛大將表 11351下
爲大政大臣謝加年官賜隨身第一表 11351下
爲大政大臣重謝年官隨身第二表 11352下
重謝年官隨身第三表 11352下
爲大學助教善淵朝臣永貞請解官侍母表 11353上
爲右大臣謝官表 11353下
爲小野王謝别給封户第一表 11354上
爲小野王重謝别給封户第二表 11354上
重謝别給封户第三表 11354下
爲式部卿請罷所職表 11354下
爲右大臣重請被停攝政表 11355上
爲南大納言致仕表 11355下
奉勅重請不減御封表 11355下
爲公卿賀朔旦冬至表 11356上
爲尚侍源朝臣全姬請罷職表 11356下

僧空海

獻書表 11356下
獻墨本十部表 11357上
獻貍毛筆表 11357上
獻雜文表 11357下
獻梵字并雜文表 11357下
獻詩表 11358上

觀賢

奉勘空海遺蹟狀 11358下

闕名

釋迦佛造像記 11360上

作者索引

0021₁ 鹿

00～慶期 4070

麃

21～行基 10552
66～嚴 7508

0022₂ 彥

13～琮 10928
93～悰 9440

廖

40～有方 7323

0022₃ 齊

08～論 4517
17～己 9596
22～嵩 4694
38～瀚 3577
40～士員 10498
50～抗 6465
～推 7366
65～映 4603
67～明 見日本女主
90～光乂 8560
～光義 3584

0022₇ 高

00～彥休 8602
07～諷 11247
10～元裕 7121
10682
～元謩 8276
11～麗國王王建 10361
11137
～麗國王王金堯 11138
12～延貴 10558
～瑀 7364
～璠 4154
20～孚 7734
21～行周 8980
23～參 4903
10641
25～仲武 4684
27～紹 2984
～紹基 10910
28～儉 1356
30～適 3621
～守瓊 8970
～宗皇帝(李治) 131
10378
～宗武皇后(武曌) 980
10455
11183
31～馮 1370
～瀌 8543
34～邁 2806
37～鴻漸 8949
～祖皇帝(李淵) 17
10372
11182
40～墉 8463
44～蓋 4032
～若思 1600
～藥尚 4065
60～思元 9864
～昇 7105
～昌王麴智盛 10351
～果 4153
67～郢 4588
10635
68～斆庭 9863
77～居誨 8928
～閑 9588
78～駢 8428
10744
80～無際 9862
81～鍇 7466
83～釴 7466
86～錫 9037

方

23～希 10679

席

10～晉 2741
17～豫 2371
80～夔 6391

0023₂ 康

10～元懷 9900
12～璀 2640
～延孝 8872
～廷芝 2633
17～子玉 9900
10955
～子元 3553
～子季 4077
20～季子 9901

～季榮　10723
24～僚　7860
25～仲熊　10621
～傑　4183
32～澄　8895
37～濯　4077
60～國王烏勒伽　10352
78～駢　10747

0023_7 亷

00～方俊　9910
27～粲　4096

庚

17～承宣　6209
48～敬休　7556
　10699
68～黔駉　11183
90～光先　3790

0025_1 庠

00～庠　9965

0026_7 唐

10～正辭　10696
～元度　9888
11～璿　1911
25～伸　5443
27～紹　2752
37～次　4901
38～道周　3574
40～南華　9798
44～若山　4027
67～昭明　9412
78～臨　1657
99～榮　9798

0028_6 廣

46～相　11173

0029_4 麻

09～麟　8951
10～不欺　9868
30～察　3697

縻

88～簡　10678

0040_0 文

～口　11266
　11271
21～貞　9589
22～嵩　9848
　10951
30～宗皇帝(李昂)　726
　10437
66～器　10935

0040_1 辛

00～齊物　9839
22～崇敏　2023
30～宏亮　2063
33～溥　9839
55～替否　2760
58～嶅　10602
62～則然　9839
93～怡諫　2637

0040_6 章

10～震　9117
24～仇兼瓊　4148
44～孝標　6982
90～懷太子賢（李賢）　1019

0044_1 辨

40～才　9544
42～機　9464

0060_1 音

77～門子　9570

0063_1 譙

10～王重福(李重福)　1020

0071_4 雍

10～王守禮(邠王守禮、李守禮)　10494
～王重美（李重美）　10891
20～維良　5323
77～陶　7854

0073_2 哀

00～帝(李祝)　967
　10454

襄

10～王重茂（李重茂）　1020
　10494

褒

20～信王璆(李璆)　10494

0090_4 棄

30～宗弄讚　見吐蕃贊普
45～隸蹜贊　見吐蕃贊普

0121_1 龍

88～敏　8965

0128_6 顔

10～璡　9856
～元孫　2049
21～衎　9031

～師古　1487
40～真卿　3400
　10578
44～蕘　8730
　10746
47～朝隱　4090
56～揚庭　1680
60～杲卿　10576
79～勝　4103
87～舒　4181
90～惟貞　2628

01646 譚

85～銖　7892

01801 龔

32～澄樞　10920

02921 新

60～羅文武王金法敏　11124
～羅王金彦昇　10357
～羅王金興光　10357
～羅僖康王金悌隆　11127
～羅宣德王金良相　11127
～羅神武王金佑徵　11128
～羅真聖女主曼定　11128
羅真德女主勝曼　11124
～羅敬順王金傳　11130
～羅景明王林昇英　11128
～羅金德王金秀宗　11127

04600 謝

21～偃　1589
30～良輔　3775
34～祐　1897
44～楚　7422
46～覯　7865
50～壽　2067
67～鶚　9369
76～颶國羅火拔　10356

04660 諸

44～葛若鸞　9823
葛犇　10694

05127 靖

02～彰　9529
34～邁　9438

07427 郭

00～立　4081
～應圖　8654
～京　9417
08～謙光　2863
10～正一　1716
～正封　8830
～元超　9955
～震　2075
12～廷誨　8871
17～瓊　10910
～子儀　3361
21～行則　6467
～行餘　7521
22～崇韜　8869
　10892
～崧　11240
24～休賢　4173
～納　3561
25～仲翔　3638
26～皇后　見憲宗郭皇后
27～向　4186
28～從義　10895
30～審容　11226
34～漢章　11223
～洪　10537
36～湜　4495
37～遹　6272
38～遵　6192
40～雄　5194
44～英幹　4668
50～忠恕　10914
53～威　見周太祖
60～圖　10709
71～階　9956
88～�　11245
90～少聿　4486
～尚温　4080
97～炯　6256

07620 詞

34～浩　9589

08212 施

30～肩吾　7631
48～敬本　3062

08640 許

00～康佐　6392
10～王瓘(李瓘)　1025
12～登　4496
14～琳　11219
17～孟容　4895
～子真　4118
20～季同　4925
～維岳　8869
22～嵩　4015
～鼎　8853
27～舟　10735
30～寂　9293
31～遷　8986
32～遜　9019

34～遠 3500
35～洩　見杜洩
37～渾 7903
40～九言 11252
～堯佐 6393
～南容 9415
～志雍 7321
44～勃 6284
48～敬宗 1535
10534
11189
～敬遷 8962
50～中孚 9032
60～景先 2725
～景休 9919
88～籌 8267
90～棠 8546

1000₀ 一

21～行 9525
10933

1010₁ 正

00～言 9588

1010₄ 王

～口 11269
～口 11272
00～彥威 7516
10698
～彥鎔 8919
～雍 11247
01～顏 5527
～諲 3374
02～端 3675
04～計 6390
05～諫 4479
07～諷 8285
08～敦史 7638
～說 8653
10～正言 8873
～元宗 2051
～元貞 9409
～元策 2064
10～函 8299
11～璿 2623
11215
～項 10728
12～延 8854
～延齡 4111
～延翰 9891
～延光 4693
～延嗣 10755
～延昌 4437
10624
13～武俊 6465
～武陵 8469
14～珪 10535
～瓘 8609
～勔 1797
～礎 10638
15～建　見前蜀主、高麗國王
17～孟諸 8306
～琚 2844
～璵 3690
～承宗 7130
～子先 9890
～邵 10956
～翼 10601
18～玠 7861
～璲 3688
～璥 4021
10613
20～重華 9889
～千石 2069
～季友 4504
～系 9888
～維 3283
21～行先 4536
～衍　見前蜀後主
～虔休 5234
～師簡 7361
～師乾 4507
21～綽 4485
～縉 3756
10609
22～嵩岳 9889
～邕 3616
～利文 3105
～利貞 2864
～利器 4063
～繼恭 8947
23～緘 8858
24～化清 11227
～德璉 9410
～儔 10707
～佑 4483
～儲 4647
～贊 9069
～緯 4455
～綝 1728
25～仲父 11250
25～仲邱 3399
～仲周 5395
～仲舒 5525
10652
～紳 6998
～績 1314
26～皇后　見順宗王皇后
～泉 2072
11218
27～龜 7940
～般 8987
～惣 9408
～叡 7470

～叔平 6203
～叔邕 5360
～叔通 10600
～紹 4550
10626
～紹宗 2051
28～徽 8307
～從敬 3587
30～之賁 3815
30～適 2855
～守泰 3576
～宰 11231
～安仁 10557
～宏直 1643
～審知 見閩忠懿王
～密 8284
～宗儔 9286
～宗佶 9286
～宗弼 10915
31～涇 7112
～涯 4577
10627
～源中 10670
～福畤 1645
32～澄 8906
～洮 8286
～灣 4106
～冰 4422
34～汝 11201
35～禮賢 11224
36～渭 9888
37～淑 10614
～沼 4600
～運充 9888
38～泠然 2977
～棨 8005
40～大悅 3663
～太霄 9623
～太真 4184

～友方 2040
10539
～士詹 6267
～士源 3837
～直方 7862
～希明 4065
～志愔 2858
～志悌 9409
～燾 4050
～雄風 9889
～真 6990
43～博 2047
～朴 9022
44～茂元 7006
～孝通 1348
～勃 1898
～藹 6283
～鬱 8908
～權中唐人 5242
～權晚唐人 8934
10897
45～棲霞 9677
46～覿 2732
47～起 6471
～栩 5439
48～翰 3601
50～申伯 6205
～忠嗣 3685
～奉珪 9890
52～播 6218
10659
53～摶妻 見楊氏
55～摶 8656
56～損 8743
～損之 4912
57～契 4417
60～易 8979
～易簡 9033
10905
～思 2066

～思九 2060
～昇 4437
～昌齡 3350
～昂 3753
～景 10911
～景崇 8601
～景風 8450
62～昕 10556
63～晙 3018
67～瞻 9390
72～岳靈 3582
～隱客 2073
77～邱 3328
～周 8966
～用妻 見胡氏
～展 7534
～屨貞 5531
80～金堯 見高麗國王
～鉉 8291
～俞 7954
～羲 見閩第六主
羲方 1653
81～鉅 10664
～鍇 9298
82～釗 7699
83～鎔 8862
84～鉷 3510
86～鐸 8312
10718
～知敬 10536
～智明 4083
87～鎙 8830
88～筠 9892
90～惟孝 4065
95～悚 11244

至

36～禪 11258

53～咸　9548
77～賢　9574

1010_7 亞

45～楼　9591

1010_8 豆

～盧詵　4481
21～盧革　8873
　10892
～盧暕　2027
～盧欽望　1733

靈

00～廓　9506
34～祐　9571
37～潤　9430

1014_1 聶

12～延祚　10895
22～崇義　9068

1020_0 丁

18～政觀　9667
30～宏道　9121
50～思覲　9322
～春澤　4672
77～鳳　10598
～居晦　7858

1021_1 元

00～應　9582
～辨　9667
13～琬　9430
17～弼　9852
～承先　4060
～承徹　3088
～子貢　9852
21～行沖　2758
24～楚　9448
～結　3856
～積　6546
～續　10928
25～傑　7370
30～宗皇帝(李隆基)　233
　10386
　11186
～宗江妃　1012
37～朗　9529
40～大士　2067
～友諒　6262
41～楷　9471
43～載　3743
44～萬頃　1715
～英　11263
～楚　9586
60～昉　10937
～思叡　11201
～固　6281
62～則　9477
67～明　6201
68～晦　7423
　11226
72～質　10958
77～覺　9515
78～覽　9433
86～錫　7110
88～範　9479

1024_7 夏

00～方慶　6208
08～謙　9114
17～承原　10909
～侯孜　7725
～侯坦　8920
27～侯氏（東鄉同安妻）　11256
82～銛　4039

1040_0 于

00～方　10654
10～可封　6269
17～尹躬　4645
～邵　4313
20～季友　7661
～季重　4139
21～儒卿　4077
22～嶠　8832
　10892
24～德辰　10909
～休烈　3716
　10605
26～峴　4081
37～沼　9834
34～濆　10707
35～遘　8916
40～志寧　1454
　10518
44～兢　8846
48～敬之　1892
50～肅　3765
51～頔　5519
71～頎　4513
　10625
80～益　3765
～公異　5211
86～知微　2394

1040_6 覃

50～素　9535

1040_9 平

21～伾　4069
32～冽　4157
47～超然　4069

1043_0 天

13～武　見日本國王

86～智　見日本國王

1060₀ 石

00～文素　7863
20～重貴　見晉少帝
22～岑　9957
～山輝　9957
23～侔　8459
24～倚　4442
48～敬瑭　見晉高祖
60～國王伊捺吐屯屈勒　10354
～昂　8957
77～貫　7915
80～公霸　8984
84～鎮　4163
　11208
90～光贊　8948

西

37～突厥可汗娑葛　10342
55～曹國王哥羅僕羅　10353
77～門元佐　10648

1060₁ 晉

00～高祖(石敬瑭)　1160
　10473
～高祖李皇后　1274
74～陵子　10967
90～少帝(石重貴)　1193
　10475

1060₃ 雷

22～嶽　10917
30～賓泰　10604

1062₀ 可

21～頻瑜　5336
27～黎可足　見吐蕃贊普

1062₁ 哥

60～羅僕羅　見西曹國王
87～舒恒　7652
舒翰　4150

1073₁ 雲

40～真　9594

1080₆ 賈

00～彥璿　3558
～膺福　2623
～文度　10691
08～敦頤　1652
10～正義　3071
～至　3719
　10609
～元珪　8955
～晉　6276
～登　4089
12～廷瑞　4076
14～耽　4006
　10613
17～承暉　4127
20～季良　6276
21～虛己　2400
22～嵩　7923
24～稜　6005
～緯　8981
40～大隱　1907
42～彬　9113
44～謩　7441
50～中立　10651
67～鶚　9303
70～防　8251
80～曾　2809
～公彥　1671
85～餗　7535

1090₀ 不

30～空　9539

1111₄ 班

50～肅　7457

1111₇ 甄

44～萱　見後百濟

1123₂ 張

～口　10960
～口　10960
00～彥震　9880
～彥遠　8277
～彥振　9881
～彥勝　9886
～齊賢　2103
～庭芳　3693
～文　9875
～文琮　1657
～文瓘　1657
～文琢　10901
～文寶　8862
06～謂　3806
07～翊　9107
～郊　4091
～諷　10703
～調　6467
08～鷟　1749
～敦實　7128
～説　2227
　10541
～諗　7134
10～正元　5518

～正甫 6246
～元度 5208
～元琮 2636
～元勿 10737
～元審 7894
～元素初唐人 1500
～元素晚唐人 7651
～元晏 8614
～元覽 9881
～西岳 10661
～雲 8476
～賈 5395
～不矜 3685
～不耀 2645
12～瑗 9370
～弧 8722
～延嗣 9114
～延朗 8922
10894
～延師 1724
～延賞 4390
10622
～廷範 8833
～廷珪 2732
10547
～磻 7556
13～瑄 10601
～武 9306
14～珪 10754
～璜 9876
16～環 3565
17～琛 9403
～子琳 9886
～子漸 4053
～尹 10608
20～秀 4185
～秀明 4048
～喬 8479
～季友 7441
～季明 3565
～孚 3706
10604
21～仁瑑 8981
～何 4669
～行成 1599
～處信 9878
～師素 7457
～穎 8986
22～嵩 3325
～鼎 3697
～崇訓 9391
～利貞 4056
～繼業 8867
～綬 4170
～粲 10903
23～允 8967
～參 4676
～獻誠 4426
24～倚 3802
～德昇 9877
～佑仁 10568
～皓 9018
25～仲方 7004
～仲宣 4167
～仲素 6511
～仲甫 4160
～純如 9885
26～保和 8624
～皋 7555
～魏賓 8475
～緷 10568
27～象 8456
～約 2056
～彙 6207
～叔弼 9887
～叔政 4453
～叔良 4495
～紹 9128
28～復元 6009
～從申 10619
30～宣明 3764
～滂 6184
～之宏 3713
～憲 10912
～守吉 8920
～守節 4053
～宏靖 5518
10652
～良器 7921
～賓 10741
～寶 8867
～寂 3567
31～濬 10752
～憑 9876
32～冽 2633
～淵疑 9877
～濛 6230
10660
～巡 3499
33～泌 9130
～述 7376
34～洗 6396
～湛 10949
～法 4079
～禕 10744
～造 6269
35～沖虛 9674
～神安 1599
36～洎 9123
10906
37～濯 4549
～次宗 7896
～爲 8604
38～澮 4171
～途 4830
40～九齡 2869
～大吉 4113
～太元 1686
～太古 9887
～友正 5439

~士賓　10750
~希崇　8942
~存則　9879
~志和　4414
~嘉貞　3034
~賁然　6263
~真祥　9880
43~式　4541
44~萱　4117
~薦　4643
~孝友　10904
~萬頃　4159
~韓卿　4079
~昔　4645
~莒　4546
~楚金　2362
~楚　3112
~蘊古　1574
~權　7422
~模　7662
46~旭　10572
~恕　8736
47~均　4178
48~增　4538
~敬忠　2812
~松壽　2062
50~泰　2021
~柬之　1783
10538
53~彧　5244
~甫　4030
57~蟾　8630
60~日新　3558
~星　4053
~易之　2424
~思鼎　3709
~思道　1681
~晏　10599
~昌齡　1650
~回　10575
~果　9613
~景　4054
~景源　2745
~景明　3564
~景毓　4145
63~默之　9886
64~時敏　9877
~疇　9875
66~曙　8742
67~鳴鶴　9882
~昭　9055
11249
~昭遠　10894
~嗣初　5538
~鷟　7365
71~階　4139
愿　10565
74~隨　9403
77~周　10634
~鵬　10894
~居詠　9125
~又新　7419
79~勝之　7636
80~鎬　4390
~令該　10572
~義方　9106
~公謹　1355
~公乂　9884
84~鑄　9034
85~鍊　4180
87~欽敬　4101
~朔　9402
88~鎰　4391
~餘慶　9883
~籍　7007
90~惟一　4150
~懷瓘　4397
~懷道　9879
~少博　4646
~光晟　4536
~省躬　4152
92~恍　4145
97~耀　9875
99~滎問　9885

1173₂ 裴

00~度　5450
10647
~廣　4105
03~誼　10712
07~諝　3773
12~延翰　7881
~廷裕　8842
17~子建　3836
~子餘　2747
21~行儉　1656
10535
~處權　7859
22~鼎　4049
24~休　7686
~幼卿　4120
26~皞　8942
30~寬　2817
~守真　1717
~宏獻　1660
~寂　1329
32~漼　2832
35~清　4673
37~次元　6174
10655
~通　7519
38~導　8562
39~潾　7329
40~士淹　4198
41~垣　8937
~樞　8545
44~堪　4894
10640
~恭　7861
~孝智　4678

～孝源 1629
～贇 8651
46～垍 6221
10659
～坦 7939
47～郁 6995
48～敬 7946
50～抗 4531
～夷直 7890
～肅 5531
～春卿 4120
～素 7947
10716
51～振 9399
52～虬 4930
60～曠 9838
～晃 5197
～冕 3838
66～曙 4673
72～朏 4047
77～同亮 10628
～巽 8970
～興 9399
79～騰 4121
80～鉉 3688
82～鍘 8463
88～簡永 7140
90～光庭 3029
10562
90～炎 1712
97～耀卿 3010
10561

12108 登

97～輝 9590

12401 延

40～壽 9605
67～昭 9588

12410 孔

00～齊參 4138
10～璋 3812
～元義 2097
13～戣 7108
21～穎達 1472
22～崇弼 8948
24～德紹 1355
～緯 8456
36～温裕 8290
～温業 10714
37～邈 8864
40～志約 1888
44～莊 8907
67～昭序 8948
86～知邵 10895

12413 飛

86～錫 9540

12493 孫

00～廣 4467
～文臣 9852
05～諫卿 8248
07～翊仁 4164
10～玉汝 7919
～元 8831
～平子 3397
17～翌 3103
～珦 8631
～承先 4124
～忌 5027
21～虔禮 2042
～處元 2697
～處約 1720
～頠 4666
22～崇古 9851
23～伏伽 1359
27～郃 8634

～紹 11152
～紹榮 10905
30～宿 4477
33～治 10721
～溶 10740
～袐 9850
38～棨 8714
39～逖 3125
10573
40～嘉之 2632
～樵 8319
44～革 7716
47～翃 3073
60～思邈 1616
80～益 4123
～義龍 3105
～會 3680
～公輔 9400
86～智清 9672
87～欽望 9851
88～簡 7906
90～光憲 9390
91～愐 3715
99～鎣 4431

13140 武

10～三思 2415
～元衡 5387
10647
～平一 2720
21～儒衡 7425
22～崇正 11202
30～宗皇帝(李炎) 798
10446
67～曌 見高宗武皇后
77～同德 4082
90～少儀 6186
10657

13236 強

27～名子 9961

15400 建

30～寧郡王佼（李佼） 1029

17107 孟

07～郊 6996
22～利貞 11186
27～脩己 10567
～翶 9946
30～賓于 9127
36～昶 見後蜀主
38～啟 8605
40～友直 4038
44～楚瓊 4088
67～昭圖 8653
71～匡朝 3347 10575
86～知祥 見後蜀主
88～簡 6220 10659

17120 刁

90～尚能 8623

17127 鄧

00～袞 7857
17～承緒 4054
60～暗 11242

17207 了

30～空 10936

17214 翟

20～禹錫 4079
44～楚賢 9958

17232 承

10～瓌 7735
34～遠 9512

17407 子

28～儀 9510

17427 邢

00～文偉 1663
14～璹 10562
30～宇 4443
～宙 4632
44～甚夷 8622
71～巨 3054
88～筠 8592

17506 鞏

26～伯壎 9391

17507 尹

10～震鐸 10724
26～程 9925
27～伊 1663
37～深源 4124
41～樞 6251
52～拙 9068
56～暢 4074
71～匡祚 4116
90～愔 9663
98～悅 7323

17527 那

60～羅延 見俱密王

17607 君

71～長 10939

17620 司

24～徒詡 8971
30～空頲 8861
～空圖 8482 10745
71～馬霜 4155
～馬承禎 9625
～馬貞 4106
～馬滔 4449
～馬太貞 1659
～馬鍠 2644

17627 邵

08～說 4616 10635
17～瓊之 3801
25～仲方 10663
36～混之 3705
37～潤之 4135
～朗 8480
40～真 4534
58～軫 3373
60～炅 6274
77～卿 9943

18137 玲

22～幽 9581

20227 喬

13～琮 4602
14～琳 3612
21～師望 1897
27～彝 5535
31～潭 4609
72～氏 10951

20261 信

30～安郡王禕（李禕） 1026

20407 季

17～子康　9937
30～良　10939

2042_7 禹

14～璜　10732

2043_0 奚

48敬元　7732

2071_4 毛

25～傑　2423
79～勝　9387

2090_1 乘

46～如　9545

2108_6 順

30～宗王皇后　1013
～宗皇帝(李誦)　598

2110_0 上

30～官麻户豐耳總
太子　11171
～官靈芝　1720
～官儀　1576
～官遜　9929

2121_0 仁

50～素　9527

2121_7 盧

00～商　7888
～庾　3810
～文紀　8972
　10901
～文進　9106
08～説　8651
～諭　3710
10～正己　4457
～元裕　10619
～元輔　7137
～元卿　10941
～賈　4418
11～項　7371
～碩　9829
17～瓊　8979
～子駿　7728
20～重元　3665
21～仁膽　9833
～術　4172
～虔　4524
～虔瓘　8433
～貞　3078
～綽　9830
22～嶠　6268
23～俌　2712
24～先之　4080
26～侶　4438
27～象　3121
～詹　8955
～奐　8957
～粲　2753
28～徽　4883
　11219
～從儉　11231
～從愿　2865
30～寬　10537
～宏正　7530
　10698
～宏宣　7661
32～潘　8303
34～禧　4172
～邁　4464
　10625
37～涣　3341
38～道元　9672
～肇　7988
40～士牟　1598
～士瞻　9833
～士開　4671
43～求　7701
～載　4437
44～藏用　2401
～藻　4449
～華　8911
46～坦　5515
　10652
～恕　8294
～韞價　4080
47～朝徹　4515
～杞　4535
　10626
51～振　8970
　10900
52～攜　8302
53～咸雍　8828
56～損　8985
　10901
57～擢　8962
60～昌　4060
～景亮　4545
63～貽　3678
67～照鄰　1687
72～隱趙　9833
～朏　9832
～質　8935
　10898
77～履冰　3395
80～仝　6981
～兼愛　10564
82～銛　9398
86～知猷　10752
87～鈞　7888
～鄯　8245
88～簡求　7568
90～懷慎　2793
　10549
97～燦　8955

2121_7 虛

20～受　9598

2122₀ 何

07～諷　6243
12～延之　3058
26～皇后　見昭宗何皇后
37～迥　9867
40～士幹　4447
47～超　4120
51～據　9866
88～籌　7856
90～光乂　8925

2122₁ 行

40～友　10928
77～堅　10939

衛

23～俌　4440
30～宏敏　2023
31～憑　3108
37～洵　8275
～次公　5343
44～萊　4138

2123₄ 虞

30～進　4124
44～世南　1396
　10500
53～咸　4091

2124₁ 處

04～訥　10938
10～玉璿　9528
40～木昆匐延闕律啜　10342

2128₆ 頴

10～王璥(李璥)　1028

2133₁ 熊

10～元逸　2055
20～季成　4068
44～執易　6289
67～曜　3559

2160₈ 睿

30～宗皇帝(李旦)　222
　10385
　11182

2172₇ 師

21～貞　9820
77～用　9575
81～頌　9029

2190₄ 柴

30～宗訓　見周恭帝
90～少儒　4674
99～榮　見周世宗

2220₀ 劇

10～可久　9031

2220₇ 岑

00～文本　1518
　10530
23～參　3634
64～勛　3844
77～居中　4116
80～義　2711

2221₄ 崔

00～立　7941
～立之　6191
～彥撝　11138
～彥昭　8433
～膺　6291
～文邕　10567
01～譚　4034
07～韶　5541
08～敦禮　1367
10～元亮　6215
～元式　10712
～元翰　5314
～元略　7373
　10686
～于　7914
11～玭　11213
12～璀　4687
～瑗　4132
～瑤　7862
13～瑄　8474
～琬　2706
～琮　8912
14～珪璋　4159
～瓘　4428
～琪 中唐人　3079
～琪 晚唐人　8451
～珙　7657
　10700
15～融　2191
　10541
　11196
17～珝　8279
～璆　4091
～璵　7659
～羣　6182
　10656
18～致遠　10756
19～耿　10708
20～位　5523
～季梁　10578
21～仁師　1366
～仁涗　10358
～衍 中唐人　4917
～衍 晚唐人　8897

~行先 6258
~行功 1779
~儒 10633
~倬 7880
22~恁 3715
~崇業 2058
23~俊 7473
24~備 5521
25~仲海 10608
26~伯陽 4428
~釋 9836
27~龜從 7513
10698
~歸美 10662
~蠡 7388
~修業 2063
~向 3069
28~從 5219
~縱 4881
10640
30~安都 2061
~寓 3695
~宏慶 9837
31~沔 2768
10547
32~沂 8827
33~淙 4686
~祕 4437
34~漢衡 6247
~祐甫 4187
~遠 8631
~造 4431
10623
35~神慶 2363
36~渭 8286
~湜 2837
37~逸 3087
~涵 3088
38~塗 8631
~道默 2061
40~直 10669
~希逸 3103
~雄 8425
44~協 8831
~莅 2817
10559
~恭 4903
~護 4914
~黃中 7325
~植 7131
47~翹 3322
~蝦 7474
~杞 7555
10699
48~教 5539
~棁 8938
53~咸 7326
~戎 7700
56~損 4859
58~敖 6201
60~國輔 4115
~黯 7852
61~顥 3348
62~懸黎 11186
66~曙 宋州人 3602
~曙 博陵人 9398
~器 3356
67~明允 3083
~鄆 10704
71~陟 9835
~厦 4451
~厚 10602
~巨 10612
77~鵬 8460
~殷 5438
~居儉 8929
10897
~鄖 7448
80~鉉 7879
~令欽 4041
~無詖 10565
~善爲 10495
81~頌 3672
84~鎮 4029
86~鍔 10691
~知悌 1651
90~尚 3089
95~憓 8833

2221₄ 任

10~要 10630
24~贊 8928
10697
44~華 3816
47~超 6240
60~昇之 4177
~圜 8874
64~疇 7918
80~公叔 4685
86~知古 2386
90~光 9123

2228₄ 僕

60~固懷恩 4394
~羅 10355

2224₇ 後

~唐魏王繼岌 1276
00~唐太祖（李克用） 1050
~唐太祖曹皇后 1273
~唐莊宗（李存勗） 1052
10462
~唐明宗（李亶） 1079
10463
~唐明宗曹皇后 1273
~唐閔帝（李從厚） 1149
10472
~唐末帝（李從珂） 1149

10472
10～百濟王子神劍 11156
～百濟甄萱 10367
50～素 11262
60～蜀主孟知祥 1294
～蜀後主孟昶 1296

22770 山

10～元卿 9678

22900 利

87～郃 11250

22901 崇

30～宗之 3042
53～拔 9481

22904 欒

00～彥楨 8547
50～史 9284
77～朋龜 8564

23240 代

30～宗皇帝(李豫) 502
10413

23242 傅

00～奕 1345
21～仁均 1343
23～允(傅光) 11265
44～夢求 9942
60～昇卿 4136
90～懷海 9943
～光 見傅允

23250 臧

40～希晏 10614

23453 幾

10～元 9960

23500 牟

19～瑠 8291

24200 斛

25～律齊 9952
42～斯敬則 2055

24231 德

28～徽 11263
～宣 9531
30～宗皇帝(李适) 547
10419

24265 僖

30～宗皇帝(李儇) 901
10454

24747 岐

48～敬宗 9821

25000 牛

00～應真 9814
21～上士 4061
22～仙客 3040
28～僧孺 6968
10676
～聳 4449
32～叢 8713
40～希濟 8875

25206 仲

17～子陵 5237
30～之元 9935
80～無頗 7655

25900 朱

14～瑱 見梁末帝
17～子奢 1361
18～珍 8845
20～千乘 11225
24～休 9828
25～仲武 10911
30～濟 4076
～守殷 8827
～寶積 2368
31～泚 5345
32～滔 5345
～灣 5443
34～洪 10732
36～温 2805
～温 見梁太祖
37～鄴 9397
38～遵度 9324
42～桃椎 1644
43～朴 8722
44～萃 9827
48～敬則 1735
60～景元 7936
77～閲 9397
86～知家 10908
90～懷隱 1909
97～恂 9119

25917 純

26～白 9609

26000 白

10～西 9602
21～行簡 7092
30～宏儒 10745
～宏侯 9956
37～鴻儒 8590
77～居易 6673
10675
88～敏中 7628

26104 皇

～太子瑛(李瑛) 1028
40～太子宏(李宏) 1018

53～甫亮 7655
～甫璟 4055
～甫瓊 2096
～甫政 10642
～甫湜 7010
～甫冉 4615
～甫威 6253
～甫曙 11230
～甫公義 2066
～甫鎛 10669
～甫惟明 3631

2633$_0$ 息

50～夫牧 4504

2641$_3$ 魏

05～靖 2110
10～元忠 1789
～元同 1713
12～璀 3775
20～季龍 4688
～季邁 4155
24～縝 4167
25～仲犀 4179
27～歸仁 2638
28～徵 1408
30～宥 9938
32～逅 8828
36～禔 3568
37～深 11241
43～式 9940
44～謩 7962
10716
46～加慶 9940
52～靜 4113
55～扶 7859
61～顥 3797
62～則之 10687
71～匡贊 10649
80～兼柔 9941

86～知古 2397
91～烜 4063
97～炤 9938

2643$_0$ 吳

10～王楊行密 1277
13～武陵 7383
15～融 8636
17～子來 9673
21～顗 11222
～師道 2640
22～僞帝楊溥 1278
～崇 9289
25～仲舒 6003
26～保安 3637
～皐 10686
32～蒙 4124
34～汝納 10713
35～連叔 9824
37～通微 4919
40～大江 9825
～越文穆王錢元瓘 1309
10490
43～越武肅王錢鏐 1300
10489
～越忠懿王錢俶 1311
10491
44～兢 3020
56～揚吾 2110
～揚吳 1680
58～蜕 8652
60～冕 9824
64～畦 8469
77～輿 5209
81～頌 4551
88～筠 9639
90～懷恩 11255
～少微 2377

2690$_0$ 和

37～凝 9005
10902

2691$_4$ 程

00～彥先 10554
～彥矩 9412
～庭玉 4132
05～諫 3804
10～元素 1896
21～仁紹 9378
22～山甫 10734
24～休 4438
～皓 4487
34～浩 4513
37～邈 7937
40～士禺 2048
60～晏 8648
66～嬰 9901
77～异 4649

2692$_2$ 穆

30～宗皇帝(李恒) 680
10438
～寂 6981
60～員 8182
72～質 5324

2694$_1$ 釋

34～遠 9611
77～具 9526

2712$_7$ 歸

15～融 10751
22～崇敬 3847
10611
55～耕子 9960
60～冕 9823
99～榮 7730

27132 黎

37～逢　4921
44～埴　7881
48～幹　4552
　10626

27212 危

24～德輿　10915
80～全諷　9092

27217 倪

44～若水　2812
　～少通　9674

27220 向

02～訓　10910

27234 侯

21～上卿　4687
　～仁寶　10908
22～嶠　6268
26～總　11215
27～殷　11255
32～冽　7435
40～圭　8473
　～喜　7550
60～冕　4515
80～益　9037
81～銛　10631

27247 殷

00～文亮　5223
　～文圭　9093
12～璠　4452
17～盈孫　8596
22～崇義　9170
23～侔　7703
24～侑　7855
　10715

46～觀　9118
77～鵬　8944

27252 解

40～賁　4134

27257 伊

54～捺吐屯屈勒　見石國王

27261 詹

08～敦仁　9389
　10921

27281 俱

30～密王那羅延　10356
60～羅王忽提婆　10355

27312 鮑

17～君徽　9815
70～防　4454
　10625

27327 烏

20～重允　5541
44～勒伽　見康國王
　～萇王達摩　10352

27332 忽

10～雷澄　9512
56～提婆　見俱羅王

27336 魚

17～孟威　8453

27427 鄒

08～敦愿　10719

27603 魯

00～唐客　9923
37～洵　8607

27640 觳

22～川　9578

27712 包

15～融　10602
21～處遂　10576
24～佶　3763
　10609

27827 鄺

27～鄺　10961

27904 彙

21～征　9603

27917 紀

10～王慎　10494
77～履忠　10547

27927 綁

27～象錢　9835

27933 終

40～南山僧　9612

27940 叔

　～孫元觀　4487
12～孫伯　9953
　～孫矩　7713

28247 復

35～禮　9505

28253 儀

22～崇哲　9821

2826₆ 僧

30～空海 11175
11356

2829₄ 徐

～□ 10964
00～彦伯 2714
11205
～齊眮 1718
～慶 2065
10～至 6253
～靈府 10941
～元鸦 6278
14～珙 10596
17～承嗣 4462
10625
20～季鴒 3677
22～嶠 2710
23～台符 8947
28～復 6011
～綸 8977
30～安貞 3096
～夤 8744
10878
34～浩 4488
10625
40～太亨 3560
～有功 1664
60～景暉 4160
68～晦 6173
77～堅 2764
10547
～闕名 9962
～膠 10742
～賢妃 見太宗徐賢妃
80～鉉 9179
10912

81～錯 9278
86～鍔 2992
～知證 9104
90～光溥 9303

2871₁ 嵯

41～頗 10346

2891₇ 紇

10～干㚖 10713
～干濬 8555
～干俞 7437

3010₆ 宣

30～宗皇帝(李忱) 824
10448
32～業 9482

3014₇ 淳

10～于希顔 8977
～于敬一 2026

3020₁ 寧

10～王憲(李憲) 1022

3021₄ 寇

10～可長 7883
31～泚 2757
77～同 7139

3021₇ 扈

43～載 9019

3022₇ 房

00～彦藻 1356
～玄齡 見房元齡
08～説 6242
10～元齡(房玄齡) 1383
～元恪 9892

～晉 2388
13～琯 3367
20～千里 7901
26～自厚 4094
27～魯 9411
30～寬 4165
～密 4443
37～渙 11212
～鄴 8629
48～翰 3575

甯

28～齡先 4464
71～原悌 2818

3023₂ 永

10～王璘(李璘) 1028
～王李存霸 10891

3033₆ 憲

30～宗郭皇后 1014
宗皇帝(李純) 605
10428
～ 11183

3034₂ 守

30～守澄 9601

3040₁ 宇

00～文歆 1343
～文瓚 8431
～文融 3082
～文鼎 7463
～文暹 9925
～文坤 11230
～文賞 4690

3040₄ 安

20～重誨 8827
～重榮 8933

30～審琪 11254

3040₇ 字

30～寶 9962

3043₀ 宏

21～仁 9964

突

71～厥可汗苾伽骨咄祿 10341
～厥可汗默綴 11137
～厥可汗默棘連 10341

3060₆ 富

40～嘉謨 2373

3073₂ 良

20～秀 9550
40～士 9901
～貢 9543
67～嗣 11272

3080₁ 定

54～持 10931

3080₆ 賨

00～文靖 10908
17～翬 4062
～羣 6185
10656
21～貞固 9066
22～紃 7880
23～參 10647
24～德元 1890
26～臯 4560
～儼 9043
27～叔蒙 4494
28～儀 9038
～從直 4466
32～蒙 4576
36～温顏 8927
37～滈 8734
40～克構 6261
44～夢徵 8872
50～泰 5344
～専 10896
52～静 1598
60～易直 10670
80～公衡 4181
90～尚義 2058
92～忻 4117

實

40～叉難陀 9514

3090₁ 宗

30～密 9583

3090₄ 宋

00～齊邱 9110
10905
～言 7916
03～誠 10710
10～再興 10634
11～玕 10727
16～璟 2089
17～務光 2728
10546
22～鼎 見東謝蠻
26～伯宜 9936
27～儋 4039
11208
～叔鈞 11212
30～之問 2427
36～温璩 2998
50～申錫 6285
60～昱 3583
～曷 9935
80～全節 9937
～并 10632
90～少真 4679
～光葆 10340
～尚宫 1012
93～悛 9936

3111₀ 江

00～文蔚 9108
10906
47～妃 見元宗江妃
60～旻 9616

3111₄ 汪

23～台符 9103
90～少微 11255
97～焕 9110

3112₇ 馮

10～元度 11239
～元德 8459
12～延己 9164
10907
20～伉 4472
24～待徵 4112
27～紹正 3028
30～宿 6298
～審 6389
35～神德 2040
36～涓 9287
38～道 8988
10902
40～真素 9818
42～韜 7424
44～萬石 2106
～贊 8547
48～敬徵 4114
77～用之 4128

3116₁ 潛

40～真 9549

3119₆ 源

03～誠心 2072
21～順 11174
36～涓 3884
40～直心 1913
48～乾曜 2828
10560

3126₆ 福

14～琳 9573
20～信 11156

3128₆ 顧

00～齊之 10695
～方肅 11225
10～雲 8577
24～德章 7954
～升 2034
36～況 5362
77～陶 7959
90～少連 5219

3211₈ 澄

10～玉 9591
46～觀 9579

3213₄ 濮

10～王泰(李泰) 1017
76～陽宁 8292

3215₇ 淨

46～觀 11258

3216₉ 潘

00～文環 4122
17～孟陽 5361
24～待福 9855
～佑 9166
10907
27～稠 8474
32～滔 7320
40～存實 7527
46～觀 4050
47～好禮 2829
60～圖 7669
90～炎 4506

3310₀ 泌

33～泌 10961

3390₄ 梁

00～高望 3102
～庶 4093
～文贇 8971
～文矩 8936
20～乘 4679
22～嵩 9315
23～獻 2867
24～德裕 3617
25～朱賓 2367
31～涉 4161
37～渙 4048
38～洽 3608
40～太祖(朱溫) 1031
10459
44～孝仁 2066
50～肅 5249
～末帝(朱瑱) 1044
10461
60～昇卿 3621
84～鎮 4523

3411₂ 沈

00～諒 4027
01～顏 9088
07～詢 7973
10～亞之 7572
～元明 2074
13～珹 8306
14～瑱 4100
17～珣 7926
18～玢 8735
21～仁束 10922
～既濟 4865
10638
25～仲 4165
～傳師 7005
26～伯儀 2100
28～佺期 2375
34～達 9931
36～迴 4521
37～逢年 9932
～朗 7665
42～彬 9125
44～封 6242
47～超 10664
～櫓 10711
50～東美 3346
53～成福 2027
68～畋 8479
77～興宗 3708
86～知言 8438
90～光 8425
94～懽 11242

3411₈ 湛

40～賁 6190

3413₁ 法

14～琳 9418
10928
15～融 9475
30～宣 10927
38～海 9533
40～才 9505
44～藏 9523

3413₄ 漢

00～高祖(劉暠) 1211
10477
～高祖李皇后 1274
72～隱帝(劉承祐) 1217
10478

3414_7 淩

10～正 9900

波

22～崙 9511

3416_1 浩

21～虚舟 6294

3418_1 洪

21～經綸 5347
34～滿 9503

3426_0 褚

00～亮 1484
10523
～庭誨 10578
10～无量 2975
12～廷詢 4122
30～實 9922
38～遂良 1503
10529
44～藏言 7908
60～思光 4068
88～符 8295

3430_4 達

00～摩 見烏萇王
20～奚珣 3501
～奚摯 4451

3512_7 清

43～越 9587
50～晝 9551

3520_6 神

60～昉 9474
82～劍 見後百濟王子
86～智 11256
88～會 9538

3611_7 温

00～彦博 1388
～庭筠 8221
12～璠 8290
22～任 6281
30～憲 10738
34～造 7528
40～大雅 1330
72～氏(李邕妻) 9815

3612_7 湯

33～浚 9899
77～履冰 4167

3614_1 澤

10～王濾(李濾) 1029

3621_0 祝

87～欽明 2398

3630_0 迦

44～葉志忠 2805

3630_2 邊

11～玕 9069
17～承斐 4119
27～歸讜 9035
～魯 9036
44～蔚 9001
90～光範 9039

3711_2 汜

10～雲將 4034

3716_1 澮

59～轔 11240

3721_0 祖

03～詠 3393
17～君彦 1331

3730_4 逢

21～行珪 1667

3772_7 郎

50～肅 8467

3813_7 冷

47～朝陽 5208

3814_7 游

00～方 3708

3815_5 海

10～雲 9435
21～順 9417

3830_6 道

30～宜 9483
10929
33～邃 11257
35～清 9599
44～恭 9438
～世 9502
51～振 9576
67～明 11258
80～氤 9525
～會 9439

3912_0 沙

77～門紹 10940
～門邈 10934

39404 娑

44～葛　見西突厥可汗

40101 左

30～牢　7918
90～光允　4116
～光嗣　4177

40030 太

30～宗皇帝(李世民)　46　10373
～宗徐賢妃　979

40227 希

30～甯　11264

南

00～唐後主李煜　1283　10488
～唐先主李昪　1278　10487
～唐嗣主李景　1279　10488
07～詔王異牟尋　10345
21～卓　10694
34～漢後主劉鋹　1298　10489
～漢第三主劉晟　1298
87～敘　9590

40247 皮

60～日休　8341
90～光業　9371

40331 志

30～寬　9433
52～靜　9508

40401 幸

30～寅遜　9314

40407 李

～口　10962
～口　10963
00～亶　見後唐明宗
～亨　見肅宗皇帝
～充　11230
～彥賓　11251
～彥芳　7727
～齊運　10842
～齊古　3831
～方叔　6004
～方郁　5190
～商隱　8029　10716
～膺　9911
～應　6218　10658
～康成　3635
～庾　7643
～文則　10641
～奕　5445
01～諲　4175
～襲吉　8856
04～訥　4468
05～靖　1566
～竦　4683
07～翊　10721
～鄘　10668
～詷　8731
～誦　見順宗皇帝
～歆　9912
～譔　2098
08～說　10628
～詳　8949
10～至　4392
～至遠　4434
～靈幹　11153
～靈光　9916
～元景　見荊王元景
～元瓘　3095
～元紘　3040
～元龜　8916　10893
～元真　9816
～元懿　8983
～元中　10729
～元素　7133
～元成　3353
～元景　見荊王元景
～石　7524
～百藥　1437　10511
～雲卿　9914
～震　3774
11～玭　3792　10610
～珏　7405　10686
12～珽　8850
～延壽　1571
～廷暉　4021
～延範　10895
～碨　8435
14～瑾　7637
～瓘　見許王瓘
～聽　7320　10684
～瑛　見皇太子瑛
～琪　8898　10893
15～融　4549
17～盈休　8916
～琊　10712

～璆　見褒信王璆
～琚 3830
～承乾　見恒山王承乾
～豫　見代宗皇帝
～承嗣 2640
～子珣 4153
～子仞 9916
～子卿 4636
～子簡 3805
～羣玉 8317
～君球 1625
～君政 1600
～君房 5447
～柔 10724
18～璥　見潁王
19～璘　見永王璘
20～重福　見譙王重福
～重茂　見襄王重茂
～伉 8481
～喬年 2863
～季平 10624
～季卿 4682
～季貞 6241
～季良 11205
21～順融 10339
～仁方 2056
～衢 10704
～行廉 10537
～行修 7132
～行敏 2054
～衡 11217
～虞仲 7113
～處仁 9916
～師聖 7104
～師政 1602
～師直 11223
～師旦 2640
～貞　見越王貞
～綽 8650
22～崟 4440
～鼎祚 2041
～巖 6997
～邕 2646
10543
～邕妻　見温氏
～嶠 2443
10543
～崇遇 8906
24～德休 8862
～德初 10949
～德裕 7142
10682
11237
～德芳 10678
～休烈 3057
～勉 4458
25～仲文 11237
～仲雍 9915
～仲雲 4680
～仲和 4095
～紳 7122
10682
11236
～純　見憲宗皇帝
～純甫 9917
26～白 3518
～皇后　見漢高祖李皇后
見晉高祖李皇后
～儇　見僖宗皇帝
～儼 2033
10539
11197
～峴 3787
～程 6373
～纓 10731
27～龜年 3335
～仍叔 11224
～象 8934
10898
～殷夢 8828
～翱 6397
～舟 4518
～欵 7698
～紓 4019
～約 5222
～綱 1339
～叔明 4005
～絳 6525
28～復 6257
～徹 4158
～徵古 9124
～從謙 9105
～從珂　見後唐末帝
～從易 7658
～從厚　見從唐閔帝
～儉 8246
11243
29～傒　見建寧郡王倓
～嶸 5241
30～宣 6292
～淳風 1630
10535
～涪 7945
～寧 6248
～寬 1724
～宥 10620
～適之 3091

～憲　見寧王憲
～守貞　8969
～守禮　見邠王守禮
～守瓊　8977
～安儼　10537
～安期　1472
～宏　見皇太子宏
～宏慶　7895
～宏冀　9104
～宏皋　9322
～宏簡　8285
～宙　4056
～容　9911
～審幾　2626
～宅心　11211
～寰　7362
～良　10574
～密　1313
～密思　8426
～宗和　6005
～宗敏　7331
31～江　4693
～涉　7112
～潛　11232
～顧行　8240
～濬　8591
　10679
32～淵　見高祖皇帝
漼　見懿宗皇帝
～蒙　3663
～巡　4677
～适　見德宗皇帝
～業　10643
～遜　5537
33～泌　3839
　10611
～浦　8620
～治　見高宗皇帝
～演　5210
34～為　8312
～湛　見敬宗皇帝
～湛然　見滕王湛然
～濤　9031
～漢　7697
　10700
～汭　10665
～渤　7305
　10684
～澣　9911
～澮　9913
～禕　見信安郡王禕
～蘧　7729
～遠　7949
35～沖昭　9674
～沛　5247
～漉　見澤王漉
～迪　4503
36～湜　3701
～祝　見哀帝
37～濯　5445
～潤　見嗣澤王潤
～淑　7446
～潯　9021
～澥　3696
～逈秀　2860
～通　10602
～逢吉　6223
　10659
～罕　6267
38～瀚　9917
～澣　9033
～洽　2058
～道安　9290
～遵　4418
～道古　10661
～道昌　4678
～遊　10668
～肇　7415
～啓　7662
40～乂　2701
　10693
～大亮　1340
～直　10734
～直方　6243
～克用　見後唐太祖
～希言　3679
～希定　9913
～存勗　見後唐莊宗
～志暕　見彭王志暕
～吉甫　5198
　10644
　11235
～去泰　4522
～杭　9913
41～栖元　11233
～栖筠　3760
42～彭年　3336
　10575
43～博乂　見隴西王博乂
44～荃　3704
～藹　8852
～藩　10631
～蕘　8832
～蔚　7964
～茂貞　8859

～孝言　9915
～孝倫　2703
～華　3185
　10574
～若初　10637
～世民　見太宗皇帝
～藝　6980
　10733
～甘　7570
～黄中　4063
～林甫　3507
　10596
46～覲　4444
～觀　5398
～覿　4446
47～郁　10895
～朝正　10333
～朝隱　2389
　10542
～超　9070
～郴　10731
～穀　9029
48～乾祐　1643
～翰　4375
～敬方　7639
～敬貞　1890
50～中敏　7363
～聿　4437
～夷亮　6004
～夷吾　2863
～夷簡　7121
　10682
～泰　見濮王泰
～胄　7366
～冉　6284
52～托　10920
～撰　3771
挺　11216
哲　7736
53～輔　7711
輔國　10332
～蠙　8241
～成裕　4109
～咸　2801
54～勣　1568
55～農夫　9914
57～抱玉　3849
～蟾　7879
58～軫　3768
60～昉　9040
～旦　見睿宗皇帝
～國貞　10940
～蜀　3347
～晟　4512
～思齊　2806
～思元　2037
～愚　8914
～昊　9308
～昪　見南唐先主李昪
～昪　10601
～昪朝　4115
～回　10713
～固言　10702
～昂　見文宗皇帝
～昂(開元時吏部尚書)　3069
～景　見南唐嗣主
～景讓　7925
　10716
～景伯　2754
～景儉　8299
～景莊　10744
61～顯　見中宗皇帝
62～昕　4690
63～暄　9413
～貽孫　5514
65～疇　8906
64～暐　3776
～曄　見昭宗皇帝
66～嚴　8898
～睨　7912
67～明敵　8732
～昭德　2101
～昭宗　11268
～嗣真　1675
68～晦　2063
71～驚　7453
74～隨　10679
76～陽冰　4459
77～堅立　10640
～隆基　見元宗皇帝
～同　8828
～朋　7858
～丹　4131
～賢　見章懷太子賢
～巽　5340
80～益　4918
～令琛　9914
～兼　10643
～義府　1561
　11194
～義表　1658
～義範　2054
～善　1896
～善感　9915
～善夷　8743
～含光　9660
～曾　9912
～畲　11194
～公佐　7467

～公進 6256
84～銚 7327
86～鐸 9321
～知元 8720
～知柔 10601
～知損 9002
87～欽明 8971
～郃 7699
88～筌 3667
～節 8249
89～鏻 8965
90～光弼 3500
～光緯 8829
～光憲 8913
～光朝 4151
～尚一 2037
～炎 見武宗皇帝
91～恒 見穆宗皇帝
92～憕 3348
94～忱 見宣宗皇帝
慎 見紀王慎
～慎儀 8948
10899
96～懌 8958
～煜 見南唐後主
97～惲 9393
～惲 見蔣王惲
～憺 10575
99～瑩 11254

40407 支

20～喬 6992

40506 韋

00～充 7562
～絢 7414
27～紓 6194
10657
～皐 4626
10637
26～皇后 見中宗韋皇后
25～岫 8300
～續 3689
24～縝 4088
10622
22～縚 3122
10573
11204
～貞伯 5314
～處厚 7342
～處元 7446
～虛心 2739
～行儉 4859
21～仁約 1889
20～辭 7373
10686
～承造 8720
17～承慶 1901
15～建 3813
14～璀 7140
～琮 7899
13～武 5439
12～璞玉 10562
11～孺實 10729
～雲起 1355
～夏卿 4473
～元旦 2102
10～元甫 4427
02～端符 7559
～奕 7367
～慶復 7389
～應物 3809
～方質 10550
10687
～叔夏 1908
10538
28～稔 4904
30～濟 10566
～安仁 1622
～宏景 4930
～宙 8289
～良嗣 3679
～宗卿 7134
31～渠牟 6292
32～巡 4072
33～述 3063
35～湊 2018
36～温 7898
～迴 3690
37～澳 7891
38～肇 4474
40～希顏 9823
43～博 10725
44～莊 9287
～執誼 4647
～執中 5329
10637
～萬石 1891
～藹 9289
～模當 9822
47～均 2703
～翃 4682
～慤 7740
～縠 9305
48～乾度 7451
～敬辦 9821
50～抗 3067
～表微 6387
52～挺 1575
56～損 10729
57～蟾 8467
60～見素 2767
～思齊 2065

～昌明 8592
～昌謀 8633
67～昭度 8466
～嗣立 2380
10542
71～陟 3111
10573
～長 7555
72～彤 5235
10644
77～同翊 10650
～展 1912
～巽 10646
～貫之 5390
80～公式 10679
～公肅 7327
88～籌 8240
90～懷敬 2059
～光輔 10622
91～恒 3347
93～悰 1030
97～煥 8282

4060_0 古

30～之奇 5346

4060_1 吉

36～温 10600
38～逾 11203
44～藏 9537

4073_2 袁

07～歆 6270
10～不約 7567
17～玘 9853
～司直 5525
22～循 8590
～利貞 1677
23～允 7554
～參 4037
24～皓 8528
26～自求 4173
28～從之 2757
30～守一 2802
44～楚客 1793
60～思古 1915
65～映 3556
67～暉 3057
80～令問 9853
90～懷光 3586

4080_1 真

00～言 9542

4090_8 來

27～鵠 8529

4191_6 桓

00～彦範 1782
10536

4212_2 彭

10～王志暕(李志暕) 1027
21～偃 4544
27～殷賢 3117
40～士愁 9323
45～構雲 3773
47～朝曦 9899
60～景宣 10563
～景直 2756
64～曉 9306

4240_0 荆

10～元景(李元景) 1016
34～浩 9393

4241_3 姚

00～齊吾 4441
～庭筠 6251
10558
10～震 4125
11～班 1732
14～璹 1732
17～承構 4073
20～重成 4125
21～顗 8930
22～崇 2078
10540
26～峴 6284
～絪 6262
36～洎 8850
39～潋 9860
40～南仲 4433
44～誓 7940
48～幹 9861
52～揆 9401
60～思廉 1500

4252_1 靳

48～翰 2825
91～恒 2728

4292_1 析

28～從阮 10909

4380_3 越

10～王貞 10492
60～國夫人路氏 10591

4385_0 戴

18～璇 3338
21～師顗 10744
24～德永 10600
27～叔倫 5189
50～胄 1570
90～少平 7410

4390_0 朴

50～市田來津 11173

4410₀ 封

17～孟申 9820
18～玠 9820
20～舜卿 8851
22～利建 3673
27～殷 9819
33～演 4492
40～希顔 2866
47～翹 8895
58～敖 7500
10697
90～常清 3345

4410₄ 菫

10～晉 4558
10626
22～侹 7001

4411₂ 范

12～延策 10895
～延光 8924
10894
21～貞胐 2805
25～仲邕 9935
～傳正 6397
27～冬芬 6274
47～朝 10597
51～攄 8459
67～鳴鶴 7440
72～質 9065
94～慥 9934
99～榮 9932

4412₇ 蒲

20～禹卿 9300

4414₂ 薄

44～芬 9416

4421₂ 苑

53～咸 3370

4421₄ 莊

44～若諾 3620

4422₇ 芮

52～挺章 3619
86～智璨 11187

蕭

00～諒 10600
10～至忠 2836
12～瑀 1340
14～珙 11241
17～珣 10711
21～頃 8872
～穎士 3259
22～嵩 2831
27～俛 5522
～俶 7696
28～倣 7737
30～定 4425
32～淵 8921
37～鄴 7941
40～希甫 8911
～森 4498
44～華 3760
51～振 9098
～據 10643
62～昕 3595
71～匪名 9860
84～銑 1314
87～鈞 1503
88～籍 7136

4423₂ 蒙

44～蒙 10963

4424₂ 蔣

05～諫 9930
10～王惲（李惲） 1018
～至 4163
21～偕 6998
25～伸 8242
26～儇 7913
～儼 1643
30～準 4448
37～凝 8454
40～真冑 2058
52～挺 2111
60～圖 4150
70～防 7391
74～勵己 4075
～勵躬 9930
78～鑒玄 10890
87～欽緒 2748

4425₃ 藏

04～諸 10687

4433₀ 苾

26～伽骨咄祿 見 突厥可汗

4439₄ 蘇

00～廙 9826
02～端 4433
04～詵 2631
10～瓌 1722
10536
～晉 3043
11～頲 2524
11197
17～珣 2022
～子華 4671
20～禹珪 9015
21～師道 3767

22～偁　4095
23～俔　3684
　～允口　11272
　～綰　3382
24～德潛　8977
25～倩之　9827
27～絳　7937
30～寧　9825
　～安恒　2391
31～源明　3794
36～遇　7525
37～滌　8269
38～遊　1914
41～楷　8833
60～冕　6387
　～圖元　8633
　～景胤　10677
67～鶚　8563
80～令問　4137
86～知機　2036

4440₀ 艾

21～穎　9018

4440₇ 孝

24～德　見日本國王
67～明　見日本女主

4442₇ 萬

00～齊融　3389
40～希莊　4137
44～楚　3714

4443₀ 樊

17～珣　4539
　～子新　9849
20～系　4033
21～衡　3568
28～倫　8970
　10901
30～宗師　7523
60～晃　10631
　～冕　見楚冕
68～晦　4126
76～陽源　6195
84～鑄　3691
90～光　4693
　～光期(樊光明)　4072
　～光明　見樊光期

莫

10～雲浮　10741
24～休符　8621

4445₆ 韓

00～彦惲　8896
　～方明　4931
　～章　4682
10～覃　3000
　～雲卿　4499
　11214
12～瑗　1629
13～琬　3086
　～琮　8312
15～建　10891
　11250
17～子休　9855
20～秀榮　4523
21～處元　2056
　～穎　4393
24～休　2985
26～伯庸　6255
　～保裔　8944
　～臯　6293
27～偓　8738
28～份卿　10952
　～徹　4452
　～儀　8838
30～濟　10612
　～液　4166
33～述　4479
36～洄　4505
　～混　4429
　10623
　～昶　7666
37～凝　2099
　～運　8657
40～希銑　9855
41～朝宗　3058
46～翃　4527
47～極(韓拯)　4143
56～擇木　10619
57～拯　見韓極
60～思復　2755
77～熙載　9171
　10907
80～愈　5542
　～義賓　10749
88～鎡　9854
90～賞　3341

4450₄ 華

　～口口　9965
30～良夫　10678

4460₁ 昔

40～真　9544
51～耘　10689

4460₅ 苗

10～晉卿　3577
20～秀　4668
25～紳　8423
28～收　9861
35～神客　2029

4474₁ 薛

00～彥國 4135
～文美 9122
07～詾 8293
10～元超 1625
～元賞 7698
～霽 4094
～平 7112
10681
11～珏 5349
12～登 2850
～延陀可汗夷男 10342
～廷珪 8809
～孤吳仁 2029
15～融 8932
16～聰 11131
20～重元 7641
～重暉 4137
～季連 9416
21～仁貴 1629
10534
22～恁 9954
～邕 3394
～幽棲 9673
26～稷 2796
10550
28～收 1337
10496
30～寓 3567
～良 10572
31～泚 9416
34～濤 10950
～逵 10729
35～沖乂 9021
37～逢 7965
10717
40～大球 4136
～存誠 7107
10681
60～易簡 8613
～昇 9954
～昌序 8736
～景宣 1719
63～貽矩 10890
67～曜 2425
～昭文 8865
～昭諷 10549
～昭緯 8632
71～驥 4134
～長孺 6207
79～勝 6240
87～鈞 4117

44770 甘

17～子布 2628

44801 楚

00～廢王馬希廣 1298
22～後廢王馬希萼 1299
60～冕(樊冕) 4070

44806 黃

10～元之 2698
12～璞 8602
10745
32～滔 8658
37～粲 10701
41～頗 7936

44901 蔡

00～京 7892
07～詞立 8472
14～瑋 9663
20～孚 3095
24～德章 10747
34～法善 9613
40～希綜 3717
10605
60～景 4066
66～曙 11250
77～同文 8911
10893

44903 蓁

77～毋潛 3374

44904 葉

44～護支汗那　見吐火羅
～護失里忙伽羅見吐火羅

44910 杜

00～奕 6215
10～正倫 1517
10530
～元穎 7438
10697
12～延業 10957
14～確 4691
16～環 9923
17～君綽 1887
20～位 4015
～信 4442
9925
21～頠 3632
～顗 7863
24～倚 4437
～佑 4871
27～殷 8316
～紹光 8829
28～牧 7744
30～宣猷 7951
～之松 1354
～審權 10716
～良 9022
～寶符 11227
34～淹 1367
35～洩（許洩） 4154
37～鴻漸 3694
10604

38～篋　8925
40～希逼　8606
～去疾　8432
44～萬　4692
～英策　10668
～韡　9012
～楚客　10535
～楚賓　3799
～黄裳　4881
　10640
46～如晦　1387
～韞　8004
52～挺　4141
53～甫　3639
60～昱　10570
～易簡　11186
61～顥　9923
64～曉　8806
66～嚴　4082
77～周士　7119
80～兼　7425
88～敏　10600
90～光彦　10957
～光庭　9679
　10948

4491₄ 桂

17～琛　9598

權

22～倕　4047
24～德輿　4933
　10641
30～寅獻　2999
44～若諾　2727
55～軼　4689
80～無二　1913
～善才　1887

4499₀ 林

06～謌　3682
12～珽　8283
16～琨　4680
17～弼　8925
21～仁肇　9163
～慮山人　9959
22～嵩　8741
24～贊　9159
30～寶　7431
34～濤　6271
37～逢　7652
～罕　9290
　10913
38～滋　7971
44～藻　5535
　10653
～蘊　4926
　10653
60～昇英　見新羅景明王
77～同穎　9389
80～益　6272
88～簡言　8280
94～慎思　8433

4621₀ 覩

44～勒　11156
77～賢　11358

4622₇ 獨

12～孤霖　8423
～孤及　3900
　10612
～孤峻　3346
～孤良弼　6260
～孤良器　6995
～孤郁　6982
～孤申叔　6227
～孤授　4653
～孤鉉　7426

4680₆ 賀

24～德倫　8859
30～之章　10563
38～遂亮　2024
44～蘭廣　4181
～蘭進明　3511
～蘭賁　4133
～蘭敏之　2423
～蘭恒　9943
47～朝　4186
86～知章　3039

4690₀ 柏

21～虔冉　8468

4692₇ 楊

00～齊宣　4119
～齊哲　2635
01～譚　3832
05～諫　3711
08～於陵　5309
　10645
10～元湊　7716
～元操　9401
11～瑱　10643
～礪俗　9667
12～發　7885
16～瑒　3027
　10562
17～承和　10333
20～倞　7521
～皎　11217
～系　5386
21～虚受　2828
～行密　見吴王
～行惲　7009
～虞卿　7879
～師立　8562

～師道　1600
23～綰　3356
24～德裔　1720
～休烈　4043
25～仲昌　3110
～佚　9401
26～自政　10629
～伯羲　9874
27～歸裕　4689
～歸厚　10700
～紹復　7562
28～收　7960
復光　10339
30～守納　4172
～宏　11247
～宏真　7432
31～迺　9869
～憑　4884
33～溥　見吴僞帝
34～漢公　7900
～濤　9869
～汝士　7442
～凌(楊陵)　7528
37～凝式　8995
10902
38～洽　8864
～途　8830
10892
40～士端　10713
43～式宜　9874
44～若虚　3032
～植　7557
45～棲梧　4443
46～相如　3075
48～敬之　7417
～檢　10740
53～成象　9873
60～國忠　3509
～冕　4673
思元　2057

～思儉　2055
思本　10955
63～暄　10632
64～叶　11219
65～暕　4138
67～昭儉　9054
～嗣復　6175
10655
71～頤　9872
72～氏(王搏妻)　9818
74～陵　見楊凌
77～譽　1571
80～夔　9071
81～鉅　8627
86～知方　10897
～知新　8452
～智遠　9668
90～光　8600
～炎　4296
94～慎矜　3574
～慎虚　9873
97～炯　1915

4702$_7$ 鳩

00～摩羅王　10352

4713$_8$ 懿

30～宗皇帝(李漼)　865
10453

4722$_7$ 郁

17～羣老　7677

4724$_2$ 麴

74～勵　9021
86～智盛　見高昌王

4732$_7$ 郝

17～瓊　10897

21～處俊　1656
27～名遠　9954
35～連梵　2644

4742$_7$ 郄

60～昂　3668

4762$_0$ 胡

00～交　3564
14～瑱　4096
20～季良　7323
10684
22～嶠　9010
26～伯成　11268
27～詹　10615
～的　7421
30～密　10753
37～運　4691
40～直鈞　6172
～嘉隱　4110
44～權　7878
64～晧　3326
72～氏(王用妻)　10950
77～堅　5350
80～曾　8534
10745
84～錡　10736
90～愔　9817

4792$_0$ 柳

03～識　3825
10～正元　10702
～元貞　2056
11～玭　8593
16～璟　7700
17～璨　8759
10890
～子温　7105
20～伉　4675
25～仲郢　7523

10699
26～峴 5349
27～紹光 10554
30～宣 1718
～宗元 5753
10653
35～沖 2371
36～澤 2813
37～潤之 4690
～渙 3028
～渾 3825
10610
38～澈 7369
～道倫 6029
40～喜 7656
～賁 3636
44～芳 3777
46～覯禮 9931
60～冕 5351
77～同 4095
80～并 3780
～公綽 5516
～公權 7325
10685
86～知微 11237

4864_0 敬

00～讓 4122
30～寬 4436
～騫 3710
～宗皇帝(李湛) 712
10437
52～括 3587
～播 1576
87～翔 8855

4895_7 梅

22～彪 7370

4928_0 狄

21～仁傑 1724
50～中立 7908
80～兼謨 7469

4980_2 趙

00～商 11229
10～元一 5344
～需 5393
～晉用 3693
～不爲 4093
～不疑 4069
11～玭 9040
～礪 9010
12～延乂 8980
14～瓘 9926
17～子餘 4121
～子卿 4099
19～璘 8287
21～上交 10910
～顗 2385
～仁錡 8954
22～崇龜 8916
～崇素 2060
24～德 6276
～德鈞 8923
～贊 5347
25～傳說 10630
26～自勤 4173
～自勵 4096
～泉虬 9927
～和 8907
～和璧 3003
27～殷輅 6254
～儋 7548
～僎 3689
～冬曦 3001
10561
30～宇 9925
～良器 3799
～良玉 4123
～宗儒 4464
33～演 10564
34～遠 9030
～造 7938
40～嘉昭 9928
43～博濟 10705
44～蕃 7428
～蕤 3635
45～棲簡 4141
46～觀文 8721
47～都 8897
50～申昈 8605
58～撫 9926
60～昌 5221
～昂 6277
10671
67～明吉 8829
71～匡 3602
～頤貞 3004
74～勵 9927
～陵陽 4175
77～鳳 8917
～居貞 3003
～熙 8962
～岊 4065
80～全泰 10680
86～知微 7558
90～光乘 3701
94～愼言 3093
96～憬 4650
～煜 3349
99～瑩 8963

5000_6 中

30～宗皇帝(李顯) 190
10382
～宗韋皇后 10458
40～大兄皇子 11173

史

～□　10966
10～元璨　4458
12～延　4551
17～承節　3342
20～重厚　8282
22～嶷　2802
～崇　9620
25～仲謨　1661
27～歸舜　10743
～翻　4478
28～徵　9414
30～之徵　見史徵　9414
～宏　7368
37～淑　9919
40～在德　8921
44～藏用　4688
～萇　9917
47～超　10957
91～恒　10628

申

44～著禹　10897
77～屠液　3337
90～堂構　4149

5001₄ 推

40～古　見日本女主

5022₇ 肅

23～然　11257
30～宗皇帝（李亨）　458
10410
11183

5033₃ 惠

30～寔　8595

5040₄ 婁

10～元穎　4186
21～師德　1897

5044₇ 冉

10～元一　10557

5090₄ 秦

12～瑀　9838
23～獻　11203
77～用　9838
～貫　8301

5090₆ 東

00～方虬　2101
04～謝蠻宋鼎　10345
27～鄉助　4113
～鄉同安　11185
～鄉同安妻　見夏侯氏
30～安國王篤薩波提　10353
40～乂　9578

5104₀ 軒

54～轅集　9673

5106₀ 拓

63～跋興宗　3055
～跋恒　9322

5178₆ 頓

80～金　9099

5225₇ 靜

34～邁　9437

5320₀ 盛

00～彦師　1570
12～烈　9945
47～均　7934

成

10～元英　9615
～震　9901
26～伯瑜　4114
40～賁　4688
50～忠　11156
～表微　7442

威

20～秀　9476

咸

00～廙（咸廙業）　3512
～廙業　見咸廙
21～師範　8980

5340₀ 戎

60～昱　6247

戒

21～貞　11264

5404₁ 持

20～統　見日本女主

5533₇ 慧

00～立　9467
03～斌　9435
10～靈　9543
～雲　10938
21～能　9518
32～淨　9434
44～苑　9524
50～忠　11256
75～賾　9431

5560₆ 曹

～□高　11269
04～詵　9865

14～確 7911
17～琛 10900
23～允昇 8910
10907
26～皇后 見後唐太祖曹皇后
～皇后 見后唐明宗曹皇后
44～孝翼 10954
60～國珍 8957
～因妻（見周氏）

5580₆ 費

37～冠卿 7128
90～光裕 9938

5602₇ 暢

04～諸 5243
12～璀 4005
90～當 5243

5743₀ 契

58～撫 9601

5803₂ 捻

58～捻 11270

6010₀ 日

40～本女主齊明 11165
～本女主孝明 11171
～本女主推古 11157
～本女主持統 11169
～本國王天武 11165
～本國王天智 11165
～本國王孝德 11158

6011₃ 晁

30～良貞 2865

6015₃ 國

53～威 11259

6033₀ 思

40～有 9609
44～莊 9535
48～敬 11264

6040₀ 田

10～再思 3081
11～顒 8842
20～季羔 9858
23～伏寶 10612
24～備 9857
～休光 3328
30～淳 9304
～宏正 7105
34～沈 9857
40～南砅 4093
～布 7106
47～鶴 9857
60～景儒 9017
80～益 10629
～義寵 9859
～義晊 3330
88～敏 9064

6040₇ 曼

30～定 見新羅真聖女主

6050₄ 畢

00～彥 10558
～彥雄 3107
31～遷喬 4070

6060₀ 呂

00～讓 7364
01～諲 3770
10～元膺 4891
～元泰 2741
12～延禎 9116
～延祚 3042
14～琦 8935
17～務博 9919
20～受 7892
21～貞儉 10704
～穎 7651
22～巖說 9922
10577
27～向 3051
28～牧 4516
33～述 10694
36～温 6306
10671
40～太一 2993
10560
～才 1635
44～夢奇 8834
51～指南 9921
53～咸休 8979
60～因 4171
77～朋龜 8908
～周任 4911
80～令則 9920
～令問 2994
81～頌 4906
83～鎛 6009
91～焯 6278

6073₁ 曇

43～域 9604

6080₁ 是

80～善 11173

異

23～牟尋　見南詔王

6080₆ 員

26～峴　4142
27～俶　3555
56～押　4087
90～半千　1681

圓

32～測　9505
67～照　10939
80～鏡　11260

6090₆ 景

30～審　10667
32～淨　9545
37～迢　9114
43～姹　10950
90～少遊　9930
～炎　7864

6091₄ 羅

00～立言　7103
～讓　5331
～袞　8723
11249
14～劭權　7567
47～好心　6269
72～隱　9330
77～周裔　10907
90～火拔　見謝颶國

6333₄ 默

27～綴　見突厥可汗
55～棘連　見突厥可汗

6401₀ 吐

44～蕃贊普棄宗弄讚　10342
11137
～蕃贊普棄隸蹜贊　10343
～蕃贊普可黎可足　10344
90～火羅葉護支汗那　10354
～火羅葉護失里忙伽羅　10354

6401₄ 畦

23～畚　10688

6624₈ 嚴

03～識元　2706
11～礪　7104
13～武　10611
20～維　4918
22～綬　4634
28～從　3046
35～迪　4127
36～迴　4074
38～涚　5339
10646
52～挺之　2841
67～郢　3781
80～善思　2704
～公衡　7526

6650₆ 單

40～有鄰　4071

6702₀ 明

21～槩　9429
31～濬　9471
52～援　10692

6706₂ 昭

30～宗何皇后　1014
～宗皇帝(李曄)　938
10454

6716₄ 路

17～羣　7534
20～季登　4472
～航　8913
22～巖　8297
44～蕩　9941
48～敬淳　2629
67～嗣恭　4005
72～氏　見越國夫人路氏
74～隨　4929

6722₀ 嗣

30～安　9527
36～澤王潤(李潤)　10495

6908₉ 啖

74～助　3581

7064₁ 辟

77～閭仁諝　2719

7121₁ 朧

10～西王博乂（李博乂）　1015

7121₄ 雁

77～門公　9960

7125₀ 厙

49～狄履温　3101

7132₇ 馬

00～裔孫 8984
07～翊 6275
10～元貞 11268
17～承翰 8969
～子才 9929
20～重績 8923
～縞 8919
24～犹 4094
～德表 10556
27～總 4916
37～逢 4033
40～大師 2057
～希廣 見楚廢王
～希萼 見楚後廢王
～支 8598
～吉甫 6274
～去非 9017
44～植 10700
47～郁 10736
56～損 4053
63～貽 9928
77～周 1584
79～勝 8921
90～懷素 2994 10560
～光粹 9929
98～燧 4467

7171₁ 匡

26～白 9577

7173₂ 長

12～孫訥言 1906
～孫僚 7549
～孫憲 4450
～孫巨澤 7879
～孫無忌 1371

7210₀ 劉

00～庭誥 4106
～庭琦 3034
～庭玲 10603
～慶道 2069
～言 8987
02～端 9096
03～詠 8735
08～敦儒 7654
10～三復 7726
～元鼎 7359
～元佐 5343
～元淑 9903
～震 10643
～晉 4102
～可紀 11228
11～璿 4071
～孺之 4871
12～璀 4073
～廷實 4125
14～礎 10690
17～珣 9902
～承慶 2052
～承祐 見漢隱帝
～鄩 8854
～子元 2778
20～重約 10338
～秀 2821
～禹錫 6053 10655
～系 4170
21～仁叡 2060
～仁軌 1622
～仁贍 9158
～虔膺 8909
～處静 8542
22～鼎 8967
～巖夫 7637
～崇望 8539
～崇遠 9027
23～允文 7324
～允章 8449
～允濟 1677
24～待價 2823
～嶢 4424
～贊 8918
25～仲宜(仲宣) 4071
～仲宣 見仲宜
～伸 8288
～秩 3783 10610
～積中 6252
26～皞 8980
～穆之 2746
27～約 7892
28～從乂 9015 11253
～從諫 7566
～從周 10739
30～濟 5349
～寬 4393
～寬夫 7649 10699
～憲 2364
～守光 8856
～宇 6262
～審禮 1906
31～源 4393
～迺 3843
32～濛 8283 10718
34～濤 9065
～爲輔 4073
35～津 9115
～清 4029
36～洎 1533
37～潤 4102
～渙 8956

～鄴　8422
38～汾　8314
～祥道　1654
～遵古　10670
40～太真　4015
10613
～士舉　10665
～南仲　10720
～志素　2638
～脊虛　4185
41～栖楚　10678
43～藏　10911
44～藏器　1668
～恭伯　8311
～孝孫　1573
～蕡　7718
46～如璿　1681
48～乾　9903
50～肅　7138
51～軻　7669
58～蛻　8252
60～暠　見漢高祖
～思立　1565
～晏　3761
10609
～晟　見南漢第三主
～昌魯　8830
～景夫　10723
66～晲　3840
67～昫　8951
10900
～瞻　7741
70～驤　4827
71～鷩　8854
～巨川　6281
～長卿　3513
72～彤　3052
～岳　8826
10892
74～肱　4448
77～同昇　3339
～闢　5346
～丹　6248
80～全白　6247
～兼　4116
～公輔　9904
～公輿　7324
81～鋹　見南漢後主
82～銛　9903
85～餗　3842
86～知新　8950
～知幾　10548
～知古　3383
88～纂　9300
90～光　4141
～光度　8942
91～怦　5309
98～悅　10908

7420₀ 尉

37～遲士良　4038
～遲敬德　1566
38～汾　7422

7421₄ 陸

00～庶　6274
10670
10～瓌　7663
～元浩　9100
～元朗　1483
17～羽　4418
10623
21～行儉　7372
23～參　6249
27～龜蒙　8392
28～復禮　5538
30～淳　6238
10660
11221
～扆　8715
33～泌　7009
38～海　11207
～遵　1896
40～大同　2802
～希聲　8550
44～贄　4694
50～東之　10546
51～據　3348
71～長源　5183
74～肱　6278
88～餘慶　2865

7529₆ 陳

00～齊之　7704
～齊卿　4152
～商　7464
～康士　8614
～庶　8465
～文德　10553
～章甫　3789
～京　5232
05～諫　6999
07～詡　4547
～諷　6204
09～讜言　4151
10～正卿　3831
～元伯　4099
～元光　1674
12～廷章　9840
～硎　9843
17～羽　5537
～子良　1349
～子昂　2112
10540
18～致雍　9132
20～喬　9159
～集源　2049
21～岠　6990

～貞節　2846
22～山甫　9845
24～佑　6006
～岵　7641
25～仲師　7355
～仲卿　9844
26～保極　8951
27～叔達　1336
28～豁　8457
30～寬　8317
10719
～守中　9316
～宗裕　1660
36～邈妻　見鄭氏
37～鴻　6179
～鴻祖　7412
40～十八郎　10967
～九言　3682
～左流　6006
～希烈　3505
～有章　9847
～去疾　7894
43～越石　7445
48～敬瑄　8644
50～夷行　7717
10714
57～椵　7896
60～黯　7983
～昌言　4915
72～岳　8731
77～覺　9112
80～兼　3788
～會　8250
88～簡甫　4462
90～惇修　9843
～少微　9400
～光　4044

76227 陽

26～伯成　3353
45～坤　8658

77127 邱

10～元素　7321
27～岣　9907
～絳　6215
35～神静　2059
37～鴻漸　6271
40～真孫　9907
90～愔　2639
～光庭　9379
98～悦　3673
11205

77136 閩

50～忠懿王王審知　10491
88～第六主王羲　1312

77220 周

00～彦之　9907
10～元休　8926
18～珍　10597
21～行先　6282
22～繇　8549
24～德權　9290
30～之翰　4082
32～澄國王　10352
36～渭　4623
～遇　8293
40～太元　7704
10700
～太祖(郭威)　1225
10480
～存　5195
44～恭帝(柴宗訓)　1272
～世宗(柴榮)　1251
10484
47～墀　7639
48～翰　8855
71～愿　6257
72～氏(曹因妻)　9814
80～夔　9906
81～矩　2635
83～鍼　9904
～鉞　7877
86～知微　8909
88～鈐　8478
90～惟簡　9163

陶

03～詠　9865
47～朝　4448
～穀　9049
10914
48～翰　3378
54～拱　6008
77～舉　4031

77247 履

30～空　9514

77272 屈

30～突叔齊　4105
～突湼　4133
～突滑　4133
52～蟠　9415

77364 駱

30～宏義　1889
～賓王　1992

77447 段

00～文昌　6232
10660
10～瓌　7882
～平仲　10675
20～秀實　3844
30～安節　'8634
36～迴　4144
53～成式　8232

10717
60～禺 8909
77～同泰 3084
80～全緯 7423
～公路 10736

7748₂ 闞

27～名 9967
10967
11136
11154
11179
11277
11360

7755₀ 毋

61～娶 3790

7760₂ 留

28～從效 9113

7760₆ 閭

00～玄亮 11204
77～邱允 1662
～邱均 3006

7777₂ 關

45～構 6011
52～播 4650
10638
60～圖 8456

7777₇ 閻

00～立德 10549
～立本 1569
10～至爲 9909
26～伯瑾 4483
～伯璵 4022
30～寬 3811
37～渙 9908
44～楚封 9908
47～朝隱 2094
57～抱庶 9909
74～隨侯 4083
77～周彥 11238

7778₂ 歐

76～陽廣 9109
～陽詢 1478
10520
～陽玭 8478
～陽秬 7898
～陽詹 6013
10653
～陽彬 9303
～陽熙 9101
～陽炯 9305
10920

7780₆ 貫

24～休 9596

賢

80～義 9610

7790₄ 桑

20～維翰 8960
27～叔文 10627
88～簡能 8956

7823₁ 陰

00～庭誡 10616

7922₇ 勝

60～曼　見新羅真德女主

7923₂ 滕

10～王湛然(李湛然) 1023
17～珦 10704
27～紹宗 10909
34～邁 7443

8010₄ 全

34～達延 10344

8010₉ 金

～□□ 11135
00～彥昇　見新羅王
～庚信 11130
17～弼奚 11131
20～秀宗　見新羅興德女王
21～穎 11133
23～獻貞 7381
24～佑徵　見新羅神武王
25～傳　見新羅敬順王
30～良相　見新羅宣德王
34～法敏　見新羅文武王
40～士信 10358
～力奇 11133
～柱弼 11133
43～城公主 1030
50～忠信 10357
71～厚載 7920
74～陸珍 11132
77～興光　見新羅王
98～悌隆　見新羅信康王

80221 俞

00文俊 2371

前

60～蜀主王建 1287
～蜀後主王衍 1293

80307 令

42～狐彰 4008
～狐建 10643
～狐峘 4009
～狐德棻 1388
～狐緒 7884
～狐綯 7884
～狐紹先 9945
～狐楚 5469
～狐專 10722

80331 無

21～行 9502

80404 姜

00～立佑 3677
～庭琬 9899
44～薈 1340
64～晞 2384
80～公復 6281
～公輔 4555

80501 羊

40～士諤 6188
98～愉 3676

80553 義

32～淨 9519
40～真 11260
44～林 11259
64～叶 9586

80730 公

20～乘億 8558
～乘鎔 9107

80904 余

13～球 10706
86～知古 7893

82114 鍾

23～允章 9315
57～輅 7663

83150 鐵

44～勒諸部十一姓 11156

83153 錢

00～庭篠 10618
10～元瓘 見吳越文穆王
17～珝 8760
23～傅 8828
26～衆仲 9859
27～俶 見吳越忠懿王
40～嘉會 3587
47～起 3849
60～昱 9326
84～鏵 10922
87～鏐 見吳越武肅王

85130 鉢

23～伐多羅王 10352

86400 知

30～宗 9589

86600 智

04～誅 10924
30～實 9428
50～本 11261
60～昇 9526
80～首 10924

87227 郤

10～王守禮 見雍王守禮

87427 鄭

00～齊望 4100
～方 6254
～慶餘 4886
03～就 8432
04～訥 9946
10～亞 7530
～元修 10669
～覃 7424
10697
～雲叟 8929
～雲逵 4892
11～珏 8897
12～延昌 8609
～磻隱 9949
17～琚 4149
～務 4021
～子春 3333
18～璲 4159
19～璘 8654
20～魴 7659
～受益 8937
21～仁表 8543
～處約 8312
～處晦 7905
22～岑 4667
～繇 3327
24～鱿 8829
～休文 11188
25～績 3556

26～自新 9951
～絪 5191
27～叔齊 5386
～叔清 4392
～叔則 10642
30～宥 4175
～準 8850
～審則 11221
～宗經 7362
～宗哲 9951
～察 4174
31～涯 7904
32～遥 9950
34～濆 8607
36～湶 4486
～還古 7924
37～渥 10729
～朗 8291
38～滌 6195
10658
～遂 8282
～遂初 2375
～榮 4183
40～太穆 6992
～太昊 9948
～希稷 9946
～吉 7932
42～韜光 8931
43～式方 7553
44～薰 8270
～萬英 10550
～萬鈞 2826
～若方 9948
～老萊 3086
～藝 9295
～楚容 9951
～權 10601
48～敬賓 10920
50～素卿 7736
54～轅 4552
55～摶 10905
60～昉 4450
～國忠 2728
～思齊 2635
～愚 8645
～回 10347
～昌嗣 8549
～署 8605
61～顥 8287
63～貽 10749
67～昭 4446
～路 7958
68～畋 7975
72～氏(陳邈妻) 9816
80～俞 6010
～谷 10746
86～錫 4600
87～欽泰 2069
～欽悦 4177
90～惟忠 1721
～少微 4035

8762_2 舒

10～元褒 7706
～元輿 7485
11227

8822_7 第

10～五琦 10618

8824_3 符

17～子璋 6270
～子叔 9835
43～載 7041
10680

8832_7 篤

44～薩波提 見東安國王

8877_7 管

71～原道真 11344

9003_2 懷

50～素南陽人 9504
素長沙人 10931

9022_7 尚

16～理 9943
21～衡 4014
44～華 5345
74～馳 9944

常

00～袞 4202
11234
11～非月 3619
15～建 3388
23～允之 4045
24～德志 9894
25～仲儒 5394
28～從心 3608
30～準 8966
44～著 4452
50～東名 4042
60～日進 4078
67～暉 9893
80～無求 4180
～無欲 4156
90～惟堅 9897

9101_6 恒

22～山王承乾（李承乾） 1016

9702_2 憀

97～憀 10962

索引字頭筆畫檢字

一畫

一 1000_0

二畫

丁 1020_0
了 1720_7
刁 1712_0

三畫

上 2110_0
于 1040_0
子 1740_7
山 2277_0

四畫

不 1090_0
中 5000_6
仁 2121_0
元 1021_1
公 8073_0
天 1043_0
太 4003_0
孔 1241_0
尹 1750_7
支 4040_7
文 0040_0
方 0022_7
日 6010_0
毋 7755_5
毛 2071_4
牛 2500_0
王 1010_4

五畫

代 2324_0
令 8030_7
冉 5044_7
包 2771_2
史 5000_6
古 4060_0
可 1062_0
司 1762_0
左 4001_1
平 1040_9
正 1010_1
永 3023_2
汜 3711_2
甘 4477_0
田 6040_0
申 5000_6
白 2600_0
皮 4024_7
石 1060_0

六畫

仲 2520_6
任 2221_4
伊 2725_7
匡 7171_1
危 2721_2
吉 4060_1
吐 6401_0
向 2722_0
字 3040_7
宇 3040_1
守 3034_2
安 3040_4
戎 5340_0
朱 2590_0
朴 4390_0
江 3111_0
牟 2325_0
羊 8050_1
至 1010_4
艾 4440_0
行 2122_1
西 1060_0

七畫

何 2122_0
余 8090_4
冷 3813_7
利 2290_0
君 1760_7
吳 2643_0
呂 6060_0
坐 8010_4
孝 4440_7
宏 3043_0
宋 3090_4
岑 2220_7
岐 2474_7
希 4022_7
延 1240_1
志 4033_1
成 5300_0
戒 5340_0
李 4040_7
杜 4491_0
汪 3111_4
沈 3411_2
沙 3912_0
狄 4928_0
良 3073_2
豆 1010_8
辛 0040_1
郤 8722_7
邢 1742_7
那 1752_7

八畫

亞 1010_7
叔 2794_0
周 7722_0
和 2690_0
孟 1710_7
季 2040_7
宗 3090_1
定 3080_1
尚 9022_7
屈 7727_2
幸 4040_1
忽 2733_2
房 3022_7
承 1723_2
拓 5106_0
明 6702_0
昔 4460_1
東 5090_6
析 4292_1
林 4499_0
武 1314_0
泌 3310_0
法 3413_1

波 3414 7
知 8640 0
芮 4422 7
邱 7712 7
邵 1762 7
金 8010 9
長 7173 2
來 4090 8

九畫

侯 2723 4
信 2026 1
俞 8022 1
前 8022 1
南 4022 7
哀 0073 2
咸 5320 0
契 5743 0
姚 4241 3
姜 8040 4
威 5320 0
宣 3010 6
封 4410 0
庠 0025 1
建 1540 0
彥 0022 2
後 2224 7
思 6033 0
恒 9101 6
持 5404 1
施 0821 2
昭 6706 2
是 6080 1
柏 4690 0
柳 4792 0
柴 2190 4
段 7744 7
洪 3418 1
玲 1813 7
皇 2610 4
禹 2042 7
突 3043 0
紀 2791 7
紇 2891 7
胡 4762 0
苑 4421 2
苗 4460 5
范 4411 2
苾 4433 0
迦 2630 0
厙 7125 6
郁 4722 7
郲 2792 7
郄 4742 0
韋 4050 6
飛 1241 3

十畫

乘 2090 1
俱 2728 1
倪 2721 7
凌 3414 7
員 6080 6
哥 1062 1
奚 2043 0
唐 0026 7
夏 1024 7
孫 1249 3
師 2172 7
席 0022 7
徐 2829 4
息 2633 0
晁 6011 3
晉 1060 1
桂 4491 4
桑 7790 4
桓 4191 6
殷 2724 7
浩 3416 1
海 3815 5
烏 2732 7
班 1111 4
留 7760 2
真 4080 1
祖 3721 0
祝 3621 0
神 3520 6
秦 5090 4
純 2591 7
荆 4240 0
袁 4073 2
軒 5104 0
郝 4732 7
郎 3772 7
馬 7132 7
高 0022 7

十一畫

啖 6908 9
國 6015 3
婁 5040 4
寇 3021 4
尉 7420 0
崔 2221 4
崇 2290 1
常 9022 7
康 0023 2
張 1123 2
强 1323 6
扈 3021 7
推 5001 4
捻 5802 2
斛 2420 0
曹 5560 6
梁 3390 4
梅 4895 5
淨 3215 7
淳 3014 7
清 3512 7
畢 6050 4
章 0040 6
符 8824 3
第 8822 7
眭 6401 4
終 2793 3
莊 4421 4
莫 4443 0
處 2124 1
許 0864 0
貫 7780 6
逢 3730 4
郭 0742 7
陳 7529 6
陶 7722 0
陸 7421 4
陰 7823 1
魚 2733 6
鹿 0021 1
麻 0029 8

十二畫

傅 2324 2
喬 2022 7
單 6650 6
富 3060 6
幾 2345 3
庾 0023 7
彭 4212 2
復 2824 7
普 8060 1
景 6090 6
智 8660 0
游 3814 7
湛 3411 8
湯 3612 7
無 8033 1
甯 3022 7
富 3060 6
異 6080 1
登 1210 8

盛 5320 0
程 2691 4
舒 8762 2
華 4450 4
虛 2121 7
覃 1040 6
詞 0762 0
費 5580 6
賀 4680 6
越 4380 5
陽 7622 7
雁 7121 4
雲 1073 1
順 2108 6
馮 3112 7
黃 4480 6
惠 5033 3

十三畫

嗣 6722 0
圓 6080 6
嵯 2871 1
廉 0023 7
彙 2790 4
敬 4864 0
新 0292 1
楊 4692 7
楚 4480 1
溫 3611 7
源 3119 6
義 8055 3
肅 5022 7
萬 4442 7
葉 4490 4
董 4410 4
虞 2123 4
解 2725 2
詹 2726 1
賈 1080 6
路 6716 4
辟 7064 1
道 3830 6
達 3430 5
鄒 2742 7
鉢 8513 0
雍 0071 4
雷 1060 3
靖 0512 7
頓 5178 6
靳 4252 1
鳩 4702 7

十四畫

僕 2223 4
僖 2426 5
僧 2826 6
實 3080 6
寧 3020 1
廖 0022 2
僇 9702 2
暢 5602 7
漢 3413 4
甄 1111 7
綦 4490 3
熊 2133 1
齊 0060 1
睿 2160 8
福 3126 6
管 8877 7
翟 1721 4
臧 2325 0
蒲 4412 7
裴 1173 2
趙 4980 2
閩 7713 6
齊 0022 3

十五畫

儀 2825 3
劇 2220 0
劉 7210 0
履 7724 7
廣 0028 6
德 2423 1
慧 5533 7
樊 4443 0
樂 2290 4
歐 7778 2
潁 2128 6
潘 3216 9
潛 3116 1
滕 7923 2
澄 3211 8
蔡 4490 1
蔣 4424 2
褒 0073 2
褚 3426 0
鄧 1712 7
鄭 8742 7
閻 7760 6
鞏 1750 6
魯 2760 3
黎 2713 2

十六畫

叡 2764 0
憲 3033 6
曇 6073 1
澤 3614 1
澹 3716 1
獨 4622 7
盧 2121 7
穆 2692 2
篤 8832 7
衛 2122 1
諸 0466 0
辨 0044 1
錢 8315 3
閻 7777 7
靜 5225 7
駱 7736 4
鮑 2731 2
龍 0121 1
賢 7780 6

十七畫

濮 3213 4
糜 0029 4
蕭 4422 7
薄 4414 2
薛 4474 1
襄 0073 2
謝 0460 0
鍾 8211 4
韓 4445 6

十八畫

戴 4385 0
歸 2712 7
聶 1014 1
闕 7748 2
顏 0128 6
魏 2641 3

十九畫

懷 9003 2
藏 4425 3
羅 6091 4
譙 0063 1
譚 0164 6
邊 3630 2
關 7777 2
隴 7121 1
麴 4724 2
龐 0021 1

二十畫

嚴 6624 8
竇 3080 6
蘇 4439 4

釋 2694_1

二十一畫

鐵 8315_0

顧 3128_6

二十二畫

懿 4713_8

權 4491_4

龔 0180_1

鄺 2782_7

二十四畫

靈 1010_8

二十五畫

觀 4621_0